MANUEL FORESTIER.

ABRÉVIATIONS.

C. civ.   — Code civil.

C. de pr. civ.   — Code de procédure civile.

Cod. d'inst. crim.   — Code d'instruction criminelle.

C. P.   — Code pénal.

C. F.   — Code forestier.

Ord. rég.   — Ordonnance réglementaire du 1er août 1827, pour l'exécution du Code forestier.

Ord.   — Ordonnance.

Rég.   — Réglement.

Décis. du Min. des fin. — Décision du Ministre des finances.

Arr. de la C. de cass. — Arrêt de la Cour de cassation.

Cah. des ch. de l'ordin. — Cahier des charges des ventes des Coupes de bois de l'ordinaire.

Inst.   — Instruction de l'Administration des forêts.

Circ.   — Circulaire de la même Administration.

ERRATA.

Page 24, ligne 38, lisez *payés,* au lieu de *choisis.*

— 101, — 38, — § IV,   —   § III.

— 104, — 27, — § V,   —   § IV.

— 147. — 33, — § III,   —   § II.

IMPRIMERIE DE DAVID,
BOULEVARD POISSONNIÈRE, N° 4 BIS.

MANUEL FORESTIER

CONTENANT

L'analyse raisonnée, par ordre de matières, du Code forestier et de l'Ordonnance réglementaire pour son exécution, ainsi que des Lois et Réglemens, Avis du Conseil-d'État, Arrêts de la Cour de Cassation, Décisions ministérielles, Instructions et Circulaires de l'Administration, en ce qui concerne;

1o Le régime auquel sont soumises les Forêts de l'État et des Communes;

2o Les fonctions et obligations des Préposés Forestiers de tous grades;

3o Les délimitation, bornage, aménagement et levé des plans des Forêts;

4o Les exploitations et adjudications des coupes ordinaires et extraordinaires, dans les Bois de l'État et ceux des Communes;

5o Les repeuplemens, plantations, améliorations et défriche-mens;

6o Les extractions de minerais et autres substances dans les Forêts;

7o Les affectations et droits d'usage;

8o Les échanges, partages et cantonnemens;

9o Les constructions d'usines et autres bâtimens dans l'étendue et aux rives des Forêts;

10o La recherche et le martelage des Bois propres aux constructions navales et aux travaux du Rhin;

11o La Chasse et la Louveterie;

12o La Pêche fluviale;

13o La constatation et poursuite des délits en matière d'Eaux et Forêts;

Avec le Tarif des amendes à prononcer par arbre, d'après ses grosseur et essence, ainsi que le Tableau résumé des amendes et des peines applicables aux délits pour faire connaître les cas où le concours de DEUX Gardes ou d'UN SEUL avec UN TÉMOIN est nécessaire pour la validité des procès-verbaux.

QUATRIÈME ÉDITION.

Par R.-T. HERBIN DE HALLE,

Chevalier de l'Ordre royal de la Légion-d'Honneur, Chef de bureau de 1re classe à l'Administration des Forêts.

PRIX : 7 FR.

A PARIS,

AU BUREAU DE L'ALMANACH DU COMMERCE,
RUE J.-J. ROUSSEAU, N° 20.

1832.

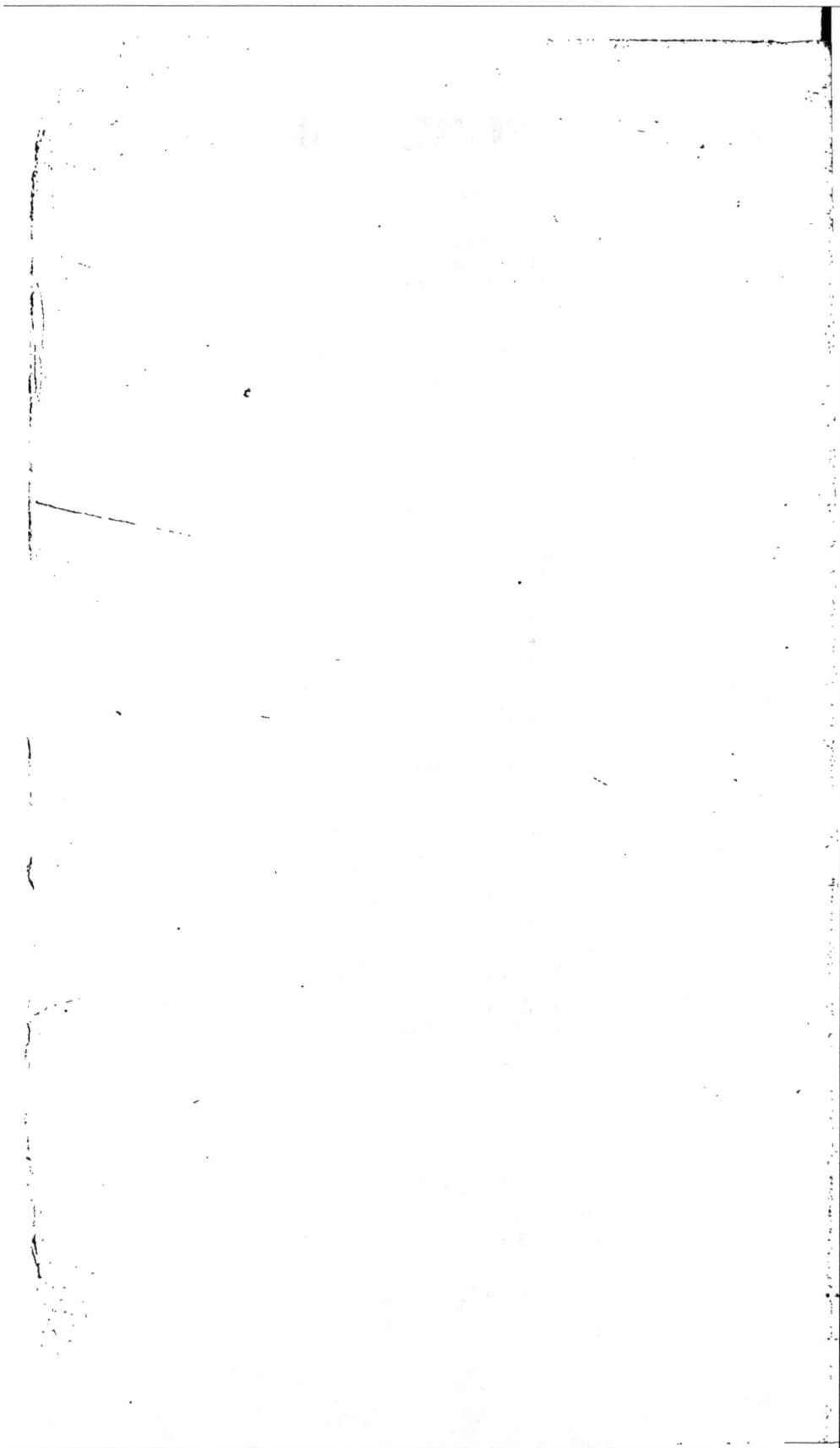

AVERTISSEMENT

LA QUATRIÈME ÉDITION DU *MANUEL FORESTIER*.

J'ai publié en septembre 1827, immédiatement après la promulgation du *Code forestier* et de l'ordonnance réglementaire sur son exécution, la troisième édition de mon **MANUEL FORESTIER**. Accueilli avec bienveillance, cet ouvrage a servi de guide dans l'application de la nouvelle législation qui remplaçait celle de la célèbre ordonnance de 1669 ; mais il ne pouvait indiquer les difficultés que devaient présenter dans leur exécution et leur interprétation les dispositions du nouveau Code, et il devenait dès-lors nécessaire d'attendre du temps la solution de toutes ces difficultés.

Aussi, depuis cinq ans, des actes nombreux du Gouvernement, des arrêts importans de la Cour de Cassation et un grand nombre de circulaires de l'Administration ont fixé à cet égard la jurisprudence, tant administrative que judiciaire en matière forestière. Quelques questions peuvent encore s'élever, mais je dois faire observer qu'en ce qui concerne la jurisprudence judiciaire, la plus importante, ces questions sont aujourd'hui bien peu nombreuses, puisque, depuis 1831, la Cour de Cassation n'a eu à prononcer que sur un très-petit nombre, dans lequel étaient d'ailleurs comprises plusieurs de celles sur lesquelles ce tribunal suprême et régulateur avait déjà statué ; de sorte que, sous ce rapport, on peut considérer comme entièrement fixées l'interprétation et l'application des dispositions du Code.

Il devenait dès-lors nécessaire de publier une quatrième édition du **MANUEL FORESTIER**, tant dans l'intérêt de

MM. les Préposés de tous grades, que dans celui de toutes les personnes qui, soit par la nature de leurs propriétés ou de leurs fonctions, ont besoin de connaître plus particulièrement les lois et les réglemens qui concernent les *forêts,* la *chasse* et la *pêche*. D'ailleurs, la loi du 15 avril 1829 sur la *Pêche fluviale,* et celle du 21 avril 1832, relative à la *mise en ferme de la Chasse,* qui ont apporté de notables changemens dans la législation de ces parties du service forestier, rendaient indispensable de faire connaître toutes ces nouvelles dispositions.

Tels sont donc, le but et l'objet de la quatrième édition du **MANUEL FORESTIER**. Cette édition offre le même ordre que j'avais adopté dans les précédentes pour la distribution des matières. Ainsi, j'ai cité à la suite de chaque disposition, *en caractères italiques,* les articles des Codes, lois, ordonnances, décisions ministérielles, arrêts de la Cour de Cassation, instructions et circulaires de l'Administration, etc., qui l'ont prescrites, attendu que ces citations établissent un rapprochement utile et facilitent les recherches en cas de besoin.

J'ai cru devoir également, pour rendre le **MANUEL FORESTIER** plus complet, augmenter considérablement cette nouvelle édition de détails très-étendus sur le *personnel,* la *délimitation,* l'*aménagement* et le *levé des plans* des forêts, l'*arpentage* et le *réarpentage* des coupes, leur *estimation,* le *mesurage* du bois de chauffage, le *cubage* du bois en grume, les *chemins* communaux ou vicinaux, les *échanges* et *partages* des bois, le *cantonnement* des usagers, la *chasse et la louveterie,* la *pêche fluviale,* les *formules* des procès-verbaux, la *poursuite des délits,* etc.

J'ai conservé le *tarif des amendes* à prononcer par arbre, d'après ses *grosseur et essence,* ainsi que le *tableau résumé des amendes et des peines* applicables aux délits, pour faire connaître les cas où le concours de *deux gardes,* ou d'*un seul* avec *un témoin,* est nécessaire pour la validité des procès-verbaux; et j'y ai ajouté le grand *tableau* présentant le *résumé des procès-verbaux d'estimation* que les experts sont tenus de fournir à l'appui de leurs opérations en matière d'*échange*, de *partage* et de *cantonnement*.

Ainsi les grands changemens et les nombreuses augmentations que j'ai faites à cette quatrième édition feront, j'ose le dire, du MANUEL FORESTIER, le seul ouvrage qui présentera dans un cadre aussi resserré qu'il m'a été possible, toutes les dispositions législatives, administratives et judiciaires, en ce qui concerne l'administration, la police et la conservation des forêts, de la chasse et de la pêche.

Seulement je dois faire observer que si je n'y ai pas compris les dispositions relatives à *l'aliénation* des Bois de l'État, c'est parce que M. CHABANNE, alors Chef de Bureau des Aliénations et actuellement Conservateur des Forêts, a publié, en 1851, un ouvrage sur cette partie du service.

D'après toutes les explications qui précèdent, j'ai donc la confiance qu'aujourd'hui le MANUEL FORESTIER, qui ne laisse rien à ignorer de l'état actuel de la jurisprudence administrative et judiciaire relative au service forestier, recevra autant d'accueil que celui que l'on a daigné faire précédemment à cet ouvrage, entrepris d'ailleurs dans le seul but d'être utile.

Paris, le 20 Octobre 1832.

P. E. HERBIN DE HALLE.

MANUEL FORESTIER.

CHAPITRE PREMIER.

Bois soumis au Régime forestier.

LA lenteur avec laquelle les Bois se reproduisent, et l'activité sans cesse renaissante de nos besoins, si considérablement accrus, surtout en *bois de service* pour les constructions navales, militaires, civiles et hydrauliques : et ensuite en *bois de chauffage* pour l'approvisionnement qu'exige le renouvellement des diverses usines servant à la préparation des métaux, des verreries, des manufactures de porcelaine, de faïence et de poterie; des différens établissemens des arts mécaniques où le *bois* est employé comme agent principal, et enfin les salines et les consommations locales et domestiques, sans parler des nombreux et désastreux défrichemens qui ont eu lieu, et dont long-temps on sentira les effets, tout se réunit pour prouver d'une manière évidente la nécessité d'user avec une sage précaution des produits forestiers qu'offre encore actuellement le sol de la France, afin de ménager et de conserver des ressources pour l'avenir.

Tel avait été déjà le but de la célèbre Ordonnance du 16 août 1669, à laquelle nous sommes redevables des forêts de l'ancien Domaine et d'une grande partie de celles du Clergé et des Communes. Abrogée aujourd'hui, en tout ce qui concerne les *forêts*, ses principales dispositions conservatrices, mises en harmonie avec la Charte constitutionnelle, ont été cependant conservées par le nouveau CODE qui a soumis au *Régime forestier*, et pour être *administrés* conformément aux dispositions qu'il a établies,

1° Les bois et forêts qui font partie du Domaine de l'État;

2° Ceux qui font partie du Domaine de la Couronne;

3° Ceux qui sont possédés à titres d'apanage et de majorats réversibles à l'État;

4° Les bois et forêts des Communes et des sections de Commune ;

5° Ceux des Établissemens publics;

6° Les bois et forêts dans lesquels l'État, la Couronne, les Communes ou les Établissemens publics ont des droits de propriété indivis avec des particuliers. (*C. f., art.* 1.)

Le Code forestier, en maintenant le principe de l'art. 6 du tit. 1 de la loi du 29 septembre 1791, qui consacre que les particuliers exercent sur leurs *bois* tous les droits résultant de la propriété, y a cependant mis de sages restrictions, que l'on fera connaître en traitant de la catégorie des bois dont il s'agit. (*Ib., art.* 2.)

CHAPITRE II.

Attributions de l'Administration forestière.

Les attributions de l'Administration forestière ont pour principaux objets, la conservation, la surveillance l'exploitation et l'amélioration des bois et forêts soumis au Régime forestier, à l'exception de ceux qui font partie du domaine de la Couronne, lesquels sont régis par une Administration spéciale qui exerce, pour ces forêts, les mêmes fonctions et les mêmes attributions que l'Administration forestière pour les bois de l'État. (*C. for., art.* 1 *et* 88, *et Ord. régl., art.* 1 *et* 124.)

L'Administration forestière est en outre chargée de faire exécuter les lois générales et les réglemens sur la *chasse*, dans les bois et forêts de toute catégorie. (*Ord. du* 16 *août* 1669, *tit.* 30; *Loi du* 30 *avril* 1790; *Arrêté du* 28 *vendémiaire an V, et Ord. du Roi des* 14 *septembre* 1830 *et* 24 *juillet* 1832.)

La même Administration est aussi chargé de l'exécution des réglemens relatifs à la *pêche*, dans tous les fleuves, rivières et ruisseaux, ainsi que dans les lacs et étangs qui appartiennent à l'État (*Loi du* 14 *fructidor an X, tit.* 15, *art.* 17), et des lois particulières à la pêche considérée comme revenu public, dans les fleuves et rivières navigables ou flotables. (*Loi du* 15 *avril* 1829.)

Quant aux soins qui tiennent à la propriété des eaux et forêts, soit qu'il s'agisse de revendiquer, de défendre ou aliéner, ils sont exclusivement attribués à l'Administration de l'Enregistrement et des Domaines. (*Ord. du* 26 *août* 1824. *art* 1er.)

Les Receveurs généraux des finances sont chargés de la recette du prix principal des coupes, et les Préposés de l'Administration de l'Enregistrement et des Domaines, de celle du décime par franc, ainsi que de tous les autres menus produits, et du recouvrement des amendes et restitutions forestières. (*Arrêté du 5 thermidor an V, art.* 10; *Déc. du* 11 *thermidor an XII, art.* 6; *Ord. du* 11 *octobre* 1820; *art.* 9; *C. f., art.* 210.)

Toute perception quelconque et tout maniement de fonds sont interdits à tous les Agens forestiers. (*Décis. du M. de Fin.*, et *Circ. des* 10 *août et* 23 *décembre* 1825, *n°* 143 *et* 149, *et du* 21 *avril* 1827, *n°* 151.)

CHAPITRE III.

Organisation de l'Administration forestière.

L'Administration forestière se compose,

D'un Directeur, et de trois sous-Directeurs. (*Ord. régl., art.* 2, *et Ord. du 5 janvier* 1831.)

D'Employés des bureaux. (*Ord. du* 11 *octobre* 1820, *art.* 6.)

D'un Géomètre-Vérificateur général des arpentages. (*Ord. régl., art.* 9.)

De Conservateurs, d'Inspecteurs, de Sous-Inspecteurs, de Gardes-Généraux, d'Arpenteurs, de Gardes à cheval et de Gardes à pied. (*Ib. art.* 11.)

Il y a près de l'Administration forestière 1° une *École royale* destinée à former des sujets pour les emplois d'*Agens forestiers*; et 2° des Écoles secondaires pour l'instruction d'*Élèves gardes.* (*Ord. régl. art.* 40.)

Ce simple exposé de l'organisation de l'Administration forestière fait connaître que cette Administration se divise naturellement en deux parties distinctes : l'une, sous le titre d'ADMINISTRATION CENTRALE, placée à Paris, s'occupe particulièrement de tous les objets d'administration supérieure; l'autre, sous celui de PARTIE ACTIVE, répandue sur tous les points du Royaume, surveille immédiatement tous les bois et forêts dont la garde, la conservation et l'exploitation lui sont confiées.

CHAPITRE IV.

Administration centrale des forêts.

§ 1ᵉʳ. *Directeur.*

Les eaux et forêts du royaume, en ce qui concerne la pêche, la conservation, l'exploitation et l'amélioration des bois, et la surveillance à exercer sur les forêts appartenant aux Communes et Établissemens publics, sont administrées par un DIRECTEUR, nommé par le Roi, sur la présentation du Ministre Secréraire d'État des Finances. (*Ord. régl., art. 2, et Ord. du 5 janvier* 1831.)

Le Directeur dirige et surveille, sous les ordres de ce Ministre, toutes les opérations relatives au service.

Il travaille *seul* avec lui, et lui rend compte de tous les résultats de son admistration.

Il correspond *seul* avec les diverses autorités.

Il a *seul* le droit de recevoir et d'ouvrir la correspondance; il donne et signe tous les ordres généraux de service. (*Ord. régl., art.* 4.)

Il présente à l'approbation du Ministre des finances l'état de composition des bureaux de la direction, avec l'indication des traitemens attribués à chaque grade. (*Ord. du* 11 *octobre* 1820, *art.* 6.)

Il nomme aux emplois de Gardes généraux, d'Arpenteurs, de Gardes à cheval, de Gardes à pied des forêts et de Garde de pêche, en se conformant à l'ordre hiérarchique des grades. (*Ord. régl., art.* 12.)

La nomination des *Gardes des bois des Communes, Hospices et autres Établisemens publics*, est soumise, par les Administrateurs légaux, à l'approbation du Conservateur de l'arrondissement forestier local, qui délivre les commissions et les envoie au Directeur pour être visées et enregistrées. (*C. f., art.* 95.)

Le Directeur peut, dans les cas d'urgence, suspendre de leurs fonctions et remplacer provisoirement les agens qui ne sont pas nommés par lui; mais il doit en rendre compte immédiatement au Ministre des Finances, qui statue. (*Ord. régl., art.* 38.)

Le Directeur autorise les coupes annuelles dans les bois de l'Etat et dans ceux des communes et des établissemens publics; celle des arbres endommagés, ébranchés, morts ou dépérissans; le récépage des bois incendiés ou abroutis; les élagages sur les routes et les lisières des bois soumis au régime forestier; le remboursement des moins de mesures qui n'excèdent pas 500 francs; les extractions de minerai ou de matériaux dans les Forêts; les concessions de terrains vagues, à charge de repeuplement, lorsque leur contenance ne dépasse pas cinq hectares, et la durée de la concession six années. (*Ord. du* 10 *mars* 1831, *art.* 1er, *et Circ. du 8 avril suivant, n°* 266.)

Le Directeur soumet au Ministre des Finances, après délibérations préalables du Conseil d'Administration, tous les objets ci-après. (*Ord. régl., art.* 7.) (1).

Dans toutes les autres affaires, il statue, sauf le recours des parties devant le Ministre des Finances.

Le Directeur doit toutefois prendre l'avis du Conseil d'Administration sur les destitutions, révocations ou mises en jugement des Agens, au-dessous du grade de Sous-Inspecteur, et des Préposés de l'Administration forestière, sur toutes les affaires contentieuses, ainsi que sur toutes les dépenses au-dessous de 500 fr. (*Ib., art.* 8.)

Le Directeur a la surveillance des Écoles forestières, et, sur son rapport, après qu'il en a été délibéré dans le Conseil d'Administration, le Ministre des Finances nomme les Examinateurs, les Aspirans aux places d'Élèves et les Professeurs, et il fixe, par un réglement spécial, la division des Cours, le classement des Élèves, la police des Écoles et les attributions du Directeur. (*Ibid., art.* 40 *et* 53.)

En cas d'absence du Directeur, le Ministre des Finances désigne celui des Sous-Directeurs qui en remplit les fonctions. (*Ibid., art.* 3.)

§ II. *Sous-Directeurs.*

Il y a près du Directeur des Forêts *trois Sous-Directeurs* nommés par le Roi, sur le rapport du Ministre des Finances, lequel détermine les parties de service dont la suite est attribuée à chaque Sous-Directeur, lequel a sous lui des *Chefs de bureaux*, et le nombre

---

(1) Voir le § 2 ci-après.

d'*Employés* qu'exigent l'examen, l'instruction, la suite et le classement des affaires (*Ord. des* 11 *octobre* 1820, *art.* 1, 6 *et* 7; 26 *août* 1824, *art.* 2, 4 *et* 5; 1ᵉʳ *août* 1827, *art.* 2 *et* 5, *et* 5 *janvier* 1831.)

Les Sous-Directeurs peuvent être chargés de missions temporaires dans les départemens, avec l'approbation du Ministre des Finances. (*Ord. régl.*, *art.* 5.)

Les Sous-Directeurs se réunissent en Conseil d'Administration, sous la présidence du Directeur. En cas d'empêchement, le Directeur délègue la présidence à l'un des Sous-Directeurs. Les délibérations du Conseil sont prises à la majorité des voix. Il est tenu registre des délibérations qui sont signées par les Membres présens à chaque séance. (*Ord. du* 11 *oct.* 1820, *act.* 5; *du* 26 *août* 1824, *art.* 6; *et du* 1ᵉʳ *août* 1827, *art.* 6.)

Le Conseil d'Administration est nécessairement consulté sur tous les objets dont la nomenclature suit :

1° Le budget général de l'Administration forestière;

2° Les créations et suppressions d'emplois supérieurs;

5° Les destitutions, révocations ou mises en jugement des Agens forestiers, du grade de Sous-Inspecteur et au-dessus;.

4° La liquidation des pensions;

5° Les changemens dans la circonscription des arrondissemens forestiers;

6° Les projets d'aménagemens, de partages et d'échanges de bois, de cantonnement ou de rachat de droits d'usage;

7° Les coupes extraordinaires;

8° Les états annuels des coupes ordinaires;

9° Le cahier des charges pour les adjudications des coupes ordinaires;

10° Les remboursemens pour moins de mesure;

11° Les remises ou modérations d'amendes;

12° L'extraction de minerai ou de matériaux dans les forêts;

13° Les constructions à proximité des forêts;

14° Les pourvois au Conseil-d'État;

15° Les dispositions de service qui donneraient lieu à une dépense au-dessus de 500 fr.;

16° Les oppositions à des défrichemens;

17° Les instructions générales et les questions douteuses sur les lois et ordonnances. (*Ord. régl.*, *art.* 7.)

§ III. *Géomètre vérificateur général des Arpentages.*

Il y a près de l'Administration forestière un *Géomètre vérificateur général des Arpentages* chargé de la vérification de tous les travaux d'art, concernant l'arpentage et le réarpentage des coupes, et les aménagemens des bois et forêts soumis au régime forestier. Le Vérificateur-général des arpentages est nommé par le Ministre des Finances. (*Ord. régl.*, *art.* 9.)

Le Géomètre-vérificateur réside à Paris, hors le temps de ses tournées dans les arrondissemens forestiers qui lui sont désignés par l'administration pour la vérification des opérations d'arpentage, de réarpentage et des aménagemens, dont sont chargés les arpenteurs dans chaque inspection. (*Instr. du 23 mars 1821, art.* 2.)

Le Géomètre vérificateur général des arpentages reçoit du Directeur les instructions relatives à ses tournées et à ses vérifications, et il lui rend compte directement du résultat de ses opérations.

Il est autorisé à s'adresser aux Conservateurs et aux Agens supérieurs des arrondissemens dans lesquels il est en mission, pour prendre auprès d'eux les renseignemens, et se procurer les actes dont il peut avoir besoin pour l'utilité et la facilité de ses vérifications.

Il s'assure, tant dans le cabinet que sur le terrain, de l'exactitude et de la régularité des opérations des arpenteurs, et, à cet effet, il se fait remettre les minutes des plans et des procès-verbaux qui sont entre leurs mains et les vérifie.

Il s'assure pareillement si les Arpenteurs sont munis des instrumens dont il leur a été recommandé de se pourvoir; s'ils ont en leur possession les instructions et modèles qui ont été rédigés par l'Administration pour obtenir l'exactitude et l'uniformité convenables dans leurs opérations, et s'ils méritent, par leur conduite, la confiance dont ils sont investis.

Il fait sur le terrain la vérification des arpentages et réarpentages de plusieurs coupes; et s'il reconnaît des erreurs notables, il étend ses vérifications à un plus grand nombre de coupes. Les Arpenteurs sont tenus de l'accompagner lorsqu'il le demande, et les Agens forestiers eux-mêmes doivent se trouver sur les lieux des opérations, quand leur présence est jugée nécessaire.

Dans tous les autres cas les Agens chargent les Gardes de l'accompagner.

Lorsque le Vérificateur juge utile de rendre son opération contradictoire à l'égard des coupes déjà réarpentées, il en informe l'Agent forestier, qui est tenu de faire citer l'adjudicataire et les Arpenteurs qui ont procédé aux premières opérations. Le procès-verbal de la vérification, rédigé contradictoirement avec les parties intéressées, et avant qu'il ait été pourvu au paiement des différences de mesure, sert à en régler le montant.

Il examine, tant dans les bois de l'État que dans ceux des communes et d'établissemens publics, les travaux d'aménagemens, et il s'assure si les Arpenteurs vérifient les bornes des forêts ; s'il n'y a point d'usurpations à réprimer, et s'il est nécessaire de faire procéder à des reconnaissances de limites ; si celles qui ont été faites excitent ou non des réclamations, et s'il a été procédé à l'abornement des forêts délimitées.

Les attributions du Vérificateur général des arpentages ne doivent en rien préjudicier au devoir qui est imposé aux Agens supérieurs de surveiller le service des Arpenteurs et d'en rendre compte ; mais comme il est à portée dans ses tournées de faire des remarques qui peuvent être utiles aux autres parties du service, notamment en ce qui concerne les exploitations des coupes, la confection des travaux imposés aux Adjudicataires et les améliorations en général, il est chargé d'adresser à l'Administration sur ces objets des rapports spéciaux. Dans aucun cas les Agens forestiers ne peuvent se refuser à lui donner à ce sujet, comme sur tous autres objets, les renseignemens qu'il leur demande, ainsi qu'ils les donneraient à un Inspecteur général. (*C. du 25 avril 1823, n. 82.*)

§ IV. *Écoles forestières.*

Il y a, sous la surveillance du Directeur des forêts,

1° Une Ecole royale destinée à former des sujets pour les emplois d'*Agens forestiers ;*

2° Des Ecoles secondaires pour l'instruction d'*Élèves-Gardes.* (*Ord. régl. , art.* 40.)

Art. Ier. *École royale.*

L'Ecole royale forestière, destinée à former des sujets

pour lee emplois d'*Agens forestiers*, est établie à Nancy. (*Ib.*, art. 43.)

L'enseignement dans l'Ecole a pour objet :

L'Histoire naturelle, dans ses rapports avec les forêts ;

Les Mathématiques appliquées à la mesure des solides et à la levée des plans ;

La Législation et la Jurisprudence, tant administratives que judiciaires, en matières forestières ;

L'Economie forestière, en ce qui concerne spécialement la culture, l'aménagement et l'exploitation des forêts, et l'éducation des arbres propres aux constructions civiles et navales ;

Le Dessin ;

La Langue allemande. (*Ibid.*, art. 41.)

Les Cours sont divisés en deux années : ils commencent le 1er novembre de chaque année, et se terminent le 1er septembre suivant. Ils sont faits par trois Professeurs nominés par le Ministre des Finances, d'après le rapport du Directeur des forêts, délibéré dans le Conseil d'administration, savoir :

Un Professeur d'Histoire naturelle ;

Un Professeur de Mathématiques ;

Un Professeur d'Économie forestière, de Législation et de Jurisprudence.

L'un des trois professeurs remplit les fonctions de *Directeur de l'École*.

Un maître de dessin et un maître d'allemand sont en outre attachés à l'École. (*Ib.*, art. 42.)

Les Élèves font chaque année, dans les forêts, aux époques qui sont indiquées par le Directeur des forêts, et sous la conduite du Professeur qu'il a désigné, des excursions qui ont pour but la démonstration et l'application sur le terrain des principes qui leur ont été enseignés. (*Ib.*, art. 48.)

Le nombre des Elèves est de vingt-quatre. Ils sont répartis en deux divisions égales : les douze Elèves les plus instruits, et qui ont déjà passé une année à l'Ecole, forment la première division. La seconde se compose des Elèves admis dans l'année. Ils ont le rang de *Gardes à cheval*, et sont nommés par le Ministre des Finances, et d'après le rapport du Directeur des forêts, délibéré dans le Conseil de l'Administration, selon le rang d'instruction et de capacité qui leur a été assigné d'après le résultat des examens. (*Ib.*, *art.* 44 *et* 46.)

Nul n'est admis à l'Ecole royale forestière, s'il ne remplit toutes les conditions ci-après exigées :

Chaque aspirant à une place d'Elève doit adresser au Directeur des forêts les justifications suivantes :

1° Son acte de naissance, constatant qu'à l'époque du 1er novembre il aura dix-neuf ans accomplis, et qu'il n'aura pas plus de vingt-deux ans ;

2° Un certificat signé d'un Docteur en médecine ou en chirurgie et duement légalisé, attestant qu'il est d'une bonne constitution, et qu'il a été vacciné ou qu'il a eu la petite vérole ;

3° Un certificat en forme, constatant qu'il a terminé son cours d'humanité ;

4° La preuve qu'il possède un revenu annuel de 1200 fr., ou, à défaut, une obligation par laquelle ses parents s'engagent à lui fournir une pension de pareille somme pendant son séjour à l'Ecole forestière, et une de 400 fr. depuis le moment qu'il sortira de l'Ecole, jusqu'à l'époque où il sera employé comme Garde général en activité ou jusqu'à ce qu'il ait atteint l'âge nécessaire pour exercer des fonctions actives, ou la preuve qu'il possède lui-même un revenu égal. (*Ord. régl.*, *art.* 44.)

Avant leur admission, les Aspirans, porteurs d'une lettre du Directeur des forêts d'admission au concours, sont examinés, tant à Paris que dans les départemens, par les Examinateurs des Ecoles royales militaires, dans le même temps et dans les mêmes lieux, sur les objets ci-après, savoir :

1° L'arithmétique complète et l'exposition du nouveau système métrique ; 2° la géométrie élémentaire et le dessein ; 3° l'algèbre jusqu'aux équations du second degré inclusivement ; 4° la trigonométrie ; 5° la langue française ; 6° la traduction, sous les yeux de l'examinateur, d'un morceau d'un des auteurs latins, poète ou prosateur, qu'on explique en rhétorique.

Les Candidats ne sont examinés que sur les objets indiqués par le programme ; mais on a égard aux connaissances plus étendues qu'ils peuvent posséder, surtout en algèbre, en trigonométrie, en physique et en chimie. (*Ib.*, *art.* 45.)

A la fin de chaque année, un jury, composé des trois

Professeurs, et présidé par le Directeur des forêts ou par le Sous-Directeurs qu'il a délégué, procède à l'examen des Elèves qui ont complété leurs deux années d'étude. (*Ord. regl., art.* 49.)

Les Elèves qui ont satisfait à l'examen de sortie, ont le rang de *Garde général*, et obtiennent, dès qu'ils ont l'âge requis, ou qu'ils ont obtenu du Roi des dispenses d'âge, les premiers emplois vacans dans ce grade; mais sans que le nombre puisse excéder la moitié des places à nommer chaque année, l'autre moitié demeurant expressément réservée pour l'avancement des Gardes à cheval en activité. (*C. f., art.* 3 *et Ord. régl., art.* 50.)

Dans le cas où les Elèves, après avoir terminé leurs cours et fait preuves des connaissances requises, n'ont pas atteint l'âge de 25 ans, ou obtenu du Roi des dispenses d'âge ou s'il n'existe point d'emploi de Garde général vacant, ils jouissent du traitement de Garde à cheval, et sont provisoirement employés, soit près de la Direction à Paris, soit près des Conservateurs ou des Inspecteurs dans les Arrondissemens les plus importans; mais dès qu'ils ont satisfaits à la condition d'âge, et que des vacances ont lieu, les premiers emplois de Garde général leur sont acquis par préférences aux autres Elèves qui auraient postérieurement terminé leurs cours. (*Ord. régl., art.* 51.)

Les Elèves qui, après les deux années d'études révolues, n'ont point fait preuve, devant le jury d'examen, de l'instruction nécessaire pour exercer des fonctions actives, sont admis à suivre les cours pendant une troisième année; mais si, après cette troisième année, ils sont encore reconnus incapables, ils cessent de faire partie de l'Ecole et de l'Administration forestière.

Quant à ceux qui, d'après les comptes périodiques rendus au Directeur des forêts par le Directeur de l'Ecole, ne suivraient pas exactement les cours, ou dont la conduite aura donné lieu à des plaintes graves, il en sera référé au Ministre des Finances, qui ordonnera, s'il y a lieu, leur radiation du tableau des Elèves. (*Ib., art.* 52.)

Les Elèves sont vêtus d'un uniforme qui consiste dans l'habit et le pantalon de trap vert, avec boutons de métal blancs, portant pour exergue : *École royale forestière.* L'habit boutonné sur la poitrine ; légers rameaux de chêne de la largeur de cinq centimètres, et un gland brodé en argent de chaque côté du collet ; le gilet blanc ; le chapeau français avec une ganse en argent. (*Ord. régl.*, *art.* 47.)

Nul ne peut être admis actuellement à remplir les fonctions de Garde général, si préalablement il n'a fait partie de l'Ecole forestière, ou s'il n'a exercé pendant deux ans au moins les fonctions de Garde à cheval. (*Ib. art.* 13.)

Il est affecté à l'Ecole royale forestière 1° une maison pour servir au cours des Professeurs, à l'établissement d'une bibliotèque et d'un cabinet d'histoire naturelle, et au logement du Directeur ; 2° un terrain pour les pépinières et cultures forestières nécessaires à l'instruction des Elèves. (*Ib art.* 43.)

Les dépenses de l'Ecole royale forestière sont réglées par le Ministre des Finances, sur la proposition du Directeur des forêts, délibérées dans le Conseil de l'Administration. (*Ord. du 26 août* 1824, *art.* 8, *et du 1er décembre de la même année*, *art.* 17.)

Art. II. *Ecoles secondaires.*

Il sera établi des Ecoles secondaires dans les régions de la France les plus boisées ; et elles seront destinées à former des sujets pour les emplois de *garde*.

La durée des cours sera de deux ans. (*Ord. régl.*, *art.* 54.)

L'enseignement des Ecoles secondaires aura pour objet :

1° L'écriture, la grammaire et les quatre premières règles de l'arithmétique ;

2° La connaissance des arbres forestiers et de leurs qualités et usage, et spécialement celle des arbres propres aux constructions civiles et navales ;

3° Les semis et plantations ;

4° Les principes sur les aménagemens, les estimations et les exploitations ;

5° La connaissance des dispositions législatives et réglementaires qui concernent les fonctions des gardes, la rédaction des procès-verbaux et les formalités dont ils doivent être revêtus ; les citations, la tenue d'un livre-journal et l'exercice des droits d'usage. (*Ibid.*, *art.* 55.)

Une Ordonnance spéciale déterminera les lieux où les Ecoles secondaires seront établies, le nombre des Elèves, les conditions d'admissibilité, et les moyens de pourvoir à l'entretien et à l'enseignement des Elèves de ces Ecoles. (*Ibid.*, *art.* 56.)

CHAPITRE V.

Partie active.

§ Ier. *Arrondissemens forestiers* (1).

Le gouvernement détermine le nombre des arrondissemens forestiers.

En conséquence, le territoire de la France a été divisé en *quarante Conservations forestières* au lieu de *vingt*, tel que le portait l'ordonnance réglementaire. (*Ord. du Roi du* 17 *juillet* 1832; *arrêté du Ministre des Fin. du* 17 *août suivant.*)

Les *Conservations* sont subdivisées en *Inspections* et *Sous-Inspections* dont le nombre et les circonscriptions sont fixés par le Ministre des Finances.

En augmentant le nombre des Conservateurs, et en restreignant l'étendue du cercle dans lequel ils ont à exercer, l'Administration a eu pour but de rendre leur action plus directe sur les choses et sur les personnes; cette mesure doit avoir pour résultat nécessaire une accélération marquée dans l'expédition des affaires; un contrôle plus facile et plus réel sur toutes les branches du service; elle comporte aussi l'intervention personnelle du Conservateur dans les opérations forestières, surtout dans les arrondissemens de leur résidence où l'Administration n'a pas jugé nécessaire d'établir un Inspecteur. Les Conservateurs doivent comprendre, d'ailleurs, que leur responsabilité augmente en raison des moyens d'action qui leur sont donnés.

Quant aux Inspecteurs et autres Agens, ils doivent avoir, par la graduation nouvelle des traitemens et par

---

(1) Voir pour la division territoriale du Royaume en conservations, inspections, sous-inspections, etc., LE MÉMORIAL statistique et administratif des forêts, contenant l'organisation, tant du matériel que du personnel de la Direction des forêts de l'Etat, des Communes et des Etablissemens publics, et de celles de la Couronne, des Princes de la famille royale, de la marine, etc., indiquant la population, l'étendue territoriale, celle des forêts de toutes catégories, et les noms, grades, résidences et arrondissemens de tous les Agens forestiers, etc.

les proportions qui existent entre le nombre des agens de chaque grade, la certitude d'un avancement progressif et assez rapide, et la possibilité d'arriver à la sommité de la hiérarchie. C'est un but offert à leur légitime ambition, et qu'ils doivent être persuadés d'atteindre s'ils savent unir à la capacité spéciale que l'Administration doit d'abord exiger, les qualités qui assurent à un fonctionnaire le pouvoir de faire le bien, surtout dans un service qui les oblige à des rapports continuels avec les autorités administratives et judiciaires.

Tous doivent sentir que l'Administration, dans sa sollicitude, n'a pas séparé l'intérêt des agens de celui du service, et elle compte qu'ils répondront à cette preuve de bienveillance en redoublant de zèle et d'activité. (*Circ. du 23 août 1832, n. 312.*)

La Direction détermine le nombre et la résidence des *Gardes généraux*, des *Arpenteurs*, des *Gardes à cheval* et des *Gardes à pied*, ainsi que les arrondissemens et triages dans lesquels ils doivent exercer leurs fonctions. (*Ord. régl.*, art. 10.)

La Direction a sous ses ordres, ainsi que je viens de le dire :

1° Des Agens sous les dénominations de *Conservateurs*, d'*Inspecteurs*, de *Sous-Inspecteurs* et de *Gardes généraux*;

Tels sont les *agens seuls* auxquels doivent être confiées les opérations qui, d'après le Code et l'Ordonnance réglementaire, exigent cette qualité. (*Lettre de la Direction du 31 juillet 1829.*)

2° Des *Arpenteurs*;

Et 3° Des *Gardes à cheval* et des *Gardes à pied*. (*Ord. régl.*, art. 11.)

Il est reconnu que l'ordre et la célérité du service dans toute administration, dépendent essentiellement de l'uniformité des mesures d'exécution; et plus l'objet qu'elles concernent est étendu, plus il importe de le présenter sous des aperçus faciles à saisir.

Ce principe ne saurait mieux s'appliquer qu'aux *forêts :* elles sont répandues sur tous les points du royaume, et en occupent des parties plus ou moins considérables, dont le sol est aussi plus ou moins varié; de sorte que tout ce qui intéresse leur conservation donne lieu à un si grand nombre de détails, que si tous les Agens forestiers n'opéraient pas d'une manière uniforme, le Gouvernement n'obtiendrait que des résultats erronés et incertains.

C'est pour éviter ce grave inconvénient, et avoir sans cesse des notions exactes sur cette importante portion du domaine public, que l'Administration des forêts, dans la vue de faciliter l'application des règles qui doivent guider les Agens forestiers de tous grades, dans les parties du service qui leur sont confiées, et rendre leur marche uniforme, a, par différentes instructions, et notamment par celle approuvée le 23 mars 1821, par le Ministre secrétaire d'état des Finances, rappelé sommairement toutes les dispositions prescrites par les Lois, Ordonnances et Réglemens, en ce qui concerne les forêts, la chasse et la pêche, en y ajoutant tout ce qu'elle a jugé nécessaire à la régularité et à la célérité du service.

De sorte que les fonctions, les obligations et la responsabilité des Agens forestiers se trouvent déterminés, pour chaque grade, d'une manière fixe et invariable.

§ II. Dispositions générales concernant le personnel des Agens et Gardes forestiers.

ART. Ier Admission et nomination aux emplois.

Personne ne peut être attaché à la *garde* des forêts, sous quelque qualification que ce soit, s'il n'est muni d'une commission de l'Administration forestière. (*Cod. for., art. 5.*)

Toutes les nominations ou commissions sont sujettes au *timbre de dimension*, conformément à l'art. 12 du 13 brumaire an VII, qui soumet au timbre tous les actes et écritures, devant ou pouvant faire titre. Les commissions qui n'ont pas été écrites sur papier timbré, doivent contenir en marge l'avis qu'elles ne seront délivrées qu'après avoir été soumises, soit au timbre extraordinaire, au chef-lieu du département, soit au visa pour timbre, dans les bureaux des receveurs de l'enregistrement, moyennant le paiement effectif et immédiat des simples droits. (*Décis. du Min. des Fin. du 17 février, contenue dans la circ. du 21 mars 1831, n. 263.*)

Les fonctions des Agens et Gardes forestiers de tous grades étant de pure confiance, exigent une grande probité de la part de celui qui se présente pour être admis dans l'Administration, où nul ne peut être nommé à un emploi supérieur qu'après avoir rempli, pendant deux ans au moins, les fonctions des grades inférieurs, en suivant la hiérarchie établie. Le premier grade est celui de Garde à pied ou à cheval. (*Ord. régl., art.* 12 et 13.)

Il faut que l'Aspirant à une place de Garde soit brave, afin de réprimer l'audace des délinquans, et même des brigands dont les forêts sont souvent le repaire : aussi a-t-on toujours donné, par préférence, les places de Gardes aux militaires couverts d'honorables blessures et formés à une exacte discipline, lorsqu'ils réunissent d'ailleurs les qualités physiques et morales qu'exige la nature des fonctions qu'ils sont appelés à remplir.

Il est encore nécessaire qu'un aspirant à une place de Garde ait un certain degré d'intelligence et d'instruction, puisque de la bonne ou mauvaise rédaction de ses procès-verbaux, dépend le sort des instances et opérations qui en sont la suite. (*C. des* 1er *germinal an IX,* n. 3, *et* 9 *mars* 1807, n. 330.)

D'après ces dispositions, nul ne peut être admis à demander un emploi dans l'Administration des forêts, s'il n'est âgé de vingt-cinq ans accomplis; s'il ne sait lire et écrire; s'il n'a satisfait aux lois sur le recrutement de l'armée, et s il n'a les connaissances forestières nécessaires. (*Décr. du* 8 *mars* 1811, *art.* 1, 8 *et* 12. *C. f. art.* 3.)

Les Gardes à pied et à cheval, les Arpenteurs et les Gardes généraux sont nommés par le Directeur des forêts, en se conformant strictement à l'ordre hiérarchique des grades. (*Ord. régl., art.* 12.)

Les Conservateurs présentent pour chaque place de Garde à pied, royal ou mixte, à la nomination du Directeur des forêts, trois candidats ayant les conditions et qualités requises, et dont un au moins doit être désigné par l'Agent en chef de l'inspection où la place est vacante. Cette présentation doit être conforme à la formule annexée à la circulaire du 16 juillet 1821, n. 32, et contenir les détails indispensables pour déterminer avec connaissance de cause les choix du Directeur, et pouvoir en tout temps être à portée de vérifier l'origine de chacun. (*Inst. du* 23 *mars* 1821, *art.* 20. *C. f. art.* 97 et 115.)

Les Inspecteurs et les Sous-Inspecteurs sont nommés par le Ministre des Finances sur la proposition du Directeur. (*Ord. régl.*, *art.* 12.)

Les Conservateurs sont nommés par le Roi, sur la proposition du Ministre des Finances. (*Ibid.*)

Les nominations à tous les grades supérieurs à celui de Garde général, sont toujours faites parmi les Agens du grade immédiatement inférieur, qui ont au moins deux ans d'exercice dans ce grade. (*Ib.*)

Nul n'est promu au grade de Garde général, si préalablement il n'a fait partie de l'École royale forestière, ou s'il n'a exercé pendant deux ans les fonctions de Garde à cheval. (*Ib. art.* 13.)

Les Agens et Gardes forestiers ne peuvent être destitués que par l'autorité même à qui appartient le droit de les nommer. Toutefois le Directeur peut, dans les cas d'urgence, suspendre de leurs fonctions, et remplacer provisoirement les Agens qui ne sont pas nommés par lui; mais il doit en rendre compte immédiatement au Ministre des Finances. Les Conservateurs peuvent aussi, dans les mêmes cas, suspendre provisoirement de leurs fonctions les Gardes généraux et les Préposés sous leurs ordres, mais à charge d'en rendre compte immédiatement au Directeur. (*Ib. art.* 38.)

Les Agens et Gardes forestiers de tous grades n'entrent en exercice qu'après avoir prêté serment devant le Tribunal de première instance de leur résidence, et avoir fait enregistrer leur commission et l'acte de prestation de leur serment aux greffes des tribunaux dans le ressort desquels ils exercent leurs fonctions. Dans le cas d'un changement de résidence qui le placerait dans un autre ressort en la même qualité, il n'y a pas lieu à une autre prestation de serment. (*C. f.*, *art.* 5.)

Indépendamment de ces formalités, les Conservateurs, Inspecteurs et Sous-Inspecteurs, et ceux des Gardes généraux *qui sont chefs de service*, sont encore tenus, avant de remplir leurs fonctions dans l'arrondissement du chef-lieu de préfecture, immédiatement après leur nomination, de se présenter devant le Préfet pour faire à ce magistrat la déclaration de leur titre et de l'objet de leur mission.

Ceux de ces Agens dont la résidence est placée dans les arrondissemens autres que celui du chef-lieu de préfecture, doivent s'accréditer, dans la même forme, à la sous-préfecture ; et le Sous-Préfet, qui a reçu leur déclaration, en donne connaissance au Préfet du département.

Les gardes généraux *qui ne sont pas chefs* de service dans un département, les Gardes à cheval et les simples Gardes sont dispensés de l'accréditation.

Mais comme il ne serait pas sans inconvénient pour le service que les Conservateurs se transportassent, pour remplir la formalité ci-dessus, dans chaque chef-lieu des divers départemens dont se composent leurs arrondissemens, ces agens supérieurs doivent seulement, après s'être fait accréditer auprès du Préfet du département où ils résident, remplir cette formalité par correspondance, à l'égard de ces magistrats des autres départemens compris dans leurs circonscriptions, en ayant soin d'accompagner l'avis officiel qu'ils donnent à ces derniers, d'explications qui leur fassent connaître que cette forme particulière d'accréditation pour les Agens supérieurs des forêts, est autorisé par une décision du Ministre des Finances du 24 mai 1822, interprétative de celle du 19 avril précédent.

Il est, en outre, recommandé aux Inspecteurs, Sous-Inspecteurs et Gardes généraux, de saisir toutes les occasions de se faire personnellement connaître des Magistrats ci-dessus dénommés, lorsque leurs tournées ou leurs fonctions les portent au chef-lieu de leurs résidences. (*Circ. du* 18 *juin* 1822, *n.* 61.)

Art II. *Incompatibilité de fonctions.*

Les emplois de l'Administration forestière sont incompatibles avec toutes autres fonctions, soit administratives, soit judiciaires. (*C. f. art* 4.)

Les Agens et Gardes forestiers ne peuvent cumuler des fonctions sédentaires, telles que celles de notaires, avec les leurs, qui sont de nature opposée. (*Circ. du* 30 *pluviôse an II*, *n.* 132.)

Ils ne peuvent, dans toute l'étendue du royaume, et leurs parens et alliés en ligne directe, frères et beaux-frères, oncles et neveux, dans toute l'étendue du territoire pour lequel les Agens ou Gardes sont commissionnés, prendre part aux ventes des coupes de bois et aux adjudications de glandée, panage et paisson, ni par eux-mêmes, ni par personnes interposées, direc-

tement ou indirectement, soit comme parties principales, soit comme associés ou cautions.

En cas de contravention, les uns et les autres sont
punis d'une amende qui ne peut excéder le tiers, ni
être moindre du douzième du montant de l'adjudication,
et les Agens et Gardes sont en outre passibles de l'emprisonnement et de l'interdiction qui sont prononcés
par l'art. 175 du Code pénal. (*C. for., art.* 21, 53
et 101.)

Les Agens et Gardes forestiers ne peuvent, sous peine
de révocation, tenir auberge ni vendre des boissons en
détail, ni faire le commerce de bois, ni exercer ou faire
exercer aucune industrie où le bois est employé comme
matière principale. (*Ord. régl., art.* 31.)

Nul ne peut exercer un emploi forestier dans l'étendue de la Conservation où il fera ses approvisionnemens
de bois comme propriétaire ou fermier de forges, fourneaux, verreries et autres usines à feu, ou de scierie,
et autres Établissemens destinés au travail des bois. (*Ib.
art.* 32.) (1).

Les Agens forestiers ne peuvent avoir sous leurs
ordres leurs parens ou alliés, en ligne directe, ni leurs
frères ou beaux-frères, oncles ou neveux. (*Ibid. art.*
33.)

Art. III. *Mode à suivre pour la mise en jugement des
Agens et Gardes prévenus de crimes ou délits dans l'exercice de leurs fonctions.*

Nul Agent ou Garde forestier ne peut, pour des faits
relatifs à l'exercice de ses fonctions, être poursuivi en
justice, à la requête du ministère public ou des parties,
sans une autorisation spéciale, accordée pour les Conservateurs par le Roi en Conseil-d'État; par le Ministre
des Finances pour les Inspecteurs et Sous-Inspecteurs,
qu'il peut en outre dénoncer aux tribunaux, et par le
Directeur des forêts, après avoir pris l'avis du Conseil

---

(1) Je dois faire observer que cet article 32 est en contradiction avec le précédent qui *interdit d'une manière absolue* aux
Agens et Gardes forestiers *d'exercer aucune industrie où le bois
est employé comme matière principale.* D'où il suit qu'ils ne
peuvent, par conséquent, être *propriétaires* ou *fermiers* de
forges, etc.

d'Administration, pour les Gardes généraux et les Gardes à cheval et à pied, qu'il peut de même dénoncer au tribunal. (*C. p.*, art. 129; *Loi du 29 frimaire an VIII*, art. 75; *Arrêté du Gouv. du 5 pluviose an XI; Déc. du 16 août 1806*, art. 3; *Ord. régl.*, art. 39; *Arr. de la C. de cass. des 5 novembre 1808, 22 mars et 14 décembre 1810.*).

Dans tous les cas, comme l'intérêt de la société et celui des parties exigent que la marche de la justice ne soit pas entravée, il est important qu'il n'y ait aucun retard dans l'envoi des renseignemens qui peuvent mettre à portée de statuer sur les demandes en autorisation. A cet effet, lorsqu'il existe une plainte ou un commencement d'information contre un Agent ou Garde forestier, le Conservateur, sans attendre qu'il lui soit écrit pour avoir des renseignemens, fait demander au Préposé ses moyens de justification, et les transmet de suite à l'Administration, en lui rendant compte des faits et circonstances par un rapport contenant ses observations et son avis. (*Circ. du 30 pluviose an XI*, n. 132; *Inst. des 8 novembre 1818*, n. 862, *et 23 mars 1821*, art. 24, *et Circ. du 16 février 1821*, n. 10.)

Dans le but d'accélérer encore les décisions relatives à la mise en jugement des Agens et des Gardes prévenus de crimes et délits dans l'exercice de leurs fonctions, le Garde des Sceaux a, sur la demande du Ministre des Finances, tracé, par une circulaire du 17 septembre 1822, à MM. les Procureurs Généraux et Procureurs du Roi, la marche à suivre, lorsqu'il est porté plainte contre un Agent ou Garde forestier, dans le cas dont il s'agit.

Voici les principales dispositions de cette circulaire en ce qui concerne les Gardes :

1° Le Procureur du Roi doit requérir qu'il soit procédé à une information préparatoire, en se conformant aux dispositions du décret du 9 août 1806, et aux règles tracées par le chapitre 3 du titre 4 du livre second du Code d'instruction criminelle ;

2° Quand cette information est achevée, le Procureur du Roi fait un extrait des charges sans indiquer nominativement les témoins entendus, et en se bornant à énoncer que tel ou tel fait résulte de l'instruction ;

3° Cet extrait, avec une copie entière de la plainte, doit être adressé par le Procureur du Roi à l'Inspecteur ou Sous-Inspecteur forestier le plus voisin du lieu où réside le garde inculpé. Dans le même temps, le Procureur du Roi transmet toutes les pièces de l'information au Procureur Général, auquel sont également soumis, par l'intermédiaire du Conservateur des forêts, les réponses ou moyens de défense du prévenu, ainsi que tous autres renseignemens que les Agens supérieurs de l'Administration peuvent ou croient devoir fournir;

4° Enfin, le Procureur-Général, après avoir examiné toutes ces pièces, les transmet au Garde des Sceaux, avec son avis, pour que ce ministre provoque, s'il y a lieu, l'autorisation de continuer les poursuites.

De cette manière le Directeur des forêts, auquel le Garde des Sceaux communique, par l'intermédiaire du Ministre des Finances, les pièces de la procédure et l'enquête extra-judiciaire faite par les Agens forestiers, peut statuer promptement sur la mise en jugement du prévenu, et ces sortes d'affaires n'éprouvent plus des retards qui étaient si préjudiciables à la bonne administration de la justice.

Lorsque l'inculpation est dirigée contre un Inspecteur, un Sous-Inspecteur ou un Garde général, l'extrait des charges résultans de l'information doit être transmis par le Procureur du Roi au Conservateur de l'arrondissement forestier, et le Procureur du Roi doit se conformer, pour le surplus, à ce qui est énoncé au n° 3 ci-dessus.

Ainsi, d'après les dispositions de ce paragraphe, les Agens, en se rappelant qu'ils ne doivent jamais correspondre qu'avec leurs chefs immédiats, doivent, pour prévenir tout retard, transmettre à leur Conservateur et au Procureur du Roi dans l'arrondissement duquel ils exercent leurs fonctions, les moyens de défense du Garde inculpé, et les renseignemens sur sa conduite accoutumée. En s'écartant de cette marche, qui n'a d'autre but que d'accélérer autant que possible l'expédition des procédures qui exigent toutes un prompt examen, il arriverait que les dossiers de ces procédures seraient encore incomplets lorsqu'ils parviendraient à la Direction, et que l'instruction supplémentaire, qui deviendrait alors indispensable, entraînerait des retards qu'il importe d'éviter, en se conformant rigoureusement aux dispositions énoncées dans le paragraphe 3 de la circulaire du Garde des Sceaux, du 17 septembre 1822. (*Circ. du 23 février 1825, n.* 118.)

Lorsque les Agens et Gardes forestiers, agissant en leur qualité d'Officier de police judiciaire à l'occasion d'un délit commun commis dans les cantons confiés à leur surveillance, donnent lieu contre eux-mêmes à des poursuites, ils n'ont de garanties spéciales à réclamer que celles qui sont établies par les articles 479 et 483 du Code d'instruction criminelle; mais dans toutes les circonstances où ils ont agi dans leur double qualité d'Agent ou de Garde forestier, et d'Officier de police judiciaire, ils doivent jouir de la double garantie qui leur appartient comme agent du Gouvernement, sous le rapport de l'autorisation préalable exigée pour leur mise en jugement, et comme Officier de police judiciaire, sous le rapport des dispositions relatives aux poursuites dont ces fonctionnaires peuvent être l'objet. (*Arrêt de la C. de cass. des 24 décembre* 1824 *et* 12 *mars* 1830.)

Cependant dans tous les délits étrangers à leurs fonctions, la demande en autorisation de poursuite est inutile. (*Ibid du* 16 *avril* 1825, *et ord. du* 15 *mars* 1822.)

A l'égard des délits forestiers, la Cour de cassation a, par un arrêt du 12 janvier 1809, décidé que la loi ne fesant aucune différence dans la poursuite de ces délits entre ceux qui peuvent être commis par de simples particuliers, et ceux dont les Agens et Gardes forestiers peuvent se rendre coupables; attendu que la répression des délits forestiers est de la compétence des tribunaux correctionnels, et que ces délits ne sont passibles que des peines correctionnelles, soit qu'elles consistent en amendes et restitutions, soit qu'il y ait lieu à l'étendre juqu'à l'emprisonnement, et qu'en admettant que la conduite plus répréhensible des Agens et Gardes forestiers puisse entraîner la censure de leurs supérieurs et même leur destitution, il n'appartenait qu'à l'Administration de prendre elle-même ces mesures de police intérieure.

L'Administration forestière est autorisé à traduire devant les tribunaux, sans l'autorisation préalable du gouvernement, les Agens et Gardes qui lui sont subordonués et qui se rendent coupables de délits, mais il ne peut être exercé contre eux des poursuites judiciaires sans cette autorisation. (*Arrêt de la C. de cass. des 3 novembre 1808, 11 septembre 1812, 4 octobre 1823, et 23 décembre 1824, et Ord. régl., art. 39.*)

Seulement, les Conservateurs et Inspecteurs peuvent pourvoir aux abus dont il importe d'accélérer la répression, et prononcer, à cet effet, la suspension de tous préposés coupables de prévarications ou de négligences notoires dans leur service; mais ils doivent, dans ce cas, constater l'urgence de cette mesure par procès-verbal qu'ils adressent de suite au Directeur des forêts, pour y être statué définitivement. (*Instr. du 4 février 1806.*)

L'insubordination, la désobéissance dans le service, ou injures du Préposé inférieur à son supérieur, médiat ou immédiat, donne lieu à la suspension temporaire avec perte de traitement, et, en cas de récidive, à sa suspension définitive ou à sa révocation; mais l'application de ces mesures exige que le fait dont l'Agent supérieur a à se plaindre, soit constaté par un procès-verbal et le témoignage des assistans, quand il y en a.

Mais s'il arrivait à l'Agent supérieur d'employer envers ses subordonnés des formes et des expressions dures et humiliantes, le préposé doit alors adresser sa plainte au Conservateur qui en réfère au Directeur pour être statué. (*Circ. du 8 août 1809, n° 398.*) Tout fonctionnaire public révoqué, destitué, suspendu ou interdit légalement, qui, après en avoir eu la connaissance officielle, continue l'exercice de ses fonctions, est puni d'un emprisonnement de six mois à deux ans, et d'une amende de cent à cinq cents francs. (*C. p., art. 196.*)

ART. IV. *Traitemens.*

Les Agens forestiers de tous grades, jouissant d'un traitement fixe, ne peuvent exiger ni recevoir, sous quelque prétexte que ce soit, aucune rétribution des communes, des établissemens publics et des particuliers pour les opérations qu'ils ont faites à raison de leurs fonctions, sans exception et sans s'exposer à être accusés d'exaction ou de concussion. Cette défense s'applique aux rétributions qui leur étaient allouées dans quelques départemens pour la marque des bois destinés aux scieries, et à leur coopération à la délimitation des bois communaux. (*Lois de fin.*, *Ord. régl.*, art. 35; *Circ. du 22 messidor an IX*, n. 16 : 12 *germinal an X*, n. 79, *et 1er prairial an X*, n. 94; *Inst. du 23 mars 1821*, *art. 73*; *Circ. du 21 avril 1827*, n. 151; *Décis. du Min. des Fin. du 17 octobre 1828*, *et Circ. du 18 décembre 1828*, n. 197.)

Ils ne peuvent aussi, d'après les dispositions textuelles des lois des 25 décembre 1790 et 19 septembre 1791, et même, lorsque les dépens sont à la charge des délinquans, exiger aucune taxe personnelle; ils peuvent simplement prétendre au simple remboursement des avances qu'ils auraient pu faire.

Toutes concessions ou attributions de bois de chauffage, de pâturage et de tous autres droits ou jouissances dans les forêts, ou dans les coupes et produits des ventes, pour raison de l'exercice d'aucunes fonctions forestières, sont abolies, sans qu'aucun Agent ou Garde puisse s'en prévaloir sous aucun prétexte, à peine de prévarication. (*Arr. de la C. de cass. du 12 novembre 1812*; *Lois de fin. 1825, 26 et 27*; *Circ. du 21 avril 1827, n. 151.*)

Une somme annuelle prise sur le produit des amendes forestières, déduction faites de tous les frais de poursuite et de recouvrement, est répartie, chaque année, entre les Gardes forestiers royaux, mixtes et communaux, à titre d'indemnité et de gratification. (*Loi du 27 nivôse an XII.*)

Les Arpenteurs n'ont aucun traitement fixe : leurs rétributions pour l'arpentage des coupes sont fixées par le Ministre des Finances.

Pour les autres opérations de géométrie nécessaires pour les délimitations, aménagemens, partages, échanges et cantonnemens, et généralement pour toutes les opérations extraordinaires dont les Arpenteurs pourraient être chargés, leur salaire est réglé de gré à gré entre eux et la Direction des forêts. (*Ord. régl.*, art. 20.)

Les Arpenteurs doivent être choisis par les communes pour leurs opérations de délimitation et d'aménagement de leurs bois. (*Déc. du Min. des Fin. du 17 octobre 1828*, *et Circ. du 18 décembre suivant*, n. 197.)

Il est interdit aux Préposés de tous grades, de descendre et loger chez les Agens qui leur sont subordonnés, ou chez tout individu exploitant des coupes dans les forêts domaniales, le Directeur devant rendre compte au Ministre des Finances des infractions de cette nature.

Tout Agent recevant une indemnité de route ou de tournée, qui contrevient à cette disposition, est puni par la privation du quart de son indemnité, lequel est versé dans la caisse des pensions de retraite. (*Instr. du 23 mars 1821, art. 13.*)

Les traitemens ne courent que du jour de la prestation de serment des Agens et Gardes.

Il est exercé une retenue de 5 pour cent sur les traitemens et salaires forestiers, dont le produit est versé à la Caisse des dépôts et consignations, pour former un fonds commun de retraite, spécialement et exclusivement destiné à accorder des pensions et secours aux Agens et Gardes forestiers, ainsi qu'aux veuves et orphelins qui y ont droit.

Le fonds de retraite s'accroît aussi des versemens opérés tant du montant du traitement du premier mois de l'emploi obtenu, ou de l'augmentation résultant du passage à un nouveau grade, que des sommes provenant des congés accordés. (*Loi du 16 nivôse an IX, art. 8; Ord. du 12 janvier 1825, art. 2 et 4.*)

A l'expiration de chaque trimestre, les Conservateurs adressent à l'Administration un état général et nominatif, en double expédition, des traitemens à payer aux Agens et Gardes forestiers royaux mixtes et de la pêche de leur arrondissement, au prorata de la durée de leur service, pendant le cours du trimestre expiré. (*Inst. du 23 mars 1821, art. 76.*)

Ces états doivent être établis conformément au modèle annexé à l'instruction du 23 mars 1821, et modifiés par la lettre du secrétariat général, du 5 septembre suivant, n. 176, présentant, par ordre de grades, le montant exact de tous les traitemens dus pour le trimestre, avec la désignation du bureau du Receveur de l'enregistrement et des domaines où la dépense doit être effectuée, et indiquer toutes les mutations survenues dans le cours du trimestre.

Ces états doivent en outre être totalisés par grades dans chaque département, et présenter à la fin une récapitulation par département et par grade, et de plus une récapitulation générale par grades. (*Inst. du 4 février 1825, art. 2.*)

Les Conservateurs certifient ces états, tant sous le rapport de la réalité du service que sous celui de la quotité du traitement annuel alloué à chaque individu.

L'une des expéditions de ces états est arrêté par le Directeur, et renvoyée au Conservateur avec la lettre d'avis de l'ordonnance ministérielle de délégation de crédit. Cette lettre constitue, pour les Conservateurs devenus *Ordonnateurs secondaires*, le titre en vertu duquel ils disposent des crédits qui leur ont été ouverts. (*Inst. du 4 février 1825, art. 4, 7 et 8.*)

En vertu des ordonnances de délégation, les Conservateurs sous-ordonnancent les dépenses sur les Caisses de la Direction générale de l'enregistrement et des domaines, en indiquant le bureau du Receveur où la dépense doit être effectuée; les mandats de traitement qu'ils délivrent aux parties prenantes, doivent relater : 1° le n° de l'enregistrement de chaque mandat ; 2° l'exercice sur lequel la dépense doit être imputée ; 3° la nature de cette dépense ; 4° les chapitres, articles et sections d'articles du budget; 5° les n°, date et somme de l'ordonnance de délégation ; 6° les noms et grades des parties prenantes ; 7° le temps pour lequel le traitement est dû; 8° le montant des traitemens dus pour le trimestre ; 9° la déduction à faire des 5 pour cent et autres retenues exercées au profit de la Caisse des pensions; 10° le reste à payer. (*Ib., art. 13 et 14.*)

En cas de mutation ou de déplacement des Préposés, ils les font payer jusqu'au jour de la cessation de leurs fonctions dans leurs arrondissemens respectifs; et ils leur donnent un certificat constatant l'époque à laquelle ils ont cessé d'être payés. Ils sont personnellement responsables de toute somme qu'ils auraient fait indûment payer, ou mal à propos ordonnancer. Ces Agens veillent aussi à ce que les états trimestriels de paiement des Gardes à pied royaux et mixtes soient formés nominativement dans l'ordre des numéros de chaque triage qui doit être indiqué à côté du nom, sans jamais l'intervertir; de sorte que le successeur d'un Garde occupe toujours la ligne qu'avait son prédécesseur. (*Inst. du 23 mars 1821, art. 76, et Circ. du 21 août 1821, n° 56.*)

Art. V. *Uniforme.*

Les Conservateurs, Inspecteurs, Sous-Inspecteurs,

Gardes généraux, Arpenteurs et les Gardes à cheval et à pied, sont toujours tenus de se montrer revêtus de leur uniforme ou des marques distinctives de leur grade forestier dans l'exercice de leurs fonctions. (*Ord. régl.*, art. 34.)

L'uniforme des Agens forestiers est réglé ainsi qu'il suit :

Pour tous les Agens, habit et pantalon de drap vert, l'habit boutonné sur la poitrine, le collet droit, le gilet chamois ; les boutons de métal blanc avec un pourtour de feuilles de chêne et portant au milieu les mots : *Direction des Forêts*, le chapeau français avec une ganse en argent et un bouton pareil à ceux de l'habit ; une épée.

La broderie sera en argent et le dessin en feuille de chêne.

Les Conservateurs portent la broderie au collet, aux parmens et au bas de la taille de l'habit, avec une baguette unie sur les bords de l'habit et du gilet.

Les Inspecteurs portent la broderie au collet et aux parmens.

L'habit des Sous-Inspecteurs est brodé au collet, avec une baguette unie aux parmens.

Les Gardes généraux ont deux rameaux de chêne de la longueur de dix centimètres brodés de chaque côté du collet de l'habit. (*Ib., art.* 18.)

Cependant les Agens supérieurs peuvent se dispenser de porter dans les forêts toutes les marques distinctives de leur grades ; mais il sont tenus d'avoir l'habit vert avec le bouton ayant pour exergue : *Direction des Forêts.* (*Inst. du* 23 *mars* 1821, *art.* 12.)

L'uniforme des Arpenteurs est de même forme et de même couleur que celui des Agens forestiers ; mais le collet et les parmens sont en velours noir, avec une broderie pareille à celle des gardes généraux. (*Ib. art.* 21.)

L'uniforme des Gardes à cheval et des Gardes à pied, est l'habit, le pantalon et le gilet de drap vert.

L'habit des Gardes à cheval a sur le collet une broderie semblable à celle déterminée ci-dessus pour les élèves de l'École royale forestière.

Les Gardes à cheval et à pied sont tenus de porter toujours dans l'exercice de leurs fonctions, autant dans l'intérêt du service, que dans celui de leur sûreté personnelle une bandoulière chamois avec bandes de drap vert, et au milieu une plaque de métal blanc, portant ces mots, *Forêts Royales.* Cette bandoulière leur est fournie aux frais du Gouvernement, mais ils sont chargés de son entretien. (*Ord. régl., art* 29.) La bandoulière est le principal signe distinctif des gardes forestiers et ils doivent toujours en être revêtus; mais le défaut de mention dans un procès-verbal, que le garde rédacteur en était revêtu, n'entraîne pas la nullité du procès-verbal. (*Art. de la C. de cass. du* 18 *février* 1820.)

Les Conservateurs, Inspecteurs, Sous-Inspecteurs, Gardes généraux, et Gardes à cheval, sont tenus d'avoir un cheval pour leur service. (*Inst. du* 7 *prairial an ▇, art.* 8; *du* 16 *ventose an* X, *et du* 23 *mars* 1812, *art.* 19.)

Art. VI. *Résidences* (1).

Les Conservateurs, Inspecteurs, Sous Inspecteurs, Gardes généraux, Gardes à cheval et à pied, sont tenus de résider habituellement dans les chefs-lieux de leur convation, inspection, sous-inspection, cantonnement et triage qui leur ont été désignés, à peine de suspension de leur traitement et même d'interdiction.

Ils ne peuvent aussi, sans s'exposer à être remplacés, s'absenter de leurs arrondissemens respectifs, à moins qu'ils n'aient obtenu un congé de l'Administration. (*Ord. régl., art.* 10 *et* 25; *Inst. du* 7 *prairial an IX*,

---

(1) La résidence est d'obligation pour tout fonctionnaires et agens publics : elle est déterminée dans l'intérêt du Gouvernement qui les emploie et dans celui des personnes ou des choses qu'ils ont à administrer ou à surveiller; elle est indispensable pour donner un point fixe à la correspondance entre leurs supérieurs immédiats et eux, et pour que les citoyens ayant à y recourir soient assurés de les trouver à leur domicile, ou quelqu'un qui les y représente, en cas d'absence de leur part pour des tournées ou par congé.

L'inexécution ou la violation de cette obligation donne au service une marche longue, ou en arrête le mouvement. Les affaires qui exigent des rapports avec les autorités locales languissent ou se perdent de vue, l'on doute de l'existence d'une Administration dont les préposés ne paraissent à leur résidence que de loin en loin ou jamais, et cette Administration même est méconnue dès que ses agens ne se conforment pas à ses instructions concernant l'inviolabilité des résidences.

art. 1; *du* 16 *ventôse an* X, *et* 23 *mars* 1821, *art.* 2; *et Circ. des* 30 *pluviôse an* XI, *n.* 132, *du* 9 *messidor an* XIII, *n.* 272, *et du* 24 *février* 1831, *n.* 260.)

ART. VII. *Changement de résidence ou d'emploi.*

Les Agens et Gardes forestiers de tous grades sont tenus de se rendre au lieu de la destination qui leur est indiqué dans le délai fixé par la lettre d'avis de leur nomination. Mais l'Administration ayant eu lieu de remarquer que les nouveaux Agens ou Gardes mettaient souvent des délais trop prolongés à se rendre à leur poste, elle a cru, dans l'intérêt du service, devoir apporter quelques modifications aux anciens règlemens qui accordent indistinctement quinze jours à chaque employé pour se rendre à sa destination. D'abord ce terme, trop long quand le poste est rapproché, peut être trop court si l'agent doit parcourir un rayon étendu; ensuite les lettres parties de l'Administration ayant à passer par une filière plus ou moins longue, on pouvait s'excuser sur le retard qu'éprouve la correspondance. Pour parer à ces inconvéniens, le Directeur a décidé qu'à l'avenir,

1° Les lettres d'exécution adressées aux Conservateurs et aux Agens nommés ou changés de résidence, détermineraient *la date précise* à laquelle chacun d'eux devra être rendu à sa destination, en ayant égard, dans la fixation de cette date, au temps nécessaire à l'arrivée des dépêches;

2° Que chaque Conservateur fera connaître à l'Administration, avec la plus grande exactitude, outre les dates de cessation de service, d'installation et de prestation de serment, celles du départ et de l'arrivée de ses subordonnés;

3° Que dans le cas où le terme fixé serait dépassé, il en serait rendu compte sur-le-champ, pour être pris telle mesure de discipline qui serait jugée convenable. (*Circ. du* 17 *avril* 1829, *n.* 215.)

Dans le cas de simple changement de résidence, sans avancement, les Agens et Gardes ne supportent aucune interruption de traitement. Ils sont payés dans leur ancienne résidence jusqu'au jour de la cessation de leurs fonctions, qu'ils font constater par un certificat du Conservateur, et pour le temps subséquent dans le département de leur nouvelle destination.

Toutes les fois qu'un Agent ou Garde forestier passe

à un emploi supérieur à celui dont il était pourvu, il éprouve une interruption de traitement à compter du jour où il a cessé ses anciennes fonctions, jusqu'à la date de l'acte de sa prestation de serment en sa nouvelle qualité.

Le produit du traitement, pendant cette interruption, est affecté à la Caisse des pensions de retraite. (*Ord. des 4 novembre 1814, art. 3; 15 avril 1823, art. 1 et 2; 14 mars 1821 et 1822, et 12 janvier 1825, art. 2.*)

§ III. *Congés.*

Art. Ier. *Dispositions générales.*

L'organisation du service actif des forêts, plaçant nécessairement, dans beaucoup de localités, les employés des divers grades à des distances plus ou moins éloignées les uns des autres, exigent qu'ils soient continuellement à leur poste. Des absences trop fréquentes ont donc le double inconvénient de laisser à découvert les arrondissemens immédiatement surveillés par chaque agent, et d'enlever à la surveillance hiérarchique son action efficace. L'inconvénient est plus grand si les absences se prolongent indéfiniment, ou si elles sont faites inopinément et sans autorisation.

De graves abus ayant été remarqués à cet égard, le Ministre des Finances, pour y remédier, a pris, le 10 avril 1829, un arrêté sur les absences par congé, lequel est applicable à toutes les administrations financières. Voici les dispositions de cet arrêté :

1° Aucun Fonctionnaire ou Employé appartenant au Ministère des Finances ou à l'une des administrations qui en dépendent, ne *peut s'absenter de sa résidence pour une cause étrangère au service* dont il est chargé, ni interrompre l'exercice de ses fonctions, pour quelque motif que ce soit, *dépendant de sa volonté*, s'il n'en a préalablement reçu l'autorisation spéciale.

2° Cette autorisation qui cesse d'être valable, s'il n'en a pas été fait usage dans les quinze jours de sa notification, entraîne la retenue, au profit de la caisse des retraites, de la *moitié du traitement* de l'Agent qui l'aura obtenue, pour tout le temps de la durée du congé.

3° Néanmoins, il peut être accordé des congés sans la retenue, dans les circonstances suivantes :

Si l'absence a pour cause l'accomplissement d'un des devoirs imposés par les lois.

Si le réclamant justifie de la nécessité de se rendre aux eaux par suite de blessures ou de maladies résultant de l'exercice de ses fonctions ou de services militaires.

Ou s'il est atteint d'une maladie de nature à exiger que le traitement en ait lieu hors de sa résidence.

4° Tout congé sans retenue est délivré par le Ministre des Finances, sur la proposition des Directeurs dans les Administrations financières, si l'Agent qui l'a obtenu est à la nomination du Roi ou du Ministre. Dans toutes les autres circonstances, il est délivré directement par le Chef de l'Administration dont l'employé fait partie.

5° Les demandes de congé pour causes de maladies devront être appuyées des justifications et certificats nécessaires, et transmises à l'Administration par l'intermédiaire des Chefs de service ou des Autorités administratives, et sous leur responsabilité.

6° Les congés illimités sont supprimés, et à moins de circonstances extraordinaires, dûment constatées, il n'est pas accordé dans la même année plus de trois mois de congé au même individu.

7° Toute demande de congé doit énoncer, sous peine de rejet, le motif de l'absence et le lieu où le réclamant a l'intention de se rendre.

8° L'Employé qui s'absente de son poste sans congé, ou qui ne rentre pas à son poste à l'expiration de son congé, est, selon le cas, réputé démissionnaire, et comme tel rayé des cadres, ou privé de son traitement pour un temps double de celui pendant lequel il s'est absenté.

Néanmoins, l'Administration peut modifier les peines à appliquer, ou même les remettre, si l'absence est ultérieurement justifiée par des motifs légitimes.

9° Est considéré comme s'étant absenté sans congé, ou comme n'étant pas retourné à son poste à l'époque prescrite, tout Employé qui a négligé, soit de donner à l'Administration l'avis, certifié par l'Autorité locale ou le Chef de service, du jour précis de son départ ou de celui de son retour, soit de se conformer aux dispositions des articles 10 et 11 ci-après.

10° Les Employés des départemens, quel que soit leur grade, qui ont obtenu un congé pour Paris, doivent, en y arrivant, indiquer à la division de leur administration chargée du personnel, le lieu de leur domicile.

11° Tout Employé qui a obtenu l'autorisation de s'absenter pour l'une des causes spécifiées à l'art. 3, doit justifier de la durée de son séjour dans l'endroit qu'il a désigné, par un certificat du médecin, ou la production de toute autre pièce, selon le cas.

12° Les 1er et 16 de chaque mois, il doit être remis au Ministre, par chacune des Administrations financières, un état des congés accordés par elle, pendant la quinzaine expirée, aux Fonctionnaires et Employés placés sous sa direction, à la nomination du Roi ou du Ministre.

13° Les dispositions réglementaires et de détails spéciaux à chaque administration, auxquelles il n'est point dérogé par le présent arrêté, continueront à être exécutées.

D'après les dispositions générales ci-dessus arrêtées, l'Administration forestière a tracé, relativement aux absences par congé, des règles de détail qui sont le complément et le commentaire obligé de l'arrêté ci-dessus.

Ces règles, suivant la division naturelle établie par ledit arrêté, se partagent en deux sections bien distinctes : Congés *avec* ou *sans retenue d'appointemens.*

ART. II. *Congés avec retenue d'appointemens.*

1° Aucun congé n'est accordé aux Agens forestiers, y compris les Gardes à cheval, que *par le Directeur,* à qui la demande doit en être adressée par la voie des chefs intermédiaires.

Les Conservateurs continuent, comme par le passé, à accorder aux Gardes forestiers les autorisations d'absence, en en referant au Directeur, et en se conformant à l'arrêté ci-dessus du Ministre des Finances.

2° Chaque demande doit contenir le motif, la durée de l'absence, le lieu où l'on désire se rendre, et l'époque précise à laquelle il doit être fait usage du congé.

3° La hiérarchie des divers grades établissant dans l'Administration des forêts une filière plus ou moins étendue, les Agens des divers grades doivent avoir soin d'apporter, chacun en ce qui le concerne, la plus grande célérité dans l'envoi des pièces, en faisant connaître toujours les inconvéniens pour le service, qui peuvent résulter du congé demandé, et le nom de l'Agent intérimaire.

4° Nul Agent et Garde à cheval ne peut s'absenter avant d'en avoir reçu l'autorisation supérieure, à moins de circonstances graves et extraordinaires, prévues ci-après, et dont il doit être justifié au Conservateur qui, dans ces cas seulement, autorise l'absence sous sa responsabilité, et en réfère de suite au Directeur, à qui les Conservateurs doivent signaler les Agens qui s'absentent sans autorisation.

5° Sont réputés cas extraordinaires, *maladie ou décès de père, mère, femme, frère ou sœur; succession, faillite ou banqueroute*, tous événemens de force majeure qui compromettent les affections ou les intérêts des Agens, et à l'occasion desquels il y a pour eux nécessité indispensable de quitter leur service avant l'autorisation supérieure.

6° En aucune circonstance, nul Préposé forestier ne doit quitter son poste avant que ses supérieurs immédiats n'aient pris les mesures nécessaires pour assurer le service en son absence.

7° Il est délivré des feuilles de congé mentionnant, avec la durée de l'absence, l'époque du départ et du retour de chaque Préposé. Ces feuilles de congé sont signées par le Directeur. Les Conservateurs, après avoir certifié les détails qu'elles renferment, renvoient ces feuilles à la Direction, sitôt que le Préposé est de retour à son poste.

8° A la réception de la feuille de congé, chaque Préposé fait connaître de suite le jour de son départ à son chef immédiat, qui en réfère aux supérieurs.

La même formalité a lieu au retour à la résidence.

9° Si quelques circonstances fortuites obligeaient l'Agent qui a obtenu un congé à changer, *soit le jour du départ, soit le lieu de sa destination*, il en réfère à ses chefs immédiats, sans que, pour partir, il ait besoin d'attendre une autre autorisation; toutefois, si, dans le premier cas, la durée du retard que l'agent doit mettre à profiter de son congé excédait quinze jours, une nouvelle demande deviendrait indispensable.

10° Tout Préposé en congé doit avoir soin de donner son adresse au bureau de poste de sa résidence temporaire, afin qu'on puisse, au besoin, lui faire passer ses lettres de service.

11° Tout Préposé en congé qui se trouve avoir besoin d'une prolongation d'absence, doit faire parvenir sa demande à la Direction, par l'intermédiaire du chef de service forestier, son supérieur en grade, dans l'arrondissement duquel il se trouve résider temporairement. La demande en prolongation doit être parvenue à la Direction avant l'expiration du congé primitif.

12° Les Conservateurs *seuls*, soit pour les congés primitifs, soit pour les prolongations qui leur seraient nécessaires, s'adressent au Directeur.

13° L'état de traitement du trimestre durant lequel il a été fait usage d'un congé, doit mentionner dans les colonnes du traitement et d'observations, les retenues proportionnelles que le Préposé doit supporter au profit de la Caisse des pensions, d'après la durée de son absence, ainsi que la durée du congé et la date à laquelle il a été accordé.

14° Dans le cas où une absence enjambe d'un trimestre sur l'autre, la retenue intégrale se fait sur l'état du dernier trimestre.

Art. III. *Congés sans retenue d'appointemens.*

15° Dans les cas d'absence prévus par l'art. 3 de l'arrêté ci-dessus du Ministre des Finances, chaque Agent doit :

1° Si l'absence a pour cause l'accomplissement d'un des devoirs imposés par les lois, transmettre au Conservateur de son arrondissement, qui l'adresse de suite au Directeur, un certificat délivré par l'Autorité administrative ou judiciaire, dans le ressort de laquelle il doit agir durant toute la durée de son absence. Il fait également constater, par certificat de l'autorité compétente, le nombre de jours durant lesquels il a exercé son mandat;

2° S'il s'agit d'un congé pour prendre les eaux, par suite de blessures ou de maladies résultant de l'exercice de ses fonctions ou de services militaires, ou si le Préposé est atteint d'une maladie de nature à exiger que le traitement en ait lieu hors de sa résidence, sa demande doit être accompagnée du certificat d'un médecin ou chirurgien, dûment légalisé, détaillant exactement les causes de la maladie et le temps nécessaire à la guérison. Si l'accident a eu lieu dans l'exercice des fonctions forestières, le Conservateur doit y joindre son certificat.

16° Dans tous les cas, aux termes de l'art. 5 de l'arrêté ci-dessus du Ministre, les Chefs de service doivent attester, sous leur responsabilité, l'exactitude des faits avancés par le réclamant.

17° Il est expressément recommandé à tout Agent qui a obtenu un congé sans retenue, de justifier de la durée de son séjour dans l'endroit qu'il a désigné, comme devant y établir son domicile temporaire.

Telles sont les règles de détail qui ont semblé à l'Administration des forêts être le complément nécessaire de l'Arrêté du Ministre des Finances, et qui, ayant reçu son approbation, sont devenues obligatoires pour tous les Agens forestiers.

Il a été recommandé aux Conservateurs de les exécuter et de les faire exécuter littéralement, et de se reporter, tant pour les principes généraux de la matière, que pour les peines de discipline à proposer, aux dispositions dudit arrêté. (*Clrc. du 7 juillet* 1829, *n.* 223.)

Le Préposé qui est forcé de cesser son service par maladie, en informe ou fait informer son supérieur immédiat, et lui fait, en même temps, parvenir un certificat légalisé d'un médecin ou chirurgien en titre. Chaque Agent peut faire suppléer, dans son arrondissement, en cas d'empêchement, les Agens et Gardes employés sous ses ordres, à la charge d'en rendre compte, sans délai, à son supérieur immédiat.

Le Conservateur rend compte de tout au Directeur, et lui adresse le certificat du médecin avec ses observations. Dans ce cas le Préposé conserve la jouissance de son traitement, pourvu qu'il ne quitte pas sa résidence.

Les Conservateurs ne peuvent, au surplus, permettre aucune absence, sous le prétexte du besoin de changer d'air ou de prendre les eaux, sans avoir préalablement reçu un congé expédié dans la forme ordinaire. (*Ord. des 4 novembre* 1814, *art.* 4, 12 *janvier* 1825, *art.* 2, *et* 1 *août* 1827, *art.* 14; *et Inst. du* 23 *mars* 1821, *art.* 3 *et* 22.)

Au surplus, tout Agent qui s'absente de son poste sans congé, est privé de l'intégralité de son traitement pendant la vacance, et il est pourvu à son remplacement si l'absence a pour but de se rendre à Paris. (*Circ. du 31 octobre 1830, n. 246.*)

Les Conservateurs ne doivent accorder, en conformité de l'art. 4 de la Décision du Ministre des Finances ci-dessus transcrite, des congés que pour des cas tout-à-fait exceptionnels, et après qu'ils se sont assurés de l'exactitude des faits avancés par le réclamant. Les Agens sont d'ailleurs prévenus qu'il ne leur sera accordé de congé qu'autant que la demande en sera bien motivée, et qu'elle indiquera le lieu où ils doivent passer le temps de leur congé. (*Circ. du 28 avril 1831, n. 272.*)

Les Agens ont de nouveau été prévenus qu'aucun d'eux ne doit s'absenter de son poste, soit pour venir à Paris, soit pour se rendre en tout autre lieu, avant d'en avoir reçu l'autorisation expresse de l'Administration, et que toute infraction à cette disposition, de la part des Agens supérieurs, sera signalée à M. le Ministre des Finances. (*Circ. du 6 août 1832, n. 309.*)

§ IV. *Service militaire.*

ART. 1er. *Service de la Garde nationale.*

Les Agens forestiers ne sont point dispensés du service de la Garde nationale; les Gardes seuls en sont exceptés d'après l'art. 12 de la loi du 22 mars 1831, sur l'organisation de cette garde; mais les Agens peuvent d'ailleurs, d'après le dernier paragraphe de l'art. 29 de cette loi, obtenir des dispenses temporaires, lorsque leurs fonctions les mettent dans la nécessité de s'absenter de leur résidence.

En effet, s'il est juste que ces Agens se soumettent à la loi commune sur le service de la Garde nationale, il est de même indispensable que ce service ne nuise pas à l'exercice des fonctions publiques qui leur sont attribuées, et qu'ils puissent être mis à même de les remplir convenablement. Dans cet état de choses, et pour prévenir toutes difficultés, le Directeur des forêts a prié M. le Ministre des Finances de vouloir bien intervenir auprès de son collègue du département de l'Intérieur, pour que, conformément à l'art. 29 de la loi du 22 mars 1831, il soit accordé aux Agens forestiers toutes remises de service et latitudes qui peuvent leur être nécessaires, à charge seulement par eux d'informer à l'avance les chefs des corps, autant que cela se peut, des absences qu'ils sont dans le cas de faire, et de leur durée présumée.

M. le Ministre des Finances l'a informé que déjà, à plusieurs reprises, il a appelé l'attention de M. le Ministre de l'Intérieur sur la nécessité d'accorder des dispenses aux divers Agens de l'Administration des finances qui, à raison de leurs fonctions, seraient dans l'impossibilité de concourir au service de la Garde nationale; mais que la loi ayant attribué aux Conseils de recensement et aux Jurys de révision le droit de prononcer sur la convenance ou l'utilité des exemptions réclamées, le Ministre de l'Intérieur n'a pas cru devoir statuer à cet égard, d'où il suit que, dans la nécessité de s'adresser aux Conseils de recensement et aux Jurys de révision, il ne peut être question de donner indistinctement des concessions générales de dispenses pour une classe entière de Préposés, et que des réclamations, pour pouvoir être accueillies, doivent être spécialement fondées sur des faits particuliers, qui démontrent la nécessité de l'exemption. Le Ministre des Finances ajoute que, d'ailleurs, il n'est guère supposable que les chefs de la Garde nationale refusent d'avoir égard aux avis que leur donneront les Agens forestiers, lorsqu'ils seront obligés de s'absenter pour leur service; que s'il en était autrement, et qu'on insistât, malgré la nécessité de leur absence, pour qu'ils remplissent le service de Garde national commandé pour le temps de leur absence, c'est alors seulement qu'il pourrait, à juste titre, provoquer une décision qui fît cesser des exigences aussi évidemment nuisibles à la chose publique; mais que son intervention ne peut être efficace qu'autant qu'elle serait nécessitée par des faits particuliers.

Il résulte donc de ces dispositions que c'est seulement dans le cas où les Agens forestiers ne pourraient obtenir des Conseils de recensement, des Jurys de révision ou des chefs de corps, les remises de service dont ils peuvent avoir besoin pour l'exercice de leurs fonctions, qu'il y aurait lieu à réclamation; mais, d'un autre côté, ces Agens doivent sentir sans doute combien il est dans leur intérêt de ne pas se montrer trop exigeans sous ce rapport, et de ne pas provoquer eux-mêmes des difficultés, en prétextant mal à propos des fonctions qu'ils ont à remplir, pour se soustraire entièrement à des obligations qui sont communes à tous les citoyens, et qui intéressent l'ordre et la tranquillité publics. Ils ne doivent pas perdre de vue surtout qu'ils ne peuvent pas prétendre à des dispenses indéfinies, mais seulement à des remises de service temporaires, et qu'elles doivent toujours se borner à celles qui seraient motivées sur leurs tournées et leurs opérations.

Comme toutes les réclamations de cette espèce sont dans le cas d'être déférées à MM. les Ministres des Finances et de l'Intérieur, c'est une raison de plus pour engager ces Agens à agir avec prudence, et à éviter avec soin toute difficulté entre eux et les autorités chargées de l'exécution de la loi du 22 mars 1831. (*Circ. du 21 août 1831, n. 281.*)

Art. II°. *Compagnies des Guides de l'Administration des forêts.*

Une Ordonnance du Roi, du 31 mai 1831, a prescrit que les brigades actives de l'Administration des douanes seraient organisées militairement pour le cas de guerre. M. le Secrétaire d'Etat Ministre de la Guerre a pensé que l'intérêt de la défense du pays commandait une mesure analogue pour les Agens et Gardes de l'Administration des forêts. M. le Ministre a fait remarquer que la plus grande partie des Gardes forestiers comptaient d'honorables services militaires; que la nature de leurs fonctions entretenait chez eux l'habitude des fatigues; qu'ils seraient jaloux, comme les Préposés des douanes, de défendre l'indépendance de leur pays si le Roi faisait un appel à leur bravoure et à leur patriotisme, et qu'employés comme guides ou éclaireurs, ils rendraient de très-utiles services à l'armée, par leurs connaissances pratiques des bois et forêts dans les départemens voisins et rapprochés des frontières.

D'après ces principaux motifs du rapport de M. le Ministre de la Guerre, il est intervenu, le 27 août 1831, une ordonnance dont la teneur suit :

Art. Ier. Les Agens et Gardes royaux et communaux des forêts pourront être affectés au service militaire, en cas d'invasion du territoire, pendant le temps que les opérations militaires auront lieu dans le département où ils sont employés, et dans ceux qui leur sont limitrophes.

2. Il sera établi, dès à présent, un contrôle de guerre pour ces Gardes et Agens, dans chacun des dé-

partemens dont l'état est annexé à la présente ordonnance.

3. Seront portés sur ce contrôle les Agens et Gardes royaux et communaux en état de seconder les opérations militaires comme Guides ou Eclaireurs.

4. Ils seront immédiatement organisés par compagnie de cinquante à quatre-vingts hommes, sans que, dans chaque département, le nombre des gardes qui en feront partie dépasse la moitié de ceux qui sont en activité.

Ces compagnies prendront la dénomination de *Compagnies de Guides de l'Administration des forêts.*

5. Les Gardes royaux et mixtes qui devront faire partie des compagnies de Guides, seront désignés par l'Administration des forêts; les Gardes communaux le seront par les Préfets, autorisés par notre Ministre du Commerce et des Travaux publics.

6. Les officiers, sous-officiers et caporaux seront pris parmi les Agens et les Gardes forestiers.

L'assimilation suivante pour les divers grades, sera observée :

FORÊTS.	ARMÉE.
Garde chef ou brigadier.....	Caporal.
Garde à cheval............	Sous-officier.
Garde général de 1re et 2e classe.	Lieuten. et s.-lieuten.
Sous-Inspect. et Inspect.....	Capit. en 2e et cap. com.

7. Le lieu de rassemblement de chaque compagnie sera déterminé à l'avance, afin que les officiers chargés de les commander, puissent, au premier ordre, les réunir et procéder sur le terrain à leur formation définitive.

Ils seront, dès lors, sous les ordres du général commandant la division territoriale où sera situé le lieu du rassemblement.

8. Le cas prévu par l'art. 1er arrivant, les compagnies des Guides de l'Administration des forêts seront mises, par une ordonnance, à la disposition du département de la guerre, pour être employées ainsi qu'il est dit à l'art. 3.

Dans le cas où les événemens de la guerre ne permettraient pas à ces compagnies de retourner dans leur résidence habituelle, après avoir concouru à la défense de leur département et de ceux limitrophes, elles pourront se diriger sur les places fortes désignées à l'avance, et feront partie des garnisons. Leur activité sera maintenue pendant le temps qu'elles y seront employées.

9. À dater de leur mise en activité, ces compagnies feront partie intégrante de l'armée, et jouiront des mêmes droits, honneurs et récompenses que les corps de troupes qui la composent.

Les lois et règlemens qui la régissent leur seront applicables, sous le rapport de la police et de la discipline.

Les prestations en nature, le logement, les indemnités pour les pertes de chevaux et d'effets, la solde pour les journées d'hôpitaux leur seront alloués par le département de la guerre; la solde actuelle sera conservée par le Département des Finances aux Agens forestiers, aux Gardes royaux et aux gardes mixtes, pour la part de leur traitement à la charge du Trésor; la solde des Gardes communaux et des Gardes mixtes, pour la portion à la charge des communes, sera assurée par les soins du Ministre du Commerce et des Travaux, qui donnera, à cet égard, aux Préfets, les instructions nécessaires.

Les officiers, sous-officiers et caporaux prendront les insignes militaires, et les Gardes royaux ou communaux porteront deux épaulettes en laine, dont la première mise sera faite par le Département de la Guerre; ces épaulettes seront celles des voltigeurs (jaunes).

Les Inspecteurs, Sous-Inspecteurs et Gardes généraux de 1ᵉ et de 2ᵉ classe qui feront partie des compagnies, étant montés, conserveront leurs chevaux, et auront droit aux distributions de fourrages, suivant leur grade.

10. L'Administration des forêts fera immédiatement procéder sur les lieux, par les Agens supérieurs forestiers qu'elle désignera à cet effet, à l'organisation militaire des Agens et Gardes royaux et communaux des forêts, d'après les art. 2, 3, 4. 5, 6 et 7.

Leur travail fera connaître l'arrondissement des compagnies et leur lieu de rassemblement, dans le cas où le département serait menacé d'une invasion.

L'Administration des forêts, en donnant les ordres nécessaires pour l'exécution de cette ordonnance, a fait remarquer, d'abord, que la mesure n'est pas gé-

nérale, et ne s'applique qu'à vingt-neuf départemens.

Ensuite, que l'art. 1er n'appelle les Agens et Gardes
forestiers au service militaire qu'en cas d'invasion du
territoire, et pendant le temps que les opérations auront
lieu dans le département où ils seront employés et dans
ceux limitrophes; l'ordonnance n'apporte pour le moment aucun changement à l'état actuel du service; il
s'agit seulement de préparer une organisation éven-
tuelle, et de régler pour l'avenir le service auxiliaire
que les Agens et Gardes forestiers devront faire en cas
d'invasion, et que les art. 2, 3, 4, 5, 6 et 7 déterminent le mode d'organisation des *Compagnies des
Guides de l'Administration des forêts*. Les Conservateurs
ne doivent pas perdre de vue que le nombre des Gardes
appelés au service militaire ne doit pas dépasser la
moitié de ceux qui sont en activité dans chaque département. Leur choix doit se fixer principalement sur les
hommes les plus valides et sur ceux qui ont déjà quelque habitude du service; il est à désirer que l'habille-
ment et l'armement des Gardes soient aussi complets et
aussi uniformes que possible; l'Administration appelle leur attention particulière et celle des Agens sur
ce point important.

Ils doivent former, pour chacun des départemens
désignés dans leur conservation, une ou plusieurs compagnies de quatre-vingts ou de cinquante hommes, suivant le nombre des Gardes royaux, mixtes et communaux dont ils peuvent disposer; ils désignent les officiers,
sous-officiers et caporaux, en établissant l'assimilation
des grades d'après les dispositions prescrites par l'art. 6,
et, quant au nombre, ils se conforment à l'ordonnance
du 27 février 1825, qui règle que la force de chaque
compagnie d'infanterie est de capitaine........ 1

Lieutenant...... 1
Sous-lieutenant.. 1
Sergent-major... 1
Fourrier........ 1
Sergens........ 4
Caporaux...... 8

Les Conservateurs désignent aussi les Gardes royaux
et mixtes qui doivent faire partie des compagnies, et
ils doivent avoir soin de se concerter avec MM. les
Préfets pour la désignation des Gardes communaux.

L'Administration leur a recommandé d'user de toute leur influence et de celle des Agens auprès des Préfets et des Maires, pour que les Gardes communaux désignés présentent, autant que possible, un ensemble militaire, sous le rapport de la tenue et de l'armement.

Ils doivent aussi déterminer, conformément à l'art. 7, le lieu de rassemblement de chaque compagnie, et en former le contrôle suivant le modèle qui leur a été fourni. (*Circ. du* 19 *septembre* 1831, n. 289.)

CHAPITRE VI.

Pensions de retraite.

L'établissement d'un fonds de retraite dans chaque Administration étant un objet de tranquillité pour tous les Préposés sur le sort qui les attend à la fin d'une longue et honorable carrière, ainsi que sur celui de ce que l'homme a de plus cher, sa femme et ses enfans, en leur assurant, après lui, une existence, avait été consacré par divers règlemens particuliers à chacune des Administrations dépendantes du Ministère des Finances.

Mais sur le compte qui a été rendu au Roi par le Ministre Secrétaire d'Etat de ce département, de la situation des diverses caisses de retenues qui y sont établies, et de la nécessité de coordonner les règlemens qui les régissent avec les ressources qui leur sont propres, Sa Majesté, considérant qu'il convenait d'adopter un règlement uniforme pour l'admission à la retraite de tous les Employés de l'Administration des Finances, la liquidation et la fixation des pensions, et leur reversibilité en faveur des veuves et des orphelins, a, par son Ordonnance du 12 janvier 1825, arrêté les dispositions suivantes, en ce qui concerne plus spécialement les Préposés forestiers de tous grades.

Mais comme les retraites sont pour tous les Préposés un objet important, j'ai cru devoir, dans l'intérêt de chacun, entrer dans des détails assez étendus, en les divisant en deux sections : la première fait connaître les conditions nécessaires pour être admis à la retraite, et les règles d'après lesquelles on procède à la liquidation et à la fixation de la pension ; la seconde indique quelles sont les pièces à produire à l'appui des de-

aandes, et les formalités dont elles doivent être re-
êtues.

PREMIÈRE SECTION.

*Admission à la Retraite, Liquidation et Fixation des
Pensions.*

§ Ier. *Constitution de la Caisse générale et commune des
Pensions de retraite des Fonctionnaires et Employés du
Département des Finances.*

A compter du 1er janvier 1825, les sept caisses spé-
iales établies pour subvenir au paiement des pensions
le retraite des Employés du Ministère des Finances et
les Administrations de l'Enregistrement et des Do-
naines, des Forêts, des Douanes, des Contributions
ndirectes, des Postes et de la Loterie, ont été réunies
:n une caisse commune, sous la dénomination de *Caisse
générale des Pensions de retraite des Fonctionnaires et Employés des Finances*, pour être régies conformément aux
dispositions ci-après énoncées. (*Ord. du 12 janvier 1825,
art. 1er.*)

Les recettes de la Caisse générale des pensions de
retraite se composent :

1° D'une retenue de cinq pour cent sur les traitemens,
remises proportionnelles, supplémens de traitement,
et généralement sur toutes sommes payées par l'Etat,
autres que gratifications éventuelles, salaires de travail
extraordinaire, indemnités de perte, frais de voyages,
abonnement pour frais de bureau et de loyer, et remboursemens de dépenses ;

2° De la retenue du premier mois d'appointemens ;

3° De la retenue, pendant le premier mois, de la
portion de traitement accordée à titre d'augmentation ;

4° Des retenues qui seront déterminées sur les appointemens des Employés en congés ;

5° Des prélèvemens réglés par les Ordonnances
royales sur les parts attribuées par les lois aux Employés, dans le produit des amendes, saisies, et confiscations ;

6° Des fonds subventionnels accordés par les lois et
les budgets ;

7° Des arrérages des rentes et des intérêts des fonds
appartenant à la Caisse générale. (*Ord. du 12 janvier
1825, art. 2.*)

Les retenues et autres sommes attribuées à la Caisse générale sont affectées au service des pensions de retraite actuellement existantes, et de celles qui seront ultérieurement accordées aux Employés, à leurs veuves et orphelins.

Il ne peut, sous aucun prétexte, en être rien détourné pour une autre destination. (*Ibid.*, art. 3.)

Les fonds provenant des ressources affectées à la Caisse générale des pensions sont, au fur et à mesure des recettes, et en exécution de l'art. 110 de la loi du 28 avril 1816, et de l'Ordonnance royale du 3 juillet suivant, versés à la Caisse des dépôts et consignations, qui demeure exclusivement chargée du paiement des pensions accordées sur leurs produits, d'après les états nominatifs envoyés par le Ministre des Finances. (*Ibid.*, art. 4.)

La Caisse des dépôts et consignations remet à la fin de chaque année, à ce Ministre, l'état des sommes qu'elle a reçues, payées ou placées pour la Caisse générale. Cet état est mis sous les yeux du Roi, accompagné d'un rapport sur la situation de ladite Caisse générale des retraites au 31 décembre, et sur ses ressources et ses charges présumées pour l'année suivante. (*Ibid.*, art. 5.)

§ II. *Conditions d'admission à la retraite.*

Les Employés de l'Administration centrale des forêts et les Agens jusqu'au grade inclus de Garde général, peuvent obtenir une pension sur la Caisse générale, lorsqu'ils ont soixante ans d'âge et trente ans accomplis de service, dont au moins vingt années au Ministère des Finances, ou dans l'une des six Administrations désignées à l'art. 1er de la présente section.

Il suffit de vingt-cinq ans de service pour les Gardes à cheval et à pied, pourvu toutefois qu'ils aient passé quinze années dans le service actif de l'Administration forestière. (*Ord. du* 12 janvier 1825, *art.* 6.)

Tout Employé reconnu hors d'état de continuer utilement ses fonctions, peut, quel que soit son âge, être admis à la pension, s'il réunit la durée et la nature des services ci-dessus exigés. (*Ibid.*, art. 7.)

Les Agens et Gardes forestiers peuvent exceptionnellement, et sur la proposition de l'Administration, obtenir pension :

1° Quels que soient leur âge et le nombre de leurs années de service, ceux desdits Agens ou Gardes mis hors de service à la suite d'un engagement contre des délinquans, des rébellionnaires, et généralement par suite de lutte ou combat soutenu par eux pour l'exercice de leurs fonctions, et ceux qui auraient été mis dans l'impossibilité de les continuer par accident fortuit relatif aux mêmes fonctions (1);

2° S'ils ont quarante-cinq ans d'âge et s'ils comptent quinze ans de service dans le Département des Finances, ou seulement quarante ans et dix années de service dans la partie active, les Employés notoirement devenus infirmes par le résultat de l'exercice de leurs fonctions. (*Ord. du 12 janvier* 1825, *art.* 8.)

Les Employés admis à faire valoir leurs droits à la retraite sont tenus de produire leurs titres au plus tard dans les trois mois.

Ceux qui se seront mis en devoir de remplir cette condition conserveront leur emploi jusqu'à l'Ordonnance qui aura fixé la liquidation de leur pension, si toutefois leur maintenue en fonctions ne peut compromettre le service.

Dans le cas où il aurait été reconnu que l'Employé n'a pas droit à la retraite, l'Administration est appelée à délibérer s'il peut, ou non, être conservé dans ses fonctions. (*Ibid.*, *art.* 9.)

§ III. *Fixation et Liquidation des Pensions.*

Pour déterminer la fixation de la pension, il est fait une année moyenne du traitement fixe dont les Em—

---

(1) Je dois faire observer que pour que les Agens et Gardes puissent profiter du bénéfice de ces dispositions, il est de la plus grande importance, pour eux, de faire *constater légalement*, à l'instant même, ou dans un délai très-court, les voies de fait exercées contre eux à l'occasion de leurs fonctions, et les blessures qu'ils auraient reçues, ainsi que les accidens fortuits qui les auraient mis hors d'état de pouvoir continuer leur service.

Cette constatation est d'autant plus nécessaire, que lorsqu'elle n'a pas eu lieu promptement, elle devient alors très-difficile, surtout lorsque les événemens remontent à des époques éloignées; car, dans ce cas, on ne pourrait, faute de justification légale, s'en prévaloir, ainsi que cela est arrivé plusieurs fois, pour réclamer l'obtention d'une pension exceptionnelle.

ployés admis à la pension ont joui pendant les quatr
dernières années de leur activité. (*Ibid.*, *art.* 10.)

Cependant si le traitement a éprouvé, durant ce
quatre années, une ou plusieurs réductions sensibles
saus que l'employé ait démérité, la liquidation se fai
alors, conformément à la décision ministérielle du
19 juillet 1825, sur le traitement moyen dont l'Employé a joui pendant les quatre années qui ont précédé l'époque à laquelle il a éprouvé une première
réduction. (*Déc. du Min. des Fin du 22 février 1827.*)

La pension accordée, après trente années de service,
est de la moitié du traitement moyen fixe déterminé
comme il vient d'être dit.

Il en est de même de la pension accordée après vingt-
cinq années de services rendus dans les fonctions de
Gardes à cheval et à pied.

Après trente ans de services, ou après vingt-cinq de
services actifs donnant droit à la moitié du traitement
moyen, la pension s'accroît d'un vingtième de cette
moitié pour chaque année en sus.

En aucun cas, elle ne peut excéder ni les trois quarts
du traitement moyen, ni le *maximum* portés, savoir :
à 750 fr. pour les traitemens de 1,000 fr. et au-dessus ;
à 1,400 fr. pour les traitemens de 1,001 à 2,100 fr. ;
à 1,600 , pour les traitemens de 2,101 à 3,200 fr.
et de la moitié du traitement pour ceux de 3,201 à
8,000 fr. (*Ord. du 12 janvier 1825, art.* 11.)

Les Employés du service actif, mis hors de service
par le résultat de lutte soutenue contre des délinquans
ou des rébellionnaires, peuvent obtenir une pension
fixée à la moitié du dernier traitement d'activité dont
ils ont joui.

Ceux de ces Employés qui seraient mis dans l'impossibilité de continuer leurs fonctions par accident
fortuit relatif aux mêmes fonctions, peuvent aussi
obtenir, s'ils ont moins de dix ans de services, une
pension calculée sur dix années d'activité, et sur le
dernier traitement qui leur était attribué. (*Ib.*, *art.* 12.)

Les pensions des Employés admis exceptionnellement
à la retraite sont liquidées à raison d'un soixantième de
leur traitement moyen pour chaque année de service ;
mais, dans le cas où la pension est limitée par un *maximum* inférieur à la moitié de l'année moyenne de leur
traitement, cette pension est fixée à raison d'un tran-

tième dudit *maximum* par chaque année d'exercice. (*Ord. du 12 janvier* 1825, *art.* 13.)

Les liquidations sont établies sur la durée effective des services; néanmoins les fractions de mois et celles de franc sont négligées. (*Ib.*, *art.* 14.).

§ IV. *Veuves et Enfans.*

La veuve d'un Pensionnaire , ou celle d'un Employé décédé dans l'exercice de ses fonctions , a droit à la réversion du quart de la pension que son mari avait pu obtenir ou dont il aurait joui, lors seulement que celui-ci avait, au moment de sa mise en retraite ou de son décès, trente ans accomplis de services civils.

Il n'est dérogé à cette règle qu'en faveur des veuves d'Employés décédés ou mis en retraite après vingt-cinq ans de service dans la partie active de l'Administration des Finances. (*Ib.*, *art.* 15.)

La pension de la veuve, si elle est âgée de cinquante ans au moment du décès de son mari, ou si elle a un ou plusieurs enfans au-dessous de seize ans, est portée au tiers de celle attribuée à l'Employé; elle est de la moitié dans tous les cas où elle ne s'éleverait pas à la somme de cent vingt-cinq francs, mais sans toutefois qu'elle puisse dépasser ladite somme de cent vingt-cinq francs. (*Ord. du* 12 *janvier* 1825, *art.* 16.)

La veuve d'un Employé qui aurait perdu la vie par un accident fortuit relatif à ses fonctions, ou qui mourrait dans les six mois qui suivraient l'accident sans avoir dix ans de services, peut obtenir une pension égale au tiers de celle à laquelle l'Employé aurait eu droit de prétendre. (*Ib.*, *art.* 17.)

La veuve d'un Employé qui perdrait la vie dans un engagement contre des délinquans, des rébellionnaires, et généralement par suite de lutte ou combat soutenu par lui pour l'exercice de ses fonctions, ou qui viendrait à décéder dans les six mois de ses blessures, soit que la pension ait été ou non liquidée, a droit à une pension égale à la moitié du dernier traitement d'activité dont son mari aurait joui.

Hors le cas de mort dans les six mois des blessures reçues dans les circonstances et pour les causes ci-dessus énoncées, la veuve n'a droit qu'à la réversion du tiers de la pension dont son mari était titulaire. (*Ib.*, *art.* 18.)

La veuve pouvant prétendre à pension, au terme des

articles précédens, n'est toutefois admise à la réclamer qu'autant qu'elle justifie : 1° qu'elle était mariée cinq ans avant la mort de l'Employé décédé en activité, ou cinq ans avant la mise en activité, ou cinq ans avant la mise en retraite de l'Employé mort pensionnaire, ou, dans le cas d'exception cidesssus spécifiées, seulement avant l'événement qui aurait amené la mort ou la mise en retraite de l'Employé ; 2° qu'il n'existait pas de séparation de corps entre eux. (*Ib.*, *art.* 19.)

Si la pension est réversible, mais que la veuve ne soit pas habile à la recueillir, faute par elle de pouvoir remplir les conditions ci-dessus exigées, cette pension peut être réclamée et partagée par portions égales entre tous les enfans issus de l'Employé décédé et y ayant droit.

Il en est de même dans le cas où la veuve aurait convolé en secondes noces, et dans celui de séparation de corps. (*Ib.*, *art.* 20.)

La pension se distribue par égales portions entre les enfans qui y ont droit, et s'éteint proportionnellement, sans réversion de l'un à l'autre, à mesure que chacun atteint sa seizième année, ou vient à décéder avant d'y être parvenu. (*Ib.*, *art.* 21.)

Dans le cas où il existerait des enfans de plusieurs mariages et une veuve ayant droit à la réversion, la portion réversible de la pension est partagée entre tous les enfans âgés de moins de seize ans et la veuve, qui compte pour deux têtes si elle n'a pas d'enfans de son mariage avec l'Employé décédé ou le Pensionnaire.

Si elle a des enfans, la pension est attribuée pour moitié à la veuve, et pour l'autre moitié aux enfans des premiers mariages âgés de moins de seize ans. (*Ib.*, *art.* 22).

Les pensions susceptibles d'être accordées aux veuves et aux orphelins d'Employés qui auraient péri dans les cas ci-dessus énoncés, peuvent être, en raison de circonstances particulières, porté à la somme de cent vingt-cinq francs pour la veuve, et de cinquante francs pour chaque enfant resté orphelin. (*Ib.*, *art.* 23.)

§ V. *Services admissibles.*

La contribution au fonds de retenues est une condition nécessaire et indispensable pour donner droit à une pension sur les fonds de la Caisse générale.

En conséquence, les Fonctionnaires et Employés qui, à partir de la promulgation de l'Ordonnance du 12 janvier 1825, ont été admis ou entreront dans l'une des parties de l'Administration des Finances, ne pourront compter comme services civils utiles pour la retraite, que ceux pour lesquels ils auront été soumis à une retenue au profit de la Caisse générale, ou, s'il y a réciprocité, au profit de l'une des Caisses de retraite établies dans un département ministériel. (*Ord. du 12 janvier 1825, art. 24.*)

Les services militaires non récompensés sont admis dans la liquidation des pensions des Employés, conformément aux Ordonnances royales des 22 novembre 1815 et 6 mai 1818, et rétribués dans les proportions déterminées pour chaque grade, par les réglemens relatifs aux pensions militaires.

Les services militaires récompensés par une pension sur fonds généraux, concourent avec les services civils postérieurs pour établir le droit à pension, mais n'entrent pas dans la fixation numérique de la pension liquidée sur les fonds de la Caisse générale. La jouissance de la pension militaire, sur fonds généraux, continue d'avoir son cours, cumulativement avec celle de la pension assignée sur les fonds de la Caisse générale, conformément à la loi du 15 mai 1818.

Sont rejetés ceux de ces services qui ne seraient pas admis dans la liquidation des pensions militaires par le Ministère de la Guerre. (*Ib., art* 25.)

Continueront d'être comptés aux Fonctionnaires et Employés qui étaient en activité avant la promulgation de l'Ordonnance du 12 janvier 1825, comme services utiles pour la retraite, les services militaires et civils admis à cette époque dans la liquidation des pensions sur fonds de retenues des Employés du Ministère ou de l'une des Administrations des Finances. (*Ibid., art.* 26.)

Les services civils, admissibles pour la retraite, ne peuvent être comptés qu'à partir de l'âge de vingt ans accomplis, et seulement de la date du premier traitement d'activité.

Ne sont comptés dans aucun cas et sous aucun prétexte, les services rendus comme Suppléant, Adjoint, Elève ou Surnuméraire, et généralement les services qui n'auraient pas été rendus dans le titre et la qualité de l'emploi dont on aurait exercé les fonctions. (*Ib.*, *art.* 27.)

Les services militaires de terre et de mer sont admis pour le temps effectif de leur durée, sans doublement pour les années de campagne, et sans addition pour les années de grâce. (*Ib.*, *art.* 28.)

Tout Employé destitué perd ses droits à la retraite, lors même qu'il aurait l'âge et le temps de service nécessaire pour l'obtenir. Cependant, si l'Employé est réadmis dans la même Administration, le temps de son premier service lui est compté pour la pension. (*Ib.*, *art.* 29.)

Toute démission, avant soixante ans d'âge et trente ans de services, fait perdre le droit à la pension, à moins de réadmission ultérieure dans la même Administration. La sortie d'une Administration pour passer immédiatement dans une autre, ou dans le service militaire, n'est pas considérée comme démission. (*Ib.*, *art.* 30.)

Les services civils dont la durée n'aurait pas été d'une année consécutive, et ceux qui à l'avenir seraient interrompus par une inactivité de plus de dix années, ne seront pas admis. (*Ib.*, *art.* 31.)

Les Employés qui, sur leur demande, seront remplacés par leurs enfans, à moins que ces derniers ne fussent employés de la même Administration et dans un grade immédiatement inférieur, ne pourront prétendre à la pension de retraite, quel que soit le nombre de leurs années de service. (*Ib.*, *art.* 32.)

§ VI. *Cession et Saisie des Pensions.*

Les pensionnaires ne peuvent transporter, céder ou déléguer tout ou partie de la pension dont ils jouissent sur les fonds de retenue.

Le paiement des pensions ne peut être arrêté par aucune saisie ou opposition. Les Pensionnaires sont seuls admis à s'opposer au paiement, soit dans le cas de révocation de pouvoirs donnés, soit dans celui où le brevet serait adiré, ou dans des circonstances semblables. (*Ord. du Roi, du* 27 *août* 1817, *art.* 1 *et* 2.)

§ VII. *Cumul des Pensions.*

Nul ne peut cumuler deux pensions, ni une pension avec un traitement d'activité, de retraite ou de réforme.

Le Pensionnaire a le choix de la pension ou du traitement le plus élevé. Néanmoins les pensions de retraite pour services militaires peuvent être cumulées avec un traitement civil d'activité.

D'après la disposition ci-dessus qui rend incompatible la jouissance d'une pension avec celle d'un traitement d'activité, de retraite ou de réforme, tous les Pensionnaires sont tenus de déclarer, dans les certificats de vie, qu'ils doivent produire chaque trimestre pour être payé par la Caisse des dépôts et consignations, qu'ils n'ont aucun traitement, ni aucune autre pension ou solde de retraite, soit à la charge de l'Etat, soit sur les fonds de retenue des diverses administrations, ou des invalides de la marine. En cas de fausse déclaration, la restitution des sommes indûment perçues est poursuivie contre les déclarans, sans préjudice des autres peines que les lois et les réglemens prononcent.

Comme les pensions qui sont suspendues pour cause de mise en activité des titulaires doivent leur être payées de nouveau à dater du jour où leur traitement d'activité cesse, ces pensions ne sont point regardées, même provisoirement, comme éteintes, et il ne peut être disposé, comme de fonds libres, de ceux affectés à leur paiement.

Les certificats de vie que doivent produire les pensionnaires, pour toucher leurs pensions, sont assujettis au timbre; mais les quittances ou émargemens qui justifient le paiement desdites pensions, sont exceptés de cette formalité. (*Loi du 25 mars 1827, art. 27; Ord. du 20 juin, art. 10; Déc. du Min. des fin. du 20 août 1817 et du 19 juin 1822.*)

DEUXIÈME SECTION.

Pièces à produire à l'appui des Demandes en pension.

§ 1er. *Demandes en pension et Pièces justificatives des services.*

Tout Employé admis à faire valoir ses droits à la retraite, doit en former la demande par une pétition signée par lui, ou, en cas d'empêchement, par son fondé de pouvoir.

Il doit produire à l'appui de sa pétition, indépendamment de son acte de naissance, une déclaration d'élection de résidence, sur papier libre et signé par lui, et un certificat du Directeur de la dette inscrite au Trésor royal , constatant qu'il jouit ou qu'il ne jouit pas d'une pension sur les fonds généraux :

1° Pour la justification des services civils ;

Un extrait des registres et sommiers de l'Administration à laquelle il appartient, dûment certifié par les chefs, énonçant ses noms et prénoms, sa qualité, la date et le lieu de sa naissance, la date de son entrée dans l'emploi avec traitement, la série de ses grades et services, l'époque et les motifs de leur cessation, et le montant du traitement dont il a joui pendant chacune des quatre dernières années de son activité.

Lorsqu'il n'a pas existé de registres, ou que tous les services administratifs ne se trouvent pas inscrits sur les registres existans, il y est suppléé, soit par un certificat du chef ou des chefs compétens des Administrations où l'Employé a servi, présentant les indications ci-dessus énoncées, soit par un extrait des comptes et états d'émargement certifié par le Greffier de la Cour des comptes.

A défaut de ces justifications, et lorsque, pour cause de destruction des archives d'où on aurait pu les extraire, ou du décès des fonctionnaires supérieurs, l'impossibilité de les produire a été prouvée, peuvent être admis des actes de notoriété, conformément à l'Ordonnance du 12 novembre 1816.

2° Pour la justification des services militaires de terre ou de mer ;

Soit un congé en bonne forme, soit un certificat du ministère de la guerre ou de la marine : ce certificat doit indiquer la nature des services, leur durée, et faire connaître la cause de leur cessation. (*Ord. du 12 janvier 1825, art.* 33.)

Les veuves auxquelles le décès de leur mari ouvrirait un droit à pension, sont tenues de fournir, avec les pièces que ceux-ci auraient été obligés de produire, leur acte de naissance, l'acte de célébration de leur mariage , l'acte de décès de leur mari et un certificat constatant qu'il n'y a pas eu entre eux séparation de corps.

Elles produiront en outre, si elles ont des enfans au-dessous de seize ans, les actes de naissance et les certificats de vie de chacun d'eux. (*Ib.* , *art.* 34).

Les tuteurs des orphelins sont tenus de produire pour leurs pupilles leurs actes de naissance, les actes de mariage et de décès de leurs père et mère, et les titres de services et justifications exigées ci-dessus. (*Ib.*, *art.* 55).

§ II. *Formalités dont les pièces doivent être revêtues.*

Toutes les pièces à produire à l'appui des demandes en pensions de retraite ou de secours, autres que les congés militaires, les brevets de pension et les lettres d'avis de nomination ou de changement de résidence, doivent être revêtues de la formalité du timbre.

Les expéditions des actes de l'état civil, les certificats de naturalisation, d'infirmités ou de blessures, de non divorce et non séparation de corps ou de viduité, doivent être légalisées par le Préfet, le Sous-Préfet, ou par le Président du Tribunal de première instance.

La pétition et les pièces à l'appui doivent être transmises à l'Administration des forêts, par l'intermédiaire des Conservateurs, qui sont tenus de s'asurer de la régularité des pièces, avant d'en faire l'envoi.

§ III. *Pièces à produire dans certains cas.*

Lorsque le Préposé qui demande une pension se trouve, à raison de circonstances extraordinaires, dans l'impossibilité de produire, soit les commissions ou autres pièces justificatives de la nature des emplois par lui exercés, soit les extraits d'actes de prestation de serment, il doit y suppléer, ainsi qu'il a été dit au § 1er ci-dessus, par des actes de notoriété, légalisés et enregistrés, rédigés d'après le témoignage, soit de personnes anciennement employées dans les parties d'administration où ont eu lieu les services qu'il s'agit de constater, soit de contemporains du Préposé. Ces actes doivent être appuyés de certificats en bonne forme, par lesquels les greffiers et les gardes des archives ou dépôts dans lesquels auraient dû se trouver les pièces probantes, attestent l'absence et les causes de l'absence de ces pièces dans les greffes ou dépôts.

Dans le cas où il existerait sur quelques-unes des pièces produites, comparées avec l'expédition de l'acte de naissance, des différences, soit dans la désignation, soit dans la manière dont les noms sont écrits, soit dans l'ordre des noms, prénoms ou surnoms du Pétitionnaire, il doit être fourni un acte de notoriété pour constater l'idendité de l'individu, et expliquer, autant que possible, les causes des différences dont il s'agit.

Les Préposés nés dans un pays temporairement réuni à la France depuis 1791, et qui, en vertu de cette réunion, se sont établis sur le territoire actuel du royaume, doivent justifier de lettres de déclaration de naturalité.

Les Préposés qui s'étaient établis en France *antérieurement* à la réunion de leur pays, ainsi que ceux nés dans un pays qui n'a jamais fait partie du royaume, doivent produire un certificat délivré par le Maire, portant qu'ils ont acquis les droits de citoyen français, par l'accomplissement des formalités prescrites.

Les expéditions d'actes de naissance, de mariage et autres pièces, délivrées par des fonctionnaires de pays étrangers, doivent être légalisées par les Agens diplomatiques français dans les pays où ces fonctionnaires sont en exercice; et les signatures et qualités de ces Agens doivent être légalisées et attestées au Ministère des Affaires étrangères à Paris.

Les certificats destinés à constater que la retraite est forcée par des infirmités ou des blessures acquises dans l'exercice de l'emploi, doivent être délivrés par deux officiers de santé, dont les qualités seront attestées par le Maire. Ces certificats doivent énoncer la nature, les causes et les effets de blessures ou infirmités; ils sont appuyés d'une attestation du Conservateur qui doit la motiver d'après la connaissance personnelle qu'il peut avoir de la situation du Préposé, ou d'après les renseignemens qu'il a pu se procurer. (*Loi du* 14 *octobre* 1814, *et Ord. du* 13 *novembre* 1816.)

§ IV. *Mode de paiement des pensions.*

Les demandes à fin de pension, ou les propositions de l'Administration ayant pour objet l'admission à la retraite des Employés, sont adressées, avec les pièces justificatives, à M. le Ministre des finances, qui, après en avoir fait préparer la liquidation, les renvoie à l'examen du Comité des finances, pour être ensuite soumises à l'approbation du Roi. (*Ord. du* 12 *janvier* 1825, *art.* 26.)

Les pensionnaires sont inscrits au ministère des finances sur un registre spécial, indiquant leurs nom,

prénoms, date de naissance, l'Administration à laquelle
ils appartenaient en dernier lieu, le montant de leurs
pensions, la date de jouissance, celle des décrets et or-
nonnances qui les ont acccordées, et leurs motifs.

Chaque Pensionnaire est porteur d'un certificat de
cette inscription, signé du Fonctionnaire que le Ministre des finances a désigné. (*Ib.*, *art.* 37.)

Les Pensionnaires sur les fonds de la Caisse générale
sont assujétis aux dispositions des lois des 25 mars 1817
et 15 mai 1818, relatives aux déclarations et justifications à faire *(Ib., art.* 58.)

En conséquence, tout Pensionnaire est tenu de déclarer dans son certificat de vie, qu'il ne jouit d'aucun
traitement, sous quelque dénomination que ce soit, ni
d'aucune autre pension ou solde de retraite, soit à la
charge de l'État, soit sur les fonds de la Caisse des invalides de la guerre, ou celle de la marine, sauf les
cas d'exceptions ci-dessus déterminées par le § 7 de la
première section, pour le cumul des pensions. (*Lois des*
25 *mars* 1817, *art.* 27, *et du* 15 *mai* 1818, *art.* 14).

Après la reconnaissance provisoire des droits de
l'Employé à obtenir pension, s'il est constaté qu'il soit
dans le besoin, le Ministre des finances peut lui faire
avancer, à titre de provision, un secours proportionné
à la pension présumée et dont le montant est précompté
sur le paiement des arrérages de la pension. (*Ord. du*
12 *janvier* 1825, *art.* 39).

Les pensions dont les arrérages n'ont pas été réclamés pendant trois années, à compter de l'échéance du
dernier paiement, sont censées éteintes, et ne sont
plus comprises dans les états de paiement. Si le Pensionnaire se présente après la révolution desdites trois
années, les arrérages ne commencent à courir qu'à
compter du premier jour du trimestre qui suit celui dans
lequel il a obtenu le rétablissement de sa pension. (*Ib.*,
art. 40.) Cependant, nous devons faire observer que
S. M., par une décision du 20 décembre 1825, a rendu
cette disposition applicable aux Employés susceptibles
d'obtenir pension, et qui négligeraient, pendant plus
de trois années, de justifier de leurs droits, et subsidiairement, S. M. a approuvé que, dans aucun cas, le
rappel des arrérages auxquels pourrait donner lieu la
concession d'une pension, ne remonterait à plus de

trois années à partir du trimestre dans lequel serait intervenu l'ordonnance de concession.

Lorsqu'en raison de cause ou de circonstances extraordinaires il y a lieu de présumer l'absence d'un Employé titulaire de pension, et s'il s'est écoulé plus de trois ans sans qu'il y ait eu de sa part réclamation du paiement des arrérages, sa femme ou les enfans qu'il aurait laissés peuvent, si dailleurs ils justifient de leurs droits à la réversion, l'obtenir à titre de pension alimentaire. (*Ibid., art.* 41.)

Les pensions courent, au profit de l'Employé mis en retraite, à dater du jour de la cessation de son traitement d'activité; et au profit de la veuve et des enfans, du jour du décès de l'Employé ou de la mère. (*Ib., art.* 42.)

§ V. *Dispositions générales.*

Les anciens services civils, admissibles d'après les dispositions du pargraphe v de la première section ci-dessus, déjà récompensés par une pension sur fonds généraux, sont comptés avec les services postérieurs pour régler une pension nouvelle, en raison de la généralité des services.

La pension sur fonds généraux, *pouvant rester à la charge du Trésor*, conformément à la loi du 15 mai 1818, est déduite de celle résultant de la liquidation faite sur la généralité des services et le surplus de cette liquidation est affecté sur les fonds de la Caisse générale. (*Ib., art.* 43.)

Lorsqu'un Pensionnaire est remis en activité de service, le paiement de sa pension est alors suspendu.

Mais après la cessation de la nouvelle activité, la pension reprend son cours. Si le Pensionnaire a rendu de nouveaux services, et si sa pension n'a pas atteint le *maximum*, il est procédé à une novelle liquidation, qui réunit les derniers services avec les précédens. (*Ib., art.* 44.)

Nul Fonctionnaire ou Employé de l'Administration des finances, à l'exception des Directeurs généraux, auxquels le Roi laisse cette faculté, ne peut, même en renonçant au bénéfice éventuel d'une pension sur la Caisse générale, s'affranchir de la retenue de cinq pour cent; et, dans aucun cas, les Employés, leurs veuves et orphelins, ne peuvent prétendre au remboursement des retenues exercées au profit de la Caisse générale. (*Ib.*, *art.* 45.)

Les réglemens particuliers relatifs aux pensions, précédement en vigueur dans le Ministère et les Administrations des finances, sont abrogés.

Néanmoins les pensions des Fonctionnaires et Employés ayant au 12 janvier 1825 accompli trente ans de services, ou seulement vingt-cinq susceptibles d'être comptés comme trente, s'ils appartiennent aux Administrations où cette règle est établie, continueront d'être liquidées conformément aux anciens réglemens, sans qu'elles puissent toutefois excéder ni les trois quarts du traitement moyen des trois dernières années, ni le *maximum* de six mille francs. (*Ib.*, *art.* 46.)

§ VI. *Décès des Pensionnaires.*

En cas de décès d'un Pensionnaire, le Conservateur doit en informer de suite l'Administration, en indiquant le jour du décès.

Les Conservateurs doivent recommander, à cet égard, à tous les Agens sous leurs ordres, et même aux Gardes, de les prévenir des décès des Pensionnaires forestiers domiciliés dans leurs cantonnemens et arrondissemens respectifs, aussitôt qu'ils en ont connaissance d'une manière quelconque, et de prendre même à cet égard des renseignemens lors de leurs tournées ou visites. Par ce moyen, les Conservateurs sont à même de pouvoir faire connaître promptement à l'Administration les décès qui peuvent avoir lieu dans les départemens formant leurs arrondissemens.

Dans ce même cas, les héritiers transmettent au Ministre des Finances, pour la liquidation du prorata de la pension,

1° L'acte de décès du titulaire ;

2° Le brevet de sa pension ;

3° Et l'acte nécessaire pour la justification des qualités des prétendans-droit à ce prorata. (*Lettre de la* 1re *division, du* 4 *Septembre* 1821, *n.* 183.)

§ VII. *Décès des Préposés ou des Pensionnaires, membres de l'Ordre Royal de la Légion d'Honneur.*

D'après la demande du Grand Chancelier de l'Ordre

royal de la Légion d'honneur, les Conservateurs doivent faire connaître au Directeur des forêts, par une lettre spéciale (division du personnel), aussitôt qu'ils en sont informés, la date du décès de tout Agent ou Garde, ou Pensionnaire de l'Administration, de quelque grade que ce soit, membre de la Légion d'honneur, dans leur conservation, et indiquer en même temps le grade et lieu de résidence du décédé. Les Agens et autres Préposés doivent annoncer, sans retard, au Conservateur de leur arrondissement, les décès dont ils ont eu connaissance. (*Inst. des* 10 *février* 1818, *et* 2 *août* 1820, *n.* 820 *et* 946, *et Circ. du* 9 *juillet* 1827, *n°* 156.)

CHAPITRE VII.

Objets généraux de service.

§ Iᵉʳ. *Surveillance.*

Il ne s'exécute rien dans les bois, en ce qui concerne le *régime forestier*, que par les ordres de l'Administration, et sous la direction de ses Agens.

Tous les actes publics, relatifs à ce régime, doivent porter en tête: ADMINISTRATION DES FORÊTS. *(Inst. du* 7 *prairial an XI, art.* 9, *et du* 23 *mars* 1821, *art.* 1ᵉʳ.)

Il y a toujours deux Agens au moins présens aux opérations faites dans les forêts, savoir: l'*Inspecteur* ou le *Sous-Inspecteur* et le *Garde général*, outre le Garde du triage. Il n'y a d'exception que pour les arrondissemens dont la grande étendue, occasionnée par la rareté des bois, rend ce concours, sinon impossible, au moins extrêmement difficile; l'Agent supérieur opère, dans ce cas, avec le Garde général ou particulier seulement. *(Inst. du* 7 *prairial an XI, art.* 18, *et Ord. régl. art.* 78, *et lettres de la Direction des* 15 *et* 31 *juillet* 1829, *voir le* § 1ᵉʳ *du chap.* V.)

La surveillance de l'Administration des forêts s'étend sur les *personnes* et sur les *choses*.

Cette surveillance, quant aux *personnes*, s'exerce tant sur les Préposés de tous grades de l'Administration dans l'ordre hiérarchique établi par les lois et réglemens forestiers, que sur les concessionnaires, engagistes et usufruitiers des bois domaniaux, les usagers, les adjudicataires des coupes de bois et leurs ouvriers, les riverains et les entrepreneurs de travaux qui s'exécutent

lans les forêts, et enfin sur toutes les personnes dont
a qualité, l'état, l'habitation ou les fréquentations dans
les forêts, peuvent donner lieu à des délits, ou les favoriser.

La surveillance, en ce qui concerne les Préposés de
l'Administration des forêts, appartient au supérieur sur
son inférieur, et descend ainsi de grade en grade, depuis
le premier jusqu'au dernier; et comme, indépendamment
de la responsabilité personnelle, chacun de ces Préposés
est en outre *garant solidaire* des actes de son inférieur,
dans le cas de négligence à prévenir ou à constater ses
erreurs, contraventions ou malversations, il en résulte
un enchaînement de devoirs, de vigilance et de responsabilité qui forme le principe et la garantie de toute
bonne administration.

Quant aux personnes étrangères à l'Administration,
elles sont, dans les forêts et sous le rapport forestier,
soumises à la surveillance de tous les Préposés de cette
Administration, lesquels, par devoir, sont obligés de
constater les délits commis par ces personnes, et d'en
poursuivre la réparation.

La surveillance en ce qui concerne les *choses*, s'exerce
sur les principaux objets ci-après:

Les entreprises qui peuvent porter atteinte à l'intégralité du sol forestier, comme les aliénations ou contraventions aux lois, les usupations, les défrichemens
non autorisés dans les forêts de toute catégorie et quels
que soient les propriétaires; les coupes de futaie dans
les bois de particuliers, sans déclaration préalable, et
les coupes non autorisées dans les bois communaux et
des établissemens publics; l'introduction des bestiaux
dans les forêts de l'État, par des personnes non usagères, et le pâturage dans ces mêmes forêts, celles des
communes et des établissemens publics dans les cantons
non déclarée défensable; la dépaissance des chèvres et
des bêtes à laine, à moins que le pacage de ces dernières n'ait été autorisé par des Ordonnances du Roi; le
ramas du bois sec avec des instrumens défendus; les
enlèvemens non autorisés de bois, de plantes, de fruits,
de terres, minerais et sables, d'herbes, de feuilles
mortes et autres, et généralement de tous produits forestiers; les dommages causés aux arbres; les incendies,
la fabrication du charbon et des cendres; le feu allumé
dans les forêts, landes et bruyères, et la construction

de maisons, usines, ateliers et autres bâtimens dans l'intérieur des forêts, et aux environs à des distances prohibées; le commerce de bois par des Préposés forestiers et autres personnes à qui la loi le défend; l'établissement près des forêts d'ouvriers qui emploient le bois; enfin tous les délits qui peuvent se commettre dans les bois de toute catégorie ; l'exercice de la chasse et le port d'armes dans les forêts, sans permission ; la défense de prendre des aires d'oiseau, de tirer sur les cerfs et biches, par des personnes non autorisées; l'exécution des ordres du Directeur des forêts pour la chasse, et des lois et réglemens sur cette partie ; l'exercice de la pêche dans les rivières navigables et flottables, et dans les étangs et ruisseaux qui se trouvent dans les forêts, l'emploi des filets, engins, appâts, et de tous autres moyens prohibés; l'inhibition de jeter des immondices dans les rivières et étangs, et toutes les dispositions conservatrices de la pêche.

Tels sont les objets principaux, quant aux *personnes* et aux *choses*, dont la surveillance est confiée aux Agens de l'Administration des forêts.

§ II. *Responsabilité.*

Les Agens et Gardes forestiers de tout grade sont responsables de toutes négligences ou contraventions dans l'exercice de leurs fonctions, ainsi que de leurs malversations personnelles; mais indépendamment de cette responsabilité personnelle, les gardes sont tenus des indemnités et des amendes encourues par les délinquans, lorsqu'ils n'ont pas dûment constaté les delits, dégats, abus et abroutissemens qui ont eu lieu dans leurs triages; et le montant des condamnations qu'ils pourraient subir dans ce cas, est retenu sur leur traitement, sans préjudice à toute autre poursuite. (*C. f. art.* 6, *et loi du* 15 *avril* 1829, *art.* 8., *voir le chap.* 22.)

Un garde forestier qui, par simple négligence, ne constate pas les délits forestiers commis dans son triage, n'est pas coupable d'un délit dont la qualité d'officier de police judiciaire attribue les connaissances aux cours royales. (*Arr. de la C. de cas. du* 30 *juillet* 1829).

Mais il en est autrement si un garde commet lui-même un délit dans l'étendue du territoire confiée à sa surveillance; dans ce cas, il viole à la fois ses devoirs de garde-forestier et d'officier de police judiciaire, et à cause de cette dernière qualité qui prédomine, il doit être jugé par la cour royale, conformément à l'art 483 du C. d'inst. crim. (*Ibid du 21 mars 1830*).

§ III. *Soins et célérité dans les affaires.*

La célérité dans l'examen et l'expédition des affaires étant un des premiers devoirs des agens forestiers, il leur est expressément recommandé d'apporter beaucoup de soins et de diligence à se procurer et à transmettre à l'Administration les renseignemens qui leur sont demandés sur les diverses parties du service. (*Inst. des 7 prairial an IX, art.* 9, *et* 23 *mars* 1821, *art.* 1.)

§ IV. *Archives.*

Les titres, plans et autres actes relatifs à la propriété, aux aménagemens et usages des bois, sont recueillis avec soin, et constituent les archives de chaque conservation, inspection et sous-inspection, et dont les Agens sont responsables.

À chaque mutation d'emploi, il en est dressé, ainsi que des registres et sommiers de la correspondance, des procès-verbaux de balivage et martelage, et de tous les actes relatifs à l'Administration des forêts, un inventaire en double expédition, au moyen duquel les nouveaux pourvus sont chargés de ces archives et en deviennent responsables en opérant la décharge de leurs prédécesseurs. (*Ord. rég., art.* 17, *et Inst. des 7 prairial an IX, art.* 3 *et* 4 *; et* 23 *mars* 1821, *art.* 4*).

§ V. *Marteaux.*

Les Conservateurs, les Inspecteurs, les Sous-Inspecteurs, les Gardes-généraux, les Arpenteurs et les Gardes à cheval et à pied doivent être pourvus chacun d'un marteau particulier, pour la marque des bois de délits et des chablis abattus.

Ces divers marteaux portent pour empreinte le numéro de la Conservation, et de plus la lettre C, pour le Conservateur ; la lettre I, pour l'inspecteur ; les lettres SI, pour le Sous-Inspecteur ; les lettres GG, pour le Garde général ; la lettre A, pour l'Arpenteur, et les lettres GP pour les Gardes à cheval et à pied.

Le marteau du Conservateur est de forme hexagone ;
Celui de l'Inspecteur de forme pentagone ;

Celui du Sous-Inspecteur de forme octogone ;

Celui du Garde général de forme ronde ;

Celui de l'Arpenteur est en forme de carré long, échancré sur les angles ;

Celui des Gardes à cheval et à pied n'a point de forme déterminée.

L'empreinte de tous les marteaux particuliers dont les Agens et Gardes sont pourvus, est déposée aux greffes des Tribunaux de première instance dans le ressort desquels ils exercent leurs fonctions. Ce dépôt se fait sans frais de timbre et d'enregistrement, attendu que ce dépôt n'est qu'une mesure d'ordre et de police, afin que ces empreintes reçoivent une sorte d'authenticité qui ne permet pas de les changer arbitrairement ni de les méconnaître en justice. (*C. f.*, *art. 7; Ord. régl., art. 37, Décis. du M. de Fin., du 29 juin, et Circ. du 28 juillet* 1830, *n°* 242.)

Indépendamment de ces marteaux, il y a un marteau royal, uniforme, portant pour empreinte les lettres en caractère gothique AF (*Administration forestière*), avec deux numéros, dont l'un indique la conservation et l'autre l'inspection forestières auxquelles il appartient, et il est entouré d'un cercle. Ce marteau est destiné à marquer les pieds corniers, les arbres de lisière et les balivaux, lors des opérations de balivage et de martelage. Comme c'est l'*empreinte* de ce marteau qui constitue la réserve ou la délivrance des arbres, et que toute falsification ou tout emploi frauduleux de cet instrument donne lieu aux peines portées par les art. 140 et 141 du Code pénal, cette empreinte doit être déposée aux greffes des Cours royales et des Tribunaux de première instance (*C. f. art. 7; Ord. régl., art.* 36, *et Décis. du min. des fin. du* 5 *mars* 1831.)

Ce marteau royal est placé, hors le temps des opérations, dans un étui fermant à deux clefs, et déposé chez l'Agent, chef de service de chaque inspection. Ces clefs doivent être reparties ainsi qu'il suit : Dans les arrondissemens confiés à un Inspecteur, entre cet agent et le Sous-inspecteur; dans ceux confiés à un Sous-inspecteur, entre celui-ci et le Garde-général ; dans les arrondissemens confiés à un Garde-général entre cet Agent et le second Garde-général ou un Garde à cheval. Jamais les deux clefs de l'étui d'un marteau ne doivent être dans les mains du même Agent. Celui qui est dépositaire de ce marteau est chargé d'en entretenir l'étui et la monture en bon état, et demeure responsable de son dépôt dans l'étui et de la remise de la seconde clef à l'Agent à qui elle doit être confiée. (*Ord. régl.*, *art. 36; Cir. des 22 avril* 1829, *n° 216, et lettre du Dir. du* 15 *juillet suivant.*)

Lors des opérations de balivage et martelage, le marteau royal est transporté, dans son étui fermé, sur le lieu des opérations, et il y est replacé aussitôt qu'elles sont terminés.

Le marteau royal est fourni par l'Administration, qui en détermine le nombre pour chaque arrondissement forestier, et il ne peut en être fabriqué sur les lieux, à peine de suspension, ou autres peines, s'il y a lieu, contre les Agens qui en auraient commandé la fabrication, ou qui se serviraient de semblables marteaux. (*Inst. du* 7 *prairial an IX, art.* 6 *et* 7; *Circ. du* 28 *messidor an IX, n.* 17; *et Inst. des* 9 *frimaire et* 10 *ventôse an X, et* 23 *mars* 1821, *art.* 7, 8, 9, 10 *et* 11.)

CHAPITRE VIII.

Fonctions des *Agens* et *Gardes forestiers*.

Les Agens et Gardes forestiers de tout grade sont chargés de veiller immédiatement à la *conservation* et à l'*exploitation* des Forêts du royaume, situées dans leurs arrondissemens respectifs, et leurs fonctions, sous ce double rapport, ont pour but l'exécution des lois et réglemens qui constituent directement ce qu'on appelle RÉGIME FORESTIER; mais ces divers Préposés ont encore d'autres fonctions qui leur sont particulières, et qui dérivent de l'organisation actuelle de l'Administration des forêts, ce précieux et important domaine de l'État, laquelle, en déterminant les obligations, a aussi établi les relations qui doivent exister entre les différens grades, et a prescrit à chacun des Agens et Gardes forestiers de rendre compte, en suivant la hiérarchie de ces grades, à son supérieur immédiat, de toutes les opérations, dont ils sont tous individuellement responsables.

C'est donc sous ce double point de vue que nous allons faire connaître en quoi consistent les fonctions de chaque grade, en en faisant l'objet de paragraphes particuliers.

PREMIÈRE SECTION.

Agens supérieurs.

Les Agens supérieurs de l'Administration des forêts sont : les *Conservateurs* et le *Géomètre vérificateur général des arpentages* (1).

§ Ier. *Conservateurs.*

Il y a sous les ordres de l'Administration des forêts, dans les quarante arrondissemens forestiers, un *Conservateur* qui remplace le ci-devant Grand-Maître des eaux et forêts. Il réside dans le chef-lieu de l'un des départemens de *son arrondissement* qui a été désigné par le Gouvernement. (*Ord. régl., art.* 10 *et Ord. du* 17 *juillet* 1832.)

Le Conservateur a sous ses ordres les Inspecteurs, Sous-Inspecteurs, Gardes généraux, Arpenteurs, Gardes à cheval et à pied en résidence dans son arrondissement. (*Inst. du* 23 *mars* 1821, *art.* 16)

Il surveille avec exactitude le service de tous ces Préposés, et fait suppléer ceux qui ne peuvent vaquer à leurs fonctions. ((*Ord. régl., art.* 14.)

ART. Ier. *Correspondance, Franchise et Contre-Seings des lettres.*

Le Conservateur correspondant avec le Directeur, l'instruit de l'ordre et de l'exactitude du service, ainsi que de tout ce qui peut intéresser la conservation, l'exploitation et l'amélioration des forêts, et exécute et transmet à ses subordonnés les ordres et les instructions qui lui sont donnés. Il a soin d'indiquer, en marge de ses lettres ou rapports, la nature de l'affaire qui en fait l'objet, et de rappeler les numéros de la division et de la lettre à laquelle il répond, et de ne traiter, autant qu'il est possible, qu'une seule et même affaire dans chaque lettre. (*Ord. régl., art.* 15; *Inst. du* 23 *mars* 1821, *art.* 5; *Circ. du* 31 *décembre* 1824, *n.* 114).

Il correspond aussi avec les autorités supérieures des départemens, et notamment avec les Préfets des départemens de son arrondissement, auxquels il fournit les renseignemens qu'ils demandent, spécialement pour

_____

(1) Voir sur les fonctions du Géomètre-Vérificateur, le § 3 du chap. 4, page 7.

ce qui concerne l'Administration des bois communaux et des Établissemens publics. (*Ord. régl.*, *art.* 15; *Circ. des* 9 *pluviôse et* 26 *germinal an XIII* , *n.* 251 *et* 265 ; *Inst. du* 23 *mars* 1821, *art.* 38 *et* 77.)

. Le Conservateur donne ses observations et son avis sur toutes les demandes et réclamations qui lui sont communiquées par l'Administration ou par les Préfets, et dont l'objet a rapport aux matières forestières.

Il prend pour règle les dispositions subsistantes des lois et ordonnances ; il consulte notamment le Code forestier et l'Ordonnance réglémentaire pour ce qui a rapport au bois soumis au régime forestier , aux défrichemens et au martelage des bois propres au service de la Marine dans les bois des particuliers; la loi du 28 sept , 6 octobre 1791, relative à la police rurale; celle du 30 avril 1790; le décret du 4 mai 1812, et l'ordonnance du 24 juillet 1832, relatifs à l'exercice de la chasse et aux permis de ports d'armes; l'avis du conseil d'État du 4 janvier 1806 sur la compétence en matière de droit de chasse; la loi du 15 avril 1829, concernant la pêche; et enfin le Code d'instruction criminelle en ce qui concerne les eaux et forêts. (*Inst. du* 23 *mars* 1821, *art.* 77.)

Il fait tenir, dans ses bureaux, un livre d'ordre conforme au modèle n° 5 , annexé à l'instruction du 23 mars 1821, sur lequel sont enregistrées, chaque jour et sommairement, les affaires à lui adressées et sa correspondance. Il y est ouvert, pour chaque affaire , une case où sont indiquées succintement et par ordre de date, la correspondance et les décisions auxquelles elle a donné lieu. Ce livre d'ordre est accompagné d'un répertoire, par ordre alphabétique, pour faciliter les recherches. (*Inst. du* 23 *mars* 1821, *art.* 31.)

D'après les dispositions de l'Ord. du Roi, du 14 décembre 1825, qui ont pour but de substituer la franchise au remboursement fait précédemment aux Administrations des frais de leur correspondance, le Directeur reçoit en franchise illimitée toutes les lettres et tous les paquets *fermés* qui lui sont adressées.

Mais, comme la correspondance en franchise n'appartient qu'au Directeur de l'Administration, et en raison de ses fonctions, il n'y a que les lettres qui lui sont réellement destinées qui doivent lui être adressées, et les Agens forestiers doivent s'abstenir de mettre sous son couvert d'autres lettres que celles qui lui sont personnellement destinées ; car ou ces. lettres sont des lettres particulières, et alors c'est une fraude que le Directeur ne doit pas tolérer, ou elles traitent du service, et alors les Agens qui les adressent méconnaissent la hiérarahie administrative. (*Circ. du 6 août* 1832., n. 308.)

Les Conservateurs sont aussi autorisés à correspondre en franchise, *sous bandes*, dans l'étendue de leur conservation, avec les Préfets et les Sous-Préfets, les Procureurs généraux, les Procureurs du Roi, les Juges-de-Paix, les Inspecteurs, Sous-Inspecteurs et Gardes généraux des forêts, et avec les Directeurs des Domaines.

Les Conservateurs ont en outre la faculté de correspondre en franchise, *sous bandes*, avec leurs collègues des conservations limitrophes, les Procureurs généraux des Cours royales, et les Procureurs du Roi des tribunaux, situés dans ces conservations ; avec les Receveurs des Domaines, les Directeurs, Sous-Directeurs forestiers, Maîtres et Contre-Maîtres de la Marine, et les Maires de leur Arrondissement respectif, et *vice versâ*.

Ces mots *vice versâ*, doivent s'entendre dans ce sens, que non-seulement les Conservateurs, mais encore les Inspecteurs, sous-Inspecteurs, et jusqu'aux Gardes à cheval inclusivement, sont autorisés à correspondre entre eux en franchise, *sous bandes*, mais uniquement dans l'ordre hiérarchique, et dans l'étendue de leurs .ressorts.

Ainsi, d'après ce principe, les Inspecteurs, Sous-Inspecteurs, Gardes généraux, et Gardes à cheval des forêts, sont autorisés à correspondre avec les Préfets, Sous-Préfets, les Procureurs du Roi et les Juges de Paix, dans l'étendue de la conservation à laquelle ils sont attachés, et avec les Directeurs et Receveurs des Domaines, les Directeurs, Sous-Directeurs forestiers, Maîtres et Contre-Maîtres de la Marine et les Maires, dans l'étendue de leurs Arrondissemens, et de plus avec les Procureurs du Roi des conservations limitrophes, et *vice versi*.

On doit aussi faire observer que l'Ordonnance, en accordant au Directeur des forêts la franchise illimitée, et autorisant les Procureurs généraux et les Procureurs du Roi à recevoir en franchise toutes les lettres *fermées*

ni leur seront adressées dans l'étendue du ressort de
leurs Cours et Tribunaux, il en résulte que les Agens
forestiers peuvent écrire au Directeur par lettres *fermées*,
ainsi qu'aux Procureurs généraux et aux Procureurs du
Roi de leur ressort.

Les Gardes à pied et de la pêche sont également autorisés à correspondre en franchise, *sous bandes*, avec
les Receveurs des Domaines de leur Arrondissement,
de même qu'avec le Chef de service sous lequel ils se
trouvent immédiatement placés, et *vice versâ*.

On doit faire observer que l'expression *Chef de service*
doit s'entendre en ce sens, que ce ne serait que dans
le cas où il n'exiterait pas de Garde à cheval dans un
arrondissement, que les simples Gardes pourraient
correspondre, soit avec les Gardes généraux, soit à
défaut de ceux-ci, avec les Sous-Inspecteurs, et successivement en remontant jusqu'au grade dont aucun
intermédiaire ne les séparerait.

Il suit des dispositions qui précèdent que la correspondance en franchise, hors des limites de la conservation, n'est accordée aux Inspecteurs, Sous-Inspecteurs, Gardes généraux et Gardes à cheval, qu'avec
les Procureurs du Roi *seulement*, et qu'aucune disposition ne les autorise à correspondre en franchise avec les
Agens des conservations limitrophes. Cette faculté n'est
accordée que de *Conservateur* à *Conservateur* ; il devient
dès-lors indispensable de prendre leur intermédiaire
pour toute la correspondance que le service nécessitera
entre les Agens des deux conservations limitrophes.

Voici au surplus les dispositions de l'Ordonnance du
14 décembre 1825, qui s'appliquent principalement au
service de l'Administration forestière.

Aux termés de l'art. 4, la correspondance des Agens
forestiers entre eux ne peut avoir lieu que *sous bandes*,
pour quelque nature d'affaire que ce soit.

L'art. 6 porte que tout fonctionnaire sera tenu de
mettre de *sa main*, sur l'adresse des paquets et lettres
qu'il expédie en franchise, sa signature au dessous de la
désignation de sa fonction.

Suivant les articles 7, 8 et 9, les lettres et paquets
contre-signés doivent être remis aux Directeurs des
poste ; et lorsqu'ils sont jetés à la boîte, ils sont assujettis à la taxe.

Ces lettres et paquets contre-signés et mis *sous bandes*,

ne peuvent être reçus ni expédiés en franchise, si la largeur des bandes excède le tiers de la surface desdites lettres et paquets.

Lorsqu'un Fonctionnaire est hors d'état de remplir ses fonctions, par absence, maladie, ou pour toute autre cause légitime, le Fonctionnaire qui le remplace, *par interim*, contre-signe les dépêches à sa place ; mais, en contresignant chaque dépêche, il énonce qu'il remplit, par intérim, les fonctions auxquels le contre-seing est attribué.

Il est expressément défendu, par l'art. 12, de comprendre, dans les dépêches expédiées en franchise, des lettres, papiers ou objets quelconques, étrangers au service.

Dans le cas de suspicion de fraude, ou d'omission d'une seule des formalités prescrites, les Préposés des postes sont autorisés à taxer les lettres et paquets en totalité, ou à exiger que le contenu en soit vérifié en leur présence, par les personnes auxquelles ils sont adressés; et si de cette vérification il résulte qu'il y a fraude, ces Préposés en rédigeront procès-verbal, dont ils adresseront un double au Directeur général des postes, en lui faisant connaître les lieux d'où elles auront été expédiées. Ces lettres seront soumises à la double taxe; et, si elles sont refusées par les destinataires, elles seront renvoyées au Fonctionnaire qui aura donné son contreseing ; il sera tenu d'en acquiter le double port.

Au moyen de ces nouvelles dispositions, le service ne peut pas être compromis, puisque les Agens d'une même localité peuvent correspondre ensemble ; mais il est très-essentiel qu'ils ne perdent pas de vue que cette correspondance ne doit avoir lieu qu'avec leurs supérieurs et subordonnés immédiats, et dans l'ordre hiérarchique, sauf le cas d'absence pour cause légitime, ainsi qu'il est mentionné ci-dessus.

Quand à la correspondance que nécessite la surveillance des bois d'établissemens publics, elle ne doit continuer d'avoir lieu directement de la part des Conservateurs et Agens forestiers, avec les Commissaires des établissemens propriétaires de ces bois; c'est avec les Préfets et Sous-Préfets que les Agens forestiers doivent correspondre.

Toutes les dispositions qui précèdent sont tellement claires et précises, quelles ne paraissent pas avoir besoin

plus grands développemens, et que leur exécution
oit prévenir tous abus; mais s'il en était autrement,
est recommandé aux Conservateurs, ainsi qu'à tous
s Agens, 1° de renvoyer, conformément à l'Ordon-
nce du Roi, au Directeur des postes, les lettres,
iquets ou objets quelconques, étrangers au service,
ui auraient été compris dans des dépêches expédiées
n franchise; 2° de signaler au Directeur des forêts les
iteurs de cette fraude, afin qu'il puisse sévir contre eux.
*Ord. du 24 décembre 1825; Décis. du Min. des Fin., du
2 juillet 1826; Circ. des 31 janvier et 1er août de la même
inée, n. 137 et 141.*)

On doit faire remarquer que les dispositions qui pré-
èdent ne s'étendent pas aux correspondances avec le
érificateur général des arpentages, les *Arpenteurs fores-
ers*, les *Ingénieurs des Ponts-et-Chaussés et des Mines*,
on plus qu'aux *frais de messagerie* pour paquets, tels que
arteaux et *autres objets* qui ne seraient pas de nature à
tre transportés par la poste.

Il a été décidé que ces divers objets seraient acquittés
omme par le passé. Ainsi, pour toute la nomenclature
ui précède, les Conservateurs continueront d'adresser
u Directeur, tous les trois mois, pour eux et leurs su-
ordonnés, les états des déboursés de ports de lettres et
aquets concernant ces différentes natures de corres-
ondance, en ayant soin que toutes les enveloppes de
es lettres et paquets soient fidèlement conservées, avec
e *timbre* et la *taxe*, et qu'elles accompagnent exacte-
ient les états dont il s'agit, cette dernière disposition
tant de rigueur.

La plus grande économie est au surplus recomman-
ée dans cette partie de correspondance, placée hors des
ranchise et contre-seings; et il est important qu'elle
oit circonscrite autant que possible, surtout en ce qui
oncerne les *arpenteurs*. (*Inst. du 23 mars 1821, art. 85,
16, 117 et 118; Let. de la comptabilité du 14 juillet
826; et Circ. du 1er août suivant, n. 141.*)

Art. II. *Dispositions relatives au personnel des Agens
et Gardes.*

Le Conservateur tient pour tous les Préposés sous
es ordres, deux sommiers ou contrôles du personnel,
onformes aux modèles n. 1 et 2, annexés à l'instruc-
ion du 23 mars 1821 : l'un comprend les Inspecteurs,

Sous-Inspecteurs, Gardes généraux, Arpenteurs et Gardes à cheval; l'autre les Gardes à pied, royaux et mixtes et les gardes communaux et des établissemens publics. (*Inst. du 23 mars 1821, art. 17.*)

Indépendamment des contrôles dont il s'agit, l'Administration a fait établir, pour les Agens et Gardes à cheval, ainsi que pour les Gardes à pied royaux et mixtes nouvellement admis seulement, des feuilles individuelles de services et de mutations desdits Agens et Gardes à cheval et Gardes à pied, destinées à recevoir à la fois tous les renseignemens désirables sur chacun d'eux; son âge, ses titres, services, etc. Ces feuilles, conformes aux modèles annexés aux circulaires des 21 août 1821, n. 36 et 14 janvier 1828, n. 165, doivent être rassemblées par cantonnement, inspections et départemens, et porter un numéro d'ordre dont la série a été renouvelée par chaque département. Des doubles de ces feuilles sont conservés dans les bureaux du Conservateur qui a soin de faire porter sur chacune, lors des mutations, les mentions qui s'y rattachent; de sorte que, par ce moyen, il doit y avoir sur le classement des gardes dans les bureaux des conservations, comme dans ceux de l'Administration, un ordre uniforme et cette identité si désirable et si utile au bien du service. (*Inst. du 23 mars 1821, art. 25 et 86, et Circ. des 14 janvier et 27 novembre 1828, n. 165 et 196.*)

Le Conservateur veille à ce qu'aucun des Préposés sous ses ordres n'entre en fonctions qu'après avoir prêté serment et avoir fait enregistrer sa commission et l'acte de prestation de son serment au greffe du tribunal dans le ressort duquel il doit exercer ses fonctions; et il rend compte à l'Administration par lettre spéciale et dans le plus bref délai, de la date précise de la prestation de serment, de l'enregistrement de la commission et de l'installation de chaque agent et garde. (*C. F., art. 5; Inst. du 23 mars 1821, art. 18; et Circ. du 7 octobre 1828, n. 187 ter.*)

Il tient la main à ce que les Inspecteurs, les Sous-Inspecteurs et les Gardes généraux soient pourvus d'un cheval. (*Inst. du 23 mars 1821, art. 19.*)

Il fait immédiatement connaître à l'Administration les vacances d'emplois résultant de décès, et les interruptions de service.

Il présente pour chaque place de Garde à pied à la

nomination du Directeur des forêts *trois* candidats, ayant les conditions et qualités requises; et dont *un*, au moins, doit être désigné par l'Agent en chef de l'Inspection où la place est vacante. (*Ib.* , *art.* 20.)

Il transmet à l'Administration les demandes de congé, indique par qui les Préposés peuvent être remplacés pendant leur absence , et il renvoie les congés apostillés après leur expiration , pour faire connaître si la durée n'en a pas été excédée.

Le Conservateur ne peut permettre aucune absence sous prétexte du besoin de changer d'air ou de prendre les eaux , sans avoir préalablement reçu de l'Administration, pour l'Agent qui en fait la demande , un congé en bonne forme. (*Inst. du 23 mars 1821, art.* 22.)

Lorsqu'un Préposé montre de la négligence à se conformer aux instructions de l'Administration, le Conservateur peut suspendre son traitement, en en rendant compte sur-le-champ au Directeur , afin qu'il puisse prendre telle mesure ultérieure qui lui paraît convenables. (*Circ. du* 12 *germinal an X, n*°. 79.)

En cas de désobéissance ou d'injures de la part d'un Préposé envers son supérieur médiat, celui-ci en dresse procès-verbal , dans lequel il a fait mention , s'il y a lieu, du témoignage des assistans , et l'adresse au Conservateur ; celui-ci en réfère au Directeur des forêts qui, le cas échéant, punit le coupable de suspension temporaire avec perte de traitement, et de destitution en cas de récidive. (*Circ. du* 8 *août* 1809, *n.* 396.)

Le Conservateur peut, en cas d'urgence, suspendre provisoirement de leurs fonctions les Préposés sous ses ordres , jusqu'au grade de *Garde général* inclusivement, et il informe de suite le Directeur des forêts des motifs de la suspension. (*Ord. régl., art.* 38 ; *et Inst. du* 23 *mars* 1821, *art.* 23.)

Les Préposés ne pouvant, ainsi qu'on l'a dit à l'article 2 du § 2 du chapitre V ci-dessus , pour les faits relatifs à leurs fonctions, être traduits en justice , à la requête du Ministère public ou des parties , sans une autorisation préalable du Gouvernement , toutes les fois qu'il y a lieu à provoquer cette autorisation , il en est fait rapport par le Conservateur au Directeur. (*Loi du* 22 *frimaire an VIII, art.* 75; *Décret du* 9 *août* 1806 , *art.* 3; *Ord. régl. , art.* 38 *et* 39, *et Inst. du* 23 *mars* 1821, *art.* 24.)

Chaque année, dans le courant de décembre, le Conservateur rend compte au Directeur du degré d'aptitude, de l'assiduité, du zèle et de la conduite des Inspecteurs, Sous-Inspecteurs, Gardes généraux et Gardes à cheval.

L'état qui contient ces renseignemens doit être conforme au modèle n° 5, annexé à l'instruction du 23 mars 1821, et être envoyé en double expédition au Directeur, qui en remet une immédiatement au Ministre des finances; l'une et l'autre sont destinées à former l'état de contrôle, que l'on consulte sur l'ordre des avancemens. (*Circ. du 12 germinal an X n. 79; Inst. du 24 mars 1821, art. 25.*)

Le Conservateur doit joindre en outre à cet état, et pour chacun de ses subordonnés, jusqu'au grade de Garde à cheval inclusivement, des feuilles individuelles de renseignemens et notes conformes au modèle fourni par l'Administration. (*Circ. du 14 janvier 1828, n° 165.*)

Quant aux Gardes à pied royaux et mixtes, le Conservateur annote sur les états relatifs aux gratifications, ceux de ces Gardes qui se sont distingués dans leur service. Il s'explique aussi, par correspondance, sur leur compte, toutes les fois que, par suite de plaintes, il y a quelques mesures à prendre à leur égard. (*Inst. du 23 mars 1821, art. 26.*)

En ce qui concerne les Gardes des bois communaux et des établissemens publics, il délivre des commissions aux individus nommés par les communes et établissemens publics pour surveiller leurs bois; mais il soumet au visa du Directeur ces commissions qui sont fournies par l'Administration, et il envoie pour chaque Garde une expédition de l'acte de délibération qui le nomme. (*C.F., art. 95; et Inst. du 23 mars 1821, art. 27.*)

Il veille à ce que ces Gardes soient inscrits et classés avec les Gardes des bois de l'Etat; qu'ils soient soumis, comme ceux-ci, à l'autorité des Gardes généraux et des Agens de l'Administration, et qu'ils prêtent serment et remplissent les formalités nécessaires pour leur installation. (*Inst. du 23 mars 1821, art. 28.*)

Dans les cas où les communes ou établissemens publics propriétaires de bois, négligeraient ou différeraient de nommer ou de remplacer leurs Gardes, le Conservateur propose au Préfet de pourvoir à ces nominations ou remplacemens. (*C. F., art. 56, et Inst. du 23 mars 1821, art. 28.*)

Les Gardes·des bois des particuliers ne peuvent exer‑
cer leurs fonctions qu'après avoir été agréés par le
Sous-Préfet de l'arrondissement, et avoir prêté ser‑
ment devant le Tribunal de première instance. Le
Sous-Préfet vise les commissions de ces Gardes, lors‑
qu'elles ont été inscrites sur un registre où sont relatés
les noms et demeures des Propriétaires, ceux des Gar‑
des, et la désignation et situation des bois. (C. F.,
art. 117, et Ord. régl., art. 150.)

Art. III. *Sommiers des bois.*

Le Conservateur tient un sommier général de con‑
sistance des bois domaniaux de son arrondissement.

Ce sommier, conforme au modèle n° 4 annexé à
l'instruction du 23 mars 1821, est établi de manière à
donner la consistance totale des bois formant masse.
Dans le cas où des bois isolés dépendraient cependant
de la même garderie, la distance approximative qui les
sépare est indiquée dans la colonne d'observations.

· Il tient, d'après le même modèle, un autre sommier
pour les bois des communes et des établissemens pu‑
blics.

Les changemens qui peuvent survenir dans la consis‑
tance des bois sont annotés sur ces sommiers, et indi‑
qués à l'Administration à l'expiration de chaque année.
(*Inst. des 7 prairial an IX*, § 1, art. 1, et 21 mars 1821,
art. 30.)

Art. IV. *Tournées.*

Le Conservateur fait annuellement les tournées qui
lui sont prescrites par l'Administration et celles qu'il
juge nécessaires dans les forêts de son arrondissement,
en se faisant accompagner par les Inspecteurs, les
Sous-Inspecteurs, les Gardes généraux et les Gardes,
de proche en proche. (*Ord. régl., art.* 14.)

Lors de sa visite dans les bois, il vérifie l'état de leurs
bornes, celui des chemins intérieurs et des fossés éta‑
blis autour. (*Inst. du 7 prairial an IX*, § 1, art. 2 et 3,
et du 23 mars 1821, art. 33 et 90.)

Il se fait remettre, par les Inspecteurs et Sous-Ins‑
pecteurs, les projets ou états des coupes de l'ordinaire
subséquent, les examine, et désigne, ou fait désigner
par ces Agens, les arbres d'assiette de chaque coupe. Il
vérifie en même temps s'il y a lieu à établir des coupes

extraordinaires. (*Ord. régl.*, art. 73 *et* 74*, *et Inst. du* 7 *prairial an* IX, § 1, *art.* 7, *et du* 23 *mars* 1821 *art.* 34.)

Il procède, lorsqu'il le juge convenable, à l'assiette et au martelage des coupes ; mais il met au nombre de ses devoirs essentiels, lors de ses tournées, le récolement de quelques ventes usées de l'ordinaire précédent, ou la vérification du récolement s'il se trouvait déjà fait, examine si les réserves ont été bien placées et convenablement espacées, et si elles ont été représentées sans fraude par les adjudicataires. (*Inst. du* 7 *prairial an* IX, § 1, *art.* 7, *et du* 23 *mars* 1821, *art.* 36 *et* 43; *Circ. du* 30 *pluviôse an* XI, *n.* 131.)

Il procède alors au dénombrement des réserves, et en rend compte, en indiquant pour chaque espèce le nombre porté au procès-verbal de balivage et martelage ; celui désigné au procès-verbal de récolement par les Agens qui ont vaqué à ces opérations, et le nombre qu'il a trouvé, en observant que les quantités, en plus ou en moins, doivent être également relatées dans son rapport. Il peut, s'il le juge convenable, se borner au comptage des anciens et modernes. (*Inst. du* 23 *mars* 1821, *art.* 43.)

Il vérifie si les Adjudicataires ont fait exécuter les travaux et s'ils ont rempli toutes les conditions qui leur ont été imposées ; s'il n'y a point d'outre-passes, et s'il n'a été commis aucun délit, soit dans l'intérieur des ventes, soit au-dehors, à la distance fixée par le Code forestier. (*Ib.*, *art.* 44.)

Le Conservateur prend connaissance des usines existantes à proximité des forêts, s'informe si le nombre de ces établissemens, notamment des scieries, excède ou non la possibilité des forêts ; si les affectations qui peuvent avoir été accordées à quelques-unes de ces usines sont nécessaires ou doivent être maintenues ; et si, en renvoyant leurs entrepreneurs à s'approvisionner par les voies ordinaires du commerce, on porterait quelque préjudice à l'industrie. (*Inst. du* 7 *prairial an* IX, § 1, *art.* 8.)

Il prend également connaissance des vides et clairières qui existent dans les forêts, des moyens les plus économiques à employer pour leur repeuplement ; des routes à percer dans les forêts pour y rendre les incendies moins dangereux et donner à la sève plus d'activi-

. (*Ibid.*, *art.* 9; *Circ. du* 30 *pluviôse an XI, n.* 151.)
Il se fait rendre un compte exact des usages exercés
vertu de titres vérifiés et confirmés, ainsi que le
escrit la loi du 28 ventôse an xi (19 mars 1803),
ins les forêts royales et communales, par des com-
ynes ou des particuliers; examine si l'exercice des
oits d'usage en bois est indispensable ou non aux ha-
tans, et si la suppression de ces droits, par voie de
ntonnement, est une disposition nécessaire, et si elle
t dans l'intérêt de l'État, et quant aux autres droits
ısage quelconques et aux pâturages, panage et glan-
e, il s'assure s'ils sont d'une absolue nécessité pour
subsistance des bestiaux appartenant aux habi-
ıs d'une ou plusieurs communes, et s'ils peuvent
e rachetés, moyennant une indemnité. (*C. F.*, *art.*
, 63 *et* 64; (*Ord. régl.*, *art.* 112 *et* 116; *Inst. du* 7
ɪrial an *IX*, *art.* 30, *et du* 23 *mars* 1821, *art.* 58.)
Il examine quelles sont les parties de bois qui peu-
nt être déclarées défensables. (*Ord. régl.*, *art.* 119,
Inst. du 7 *prairial an IX*, *art.* 31, *et du* 23 *mars* 1821,
. 59.)

Il se fait rendre compte des aménagemens actuels et
s changemens dont ils sont susceptibles, d'après les
constances du sol et du climat, de l'essence des bois,
leur état et des besoins de la contrée, afin de régler
aménagemens, principalement dans l'intérêt des
ɔduits en matière et de l'éducation des futaies, en
herchant les forêts ou parties de forêts qui peuvent
e réservées pour croître en futaie, et en indiquant
les où le mode d'exploitation par éclaircie pourrait
e le plus avantageusement employé; il examine
els sont les nouveaux débouchés qui peuvent s'éta-
r, soit par des routes ou canaux, soit par des éta-
ssemens d'industrie; il s'informe s'il existe des bois
it il n'est tiré aucun parti à cause de la difficulté de
r accès, ou des montagnes pelées qui étaient autre-
s ombragées d'arbres; il examine les moyens de
ttre ces terrains en valeur, soit par des semis, soit
des plantations forestières, soit en les destinant à
t autre genre de culture; il fait choix dans les forêts
plus centrales de son arrondissement, des terrains
pres à établir des pépinières utiles au repeuplement
forêts. (*Ord. régl.*, *art.* 68, *Inst. du* 7 *prairial an I X*

art. 36, 57 et 41, et du 23 mars 1821, art. 65 ; et *Circ.* du 30 pluviôse an XI, n. 151.)

Il s'informe de l'exécution des lois et réglemens relatifs à la chasse et à la pêche, et vérifie les délits commis dans l'intervalle d'une tournée à une autre, et les poursuites qui en ont été faites. (*Inst. du 7 prairial an IX, art.* 42 *et* 43.)

Le Conservateur recueille dans ses tournées tous les renseignemens qui peuvent servir de matériaux à la composition de la statistique forestière de son arrondissement ; il se fait représenter les procès-verbaux de balivage, martelage, arpentage, récolement et réarpentage, et s'assure si ces actes ont reçu, dans les délais prescrits, la formalité de l'enregistrement ; il examine et arrête, dans les bureaux des Agens forestiers, leur livre-journal, et les sommiers de correspondance, de procès-verbaux de délits, et autres registres qu'ils doivent tenir ; il vérifie si toutes les parties du service sont au courant, et si les affaires sont traitées d'après les lois, ordonnances, réglemens et instructions ; il se fait représenter les marteaux royaux, examine s'ils sont en bon état et renfermés dans leurs étuis, et il en rend compte ; s'il trouve des marteaux dont l'empreinte ait été altérée, il les envoie à l'Administration pour qu'ils soient réparés ou remplacés. (*Inst. du 7 prairial an IX, § 1er, art.* 10, *et du* 23 *mars* 1821, *art.* 48, 49 *et* 50.)

Le Conservateur fait, lors de sa tournée dans les bois, la revue des Gardes ; il s'informe de leur tenue, de leur service, et vise leurs livrets, en y mettant les annotations qu'il juge convenables. (*Inst. du 7 prairial an IX, § 1er, art.* 11, *et du* 23 *mars* 1821, *art.* 51.)

Il s'assure si le Garde général est pourvu d'un cheval, s'il exerce une surveillance active sur les Gardes à cheval et à pied sous ses ordres, et s'il rend compte exactement à l'Inspecteur ou au Sous-Inspecteur de leur conduite.

Indépendamment des renseignemens que le Conservateur obtient des Agens de l'Administration forestière, il invite MM. les Préfets et Sous-Préfets, ainsi que MM. les Procureurs du Roi près les tribunaux, à lui faire part de ce qui serait parvenu à leur connaissance sur la conduite et le service des Agens forestiers établis dans le ressort de chacun d'eux. (*Inst. du* 23 *mars* 1821, *art.* 51.)

Le Conservateur rend compte de ses tournées par es rapports ou procès-verbaux, dont la minute este déposée dans les archives de la conservation; et lont il envoie expépition au Directeur des forêts dans les quinze jours qui suivent son retour au chef-lieu de sa ésidence: ces procès-verbaux de tournée indiquent, our par.jour, les visites ou opérations auxquelles il a rocédé; ils doivent être succincts, et ne contenir que les éveloppemens nécessaires pour faire connaître les enseignemens que cet agent supérieur a recueillis sur a situation du service, et le résultat des vérifications uxquelles il s'est livré. Il ne reçoit d'indemnité que our les tournées prescrites par l'Administration, qui n détermine l'époque et la durée. (*Ord. du 22 novem-re* 1820, *art.* 4; *Inst. du 7 prairial an IX,* § 1er, *art.* :5, *et* 23 *mars* 1821, *art.* 53.)

Il lui est interdit de descendre et loger chez les Agens qui lui sont subordonnés, ou chez tout individu xploitant des coupes dans les forêts domaniales, à peine l'être privé d'une partie de son indemnité, égale au juart, qui est versé dans la caisse des pensions de re-raite. Le Directeur rend compte au Ministre des Finances des infractions de cette nature (*Inst. du* 23 *mars* 1821, *art.* 13.)

Si, par absence ou tout autre motif, le Conservateur est empêché de faire les tournées prescrites, il deman-le au Directeur à être remplacé par un Inspecteur qu'il désigne, et qui reçoit alors des indemnités de tournée, réglées sur le taux fixé par le Directeur des forêts. (*Inst. du 7 prairial an IX,* § 1er, *art.* 6, *et du* 23 *mars* 1821, *art.* 33.)

Les tournées sont regardées par l'Administration comme l'obligation la plus essentielle de toutes celles du service forestier. En effet, c'est par elle que le Con-servateur s'assure si la consistance annuelle des ventes reste la même, ou ne varie que faiblement; s'il est des améliorations à faire; si les délits sont constatés et pour-suivis; si les Agens sont exacts à leurs postes, à leurs devoirs; si leurs livres journaux sont en règle; s'il n'a rien été entrepris sur les limites des bois; si les arpen-teurs ont opéré régulièrement; s'il n'a point été com-mis d'anticipation dans les coupes; si les travaux d'a-mélioration ont été vérifiés; si les bois des communes et établissemens publics sont surveillés avec soin; s'il ne s'y commet pas d'abus; si la pêche et la chasse sont exercées conformément aux lois, et si l'on tire de la pêche tout le parti possible; en un mot, si les Agens sont pénétrés de l'importance de leurs obligations. Les tournées des Conservateurs sont divisées de manière à ce qu'elles aient lieu au renouvellement de la belle saison, et à l'époque des adjudications. Le crédit de l'Administration pour les frais de ces tournées étant limité, l'indemnité susceptible d'être allouée à ces Agens supérieurs, l'est également en raison du nombre de jours qu'ils emploient, et ne peut excéder la somme fixée par le Directeur, pour chaque tournée : ils doivent joindre à l'envoi de leur procès-verbaux de tournées un état nominatif de leur itinéraire et du nombre de journées employées.

Les Conservateurs doivent en outre joindre également à l'appui des ordonnances délivrées pour leurs frais de tournées, un état dûment certifié, concernant la désignation sommaire de leurs opérations. (*Circ. des 22 mai et 5 septembre 1821, n. 26 et 37 ; et Inst. du 24 décembre 1822, art. 22.*)

DEUXIÈME SECTION.
Agens forestiers.

Les Agens de l'Administration forestière sont les *Inspecteurs*, les *Sous-Inspecteurs* et les *Gardes généraux*.

§ Iᵉʳ. Inspecteurs.

Il y a sous les ordres des Conservateurs, des *Inspecteurs*, dont le nombre et les arrondissemens ont été fixés par le Ministre des finances, d'après l'étendue des forêts dans chaque département. (*Ord. régl., art.* 10 et 11.) Ces Agens remplacent les ci-devant maîtres particuliers dans toutes leurs fonctions, moins celles judiciaires qu'ils ont cessé de remplir depuis 1790. (*Circ. du* 1ᵉʳ *compl. an IX. n.* 35.)

Les Inspecteurs ont sous leurs ordres les Sous-Inspecteurs, Gardes généraux, Arpenteurs, Gardes à cheval et à pied, en résidence dans leur inspection. (*Ord. régl., art.* 11.)

Ils veillent à l'exactitude du service de ces Préposés, et font suppléer ceux qui se trouvent empêchés ou absens, à charge d'en rendre compte sans délai au Conservateur, (*Ib., art.* 14.)

Ils sont tenus d'avoir à leurs frais, un sommier de correspondance, et généralement les registres qui leur sont prescrits pour l'ordre de leur bureau; et, afin d'établir plus d'uniformité dans la tenue de ces registres, ils leur sont fourni par les Conservateurs (d'apres les modèles envoyés par l'Administration), qui les leur adressent, et auxquels ils en remboursent le prix sans pouvoir exiger de leurs successeurs le remboursement de cette dépense, attendu que ces registres et sommiers devant faire partie des archives de chaque inspection, l'Inspecteur qui succède à un autre ne peut être tenu envers son prédécesseur à aucun remboursement de frais de cette nature. (*Ord. régl., art.* 16, *et Inst. du* 23 *mars* 1821, *art.* 123, *Circ. du* 27 *septembre* 1822, n. 71.)

Les Inspecteurs font coter et parapher ces registres par le Préfet ou le Sous-Préfet du lieu de leur résidence. Ils y inscrivent régulièrement, par ordre de date, les ordonnances et ordres de services qui leur sont transmis, leur diverses opérations, leurs procès-verbaux, et les déclarations qui leur sont remises.

Ils signent chaque enregistrement, en faisant mention, en marge de chaque pièce ou procès-verbal, de l'inscription à laquelle elle a donné lieu sur les registres, avec indication du folio.

La signature doit être réelle et non remplacée par un simple paraphe, elle doit être placée au bas de l'acte transcrit; mais on ne doit signer l'enregistrement que des actes de quelqu'importance, tels que les ordonnances, ordres de service, procès-verbaux, déclarations, etc. (*Ord. régl., art.* 16, *et Lettre du Dir. des Forêts, du* 23 *janvier* 1828.)

Les Inspecteurs tiennent en outre un registre spécial sur lequel ils annotent sommairement, par ordre de réception, les procès-verbaux qui leur sont remis par les Gardes, et indiquent en regard le résultat des poursuites et la date des jugemens auxquels ces procès-verbaux ont donné lieu. La mention à faire en marge de chaque pièce ou procès-verbal n'est autre chose qu'un simple numérotage pris du registre d'ordre, et qui peut être conçu en ces termes : *Inscrit folio... de tel registre.* (*Ib.*)

Les Inspecteurs correspondent avec le Conservateur de l'arrondissement forestier sous les ordres duquel ils sont placés immédiatement, et lui rendent compte de leurs opérations ; ils ne correspondent avec les autorités qui les consultent, que par l'intermédiaire de cet agent supérieur. (*Ord. régl.*, art. 15; *Inst. du 7 prairial an IX, art. 5; et Circ. du 1ᵉʳ germinal an X, n. 79.*)

Cependant d'après les dispositions de l'art. 2 de l'ordonnance du Roi du 10 mars 1831, les Préfets peuvent, pour tous les objets urgens, s'adresser directement à l'Agent local, chef du service, pour les renseignemens dont ils ont besoin; mais ces renseignemens doivent être adressés par cet agent au Conservateur, qui les transmet avec son avis, au Préfet. Cette marche doit être observée principalement à l'égard des demandes en autorisation de coupes extraordinaires. (*Circ. du 8 avril 1831, n° 266.*)

Les Inspecteurs tiennent deux sommiers de correspondance : l'un pour celle avec le Conservateur et les Agens forestiers, et l'autre pour celle avec les autorités constituées et les particuliers. (*Inst. du 23 mars 1821, art. 115.*)

Ils tiennent un registre des avis qu'ils donnent sur les communications qui leur sont faites par le Conservateur, et par les autorités constituées. Ce registre est divisé en cinq colonnes : la 1ʳᵉ contient la date de la communication ou renvoi; la 2ᵉ, la désignation du fonctionnaire qui a fait la communication; la 3ᵉ, la nature de l'affaire; la 4ᵉ, la date de l'avis ; et la 5ᵉ, l'avis même. (*Ib. art. 121.*)

Ils ont, ainsi qu'il est prescrit pour les Conservateurs, chapitre 8, 1ʳᵉ sect., § 1ᵉʳ, art. 1ᵉʳ ci-dessus, un livre d'ordre conforme au même modèle, fourni par l'Administration, sur lequel, chaque jour, les affaires doivent être enregistrées sommairement.

Ils tiennent en outre un livre-journal de leurs opérations; ils y transcrivent en substance tous les actes de leurs fonctions, et ils en adressent, avec la plus grande exactitude, au Conservateur, à la fin de chaque trimestre, un extrait en trois colonnes: l'une intitulée, *Date de opérations*; l'autre, *Nature des opérations*; et la 3ᵉ, *Observations.* (*Inst. du 7 prairial an IX, § 2, art. 1ᵉʳ, et du 23 mars 1821, art. 85.*)

Indépendamment de cet extrait du livre-journal, l'Administration, voulant avoir, de son côté, une connaissance immédiate des différentes parties du service, et se mettre à portée d'apprécier par elle-même, le zèle et le résultat des travaux des Agens sous ses ordres, avait prescrit par ses instructions des 31 mars 1821, 5 décembre 1822 et 17 mai 1823 aux Inspecteurs de lui rendre compte directement, tous les six mois, de la situation du service dans leurs arrondissemens respectifs. Comme ces comptes semestriels exigeaient un travail assez considérable, M. le Directeur a pensé qu'on pourrait conserver les bons effets de ces comptes immédiats, en les réduisant à *un compte général pour l'année*. Cette mesure a même l'avantage d'éviter une coupure au milieu de l'année, pour le détail des opérations qui, dans quelques arrondissemens, ne font que de commencer à l'époque où s'expédiait le compte du 1er semestre.

M. le Directeur a en conséquence décidé qu'à partir du 1er janvier 1826, les Agens forestiers n'auraient plus à lui adresser qu'un compte détaillé pour toute l'année ; qu'ils continueraient à se conformer à l'instruction du 17 mai 1823, en observant seulement qu'aujourd'hui il s'agit d'un compte *annuel*, au lieu d'un compte *semestriel*.

Ce compte annuel, rédigé d'après le modèle fourni par l'Administration, doit être transmis périodiquement au plus tard dans les quinze premiers jours du mois de janvier de l'année suivante. (*Inst. du 23 mars 1821, art.* 86.)

Le modèle du compte indique qu'en général l'Administration ne désire que des détails succincts, suffisans pour lui faire connaître la marche des opérations, l'état de situation des poursuites, celui des travaux et du service en général ; les Agens doivent s'abstenir de traiter des questions qui doivent donner lieu à une correspondance spéciale, et parvenir à l'Administration par l'intermédiaire des Conservateurs, pour qu'elle puisse statuer sur toutes les parties du service dont elles sont l'objet. Mais en réduisant ainsi le travail des Agens, le Directeur n'a point voulu se priver de tous renseignemens pendant le cours de l'année, et il a adopté la forme d'un compte sommaire que les Agens forestiers doivent lui adresser dans la première quinzaine de juillet pour le premier semestre, et qui ne consiste que dans des réponses laconiques, aux questions qui sont présentées dans le modèle. Les renseignemens relatifs au personnel doivent être accompagnés, à la fin de chaque année, de feuilles individuelles et de notes pour chacun de leurs subordonnés jusques et y compris le grade de Garde à cheval. (*Circ. du 20 décembre 1825, n° 134; et du 14 janvier 1828, n° 165.*)

En exigeant des Agens un compte administratif, et en les mettant ainsi en rapport direct avec elle, l'Administration a eu pour but de connaître parfaitement l'état du service dans chaque arrondissement, de lui donner une direction régulière et uniforme, et enfin de pouvoir apprécier elle-même le zèle et l'aptitude des Agens placés sous ses ordres.

Ces comptes ont subi de nouvelles modifications. Au lieu de les diviser ainsi qu'ils l'étaient, l'Administration a jugé plus convenable de comprendre, dans un seul et même cadre, toutes les branches du service, en les divisant, selon l'ordre établi dans l'Administration centrale, en trois sections, dont la première traite du matériel, la seconde du contentieux, et la troisième du personnel.

Au moyen des nouvelles dispositions adoptées, ces comptes seront successivement examinés dans chacune des divisions de l'Administration, en ce qui les concerne pour être émargés des observations dont ils seront jugés susceptibles, et dès-lors il est plus nécessaire que jamais qu'ils soient expédiés régulièrement.

Ceux du premier semestre devront être parvenus à l'Administration, au plus tard, pour le 1er août de chaque année, et les comptes généraux pour le 1er février de l'année qui suit celle à laquelle se rapporte le compte rendu.

L'importance de ce travail n'a pas été généralement sentie. L'expérience et les vérifications des Inspecteurs des finances ont fait reconnaître que ces comptes n'étaient pas toujours rédigés avec exactitude ; quelques Agens même ont apporté dans leur envoi une négligence d'autant plus répréhensible qu'elle amène des retards dans les réponses de l'Administration. L'Administration espère qu'elle n'aura plus à faire de pareilles observations.

Au surplus, des mesures très-sévères seront prises contre les Agens qui négligeront d'adresser ces comptes aux époques fixées, et aucune excuse ne sera admise.

L'Administration a recommandé surtout d'apporter

a plus grande exactitude dans l'énumération des détails qu'ils renferment. Il vaut infiniment mieux faire connaître avec franchise la véritable situation du service, que de chercher à la masquer et à tromper l'Administration par des renseignemens dont souvent les rapports de tournées des Conservateurs, et les vérifications les Inspecteurs des finances démontrent l'inexactitude, et qui dès-lors altèrent la confiance que l'Administration aime à accorder à ses Agens. (*Circ. du 25 juillet 1831, n° 275 ter.*)

A la fin de chaque semestre, l'Administration fait parvenir les imprimés nécessaires, tant des comptes annuels que des comptes sommaires, pour que chacun les Agens en ait deux pour chaque semestre. L'un est destiné à recevoir la minute du compte, qui reste déposée dans leur bureau, et ne peut en être distraite, lors même qu'ils éprouveraient quelques mutations; l'autre sert à l'expédition qu'ils adressent à l'Administration directement. Cet expédition doit être textuellement conforme à la minute, et il ne peut être fait aucun changement à cette dernière. Lorsque les réponses de l'Administration parviennent aux Agens, il les classent dans la minute du compte auquel elles appartiennent et les transcrivent néanmoins sur cette minute, dans la colonne destinée à les recevoir, et en regard du paragraphe auquel elles s'appliquent. (*Circ. du 31 mars 1821, n. 19.*)

L'importance que l'Administration attache à connaître, par les comptes de semestre, la situation du service, et l'avantage qu'ils ont pour les Agens de les mettre en relation directe avec elle, doivent les engager à donner tous leurs soins à leur rédaction, et à en faire l'envoi avec exactitude. (*Circ. du 5 décembre 1822, n. 227, 3e série de la 2e division; du 3 décembre 1824, n. 109 et du 22 décembre 1825, n. 134.*)

Les Inspecteurs tiennent aussi des sommiers ou contrôles séparés des Gardes à pied royaux et mixtes, et des Gardes des bois communaux et des établissemens publics, et des sommiers également distincts des bois de l'Etat et de ceux appartenant aux communes et aux établissemens publics, dépendans de leur inspection, et conformes aux modèles ci-dessus prescrits pour les Conservateurs, chap. VIII, 1er sec., § 1er, art. 1 et 3. (*Inst. du 23 mars 1821, art. 87.*) Les Inspecteurs sont responsables des titres, plans et autres actes dont ils se trouvent dépositaires en vertu de leurs fonctions. A chaque mutation il en est dressé, ainsi que des registres et sommiers, un inventaire en double qui constitue le nouvel Agent responsable, en opérant la décharge de son prédécesseur. Les articles 169 à 173 du Code pénal prononcent des peines très fortes contre les fonctionnaires qui ont soustrait ou détourné des actes et titres dont ils étaient dépositaires en leur qualité. (*Ord. régl., art.* 17.)

Les Inspecteurs font, chaque année, une tournée dans les bois de leur inspection, à l'époque qui est fixée par le Conservateur. Cette tournée est indépendante de celles qu'ils doivent faire en procédant aux balivages et martelages. (*Ord. régl., art.* 14, *et Inst. du* 23 *mars* 1821, *art.* 88.)

Il se font représenter, lors de leurs tournées, les registres et sommiers des Sous-Inspecteurs et des Gardes généraux ; ils les arrêtent et font mention dans l'arrêté, du lieu où ils se trouvent, de la présence de l'Agent forestier que le registre concerne, et de la date du mois. (*Inst. du* 7 *prairial an IX,* § 2, *art.* 2; *et du* 23 *mars* 1821, *art.* 9.)

Les Inspecteurs se font remettre, chaque trimestre, par les Sous-Inspecteurs et les Gardes généraux sous leurs ordres, un extrait des livres-journaux de ces Agens. (*Inst. du* 23 *mars* 1821, *art.* 125.)

Ils font aussi, comme le Conservateur, la revue des gardes ; ils arrêtent leurs livrets, et font mention, dans le visa, des observations qu'ils jugent convenables sur la conduite de ces Préposés, et sur la tenue de leurs triages ; ils prennent également auprès de MM. les Préfets, Sous-Préfets, Procureurs du Roi et autres fonctionnaires, tous les renseignemens qui peuvent les éclairer sur la conduite et sur le service des Agens forestiers dépendant de leur inspection ; et ils rendent compte des renseignemens favorables ou défavorables qui leur sont fournis par ces magistrats. Ils dressent un procès-verbal de leur tournée, et en envoient le double au Conservateur, dans les quinze jours qui suivent leur rentrée à leurs résidence. (*Inst. du* 7 *prairial an IX,* § 2, *art.* 15, *et du* 23 *mars* 1821, *art.* 89.)

Ils accompagnent, dans leur arrondissement seulement, le Conservateur, lors de ses tournées, et sont présens aux opérations et vérifications auxquelles celui-ci juge convenable de procéder ; ils signent, après lui, les actes relatifs à leur inspection. (*Inst. du 7 prairial an IX, § 2, art. 3, et du 23 mars 1821, art. 90.*)

Ils suppléent le Conservateur pour l'assiette et le récolement des coupes, lorsqu'ils ont été délégués par lui à cet effet ; et se conforment, pour ces opérations et les procès-verbaux auxquels elles donnent lieu, à ce que prescrivent les instructions de l'Administration. (*Ord. règl., art. 74 et 78; Inst. du 23 mars 1821, art. 90.*)

Ils veillent à ce que les dispositions concernant les balivages, martelages, adjudications et récolemens, soient exécutées, et il leur est expressément ordonné de rendre compte avec exactitude du résultat des comptages des réserves auxquels ils procèdent lors des récolemens, ainsi que de l'exécution des travaux imposés aux adjudicataires. (*Inst. du 23 mars 1821, art. 91 et 92.*)

Ils enregistrent sur un sommier spécial, toutes les Ordonnances du Roi relatives à des aménagemens et coupes de quarts de réserve, ou extraordinaires, dans les bois de leur arrondissement. (*Ord. règl, art. 16, et Ibid, art. 120.*)

Ils tiennent un registre des déclarations de défriche-ment et de volonté d'abattre, faites par les particuliers, et se conforment à cet égard à ce qui est prescrit par les instructions. (*Inst. du 23 mars 1821, art. 70, 71, 72, 73 et 122.*)

Les Inspecteurs sont appelés à concourir à l'exécu-tion de toutes les dispositions que renferment les ins-tructions de l'Administration, quoiqu'elles ne les con-cernent pas spécialement ; et ils doivent se conformer à toutes celles qui leur sont données par le Conservateur. Enfin tous les moyens d'amélioration doivent être vé-rifiés et médités par les Inspecteurs, afin de les mettre à même de fournir au Conservateur tous les éclaircis-semens dont celui-ci a besoin pour répondre aux de-mandes de l'Administration. (*Ibid, art. 124.*)

§ II. *Sous-Inspecteurs.*

Il y a sous les ordres des Inspecteurs, des *Sous-Ins-pecteurs*, dont le nombre et les arrondissemens ont été fixés par le Ministre des Finances d'après l'étendue des forêts dans chaque département. Ces Agens ont sous leurs ordres les Gardes généraux, Gardes à cheval et à pied en résidence dans l'arrondissement, formant leur sous-inspection. Ils veillent à l'exactitude du service de ces Préposés. Ils correspondent avec l'Inspecteur ou avec le Conservateur lorsqu'ils sont sous ses ordres immédiats, et lui rendent compte de leurs opérations. Ils reçoivent et transmettent en outre à leurs subordonnés les ordres de service qui leur sont donnés par l'un et l'autre de ces Agens. Ils peuvent faire suppléer, en cas d'empêchement, les Gardes généraux et les Gardes à cheval et à pied employés sous leurs ordres, à la charge d'en rendre compte sans délai à leur supérieur immédiat. (*Ord. régl.*, art. 10, 11, 14 et 15, et *Inst. du 7 prairial an IX*, art. 5, et *du 23 mars 1821, art. 125.*) (1).

Les Sous-Inspecteurs ont, ainsi qu'il est prescrit pour les Inspecteurs, les mêmes livres d'ordre et journal et tous les différens sommiers et contrôles que ces Agens doivent tenir, et ils sont aussi obligés d'adresser directement à l'Administration, de même que les Inspecteurs, tous les ans et tous les six mois, le compte de la situation du service dans leurs arrondissemens respectifs, comme il est dit au premier paragraphe de cette section. (*Inst. du 23 mars 1821, art. 125.*)

Les Sous-Inspecteurs inscrivent sur leur livre-journal leur travail de chaque jour, et les rapports qui leur sont faits par les Gardes généraux et à pied, et ils en adressent un extrait tous les trois mois à l'Inspecteur, ou au Conservateur, s'ils sont sous ses ordres immédiats. (*Inst. du 7 prairial an IX*, § 3, art. 1er.)

Ils font deux tournées générales, l'une en juin, l'autre en novembre, dans les arrondissemens qui comprennent la totalité d'une inspection ou d'un département; ils en font quatre dans les inspections divisées en plusieurs sous-inspections; elles ont lieu en janvier, avril, juin et novembre. Ils dressent procès-verbal de leurs tournées, et les font signer par les Gardes généraux, à leur passage dans leurs cantonnemens respec-

_____

(1) Voir pour tout ce qui concerne le *personnel*, les chapitres 2, 3, 4, 5 et 6; les *objets généraux de service*, le chapitre 7; les *fonctions des Agens*, le chapitre 8; les *opérations forestières et autres différentes parties du service*, les chapitres 9 à 12 inclus.

tifs. Ils se font représenter les registres des Gardes
généraux et particuliers; s'assurent, par un examen
fait avec soin, si ces préposés ont rempli leurs obligations tant pour la tenue des bois, que contre les délinquans. (*Ord. régl., art.* 14, *et Inst. du 7 prairial an IX,
art 2 et 3.*)

Ils assistent le Conservateur dans sa tournée, et lui
fournissent tous les renseignemens par lesquels ils peuvent concourir à la rendre utile; ils assistent aussi à
celles de l'Inspecteur, qui ont pour but des opérations
conjointes, et ils lui donnent d'ailleurs tous les renseignemens qu'ils désirent d'eux. (*Ib., art.* 4.)

Les fonctions et obligations des Sous-Inspecteurs
étant de même nature que celle des Inspecteurs, les
instructions concernant ceux-ci leur sont communes.
(*Ib., art.* 7, *et du* 23 *mars* 1821, *art.* 125.)

§ III. *Gardes Généraux.*

Il y a sous les ordres des Inspecteurs et des Sous-
Inspecteurs, des *gardes généraux* dont le nombre et les
arrondissemens ont été fixés par la Direction des forêts,
d'après l'étendue des forêts, dans chaque inspection ou
sous-inspection. La portion de territoire dans laquelle
les Gardes généraux exercent leurs fonctions se compose,
suivant l'importance et la contenance des forêts, d'une ou
plusieurs justices de paix, et se nomme *cantonnement.*
(*Ord régl. art* 10 *et* 11.)

Les Gardes généraux ont sous leurs ordres les Gardes
à cheval et à pied, en résidence dans leurs cantonnemens respectifs; ils veillent à l'exactitude de leur service, et les font suppléer, en cas d'empêchement, à la
charge d'en rendre compte sans délai à leur supérieur
immédiat, avec lequel ils correspondent et lui rendent
compte de leurs opérations. Ils transmettent à leurs subordonnés les ordres, instructions et réglemens forestiers, en ce qui les concerne. Ils s'assurent de leur conduite, et leur remettent, pour la rédaction de leurs
procès-verbaux, des feuilles visées, pour timbre, qui
portent pour chaque garde, une série de numéros qui
ne peut être intervertie et dont ils rendent compte. (*Ord.
régl., art.* 14 *et* 15 ; *Circ. du* 2 *fructidor an X, n.* 108;
Inst. du 23 *mars* 1821, *art,* 126 *et* 127.)

Ils visitent assidûment les forêts de leur cantonnement, afin de tenir les Gardes dans leur devoir; leur

prêtent main forte, font toutes sortes de rapports et cap-
tures ; ils remplissent en un mot, dans chaque cantonn-
nement, toutes les obligations imposées aux Gardes, et
veillent à la conservation des bois et au maintien des
limites dans leur intégrité. Indépendamment de leurs
courses de chaque jour, ils font par mois une tournée
générale, visitent les triages des Gardes, vérifient et
visent leurs livrets, y font mention du nombre de feuilles remises pour la rédaction des procès-verbaux, y joi-
gnent les annotations qu'ils jugent convenables, et s'ils
reconnaissent des délits non constatés, ils en dressent
procès-verbal contre le Garde en défaut et le transmettent à l'Inspecteur ou au Sous-Inspecteur pour être immédiatement poursuivi conformément à la loi. (*Ord.
régl.*, *art* 14; *Inst. du 10 ventôse an X*, *art.* 15, *et du
23 mars 1821, art.* 127.)

Il leur est spécialement recommandé de visiter les
coupes en usance, et dans le cas où l'exploitation n'en
serait pas conforme au cahier des charges, d'en dresser
des procès-verbaux qu'ils envoient immédiatement au
Sous-Inspecteur ou à l'Inspecteur. (*Inst. 23 mars 1821,
art.* 128.)

Les gardes généraux réunissent au besoin les Gardes
sous leurs ordres, en tel nombre qu'ils jugent convenable, mais de manière que le service n'en souffre
pas ; ils se mettent à leur tête pour dissiper les rassem-
blemens de délinquans, en arrêter ou reconnaître les
auteurs. (*Inst. du 10 ventôse an X*, *art.* 14.)

Ils assistent aux opérations de l'Inspecteur et du Sous-
Inspecteur, et les accompagnent dans leurs tournées ;
ils peuvent aussi les suppléer dans toutes les opérations
prescrites par le cahier des charges. (*Ib.*, *art.* 12, *Circ.
du 2 fruct. an X*, *n.* 108; *Inst. du 23 mars 1821, art.* 130.)

Ils tiennent un livre de correspondance et un livre-
journal de leurs opérations, sur lesquels ils inscrivent
régulièrement, par ordre de date, les ordres de service
qui leur sont transmis, leurs diverses opérations, leurs
procès-verbaux, et les déclarations qui leur sont remises.
Ils font coter et parapher ces registres par le Préfet ou
Sous-Préfet du lieu de leur résidence, et signent chaque
enregistrement, en faisant mention, en marge de chaque
pièce ou procès-verbal, de l'inscription à laquelle elle
aura donné lieu sur les registres, avec indication du folio. Ils tiennent en outre un registre spécial sur lequel

ils annotent sommairement, par ordre de réception, les procès-verbaux qui leur sont remis par les Gardes, et indiquent en regard le résultat des poursuites et la date des jugemens auxquels ces procès-verbaux ont donné lieu. (*Ord. régl.*, art. 16; *Inst. du 10 ventôse an X*, art. 12, et du 23 mars 1821, art. 129.)

Dans les départemens peu boisés, et où les fonctions d'Inspecteur ou de Sous-Inspecteur sont confiées à un Garde général, il doit, dans ce cas, se conformer à ce qui est prescrit à ces Agens par les instructions, et il peut être admis à adresser directement, comme eux, à l'Administration, des comptes annuels et de semestre de la situation du service dans son cantonnement particulier, lorsque le Directeur l'y a préalablement autorisé. (*Inst. du 23 mars 1821*, art. 131.) (1)

TROISIÈME SECTION.

Arpenteurs.

Il est établi dans l'arrondissement de chaque inspection forestière, des *Arpenteurs* dont le nombre est fixé par la Direction des forêts, d'après les besoins du service.

Ils sont nommés et commissionnés par le Directeur des forêts. (*Ord. régl.*, art. 10, 11 *et* 12.)

Les Arpenteurs sont chargés, sous les ordres des Agens forestiers chefs de service : 1° de toutes les opérations de géométrie nécessaires pour les délimitations, aménagemens, partages, échanges et cantonnemens, dans les bois et forêts soumis au régime forestier; 2° de tous les arpentages, mesurages et réarpentages des coupes ordinaires et extraordinaires assises chaque année dans toutes ces forêts. (*Ord. régl.*, art. 19.)

Les Arpenteurs ne sont point *Agens forestiers*, puisque l'art. 14 de l'Ordonnance réglementaire ne considère comme tels que ceux dénommés en l'art. 11, §1er, et qui sont les Conservateurs, les Inspecteurs, les Sous-Inspecteurs et les Gardes généraux.

---

(1) Voir pour tout ce qui concerne le *personnel*, les chapitres 2, 3, 4, 5 et 6; les *objets généraux de service*, le chapitre 7; les *fonctions des Agens*, le chapitre 8; les *opérations forestières et autres différentes parties du service*, les chapitres 9 à 12 inclus.

Cependant, il y a incompatibilité entre leurs fonctions et les fonctions administratives et judiciaires, parce que leurs emplois sont compris dans l'art. 4 du Code. En effet, ils sont préposés de l'Administration, et prêtent serment en cette qualité ; ils sont chargés de constater les délits ; ils sont sous les ordres du Directeur des forêts ; les opérations de géométrie dans les bois soumis au régime forestier leur sont exclusivement confiées ; ils sont dépositaires des actes qu'ils rédigent, etc. Enfin, ils exercent par commission, comme tous les autres Agens. (*Délibération du conseil d'admin. des forêts, du 24 février 1829.*)

Les Arpenteurs ne peuvent entrer en fonctions qu'après avoir prêté serment devant le Tribunal de première instance de leur résidence, et avoir fait enregistrer leur commission et l'acte de prestation de leur serment au greffe des tribunaux, dans le ressort desquels ils doivent exercer leurs fonctions. (*C. f , art.* 3.)

Chaque Arpenteur est tenu de se pourvoir, à ses frais :

1° D'une boussole d'un décimètre au moins de diamètre, garnie de sa pinule ;

2° D'un graphomètre de deux décimètres au moins de diamètre ;

3° Des différentes échelles prescrites par l'Administration, et gravées sur cuivre. (*Inst. du 9 frimaire an X, art.* 2.)

Les Arpenteurs sont tenus de dresser pour chacune de leurs opérations, un procès-verbal séparé, dont ils gardent minute, et dont ils doivent remettre immédiatement copie ainsi que de leurs plans à l'Inspecteur. (*Inst du 9 frimaire an X, art.* 12.)

Leurs minutes doivent être inscrites sur un répertoire, avec la mention des plans faits à chaque procès-verbal ; et, pour faciliter les recherches, ils doivent avoir soin de réunir dans une seule liasse ce qui concerne les mêmes coupes, les mêmes triages et la même forêt. Ce répertoire est coté et paraphé à chaque feuille par l'Inspecteur. (*Ib.*)

Les Arpenteurs sont tenus, à toute réquisition, de représenter à l'Inspecteur les minutes, expéditions des procès-verbaux, plans et actes quelconques relatifs à leurs travaux.

En cas de mort, démission, suspension ou cessation

de fonctions, les Arpenteurs ou leurs représentans sont également tenus de remettre, dans le délai de quinze jours, sous bref inventaire à l'Agent forestier de l'arrondissement, toutes les minutes, procès-verbaux, cartes, plans, notes, calculs et renseignemens quelconques relatifs au service forestier, et dont ils seraient en possession. (*Ord. régl., art.* 23, *et Inst. du* 9 *frimaire an* X, *art* 13 *et* 14; *voir le* § 1er *de la 2e section du chap.* 8, *pag.* 78.)

En cas de maladie, d'absence autorisée, ou d'empêchement légitime, les Arpenteurs d'un arrondissement sont suppléés, au choix du Conservateur, par les Arpenteurs les plus voisins dans le même arrondissement forestier. (*Inst. du* 9 *frimaire an* X, *art.* 15.)

Les Arpenteurs sont passibles de tous dommages-intérêts par suite des erreurs qu'ils auraient commises, lorsqu'il en résulte une différence d'un *vingtième* de l'étendue de la coupe (*C. F., art.* 52.)

Si, dans un mesurage, l'Arpenteur commet jusqu'à trois fois une erreur d'*un vingtième* de la quantité fixée pour l'assiette, il est privé de sa commission. (*Inst. du* 9 *frim. an* X, *art.* 16.) Mais comme des différences assez considérables de mesure, entre l'arpentage et le réarpentage des coupes, donnent lieu souvent à des réclamations, et que dans les avis tendans, s'il y a lieu, au remboursement, les Conservateurs n'adressent souvent aucune observation sur les Arpenteurs auxquels les erreurs doivent être attribuées, il a été recommandé à ces Agens supérieurs, toutes les fois que les différences excéderaient un vingtième, d'en rendre compte par un rapport spécial, et, après avoir entendu l'Arpenteur qui a commis l'erreur, d'en faire connaître la cause, pour que l'Administration puisse juger s'il doit être maintenu dans l'exercice de ses fonctions. Il n'est pas même nécessaire de différences aussi considérables pour proposer le remplacement de certains Arpenteurs, si, par des erreurs moins importantes, mais souvent renouvelées, ils prouvent beaucoup de négligence ou peu de capacité; et enfin s'ils ne méritent pas la confiance de l'Administration. (*Circ. du* 20 *mars* 1823, *n.* 80.)

Un avis du Comité des Finances du 22 juin 1831, approuvé par le Ministre le 23 juillet suivant, et intervenu sur plusieurs questions relatives à la responsabilité des Arpenteurs, en cas d'erreurs dans le mesurage des coupes, porte que, vu l'art. 8 du titre XIV de la loi du 19 août et 12 septembre 1791 et l'art. 52 du Code forestier :

1° Attendu qu'il importe à l'Administration que les opérations des Arpenteurs donnent une entière confiance aux adjudicataires ; qu'ainsi les erreurs commises dans le mesurage causent par elles-mêmes un préjudice indépendant des intérêts pécuniaires ; que l'Administration est dès-lors fondée à exercer une action civile en réparation de dommages, conformément aux dispositions de la loi de 1791 ;

2° Qu'il peut néanmoins se rencontrer des circonstances atténuantes qui engagent l'Administration à ne pas user de toute la rigueur du droit qui lui est accordé par la loi précitée et par l'art. 52 du Code forestier ; que cependant elle ne peut s'en dispenser qu'après avoir rendu compte au Ministre des faits qui motivent cette exception et en avoir obtenu son autorisation spéciale ;

3° Que les attributions de l'Administration des forêts étant limitées aux seuls délits et contraventions, d'après le titre XI du Code forestier, les poursuites à fins civiles ne peuvent en conséquence être exercées que par l'Administration des Domaines, après qu'une décision ministérielle est intervenue à cet effet.

Ainsi, par cet avis, la responsabilité des Arpenteurs se trouve fixée d'une manière certaine, le droit de l'Administration clairement établi, quant aux poursuites à exercer et le mode déterminé pour l'exercice de ce droit. Mais on doit remarquer que ce droit ne peut être exercé qu'en vertu d'une décision ministérielle. Les Conservateurs doivent donc adresser à cet égard à l'administration, et ainsi que le prescrit d'ailleurs la circulaire du 20 mars 1823, n° 80, comme je viens de le dire plus haut, un rapport spécial sur les causes des différences de mesure qui excéderaient un vingtième, après avoir entendu l'Arpenteur qui aurait commis l'erreur, afin que l'Administration puisse juger quelle détermination elle croirait devoir prendre, selon les circonstances. (*Circ. du 21 août* 1831, *n.* 282.)

Les Arpenteurs, dans le cours de leurs opérations, sont tenus de dresser des procès-verbaux de tous les délits qu'ils peuvent reconnaître, ainsi que des déplacemens de bornes et de limites et de remettre ces procès-verbaux, après les avoir affirmés, dans les vingt-quatre heures, à l'Agent forestier le plus voisin. Les

Arpenteurs n'étant point *Agens forestiers*, ainsi que je l'ai fait remarquer plus haut, ne peuvent par conséquent exercer aucune poursuite au nom de l'Administration forestière ; mais ils peuvent dresser des procès-verbaux dans toute l'étendue du territoire pour lequel ils sont commissionnés. (*C. F.*, *art.* 160; *Ord. régl.*, *art.* 22; *Inst. du* 9 *frimaire an X*, *art.* 17.)

Les rétributions des Arpenteurs pour l'arpentage et le réarpentage des coupes, sont fixées par le Ministre des finances.

Pour les opérations, soit de délimitation, aménagement, partage, échange et cantonnement, et pour toutes les opérations extraordinaires dont les Arpenteurs pourraient être chargés, leur salaire est réglé de gré à gré, entre eux et la Direction des forêts. (*Ord. régl.*, *art.* 20.) (1).

Les arpenteurs sont, en leur qualité de préposés de l'Administration des forêts, dispensés de faire timbrer leurs états de rétribution. (*Décis. du Ministre des Fin. du* 2 *mars* 1831, *contenue dans la Circ. du* 23 *du même mois*, *n.* 265.)

QUATRIÈME SECTION.

Gardes forestiers.

§ Ier. *Dispositions générales.*

Il y a sous les ordres immédiats des Gardes généraux, des Gardes à cheval et des gardes à pied, dont le nombre et les triages (2) ont été fixés par la Direction des forêts, d'après l'étendue particulière de chaque forêt. (*Ord. régl.*, *art.* 10 *et* 11, *et Circ. du* 5 *août* 1826, *n.* 142.)

Les Gardes forestiers sont désignés, suivant que les bois dont ils ont la garde appartiennent à l'État, aux communes, aux établissemens publics ou aux particuliers, sous les dénominations de *royaux*, *mixtes*, *communaux*, *d'établissemens publics et de particuliers.*

Les Gardes forestiers royaux, mixtes et ceux des com-

---

(1) Pour les opérations de *délimitation*, *bornage et aménagement*, *levée des plans*, *arpentage et réarpentage des coupes*, voir les chapitres 9, 10, et 11 ci-après.

(2) La portion de bois dont la surveillance est plus spécialement confiée aux Gardes, se nomme *triage* ou *garderie.*

munes et des établissemens publics sont organisés en
un seul corps, sous le nom de Garde forestière, qui
peut être employé, comme celui de la gendarmerie et
concurremment avec lui, pour tous les services de police et justice civile et militaire, dans l'étendue de l'arrondissement où chaque Garde exerce ses fonctions.
Ces Gardes font ainsi partie de la force publique, et
par conséquent la connaissance des violences et voies
de fait exercées contre eux, est de la compétence des
Cours d'assises. (*C. P.*, art. 209 : *Lois du 9 floréal an
XI, art 15 et 16, et du 19 pluviôse an XIII, art. 1;
Arr. de la C. de Cass. des 21 mars 1807, 7 mai, 16 juin
et 25 août 1808, et 7 février 1811.*)

Partout où trois ou cinq Gardes peuvent se rassembler facilement, et sans s'éloigner de leurs triages, le
Conservateur en forme une *brigade*, et désigne pour
chef au Directeur des forêts, celui d'entre eux qui a
constamment montré un caractère actif et ferme. (*Inst
du 7 prairial an IX,* § 1er, art. 12.)

Les Gardes sont autorisés à porter un *fusil simple*
pour leur défense, lorsqu'ils font leurs tournées et visites dans les forêts. (*Ord. régl.*, art. 30.)

Les Gardes forestiers sont dispensés du service de la
Garde nationale. (*Loi du 12 novembre 1806; Circ. du 16
mars 1807, n° 353, et loi du 22 mars 1831, art. 12. Voir
l'art 1er du* § 4 *du chapitre 5, pag.* 36)

§ II. *Gardes à cheval.*

Les Gardes à cheval sont sous les ordres immédiats
des Gardes généraux, qu'ils sont d'ailleurs appelés à
suppléer dans leur service en cas d'absence ou d'empêchement. Ils peuvent, suivant les circonstances et
les localités, et quoiqu'ils n'aient pas été classés parmi
les *Agens forestiers* désignés dans le § 1er de l'art. 11 de
l'Ord. régl., être chargés, d'après les ordres du Directeur des forêts, de fonctions de surveillance immédiate
sur les Gardes à pied d'une partie du cantonnement du
Garde général. (*Ord. rég.*, art. 24 et 28.) (1)

Mais ils ne peuvent concourir légalement à aucune
des opérations qui sont exclusivement confiés aux pré-

---

(2) Voir le § 3 de la 2e section, relatif aux fonctions des
Gardes généraux, pag. 87.

posés ayant la qualité d'*Agent*. (*Lettre de la Direct. des forêts du* 31 *juillet* 1829,)

Ils ne peuvent également appeler des jugemens rendus contre l'Administration sur des délits forestiers; et l'énonciation qu'ils remplissent les fonctions de Garde général, ne peut leur conférer cette qualité, à moins qu'ils n'aient été duement autorisés à cet effet. (*Arr. de la C. de Cass. des* 11 *juin* 1829 *et* 2 *septembre* 1830.)

Les fonctions habituelles des Gardes à cheval étant en grande partie de même nature que celles des Gardes à pied, les instructions concernant ceux-ci leur sont communes. (*Ibid, art.* 24, 26 *et* 27, *voir le* § 1er *du chap* 5.)

§ III. *Gardes à pied des bois de l'État.*

Les Gardes à pied des bois de l'État ou Gardes royaux sont sous les ordres immédiats des Gardes généraux ou des Gardes à cheval, et obéissent à tout ce qui leur est prescrit par les Conservateurs, Inspecteurs, Sous-Inspecteurs, Gardes généraux, Gardes à cheval et Gardes brigadiers forestiers de leurs arrondissemens. Ils sont aussi sous la surveillance du procureur du Roi. (*Code d'instr. crim.*, *art.* 17, *et Ord. régl.*, *art.* 24.)

Les fonctions des Gardes forestiers se divisent comme celle des Agens, en fonctions *administratives* et en fonctions *judiciaires*.

En ce qui concerne les fonctions administratives, les Gardes forestiers sont chargés de veiller nuit et jour à la conservation des bois confiés à leur garde. En conséquence ils doivent visiter leurs triages tous les jours, pour prévenir ou constater les délits et contraventions, reconnaître les délinquans, et en dresser procès-verbal dans le jour même. Ces visites doivent se faire spécialement au lever et au coucher du soleil, et souvent pendant la nuit, comme plus efficaces. (*Ord. régl., art.* 24 *et* 181, *et Inst. du* 16 *ventôse an X, art.* 18.)

Une de leurs principales obligations est de garantir du feu les forêts soumises à leur surveillance. La loi les autorise à empêcher toutes personnes d'apporter ou allumer du feu, en quelque saison que ce soit, dans l'intérieur et à la distance de deux cents mètres des bois et forêts. (*C. f.*, *art.* 148.) S'il y a des usagers dans les bois qui leur sont confiés, les Gardes doivent avoir une connaissance exacte de la nature de leurs droits; et empêcher qu'ils n'en abusent. (*C. F.* , *art.* 66 *à* 85 *in-clus.* , *et Inst. du* 16 *ventôse an* X, *art.* 8.)

Ils constatent les abus et contraventions qui se commettent par les adjudicataires, bûcherons ou exploitateurs des coupes en usance, soit en abattant ou altérant des arbres de réserve et baliveaux, outre-passant la limite des coupes, soit en exploitant mal ou en jardinant, allumant du feu ailleurs que dans les loges et ateliers, établissant des fosses à charbon en d'autres places que celles désignées et marquées par les Agens forestiers, chassant, faisant faux chemins, etc. Enfin, ils doivent veiller à ce que les adjudicataires des coupes se conforment à ce qui est prescrit par les ordonnances et réglemens et par le cahier des charges; ils doivent particulièrement avoir soin que les ouvriers coupent les bois rez-de-terre; à ce qu'ils ne laissent aucune souche rabougrie; à ce qu'ils ne changent aucun des baliveaux qui ont été marqués; et à ce que les arbres d'assiette, de lisière, les parois et les pieds corniers soient conservés. (*Code f.*, *art.* 35 *à* 44 *inclus*, *et Inst. du* 16 *ventôse an* X, *art.* 7.)

Ils s'opposent, sous peine de destitution, à ce qu'on exploite aucune coupe, aucun arbre, sans un permis de l'Inspecteur, dont ils exigent l'exhibition (*Code f.*, *art.* 30.)

Les Gardes sont autorisés à saisir les bestiaux trouvés en délit, et les instrumens, voitures et attelages des délinquans, et à les mettre en séquestre. Ils doivent suivre les objets enlevés par les délinquans, jusque dans les lieux où ils ont été transportés, et les mettre également en séquestre. Ils ne peuvent néanmoins s'introduire dans les maisons, bâtimens, cours adjacentes et enclos, si ce n'est en présence, soit du Juge de paix ou de son suppléant, soit du Maire du lieu ou de son adjoint, soit du Commissaire de police. (*Ibid.*, *art.* 161).

Les Gardes doivent empêcher toute extraction ou enlèvement de pierres, sable, mincrai, terre ou gazon, tourbe, bruyères, genets, herbages, feuilles vertes ou mortes, glauds, faines et autres fruits ou semences des bois et forêts et engrais existant sur leur sol, à moins d'une autorisation expresse (*Ibid*, *art.* 144); que l'on ne fasse aucune construction de maisons ou fermes, dans l'enclos et aux rives à moins de cinq cents mètres des forêts; aucune maisons sur perches, loge, baraque ou angar, aucun four à chaux ou à plâtre, soit temporaire, soit permanant; aucune briqueterie et tuilerie, et enfin aucune usine à scier le bois, dans l'enceinte et à moins de deux kilomètres de distance des bois et forêts, sans la permission du Gouvernement. (*Ibid.*, *art.* 151 *à* 155 *t.* 158.)

Les Gardes doivent empêcher qu'on ne mène des chèvres, brebis ou moutons dans les bois, quelqu'âge qu'ils aient et en quelque temps que ce puisse être; à moins cependant que le pacage des brebis ou moutons seulement n'ait été autorisé par une ordonnance spéciale du Roi (*Ibid.*, *art* 78); enfin les Gardes doivent se donner tous les soins possibles pour qu'il ne se commette, dans les bois et forêts confiés à leur garde, aucune infraction aux lois, ordonnances et réglemens forestiers. (*Inst. du* 16 *ventôse an* 10, *art.* 1er.)

Les Gardes doivent veiller soigneusement à la conservation des limites, bornes et fossés des bois; constater toutes entreprises qui y seraient faites, et faire tous les trois mois à leurs chefs un rapport du nombre de bornes existant autour de leurs triages, de leur état et de celui des fossés et limites, sous peine de destitution et d'amende, étant d'ailleurs responsables des manquemens de bornes et limites dont ils auraient négligés de donner avis. (*Cod. F.*, *art.* 6, *et Inst. du* 16 *ventôse an X*, *art.* 9.)

Il est aussi du devoir des Gardes de faire respecter les arbres qui bordent les grandes routes et canaux (*Arr. du* 18 *messidor an X*), et de prendre connaissance des coupes de futaie et des défrichemens que les particuliers exécutent dans leurs bois, et de s'informer si les déclarations en ont été faites conformément à la loi. (*Cod. for. art.* 219.)

Les Gardes forestiers sont tenus en outre de veiller nuit et jour à la conservation de la pêche dans les parties des fleuves et rivières qui arrosent leurs triages, ainsi que dans les marais et étangs situés dans l'intérieur des bois; et, à cet effet, de vérifier si les fermiers ou porteurs de licences de pêche se servent des filets et engins autorisés par les réglemens et arrêtés des préfets (*Loi du* 15 *avril* 1829. *Voir le chap.* 21, *Pêche fluviale.*)

Les Gardes doivent aussi constater les délits de chasse, savoir : dans les bois de l'État, contre ceux qui n'ont pas une permission; dans les bois communaux, lorsque

5

la chasse n'est pas amodiée; et dans les uns et les autres, pendant la saison prohibée, c'est-à-dire, du 1er avril au 1er septembre. Ils dressent de même un procès-verbal contre tout individu chassant, dans tous les temps, avec armes à feu, s'il ne justifie d'un permis de port d'armes de l'année, et ils reçoivent une gratification de 5 francs pour chaque rapport de contravention aux lois sur le port d'armes. (*Ord. de* 1669, *tit.* 32, *art.* 4, 8 *et* 12 ; *arrêté du* 28 *vendémiaire an* 5, *art.* 2; *Déc. du* 8 *mars* 1811, *et Ord. et Régl. des* 20 *août* 1814 *et* 17 *juillet* 1816.)

Enfin, les Gardes doivent se conformer aux lois et instructions relatives à leur service, et bien et fidèlement se comporter dans l'exercice de leurs fonctions.

Les Gardes correspondent avec le Garde brigadier, ou le Garde à cheval, ou le Garde général dans le cantonnement duquel leur triage est compris; lui transmettent, après les avoir recueillis, les renseignemens exacts et positifs sur tout ce qui concerne l'économie forestière, et lui remettent les procès-verbaux revêtus de toutes les formalités prescrites. (*Ord. régl.*, *art.* 27, *et Inst du* 16 *ventose an X*, *art.* 19. *Voir pour les formalités le chap.* 22, *Constatation et poursuite des délits.*)

Ils tiennent un registre d'ordre ou carnet, qu'ils font coter et parapher par le Sous-Préfet, sur lequel ils mentionnent généralement tout ce qui se fait pour ou contre le service, et y inscrivent régulièrement jour par jour et par ordre de date, les procès-verbaux qu'ils ont dressés. Ils signent chaque enregistrement, et inscrivent en marge de chaque procès-verbal, le *folio* du registre où ils se trouvent inscrit. Ils font mention, sur le même registre et dans le même ordre, de toutes les significations et citations dont ils ont été chargés; ils font également mention des chablis ou arbres abattus ou rompus par les vents, les orages ou tout autre accident, ainsi que des bois de délit qu'ils ont reconnus dans l'étendue de leur garderie; veillent tant à la conservation de ces arbres qu'à celle de tout bois gissant dans les forêts, en dressent procès-verbal, dans lequel ils mentionnent le nombre, l'essence et la grosseur desdits arbres qu'ils frappent de leurs marteaux; et remettent ces procès-verbaux à leur supérieur immédiat, dans les dix jours de la rédaction. A chaque mutation, les Gardes sont tenus de remettre leur registre à ceux qui leur succèdent. (*Ord. régl.*, *art.* 26 *et* 101 ; *et Inst. du* 16 *ventose an X*, *art.* 19.)

Ils n'expriment, à peine de 50 fr. d'amende, dans leurs rapports ou procès-verbaux, que le langage des nouvelles mesures, et sont tenus d'avoir une chaînette divisée en mètres et fractions de mètres, pour mesurer la grosseur et la longueur des chablis et bois de délit. (*Inst. du* 16 *nivôse an X*, *art.* 7, 20 *et* 21.)

Les Gardes assistent, à toute réquisition, les Agens forestiers dans leurs fonctions, leur exhibent leurs registres ou carnets, et signent, lorsqu'ils en sont requis, les procès-verbaux qui sont dressés, ou disent la cause de leur refus. (*Loi du* 29 *septembre* 1791, *tit.* 4, *art.* 13.)

Les Gardes brigadiers informent le Garde à cheval ou le Garde général des apparitions dans les bois des gens suspects, et de tout ce qui s'y passe de contraire à la sûreté publique, et le Garde général transmet avec célérité cette information à l'officier de gendarmerie. La brigade forestière se joint, si cet officier le requiert, à la force armée. Dans les arrondissemens où la dissémination des bois s'oppose à l'embrigadement des Gardes à pied, ils doivent, en cas de rencontre de vagabonds ou gens sans aveu, rôdant dans les bois, en informer sur-le-champ le Garde général, qui en prévient la gendarmerie, et l'aide ou la fait aider pour les fouilles des bois, quand elles sont reconnues nécessaires. (*Inst. du* 7 *prairial an IX*, § 1er, *art.* 12 *et* 13.)

Les Gardes qui arrêtent des déserteurs ont droit à une gratification de 25 fr. qui leur est accordée par le Préfet du département, sur le vu du procès-verbal d'arrestation et de celui qui constate la remise entre les mains de la gendarmerie. (*Déc. du* 12 *juin* 1811 ; *Clrc. du* 24 *mai* 1810, *n.* 414.)

Les Gardes qui concourent, soit à la saisie, à l'entrée du royaume, aux objets dont l'importation est défendue par les lois et règlemens sur les Douanes, soit à la découverte des plentations frauduleuses de tabac, soit à la destruction des ateliers de fabrication, et à l'arrestation des colporteurs et contrebandiers, sont admis à la répartition du produit des amendes et confiscations; et ils sont, sous ce rapport, assimilés aux Préposés des Directions des Douanes et des Contributions indirectes, et même autorisés à verbaliser sans le secours de ces derniers. Mais il sont responsables des

plantations frauduleuses de tabac dans les forêts,
lorsqu'ils les ont tolérées en ne les constatant pas, tandis que ceux qui, par leur zèle, auraient fait des découvertes de quelque importance pour la répression de
la fraude., recevraient une indemnité des Administrations ci-dessus désignées, lors même que les contrebandiers et les auteurs des semis ou plantations frauduleuses de tabac resteraient inconnus. (*Ord. des 20
septembre* 1815 *et 22 février* 1822, *Let. du Min. dès Fin.
du 4 décembre* 1818, *Circ. du 12 juin* 1822, *n.* 63; 15
mars 1825, *n.* 119, *et 25 août* 1829, *n.* 227.)

Quant aux fonctions des Gardes, considérées comme
officiers de police judiciaire, elles sont développées dans
le chap. 22, qui traite de la constatation et de la poursuite des *délits forestiers*, qu'il faut consulter à cet égard.

Les Gardes forestiers sont responsables de toutes
négligences dans leurs fonctions, de tous les délits et
contraventions non constatés, ainsi que de leurs malversations personnelles; en conséquence, et par suite
de ces négligences et prévarications; ils encourent,
outre la destitution et la mise en jugement, les peines,
amendes et indemnités encourues par les délinquans,
lorsqu'ils n'ont pas duement constaté les délits, dégâts,
abus et abroutissemens qui ont lieu dans leurs triages,
ou qu'il les ont commis eux-mêmes, ou lorsque leurs
rapports sont nuls et annullés pour cause d'insuffisance
ou défaut et retard d'affirmation, d'enregistrement et
de remise. (*C. F.*, art. 6 ; *voir pour la mise en jugement
des Gardes l'art.* 3 *du* § 2 *du chap.* 5, *pag.* 19.)

Mais je dois faire observer que les officiers de police
judiciaire ne sont justiciables des Cours royales, que
lorsqu'ils sont prévenus d'avoir commis, dans l'exercice
de leurs fonctions, un délit emportant une peine correctionnelle, et qu'ainsi, la simple négligence d'un
Garde forestier à constater les délits ne constituant pas
un délit correctionnel, mais le soumettant seulement à
la responsabilité prononcée par l'art. 6 du Code forestier, il est justiciable, à raison de cette négligence, du
tribunal correctionnel. (*Arr. de la C. de Cass. du 30
juillet* 1829.)

Lorsqu'il s'agit de révoquer ou de destituer des Gardes, les propositions faites à cet égard doivent toujours,
conformément à l'équité et aux intentions de M. le
Directeur des forêts, être accompagnées de leurs répon-

ses et des moyens de défense qu'ils peuvent alléguer pour leur justification.

Les Agens ne doivent pas perdre de vue, dans le cas dont il s'agit, que s'il est très-important pour le service de remplacer des Gardes négligens ou infidèles, il n'importe pas moins de ne rien exagérer à cet égard. En effet, la révocation d'un Garde est toujours un inconvénient pour les forêts, puisque le remplaçant, qui n'a aucune connaissance des localités et des habitans, est tenu de faire un apprentissage qui compromet plus ou moins long-temps le service.

Il est donc recommandé aux Agens, comme un principe de bonne administration et d'équité, de suivre, autant que possible, à moins de faits graves, la progression suivante :

1° *Admonition* devant les Gardes assemblés ;

2° *Privation* de gratification ;

3° *Suspension* d'un à trois mois, avec ou sans perte de traitement ;

4° *Remplacement* pur et simple ; *révocation* ou *mise en jugement*, suivant le plus ou le moins de gravité des faits.

Cependant les Agens doivent sentir que ces différens degrés de punition n'entraînent pas une application absolue, qu'ils sont susceptibles de diverses combinaisons, et qu'en les leur indiquant, le Directeur des forêts n'a pas eu en vue d'établir une *indulgence dangereuse* au service, et que le point important est de proportionner les peines aux fautes ; de laisser ouverture au repentir, à une meilleur conduite, et de rendre moins fréquens les changemens de Gardes, toujours préjudiciables aux forêts. (*Circ. du* 5 *juin* 1827 , *n.* 154.)

Les Gardes obtiennent de l'avancement dans l'Administration des forêts, lorsqu'ils se font remarquer par une constante aptitude à bien faire leur service, si d'ailleurs ils ont l'intelligence nécessaire pour exercer des fonctions supérieures aux leurs.

§ III *Gardes des bois communaux et des établissemens publics.*

Les Communes, les Hospices et les autres Établissemens publics, propriétaires de bois, doivent entretenir, pour la conservation de ces propriétés, le nombre de Gardes particuliers qui est déterminé par le **Maire** et les Administrateurs des établissemens, sauf l'approbation du Prefet, sur l'avis de l'Administration forestière. (*C. f.*, *art.* 94.)

Le choix de ces Gardes est fait, pour les communes, par le Maire, sauf l'approbation du conseil municipal; et pour les établissemens publics, par les administrateurs de ces établissemens. Ces choix doivent être agréés par l'Administration forestière, qui délivre aux Gardes leurs commissions. En cas de dissentiment le Préfet prononce (*Ib.*, *art.* 95.)

A défaut, par les communes ou établissemens publics, de faire choix d'un Garde dans le mois de la vacance de l'emploi, le Préfet y pourvoit, sur la demande de l'Administration forestière. (*C. f.*, *art* 96.)

Lorsque les bois d'une commune sont d'une petite contenance ou de très-peu de produit, leur surveillance peut être confiée au *Garde-champêtre*, qui, en suite de la nomination des Administrateurs légaux, reçoit une commission de Garde forestier du Conservateur. (*Circ. du 7 prair. an XI*, *art* 148.)

Dans le cas où l'Administration des forêts et les communes ou établissemens publics jugent convenable de confier à un même individu la garde d'un canton de bois appartenant à des communes ou établissemens publics, et d'un canton de bois de l'État, la nomination du Garde appartient à l'administration *seule*, et son salaire est payé proportionnellement par chacune des parties intéressées. Ces gardes sont désignés sous la dénomination de *Gardes mixtes* (*C. f.*, *art.* 97.)

Les gardes des bois des communes et des établissemens publics sont en tout assimilés aux Gardes des bois de l'État, et soumis à l'autorité des mêmes agens; ils prêtent serment dans les mêmes formes, et leurs procès-verbaux font également foi en justice pour constater les délits et contraventions commis même dans les bois soumis au régime forestier autre que ceux dont la garde leur est confiée.

Ces Gardes sont inscrits et classés avec ceux des bois de l'État, et n'ont d'ordres à recevoir que des Agens de l'Administration forestière. (*Ib.*, *art* 99; *Inst. des 4 février* 1806, *art.* 11, *et* 23 *mars* 1821, *art.* 28.)

Cette Administration peut suspendre de leurs fonctions les gardes des bois des communes et des établissemens publics; mais s'il y a lieu à destitution, le Pré-

et prononce, après avoir pris l'avis du conseil muni-
ipal ou des Administrateurs des établissemens propriéaires, ainsi que de l'Administration forestière. (*C.F.*,
rt. 98.)

Au bout de deux ans de service, les Gardes des bois
ommunaux et d'Établissemens publics peuvent être
lacés de préférence dans l'Administration des forêts,
uivant le zèle et l'intelligence qu'ils ont montrés. (*Loi
u* 9 *floréal an* XI.)

Les Gardes des bois des communes doivent porter
ine bandouillère, au milieu de laquelle est une plaque
le métal, ayant pour légende : *Forêts communales.* Ils
loivent aussi être munis, aux frais des Communes,
l'un marteau destiné à la marque des chablis et des ar-
»res de délit. (*Circ. du* 23 *brumaire an* XII, n. 179.)

Le traitement des Gardes des bois communaux ou
Établissemens publics est réglé par le Préfet, sur la pro-
»osition du Conseil municipal ou des Administrateurs
les Établissemens propriétaires. (*C.F.*, *art.* 98.)

Le traitement est à la charge des Communes et des
Établissemens publics. (*Ib.*, *art.* 108.)

Les agens forestiers chefs de service transmettent à
a fin de chaque trimestre, aux maires des communes
»omprises dans leur arrondissement, un état des traitemens dûs par ces communes aux gardes de leurs bois,
pour être joint à l'appui des mandats de paiement à délivrer par les Maires, conformément à l'ordonnance du 23
avril 1823 (*Circ. des* 6 *et* 17 *juin* 1828, n. 178 *et* 179.)

Les coupes ordinaires et extraordinaires sont principalement affectées au paiement des frais de garde, de
la contribution foncière et des sommes qui reviennent
au Trésor, à titre d'indemnité des frais d'administration;
mais si les coupes sont délivrées en nature pour l'affouage, et si les communes n'ont pas d'autres ressources, il est distrait une portion suffisante des coupes,
pour être vendue aux enchères, avant toute distribution, et le prix en être employé au paiement desdites
charges.

Pour l'exécution de cette disposition, le Préfet, sur
la proposition de l'Agent forestier local et du Maire de
la commune, détermine la portion de coupe affouagère
qui doit être vendue aux enchères pour acquitter les dépenses ci-dessus. (*Ib.*, *art.* 106 *et* 109, *et ord. régl.
art.* 144.)

Il s'est élevé la question de savoir si l'on pouvait, sans recourir à la mesure ci-dessus, pourvoir au paiement des frais de garde, et des autres charges relatives aux bois des communes. Le ministre des finances a statué, par décision du 18 décembre 1827, qui a été confirmée par la loi du 17 août 1828, relative à la fixation du budget des recettes de l'exercice 1829, qu'il n'y a pas lieu de mettre obstacle à ce que la totalité des coupes affouagères soit délivrée aux communes et partagée entre les habitans, lorsque la délivrance entière de la coupe est nécessaire pour leur chauffage, après que les Préfets ont pris d'ailleurs des mesures pour assurer le paiement des frais de garde, de la contribution foncière et des sommes qui reviennent au trésor en exécution de l'art. 106 du C. F., et que les conseils municipaux ont pris l'engagement d'acquitter les charges et dépenses concernant leurs bois, et de payer intégralement le montant de la cotisation consentie par les habitans et versée entre les mains du percepteur avant *toute distribution du bois d'affouage.* (*Circ. des* 15 *janvier* n° 166, 8 *sept.* n° 185 *et* 31 *décemb.* 1828, n° 200.)

Ainsi les agens forestiers peuvent délivrer aux communes la totalité de leurs coupes affouagères, lorsque les conseils municipaux répondent du paiement de toutes les charges ci-dessus mentionnées. (*Lett. du Direct. des forêts du* 3 *sept.* 1829.)

§ IV. *Gardes des bois particuliers.*

Tout propriétaire de bois a le droit d'avoir des Gardes pour leur conservation, mais il est tenu de les faire agréer par le Sous-Préfet de l'arrondissement, sauf le recours au Préfet en cas de refus.

Ces Gardes ne peuvent exercer leurs fonctions qu'après avoir prêté serment devant le Tribunal de première instance. (*C. f., art.* 117.)

Les Gardes des bois des particuliers étant, comme les Gardes champêtres et forestiers, officiers de police judiciaire, c'est aux procureurs du Roi à requérir l'admission de ces officiers au serment. (*Arr. de la C. de cass. du* 23 *septembre* 1823.)

Les Gardes des bois des particuliers ne sont admis à prêter serment qu'après que leurs commissions ont été visées par le Sous-Préfet de l'arrondissement.

Dans le cas où ce fonctionnaire croit devoir refuser

son visa, il en rend compte au Préfet, en lui indiquant
le motif de son refus.

Ces commissions sont inscrites dans les sous-préfectures sur un registre où sont relatés les noms et demeures dee propriétaires et des Gardes, ainsi que la
désignation et la situation des bois. (*Ord. régl., art.* 150.)

Les particuliers qui ont des bois entremêlés avec les
forêts de l'État, peuvent proposer de les faire garder
par les Gardes royaux, en contribuant à leurs salaires.
(*Circ. du* 27 *germinal an IX , n.* 3.)

Mais ceux qui ont des Gardes pour leurs propriétés et
même pour leurs bois, ne peuvent néanmoins se dispenser de contribuer au paiement du salaire des Gardes
champêtres, proportionnellement au montant de leurs
contributions foncières, conformément aux dispositions
des lois des 6 octobre 1791 et 8 juillet 1795; attendu
que le décret du 6 septembre 1805 et l'article 25 de la
loi du 17 août 1822, n'admettent qu'une seule exception en faveur des propriétaires de fonds clos. (*Ord. du*
23 *juillet* 1829.)

Un Garde de bois particulier, quoique agréé conform-
mément à la loi, ne put légalement constater les délits
sur les propriétés rurales de ce particulier et remplir à
cet égard les fonctions de Garde champêtre, s'il n'a été
agréé par le Conseil municipal et confirmé par le Sous-
Préfet. (*Arr. de la C. de cass. du* 21 août 1823.)

Les fonctions des Gardes des bois particuliers sont
les mêmes que celles des Gardes forestiers royaux, sauf
les exceptions dont il est fait mention au chapitre **XXII**,
qui traite de la *constatation et poursuite des délits en matières d'eaux et forêts.* (*C. f., art.* 189.)

Cependant nous devons faire observer que les Gardes
des bois des particuliers ne jouissent point de la garantie
constitutionnelle accordée aux Gardes forestiers royaux
et communaux, et qu'ils peuvent être mis en jugement
sans l'autorisation du Gouvernement, attendu qu'ils ne
sont pas fonctionnaires publics. Ils n'étaient pas même,
sous le Code du 3 brumaire an 4, considérés comme
Agens de la force publique. (*Arr. de cass. des* 21 *mars*
1807, *et* 25 *août* 1808.)

Mais aujourd'hui ils sont considérés comme tels.
(*Art.* 16 *et* 20 *du Code d'inst. crim.—Arr. de cass. du* 19
juin 1818.) Et c'est aux procureurs du Roi à requérir

l'admission de ces Officiers au serment. (*Arrêt de la C.* *de cass. du 20 septembre* 1823.)

Ils sont Officiers de police judiciaire et chargés non-seulement de rechercher et constater les délits et contraventions qui portent atteinte aux propriétés rurales et forestières, dont la conservation leur est confiée, mais encore d'arrêter et conduire devant le maire ou le juge de paix tout individu pris en flagrant délit ou dénoncé par la clameur publique, lorsque le fait dont il est prévenu doit emporter la peine de l'emprisonnement ou une peine afflictive et infâmante. (*C. d'inst.* *crim.*, *art.* 16 *et* 20.)

Les violences et voies de fait exercées envers eux dans l'exercice de leurs fonctions doivent être punies des peines prononcées pour la rébellion à la force publique. (*Arr. de cass. du* 20 *septembre* 1823.)

CHAPITRE IX. (1)

Délimitation et bornage des forêts.

La délimitation et le bornage des forêts soumises au

---

(1) Je dois faire observer que ce chapitre, ainsi que les deux suivans, concernant l'aménagement, l'arpentage et le levé des plans des forêts, sont extraits du *Manuel de l'Arpenteur*, ou *Traité d'Arpentage*, ouvrage dont je me suis occupé depuis plusieurs années, qui est actuellement terminé, mais que les circonstances m'ont empêché de publier jusqu'à ce jour. J'avais annoncé dans la troisième édition du *Manuel Forestier*, que dans celui de l'*Arpenteur*, la partie d'art se trouverait conférée avec toutes les dispositions prescrites par l'Administration. Cet ouvrage, formant deux volumes in-8°, accompagné des planches nécessaires, devait servir à MM. les Arpenteurs de Manuel complet pour toutes les opérations graphiques et les aménagemens et être très-utile à MM. les préposés forestiers de tous grades, ainsi qu'aux propriétaires, et surtout aux jeunes gens qui se destinent à suivre la carrière forestière, par le soin que j'ai eu de mettre à la portée de tout le monde, les résolutions des problèmes géométriques et trigonométriques, avec le secours seul de l'arithmétique, et en écartant ainsi les difficultés que présentent les formules algébriques, de sorte que ne pouvant d'ailleurs traiter convenablement cette matière, dans un cadre aussi resserré que l'est le *Manuel Forestier*, je me bornerai à faire connaître dans les chapitres 9, 10 et 11, et par extrait de mon grand ouvrage sur l'arpentage, les instructions de l'Administration qui ont rapport au *levé* des plans, à la *délimitation*, au *bor*

égime forestier, est un objet très-important, mais je
ois faire observer qu'on ne doit pas confondre la *déli-
nitation* avec le *bornage*; la délimitation indique la ligne
éparative de deux propriétés; le bornage constate lé-
;alement cette ligne séparative. L'action en bornage est
itile, et doit être accueillie, quand même les propriéaires auraient des limites suffisamment indiquées. (*Arr.
le la C. de cass. du 30 décembre 1818.*)

La reconnaissance et fixation des limites des forêts
iont d'une trop haute importance pour que l'Adminis-
ration ait négligé de prendre tous les moyens par les-
jue⬤ on pouvait y parvenir; surtout au moment où
l'exécution du cadastre et les arpentages parcellaires
qu'il exige, pouvaient former une sorte de titre de
possession en faveur des riverains, et rendre plus difficile la répression des anticipations qu'ils auraient pû
se permettre sur le domaine de l'État.

Pour atteindre ce but, deux choses avaient, à cet
égard, fixé l'attention.

La première consistait à déterminer quelles étaient
les parties dont la présence semblait rigoureusement
nécessaire pour la régularité et la validité de cette
opération.

La deuxième était de savoir quel pouvait être le mode
à suivre dans son exécution, pour qu'elle ne laissât
rien à désirer.

De nombreuses instructions et notamment celle du
7 juillet 1824, et plusieurs décisions du Ministre des
finances du 19 septembre 1811, 5 octobre et 12 décembre
1821 et 7 février 1823, avaient tracé la marche à suivre
dans ces deux cas; mais comme en plusieurs points il
fut reconnu que les mesures qui avaient été prescrites
ne pouvaient suppléer à la loi, il devenait dès lors nécessaire qu'elle intervînt pour régler les opérations de
délimitation, conformément aux principes du droit
civil et de la propriété. C'est ce qu'ont fait le Code forestier et l'ordonnance réglementaire du 1er août 1827,
qui fixent le mode d'exécution à suivre dans ces sortes

_____

nage et à l'*aménagement* des forêts, mais en donnant cependant
un peu plus de développement à celles qui concernent l'arpentage et le réarpentage des coupes dans la deuxième section du
chapitre 11 ci-après.

d'opérations, et dont je vais faire connaître les dispositions.

§ Iᵉʳ. *Parties dont la présence est nécessaire pour la régularité de l'opération de la reconnaissance et de la fixation des limites d'une forêt.*

La reconnaissance et la fixation des limites d'une forêt appartenant, soit à l'Etat, soit à des Communes, soit à des établissemens publics, ne peut être régulièrement faite qu'en présence des Agens forestiers, auxquels est confiée la surveillance et l'administration de ces forêts. (*Ord. régl.,art.* 59.)

Cette opération exige de même la présence des personnes représentant les propriétaires de ces forêts; c'est-à-dire, s'il s'agit de *forêts royales,* des Agens forestiers et arpenteurs nommés par le Préfet pour procéder dans l'intérêt de l'Etat ; s'il s'agit de *forêts appartenant à des communes,* des maires, adjoints ou autres, chargés nommément de représenter ces communes; s'il s'agit enfin de *forêts appartenant à des établissemens publics,* les administrateurs de ces établissemens ou une personne chargée de leurs pouvoirs, doivent y assister. (*Ibid.,* art. 151.)

L'opération exige encore la présence des propriétaires riverains de ces forêts, puisque c'est le seul moyen de rendre la fixation des limites définitive et contradictoire. (*C. For.,* art. 10.)

Ainsi l'on voit que la reconnaissance et la fixation des limites d'une forêt ou d'une partie de bois quelconque, pour être régulièrement faite, exige la présence:

1° *Des Agens forestiers ;*

2° *Des propriétaires des bois ou de leurs représentans ;*

3° *Des propriétaires riverains.*

ART. Iᵉʳ. *Présence des Agens forestiers.*

En disant que la présence des Agens forestiers *est toujours nécessaire* lorsqu'il s'agit de reconnaître et de fixer les limites d'un *bois royal, communal* ou *d'établissement public,* il convient cependant de distinguer le cas où les Agens forestiers peuvent procéder sans le concours d'un Arpenteur, de celui où la présence de cet Arpenteur est utile et indispensable.

Ainsi les opérations relatives à la reconnaissance et à la délimitation des forêts en général, doivent se diviser en deux parties bien distinctes, savoir : la reconnaissance pure et simple des limites, et la reconnaissance avec la fixation contradictoire des divers points qui en déterminent les sinuosités.

1er cas. Dans le premier cas, l'opération se fait contradictoirement avec les riverains, comme pour le deuxième cas ; elle a uniquement pour but de constater l'état et la nature des limites et d'en faire l'objet d'un procès-verbal dressé à l'amiable. Ce cas suppose que la ligne de circonscription d'une forêt ou d'une partie de bois quelconque, est déterminée, soit par des bornes, soit par des fossés bien entretenus, ou dont la direction peut être facilement aperçue, et que le plan de cette forêt ou partie de bois en exprime la configuration avec exactitude, les Agens forestiers peuvent alors procéder *seuls* à la reconnaissance de ses limites et dresser procès-verbal de cette reconnaissance.

2e cas. Mais, dans le second cas, si la reconnaissance et la fixation des limites d'une forêt ou d'une partie de bois, donnent lieu à des difficultés pour l'application soit des titres, soit des plans sur le terrain ; si ces difficultés exigent, pour être résolues, des opérations d'art, qui n'étant point familières au plus grand nombre des Agens forestiers, ne pourraient être convenablement exécutées par eux, l'intervention d'un *arpenteur* devient alors nécessaire, et c'est le cas de l'appeler, puisqu'il s'agit alors de fixer les divers points des limites.

ART. II. *Présence des Propriétaires des bois ou de leurs représentans.*

Quant à la présence, annoncée également nécessaire, d'un expert nommé par le Préfet, lorsqu'il s'agit de procéder à la reconnaissance des limites d'un *bois royal*, l'art. 59 de l'ordonnance réglementaire prescrit que cet expert soit pris parmi les Agens forestiers, d'après l'avis du Conservateur des forêts et du Directeur des domaines.

En effet, personne mieux qu'eux ne semble devoir connaître les véritables limites d'une partie de bois qu'ils sont chargés de surveiller, dans laquelle ils sont tenus de faire des visites fréquentes, et dont les titres ont dû passer plusieurs fois sous leurs yeux : ces Agens, loin d'avoir, dans l'opération qu'il s'agit d'exécuter, un intérêt contraire à celui de l'Etat (propriétaire du bois dont les limites sont à reconnaître et à fixer), doivent,

par le but de leur institution, naturellement être portés
à défendre les droits du Gouvernement et à veiller à ce
qu'il n'y soit porté aucune atteinte.

Quant aux *bois des communes*, l'art. 130 de l'ordonnance réglementaire prescrit également au Préfet de
nommer les Agens forestiers pour opérer comme experts dans l'intérêt des Communes, d'après l'avis du
Conservateur des forêts et celui des Maires.

Ce n'est pas qu'on entende priver au surplus les
Communes de la faculté qu'elles ont de faire valoir
leurs droits par leurs Maires et Adjoints, ou par toute
autre personne qui puisse les représenter : cette faculté
leur demeure incontestablement confirmée par l'art.
131 de l'ordonnance précitée.

Les explications que je viens de donner relativement
aux bois des Communes, s'appliquent aux *bois des Etablissemens publics*.

Ainsi il résulte de ce qui précède, que, dans toutes
les opérations relatives à la reconnaissance et fixation
des limites des *bois Royaux*, *Communaux et d'Etablissemens publics*, *la présence des Agens forestiers* est indispen-
sablement *requise* pour la validité des opérations.

Art. III. *Présence des propriétaires riverains.*

La présence des propriétaires particuliers riverains
des bois dont il s'agit de reconnaître et fixer les limites,
est aussi nécessaire pour rendre cette opération contradictoire et définitive, ainsi que je l'ai déjà dit. (*C.For.*,
art. 10.)

En effet il n'y a pas de doute que ces propriétaires
ne doivent comparaître, soit en personne, soit par un
fondé de pouvoir : et qu'après les avoir mis en demeure de se présenter, on puisse, quand les formalités
prescrites à cet égard ont été remplies, procéder, tant en
absence qu'en présence. Mais je crois devoir faire remarquer, que comme il s'agit toujours de procéder
contre ces riverains propriétaires particuliers, et d'agir
dès lors, soit dans l'intérêt du Gouvernement s'il est
question de bois de l'Etat, soit dans l'intérêt des Communes et des Etablissements publics, s'il s'agit de
bois appartenant à ceux-ci, les Agens forestiers, chargés par états de la défense des bois Royaux, Communaux et d'Etablissement publics, ne peuvent être appelés à stipuler les droits de ces propriétaires particu-

ers, riverains des bois dont il est question de reconnaître
t fixer les limites.

Après avoir ainsi fait connaître qu'elles sont les par-
es dont la présence est nécessaire pour la reconnais-
ınce et la fixation des limites des bois Royaux, Com-
ıunaux et d'Etablissemens publics, il me reste à par-
ːr du mode à suivre pour la régularité de l'opération.

II. Mode d suivre pour la régularité de la délimitation d'une forêt.

ART. I⁰ʳ Dispositions préliminaires.

La séparation entre les bois et les forêts de l'Etat, de
ı Couronne, d'apanage, des Communes, des Etablisse-
ıens publics et les propriétaires riverains, peut-être
equise, soit par l'Administration forestière, soit par
es propriétaires riverains, (*C. F. art. 8.*)

Des difficultés se sont élevées sur l'execution de cette
ɩisposition de l'art. 8. du Code forestier, en ce qui
oncerne les délimitations des bois de l'Etat. On a de-
nandé si, lorsqu'il s'agit de l'aménagement d'une forêt,
e Conservateur pouvait, lors même que l'ordonnance
ɩui autorise l'aménagement, ne porterait pas qu'il sera
ɩrocédé à la délimitation, requérir cette délimitation,
ːt s'il n'était pas nécessaire, dans ce cas, que ce fût la
Direction des forêts elle-même qui fît cette demande.

On observait que l'art. 8 du Code forestier ne don-
ɩait le droit de requérir la délimitation qu'à l'Adminis-
ration forestière; que si une ordonnance qui prescrit
ın aménagement, n'autorise pas la délimitation, on ne
ɩouvait s'en prévaloir pour soutenir que cette dernière
ɩpération fut implicitement autorisée, puisque la forêt
ı aménager pouvait se trouver circonscrite dans des
imites non contesté; que de même qu'on pouvait délimiter une forêt sans en changer l'aménagement, ou
pouvait l'aménager sans la dilimiter; que l'aménagement et la délimitation étaient deux opérations distinctes et indépendantes l'une de l'autre; que d'ailleurs
il y avait des délimitations générales et des délimitations
partielles; que si une ordonnance d'aménagement ne
disait rien de la délimitation, on ne pouvait admettre
que le Conservateur fût compétent pour décider si la
délimitation devait être générale ou partielle.

Il est certain que la délimitation proprement dite

d'une forêt à aménager n'est pas toujours nécessaire, puisque cette forêt peut-être circonscrite par des murs, des fossés, ou par d'autres limites invariables. Dans ce cas les Agens forestiers doivent seulement reconnaître les limites, et l'arpenteur mesurer le périmètre de la forêt. Il y a donc nécessité, de la part de l'Administration, de requérir la délimitation générale ou partielle d'une forêt, quand l'ordonnance d'aménagement ne prescrit pas en même temps qu'elle sera délimitée. Mais, par ce mot *Administration*, on ne peut entendre seulement la *Direction des forêts*. C'est un terme générique qui comprend les Agens supérieurs, aussi bien que l'Administration centrale Au surplus, comme les Conservateurs ne peuvent provoquer aucune opération qui entraîne une dépense sans avoir l'attache de l'Administration, la question élevée sur le droit du Conservateur est tout-à-fait sans objet, et il faudra toujours que l'Administration autorise la délimitation, si l'ordonnance d'aménagement n'en parle pas.

Cette question ayant été soumise au Ministre des Finances, il a statué, par sa décision du 14 août 1828, que le droit attribué à l'Administration forestière par l'art. 8 du Code forestier, de réquerir la délimitation d'une forêt, s'applique bien aux Agens supérieurs de l'Administration; mais que, sous le rapport de la dépense, ces Agens ne pouvaient provoquer aucune opération sans y être autorisés; ce sera toujours la *Direction des forêts* qui donnera l'autorisation d'y procéder. (*Circ. du* 1er *septembre* 1828, *n.* 184.)

L'action en séparation est intentée, soit par l'Etat, la Couronne, les Princes apanagistes, les Communes et les Administrateurs des établissemens publics; soit par les propriétaires riverains, dans les formes ordinaires. (*C.F.*, *art.* 19.)

Il faut distinguer, à l'égard des *formes ordinaires*, s'il s'agit d'une simple reconnaissance et fixation de limites, ou d'une délimitation de nature à ne pouvoir être fixée que par les tribunaux.

Dans le premier cas, qui est le plus ordinaire, la demande, soit de la part de l'Etat, soit de la part du propriétaire riverain, est adressée au Préfet qui autorise l'opération.

Dans le second cas, on procède, comme pour toutes les actions où le Domaine de l'Etat est intéressé, ainsi

ue je l'ai expliqué au § XXI ou du chapitre XII,
oncernant les *questions de propriété.*

Toutefois il sera sursis à statuer sur les actions partiel-
es, si l'Administration forestière, la Couronne, les Princes
panagistes, les Communes et les Administrateurs des
tablissemens publics offrent d'y faire droit dans le
élai de six mois, en procédant à la délimitation générale
e la forêt. (*C. F. art.* 9.)

Toutes demandes en délimitation et bornage entre
es forêts de l'état et les propriétés riveraines doivent être
dressées au Préfet du département. (*Ord. régl.*, art. 57.)

L'art. 8 du Code porte que la séparation entre les
orêts de l'Etat et les propriétés riveraines peut être
equise, soit par l'Administration forestière, soit par
es propriétaires riverains.

Comme il s'agit d'une demande qui intéresse l'État,
lle doit, aux termes de la loi du 5 novembre 1790, et
e l'art. 57 de l'ordonnance réglementaire, être adressée
u Préfet, soit de la part des agens du Gouvernement,
oit de la part des particuliers.

Le Conservateur présente au Préfet du département
ù se trouve la forêt, un Mémoire par lequel il ex-
ose la nécessité de procéder à la reconnaissance et à
a fixation contradictoire des limites, et provoque en
nême temps un arrêté de ce magistrat pour la convo-
ation des propriétaires riverains. (*Inst. du* 7 *juillet* 1824,
rt. 20.)

Si c'est un propriétaire riverain qui veut faire déli-
niter sa propriété, il forme une demande semblable
uprès du préfet.

Si les demandes ont pour objet des *délimitations partielles*, il y est procédé dans les formes ordinaires. (*Ibid,
art.* 58.)

Je dois faire observer que toutes les fois que les demandes ont pour objet des *délimitations partielles*, elles
sont communiquées par le Préfet à la partie qui n'est
point intervenue dans la demande, pour avoir ses observations; et que ce magistrat prend ensuite un arrêté
pour autoriser l'opération et en fixer le jour, et qu'il le
communique aux parties.

Cependant avant de le faire exécuter, le Préfet en
réfère au Ministre des finances, non pour avoir sur
le fond une approbation qui n'est point nécessaire ;
mais pour que la dépense que l'opération doit occa-

sionner à l'Etat, soit autorisé conformément aux règles
de la comptabilité, ainsi que le prescrit la décision ministérielle du 12 décembre 1821. (*Lettre de l'Administ.
des Forêts, du 12 janvier 1828.*)

Des difficultés se sont élevées sur le mode de procéder à des *dilimitations partielles*, entre les bois des
communes et des propriétés particulières.

On pensait d'un côté qu'on devait suivre les formes
tracées par l'instruction ministérielle du 19 septembre
1811; c'est-à-dire procéder en présence d'un délégué
nommé par le Préfet, d'un Agent forestier, agissant
dans l'intérêt de la commune, et de l'expert choisi par
le propriétaire riverain.

D'un autre côté, on observait que l'art. 218 du Code
forestier avait abrogé tous les réglemens antérieurs, et
que l'article 58 de l'ordonnance du 1er août 1827 avait
statué que les délimitations partielles auraient lieu dans
les formes ordinaires. On demandait en conséquence si
les délimitations partielles des forêts devaient être faites,
ainsi qu'il est d'usage pour toute autre délimitation, en
présence du juge-de-paix, assisté d'un arpenteur, et
de plus, avec le concours d'un Agent forestier agissant
dans l'intérêt de la commune et de l'expert du propriétaire.

l'Administration des forêts a adressé à ce sujet au
Ministre des finances les observations suivantes :

Les délimitations des bois de l'Etat, des communes
et des établissemens publics, étaient faites d'après des
formes spéciales tracées par les titres 23, 24, 25 et 27
de l'Ordonnance de 1669, régularisées par des instructions administratives, et particulièrement par la
décision ministérielle du 19 septembre 1811.

Le Code forestier a changé une partie de ces formes
et spécifié celles qui doivent être suivies à l'avenir.
L'Ordonnance du 1er août 1827 a déterminé les moyens
d'exécution. C'est donc dans la loi et l'ordonnance qu'il
faut chercher les règles à suivre pour la délimitation
des bois et forêts soumis au régime forestier, et l'on
ne doit avoir recours aux lois générales que pour les
cas non précisés dans la loi forestière.

L'article 9 de cette loi porte que l'action en séparation sera intentée, soit par l'Etat, soit par les propriétaires riverains, dans les formes ordinaires. Mais
ces dispositions ne se rapportent qu'à l'action judi-

\...ire qui peut avoir lieu dans les cas où les parties ne
\...raient point d'accord pour opérer la délimitation ; et,
\...es ce cas, la loi renvoie les parties à procéder sui-
\...nt les formes que l'on suit ordinairement dans les
\...tions qui intéressent, soit l'Etat, soit les communes,
\...it les particuliers.

\...Le second paragraphe de l'art. 59 de l'ordonnance,
\...ujours relatif aux délimitations partielles, ajoute que
\...rsque les parties étant d'accord pour opérer la déli-
\...itation ou le bornage, il y aura lieu à nommer des
\...perts, le Préfet, après avoir pris l'avis du Conservateur
\...es forêts et du Directeur des domaines, nommera un
\...gent forestier pour opérer, comme expert, dans
\...ntérêt de l'État. Telles sont les règles spéciales tra-
\...es par la nouvelle législation pour les délimitations
\...rtielles des bois domaniaux.

\...Elles sont déclarées applicables aux bois des com-
\...unes par l'article 90 du Code et par l'article 129 de
\...rdonnance réglémentaire, sauf quelques exceptions.

\...L'article 130 de l'ordonnance veut que, soit dans le
\...s prévu par l'article 58, soit dans celui qui est spé-
\...fié par l'article 59 de ladite ordonnance, c'est-à-dire,
\...it qu'il s'agisse de délimitations partielles ou d'une
\...élimitation générale, cet article veut que le Préfet,
\...ant de nommer les Agens forestiers chargés d'opérer
\...mme experts dans l'intérêt des communes ou des
\...ablissemens propriétaires, prenne l'avis des Conser-
\...teurs des forêts et celui des Maires des communes ou
\...es Admministrateurs des établissemens propriétaires.

\...La seule différence qui résulte de cet article, comparé
\...rec l'article 58, qui concerne les bois de l'État, c'est
\...ue lorsqu'il s'agit de la délimitation d'un bois commu-
\...al ou d'Établissement public, le Préfet doit prendre
\...avis du Maire de la commune ou des Administrateurs
\...e l'Établissement, au lieu de prendre celui du Direc-
\...ur des domaines, qui devient sans qualité pour les
\...pérations qui intéressent les communes et non le do-
\...aine de l'État.

\...L'article 131 donne au Maire de la commune et aux
\...dministrateurs de l'établissement propriétaire le droit
\...'assister à toutes les opérations, soit partielles, soit
\...énérales, avec l'Agent forestier nommé par le Préfet.

\...L'ordonnance réglémentaire ne parle point du cas,
\...ui est assez fréquent, où il est nécessaire de nommer

un Arpenteur pour les délimitations partielles ; mais il est évident que l'on doit suivre la règle tracée par l'article 59, qui concerne les délimitations générales, et que c'est encore au Préfet à nommer cet Arpenteur, soit dans l'intérêt de l'Etat, soit dans l'intérêt des communes.

Le Ministre des finances a, par sa décision du 26 mai 1828, adopté les observations qui précèdent, et statué, d'après l'usage constamment suivi, 1° que, lorsqu'il s'agit d'une délimitation soit générale, soit partielle, entre les bois d'une commune ou d'un établissement public et des propriétés particulières contigües, le Préfet doit, sur la proposition du Conservateur et du Maire, ou de la Commission administrative de l'établissement, nommer l'Agent forestier et l'Arpenteur chargés d'opérer dans l'intérêt de la commune ou de l'établissement ; 2° qu'il doit, à cet effet, prendre un arrêté qui fixe le jour de l'opération, et qui doit être communiqué au Conservateur, au Maire de la commune et au propriétaire riverain ; 3° que ce dernier doit nommer son expert, à moins qu'il ne veuille se présenter lui-même ; 4° que, si le propriétaire riverain juge à propos, pour économiser les frais, de ne point nommer d'Arpenteur, celui qui sera délégué par le Préfet pourra opérer dans l'intérêt commun ; 5° qu'il ne peut être question d'appeler le juge de paix dans ses opérations, lorsque les parties sont d'accord pour y procéder. (*Circ. du 2 juillet* 1828, *n*° 180.)

ART. II. *Nomination des Experts.*

Dans le cas où les parties étant d'accord pour opérer la délimitation et le bornage, il y a lieu à nommer des Experts, le Préfet, après avoir pris l'avis du Conservateur des forêts et du Directeur des domaines, nomme un Agent forestier pour opérer comme Expert dans l'intérêt de l'État. (*Ord. régl., art.* 58.)

Mais dans le cas où l'une des parties refuserait de procéder à la délimitation, il y aurait alors lieu à se pourvoir devant les Tribunaux, en procédant comme il est dit plus haut à l'article 1ᵉʳ ci-dessus.

On a élevé la question de savoir si le Directeur des domaines qui, aux termes de l'article 58 de l'Ordonnance réglémentaire du 1ᵉʳ août 1827, doit donner son is pour le choix de l'Expert du Gouvernement, avait s'expliquer sur la nécessité même de la délimitation. La négative ne pouvait être douteuse : en effet, l'art. du Code forestier (voir l'art. 1er du § II ci-dessus), rte que la séparation entre les bois de l'État et les opriétés riveraines, pourra être requise, soit par Administration des forêts, soit par les propriétaires verains. Cet article ni aucune autre disposition de la i ou de l'ordonnance n'exige l'intervention du Direcur des domaines, dans la question de savoir si la démitation est ou n'est pas nécessaire. Le Code a du onférer aux Agens forestiers le droit de requérir la démitation, parce qu'ils sont à portée d'en reconnaître utilité, d'après l'état des limites des forêts dont ils ont surveillance, la nature des bornes, leur détérioration u transposition, et la connaissance qu'ils peuvent voir acquise d'usurpations commises sur le sol foreser. Mais si les Directeurs des domaines n'ont point à 'expliquer sur la nécessité des délimitations, ils doivent itervenir dans tous les actes qui intéressent les proriétés de l'État; et c'est pour ce motif qu'ils sont appeés à donner leurs observations sur la capacité et la moalité des personnes proposées pour Experts, sur les éclamations qui peuvent être faites par les propriéaires riverains, soit pendant, soit après les opérations, onformément à l'article 64 de l'ordonnance réglémenaire, et enfin sur tout ce qui peut contribuer à assurer es intérêts du domaine de l'État.

L'Administration des forêts ayant soumis cette quesion et les observations qui précédent au Ministre des inances, il a, par sa décision du 14 août 1828, staué que le Directeur des domaines n'a pas à s'expliquer ur la nécessité d'une délimitation qui est proposée par es Agens forestiers ou requise par les riverains. (*Circ. u 1er septembre* 1828, *n°* 184.)

§ III. *Mode à suivre pour la reconnaissance et fixation con
_ tradictoires des limites générales des forêts soumises au
. régime forestier.*

J'ai dit que la fixation des limites d'une forêt ou d'une partie de bois pour devenir contradictoire, exige la présence des parties intéressées à la propriété de ces bois. Maintenant je vais m'occuper de la manière dont les propriétaires riverains doivent être convoqués; ensuite examiner, dans le cas où ces propriétaires ne répondent point à l'appel qui leur est fait, comment il peut et doit être suppléé à leur défaut de présence; enfin, indiquer comment, dans tous les cas, on peut parvenir à la fixation définitive des limites et à la rédaction du procès-verbal formant le complément de l'opération.

Ainsi, j'ai donc à considérer trois choses :

1° La convocation des propriétaires riverains;

2° La reconnaissance et fixation des limites;

3° La rédaction et la signature du procès-verbal.

ART. Ier. *Convocation des Riverains.*

Lorsqu'il y a lieu d'opérer la délimitation générale et le bornage d'une forêt appartenant à l'État, le Conservateur présente au Préfet dans le département duquel se trouve la forêt, un mémoire où il expose la nécessité de procéder à la reconnaissance et à la fixation contradictoires des limites, et provoque en même temps un arrêté de ce magistrat, pour la convocation des propriétaires riverains.

S'il s'agit des bois des Communes et des Etablissemens publics, le Préfet, avant de nommer les Agens forestiers chargés d'opérer comme experts dans l'intérêt des Communes ou Etablissemens propriétaires, prend l'avis du Conservateur des forêts et celui des Maires ou Administrateurs. (*Ord. régl.*, art. 129 et 130.)

Le Maire de la Commune, ou l'un des Administrateurs des Etablissemeus propriétaires, a le droit d'assister à toutes les opérations, conjointement avec l'Agent forestier nommé par le Préfet. Ses dires, observations et oppositions doivent être exactement consignés au procès-verbal. (*Ib.*, art. 131 ; *Déc. du 19 septembre 1811; art. 5, et Inst. du 7 juillet 1824, art. 26.*)

L'arrêté de convocation doit être publié et affiché dans les Communes limitrophes deux mois avant l'opération, et signifié au domicile des propriétaires riverains, ou à celui de leurs fermiers, Gardes ou Agens.

Après ce délai, les Agens de l'Administration forestière procèdent à la délimitation en présence ou en l'absence des propriétaires riverains. (*C. F. art. 10 et Inst. du 7 juillet 1824, art. 20.*)

Le Préfet, après avoir pris l'avis du Conservateur des forêts et du Directeur des domaines, nomme par cet arrêté, les Agens forestiers et les Arpenteurs qui doivent

rocéder dans l'intérêt de l'Etat, et indique le jour au-
uel l'opération doit commencer, le lieu désigné comme
oint de départ, et la direction suivant laquelle il doit
re procédé. (*Ord. régl.*, art. 59; *Déc. du* 19 *sept.* 1811
t. 1; *et Inst. du* 7 *juill.* 1824, art. 21.)

Des difficultés se sont présentées sur l'exécution dé
rt. 10 du Code forestier, en ce qui concerne le nom-
c des Agens et Arpenteurs de l'Administration fores-
ère à nommer pour procéder à la délimitation géné-
le d'une forêt.

On avait demandé si, lorsqu'il y a lieu à une délimi-
tion générale, *un seul* agent de l'Administration pou-
it opérer comme expert, ou, si au contraire, le con-
urs de plusieurs agens n'était pas nécessaire, attendu,
nsi que je viens de le faire remarquer dans les deux
néa qui précèdent, qu'il paraissait résulter de ces
ots, *Agens forestiers*, employés dans les art. 10 du
de et 59 de l'ordonnance d'exécution, que plusieurs
ens devaient être chargés de l'opération.

Quant aux Arpenteurs, on reconnaissait *qu'un seul*
uvait suffire pour une petite forêt; mais on pensait que
la délimitation devait s'opérer sur une forêt d'une
ande étendue, il était nécessaire que deux arpenteurs
ssent employés pour se surveiller et se contrôler ré-
proquement.

L'Administration des forêts, en soumettant cette
u ble question au Ministre des finances, a fait observer
e les termes du Code et de l'Ordonnance réglemen-
re n'avaient point eu pour objet de déterminer si les
lim*t*ations seraient faites par un ou plusieurs agens,
que, comme il y a des cas où il peut être utile d'en
ploy*er* plusieurs, cette circonstance avait dû faire
mettre le *pluriel* dans l'expression de la loi, afin qu'on
pût pas croire, que dans tous les cas, il ne fallait
un seul Agent.

Mais il n'y a aucune nécessité de faire nommer, par le
éfet, deux Agens forestiers ni deux Arpenteurs pour
érer dans l'intérêt de l'Etat, quand un seul Agent et un
ul Arpenteur sont suffisans, comme c'est le cas le plus
dinaire, soit qu'il s'agisse d'une délimitation générale,
it d'une délimitation particlle. Il ne faut pas perdre de
ie que les experts nommés par le Préfet n'agissent pas
ns l'intérêt des riverains. Ce magistrat ne peut leur en
léguer le pouvoir; et s'il convoque les riverains, c'est

parce que ceux-ci ont le droit d'assister eux-mêmes aux opérations, ou de s'y faire représenter par des experts. Chacun agit donc dans son propre intérêt, et les opérations se trouvent suffisamment contrôlées par les dires et observations des parties.

L'Arpenteur, nommé par le Préfet, n'agit, comme l'Agent forestier, que dans l'intérêt de l'Etat, et chaque riverain est libre de prendre un arpenteur de son choix; cependant il est d'usage, pour économiser les frais, que les riverains se dispensent de nommer un arpenteur pour leur compte, et qu'ils s'en rapportent à celui qui est nommé par le Préfet. Dans ce cas, les opérations du géomètre se font dans l'intérêt commun, et les frais en sont également supportés en commun.

D'après ces observations, le Ministre des finances a, par décision du 14 août 1828, statué qu'il n'y a aucune nécessité de faire nommer plusieurs experts et arpenteurs pour opérer, dans l'intérêt de l'Etat, quand un seul Agent et un seul Arpenteur peuvent exécuter ce travail. (*Circ. du* 1er *septembre* 1828, *n.* 184.)

Le lieu désigné, comme point de départ, par l'arrêté du Préfet pour la convocation des riverains, doit être, autant que possible celui du périmètre de la forêt, qui, se trouvant le plus au nord, fixe l'extrémité de la ligne séparative des deux Communes délimitantes. (*Inst. du* 7 *juillet* 1824, *art.* 22)

Le jour indiqué pour l'ouverture de l'opération doit être postérieur de deux mois au moins à celui de la publication de l'arrêté du Préfet dans les Communes sur le territoire desquelles est située la forêt à délimiter. (*Ib.*, *art.* 23, *et Décis. du* 19 *septembre* 1811, *art.* 2.)

L'arrêté doit porter qu'à défaut par les riverains de se présenter ou de se faire suppléer par des fondés de pouvoirs, il sera, après le délai de deux mois, passé outre à l'opération. (*C. f.*, *art.* 10, *et Inst. du* 7 *juillet* 1824, *art* 24.)

Les arrêtés de convocation des riverains doivent être signifiés au nom et à la diligence de l'Administration des forêts.

Il n'est pas nécessaire d'insérer dans ces arrêtés les noms, prénoms et demeures des riverains. Ces indications doivent avoir lieu dans la signification. (*Circ. du* 12 *octobre* 1830, *n.* 253.)

Les significations des arrêtés des Préfets sont assujèties au timbre et à l'enregistrement, et les formalités sont données en débet. (*Circ. du* 24 *juin* 1829, *n°* 220.)

Les Maires des Communes, où doit être affiché l'arrêté du Préfet, sont tenus de lui adresser des certificats constatant que cet arrêté a été publié et affiché dans ces Communes. (*Ord. régl.*, *art.* 60.)

Je dois faire observer que toutes ces formalités étant remplies, il est indispensable que la reconnaissance des limites se continue sans interruption; et c'est pour qu'elle ne soit pas interrompue par la négligence d'un propriétaire riverain, que l'art. 10 du Code a voulu qu'il fût procédé en son absence comme en sa présence.

Art. II. *Reconnaissance et fixation des limites.*

Au jour indiqué par l'arrêté du Préfet, les Agens forestiers, accompagnés de l'Arpenteur désigné, procèdent, tant en présence qu'en absence des propriétaires riverains, à la reconnaissance et fixation des limites, en suivant la direction annoncée.

La délimitation se continue en allant du nord à l'est, puis au sud et à l'ouest, laissant toujours à droite la partie de bois à délimiter. (*Inst. du* 7 *juillet* 1824, *art.* 27.)

Il est, à l'instant même de la fixation des limites, planté, à chaque point d'intersection des lignes formant le sommet d'un angle rentrant ou saillant du périmètre de la forêt, un fort piquet servant à marquer ce point. (*Ib.*, *art.* 29, *et Décis. du* 19 *septembre* 1811 *art.* 14.)

Les piquets ainsi placés sur la ligne de circonscription, ou les bornes qui doivent en tenir lieu, reçoivent une suite non interrompue de numéros, et le procès-verbal qui doit rappeler ces numéros est rédigé suivant leur ordre successif. (*Décis du* 17 *septembre* 1811, *art.* 6; *et Inst. du* 7 *juillet* 1824, *art.* 29.)

Lorsque les limites doivent être fixées par des bornes, les piquets sont placés sur la ligne même, et aux endroits destinés à recevoir ces bornes.

Mais lorsque les limites doivent être fixées par des fossés, il y a lieu de distinguer les circonstances suivantes :

1° Si le bois est domanial et contigu à des propriétés non boisées, les piquets sont plantés sur la ligne de démarcation, et les fossés doivent être exécutés aux frais de la partie requérante et pris en entier sur son terrain.

2° Si le bois, également domanial, est contigu à des

bois non domaniaux, les piquets servent à marquer la ligne du centre des fossés qui sont exécutés à frais communs et pris par moitié, de chaque côté de cette ligne, si la séparation ou délimitation est effectuée par un simple bornage, et dans le cas contraire, ils sont pris en entier sur le terrain de la partie requérante et exécutés à ses frais. (*C. f.*, art. 14.)

Cependant, lorsqu'il s'élève à cet égard des contestations, il en est référé à l'Admini-tration forestière.

3° Si le bois à délimiter appartient à une Commune ou à un Etablissement public, les piquets sont plantés comme il est dit dans les deux hypothèses ci-dessus, et les fossés exécutés et établis ainsi qu'il vient d'être dit. (*C. F.*, art. 90; *Décis. du 3 octobre* 1821; *Circ, du 18 du même mois; et Inst. du 7 juillet* 1824, art. 30.)

Les fossés auront les dimensions suivantes : deux mètres d'ouverture, quinze décimètres de profondeur sous corde, et quatre décimètres de largeur dans le fond. (*Inst. du 7 juillet* 1824, art. 31 et 81.)

La ligne séparative de deux propriétés s'établit, soit par des pierres-bornes, soit par des fossés placés aux angles et sur cette ligne et de distance en distance, soit par des arbres, buissons, poteaux, etc. (*Circ. du 18 septembre* 1829, *n.* 229.)

Lorsqu'on emploie des pierres-bornes, elles doivent être taillées à quatre faces, arrondies par la tête, et avoir un mètre de hauteur, vingt-cinq centimètres de largeur, et vingt centimètres sur l'autre face. Elles portent les numéros relatés au procès-verbal de délimitation. (*Art. 82 de l'Inst. du 7 juillet* 1824.)

La fourniture, la confection et le placement des bornes ou de tous autres signes servant au bornage, peuvent être l'objet d'un marché passé de gré à gré, sous l'approbation du Ministre; mais comme les frais en doivent être supportés en commun, il est plus régulier qu'il en soit fait une adjudication au rabais. (*Lett. de l'Administ. des forêts, du 23 janvier* 1828.)

Il s'est élevé la question de savoir si lorsque le bornage s'exécute au moyen de fossés placés de distance en distance sur la ligne séparative des deux propriétés, ou par tout autre moyen que par des pierres-bornes, les frais doivent être supportés en commun ? Une décision du Ministre des finances du 21 juin 1729, résout la question par l'affirmative. (*Circ. du 18 sept.* 1829, *n°* 229).

Il ne résulte pas du 2ᵉ § de l'art. 14 du code forestier, que les fossés qui ont été faits sur le terrain des riverains en vertu de l'article 4 du titre 27 de l'ordonnance de 1669, puissent être comblés par les riverains avant qu'il ait été procédé à une nouvelle délimitation. (*Décis. min. du 22 mai 1829.*)

Le droit qu'a tout propriétaire de forcer son voisin au *bornage* de leurs propriétés contiguës n'emporte pas celui de faire placer, par des experts, des bornes sur un terrain dont ce dernier prétend avoir la propriété, avant d'avoir fait statuer sur cette contestation. Ainsi la plantation des bornes faite par un propriétaire sans avoir fait statuer sur la propriété prétendue par son voisin , doit être considérée comme un trouble à la possession de ce dernier, qui peut, en conséquence, pour s'y faire maintenir, intenter une action en complainte devant le juge-de-paix. (*Arr. de la C. de cass. du 27 août 1829.*)

Les Agens forestiers doivent procéder à la reconnaissance des limites des bois sur les territoires à cadastrer; fixer ces limites par des laies ou piquets, remettre au Directeur des contributions le procès-verbal de ces opérations; et, après l'arpentage des communes où sont situés les bois, vérifier les limites avec le Géomètre du cadastre et réclamer les rectifications qui seraient nécessaires. (*Circ. du 7 septembre 1830, n. 249.*)

Art. III. *Croquis figuratifs des limites.*

L'Arpenteur est tenu d'accompagner les Agens forestiers pendant tout le temps de l'opération, et il trace successivement, dans l'ordre de sa marche, le croquis figuratif de chaque partie du périmètre qu'il a à décrire; de manière qu'après avoir fait le tour de la forêt , il ait le plan visuel des limites en autant de croquis séparés qu'il y a de communes environnantes ou d'articles au procès-verbal. Ces croquis, qu'il remet au net, sont placés en regard de chacun des articles y relatifs, et reçoivent, autant que possible, le format de la pièce qu'ils doivent accompagner.

Dans le cas de contestation de limites, celles prétendues de part et d'autre sont figurées sur les croquis visuels, et les parties de terrain qu'elles comprennent sont distinguées par une teinte bleue. (*Inst. du 7 juillet 1824, art. 33.*)

Art. IV. *Plan géométrique des limites.*

Après la levée du périmètre, un plan exact des limites, établi par l'Arpenteur, conformément au modèle annexé sous le n° 2 B, à l'Instruction du 24 juillet 1824, et divisé également par article du procès-verbal, est substitué au plan visuel. L'échelle à employer pour ce plan dépend de l'étendue et de la configuration des limites comprises dans chaque article ; mais l'Arpenteur doit avoir soin de la choisir de manière que les détails ne présentent aucune confusion. (*Inst. du 24 juillet 1824, art.* 34.)

Art. V. *Rédaction et signature du procès-verbal.*

Le procès-verbal sera rédigé par les experts, conformément au modèle n° 2 A, annexé à l'Instruction du 7 juillet 1824, suivant l'ordre dans lequel l'opération a été faite. Il doit être divisé en autant d'articles qu'il y a de propriétaires riverains, et chacun de ces articles est clos séparément et signé par les parties intéressées.

Si les propriétaires riverains ne peuvent signer ou s'ils refusent de le faire, si même ils ne se présentent pas ou ne se font pas suppléer par un fondé de pouvoirs, il en est fait mention et passé outre. (*Ord. régl.*, *art.* 61 ; *Déc. du* 19 *sept.* 1811, *art.* 8, *et Inst. du* 24 *juill.* 1824, *art.* 35 *et* 36.)

S'il se trouve des portions de terrain enclavées dans la forêt, quelles que soient leur nature et origine, il doit être dressé des procès-verbaux particuliers de la reconnaissance et fixation des limites de chacune d'elles.

Ces procès-verbaux sont signés des propriétaires des enclaves, et placés à la suite du procès-verbal de délimitation. (*Déc. du* 19 *sept.* 1811, *art.* 7, *et Inst. du* 24 *juillet* 1824, *art.* 37.)

Toutes les fois que, pour cause d'erreur ou de fausse indication ou tout autre motif, les lignes de pourtour de la forêt, telles qu'elles existent actuellement, doivent être rectifiées de manière à déterminer l'abandon d'une portion du sol forestier, le procès-verbal doit énoncer les motifs de cette rectification, quand même il n'y aurait à ce sujet aucune contestation entre les experts. (*Ord. régl.*, *art.* 61 ; *Déc. du* 19 *sept.* 1811, *art.* 13, *et Inst. du* 7 *juill.* 1824, *art.* 38.)

Le riverain contre lequel il a été procédé par défaut,

peut réclamer pendant la durée de l'opération concernant la partie de bois à laquelle touche sa propriété ; mais, cette opération finie, il n'est admis à se pourvoir qu'en consignant les frais présumés de la nouvelle opération de reconnaissance des limites qu'il sollicite. (*Déc. du 19 septembre 1811, art. 9, et Inst. du 7 juillet 1824, art. 39.*)

S'il s'élève des difficultés sur la fixation des limites, les réquisitions, dires et observations contradictoires sont consignés au procès-verbal, et signés des parties intéressées, ou mention est faite soit de leur impossibilité de signer, soit de leur refus. (*Ord. regl., art. 61, Déc. du 19 1811, sept. art. 10, et Inst. du 7 juill. 1824, art. 40.*)

Le procès-verbal doit être semblable au modèle joint à l'instruction du 7 juillet 1824, sauf qu'il doit être divisé en autant d'articles qu'il y a de parcelles appartenant à des propriétaires riverains différens, et que chacun de ces articles doit être clos séparément, et signés par les parties intéressées. (*Lettre de l'Administ. des for. du 23 janv. 1828.*)

Le procès-verbal doit être remis par les experts au Préfet. (*Lett. d'Administr. du 3 mars 1830.*)

Art. VI. *Minute et expéditions du procès-verbal.*

Après l'opération de reconnaissance et fixation des limites, la minute du procès-verbal de la délimitation doit être immédiatement déposée par les *experts* et non par l'intermédiaire des Conservateurs des forêts, au secrétariat de la préfecture, et par extrait au secrétariat de la sous-préfecture, en ce qui concerne chaque arrondissement. Il en est donné avis par un arrêté du Préfet, publié et affiché dans les communes limitrophes. Les intéressés pourront en prendre connaissance, et former leur opposition dans le délai d'une année, à dater du jour où l'arrêté aura été publié.

Dans le même délai, le Gouvernement déclarera s'il approuve ou s'il refuse d'homologuer ce procès-verbal en tout ou en partie. Sa déclaration sera rendue publique de la même manière que le procès-verbal de délimitation. Pour l'exécution de cette disposition, le Ministre des finances rend compte au Roi des motifs qui peuvent déterminer l'approbation ou le refus d'homologation du procès-verbal de délimitation. A cet effet, aussitôt que ce procès-verbal a été déposé au secréta-

riat de la Préfecture, le Préfet en fait faire une copie
entière qu'il adresse sans délai au ministre des finances.
(*C. F.*, *art.* 11; *Ord. régl.*, *art.* 62; *Inst. du* 7 *juillet*
1824, *art.* 41, *et Circ. du* 18 *juin* 1832, *n.* 299.)

Il s'est élevé la question de savoir si l'homologation
royale devait être donnée aux procès-verbaux qui constatent des délimitations particlles. L'affirmative est résolue par une lettre du Directeur des forêts, du 29
mai 1828.

Les Préfets sont dispensés de faire faire dans leurs
bureaux, pour être adressée au ministère des finances,
la copie des procès-verbaux de délimitations exigée
par le deuxième paragraphe de l'article 62 de l'ordonnance réglementaire, attendu que l'expédition qui doit
être adressée par ces magistrats est une de celles que
les Arpenteurs forestiers sont tenus de fournir, et qui
alors est déposée dans les archives de l'Administration
des forêts. (*Circ. du* 7 *février* 1829, *n.* 203.)

Les extraits, en ce qui concerne chaque arrondissement, doivent être délivrés et signés par le Préfet ;
mais ils sont faits par les Arpenteurs, en sus du nombre
des expéditions déterminées par l'instruction du 7 juillet 1824, moyennant une rétribution particulière qui
est payée de la même manière que les autres frais de
délimitation. (*Circ. du* 13 *sept.* 1830, *n.* 251.)

Les intéressés peuvent requérir des extraits dûment
certifiés du procès-verbal de délimitation, en ce qui
concerne leurs propriétés; les frais d'expédition de ces
extraits sont à la charge des requérans, et réglés à raison de 75 centimes par rôle d'écriture, conformément
à l'article 37 de la loi du 7 messidor an II. (*Ord. régl* ,
art. 63). Les Conseils municipaux ou les Administrateurs
des établissemens publics sont appelés à délibérer sur
les résultats du procès-verbal, avant qu'il soit soumis
à l'homologation du Gouvernement. (*Ord régl.*, *art.* 131.)

Si, à l'expiration du délai d'un an ci-dessus fixé par
l'art. 11 du Code forestier, il n'a été élevé aucune réclamation par les Propriétaires riverains, contre le procès-verbal de délimitation, et si le Gouvernement n'a
pas déclaré son refus d'homologuer, l'opération sera
définitive Les Agens de l'Administration forestière pro-
céderont dans le mois suivant au bornage, en présence
des parties intéressées, ou elles dûment appelées par
un arrêté du Préfet, publié et affiché dans les commu-

les limitrophes deux mois avant l'opération. (*C. F.,*
art. 12.) Les Maires devront justifier, dans les formes
déterminées par l'art. 1er ci-dessus, de la publication de
l'arrêté pris par le Préfet, pour faire connaître la résolu-
tion du Roi relativement au procès-verbal de délimitation. Il en sera de même pour l'arrêté par lequel le Préfet appellera les riverains au bornage, conformément à
l'article 12 du Code forestier. (*Ord. régl., art.* 65.)

Je dois faire observer que les intéressés ayant un an, à
dater du dépôt du procès-verbal de la délimitation à la
préfecture, pour former leur opposition, et que si, à l'expiration de ce délai, il n'a été fait aucune réclamation,
il doit être procédé dans le *mois suivant* à l'opération du
bornage, c'est-à-dire à la constatation légale de la ligne
séparative entre les deux propriétés, ce qui s'établit,
ainsi que je l'ai dit plus haut, soit par des pierres-bornes, soit par des fossés ouverts sur les angles et sur
cette ligne et de distance en distance, soit par des arbres,
buissons, poteaux, etc. Ainsi, il résulte de cet disposition qu'il peut se passer plus d'un an, après la reconnaissance des limites, pour qu'on puisse procéder au
bornage. Dans ce cas, qui cependant ne se présente que
lorsque les propriétaires riverains n'ont pas assisté à la
délimitation ou ont retardé leur réclamation pendant
tout le délai accordé par l'art. 12 du Code, il devient
dès-lors nécessaire de marquer avec soin sur le terrain,
les points litigieux par des signes durables et qui ne
puissent pas être facilement détruits; tels que des fossés. Au surplus, lorsque les parties sont d'accord au
moment même de la délimitation, on doit procéder au
bornage, soit immédiatement, soit peu de temps après,
attendu que les piquets que l'on plante provisoirement
sont presque toujours enlevés par les délinquans.

Il est fait trois expéditions du procès-verbal de délimitation pour les forêts de l'État, et quatre pour les
bois des communes ou d'établissemens publics. Ces expéditions, dont la transcription est à la charge du Géomètre, sont seulement certifiées conformes à la minute
et signées par les Agens forestiers. (*Inst. du* 7 *juillet*
1824, *art.* 42.)

Pour que ce procès-verbal ne laisse aucune incertitude sur les limites, le géomètre, lorsque le plan périmétral est fini, rédige, conformément au modèle joint
à l'Instruction du 7 juillet 1824, sous le n° 2 C, un ta-

bleau indicatif de la longueur des lignes du périmètre, de leur direction et de l'ouverture des angles saillans et rentrans que forment ces mêmes lignes par leur jonction. Ce tableau doit être annexé au procès-verbal. (*Ib.*, *art.* 43.)

Art. VII. *Réclamations et contestations*

Les réclamations que les Propriétaires pourront former, soit pendant les opérations, soit dans le délai d'un an, doivent être adressées au Préfet du département, qui les communique au Conservateur des forêts et au Directeur des domaines pour avoir leurs observations. (*Ord. régl.* , *art.* 64.)

En cas de contestations ou d'oppositions formées par les riverains, elles seront portées par les parties intéressées devant les tribunaux compétens, selon le mode déterminé par les lois et réglemens sur cette matière, et notamment par les Décisions ministérielles du 16 mai 1821, et l'avis du Conseil-d'État du 28 août 1823, et il doit être sursis à l'abornement jusqu'à leur décision.

Les communes ou établissemens propriétaires sont, dans ce cas, autorisés à intenter l'action, ou à défendre, s'il y a lieu, et les actions sont suivies par les Maires ou Administrateurs dans la forme ordinaire.

Il y a également lieu au recours devant les Tribunaux de la part des Propriétaires riverains, si à l'expiration du délai d'une année, fixé par l'approbation ou le refus du Gouvernement d'homologuer le procès-verbal de délimitation, les Agens forestiers se refusaient à procéder, dans le mois suivant, au bornage. (*C. f.*, *art.* 13; et Inst. du 7 juillet 1824, *art.* 40.)

Lorsqu'il a été élevé des contestations ou formé des oppositions contre un procès-verbal de délimitation, en vertu de l'article 11 du Code forestier, sans que les opposans fassent aucune démarche ultérieure pour faire décider la question par les Tribunaux, ainsi que le prescrit l'article 13 dudit Code, le Préfet doit instruire l'affaire et faire ensuite signifier aux opposans un extrait du procès-verbal de délimitation par un seul exploit qui doit contenir en même temps assignation devant le tribunal en main-levée d'opposition et en production de titre. (*Avis du Comité des fin.*, *du* 16 février 1831 ; et *Circ. du* 12 *avril suivant*, *n°* 271.)

Art. VIII. *Frais de délimitation et de bornage.*

Lorsque la séparation ou délimitation sera effectuée
r un simple bornage, elle sera faite à frais communs.
Lorsqu'elle sera effectuée par des fossés de clôture,
seront exécutés aux frais de la partie requérante et
is en entier sur son terrain. (*C. f.*, *art.* 14.)

Les frais de délimitation et de bornage doivent être
iblis par articles séparés pour chaque Propriétaire
erain, et supportés en commun entre l'Administra-
n et lui.

L'état en est dressé par le Conservateur des forêts et
sé par le Préfet. Cet état est remis au Receveur des
maines, s'il s'agit d'un bois appartenant à l'Etat, ou
Receveur de la commune ou de l'établissement pro-
iétaires; s'il est question d'un bois communal ou d'é-
lissement public. Le Receveur perçoit le montant
s sommes mises à la charge des riverains, et, en cas
refus, en poursuit le paiement par voie de contrainte
profit des Domaines, ou par toutes les voies de droit
profit et pour le compte de la commune ou de l'éta-
issement auquel ces frais sont dus, sauf l'opposition sur
quelle il est statué par les Tribunaux, conformément
x lois. (*Ord. régl.*, *art.* 66 *et* 133.)

Les frais de délimitation ne peuvent pas toujours se
gler à raison de l'étendue respective des limites entre
s différentes propriétés, parce que la délimitation
ut présenter plus de difficultés et exiger plus de temps
r un point que sur un autre. Il en est de même du
rnage, dont les frais sont plus ou moins considérables,
lon la quantité de bornes à établir.

Les frais à supporter en commun ne peuvent être
ie ceux qui sont faits dans l'intérêt de tous, et il ne
ut être question de ceux qui sont faits dans un inté-
t privé. Ainsi l'Agent forestier qui opère dans l'intérêt
: l'État ne peut être rétribué que par l'État; et comme
reçoit un traitement, ce n'est que dans des cas
traordinaires qu'il lui est alloué des indemnités.
Circ. du 7 *mars* 1828, *n°* 169.)

Les Délégués des riverains doivent être payés par
eux-ci.

Si l'État a un Arpenteur et le riverain un autre,
iacun paie le sien. Mais si un seul géomètre opère
our les deux parties, ses vacations étant fixées par

heure ou par mètre de longueur du périmètre délimité chaque riverain paie la moitié de ses vacations pour l portion de délimitation qui la concerne. (*Lettre d Dir. des forêts du* 23 *janvier* 1828.)

Les frais de signification des arrêtés de convocatic des riverains doivent se partager par moitié entre l'Ét et chaque riverain.

Il en est de même des frais d'expédition de chaqu article du procès-verbal.

Enfin il en est de même pour le paiement des fra de bornage entre l'État et chaque riverain. On do calculer cette dépense à raison du nombre des born plantées sur chaque portion de propriété contiguë, o des fossés d'angle et intermédiaires qui en tiennei lieu. (*Ib.*)

Quant aux frais généraux, tels que ceux résultant d l'impression et de la publication des arrêtés de MM les Préfets, ils doivent être répartis à raison d l'étendue respective des limites qui séparent chaqu propriété.

Les extraits des procès-verbaux que les particulier peuvent requérir dans leur intérêt privé, sont à leu charge d'après l'article 63 de l'ordonnance.

C'était aux experts à poursuivre eux-mêmes le paie ment de leurs vacations ; mais lorsque l'opération em brassait un grand nombre de propriétés, il leur étai fort difficile de parvenir au recouvrement des somme qui leur étaient dues. Cette difficulté disparaît au moyer de la disposition de l'art. 66 de l'ordonnance réglémen taire portant que l'état des frais, dressé par le Conser vateur des forêts et visé par le Préfet, est remis an Receveur des Domaines qui doit poursuivre, par voie de contrainte, le paiement des sommes à la charge des riverains.

En conséquence les Directeurs des domaines sont au torisés à provoquer eux-mêmes des ordonnances de délé gation pour le paiement des sommes dues par les rive rains des forêts délimitées, et à délivrer ensuite des mandats de paiement de ces sommes, après avoir fait arrêter et liquider, par MM. les Préfets, celles à payer à mesure des recouvremens. Les receveurs des do maines jouissent sur ces recettes de la même remise que sur leurs recettes ordinaires ; les frais dont il s'agit ne devant, au surplus, être assujettis à aucune retenue our frais de régie. (*Décis. du minist. des fin..du* 15 *mai* 831. *et Circ. du* 30 *juillet suivant, n.* 278.)

Les frais des droits de timbre et d'enregistrement onnés d'abord en débet, et relatifs aux significations es arrêts des Préfets, et tous les frais de bornage , sont upportés en commun, suivant la proportion des droits espectifs des parties. Mais les frais résultant d'une dé-imitation ordonnée par acte de justice sont à la charge e la partie qui succombe. (*Décis. min. des* 7 *novembre* 828 *et* 18 *mai* 1829. *Circul. du* 24 *juin* 1829. *n.* 220.)

Il ne peut être alloué d'indemnité aux Agens fores-ers chargés de procéder comme experts, dans l'inté-êt de l'Etat, que pour des opérations extraordinaires. *Circul. du* 7 *mars* 1828, *n.* 169.) ~

Les Agens forestiers ne doivent rien exiger ni rien ecevoir des Communes, pour leur coopération à la élimitation des bois communaux. (*Circ. du* 18 *décem-*re 1828, *n.* 197.)

CHAPITRE X.

AMÉNAGEMENT DES FORÊTS.

§ 1er *Considérations générales.*

L'aménagement (1) des forêts est la partie la plus

_____

(1) Le mot *aménagement,* en terme de forêts, était employé lans les anciennes ordonnances, pour désigner l'opération qui 'appelait *réglement général des ventes.* En remontant à sa pre-nière signification, on remarque qu'il exprimait l'action de dé-iter le bois soit en pièce de charpente, soit en corde pour le hauffage, etc., et qu'il était synonyme d'*exploiter,* de *transporter* es bois pour les approvisionnemens. Depuis il a été diversement ntendu par les auteurs forestiers, et employé d'une manière ague dans les ordonnances.

Chailland et les commentateurs de l'ordonnance de 1669 , di-ent que l'*aménagement* consiste dans le recépage des bois abrout-is, le remplacement des places vagues, et en général dans tout ce qui peut être l'objet de l'amélioration des bois. Cette défini-ion rapporte à ce seul mot la presque totalité des opérations orestières, et n'exprime pas l'objet propre et particulier de 'aménagement dans le sens qu'on l'entend aujourd'hui.

Dumont et quelques autres veulent que le mot s'applique ex-clusivement à la régénération des forêts, et, tâchant de le rap-procher de sa signification la plus commune, ils disent que l'opé-ation qu'il exprime consiste à *meubler* une forêt des différentes

importante de l'économie forestière, puisque sans elle
il n'y a que désordre et confusion.

L'aménagement consiste à diviser une forêt en cou-

espèces de bois appropriées à la nature du sol et propres aux
besoins locaux de la consommation.

D'autres prétendent que l'*aménagement* est l'art d'assortir les
différentes familles des arbres forestiers, de les faire vivre en
semble sans se nuire ; d'en combiner la reproduction, la coupe,
la réserve, d'après la nature du sol, l'usage auquel il est propre,
les besoins des consommateurs et la facilité des débouchés, et
enfin que rien de ce qui tient à la culture des arbres et à la régénération des forêts, ne lui est étranger.

Mais ces nouvelles définitions sont encore incomplètes ; elles
n'indiquent pas tout ce qui constitue l'objet et le travail de
l'*aménagement* dans sa signification actuelle. Ces variantes au
surplus ne sont pas étonnantes ; car ce mot, employé d'abord
d'une manière vague et générale, semblait comprendre tous les
travaux de l'amélioration des forêts, et par cette raison il ne
s'appliquait à aucune opération en particulier.

M. *Dralet*, dans son *Traité du régime forestier*, ne considérant
ce mot que dans son acception la plus simple, le définit « L'art
» de déterminer les parties qui, dans une forêt, doivent être
» coupées chaque année, de manière à procurer les produits
» les plus avantageux, tant au propriétaire actuel qu'à ses suc-
» cesseurs. »

M. *Lintz*, dans un Mémoire sur l'aménagement des forêts
imprimé en 1812, dans les *Annales forestières*, dit que « L'amé-
» nagement est le travail qui a pour but d'établir un mode de
» culture et d'exploitation raisonné, dont l'application assure
» les produits les plus avantageux dans une succession égale et
» constante. »

M. *Baudrillart*, rapprochant ces deux définitions, leur en a
substitué une autre dans son *Annuaire forestier* de 1811 : *L'aménagement*, dit-il, *restreint à l'opération qui a pour objet la division des forêts en coupes réglées, est l'art de diviser les forêts
en coupes successives, ou de régler à l'avance l'étendue et l'âge des
coupes annuelles, de manière à assurer une succession constante
de produits pour le plus grand intérêt de la conservation des forêts,
de la consommation en général, du propriétaire actuel et de ses
successeurs.*

On voit que dans cette définition, comme le remarque lui-
même M. *Baudrillart*, il a placé, avec raison, en première
ligne l'*intérêt de la conservation des forêts*, parce que les bois
étant une production lente du temps, tout *aménagement* qui
tendrait à abréger le temps des exploitations, pour multiplier
les jouissances, et augmenter momentanément les revenus, sera
un attentat aux droits sacrés de la postérité.

ses successives, et à régler l'étendue et l'âge des coupes annuelles dans le plus grand intérêt de la conservation de la forêt, de la consommation en général, dans
celui enfin du propriétaire, et, s'il s'agit d'une forêt de
l'Etat, dans le plus grand intérêt de la société.

Ainsi c'est par l'aménagement des forêts que l'on peut
assurer une succession constante et régulière de pro-
luits en matière et en argent, et que l'on peut satisfaire aux divers genres de besoins en bois, soit généraux, soit locaux.

Les anciennes ordonnances désignaient *l'aménagement* sous la dénomination de *règlement des coupes*, de
mise en ordre des forêts. Cette opération faisait partie de
ce qu'on appelait la *réformation des forêts*, qui avait deux
objets, 1° la réparation des dommages causés par les
abus et malversations des officiers des maîtrises, des
marchands, des riverains et usagers; et 2° le rétablissement de l'ordre pour la conservation des forêts. Il
y était procédé, pour chaque forêt, dit *M. Dralet*,
dans son Traité du Régime forestier, soit par les grands-
maîtres, soit par les officiers des maîtrises, en vertu
d'arrêts du Conseil que l'on appelait *arrêts de reforma-
tion* ou *d'aménagement*. Ces arrêts ordonnaient la re-

M. le comte *Roy*, rapporteur de la commission spéciale, chargé par la chambre des pairs de l'examen du *Code forestier* a
dans son rapport, adopté en ces termes la définition de M. *Baudrillart* :

« *L'aménagement des bois*, dit ce noble pair, est la plus im-
» portante partie de l'administration. Dans l'acception actuelle
» de ce mot, c'est *l'art de diviser une forêt en coupes successives,*
» *et de régler l'étude ou l'âge des coupes annuelles dans le plus*
» *grand intérêt de la conservation de la forêt, de la consommation*
» *en général, dans celui enfin du propriétaire, et, s'il s'agit des*
» *forêts de l'état, dans le plus grand intérêt de la société.* »

Il m'a paru utile de m'étendre un peu sur la définition
du mot *aménagement*, et sur sa véritable signification actuelle,
parce que la plupart des ouvrages forestiers laissent beaucoup à
désirer à cet égard, et qu'il est généralement reconnu aujour-
d'hui que dans toutes les branches des sciences, il est très-important de bien préciser le sens et la signification des mots qu'on
emploie, surtout quand, comme dans le cas présent, ces mots
sont destinés à exprimer la combinaison d'un grand nombre
d'idées et d'opérations. Sans cette précaution, on s'expose nécessairement à des erreurs de fait et de raisonnement, et on
marche dans les ténèbres.

connaissance et la fixation des limites, l'abornement,
le creusement des fossés nécessaires, l'arpentage et le
levé du plan, la division des coupes, le récépage des
parties dégradées et le repeuplement des clairières.

Toutes ces opérations se faisaient consécutivement,
à la réquisition du Procureur du Roi, près la maîtrise,
dans les forêts de son ressort et qui étaient l'objet des
arrêts obtenus.

Aujourd'hui la marche de l'Administration forestière
n'est pas la même. En effet, plusieurs des opérations
qui fesaient alors partie de l'aménagement, telles que
le *réglement des limites*, *l'abornement* et *l'ouverture des
fossés*, peuvent à présent être regardées comme indépendantes de *l'aménagemement*. Enfin d'autres mesures
sont aussi prescrites pour les *récépages* et les *repeuplemens*.

Ainsi il résulte de ce nouvel état de choses que *l'a-
ménagement* proprement dit d'une forêt ne comprend
plus actuellement, comme le remarque judicieusement
M. *Dralet*, que *le mode d'exploitation* auquel elle doit être
soumise, *l'âge* auquel les coupes doivent être faites, et
les réserves à y établir.

Je dois à cet égard faire observer que *l'âge* auquel les
bois doivent être coupés dépend des circonstances locales; mais que cependant il importe, pour éviter l'arbitraire et les conséquences de faux systèmes, que les
réglemens posent des limites que l'on ne puisse fran-
chir. Il faut dès-lors pour fonder l'exception prévue
par l'article 69 de l'ordonnance réglementaire, ou que
les essences dominantes soient le *Chataigner* et les *bois
blancs*, tels que le *Tremble*, le *Bouleau*, le *Tilleul*, le
Saule, le *Peuplier*, etc., ou que les forêts étant peuplées
d'autres essences, reposent sur des *terrains de la dernière qualité*.

Ces objets rentrant plus particulièrement dans l'examen et les détails des principes relatifs à la *théorie des
aménagemens* qui ont été traités par un grand nombre
d'auteurs et plus récemment par *M. Baudrillart*, dans
son Dictionnaire des Forêts; je ne m'occuperai que très-
sommairement de la partie théorique que j'emprunte à
ce dernier auteur; mon intention étant de ne considérer
surtout *l'aménagement des forêts* que sous le point de
vue des opérations d'arpentage et d'administration auquel l'aménagement peut donner lieu.

§ II. *Principes relatifs à la théorie des aménagemens.*

Les considérations générales qui précèdent concernant l'aménagement des forêts ont fait connaître que, législativement, cette opération doit être réglée principalement, *eu égard à la nature du sol et des essences, dans l'intérêt des produits en matière et de l'éducation de la futaie,* et qu'en conséquence, l'Administration doit rechercher les forêts et parties de forêts qui peuvent être réservées pour croître *en futaie,* et en proposer l'aménagement, en indiquant celles où *le mode d'exploitation par éclaircie* peut être le plus avantageusement employé. (*Ord. régl.,* art. 67 et 68.) Il reste maintenant à parler des principes relatifs à la théorie des aménagemens. Je vais indiquer sommairement quels sont ces principes, en rapportant les observations qu'a publiées à ce sujet M. *Baudrillart,* et en suivant la division qu'il a établie dans son Dictionnaire des Forêts.

Art. 1er. *Réglement de l'aménagement dans l'intérêt des produits en matière et de l'éducation de la futaie.*

Les aménagemens doivent être réglés dans l'intérêt des produits en matière et de l'éducation de la futaie. C'est là le grand principe, *dit M. Baudrillart,* qui doit diriger l'Administration des forêts. Il résulte des expériences d'un grand nombre d'auteurs, rapportées dans le *Dictionnaire des Forêts,* que pour obtenir le *maximum* des produits en matière, il faut retarder l'époque des coupes autant que peuvent le permettre la nature du sol et les essences ou espèces de bois qui le couvrent. On voit par ces expériences, dont cet auteur a réduit les résultats à un terme moyen, qu'un hectare de bois, situé dans un fonds ordinaire, produit, suivant les différens âges du bois :

A 10 ans environ 6 cordes.
A 15 ans — 12 —
A 20 ans — 20 —
A 25 ans — 28 —
A 30 ans — 36 —
A 40 ans — 46 —

Futaie à 120 ans — 212, et environ 50 voitures de branches.

Ainsi celui qui coupe son taillis à dix ans ne livre à la consommation que six cordes de bois par hectare, landis que celui qui ne le coupe qu'à quarante ans, fournit quarante-six cordes

La différence devient bien plus grande si on compare le produit en matière d'un taillis de dix ans avec celui d'une futaie de cent vingt ans. Le taillis aménagé à dix ans ne produira par hectare que soixante-douze cordes de bois pendant cent vingt ans, tandis que la futaie produira deux cent douze cordes et cinquante voitures de branches ou fagots, c'est-à-dire deux tiers de bois de plus. Voilà pour le produit en bois de chauffage ; mais dans le produit de la futaie il y a des bois propres aux constructions et aux arts que l'on ne trouve point dans celui des jeunes taillis.

Toutefois les produits en argent ne suivent point la proportion des produits en nature, à cause de l'intérêt de l'argent ; et il résulte des calculs de Varennes de Fénille qu'un particulier est en perte s'il diffère de couper ses bois après vingt ou vingt-deux ans, même dans les bons terrains.

M. Hartig a calculé qu'un hectare de futaie, essence de hêtres, situé en bon fond, aménagé à cent-vingt ans, et traité suivant la méthode des éclaircies, donnait les produits suivants :

En bois. — Par les coupes en éclaircies et la coupe définitive quatre cent quatre-vingt-dix mètres cubes de *masse réelle* ou *solidité*, faisant, en mesure ordinaire avec les interstices, huit cent quarante-six stères, et cinquante-trois voitures de branches ; ce qui donne sept stères cinq centistères, et à-peu-près une demi-charretée de branches par année.

En argent. — Prix principal des bois. 1,956 fr. 77 c.
Intérêts composés à 3 p. o/o. 1,583 74
Total. . . . 3,540 fr. 51 c.

Le même auteur a calculé le produit d'un hectare de taillis, de même essence, coupé tous les trente ans pendant cent-vingt ans, et il a obtenu les résultats suivans :

En bois. — Deux cent soixante-six mètres cubes ou solidité, représentant en mesure ordinaire avec les vides qui se trouvent dans la corde, quatre cent quatre-vingt-sept stères et cinquante-six charretées de branches ; ce qui donne par année quatre stères six centistères et une demi-charretée de branches.

En ARGENT. — Prix principal.   1,020 fr. 93 c.
    Intérêts composés à 3 p. o/o.   4,404   86
          Total. . . .   5,425 fr. 79 c.

Il résulte de ces calculs que les futaies, surtout celles
i sout traitées d'après la méthode des éclaircies,
nnent des produits en matière presque doubles de
ux qu'on obtient d'un taillis de trente ans, et que
pendant, à raison des intérêts, le produit en argent
t de deux cinquièmes moins forts.

Les différences, sous les deux rapports, sont beau-
up plus considérables, si on compare les produits
une futaie de cent cinquante ans, non éclaircie, avec
ux d'un taillis de quinze ou vingt ans, parce que d'un
té la futaie non éclaircie ne donne point de produit
i nature ni en argent, avant la coupe définitive, et
e, d'un autre côté, plus on éloigne les termes de
mparaison, plus on augmente les causes de la dis-
oportion.

Enfin les différences qu'on remarque, d'après les cal-
ls de M. Hartig, auraient été encore plus considéra-
es s'il eût porté l'intérêt de l'argent à 5 p. o/o.

De ces observations résultent deux vérités incontes-
bles : la première est que les aménagemens à longs
rmes sont infiniment plus avantageux à l'approvi-
onnement en bois de toute espèce, que les aménage-
iens fixés à des âges bornés ; la seconde, c'est que les
articuliers ne pouvant en général différer leurs coupes
u-delà de dix, quinze ou vingt ans, leurs bois sont
ioins utiles à la consommation générale que les bois
e l'État et ceux des Communes dont les coupes sont
eaucoup plus retardées.

Si donc tous les bois soumis au régime forestier ve-
aient à passer entre les mains des particuliers, on
errait les bois de chauffage diminuer et les bois de
onstruction manquer entièrement.

   ART. 11. *Mode d'exploitation par éclaircie.*

J'ai dit plus haut que l'Administration doit rechercher
es forêts et parties de forêts qui peuvent être réservées
iour croître *en futaie,* et en proposer l'aménagement,
n indiquant celles où *le mode d'exploitation par éclaircie*
eut être le plus avantageusement employé. Voici comment s'explique, à l'égard du mode d'exploitation par

éclaircie, *M. Baudrillart :* nos meilleurs écrivains sur
l'économie forestière, les Buffon, les Duhamel, les
Varennes de Fénille, les de Perthuis, n'ont jamais en-
trevu d'autre moyen de repeupler les futaies après leur
exploitation, que de les soumettre à une culture et à
des semis industriels. Mais les lenteurs et les dépenses
de ces cultures ont toujours été cause qu'on les a négligées, et que la dégradation des futaies a été croissante
d'âge en âge : ces difficultés ont été les plus fortes ob-
jections que l'on ait pu faire contre l'aménagement des
bois en futaies. On s'est occupé de trouver le moyen
d'accélérer la croissance des bois ; et le *mode d'exploitation par éclaircie*, proposé par Varennes de Fénille et
de Perthuis, a paru le plus propre à faire atteindre ce
but ; mais il manquait à leur méthode un complément
important, la régénération naturelle, sans frais et en
bonnes essences, de la futaie abattue. Ce complément,
on le trouve dans les ouvrages forestiers de *Burgsdorf* et
de *Hartig*, traduits par *M. Baudrillart*. Nous allons,
dit ce traducteur, indiquer sommairement la méthode
pratiquée depuis long-temps dans les futaies de l'Alle-
magne, et qui présente, outre l'avantage de favoriser
l'accroissement des bois, celui non moins précieux
d'opérer le réensemencement naturel des coupes.

Soit une futaie de hêtre, aménagée à cent ou à cent
vingt ans : si on voulait la traiter d'après la méthode
ordinaire des exploitations, on diviserait géométrique-
ment cette futaie en un certain nombre de coupes ; on
marquerait successivement dans chacune d'elles un
certain nombre de baliveaux, et on abattrait en une
seule fois sur la coupe tout ce qui ne serait point marqué en réserve ; la coupe, ainsi exploitée et vidée en
temps utile, serait mise en *défends* et abandonnée à
elle-même jusqu'à ce que son tour d'aménagement la
ramenât en exploitation ; on parcourrait ainsi chaque
division de la futaie. Telle est la méthode ordinaire ;
elle séduit par sa simplicité et par les moyens faciles
qu'elle présente pour empêcher les abus.

La méthode des éclaircies exige plus de combinaisons : elle expose aussi à des abus ; mais si elle est
bien dirigée et bien surveillée, ces résultats sont tels
que nulle comparaison ne peut être admise entre une
futaie conduite d'après les règles qu'elle prescrit, et
une futaie soumise à la méthode ordinaire.

On divise, comme dans l'autre méthode, la totalité
la futaie en un certain nombre de coupes : par
mple, si le sol est bon, si on se décide à aménager à
t vingt ans ; on forme cent vingt coupes ; sous ce
port, ce seront des coupes bien réglées, mais la
nière de les exploiter successivement est bien diffé-
te de la méthode dite à *tire et aire*.

Une futaie de cent vingt ans, bien conservée, peut
tenir de quatre à cinq cents tiges ou arbres par
tare. L'état serré d'une telle forêt permet à peine
quelques rayons du soleil d'y pénétrer et d'arriver à
surface du sol, qui n'est couvert d'aucun recrû,
ncun rejet, d'aucune broussaille, d'aucun gazon,
is seulement d'un terreau de feuilles.

Dans cet état, si on enlevait d'une seule fois tous les
res, en n'en réservant qu'une cinquantaine par
tare, de quoi pourrait-on attendre le repeuplement
la coupe ? serait-ce des souches des arbres abattus ?
is les souches d'arbres qui ont cent vingt ans, ne
nnent point de rejet dans les futaies de hêtre, et fort
u dans les futaies de chêne.

Pourrait-on espérer de l'obtenir des semences que
teront quarante à cinquante arbres épars sur la su-
rficie d'un hectare ? pas davantage. Le sol se gazonu-
ra, se durcira et perdra cet état meuble qu'il avait
ant la coupe des arbres, et qui le rendait si propre à
cevoir des semences et à développer leurs germes ;
si quelques brins se montrent par-ci, par-là, ils
endront peu d'élévation, privés qu'ils sont de l'ap-
i mutuel qu'ils auraient trouvé dans un peuplement
us serré.

Pour obtenir un bon réensemencement naturel, on
enlève que graduellement, et en plusieurs années, les
bres qui couvrent chacune des cent vingt divisions ou
upes de la futaie.

La première exploitation ou première coupe ne fait
mber qu'environ la moitié des arbres. Ceux qui
stent sur pied doivent se trouver encore assez rap-
rochés, 1° pour que leurs têtes agitées par les vents,
nissent se toucher; 2° pour qu'ils puissent couvrir de
urs semences toute l'aire de la coupe; 3° pour que
ur ombrage protège la faiblesse des jeunes recrus,
it contre les grands froids, soit contre les ardeurs
'un soleil brûlant; 4° pour que les herbes, les plantes

nuisibles et-les bois blancs ne s'emparent pas de l'air
de la coupe, ce qui ne manque pas d'arriver si on la
découvre tout-à-fait.

Cette première coupe est appelée *coupe sombre*, expression qui peint parfaitement l'état de la coupe après
le premier abattis; car toutes les cîmes rapprochées
donnent un ombrage épais et sombre. On la nomme
aussi *coupe d'ensemencement*, parce que le réensemencement est en effet le but de cette première opération.

La *coupe d'ensemencement* ou *coupe sombre* reste dans
cet état jusqu'à ce qu'elle soit couverte de jeunes plants,
et qu'ils aient atteint la hauteur de neuf à dix-huit
pouces; à cet âge, ils sont assez forts pour avoir besoin de plus d'air et de chaleur; il faut alors enlever
une partie des arbres réservés: cette seconde exploitation s'appelle *coupe claire*. Son but est de donner de
l'air aux jeunes recrus, en éclaircissant les arbres res-
tans: on l'appelle aussi *coupe secondaire*.

Nous avons dit que cette coupe secondaire ne devait
enlever qu'une partie des arbres réservés dans la coupe
d'ensemencement; pour cet effet on en conserve un de
vingt à vingt pas environ, soit pour achever le réensemencement des places qui ne seraient pas suffisamment
couvertes de recrus, soit pour ne pas priver entièrement
et tout-à-coup ces jeunes plants de l'ombre nécessaire
à leur première enfance.

Enfin, lorsque les recrus ont atteint la hauteur de
deux, trois et quatre pieds, et pris assez de force pour
qu'il n'y ait plus de danger à les exposer entièrement aux
plus grands froids et à toute l'ardeur du soleil, on procède à une troisième exploitation, dont le but est d'enlever, soit la totalité, soit la très-grande partie des arbres réservés dans la coupe d'ensemencement ou dans
la coupe secondaire. Ce sont les circonstances locales
qui doivent décider s'il convient d'abattre la totalité,
ou bien de conserver par hectare dix à douze de ces arbres anciens, qui resteront alors jusqu'à la révolution
suivante, déterminée, suivant les localités, à quatre-
vingt-dix, cent ou cent vingt ans. Cette troisième exploitation, si elle est la dernière, s'appelle *coupe finale*
ou *coupe définitive*.

Nous disons *si elle est la dernière*. En effet, il est à observer que dans la pratique, le réensemencement est
quelquefois si incomplet après la coupe d'ensemence-

nt, et même après la coupe secondaire, qu'on n
céder à la coupe finale qu'après avoir fait une se
pe claire. Ainsi, la coupe finale n'est que la tro
la quatrième des opérations forestières qui ont
sivement porté sur la première division ou prem
pe de la futaie ; ainsi, entre la coupe d'ensemen
it et la coupe finale, il a fallu quelquefois laisser (
un espace de six à huit ans, suivant que les an
été plus ou moins riches en faînes.

nfin, après cette coupe finale, nous voilà parvenus
ouvrir notre terrain de jeunes brins de semence, et
tinés à former à leur tour une futaie de hêtres.

orsque le réensemencement a été bien conduit, ce
ne recru est quelquefois si épais qu'il forme un mas-
im.pénétrable. Cet état serré des jeunes plants est une
idition sans laquelle on ne peut espérer qu'ils don-
ont un jour une futaie d'arbres sains, droits et
ncés.

Dans cette première enfance et jusqu'à l'âge de quinze
vingt ans, ils n'ont besoin que d'être défendus contre
troduction des bestiaux.

Mais ces jeunes semis, arrivés à cet âge, commencent
xiger d'autres soins. En effet, il est possible qu'à cette
oque, les bois blancs, tels que le tremble, le bouleau
le marceau, dont la croissance est plus rapide que
le des bois durs, se soient déjà emparés de plusieurs
ces, et menacent d'étouffer les jeunes brins de hê-
; dès-lors il va devenir avantageux de faire de temps
temps l'extraction de ces bois blancs.

On doit prévoir encore que, dans un état serré, les
nes plants de hêtre n'auront pas une croissance égale :
plus faibles languiront et finiront par être étouffés
les plus forts ; c'est lorsqu'ils arrivent à l'âge de trente
quarante ans que le forestier attentif doit fixer ses re-
ds sur cette lutte des brins les plus faibles contre les
is vigoureux, pour décider la victoire en faveur de
derniers. Il leur procurera plus d'air et plus de nour-
ure, et procédant à une première *éclaircie*, qui net-
era la forêt de tous les bois blancs et en même temps
tous les brins de hêtre qui seraient languissans ou
moitié morts ; mais, dans le cours de cette opération,
ne perdra pas de vue le *principe fondamental* de la
nduite d'une jeune futaie : *elle doit rester dans un état*
ré, de telle sorte que les cimes soient assez rappro-

pour se toucher, se prêter un appui mutuel, c
ou *clorre*, si l'on peut s'exprimer ainsi, le hau
forêt. Dans cet état, que les Allemands appellen
clos ou *fermé* de la forêt, les jeunes arbres élancé
minces ne vivent, pour ainsi dire, que par leurs tête
eurs racines ; tout leur accroissement est presque e
teur ; leur rapprochement fait leur force ; les isoler
serait les perdre ; mais tenir la futaie qu'on élève
ainsi *close* et *dans cet état serré*, c'est un des premier
principes du forestier.

À l'âge de cinquante ans, dans un bon sol, et à l'âg
de soixante et soixante-dix ans dans un terrain médio
cre, la forêt destinée à croître en futaie, doit être net
toyée de nouveau de tous les bois blancs, et en mêm
temps de tous les autres bois languissans, qui ne peu
vent pas achever le reste de la révolution, et qui dispu
teraient en pure perte une partie de la nourriture au
brins les plus vigoureux. Cette opération, que nou
nommons *deuxième éclaircie*, sera toujours subordonné
à ce principe général *que la forêt doit rester close* ou *dan
un état serré*. À cet effet, on laissera, à trois pas de distance, un des brins les plus forts et les mieux venans.

Si le sol est bon et que l'aménagement doive être
poussé jusqu'à cent et cent vingt ans, une troisième
éclaircie, à l'âge de quatre-vingts ou quatre-vingt-dix
ans, nettoiera encore la forêt de tous brins languissans
et de tous les bois *non portant fruit*, c'est-à-dire, dans
le sens des auteurs forestiers allemands, de tous les
bois autres que le chêne ou le hêtre, qui, suivant leur
système d'aménagement, sont les seuls bois à feuilles
qui soient admis à croître en futaie.

Après cette dernière opération, on doit compter encore de quatre à cinq cents tiges par hectare.

Enfin à l'âge de cent ou cent vingt ans, on entamera
de nouveau la forêt par la coupe d'ensemencement.

Tels sont les principes que les forestiers allemands
appliquent avec les modifications convenables à l'exploitation de toutes les futaies et à leur réensemencement naturel. Ces modifications et le développement
du système sont rapportés avec beaucoup de détails
dans le *Dict. des forêts*, aux articles *Aménagemens* et *Exploitation*.

Ce système d'exploitation, fait observer *M. Baudrillart*, est, sans contredit, le plus avantageux sous le

le rapport de l'accroissement des arbres et de
nération de la forêt; mais pour qu'il produise se
s effets, il faut qu'il soit appliqué avec discernement,
i avec soin, et exécuté, dans toutes les opération
en dépendent, avec intelligence et la plus scrupu
e surveillance.

ous n'avons parlé, dit en terminant M. *Baudrillar*
i l'exemple que nous avons pris, que de la condu
ie futaie de hêtre; mais les principes sont les mê
pour la conduite des futaies de chêne, avec la seule
rence que, dans ce dernier cas, l'aménagement est
é à cent cinquante ou cent soixante ans.

i se terminent les observations forestières de
Baudrillart sur le *mode d'exploitation par éclaircie*, que
icle 68 de l'ordonnance réglementaire prescrit à
lministration d'employer dans toutes les forêts ou
ties de forêts qui peuvent être réservées pour croî-
en futaie, et dans lesquelles ce mode peut être le
s avantageusement établi. J'ai cru rendre service
Agens forestiers, dont plusieurs sont encore peu
iliarisés avec le mode d'exploitation par éclaircie,
mpruntant au *traducteur* de *Burgsdorf* et de *Hartig*,
ésultat des principes déduits des expériences de ces
ans forestiers allemands, et seconder ainsi les vues
es intentions de l'Administration des forêts à laquelle
uis employé, comme l'était M. *Baudrillart*.
lais pour mieux fixer l'attention des Agens forestiers
un point aussi important de la science forestière,
jugé nécessaire de faire connaître le mode employé
le *Directeur* de l'Ecole royale forestière, (alors
Lorentz, aujourd'hui l'un des sous-Directeurs de
dministration des forêts) pour l'application des prin-
es théoriques ci-dessus exposés, à la conversion *en fu-*
es d'une partie d'une forêt de l'Etat, exploitée précé-
mment *en taillis*, et à l'aménagement de laquelle
élèves ont procédé.

T. III. *Mode d'application des principes théoriques à*
l'aménagement d'une forêt de l'Etat dont la majeure
partie a été convertie en futaie.

Plusieurs forêts situées dans le département de la
eurthe, avaient été désignées, par une Ordonnance
1 Roi, du 16 mars 1826, pour être aménagées par les
lèves de l'École royale forestière de Nancy. Cette or-

⋯onnance n'avait pas déterminé le mode d'exploitati⋯ de ces forêts ni la révolution des coupes ; elle a⋯ laissé aux soins et à l'expérience du Directeur de l⋯ cole à examiner et discuter sur les lieux et en présen⋯ ⋯e ses élèves l'aménagement le plus convenable à a⋯ liquer à chacune de ces forêts , sauf à y statuer p⋯ ⋯es ordonnances particulières.

Cet examen ayant été fait pour la forêt roya⋯ d'Amance , contenant 622 hectares 1 are 62 centiare⋯ et la délimitation de cette forêt ayant été exécutée co⋯ formément aux réglemens, le Directeur de l'Éco⋯ proposa de la partager en deux sections d'exploitatio⋯ dont l'une, composée de 392 hectares 73 ares 86 cen⋯ tiares, serait destinée à être traitée *en futaie*, à la rév⋯ lution de 140 ans , et l'autre , contenant 229 hectar⋯ 27 ares 76 centiares, serait exploitée *en taillis* à l'â⋯ de trente ans, et divisée en deux séries de trente coup⋯ chacune. Voici les motifs de ces propositions.

1re *Section*. — Futaie. — Les parties destinées à êt⋯ traitées en futaie ont le chêne pour essence dominant⋯ elles s'exploitent, d'après l'aménagement actuel, à l'â⋯ de 40 ans, de sorte que les coupes les plus âgées n'o⋯ pas au-delà de cet âge. Les réserves sont belles , ⋯ sur quelques points elles sont même trop multipliée⋯ par rapport au taillis ; mais cette circonstance, qui de⋯ viendrait nuisible si le bois restait en taillis, se trouv⋯ aujourd'hui un heureux moyen de le convertir en futaie⋯

L'âge de 160 ans serait le plus convenable pou⋯ l'exploitation en futaie lorsque le peuplement sera ré⋯ généré par la semence ; mais en prenant les choses dan⋯ leur état actuel, on croit devoir proposer l'aménage⋯ ment à 140 ans, parce que la presque totalité des ar⋯ bres qui doivent former la futaie se compose d'arbres⋯ crus sur souches , qui n'ont pas la même durée que le⋯ arbres provenant de semences.

En adoptant donc la révolution de 140 ans, et en⋯ ayant égard à l'âge actuel des parties à convertir e⋯ futaie, il est nécessaire de procéder d'abord et pendan⋯ 40 ans, à des coupes qui auront pour objet d'amene⋯ le taillis à l'état de futaie. Ces coupes, qu'on peut ap⋯ peler *préparatoires* ou *de nettoiement*, enlèveront le⋯ bois blancs et les bois durs surabondans, qui pourro⋯ nuire au développement des bois du taillis qui doiven⋯

:ver en futaie. Deux exploitations ou coupes de
e nature auront lieu, dans la période de 40 ans,
toute l'étendue du terrain. Ainsi, chaque coupe
uelle préparatoire comprendra le vingtième de cette
idue et se renouvellera 20 ans plus tard sur le
ne terrain. Cette proposition est motivée sur ce que
onversion d'un taillis en futaie doit être disposée
nanière que les produits annuels n'éprouvent, au-
·que possible, point de diminution jusqu'à l'époque
commencera l'exploitation de la futaie. Une coupe
paratoire, qui n'est qu'un nettoiement de bois blancs
ne extraction de quelques bois durs, ne peut, à
tenance égale, fournir autant de bois que la coupe
naire du taillis. Pour établir l'équilibre des produits,
iut donc que les coupes préparatoires aient plus
contenance que celles ordinaires du taillis. Au
particulier, l'aménagement de la forêt royale d'A-
ice est de 40 ans; il est évident que si les coupes
paratoires étaient soumises à une même révolution,
produits annuels, pendant 40 ans, éprouveraient
: assez grande diminution. et que les besoins de
consommation, ainsi que les intérêts du Trésor,
irraient être compromis.

a division, en deux exploitations de 20 ans chacune,
d'autant plus nécessaire, qu'une bonne partie des
s à exploiter dans les coupes préparatoires, étant des
s blancs, on ne peut que perdre en les laissant 40
i sur pied. Plusieurs de ces bois seraient sur le retour
int d'être atteints par la série des coupes, et pendant
intervalle ils gêneraient la croissance du taillis.

D'un autre côté, l'exploitation de la futaie devant com-
ncer, dès que les perches réservées du taillis auront
eint 80 ans, il faut que les perches aient acquis les
is fortes dimensions possibles. Le seul moyen de par-
iir à ce but, est de doubler le nombre des éclaircies,
coupes préparatoires. La première de ces éclaircies
is la forêt d'Amance, devant se faire dans un taillis
40 ans, la quantité de perches qu'on y réservera, pour
blir l'état serré, seraient évidemment trop rappro-
ées, après un intervalle de 20 ans, et leur accroissement
ralentirait si elles devaient rester dans cet état pendant
e seconde période de 20 ans. Il y a donc encore, sous ce
)port, nécessité de faire deux coupes préparatoires.
Après ces éclaircies, qui auront duré 40 ans, commen-

7

cera l'exploitation de la jeune futaie. Cette exploitati
parcourra, à son tour, une période de 100 ans. Les pr
mières coupes de cette période auront 80 ans, puisq
les taillis actuels les plus âgés, ont 40 ans, et qu'ils '
seront exploités en futaie qu'après la période des écla
cies, qui auront duré aussi 40 ans. Les arbres réserv
comme modernes et anciens dans les taillis, et qui o
aujourd'hui 40 et 60 ans, auront alors 120 et 160 an
La futaie sera assez âgée pour se repeupler par ens
mencement naturel au moyen des coupes sombres. On p
cédera, après les coupes sombres, aux coupes claires et a
coupes définitives. Il est entendu que pendant la période
100 ans, que doit durer l'exploitation en futaie, on fera da
cette futaie les éclaircies qui seront jugées nécessaire

2e *Section*. Taillis. — Quant aux 229 hect. 27 ar
76 cent. qui doivent être exploités en taillis, ils sero
divisés en deux séries, composées chacune de tren
coupes annuelles. Ce n'est ni le sol ni la végétation q
déterminent cette proposition d'aménagement : l'un
l'autre ne laissent rien à désirer. Mais la population d
taillis ne se compose que de charmes pour essence do
minante, et d'un mélange de diverses espèces de bo
blancs, parmi lesquels on ne trouve que très-peu d
chêne et de hêtre.

Ces propositions ont été adoptées par deux ordonnan
ces royales, l'une du 29 novembre 1828, et l'autre d
15 mars 1829, qui a rectifié une erreur qui s'était glis
sée dans la première. Voici les dispositions définitive
de ces deux ordonnances.

Art. 1er. Le travail exécuté par les Élèves de l'École
royale forestière pour l'aménagement des forêts de Fays
d'Amance et de Cornée-Mazerolle est approuvé, et les
propositions faites par le Directeur de l'école pour l'ex
ploitation de ces forêts sont également approuvées.

En conséquence, les forêts de Fays-d'Amance et d
Cornée-Mazerolle seront divisées en deux sections d'ex
ploitation, dont une pour la *futaie* et l'autre pour le *tailli*
savoir :

1ere *Section*. Futaie. La section de futaie comprendr
en une seule série les 392 hect. 73 ares 86 cent., situé
dans la partie nord de la masse du bois. Son exploita
tion sera fixée pour l'avenir à l'âge de 140 ans, et le sys
tème des éclaircies périodiques lui sera appliqué.

Mais attendu l'âge actuel des parties qui doivent com-

· la futaie, et la nécessité de les préparer dès au-
l'hui à cette destination, il sera sursis pendant 40
à partir de la mise à exécution de l'aménagement
sur le terrain, à toute exploitation des bois durs,
· et susceptibles d'être conservés.

ndant la période de 40 ans, il sera procédé deux
de 20 ans en 20 ans, sur toute l'étendue des par-
éservées pour croître en futaie, à l'expurgade des
blancs et à l'extraction des bois durs morts,
, nuisibles ou surabondans qui s'y trouveront, de
ère que chaque exploitation annuelle sera, durant
ans, du vingtième de l'étendue totale de ces parties.
s expurgades ou extractions seront déterminées
ie année, par des décisions de notre Ministre
taire d'état des finances, sur la proposition de l'Ad-
tration des forêts.
'expiration de ces 40 années, l'exploitation de la
pleine commencera et parcourra une période de 100
elle sera faite par coupe sombre ou d'ensemence-
, coupes claires et coupes définitives. Les époques
contenances des coupes seront déterminées par des
nances, sur les propositions de l'Administration des

ndant cette période de 100 ans, il sera fait de nou-
éclaircies sur toutes les parties qui en seront sus-
les,

Section. TAILLIS. — La section des taillis sera di-
en deux séries de 30 coupes chacune, exploitables
un pareil nombre d'années; la série dite de Fays-
ance, contiendra 104 hect. 12 ares 71 cent; la
dite de Cornée-Mazerolle comprendra 125 hect.
es 5 cent.

Dispositions législatives concernant les aménagemens.

près les dispositions du Code forestier, tous les
t forêts qui font partie des domaines de l'État et
lui de la Couronne, ceux d'apanage, des com-
s et établissemens publics et ceux indivis, sont
ttis à un *aménagement*, réglé par des ordonnan-
yales. (*C. f.*, *art.* 15, 88, 89, 90, *et* 113.)
doit être procédé à l'aménagement des forêts dont
upes ne sont pas fixées régulièrement ou confor-
nt à la nature du sol et des essences (*Ord. régl.*,
7.)

Les aménagemens des bois de l'Etat et de la C
ronne doivent être réglés principalement dans l'int
des produits en matière et de l'éducation des futa
En conséquence, l'Administration fait rechercher
forêts et parties de forêt qui peuvent être réser
pour croître en futaie, et elle en propose l'aména
ment, en indiquant celles où le mode d'exploita
par éclaircie pourrait être le plus avantageusement
ployé. (*Ib.*, *art.* 68.)

Dans toutes les forêts soumises au régime fores
qui seront aménagées à l'avenir, l'âge de la coupe
taillis sera fixé à vingt-cinq ans au moins, et il
aura d'exception à cette règle que pour les forêts (
les essences dominantes sont le *châtaigner* et les
blancs, ou qui sont situées sur des terrains de la dern
qualité. (*Ib.*, *art.* 69.)

Pour les forêts d'arbres résineux où les coupe
font en *jardinant*, l'ordonnance d'aménagement dé
minera l'âge ou la grosseur que les arbres devront
teindre avant que la coupe puisse en être ordon
(*Ib.*, *art.* 72.)

Au mois de janvier de chaque année, le Ministre
Finances présentera au Roi l'état des aménagemens
fectués durant l'année révolue (*Ib.*, *art.* 67.)

Pour mettre le Ministre à même de présenter
résultats, le Directeur des forêts a recommandé.
Conservateur de donner la plus grande activité
opérations d'aménagement des bois Royaux et Com
naux, et de lui en rendre compte tous les six m
c'est-à-dire au 1er janvier et au 1er juillet, mais
des états séparés. (*Inst. du 8 janvier* 1828, *n.* 163.

§ IV. *Dispositions administratives concernant les amé
gemens.*

L'aménagement des forêts, partie la plus importa
de l'économie forestière, comme je l'ai déjà dit
haut, et dont l'utilité est si généralement reconn
toujours été le but que s'est proposé l'Administra
forestière.

Elle s'est occupée à diverses époques, des moy
d'accélérer le plus utilement possible et de perfecti
ner le travail des aménagemens. Ce fut l'objet de
instructions des 14 floréal an XII (5 mai 1804) n° 2
25 janvier 1809, 24 octobre 1811, n° 457, 20 sept

813, n° 503 ; 7 juillet 1824 et 8 janvier 1828, n° 163.

nsi l'administration n'a cessé d'appeler l'attention
Agens forestiers supérieurs sur cet objet, en tra-
les règles à suivre pour obtenir les meilleurs résul-
Elle leur a indiqué les principes qui devaient les
er dans les opérations de ce genre ; les renseigne-
s qu'ils avaient à prendre et à transmettre à l'ap-
de leurs propositions, et la surveillance qu'ils
nt à exercer sur toutes les parties d'exécution.

le leur a rappelé, par son instruction du 7 juillet
, que la tâche qu'ils ont à remplir à l'égard des
nagemens, est celle qui exige le plus de connais-
ès et de soins ; que, pour déterminer les bases de
opérations de la manière la plus utile, ils ne peu-
réunir trop de lumière sur les divers intérêts qui
rattachent, ni porter leur prévoyance trop loin,
que les fautes qui se commettent en ce genre sont
ent irréparables, et qu'ils manqueraient ainsi à
des plus essentielles obligations qui leur sont im-
es, s'ils négligaient la haute attribution qui leur
révolue dans cette partie la plus importante de l'Ad-
istration.

es géomètres chargés d'exécuter les projets d'a-
nagement doivent, de leur côté, posséder des con-
sances étendues dans leur art et des notions su ffi-
es d'Administration forestière.

'inhabileté ou la négligence dans l'exécution de la
ie qui leur est confiée, peut occasionner de grands
ordres, et paralyser l'effet des combinaisons d'après
quelles on aurait fixé les premières bases des opé-
ons.

)éjà, dit l'instruction du 8 janvier 1828, des opéra-
s notables ont signalé le zèle et l'intelligence de
sieurs Agens forestiers. Mais il reste encore beau-
p à faire pour obtenir des résultats qui soient réel-
ent en rapport avec la haute destination des forêts
naniales. Quelques-unes de ces forêts n'ont jamais
soumises à un aménagement régulier ; un plus grand
nbre ne présente plus que des traces informes de
r ancien aménagement, et baucoup d'autres ne sont
int aménagées conformément à la nature du sol et des
ences et aux besoins actuels de la consommation.

Il est temps de faire disparaître ces vices, dont
ristence plus prolongés amènerait la ruine de pro-

priétés précieuses, et compromettrait les approvisionnemens en bois d'élite, que les forêts de l'Etat son
principalement appelés à produire.

Comme la loi elle-même a tracé les devoirs de l'Administration, en ce qui concerne les aménagemens, e
que les principes qui doivent la diriger, se trouven
fixés par l'Ordonnance royale d'exécution, c'est su
ces bases que doivent désormais reposer toutes le:
opérations qui auront pour objet le réglement des coupes

Art. Ier. *Bois de l'État.*

Le Code forestier porte, art. 15, que : «tous les boi:
et forêts du Domaine de l'État, sont assujétis à un aménagement réglé par des Ordonnances royales. » Ainsi,
tout aménagement nouveau, tout changement à un
ancien aménagement doit être approuvé par le Roi.

L'ordonnance réglémentaire du 1er août 1827, enjoint
de procéder à l'aménagement des forêts dont les coupe:
ne sont pas fixées régulièrement, ou conformément à
la nature du sol et des essences ; et, pour que cette
mesure ne puisse être négligée, elle veut que chaque
année, au mois de janvier, le Ministre des finances
présente à Sa Majesté l'état des aménagemens effectués
durant l'année révolue. (*Art.* 67.)

Lorsque les bois étaient abondans, et que la plus
grande partie des forêts se trouvaient entre les mains
du Domaine, on était assuré de pouvoir fournir à l'industrie les bois d'œuvre dont elle pouvait avoir besoin,
et des bois de chauffage en quantité suffisante. On pouvait même satisfaire à ces besoins, sans prolonger très-
long-temps le terme des exploitations, et concilier
ainsi les produits en argent et les produits en matière
qui, comme on le sait, sont très-souvent en opposition.

On a, par suite de cet état de choses, introduit l'a-
ménagement en taillis dans beaucoup de forêts, qui
pouvaient, à raison de leurs essences et de la nature:
des terrains, produire de la futaie.

La situation forestière de la France est aujourd'hui
toute différente : beaucoup de forêts ont été détruites ;
l'État n'en possède plus la même étendue, et les particuliers réduisent généralement leurs bois à l'état de
taillis, en y établissant des coupes très-rapprochées.

Toutes ces causes amènent la rareté des bois de construction, et diminuent la masse des produits en matière.

C'est pour en atténuer autant que possible, ces fustes effets, que l'ordonnance prescrit de régler les ménagemens des forêts de l'État, *dans l'intérêt des proits en matière et de l'éducation des futaies*, et qu'elle donne à l'Administration de s'occuper de la recherche s forêts et parties de forêts qui peuvent être réseres pour croître *en futaie*, et d'en proposer l'aménament, en indiquant celles où *le mode d'exploitation par* laircie peut être le plus avantageusement employé. *Art.* 68.)

C'est encore dans la même vue que cette ordonnance ut que, dans toutes les forêts qui seront aménagées l'avenir, l'âge de la coupe des taillis soit fixé à 25 *ans* i moins, et qu'il n'y ait d'exception à cette règle que our les forêts dont les essences dominantes seront le *lâtaignier et les bois blancs* ou qui seront situés sur *s terrains de la dernière qualité.* (*Art.* 69)

Dans les pays riches en massifs de futaie, on n'a point s'occuper d'élever des arbres dans les taillis, et l'on onserve assez généralement aux deux genres d'améagement, le caractère propre à chacun d'eux. Mais ans les pays qui, comme la France, ne possèdent que uelques forêts restées en nature de futaie, il y a nécessité de suppléer par des réserves dans les taillis au léfaut des futaies pleines.

L'intention du Code et de l'Ordonnance réglémenaire est, comme on le voit, de multiplier l'éducation les futaies, et d'augmenter en général la production en matière; ce qui ne peut s'opérer que par des améagemens dont les termes seront prolongés autant que a nature des terrains et la qualité des essences peuvent e permettre C'est à raison de l'impossibilité où le législateur s'est trouvé de tracer des règles fixes à cet égard, qu'il s'est abstenu de rien prescrire de positif, et qu'il a laissé à l'Administration le choix des moyens propres à atteindre le but qu'il s'est contenté d'indiquer.

Il existe peu de forêts dont le sol soit partout assez riche et le peuplement assez précieux pour qu'on puisse appliquer à toute leur étendue l'aménagement en futaie; mais il en est peu aussi, parmi celles qui ont quelqu'étendue, où l'on ne puisse réserver quelques bouquets de futaie.

Les Agens forestiers doivent donc s'assurer des parties qu'on pourrait consacrer à cette destination ; mais en ne considérant comme propres à l'éducation de la futaie que les endroits peuplés de chêne ou de hêtre, et où l'exploitation peut être reculée jusqu'à cent vingt ans au moins; car une révolution plus rapprochée ne peut pas produire des arbres de fortes dimensions; et, dans ce cas, l'aménagement en taillis est préférable.

Il n'est pas nécessaire, au surplus, que les parties à mettre en réserve soient toujours d'une seule conte-tenance, ni d'une étendue considérable: on peut, à défaut d'un seul canton d'une contenance suffisante, réserver plusieurs massifs, en évitant toutefois d'apporter trop de dérangement dans l'ordre des coupes ordinaires.

La dernière disposition du titre des aménagemens, dans l'Ordonnance réglémentaire, concerne les forêts *d'arbres résineux*. L'article 72 de cette ordonnance veut que, pour celles de ces forêts dont les coupes se font *en jardinant*, l'ordonnance d'aménagement détermine *l'âge ou la grosseur* que les arbres devront avoir avant que la coupe puisse en être autorisée.

Cette disposition a encore pour objet d'empêcher des coupes forcées et qui détruiraient les ressources de l'avenir.

Mais l'ordonnance n'entend pas que le mode d'ex-ploitation dit *en jardinant* soit exclusivement appliqué aux forêts *d'arbres résineux*. Ces forêts sont, comme les futaies de chêne et de hêtre, susceptibles d'être traitées suivant la méthode des éclaircies : méthode tout opposée à celle des exploitations *en jardinant*, puisque, dans l'une, on coupe les plus beaux arbres, en ne conservant que les plus faibles, tandis que, par l'autre, on débarasse la forêt de tous les brins sura-bondans, en choisissant de préférence ceux qui sont mal venans, mal conformés, et qui, en un mot, ne promettent pas une belle végétation dans le cours de la révolution, ni par conséquent de beaux arbres au moment des exploitations définitives. (*Inst. du 8 jan-vier* 1828, *n.* 163.)

Art. II. *Bois communaux et des établissemens publics.*

L'article 90 du Code forestier veut que pour tout changement qui pourrait être proposé relativement, soit à l'aménagement, soit au mode d'exploitation des bois des Communes et des Établissemens publics, les Conseils municipaux ou les Administrateurs des éta-blissemens soient appelés à donner leur avis.

Le même article rend applicable à ces bois les dispositions de la loi concernant les aménagemens, et il statue que lorsqu'il s'agira de convertir en bois des terrains qui seraient en nature de pâturage, et de les soumettre à un aménagement, la proposition de l'Administration forestière soit communiquée au Maire ou aux Administrateurs des établissemens publics; que le Conseil municipal ou ces Administrateurs seraient appelés à en délibérer, et qu'en cas de contestation, il soit statué par le Conseil de préfecture, sauf le pourvoi au Conseil-d'État.

L'article 93 maintient la disposition qui était prescrite aux Communes et Établissemens publics, par l'ordonnance de 1669, de mettre en réserve le quart de leurs bois; et il ne fait d'exception que pour les bois réunis ou divisés, qui ne formeraient pas une contenance de dix hectares, et pour les bois peuplés totalement en *arbres résineux.*

L'article 134 de l'Ordonnance réglementaire veut que ce qui est prescrit par la deuxième section de cette Ordonnance, relativement aux aménagemens, soit appliqué aux bois des Communes et des Établissemens publics, à l'exception de l'article 68 qui, pour les bois de l'État, ordonne que les aménagemens seront réglés dans *l'intérêt des produits en matière et de l'éducation des futaies.*

Cette exception a eu pour objet d'empêcher qu'on ne forçât les Communes à aménager leurs bois uniquement dans *l'intérêt de la production en matière;* mais on ne doit pas moins chercher à établir dans ces bois des aménagemens qui favorisent cette production, toutes les fois que les produits pécuniaires pourront se concilier avec ce genre d'amélioration.

L'article 135, qui règle l'exécution de l'art. 90 du Code, porte que les ordonnances d'aménagement ne seront rendues qu'après que les Conseils municipaux et les Administrateurs des établissemens auront été consultés sur les propositions d'aménagement, et que les Préfets auront donné leur avis.

Les propositions d'aménagement sont faites, soit par les communes elles-mêmes, soit par les Agens forestiers.

Dans le premier cas, la délibération du Conseil municipal est adressée au Préfet, qui la transmet à l'Inspecteur forestier; celui-ci, accompagné des autres

Agens forestiers, doit, aussitôt que possible, procéder à la visite et reconnaissance des bois, prendre tous les renseignemens nécessaires et faire les propositions dont il a déjà été parlé à l'égard des bois royaux, et transmettre son procès-verbal avec toutes les pièces au Conservateur, qui les adresse avec ses observations et son avis au Préfet du département. Ce magistrat donne son avis et fait l'envoi du tout au Ministre des finances.

Lorsque la proposition d'un aménagement est faite par l'Agent forestier chef de service, elle doit être appuyée du procès-verbal de visite dont je viens de parler, et être adressée au Conservateur, qui la transmet avec ses observations au Préfet. Ce magistrat fait délibérer la commune, et si la délibération n'est pas conforme à l'avis des Agens forestiers, il invite ceux-ci à fournir de nouvelles observations ; et lorsque l'affaire lui paraît suffisamment instruite, il l'adresse au Ministre, avec son avis.

Telle est la marche qui a été suivie jusqu'à ce jour, et qui paraît devoir être maintenue. Je passe actuellement aux opérations qui doivent précéder l'aménagement d'une forêt, et que je nomme, par cette raison : *Opérations préliminaires.*

§ V. *Opérations préliminaires aux aménagemens.*

ART. 1er. *Formation des commissions d'aménagement.*

Les opérations préliminaires, d'après lesquelles tout aménagement doit être arrêté en principe, n'exigent ni dépense, ni intervention d'Arpenteur.

On a souvent parlé de la nécessité de créer des commissions d'aménagement, et cette idée a été même réalisée dans un temps où il s'agissait de soumettre à des exploitations régulières des forêts qui, depuis, ont cessé de faire partie du territoire français (1) Les bons résultats qu'on a obtenus prouvent l'utilité de ces commissions. Mais il n'est pas nécessaire qu'elles soient composées d'Agens spéciaux : on peut, dans chaque conservation, et souvent dans les inspections, trouver

---

(1) Il s'agit des forêts situées dans les quatre départemens désignés sous la dénomination générale de la *rive gauche du Rhin*, et auxquels on avait donné les noms de *Mont-Tonnerre*, de *Rhin et Moselle*, de la *Roër* et de la *Sarre*.

des Agens capables de former une commission qui serait composéé du Conservateur, d'un Inspecteur, d'un
Sous-Inspecteur ou d'un Garde-général et d'un Arpenteur. Tout le travail préparatoire serait fait par
cette commission, qui adresserait ses délibérations à
l'Administration des forêts. Ce serait elle qui ferait la
visite de la forêt à aménager, et toutes les vérifications
et propositions indiquées par l'instruction du 7 juillet
1824. Ses fonctions cesseraient du moment que la proposition d'aménagement aurait été adoptée par une
Ordonnance du Roi, et que la soumission de l'Arpenteur aurait été acceptée.

Ainsi, les Conservateurs peuvent, lorsque l'occasion
s'en présente, proposer au Directeur des forêts, les
Agens qu'ils croient les plus capables pour ces opérations préliminaires.

L'expérience a démontré que, pour obtenir, tant
des Agens forestiers que des Arpenteurs, des travaux
exacts et réguliers, il était nécessaire de réunir dans un
seul et même cadre les principes et les règles qu'ils ont
à suivre : tel est l'objet de l'instruction du 7 juillet 1824
et des modèles de plans et d'actes qui s'y trouvent annexés, et dont je vais faire connaître les dispositions.

Pour accélérer le plus possible l'aménagement des bois
communaux dont les coupes ne sont pas fixées régulièrement ou conformément à la nature du sol et des essences, les Agens forestiers doivent veiller à la prompte
exécution des aménagemens qui ont été autorisés dans
ces bois, et profiter des demandes en coupes extraordinaires pour faire les propositions d'aménagement qui
leur paraîtront convenables, et engager MM. les Préfets
à appuyer leur avis à cet égard, après toutefois que les
Conseils municipaux auront délibéré sur ces propositions, conformément à l'art. 135 de l'Ordonnance réglementaire. (*Ord. du* 13 *novembre* 1830, *n.* 254.)

Art. II. *Reconnaissance de la forêt à aménager.*

Une forêt ou partie de bois ayant été désignée pour
être aménagée, le Conservateur ou tout autre Agent
supérieur en fait la visite exacte, accompagné des Agens
forestiers et des Arpenteurs locaux, pour obtenir d'eux
les renseignemens nécessaires.

Il reconnaît la position de la forêt sous tous les
rapports géographiques.

Il reconnait également son étendue approximative, les principales essences qui y dominent, les places vides qu'elle renferme, et l'origine des différens bois dont elle se compose. (*Art.* 1er *de l'Inst. du 7 juillet* 1824.)

Il visite les parties de limites contestées, prend des notes sur les droits des riverains qui élèvent des contestations, et recueille assez de renseignemens pour se former une opinion sur les résultats probables des actions qui pourraient être portées devant les Tribunaux.

Il s'assure pareillement de la contenance et de la valeur des terrains usurpés, et de l'époque à laquelle les anticipations ont été faites. (*Ib.*, *art*, 2.)

Il reconnaît l'état, le nombre et la direction des anciennes routes et des chemins d'exploitation qui traversent la forêt à aménager, et voit ceux qu'il convient de conserver ou de supprimer.

S'il estime qu'il y a nécessité d'ouvrir de nouvelles routes, soit pour donner de l'air aux bois, soit pour en faciliter la vidange; il désigne les lieux les plus propres à leur établissement, en faisant attention qu'elles doivent toujours être dirigées vers les objets d'utilité publique, lorsque les inégalités du terrain ou quelque autre cause ne s'y opposent pas. (*Ib.*, *art.* 3.)

Il vérifie l'état des fossés déjà faits, tant ceux de pourtour que les fossés pratiqués dans l'intérieur pour l'écoulement des eaux.

Il prend des notes sur ceux à faire, sur ceux à relever, sur la situation et le nombre des bornes qui existent, sur les limites et sur les endroits où il conviendrait d'en planter.

Il examine si, par la proximité de quelques carrières, ou à cause des difficultés que présenterait le creusement des fossés de limites, il ne serait pas plus économique de les remplacer par des bornes, soit dans une partie, soit dans la totalité de la forêt à aménager.

Il s'informe du prix du mètre *courant* des différens fossés à exécuter, en ayant égard à la nature du terrain et des frais que peut occasionner la plantation des bornes.

Enfin, il recueille d'amples renseignemens sur tous les travaux que nécessitera l'aménagement projeté. (*Ib.*, *art.* 4.)

Il s'occupe aussi des améliorations à faire, mais seulement pour en connaître la dépense approximative, parce que cet objet ne peut être traité, dans tous ses

détails, qu'à la vue des plans et par des rapports spéciaux. (*Ib.*, *art.* 5.)

Art. III. *Classification des bois.*

La classification consiste à distinguer le genre d'exploitation qui convient à telle ou telle partie de bois,
et à déterminer, à raison des divers degrés de fertilité
du sol, des espèces dominantes et de l'accroissement
dont elles sont susceptibles, en combien de classes d'âge
ou *triages* (1) chacune de ces parties doit être divisées.
(*Inst. du* 7 *juillet* 1824, *art.* 6)

En proposant, soit à l'égard des forêts aménagées,
soit pour celles qui doivent être soumises à un nouvel
aménagement, de réserver des parties destinées *à croître
en futaie*, les Agens s'expliquent sur l'opportunité d'appliquer à ces parties la *méthode des coupes par éclaircie*;
et ils indiquent approximativement les époques où les
éclaircies doivent avoir lieu, l'âge auquel doit se faire
la coupe sombre ou d'ensemencement, et les intervalles
à laisser entre cette coupe, la coupe claire et la coupe
définitive. Ces indications s'appliquent à chaque division
ou coupe du massif à réserver en futaie. (*Inst. du* 8
janvier 1828, *n.*° 163.)

---

(1) Le mot *triage* est diversement entendu, suivant les localités. Tantôt il signifie une ou plusieurs parties de bois soumises
au même traitement, au même âge d'exploitation, parce qu'en
effet on a *trié*, choisi ces parties de bois, pour leur appliquer la
même révolution ou le même ordre d'exploitation. Tantôt on
entend par *triage* la circonscription dans laquelle la surveillance
d'un Garde est renfermée, quoique cette circonscription comprenne divers ordres d'aménagemens et divers cantons. Le
même mot est encore employé à désigner certaines divisions
établies par des usages locaux, ou naturellement par des accidens du terrain. Enfin, il y a des localités où la dénomination
de *triage* se tire du nom de la forêt la plus importante d'une
masse de bois, ou de celui du principal canton, ou de quelque
fait, de quelque événement local consacré par la tradition, ou
même de la résidence ou du nom du Garde.

La signification la plus naturelle, celle dans laquelle le mot
triage est employé dans l'instruction du 7 juillet 1824, exprime
une ou plusieurs parties de bois soumises au même ordre d'a-
ménagement, au même âge d'exploitation. Ainsi, les triages et
les classes, dans cette instruction, doivent être considérées
comme synonymes et représentant les diverses parties d'une
forêt qui s'exploitent au même âge ou sont soumises au même
ordre d'aménagement.

Les moyens de consommation doivent aussi influer sur le genre d'exploitation applicable à chaque forêt.

Cette classification exige, pour être faite convenablement, que l'Agent forestier y procède avec beaucoup de prudence et de soins, et d'après une connaissance parfaite des localités. (*Inst. du 7 juillet* 1824, *art.* 6.)

Le Conservateur ou l'Agent supérieur délégué doit rassembler, avant de l'entreprendre, tous les documens qu'il peut se procurer, consulter, s'il en existe, les anciens terriers des communes environnantes, les aveux et dénombremens qui ont eu lieu à diverses époques, les anciennes cartes topographiques, les anciennes statistiques provinciales et départementales, enfin les aménagemens qui ont pu être faits pour quelques cantons de la forêt qu'il se propose de classer. (*Ib, art.* 7.)

Il doit s'entourer, pendant cette opération, de toutes les personnes capables de lui fournir des renseignemens utiles, prendre conseil des Agens forestiers présens, des riverains et des anciens marchands de bois qu'il peut réunir et auxquels il a reconnu des connaissances locales; il ne doit pas même négliger de recueillir les avis des simples gardes et des anciens ouvriers employés à l'exploitation des coupes. (*Ib.*, *art.* 8.)

Il commence son travail par une division provisoire des bois, c'est-à-dire, par séparer approximativement les terrains qu'il juge propres à produire des futaies de ceux qui ne lui paraîtraient convenir qu'aux grands et aux petits taillis. (*Ibid, art.* 9.)

Il distribue ensuite chaque grande division en différens lots, qu'il circonscrit par des limites naturelles, telles que routes, chemins, ruisseaux, fossés, etc. Il a soin de ne pas donner une trop grande étendue à ces lots, afin que rien ne puisse échapper à son examen.

Il visite chaque espace circonscrit avec une attention scrupuleuse, apprécie la nature et le produit des divers terrains qu'il renferme, et opérant ainsi de proche en proche, il se trouve à portée, lorsqu'il a parcouru toute la division, de déterminer en combien de classes ou triages cette partie de la forêt devra être partagée. (*Ibid art.* 10.)

Aussitôt qu'une classe est formée, il en évalue la superficie aussi exactement que possible, soit en réunissant les contenances des anciennes coupes qu'elle comprend, soit au moyen des plans déjà faits; et il établit ses limites de manière qu'elles puissent facilement se retrouver lors de l'arpentage. (*Ibid.*, art. 11.)

Les variétés de terrains sont souvent trop nombreuses dans une forêt, pour qu'il soit possible de les distinguer toutes et de les diviser en autant de triages ou classes. L'Agent forestier doit donc compter pour rien les différences légères, surtout celles que ferait disparaître une culture plus étendue. Il fait d'ailleurs en sorte que le moindre des triages contienne toujours assez de surface pour qu'on puisse en former une *série* (1) de coupes toute entière. (*Inst. du 7 juillet* 1824, art. 12.)

Chaque série doit se composer d'autant de coupes qu'il faut d'années pour opérer la révolution totale des bois compris dans ses limites; ainsi, l'Agent forestier, pour en fixer l'étendue, doit commencer par déterminer la contenance des coupes. Il a soin de proportionner cette contenance à la valeur du bois; c'est-à-dire que les coupes de futaies, pour en faciliter la vente, devront avoir beaucoup moins de contenance que les coupes de taillis. (*Ib.*, art. 13.)

La première classe, dans chaque division, est toujours celle qui comprend les meilleurs bois, la seconde ceux inférieurs, et ainsi de suite. (*Ib.*, art. 14.)

Art. IV. *Projet d'aménagement.*

Les classes ou triages une fois établis, le Conservateur ou l'Agent supérieur délégué relate, dans un rapport méthodique et détaillé, toutes les opérations qu'il a faites; indique les différens travaux à exécuter; donne, par aperçu, le montant des frais de ces travaux, et s'attache particulièrement à démontrer les avantages du système d'aménagement qu'il a adopté.

Ce rapport ou projet d'aménagement est adressé à l'Administration, pour y être examiné. (*Ibidem*, art. 15.)

Il doit indiquer par aperçu, d'après les détails qui précèdent, l'étendue de la forêt ou de la partie de bois à aménager, les essences des bois qui y dominent; donner des renseignemens positifs sur son état actuel;

---

(1) On entend par *série* une certaine étendue de bois, divisée en autant de coupes que le comporte l'âge fixé pour leur exploitation. Une classe peut ne former qu'une seule série, et c'est le cas le plus fréquent, lorsque cette classe n'offre pas une trop grande étendue.

l'ordre usité pour son exploitation et les ressources
qu'elle présente sur l'âge et le degré de croissance des
bois, sur les essences qu'il convient d'y favoriser ou
introduire par rapport au sol, à la consommation du
pays ; au commerce et aux constructions de tous genres ; sur la *nécessité* où *l'utilité* d'établir un quart de réserve, cette réserve que doit toujours offrir un aménagement de bois appartenant aux communes ou aux
établissemens publics, (*C. f., art.* 93) peut quelque
fois être utilement établie, du moins en partie pour
croître en futaie lors d'un aménagement de forêts royales, il importe donc que le mémoire descriptif an-
nonce si, ou non, on croit devoir la proposer, et déduire les motifs à l'appui de l'opinion qu'on juge devoir
adopter ; en cas d'affirmative, il convient d'indiquer le
lieu où on jugera le plus utile d'établir cette réserve ;
de dire si elle doit être d'un seul tenant ou composée
de plusieurs parties dont on précisera bien la position ;
faire connaître la nature et l'étendue des ressources
qu'on peut attendre pour les grandes constructions, et
l'époque à la quelle ces ressources pourront être le plus
utilement réalisées.

Après avoir traité de ce qui concerne la réserve, on
passe aux coupes ordinaires à établir : il convient d'a-
bord de faire connaître si la forêt à aménager paraît
susceptible, par son étendue, d'être divisée en plusieurs séries de coupes au triages ; de bien fixer le
nombre et l'étendue des séries qu'il paraît convenable
d'établir ; d'indiquer l'âge auquel chacune de ces séries
doit être aménagés, le nombre et l'étendue des coupes
de chaque série, et l'espèce ainsi que le nombre des
réserves à y faire lors des exploitations ; les cantons
propres à laisser croître en futaie, ceux qui ne con-
viennent qu'aux taillis, et les coupes autour desquelles
il serait avantageux de conserver des bordures, l'âge
auquel il convient de régler la coupe des uns et des
autres pour en obtenir le plus haut degré d'accroissement et le plus haut prix du bois ; on fait en même
temps connaître le mode d'exploitation auquel on propose de soumettre la forêt, soit celui des coupes par
contenance, soit celui des coupes par éclaircie, le
nombre d'arbres à couper chaque année, si le mode
par éclaircie est adopté ; l'âge auquel doivent être faites
les exploitations par contenance, ou la division de la

forêt en un nombre de coupes relatif à cet âge, si c'est le mode d'exploitation par contenance ; la désignation du triage de la série ou du quartier qu'il convient de mettre en réserve s'il y a lieu ; le nombre de balivaux à réserver par hectare et leur distribution : ce rapport doit aussi présenter des vues sur le mode d'exploitation des balivaux dépérissans, et faire connaître s'il convient de les adjuger en même temps que le taillis, comme cela se pratique dans le plus grand nombre d'arrondissemens, ou s'il ne faut en faire la vente que l'année suivante. Nous croyons devoir faire observer à ce sujet que le premier mode présente l'avantage de n'avoir qu'un adjudicataire, de prévenir une longue fréquentation de bestiaux et de voitures dans les coupes, et d'obtenir par conséquent une vidange plus prompte, ce qui est important pour la conservation et le succès des renaissans : mais que le second mode a aussi ses avantages, il facilite le choix des arbres à réserver pour la marine dans les bois dont les taillis très épais rendrait ce choix difficile avant son exploitation. Au surplus l'Administration a permis de suivre à cet égard l'usage établi dans chaque forêt. (*Circulaire des 28 frimaire et 2 floréal an X, n° 58 et 87.*)

On ne doit pas négliger de détailler, dans le projet d'aménagement les avantages dont il est susceptible, en considérant ces avantages sous les rapports de la végétation et de l'augmentation des produits, en donnant même l'aperçu de cette augmentation espérée ; faire connaître la distance de la forêt des ports de mer, des routes, canaux et rivières flottables et navigables et les débouchés qu'on pourrait établir, ainsi que les délits les plus fréquens, les moyens de les reprimer, les usages et affectations, et les mesures les plus propres à les restreindre, suivant la possibilité des forêts.

Ce rapport doit aussi indiquer ce qu'on peut récupérer de terrain, soit en rattachant à la forêt qu'il s'agit d'aménager, les parties que les riverains peuvent avoir usurpées, en donnant leur étendue, et celle des vides et clairières et des terrains marécageux qui peuvent s'y trouver, et fesant connaître les moyens les plus économiques de repeuplement, de récépage et de dessèchement ; soit en ouvrant des routes qui donneront le moyen de supprimer d'autre chemins inutiles qu'on a pu y pratiquer.

Pour faire mieux saisir la proposition qui sera faite sur ce point, il convient de joindre au projet d'aménagement un croquis ou calque du plan de la forêt, sur lequel les routes à ouvrir et les chemins à supprimer seront tracés très distinctement. Je dois faire observer à ce sujet que ce travail qui, au premier abord, semble présenter quelques difficultés aux Agens forestiers peu familiarisé avec le dessin, n'est pas autant difficile qu'on pourrait le présumer, puisqu'il est presque impossible qu'on ne trouve pas un plan ancien de la forêt à aménager.

Outre l'indication des chemins à ouvrir ou de ceux inutiles à supprimer que doit présenter le plan du croquis de la forêt, il n'est pas moins important, lorsque cette forêt, par son étendue, est susceptible d'offrir plusieurs séries de coupes ou triages, de bien fixer le nombre des séries qu'il paraît convenable d'établir, et de déterminer, également par aperçu, la forme ainsi que l'étendue de chaque série; les lignes séparatives des séries doivent être tracées sur le croquis ou plan qui, présentant approximativement le périmètre ou la figure de l'ensemble de la forêt, donnera ainsi la facilité de bien indiquer la direction de ces lignes, qui doivent être le plus ordinairement *droites,* à moins que des circonstances ou les accidens du terrain ne forcent à les faire obliquer pour les faire aboutir sur les villes ou communes et autres points de consommation.

Le projet d'aménagement doit donner de même, par aperçu, la quantité et la valeur du bois à essarter pour l'établissement tant des routes et laies à ouvrir que des lignes nécessaires au complément de l'aménagement, en distinguant la valeur de la futaie de celle du taillis.

Il doit aussi indiquer l'état des bornes et des fossés de la forêt, en présentant la dépense que peut exiger leur restauration ou l'abornement complet de cette forêt.

Enfin, il doit donner le résultat de la dépense que comportera l'ensemble des travaux à exécuter, et dont chaque article aura été discuté préalablement avec un Arpenteur instruit, et jugé capable de faire ces travaux à satisfaction.

Jusqu'alors, comme on le voit, aucuns frais n'ont été faits, puisque tout s'est borné à des renseignemens que les Agens forestiers locaux ont dû recueillir, et d'après lesquels le projet d'aménagement dont il est question, peut être facilement rédigé par eux.

Ils l'adressent ensuite au Conservateur, qui l'examine et le transmet à l'Administration, accompagné de ses observations et de son avis.

L'aménagement est ensuite fixé par une ordonnance du roi, rendue sur le rapport du Ministre des finances.

Il est facile de juger qu'avec un rapport rédigé d'après les détails que je viens de donner, et accompagné d'un plan (ce plan ne fut-il, je le répète, qu'un simple plan visuel et par aperçu), le projet d'aménagement peut être bien exposé, et que l'Administrrtion se trouve alors en état d'en apprécier le mérite.

En effet, c'est sur le vu de ce travail préliminaire, transmis à l'Administration par le Conservateur, avec ses observations et son avis, et après que cet Agent supérieur s'est assuré de l'assentiment du Préfet, en ce qui concerne la dépense, s'il s'agit d'un bois appartenant à une commune, que cette Administration, après avoir fait l'examen de ce travail préliminaire, se détermine, en l'approuvant ou en le modifiant, à présenter un rapport, par suite duquel intervient l'ordonnance du Roi qui autorise l'aménagement, et sans laquelle il ne peut être procédé à aucune opération quelconque. (C. F. art. 15, et Circ. n. 203, du 14 floréal an XII, 4 mai 1804.)

Art. V. Soumissions des Arpenteurs.

Lorsque l'aménagement projeté a été autorisé, le Conservateur informe les Arpenteurs de son arrondissement de l'époque où les opérations d'arpentage devront commencer, et invite ceux qui désireraient en être chargés, à lui adresser leurs soumissions rédigées conformément au modèle n° 1, annexé à l'Instruction du 7 juillet 1824, et ce, dans un délai qu'il détermine.

Il leur fait passer, à cet effet, l'état des divers travaux à exécuter, avec invitation de faire leurs propositions sur les prix auxquels ils s'obligeront à les effectuer. Dans cet état, la confection des plans doit être évaluée à l'hectare, l'ouverture des fossés et le tracé des routes, au mètre courant; et le prix des bornes fixé à raison des dimensions à leur donner en y comprenant les frais de transport et de plantation. (Inst. du 7 juill. 1824, art. 16.)

Toutes les soumissions étant parvenues au Conservateur, en triple minute, il les examine, et traité avec l'Arpenteur dout les conditions sont les plus avantageuses, si toutefois ce dernier a les talens nécessaires et présente les garanties exigées.

Le traité ne peut recevoir son exécution qu'après avoir été approuvé par l'Administration. (*Ib. art.* 17.)

Dans aucun cas, un Arpenteur, déjà chargé de l'aménagement d'une forêt, ou de plusieurs parties de bois formant ensemble une étendue de mille hectares ou environ, ne peut être admis à soumissionner de nouvelles opérations avant que les premières ne soient terminées et reçues. (*Ibid.*, *art.* 18.)

Lorsque l'Arpenteur est désigné, et que sa soumission a été acceptée par l'Administration, on procède à la reconnaissance et à la fixation contradictoires des limites de la forêt ou des bois à aménager, suivant les formalités indiquées au chapitre IX.

Aucuns travaux d'arpentage ne peuvent être entrepris que la délimitation ne soit entièrement terminée. (*Ibid. art.* 19.)

CHAPITRE XI.

Arpentage et levé des plans des forêts.

Considérations générales..

L'Arpentage et le levé des plans, que l'on nomme aussi *topographie*, est l'art de décrire et de représenter exactement et en détail, toutes les parties d'un canton, d'une commune, d'un bois, d'un terrain particulier, telles qu'elles sont les unes à l'égard des autres, sous les rapports de leur étendue et de leur position. Mais on ne peut connaître la véritable position d'une commune, d'un lieu ou point quelconque, que par l'intersection perpendiculaire de deux arcs de grands cercles, supposés tracés sur le globe.

L'un de ces cercles est *l'équateur;* il coupe la terre en deux parties égales, appelées l'une *hémisphère septentrional* ou *boréal*, et l'autre *hémisphère méridional* ou *austral*.

L'autre grand cercle, perpendiculaire à l'équateur, se nomme *méridien ;* ses pôles et son axe sont les pôles mêmes et l'axe de la terre, qu'il divise aussi en deux parties égales, l'une *orientale* et l'autre *occidentale.*

L'équateur pouvant être coupé à tous ses points, il s'en suit que chaque lieu sur la terre a son *méridien particulier*, qui est aussi celui de tous les endroits situés sur le même cercle.

Mais entre ces méridiens, il en est un que l'on distingue plus particulièrement en France. Il passe par l'Observatoire de Paris, et c'est de lui que, de l'*est* et de l'*ouest*, on compte les autres méridiens.

Le cercle parallèle à l'équateur qui coupe perpendiculairement à angle droit le méridien de Paris, au point de l'Observatoire, partage aussi la France, dans un sens opposé., en deux autres parties, l'une *septentrionale* et l'autre *méridionale*. C'est de ce cercle que l'on compte les autres cercles parallèles ou simplement les *perpendiculaires*.

Ainsi, lorsqu'on connaît la *méridienne* d'un lieu et sa *perpendiculaire*, il est alors facile de placer ou de trouver ce lieu sur une carte. On peut donc dire que comme *géomètre* on détermine la position et l'étendue d'un canton, d'une commune, d'un lieu, d'une forêt ou d'un terrain quelconque, en se conformant en même temps à la loi de la projection orthographique; et que comme *dessinateur* on donne aux objets de la carte ou du plan que l'on veut laver avec soin les couleurs et les ombres que la nature indique, en appliquant aux masses et aux détails les teintes conventionnelles qui leur sont propres.

Ainsi lever le plan d'un canton, d'une commune, d'un bois ou de toute autre propriété, c'est en représenter la figure en petit dans les proportions qu'elle a en grand.

§ Iᵉʳ. *Triangulation et rattachement des plans à des points fixes.*

Aʀᴛ. Iᵉʳ. *Objet de la triangulation.*

Des explications qui précèdent sur les moyens de connaître la véritable position d'une commune, d'un lieu ou d'un point quelconque, il résulte qu'à l'aide des distances à la *méridienne* de Paris et à sa *perpendiculaire*, on peut former le canevas trigonométrique ou la *triangulation* d'un département, d'un arrondissement de sous-préfecture ou d'un canton, de manière à faciliter et à assurer l'harmonie et le rattachement des opérations de détail de tous les levés de plans qui pourront y être exécutés.

Ainsi le but de la triangulation est de donner aux Arpenteurs les moyens de se diriger avec certitude et précision dans le levé des détails du plan, et par conséquent il doit toujours précéder l'Arpentage.

Cette dernière disposition, prescrite par l'art. 44 de l'Instruction du 7 juillet 1824, est tellement indispensable et de rigueur, que si les Arpenteurs ne fesaient les opérations trigonométriques qu'après l'Arpentage terminé, ils renverseraient ainsi l'ordre raisonné du travail, en prouvant qu'ils ignorent les propriétés d'une triangulation, appliquée au levé des détails ; propriétés qui sont moins d'indiquer les erreurs de l'Arpentage déjà fait, que de les prévenir dans celui qui doit se faire.

En effet, les points trigonométriques doivent être considérés comme des fils que saisit constamment l'Arpenteur pour ne pas s'égarer dans le labyrinthe des détails. Si ces points n'existent pas, sa marche, qui ne peut être exacte qu'autant qu'elle est constante et directe, devient incertaine et sinueuse. Ayant perdu le parallélisme, il est, à proprement parler, *désorienté*, et ne connaît plus sa position géométrique : il penche tantôt à l'*est* et tantôt à l'*ouest*, suivant que l'aiguille aimantée, à laquelle il se fie, est plus ou moins versatile; et en cherchant à se redresser, il rétrécit ou agrandit alternativement la figure du plan, qui, dès-lors, ne peut qu'être défectueux.

L'Administration des forêts a en outre prescrit, par l'article 45 de l'Instruction du 7 juillet 1824, et conformément aux dispositions de l'art. 8 de l'Instruction du 30 novembre 1801 (9 frimaire an x), aux Arpenteurs de rattacher leurs triangulations à celle exécutée pour la construction de la *Carte de France*. Ils doivent à cet effet commencer par extraire des canevas de *Cassini* tous les triangles formés par les points fixes environnant la forêt ou partie de bois à arpenter, et les distances de ces mêmes points à la méridienne et à la perpendiculaire de l'Observatoire de Paris. Ces données que les Arpenteurs rapportent, leur fournissent le cadre de leurs triangulations.

En effet, ce moyen, dit la Circulaire du 19 décembre 1801 (28 frimaire an X) est le plus sûr, parce que les chaînes des triangles de divers ordres dont le territoire de la France a été successivement couvert, indiquant les points observés, et établissant leurs rapports, en font autant de points de reconnaissance. Ces points fixes peuvent, sans aucun doute, servir à la fois au rattachement, soit des triangulations, soit de plusieurs points du périmètre des bois dont il s'agit de lever le plan, et concourrent à assurer, sur ce plan, la position relative de divers cantons de bois dont il offre la configuration à la même échelle.

Ainsi, on sent aisément que si, à l'avance et pour un grand territoire (celui d'un arrondissement de sous-préfecture) un nombre considérable de ces points fixes ont été déterminés à l'avance et rapportés sur le papier; que si leur distance respective est connue, ainsi que la valeur des angles formés par des lignes menées entre eux, il suffira pour l'exactitude de l'ensemble de l'opération, de rattacher avec soin, ainsi que le prescrit l'art. 5o de l'Instruction du 7 juillet 1824, à deux de ces points fixes, plusieurs autres points du plan de la partie de bois à décrire, pris soit dans son intérieur, soit sur son périmètre. Le nombre de ces points à observer dans l'intérieur, d'après le même article de l'instruction précitée, doit être au moins d'un pour cent hectares, et ceux à déterminer près des limites ou du périmètre ne peuvent être à plus de trois cents mètres de distance les uns des autres. Ce rattachement, s'il est bien fait, mettra le plan de ce bois en harmonie avec tous les autres points observés et rapportés à l'échelle prise pour la construction de la triangulation et du plan dont il s'agit.

Le meilleur instrument à employer pour une triangulation de quelque étendue, est le cercle répétiteur de *Borda* ou le *théodolite.*

A défaut de l'un de ces instrumens, l'Arpenteur doit se servir d'un graphomètre à lunettes d'environ quinze centimètres de rayon, et ayant pour limbe une circonférence entière. (*Inst. du 7 juillet 1824, art. 46.*)

ART. II. *Opérations de la triangulation.*

La triangulation consiste dans les opérations suivantes:

1° Mesurer sur le terrain une ou plusieurs bases;

2° Les orienter;

3° Choisir les points disposés le plus convenablement pour la formation des triangles, et de manière que les angles de ceux-ci ne soient ni trop aigus ni trop obtus;

4° Observer les trois angles de chaque triangle ;.

5° Calculer les triangles et la distance de leurs sommets à la méridienne et à la perpendiculaire de l'Observatoire de Paris;

6° Former avec les résultats des deux opérations précédentes, le registre des opérations trigonométriques.

7° Construire le canevas trigonométrique. (*Ib.,art.*47.)

Le Géomètre choisit sur les territoires des communes avoisinant la forêt à aménager, les terrains propres à l'établissement des bases qui lui sont nécessaires ; et, afin qu'elles puissent se retrouver dans tout le cours de l'opération, et même lors de la vérification, il aura soin de les disposer dans l'alignement de quelques points immuables et d'en fixer les extrémités par de forts piquets. (*Ibid., art.* 48.)

Ces bases doivent toujours être déduites des canevas de *Cassini*, lorsqu'il y a possibilité de le faire.

Dans le cas contraire, elles doivent être mesurées *au moins* deux fois avec la plus grande précision et en tenant la chaîne de niveau. (*Ib., art.* 49.)

Les signaux sont établis de manière à former, avec l'une des bases, des triangles approchant de l'équilatéral.

Le nombre des points à observer dans l'intérieur de la forêt doit être au moins de un pour cent hectares, et ceux à déterminer près des limites ne peuvent être à plus de trois cents mètres de distance les uns des autres. (*Ib , art.* 50.)

Les bases étant bien fixées, le Géomètre s'en sert en stationnant soit aux extrémités, soit à des points intermédiaires, pour observer les angles des triangles que forment avec elles les signaux qu'il a placés, et s'en écarte successivement pour établir le réseau de triangles qui doit couvrir toute la forêt où il opère.

Les trois angles de chaque triangle doivent être mesurés, à moins que des obstacles locaux ne forcent à conclure le dernier.

Chaque objet est observé au moins trois fois et à trois stations différentes. (*Ib., art.* 51.)

Le Géomètre doit rattacher à son opération tous les points extérieurs qu'il peut découvrir, et particulièrement ceux observés par Cassini. (*Ibid., art* 52.)

Lorsqu'il a terminé sur le terrain et fait le calcul des triangles, il inscrit le résultat de ces observations et

alculs, ainsi que les distances à la méridienne et à la
erpendiculaire passant par l'Observatoire de Paris, sur
n registre à ce destiné, et conformément au modèle
nnexé à l'Instruction du 7 juillet 1824, n° 3 A. Ce re-
istre doit présenter par colonne, la désignation des
riangles, la valeur des degrés et minutes, les extrémités
es côtés, la longueur en mètres de ces côtés, et les
bservations que le Géomètre croit devoir ajouter pour
intelligence de ce travail. (*Ibid.*, art. 53.)

Le canevas trigonométrique doit être construit sur
ne feuille de format *grand-aigle*, conformément au mo-
èle annexé à l'Instruction précitée sous le n° 3. Son
tendue et les dimensions du papier doivent déterminer
e Géomètre dans le choix de l'échelle à employer pour
a construction. Cette échelle cependant ne peut être
rise que parmi celles de 1 à 5,000, 1 à 10,000, 1 à
0,000, 1 à 25,000, 1 à 40,000, et 1 à 50,000.

Ce canevas doit présenter le périmètre de la forêt ou
artie de bois, les principales lignes d'opérations qui
nt servi à l'établir, et les lignes de division des classes
u triages.

Les lignes trigonométriques mesurées sont tracées
n *noir;* celles déterminées par le calcul en *rouge*, et
es lignes de construction du périmètre, en *bleu*.

Les angles observés sont cotés à l'encre *noir*, et ceux
onclus à l'encre *rouge*. (*Ibid.*, art. 54.)

Les opérations de triangulation terminées, le Géomètre lève le périmètre de la forêt et les lignes établies
ar l'Agent forestier pour la division des classes.

Ce travail fait, il complète aussitôt le canevas
rigonométrique et le procès-verbal de délimitation.
(*Art.* 55.)

§ II. Bases sur lesquelles doivent reposer les opérations d'arpentage et du levé des plans.

L'arpentage et le levé des plans doivent reposer sur
rois bases principales; savoir : l'uniformité de *dispo-
itions*, l'uniformité d'*échelle*, et le *rattachement* à des
oints fixes pris hors du terrain mesuré.

Par *uniformité de dispositions*, on entend la manière
l'orienter les plans; ils doivent l'être *plein nord*, c'est-
à-dire présenter le *nord* en regard ou en haut; le *midi*
en bas; l'*orient* à la droite, et l'*occident* à la gauche.

Par uniformité d'*échelle*, on entend que les plans

doivent être dressés sur une échelle commune, laquell
a été fixée par l'Administration, dans la proportio
d'*un* sur le papier pour *cinq mille* sur le terrain,
lorsque l'étendue des plans dépasse, à cette échelle, le
limites d'une feuille de papier grand-aigle de manièr
à exiger une ou plusieurs autres feuilles, les arpen
teurs, dans ce cas, doivent disposer leurs plans e
forme d'*Atlas*, et les accompagner d'une carte ou ta
bleau d'assemblage, dressée à l'échelle d'un pou
cinquante mille.

Enfin par *rattachement*, on entend qu'après avoir dé
crit la ligne de circonscription d'une forêt, on déter
mine les distances et les situations des principau
points de ce périmètre à d'autres points fixes pris dar
les territoires voisins, tels que clochers, moulins e
autres signes apparens, dont l'importance doit fai
présumer que leur position a été déterminée invaria
blement dans les opérations trigonométriques fait
par *Cassini*, pour le levé de la grande carte de France.

Les plans, outre la circonscription de la forêt dé
crite, doivent indiquer les bornes existantes, les ch
mins, fossés, rivières, ruisseaux et bâtimens compr
sur leur surface, et généralement les tenans et abou
tissans, en distinguant chaque nature de culture. Il e
aussi recommandé aux Arpenteurs de désigner e
lignes ponctuées et cotées les angles et leurs côtés me
surés sur le terrain pour la construction du plan, afi
de faciliter les vérifications ; et ils doivent aussi avo
soin de marquer sur place le point d'où ils sont part
pour lever leur plan, autrement toute vérification de
viendrait très-difficile, et d'énoncer dans un des angle
du plan, le département, l'arrondissement communal
le canton de justice-de-paix et la commune sur le terri
toire desquels se trouve située la forêt décrite, ain
que le nom de cette forêt et sa contenance. (*Inst. d*
9 *frimaire an* X, *et Circ. du* 11 *ventôse an* X, *n.* 71.)

Je dois faire observer que l'arpentage et le levé de
plans, en ce qui a rapport aux bois et forêts, forme
deux objets parfaitement distincts. L'un a principale
ment pour but le *plan entier* d'une forêt ou d'une parti
de bois quelconque dont l'aménagement est ordonné
et l'autre se borne à l'*arpentage* et au *réarpentage* de
coupes assises chaque année dans les différens bois e
forêts, et destinées à être exploitées pour les besoin

de la consommation. Il est donc nécessaire de traiter séparément chacun de ces objets.

§ I. *Arpentage et levé du plan entier d'une forêt.*

Lorsque les opérations de la triangulation sont terminées et que l'Arpenteur a construit son canevas trigonométrique, il procède alors au levé du périmètre de la forêt, des routes et chemins qui la traversent, des lignes qui doivent déterminer la position des nouvelles routes à ouvrir, et enfin, des laies à établir d'après l'indication de l'Agent forestier, pour la division des classes ou triages, s'il a été reconnu que la forêt est susceptible d'être divisée en plusieurs séries de coupes, d'après le projet d'aménagement approuvé et qu'il s'agit d'exécuter sur le terrain. (*Art.* 55 *et* 57 *de l'Inst. du* 7 *juillet* 1824.)

ART. Ier. *Plan périmétral d'une forêt.*

Pour lever le plan périmétral d'une forêt ou d'une partie de bois quelconque, il faut d'abord, après avoir formé le canevas trigonométrique de la forêt dont il s'agit, et au moyen des bases prises et mesurées sur le terrain, de même que les angles qu'elles forment entre elles, lever successivement le périmètre de la partie de la forêt correspondant à chacune des bases, en commençant par la première, et à une échelle assez grande pour pouvoir ensuite en calculer facilement la contenance.

Ainsi arrivé au premier point de station, l'Arpenteur vérifiera la première base, qu'il mesure de nouveau bien exactement. Ensuite il élève au deuxième point, une perpendiculaire, sur cette première base dont il mesurera la distance et la longueur et dont il a soin de tenir un état détaillé.

Il continue la même opération pour toutes les sinuosités qu'il figure exactement sur un brouillon, en faisant la description détaillée de chacune d'elles ; c'est-à-dire, en marquant les *bornes* par un *petit quarré* ; les *fossés* et les *chemins* par *deux traits fins et parallèles* ; les *ruisseaux* et ravins par une *simple ligne tremblée et serpentant* et les *bordures simples* par *un seul trait noir.*

Avant de passer à une autre base, l'arpenteur doit avoir soin d'additionner toutes les distances prises suc-

cessivement sur la base précédente, entre les perpendiculaires qui y ont été élevées aux sinuosités du périmètre; leur somme doit être égale à la longueur de
cette base primitivement mesurée pour former le canevas; s'il y avait une différence entre ces deux sommes, il
faudrait préférer la plus petite à la plus grande; mais si la
différence était considérable, il faudrait remesurer séparément toutes les distances prises successivement sur la
base pour les vérifier toutes, afin de connaître celle où
l'erreur aurait été commise et de pouvoir la rectifier.

Il faut aussi, en mesurant chaque base, mettre de
distance en distance, surtout à leurs extrémités, de
petits piquets à fleur de terre dans le plan vertical de
ces lignes, afin d'en faciliter le rétablissement dans le
cas où l'on en aurait besoin pour y tracer les laies de
séparation des ventes.

C'est ainsi qu'a opéré l'Arpenteur chargé de l'aménagement de la forêt de Roumare; après avoir arrêté son
canevas trigonométrique, il s'est rapproché d'avantage
du périmètre de la forêt, et alors, en commençant par
le nord, comme on le voit, dans la fig. jointe à l'instruction du 7 juillet 1824, il a appuyé sur les bases
d'autres lignes obliques dirigées de manière à raser le
plus possible le contour ou périmètre de la forêt. Ainsi
du signal des Deffends au point F, il a mené une ligne
qu'il a pu rapporter sur le plan, en menant à l'équerre
une perpendiculaire FG. sur la base *d'Hénonville* au
signal des Deffends, et en mesurant à la chaîne, la ligne
du signal des Deffends à G. et FG. Du point F. et d'un
autre point H, il a tiré F H; a mesuré l'angle en F. =
263°. et la distance F H. = 1637 m., et le point H. a de
même été fixé sur le plan. Comme ce point est très près
de la base *d'Hénonville* au *signal des Deffends*, il a abaissé
une perpendiculaire sur cette base, afin de rapporter
le point H. plus simplement par ce moyen. l'Arpenteur
a continué de même à développer la totalité de la forêt
par le périmètre le plus resserré possible, et il ne s'est
plus occupé alors qu'à déterminer les points de détail du
périmètre extérieur.

Art. II. *Construction et calcul de la minute du plan.*

Lorsque l'opération est terminée sur toutes les
bases, l'arpenteur peut alors construire le plan de la
forêt et en calculer la superficie.

Lorsque cette forêt ne forme qu'une seule série de coupes de la contenance de deux hectares et au-dessus, la minute du plan doit être exécutée sur une feuille de papier grand-aigle, à laquelle il ne peut jamais être ajouté de bandes, quelques petites qu'elles soient. Le plan doit être construit à l'échelle d'un mètre pour cinq mille mètres (*Inst du 7 juillet* 1824, *art.* 60 *et* 61.)

Sur cette feuille, l'Arpenteur trace parallèlement aux bords du papier des carrés de 1,000 mètres de côtés. Il doit partir de deux lignes indiquant, en nombre rond de mille mètres, les distances à la méridienne et à la perpendiculaire de l'Observatoire de Paris ; tous les points de la triangulation doivent être rapportés d'après ces carrés. Pour éviter la confusion dans les détails, les lignes des carrés doivent s'arrêter aux limites des plans (*Ib. art.* 62.)

Cette opération, purement graphique, peut s'exécuter avec autant de facilité que d'exactitude.

Si l'Arpenteur met à prendre l'extrait du canevas dont j'ai parlé, toute l'exactitude convenable, rien n'est plus aisé que la construction de la carcasse de son plan, vu le rapport commode des échelles.

En effet, le canevas trigonométrique dressé par l'Arpenteur pour préparer le levé de son plan, étant construit à l'échelle de 1 à 50,000, et les parallèles à la méridienne et à la perpendiculaire, s'y trouvant indiqués de décimètres en décimètres, rien n'est plus facile que de diviser en dix parties sur leurs côtés, ces carrés de décimètres ; on aura alors, par chaque décimètre carré, cent centimètres carrés.

Et le plan que l'Arpenteur doit lever et construire, devant être fait à l'échelle de 1 à 5,000, les côtés de ces deux plans se trouvent dans le rapport de 1 à 10. Alors les longueurs prises en *centimètres* sur ce canevas, peuvent être facilement reportées en *décimètres* sur le plan de détail. Il en est de même des lignes indicatives des parallèles menés en nombre rond de mille mètres, à la méridienne de Paris et à la perpendiculaire.

D'où l'on voit que l'échelle, à laquelle la minute du plan doit être construite, étant celle de un à cinq mille, comme je viens de le dire, il est évident que chaque carreau de *décimètre*, tracé sur cette minute, correspond à un carreau de *centimètre* du canevas trigonométrique ; et qu'alors l'indication des lignes de

distances et le report des points fixes dont les distances
sont d'ailleurs données avec soin, peuvent s'opérer
avec facilité et exactitude sur la minute du plan.

Il est facile, cette première opération terminée et
la feuille du papier destinée à recevoir la minute du
plan ainsi préparée, de figurer les sinuosités du périmètre de la forêt au moyen des perpendiculaires élevées sur chaque base, et dont l'Arpenteur a dû former
un état, en commençant par la première base.

Ces travaux finis, l'Arpenteur s'occupe alors de tracer les routes et laies qui doivent être ouvertes dans la
forêt, s'il a été ordonné d'en établir de nouvelles.

Art. III. *Percer une ou plusieurs routes dans une forêt.*

Lorsque la forêt dans laquelle on veut percer une ou
plusieurs routes ou laies est considérable, l'opération
n'est pas toujours facile, et l'on est quelquefois obligé
d'avoir recours à la boussole; mais quand elle n'est pas
d'une trop grande étendue, cette opération est assez
simple, surtout quand on peut comprendre la forêt ou
seulement la partie de sa superficie où les routes doivent
être ouvertes dans un carré ou dans un parallélogramme
par des lignes d'emprunt ou autrement.

Lorsque l'ouverture des nouvelles routes à établir
dans la forêt est terminé, l'Arpenteur procède ensuite
à la division des quarts en réserve ou parties à mettre
en réserve.

Art. IV. *Quarts en réserve ou parties à mettre en réserve.*

L'article 93 du Code forestier, ainsi que je l'ai dit
plus haut, prescrit qu'un quart des bois appartenant aux
Communes et Établissemens publics, sera toujours mis
en réserve, lorsque ces Communes ou Etablissemens
posséderont au moins dix hectares de bois réunis ou
divisés; mais à l'exception cependant des bois peuplés
totalement en arbres résineux.

L'art. 68 de l'Ordonnance réglementaire du 1er août
1827, pour l'exécution du Code forestier et l'Instruction du 8 janvier 1828, n° 163, recommandent expressément aux Agens forestiers de réserver aussi dans les
bois de l'État les parties qu'ils jugeront propres à croître en futaie, sans qu'il soit besoin que ces parties
soient toujours d'une seule contenance ni d'une étendue
considérable. Ainsi, à défaut d'un seul canton d'une

ontenance suffisante, comme les quarts de réserve
ans les bois communaux, ces Agens peuvent réserver
lusieurs massifs, en évitant toutefois d'apporter trop
le dérangement dans l'ordre des coupes ordinaires.

Il suit de ces dispositions que lorsqu'un Arpenteur
st chargé de l'aménagement d'un bois de l'État ou ap-
artenant à une Commune ou à un Établissement pu-
lic, il doit, avant de s'occuper de la division des cou-
es, retrancher de la superficie de ce bois, les massifs
qui lui ont été désignés par les Agens forestiers comme
étant destinés à être réservés pour croître en futaie
lans les bois de l'État, ou lorsqu'il s'agit des bois des
Communes ou des Etablissemens publics, les cantons
où doivent être placés les quarts de réserve.

Il est donc nécessaire d'indiquer les moyens à employer pour ôter ces parties destinées à croître en futaie ou à former les quarts de réserve.

Ainsi, lorsqu'on a calculé la superficie d'un bois, si
ce bois est communal, on en soustrait d'abord le quart
pour croître en réserve, et l'on divise ensuite le reste
par le nombre de coupes fixé par l'ordonnance royale
d'aménagement, ainsi que je l'ai expliqué plus haut.

Quant à l'établissement du quart en réserve dans le
canton dont la désignation a été faite par les Agens forestiers, voici comme on opère.

Je suppose qu'il s'agisse d'aménager un bois communal en 25 coupes avec réserve d'un quart pour croître
en futaie, après avoir trouvé que la superficie de ce
bois est de 471 hectares, 58 ares, dont le quart est de
117 hect., 89 ares, plus une fraction, et que j'évalue en
nombre rond à 117 hect., 90 ares, il restera 353 hect.,
68 ares, qui, divisés par 25, nombre des coupes, le quotient donnera 14 hect., 14 ares, 72 cent., qui sera la
contenance que chacune des 25 coupes devra avoir plus
ou moins, à peu de choses près.

Pour établir ce quart de réserve, d'après l'indication
donnée par les Agens forestiers du canton où il doit être
placé et que je suppose situé à l'*est* du bois, l'Arpenteur,
après avoir désigné sur son plan minute le canton dont
il s'agit, opérera suivant les principes de son art.

Après avoir levé les anciennes routes, déterminé la
position de celles à ouvrir et des parties de la forêt désignées pour croître en futaie ou former le quart de
réserve, avoir rapporté ces routes et ces réserves sur le

planpérimétral, et achevé ces différens rapports et calculs, l'Arpenteur doit ensuite s'occuper de la division des coupes.(*Inst. du 7 juillet* 1824, *art.* 57.)

ART. 5. *Division des coupes et établissement des laies sommières.*

Lorsqu'on a terminé, ainsi que je viens de le dire, la construction de la minute du plan périmétral d'une forêt ou d'une partie de bois quelconque, et que la superficie en est connue, il faut, pour obtenir la contenance des coupes, diviser le total ou le restant de cette superficie, après distraction faite des parties désignées pour croître en futaie ou former le quart de réserve, par le nombre de coupes que l'on doit y établir, d'après l'ordonnance royale qui prescrit l'aménagement de cette forêt.

Mais comme les forêts d'une certaine étendue doivent être partagées en plusieurs sections, séries, triages ou classes, dans chacune desquelles une coupe doit être assise chaque année, il est dès-lors nécessaire que l'Arpenteur connaisse l'étendue de ces grandes divisions, avant de se livrer aux opérations de détail; et comme chacune d'elles doit être considérée comme formant un massif particulier, il devra, en conséquence, construire un plan périmétral de ces triages sur des feuilles séparées et à une échelle assez grande pour pouvoir en calculer la contenance, ainsi que celles des coupes qui doivent y être établies. (*Inst. du 7 juillet* 1824, *art* 56.)

L'âge auquel les bois d'une série sont reconnus propres à être abattus sert de diviseur à l'étendue de cette même série, et cette étendue est égale à la contenance des coupes multipliées par leur nombre. Si, par exemple, telle classe ou tel triage contient 600 hectares de bois pour être exploités en trente années, et que la surface à donner aux coupes soit de 10 hectares, cette classe comprendra deux séries, composées de trente coupes chacune. (*Ibid., art.* 58.)

Il suit de ces observations qu'en supposant que l'Arpenteur, après avoir mesuré la superficie de la forêt et trouvé qu'elle contient, par exemple, 238 hectares, il divisera cette quantité par 25, nombre de coupes qui doit y être assis, pour avoir la contenance de chaque coupe, le quotient sera de 9 hectares, 52 ares, représentant la superficie de chacune des coupes;

mais comme ces coupes seraient très-longues et très-étroites, et qu'il est préférable de leur donner une figure plus régulière et approchant du carré autant que possible, il devient dès-lors souvent nécessaire, surtout quand une forêt est presque aussi longue que large, de la séparer en deux parties par une *laie sommière*, afin de rendre les coupes moins longues et moins étroites.

Les laies sommières doivent avoir au moins quatre mètres de largeur, et être comprises, comme les routes, pour moitié dans la contenance des coupes qu'elles délimiteront. (*Inst. du 7 juillet* 1824, *art.* 80.)

Après avoir déterminé l'étendue que chaque coupe doit avoir, dans chacune des deux grandes divisions que forme la laie sommière, il faut ensuite tracer sur la minute du plan les laies séparatives de chaque coupe, avant de les ouvrir sur le terrain.

Je dois faire observer que si les deux parties séparées par la laie sommière n'étaient point trop irrégulières, l'Arpenteur pourrait, dans ce cas, se servir des principes que la géodésie enseigne pour la division des surfaces, mais comme il est assez rare que l'on puisse en faire l'application dans la division d'une forêt en coupes réglées, à cause des nombreuses sinuosités qu'offre presque toujours le périmètre, et qui bien souvent empêchent d'employer à la rigueur les calculs de la géométrie et de la trigonométrie, on est alors forcé de faire usage du calcul au compas et à l'échelle. Au surplus cette méthode influe peu sur la similitude de la contenance des coupes, car il importe très-peu qu'elles soient égales à vingt-cinq ou trente ares près, attendu que devant être mesurées aussitôt après leur division sur le terrain, c'est ce dernier calcul qui doit être la règle invariable de leur étendue, et qu'il suffit que toutes les laies séparatives soient parallèles entre elles et perpendiculaires à la laie sommière, tant pour rendre leur figure plus régulière que pour en faciliter la vidange.

Je dois faire observer que d'après l'art. 58 de l'Instruction du 7 juillet 1824, les coupes ne doivent pas traverser les routes, mais se terminer sur leurs rives, et qu'à l'égard des laies sommières, elles doivent être tracées parallèlement entre elles, quand il y a possibilité de le faire, et aboutir de même aux routes principales.

Lorsque toutes les coupes d'une forêt sont tracées sur la minute du plan et que l'on a déterminé par le calcul, la largeur de chacune d'elles sur la laie sommière, en tenant une note exacte de ces largeurs, que l'on indique sur le plan, ainsi que la longueur des perpendiculaires qui doivent former les laies séparatives de chaque coupe; l'Arpenteur procède alors à l'arpentage des coupes, en les établissant sur le terrain comme il les a figurées sur la minute du plan. (*Inst. du 7 juillet 1824, art.* 59).

Mais si toutes les coupes n'aboutissaient point sur la laie sommière, comme cela arrive assez souvent, il faut, dans ce cas, chercher l'angle qu'elles forment avec les côtés qui s'en détournent; mesurer sur ces côtés les largeurs obliques des coupes, et à chaque point de division, poser un graphomètre pour diriger les laies suivant l'ouverture de l'angle trouvé. On peut abréger cette dernière opération avec la boussole en orientant les premières laies, et menant par chaque point de division, sur les côtés qui se détournent de la laie sommière, des parallèles à ces premières laies.

Les laies séparatives des coupes ne doivent avoir qu'un mètre de largeur. Elles sont comprisés, comme les laies sommières et routes, pour moitié dans la contenance des coupes qu'elles limitent. (*Ord. régl., art.* 75 *et Inst. du 7 juillet* 1824, *art.* 80.)

La division des coupes ●érées sur le terrain, il est de rigueur que la contenance de chaque coupe soit calculée, ainsi que je l'ai dit plus haut, avec les mesures prises sur le terrain. Mais je ferai observer qu'on peut, comme le dit l'Instruction du 7 juillet 1824, remplir cette obligation sans mener toutes les perpendiculaires, puisqu'il suffit souvent, pour en obtenir la longueur, d'avoir deux côtés et deux angles de la coupe à calculer. Les données et les résultats des calculs doivent être inscrits sur un cahier à ce destiné, conforme au modèle n° 6, annexé à l'Instruction précitée. Ce cahier doit être adressé à l'Administration. (*Inst. du 7 juillet* 1824, *art.* 65 *et* 66.)

Art. VI. *Construction des plans.*

Le travail ainsi préparé, et toutes les mesures étant prises et notées sur un croquis où les angles et les lignes sont figurées à peu près tels qu'ils existent sur le terrain, l'Arpenteur peut alors procéder avec facilité dans le cabinet aux calculs et ensuite à la construction du plan dudit terrain qu'il a mesuré. Il suffit pour cela de réduire les mesures prises sur ce terrain dans la proportion qu'elles doivent avoir sur le papier destiné à construire le plan d'après l'échelle choisie à cet effet. Ainsi, on prendra, par exemple, un *centimètre* pour un mètre, ou dix mètres, ou cent mètres, etc.

Lorsque l'échelle est arrêtée, il est aisé de tracer sur le papier les figures levées et mesurées sur le terrain, puisqu'il ne s'agit que de placer les directrices, porter sur chacune les distances des pieds des perpendiculaires à l'une ou l'autre de ces directrices, puis élever les perpendiculaires par leur pied ainsi déterminé; leur donner la longueur correspondante à leur mesure, et joindre leur seconde extrémité par des droites, comme elles le sont sur le terrain.

Ce tracé ne présente aucune difficulté, lorsque les opérations ont été bien faites sur le terrain; mais il pourrait paraître long si l'on élevait toutes les perpendiculaires suivant le procédé indiqué ci-dessus. Ainsi, après avoir élevé une première perpendiculaire avec tout le soin possible, et pour abréger le travail, on se sert communément d'une équerre pour mener parallèlement à la première toutes les autres. On applique, pour cette opération, l'un des côtés de son angle droit sur cette première perpendiculaire, et l'on place sous l'autre côté une règle, que l'on maintient dans la même situation, et sur laquelle on fait glisser l'équerre, dont le côté avancera toujours parallèlement à lui-même, et en l'amenant successivement aux différens points par lesquels on veut élever des perpendiculaires, il en marquera la direction; mais il faut avoir soin que les angles soient égaux à ceux observés et mesurés sur le terrain. On emploie à cet effet l'instrument appelé *rapporteur;* on pose son diamètre sur la ligne formant un des côtés de l'angle à construire, et l'on place le centre de l'instrument au point que doit occuper son sommet : alors, comptant sur la circonférence du rapporteur, qui est divisée en degrés, le nombre de degrés que doit avoir l'angle à construire, on arrive au point qui, joint avec le sommet, donne le second côté de cet angle.

Cependant je dois faire observer, d'après M. *Lacroix*, que lorsque les angles ont été mesurés avec précision, on ne doit pas se servir du rapporteur pour les construire sur le papier, attendu que cet instrument ne pouvant procurer d'exactitude que lorsqu'il a été fabriqué sur de grandes dimensions, il deviendrait alors fort incommode et de peu d'utilité. On s'en convaincra facilement par l'effet que produirait sur le prolongement des côtés une différence, quoique très-petite dans l'ouverture de l'angle, lorsqu'elle se trouve près du sommet. Il est donc indispensable de construire cet angle avec le plus grand soin, mais encore d'en déterminer l'ouverture le plus loin qu'il sera possible du sommet.

Pour éviter le grave inconvénient dont il s'agit, il faut employer les nombres qui expriment les *cordes* des arcs, et dont on a dressé des tables pour un rayon qu'on peut supposer à volonté égale à un ou à dix, ou à cent, ou à mille, et ainsi de suite (1); mais si on n'avait pas une table des cordes, on pourrait la remplacer soit par celle des *sinus naturels*, soit par celle des *logarithmes des sinus*. Dans le premier cas, comme le sinus naturel d'un arc est la moitié de la corde de l'arc double, il s'ensuit que *la corde d'un arc quelconque est le double du sinus de sa moitié*, et qu'ainsi en prenant la moitié de l'angle à construire, le double du sinus de cette moitié sera la corde cherchée. Dans le second cas, en faisant usage de la table des logarithmes des sinus, il faut prendre le logarithme du sinus de la moitié de l'angle à construire, et le chercher ensuite dans la table des logarithmes des nombres, comme le logarithme d'une fraction décimale. On trouvera ainsi la corde de l'angle à construire, comme on l'a obtenue par la table des sinus naturels.

Je terminerai par faire remarquer que pour apporter dans la construction des plans la plus grande précision, il est nécessaire de calculer immédiatement la longueur des côtés des triangles formés sur le terrain, et ensuite, pour mettre dans cette opération autant d'exactitude qu'il est possible, décrire les triangles par leurs côtés

---

(1) M. *Lacroix* fait remarquer, et je pense comme lui, qu'il y aurait une grande commodité à écrire toutes les lignes trigonométriques pour un rayon égal à l'unité, parce qu'on passerait facilement de celui-là à tel autre que ce fût. En effet, si le rayon était 100,000, il faudrait pour passer au rayon 1, séparer seulement cinq chiffres décimaux sur la droite du nombre marqué dans la table.

surés sur l'échelle. Ainsi l'on voit que tout ce ré-
t à se procurer une échelle bien divisée et un bon
1pas à verge, quand les longueurs à prendre sont
) grandes pour se servir du compas ordinaire.

'est ici le cas de prévenir les personnes auxquelles
onstruction des figures de géométrie est peu fami-
e, qu'elles doivent éviter, dans les opérations sur
apier et, par conséquent, sur le terrain, d'employer
lignes qui se rencontreraient sous des angles trop
ts ou trop grands. D'ailleurs, les lignes que l'on
e sur le papier, ayant toujours une certaine largeur,
r intersection est dans le fait une petite surface, mais
1tant moindre que le trait est plus fin. J'ajouterai
une légère erreur, commise dans le tracé ou dans
mesure de l'angle, en occasionnerait une grande
le point de recontre cherché, ce qu'il faut éviter
c soin.

)uand par ces procédés on aura construit le plan du
ain que l'on a levé, on pourra y tracer telle figure que
voudra; on en mesurera les côtés au moyen de l'é-
lle qui aura été déterminée, et on en calculera les
faces.

'il s'agit de la construction du plan d'une forêt,
penteur doit se conformer aux dispositions suivantes:
.es plans des séries sont construits à l'échelle d'un
tre pour cinq mille mètres, toutes les fois que les
1pes ont deux hectares et au-dessus.

.es plans des séries dont les coupes contiennent moins
deux hectares, sont rapportés à l'échelle d'un mètre
1r deux mille cinq cents mètres.

.'échelle du plan général doit être une de celles in-
uées pour la construction du canevas trigonométri-
. L'Arpenteur la choisit de manière que le plan,
enté nord-sud, parallèlement aux bords du papier,
sse tenir en entier sur une feuille grand-aigle, soit
longueur, soit en largeur. (*Inst. du 7ᵉ juill.* 1824,
. 60.)

Chaque feuille du plan de la forêt doit, en général,
1tenir une série.

Si l'étendue ou la configuration d'une série est telle
elle ne puisse tenir en entier sur une feulle *grand-*
le, cette série doit alors être divisée, conformément
modèle 5, joint à l'Instruction précitée, en plusieurs
1illes, à moins que quelques parties excédantes ne

puissent, sans confusion, être rapportées sur les *bla*
de la même feuille.

Si deux séries très-petites et contigues peuvent te
sur une même feuille, elles y sont placées; mais chacu
doit recevoir des indications distinctes.

Les coupes sont numérotées par série, et autant q
possible, l'ordre des numéros ne doit pas être interromp
(*Ibid. art.* 63 et 64.)

Pour éviter le retrait que les teintes occasionne
toujours, les plans des séries ne doivent pas être col
riés; un *liseré* seulement en marque les limites, co
formément au modèle n° 5 de l'Instruction du 7 juil
1824. (*Ibid. art.* 67.)

ART. VII. *Dessin des plans.*

L'Arpenteur, après avoir fait le rapport des plans d
séries, construit, en réduisant ces plans et au moy
de la triangulation, un plan général ou tableau d'assen
blage, conforme au modèle n° 4 de l'instruction du
juillet 1824, présentant la circonscription de
forêt, la division en sections et séries, la subdivisi
des séries si elles en sont susceptibles, la division d
coupes, les chemins, les routes, les rivières, les mo
tagnes, et la position des chefs-lieux des commune
ainsi que tous les autres points de la triangulation.

Le plan général présente en outre la désignation d
sections, les numéros et les séries des coupes, les non
les numéros et la largeur des routes.

Les sections (1) doivent être distinguées par des lis
rés différens, et les séries par des teintes plates, de
même couleur que les liserés des feuilles développées.

Un tableau indicatif des séries, dressé sur le côté q
la feuille, indique leur contenance, avec le nombre
l'âge des coupes comprises dans chacune d'elles.

Une série de coupes ne peut faire partie de deux se
tions; elle doit être comprise en totalité dans une sé
tion. (*Inst. du* 7 *juill.* 1824, *art.* 68 et 69.)

_____

(1) On entend par *section* une des grandes divisions de la fo
rêt, et qui peut comprendre une ou plusieurs classes ou triage
La contenance à donner aux sections est arbitraire, et dépen
du plus ou moins d'étendue de la forêt; cependant elle ne pe
excéder quinze cents hectares.

chaque section doit avoir une lettre indicative, et
que série un numéro; indépendamment de ces let-
et numéros, elles sont encore désignées par le nom
lus usité dans la partie de bois qu'elles comprennent.
l'ordre alphabétique et numérique des sections et sé-
doit commencer par le nord, se continuer vers l'est,
ud et l'ouest et allant en spirale, de gauche à droite,
erminer au centre. (*Ibid.*, art. 70.)

chaque série doit présenter, 1° les points trigono-
triques et les principales lignes de construction éta-
s près de son périmètre, avec la longueur de ces
les et la valeur des angles formés par elles;
1° La largeur, le numéro et le nom des routes qui la
versent ou qui la limitent;
L'échelle à laquelle elle a été rapportée;
° Le nom de la forêt et de la section dont elle fait
tie;
° Le nom, la longueur, la largeur, la contenance et
uméro de chaque coupe;
° Enfin, les noms des communes, sections ou séries
l'entourent. (*Ibid.*, art. 71.)

Les écritures doivent être placées de manière à ne pas
re à la netteté des détails; elles sont exécutées con-
mément aux modèles annexés à l'Instruction du 7
llet 1824, et semblablement disposés sur les plans.
bid., art. 72.)

L'Arpenteur, aussitôt après la confection des plans,
ige, par section, un tableau indicatif des coupes dans
forme du modèle n° 7, annexé à l'instruction préci-
, et présentant la situation, le nom, la contenance
l'année de la première exploitation de chacune d'elles.
tête de ce tableau, il donne sommairement la sta-
ique des séries comprises dans la section. (*Ib.*, art 73.)

ART. VIII. *Copies ou expéditions des plans.*

Lorsqu'on veut copier un plan, il faut le *piquer* ou
calquer.

La première opération consiste à poser sur une nou-
lle feuille de papier celle du plan que l'on veut copier,
à la piquer avec une aiguille bien fine dans tous les
ints remarquables du plan situés sur son périmètre
dans son intérieur. On joint ensuite par des lignes
piqûres marquées sur la feuille de papier.

Pour calquer un plan il faut le placer sur une glace

sans tain posée au grand jour, de manière que les l
gnes du plan paraissent à travers le papier bla
appliqué dessus. On peut se borner à marquer seul
ment les points nécessaires pour déterminer le périm
tre et les lignes du plan, ainsi qu'on l'a indiqué ci-de
sus, lorsqu'il s'agit de copier un plan en le piquant, c
bien suivre avec le crayon ce périmètre et ces lign
dans toute leur étendue.

On pourrait, au lieu de piquer le plan minute, ou
le calquer, en faire une copie par les mêmes procéd
que ceux indiqués pour la construction des plan
c'est-à-dire en mesurant les angles et les côtés pour e
faire d'autres qui leur soient égaux, sur la feuille desti
née à recevoir la copie.

Mais si l'on voulait réduire le plan minute à de plu
petite dimension, il faudrait pareillement faire sur l
copie de réduction les angles égaux à ceux de l'origina
en ayant soin de réduire les côtés dans les rapports qu
l'on veut établir entre les dimmensions du plan minut
et celles de la copie de réduction de ce plan.

Lorsqu'il s'agit du plan d'une forêt, les copies ou ex
péditions que l'Arpenteur doit en fournir sont au nom
bre de trois pour les forêts de l'État, et de quatre pou
les bois des communes ou des établissemens publics

Ces expéditions, lorsqu'elles se composent de plu
sieurs feuilles, sont reliées séparément, et forme
des atlas, dont la première page est le canevas trigono
métrique; la seconde, le plan général; la troisième
la première feuille de la première série, etc., etc.

Il est fait le même nombre de copies des procès
verbaux et pièces qui doivent accompagner les plans
Ces pièces, classées et réunies dans l'ordre de leur ré
daction, composent le cahier d'aménagement, Ce ca
hier doit être relié.

Les frais de reliure des expéditions de l'atlas et de
eopies du cahier d'aménagement sont à la charge d
l'Arpenteur (*Ibid.*, art. 74, 75 et 76.)

ART. IX. *Mémoire statistique.*

Le plan de la forêt ou partie de bois doit être accompagné d'un mémoire statistique en forme de procès-
verbal, dressé par les Agens forestiers locaux, et auque
concourt l'arpenteur soumissionnaire; ce mémoire sta

stique doit être conforme au modèle annexé à l'Ins-
uction du 7 juillet 1824, sous le n° 9.

Le mémoire statistique ou procès-verbal, dont
Agent supérieur chargé de la classification a déjà re-
eilli une partie des élémens, indique la situation,
origine et l'étendue de la forêt; les droits quelcon-
es dont elle peut être grevée; les titres sur lesquels
s droits reposent, ainsi que les jugemens qui les au-
ient confirmés; la nature et l'exposition du sol, les
cidens du terrain; les marais, ruisseaux, fontaines,
oulins, usines, maisons, minières, carrières, etc.,
c., les enclaves; l'essence par aire de vent; la na-
re des marchandises les plus usitées, le prix commun
chacune; l'état des fossés, des bornes et des chemins;
s diverses améliorations à faire; le prix des travaux
ins le canton; les lieux ou établissemens de consom-
ation; les rivières voisines, leur nature; les canaux,
s grandes routes ou chemins; à quelle aire de vent se
ouve chaque objet, et sa distance du bois, au moins
ir approximation.

Ce mémoire statistique donne aussi le tableau des
oduits des coupes pendant l'espace de dix années, avec
taux moyen du produit annuel. (*Inst. du 7 juill.* 1824,
t. 77.)

§ II. *Travaux divers.*

On comprend dans ce titre ceux des travaux étrangers
l'arpentage dont l'exécution est confiée au géomètre
hargé de l'aménagement.

Ils se composent :

1° Du tracé des nouvelles routes et du redressement des
nciennes;

2° Du tracé des laies sommières, ou petites routes sur
squelles les coupes viennent aboutir;

3° Du tracé des laies séparatives des coupes de taillis;

4° De l'ouverture des fossés de périmètre et des rou-
s, de ceux destinés à séparer les coupes de futaies ou
e hauts-taillis, et des fossés d'assainissement;

5° Enfin de la fourniture et plantation des bornes,
orsqu'il y a lieu de les substituer aux fossés. (*Ib.,art.* 78.)

ART. 1er *Routes.*

On distingue quatre sortes de routes dans les forêts :
e sont les routes royales, départementales, commu-

nales et forestières. Mais c'est seulement de ces dernières dont on doit s'occuper.

Les routes forestières sont divisées en deux classes :
celles de première classe doivent avoir dix mètres de
largeur, fossés non compris; et les routes de seconde
classe, seulement huit mètres. Celles actuellement existantes, et destinées à faire partie de l'une ou de l'autre
de ces deux classes, qui n'auraient pas les largeurs ci-
dessus indiquées, doivent être rectifiées d'après ces dimensions. Le Géomètre les comprend pour moitié dans
la contenance des coupes qu'elles limitent, dans un tableau particulier, rédigé dans la forme indiquée par le
modèle n° 8, joint à l'instruction du 7 juillet 1824, et
dans lequel il indique le nom, la direction, le numéro,
la longueur, la largeur et la contenance de ces routes.
(*Ib.*, *art.* 79.)

Art. II. *Laies sommières et de séparation des coupes.*

Les laies sommières doivent avoir au moins quatre mètres de largeur.

Il doit être donné deux mètres de largeur aux laies
séparatives des coupes; mais il ne doit en être fait que
dans les bois destinés à être abattus à trente ans et au-
dessous. Toutefois la largeur de ces laies peut être ré-
duite à un mètre pour les bois d'une contenance au-
dessous de cinq cents hectares.

Les laies, comme les routes, sont comprises pour moitié dans la contenance des coupes qu'elles limitent. (*Ib.*,
art. 80.)

Art. III. *Fossés.*

Les fossés de périmètre doivent avoir deux mètres d'ouverture, quinze décimètres de profondeur sous corde,
et quatre décimètres de largeur dans le fond; et ceux des
routes, dix-sept décimètres d'ouverture, treize décimètres
de profondeur et trois décimètres au fond.

Les fossés séparatifs des coupes annuelles sont pratiqués à l'extrêmité et dans la direction des lignes de séparation. Il leur est donné les dimensions ci-après : longueur, trois mètres; largeur, un mètre et demi; profondeur, un mètre; au fond, deux décimètres. Ils doivent
être espacés entre eux de manière qu'en se plaçant à un
fossé on puisse apercevoir celui qui suit immédiatement
à droite et à gauche, et sans cependant qu'ils soient à

e distance respective moindre de quarante mètres.
nst. *du 7 juillet* 1824, *art.* 81.)

ART. IV. *Bornes.*

Si le creusement des fossés est impraticable, il y est
ppléé par des bornes. Celles de périmètre doivent être
llées à quatre faces et arrondies par la tête, et avoir les
mensions suivantes : hauteur, un mètre; largeur d'une
:e, vingt-cinq centimètres; largeur de l'autre face vingt
ntimètres. Elles porteront les numéros relatés au pro-
s-verbal de délimitation.

Les bornes de coupes, quand il convient de les subs-
uer aux fossés, doivent avoir en hauteur, six déci-
ètres; en largeur sur une face, deux décimètres, et
inze centimètres sur l'autre. Elles sont de même ar-
ndies par la tête, et portent les numéros des coupes.
ur espacement est le même que celui des fossés. (*Ib.*
t. 82.)

III. *Paiement de la dépense et vérification des travaux.*

ART. Ier. *Ordre des paiemens des travaux.*

Les paiemens des travaux d'arpentage ont lieu par
nquième, suivant les progrès de l'opération, constas
s par un certificat de l'Inspecteur local, visé par le
onservateur.

Le premier cinquième est payé aussitôt après la rédac-
on du procès-verbal de délimitation, et lorsque les cro-
ais figuratifs des limites y ont été annexés;

Le second cinquième, quand le canevas et le registre
ès opérations trigonométriques ont été remis au Con-
rvateur, et que le Géomètre a fourni le plan géomé-
ique des limites;

Le troisième cinquième, lorsque l'opération est jugée
ux deux tiers;

Le quatrième cinquième, quand le Géomètre a ter-
iné tons les travaux auxquels il s'est engagé par sa
umission.

Enfin, le dernier cinquième, après la vérification,
t lorsque les rectifications ont été faites.

Cependant, lorsqu'il s'agit de travaux peu considé-
ables, la dépense en est payée par moitié seulement,
our ne pas multiplier inutilement les décomptes;
t les époques où les paiemens doivent avoir lieu,

sont déterminés par la soumission du Géomètre

Les autres travaux, tels que le tracé des routes, plantation des bornes, l'ouverture des fossés, etc. sont payés au fur et à mesure de leur exécution. (*Ibid* art. 83, 84 et 85.)

Art. II. *Vérification des travaux.*

La vérification des plans et des autres pièces de l'aménagement doit être faite dans l'année qui en suit la remise ; ce délai passé, il n'y a plus lieu à différer le paiement du dernier cinquième : mais aussi ce délai ne peut servir de prétexte au Géomètre pour se refuser postérieurement à toute vérification et rectification. (*Ib.* art. 86.)

DEUXIÈME SECTION.

Arpentage et Réarpentage des coupes mises chaque année en exploitation.

§ Iᵉʳ. *Arpentage.*

Lorsque les états des coupes à asseoir chaque année ont été approuvés, les Arpenteurs procèdent, d'après les ordres des Conservateurs, à l'arpentage desdites coupes, dans les bois où un aménagement n'en a pas encore déterminé irrévocablement la contenance et les limites. (*Inst. du 23 mars 1821, art. 35.*)

L'arpentage des coupes a lieu avant les martelages, en présence des Agens forestiers et des Gardes de chaque triage, par l'un des Arpenteurs de l'arrondissement auquel il est remis un extrait des coupes à asseoir. Il ne peut mesurer une plus grande ni une moindre quantité d'hectares, dans chaque coupe, que celle portée dans cet état sous tel prétexte que ce soit. Les erreurs de mesure, lorsqu'il en résulte une différence d'un vingtième de la coupe, sont à la charge de l'Arpenteur, qui est passible de tous dommages-intérêts, et peut en outre être privé de sa commission, sans préjudice des poursuites et peines pour malversations, concussion ou abus de pouvoir. (*C. f. art.* 52 et 207, *et Inst. du 9 frimaire an X, art.* 16.)

L'Arpenteur mesure, tant plein que vide, le terrain où la coupe doit être assise, c'est-à-dire, qu'il est tenu de comprendre dans l'étendue mesurée les places dégarnies de bois, les mares, fossés, chemins de traverse,

avenues, de la même manière que les parties boisées;
ais il doit tenir note de leur contenance, pour en faire
ention dans le plan et le procès-verbal d'arpentage,
ayant soin cependant de faire distraction de celle des
ndes routes royales et départementales, s'il s'en
uve dans la coupe à asseoir. (*Inst. du 9 frim. an X, art. 5.*)
L'arpentage des coupes doit, dans tous les cas possi-
es, être fait suivant le mode de *cutellation,* le seul con-
nable et employé aujourd'hui. (*Circ. du 11 vent. an X,*
71.)

Les percées, appelées ordinairement *laies, tranchées,*
utes, et dans quelques arrondissemens, *cliquetis,*
yons et *lisses,* que les Arpenteurs sont obligés de faire,
it pour établir les lignes de construction de leurs plans,
it pour déterminer les limites de la coupe, ne doivent
oir qu'un mètre de largeur, sous peine de révocation
sans préjudice de toutes poursuites en dommages-
térêts. Le bois provenant de ces laies ou tranchées,
nt partie de l'adjudication de chaque coupe, où sont
ndus dans la forme des mêmes marchés, sans que les
rpenteurs ou les Gardes puissent les enlever ou y
rétendre aucune part. (*Ord. régl., art. 75, Arr. de la C.*
cas, du 9 fév. 1811, cah. des ch., Ord, de 1821, art., 63.)

Pour éviter toute confusion, entre les tranchées ou-
rtes pour former les lignes de construction et celles
estinées à fixer les limites des coupes, les Arpenteurs
oivent, pour en faire reconnaître le périmètre d'une
anière positive, les déterminer par des arbres pris
utour de chaque coupe assise. Ces arbres ont différen-
es dénominations, suivant leur position et les parties
u périmètre qu'ils circonscrivent. Ainsi, on appelle
ieds corniers, les arbres qui servent à désigner un angle
igu ou saillant; *tournans* ceux qui se trouvent dans un
ngle rentrant, et *parois* ou *arbres de lisière,* ceux que
on marque dans la longueur d'une ligne, soit entre
eux pieds corniers ou tournans, soit l'un et l'autre;
t lorsqu'il ne se trouve pas d'arbres précisément sur
es angles et sur les lignes, pour servir de *pieds corniers,*
ournans ou *parois,* l'Arpenteur y supplée alors par des
iquets, et emprunte, au-dehors ou dans l'intérieur de
a coupe, les arbres les plus rapprochés, les plus ap-
arens, et les plus propres à servir de *témoins,* et qu'il
ésigne alors comme si effectivement ils étaient placés
ur les angles ou les lignes. L'Arpenteur est tenu de

faire usage au moins de l'un des pieds corniers de la précédente vente. Tous ces arbres sont marqués au pied et le plus près de terre qu'il est possible, du marteau de l'Arpenteur; savoir : les pieds corniers et tournans sur deux faces, dans la direction de la ligne qui est à *droite*, et d'autre dans celle de la ligne qui est à *gauche*, et les parois sur une seule face, du côté et en regard de la coupe qu'ils circonscrivent. Indépendamment de ce martelage, l'Arpenteur fait encore au-dessus de chaque empreinte de son marteau, et dans la même direction, à un mètre de hauteur, une entaille, appelée *miroir* ou *plaqué*, destinée à recevoir l'empreinte du marteau royal. (*Ord. régl.*, art. 76.)

L'Arpenteur dresse ensuite le plan de la coupe ainsi délimitée et mesurée. Ce plan doit être construit à l'échelle de 1 à 2,500, ou à 5,000 et orienté plein nord; il doit indiquer les bornes et leur état, les pieds corniers, tournans et parois, les essences de ces arbres, la distance qui existe entre chacun d'eux, les emprunts qui ont pu être faits, les chemins, rivières, ruisseaux et bâtimens compris dans la coupe, ainsi que les fossés d'écoulement, de desséchement et de clôture, en en désignant l'étendue, de même que celle des terrains vagues à défricher, ou sur lesquels il serait nécessaire de semer des fruits ou graines forestières pour les repeupler, afin que les procès-verbaux de martelage indiquent, d'une manière précise, tous les travaux qui sont à la charge des adjudicataires. (*Ord. régl.*, art. 77, *Inst. du 7 prairial an IX* § 1er, art. 3, *du 9 frim. an X*, art. 5, *Circ. du 11 vent an X*, n° 71.)

L'Arpenteur doit aussi indiquer sur son plan, en lignes ponctuées et cotées, les angles et les côtés mesurés sur le terrain, pour servir à déterminer le périmètre de la coupe; et ce, afin de faciliter le réarpentage de cette coupe, ou les vérifications qui pourraient être ordonnées, ou celles que pourrait faire lui-même l'Arpenteur, qui, au surplus, doit avoir soin de marquer sur le terrain le point d'où il est parti pour lever son plan, car autrement toute vérification deviendrait difficile. (*Ord. régl.* art. 77; *Inst. du 9 frimaire an X*, art. 8, *Circ. du 11 ventôse an X*, n° 71.)

L'Arpenteur dresse de son opération un procès-verbal d'arpentage conforme au modèle fourni par l'Administration. Ce procès-verbal, auquel le plan de la coupe

t annexé, doit indiquer toutes les circonstances né-
ssaires pour servir à la reconnaissance des limites de
dite coupe, lors du récolement. L'Arpenteur garde
inute de l'un et de l'autre, et en remet, avant le 15
in de chaque année, deux expéditions à l'Inspecteur
1 à l'Agent qui en remplit les fonctions dans l'Arron-
ssement. Celui-ci en conserve une, et transmet sans
élai l'autre au Conservateur, qui la garde. (*Ord. régl.,*
t. 77, et Inst. du 9 frimaire an X, art. 11.)

L'Arpenteur joint à l'envoi de ces pièces l'état des
tributions qui lui sont dues, à raison de 2 francs par
ectare, et qui sont à la charge des adjudicataires; et il
soin de distinguer chaque pièce par un numéro, qu'il
ippelle à l'article correspondant dudit état Le Conserva-
ur vérifie ces états partiels, et après les avoir certifiés
t arrêtés, ils sont ensuite acquittés par les Receveurs
es finances, d'après l'ordonnance de délégation, trans-
nise par le Directeur des forêts aux Conservateurs, en-
uite de l'envoi qu'ils lui ont fait desdits états. Indépen-
amment des deux expéditions, des procès-verbaux et
es plans d'arpentage que doit remettre l'Arpenteur à l'A-
ent forestier, chef de service, il doit encore en être fourni
ne à l'adjudicataire et à ses frais, dans la quinzaine de
ou adjudication, en même temps que les expéditions
les actes de vente. Cette expédition et le plan, y com-
ris le droit de timbre, sont payés comptant par l'Adju-
licataire, au secrétariat du lieu de la vente, ou au moins
vant le permis d'exploiter, à l'Arpenteur, à raison de
7 fr. 50 c. pour chaque coupe de dix hectares et au-des-
us, et 5 fr. pour une coupe d'une contenance moindre
le dix hectares. (*Circ. du 16 juin 1806, n. 522, du 12
'vrier 1821, n. 9; Inst. du 24 déc. 1822, art. 17: Cah.
les ch. de l'ord. 1828, art 53.*)

Quant aux frais d'expéditions des procès verbaux et
plans d'arpentage à fournir aux adjudicataires et entrepreneurs des bois communaux ou d'établissemens publics, ils doivent d'après l'art. 107 du Code forestier,
être acquittés par le Gouvernement. Pour l'exécution des
mesures prescrites à cet égard et pour la régularité de la
comptabilité, les adjudicataires ou entrepreneurs desdites coupes sont tenus de constater la remise des actes
dont il s'agit par leurs signatures sur les mémoires dressés par les Arpenteurs. Mais l'Administration, afin d'é-
viter les difficultés et retards dans le paiement desdits
frais, a prescrit aux Agens chefs de service de remettre

ces expéditions, en même temps qu'ils délivrent le permis d'exploiter, et de faire apposer la signature des adjudicataires ou entrepreneurs sur les mémoires que les Arpenteurs doivent dresser séparément par chacun des arrondissemens où ils ont procédé à l'Arpentage des coupes, et qu'ils sont tenus d'adresser, avec les expéditions desdits procès-verbaux et plans, à ces chefs de service. (*Circ. du 3 septembre 1832, n. 316.*)

§. II. *Réarpentage.*

Le réarpentage est la vérification qui se fait du premier arpentage de la coupe. Cette opération doit avoir lieu avant celle du récolement, dans les trois mois qui suivent le jour de l'expiration des délais accordés pour la vidange des coupes, sous les yeux d'un des Agens forestiers de l'arrondissement de la situation des bois et du garde particulier du triage, et il doit y être procédé par un Arpenteur forestier, désigné à cet effet par le Conservateur, et qui ne peut être le même que celui qui a fait l'assiette ou l'arpentage de la coupe; mais en présence de ce dernier ou lui dûment appelé. (*C. F.*, art. 47; *Ord. régl.*, art. 97, et *Inst. des 9 frimaire an X*, art. 9 et 10; et 23 *mars* 1821, art. 45.)

L'Adjudicataire ou son cessionnaire est tenu d'assister au réarpentage : il lui est, à cet effet, signifié au moins dix jours d'avance, au domicile élu par lui, et à défaut d'élection de domicile, au secrétariat de la sous-préfecture, un acte contenant l'indication du jour où doit se faire le réarpentage. (*C. F.*, art. 27.)

L'Adjudicataire a le droit d'appeler un Arpenteur de son choix pour assister aux opérations du réarpentage; mais à défaut par lui d'user de ce droit, et de se trouver sur les lieux, ou de s'y faire représenter, le procès-verbal de réarpentage n'en est pas moins réputé contradictoire. (*Ibid.*, art. 48 et 49.)

Mais si dans les trois mois, ainsi qu'il vient d'être dit, il n'a pas été procédé au réarpentage, les Adjudicataires peuvent mettre en demeure l'Administration par acte extra-judiciaire, signifié à l'Agent forestier local, et si dans le mois après la signification de cet acte, l'Administration n'a pas procédé à cette opération, l'adjudicataire demeure libéré. (*Ibid.*, art. 47.)

Lorsque l'Adjudicataire est présent ou représenté à l'opération du réarpentage, lui ou son fondé de pouvoir

ꝑne le procès-verbal qui en est dressé, et s'il s'y ꝑe-
se, il en est fait mention. L'Arpenteur est tenu de
ꝑindre copie, sur papier timbré, de la citation qui a
ꝑ être signifiée à l'Adjudicataire, et dont il a été fait
ꝑention ci-dessus. (*Cah. des ch. de l'ord.* 1828, *art.* 76.)
L'Arpenteur chargé du réarpentage d'une coupe,
ꝑant en main le plan et le procès-verbal du premier
ꝑpentage, reconnaît le nombre et l'identité des arbres
ꝑassiette, des pieds corniers, tournans et parois, énon-
ꝑs au procès-verbal d'arpentage; il vérifie ensuite
ꝑuverture des angles et la longueur des lignes cotées,
ꝑr le plan d'assiette; et après avoir fait le calcul, il
ꝑnonce dans un procès-verbal, rédigé conformément
ꝑu modèle fourni par l'Administration, la quantité
ꝑhectares, ares et centiares que contient la coupe réar-
ꝑentée; comparant ensuite cette quantité avec celle du
ꝑremier arpentage, s'il se trouve une différence, soit
ꝑn plus, soit en moins de mesure, il en fait une men-
ꝑion précise. Si l'Arpenteur trouve quelqu'entreprise ou
ꝑutre-passe au-delà des pieds corniers, il doit la me-
ꝑurer, en faire la déscription exacte dans son procès-
ꝑerbal, et la distinguer dans le plan qu'il dresse de son
ꝑpération. (*Inst. du* 9 *frimaire an X, art.* 10.)

Le plan de réarpentage d'une coupe doit être levé
ꝑl'après le même mode et à la même échelle que celui
ꝑlu premier arpentage. (*Circ. du* 11 *vent. an X, n°* 71.)

L'Arpenteur y indique la position des bornes, et par
ꝑce signe O, celle approchée de chaque arbre d'un mètre
ꝑsoixante-deux centimètres (cinq pieds) de tour et au-
dessus, et il désigne l'essence de ces arbres par les couleurs ci-après; savoir:

Les chênes en *rouge*,
Les hêtres en *vert*,
Les ormes en *bleu*,
Les frênes en *violet*,
Les charmes et autres essences en *jaune*.

Il doit aussi indiquer dans ce plan la position des bornes. (*Instruct. du* 9 *frimaire an X, art.* 10.)

L'Arpenteur est tenu de remettre avant le premier novembre de chaque année deux expéditions de son procès-verbal et de son plan à l'Inspecteur. Celui-ci en conserve une et transmet sans délai l'autre au Conservateur. (*Ib., art.* 11.)

L'Arpenteur joint à l'envoi de ces pièces l'état des rétributions qui lui sont dues à raison de 1 fr. 5o. c. par hectare, qui sont à la charge des adjudicataires, et sont payées de la même manière qu'il a été dit ci-dessus pour les opérations d'arpentage (*Circ. du 3 juin 1803, n. 84*).

Les Arpenteurs, je le répète, sont passibles de tous dommages-intérêts par suite des erreurs qu'ils ont commises, lorsqu'il en résulte une différence d'un vingtième de l'étendue de la coupe, sans préjudice des poursuites ou peines dont ces Préposés seraient passibles d'ailleurs, pour malversations, concussions ou abus de pouvoir. (*C. F.*, *art. 52. et 207.*)

CHAPITRE XII.

Opérations forestières concernant les coupes de bois et autres objets de service.

PREMIÈRE SECTION.

Bois de l'Etat.

§ 1er *Coupes ordinaires.*

ART. 1er *Assiettes.*

Chaque année, les Conservateurs adressent au Directeur les états des coupes ordinaires à asseoir, conformément aux aménagemens, ou selon les usages actuellement observés dans les forêts qui ne sont pas encore aménagées. (*Ord. régl. art. 73.*)

Ces états sont actuellement soumis à l'approbation du Directeur des forêts. (*Ord. du 10 mars. 1831, art. 1.*)

Depuis la promulgation du C. F. et de l'ordonnance du 1er août 1827, rendue pour son exécution, la rédaction des états d'assiette a été soumise à de nouvelles formalités, résultant des dispositions du Code et de l'ordonnance réglementaire, notamment en ce qui concerne les délivrances à faire aux usagers dans les *bois de l'Etat.* Jusqu'à cette époque ces délivrances n'ont pû être toutes comprises dans les états d'assiette, parce qu'aucun terme n'était alors assigné aux usagers pour former leurs demandes, et qu'ils les adressaient partiellement et à des époques très variées, ce qui obligeait les Agens et l'Administration à les traiter par des rapports spéciaux. L'ordonnance réglementaire a apporté une amélioration sensible à cet état de choses par les dispositions de ses articles 122 et 125.

Relativement aux états d'assiette des coupes *de bois*
s *communes et des établissemens publics*, ils doivent être
digés, après que les formalités prescrites par les art.
i1 et 142 de l'Ordonnance précitée ont été remplies.
est donc nécessaire que les Agens forestiers s'assurent,
ant de dresser les états d'assiette, de l'intention où
nt les propriétaires de ces bois d'employer tout ou
artie des coupes qui doivent leur être délivrées, afin
ue ces états en fassent mention.

Voici au surplus, en résumé, les dispositions arrêtées
ar l'Administration pour la rédaction et l'envoi des
tats d'assiette des coupes.

Art. 1er. Chaque année, aussitôt après la clôture des
entes, les Agens forestiers chefs de service doivent
'occuper activement de la rédaction de l'état d'assiette,
t l'adresser en double minute au Conservateur. Cet
tat doit être conforme au modèle fourni par l'Admi-
istration, des coupes ordinaires et extraordinaires à
sseoir dans les bois de l'Etat de leur arrondissement,
t un pareil état aussi en double minute pour les bois
les communes et des établissemens publics.

Le modèle de l'état d'assiette, des coupes des bois
lomaniaux est dressé par arrondissement communal ; il est divisé en vingt-six colonnes destinées à
aire connaître : 1° le numéro d'ordre des coupes à
sseoir ; 2° la situation des bois où elles sont assises, en
indiquant l'arrondissement communal et les communes;
3° les noms des forêts ; 4° leur contenance totale ; 5° les
noms des cantons dont se compose chaque série d'aménagement ; 6° la contenance de chaque série ; 7° l'essence dominante; 8° les dates des actes qui règlent les
aménagemens ; 9° la révolution de l'aménagement, en
indiquant le nombre de coupes et d'années ; 10° l'âge
des bois au moment de l'exploitation ; 11° le numéro
des coupes ; 12° la contenance des coupes ordinaires en
taillis et futaies, en indiquant pour ces dernières les
coupes préparatoires et les dernières; 13° les arbres à
exploiter en jardinant ou par éclaircie, en distinguant
les feuillus des résineux et indiquant pour chacune de
ces essences, le nombre des arbres et leur produit approximatif en stères ; 14° les coupes extraordinaires, en
indiquant la date des Ordonnances qui les autorisent,
la contenance dont l'exploitation est autorisée, le
nombre des coupes de l'exploitation, le numéro des

coupons à exploiter et la contenance du coupon; 15° enfin les observations qui peuvent être nécessaires.

Le modèle de l'état d'assiette des coupes des bois des communes et des établissemens publics est dressé, comme celui des coupes des bois domaniaux, par arrondissement communal; il est divisé en vingt-quatre colonnes destinées à faire connaître : 1° le numéro d'ordre des coupes à asseoir; 2° l'arrondissement communal où les bois sont situés; 3° les noms des communes ou établissemens propriétaires des bois; 4° la contenance totale des bois ; 5° la quantité mise en réserve; 6° celle restant en coupes réglées; et 7°, 8°, 9° et 10° indiquant, comme pour les coupes domaniales, l'essence dominante, la date des actes qui ont réglé l'aménagement, la révolution des aménagemens et l'âge des bois au moment de l'exploitation ; 11° l'âge des quarts de réserve; 12° les coupes ordinaires, en indiquant le numéro des coupes, le nombre d'hectares de taillis à vendre et à délivrer, celui des arbres à exploiter en jardinant, à vendre et à délivrer ; 13° les coupes extraordinaires et de quarts en réserve, indiquant, comme pour celles des bois domaniaux, la date des Ordonnances qui les autorisent, la contenance dont l'exploitation est autorisée, le nombre des coupons, le numéro et la contenance du coupon à exploiter; 14° les arbres à exploiter en jardinant; et 15° enfin les observations qui peuvent être nécessaires.

Ces états doivent être additionnés pour chaque arrondissement communal, et récapitulés par département et par conservation; les centiares ne sont point compris dans l'indication de la contenance des bois et des coupes. (*Circ. des 8 janvier* 1828 *et* 1832, *n.* 164 *et* 292.)

Le Conservateur vérifie ces états, et il en forme deux états généraux, l'un pour les bois domaniaux, et l'autre pour les bois des communes et établissemens propriétaires, qu'il envoie en double minute à l'Administration avant la fin du mois de janvier de chaque année.

Art. 2. Pour l'exécution de l'article précédent, les Agens forestiers ont soin de réunir à l'avance tous les élémens qui doivent entrer dans la composition des états qu'ils ont à fournir.

Ils se font remettre par les usagers et par les Maires des communes usagères, avant le 1er février, les devis constatant les besoins desdits usagers. Ces devis sont

crifiés immédiatement après par les Agens locaux,
ui s'expliquent sur les réductions qui peuvent être
iites, et sur le nombre de stères à délivrer et la quan-
té d'arbres nécessaire pour produire ce nombre de
ères, le tout eu égard à la possibilité des forêts.

Les devis sont produits à l'appui dudit état.

Art. 3. Postérieurement à l'envoi des états d'assiette,
ucune coupe ordinaire ou extraordinaire dans les bois
e l'État ne peut avoir lieu que pour l'ordinaire suivant,
i ce n'est pour cause d'urgence.

Art. 4. Les Agens forestiers chefs de service se font
galement remettre, avant le 1er février, par les Maires
es communes, la déclaration de l'intention où sont
es communes de vendre ou de partager en nature tout
u partie de leurs coupes, et celle de l'intention où
lles seraient de cumuler les coupes en tour d'exploi-
ation avec celles non vendues cu non délivrées de
ordinaire précédent.

Art. 5. Les mêmes dispositions sont observées à
'égard des établissemens publics relativement à la quan-
ité de bois, tant de chauffage que de construction, né-
essaire à leur consommation, et qui doit être délivrée
ar l'Adjudicataire de la coupe, à moins que ces éta-
lissemens n'aient demandé toute la coupe.

Art. 6. L'art. 3 est applicable aux coupes des com-
nunes et des établissemens publics.

Art. 7. L'état d'assiette des coupes de bois doma-
iaux comprend tous les bois de cette catégorie, sans
listinction de ceux dans lesquels il n'est point fait de
:oupes pour l'ordinaire courant, et il indique pour
:haque bois les diverses séries d'aménagement et les
:oupes à exploiter dans chaque série.

Art. 8. Les coupes sont inscrites dans l'ordre suivant:

1° Les coupes non vendues; 2° les coupes en tour
d'exploitation; 3° les coupes à délivrer en nature à titre
d'affectation et d'usage; 4° les coupes extraordinaires
autorisées.

Si les Agens pensent que le cumul des coupes non
vendues de l'ordinaire précédent avec celles qui arrivent en tour d'exploitation puisse nuire à la vente, ils
proposent, par une note à la colonne d'observations,
de retarder la mise en adjudication d'un nombre égal
de coupes parmi ces dernières.

Ils font connaître, à l'égard des forêts grevées d'usage

en bois, le nombre de stères de bois à délivrer par le Adjudicataires aux usagers et aux possesseurs d'affectations, toutes les fois que ce mode de délivrance doit avoir lieu.

ART. 9. L'état d'assiette porte pour chaque arrondissement communal, et par coupe ou lot de coupe, un numéro d'ordre indicatif du nombre d'articles à vendre ou à délivrer en nature dans l'arrondissement.

ART. 10. Les additions sont faites par arrondissement, et il est fait de plus une récapitulation des arrondissemens pour chaque département, et une autre pour toute la conservation.

On ajoute à la récapitulation générale, des observations succintes sur les différences qui peuvent se trouver, d'un ordinaire à l'autre, dans la contenance des bois et dans celles des coupes, par suite des découvertes, partages, échanges, cantonnemens, aliénations, et de toute autre cause.

ART. 11. Les dispositions des trois articles précédens s'applique à la rédaction de l'état d'assiette des coupes de bois des communes et des établissemens publics.

ART. 12. Les Conservateurs, lorsque les états d'assiette leur ont été renvoyés approuvés par le Directeur des forêts, désignent ou font désigner par les Agens forestiers les *arbres d'assiette*, qui doivent servir de point de départ pour l'arpentage des coupes : ces arbres doivent être, autant que possible, un des pieds corniers de l'ancienne vente. Il est dressé procès-verbal de cette opération. Les Conservateurs font aussi procéder aux opérations d'arpentage, de balivage et de martelage des coupes. (*Ord. régl. art. 74 et 76; Inst. du 23 mars 1821, et art. 34 et 91. Circ. du 8 janv. 1828, n° 164.*)

Cette instruction n'ayant point produit tous les résultats qu'on devait en attendre, parce qu'en général l'esprit dans lequel elle a été faite n'a pas été bien saisi, l'Administration a jugé nécessaire de donner des explications sur des détails que la dite instruction ne faisait qu'indiquer.

Ainsi les colonnes n°s 2 à 11 de l'état des bois domaniaux indiquent l'arrondissement communal et les Communes de la situation des bois, leurs noms, leur contenance totale, les noms des cantons de chaque série d'aménagement, la contenance de chaque série, l'essence dominante, les dates des actes qui règlent les aménage-

iens et la révolution de l'aménagement, en faisant
)nnaître le nombre de coupes et d'années qu'elle com-
rend. Ces colonnes, comme on le voit, sont destinées
:établir ce qu'on peut appeler le signalement de chaque
prêt, et, d'un ordinaire à l'autre, ne doivent présen-
:r de différences que celles qui peuvent résulter de
iodifications régulièrement autorisées dans le mode
récédemment adopté pour les exploitations, ou de
:ctifications de contenances qui doivent toujours être
iotivées dans la colonne d'observations, de manière à
iire toujours connaître la cause des différences que pré-
:nte l'état soumis à l'approbation de l'Administration
vec celui de l'ordinaire précédent, soit qu'elles résul-
:nt d'aliénations, soit qu'elles se trouvent, ainsi qu'on
ient de le dire, le résultat de rectifications dans les con-
:nances.

C'est ce qu'indiquait l'article 10 de l'instruction du 8
mvier 1828, mais qui a été négligé par un grand nombre
'Agens.

Souvent aussi, à défaut de documens positifs, et quel-
uefois par suite de la difficultés des localités, on s'est
lispensé de remplir la 7ᵉ colonne de l'état. (*La conte-
iance de chaque série d'aménagement*) Cependant un Agent
'orestier ne peut baser ses propositions d'assiette sans
ivoir, au moins par la pensée, divisé fictivement en
ections et séries la contenance totale sur laquelle il
ipère, et, d'après l'habitude qu'il doit avoir des éva-
uations de l'espèce, les différences ne peuvent pas être
:onsidérables, même pour les localités les plus difficiles.

Il arrive également qu'on prend dans le chiffre indi-
:atif de la contenance boisée l'étendue de vagues im-
iortans ou de terrains réduits en pâturages par une cause
quelconque; il en résulte nécessairement, aux yeux de
'Administration, une disproportion choquante entre
.es propositions et les contenances sur lesquelles elle de-
rait naturellement penser que les Agens avaient opéré.
Les colonnes n° 6 et 7 de l'état (*Les noms des cantons et
la contenance de chaque série d'aménagement*) donnent la
facilité de faire connaître les parties à déduire de la
contenance boisée, et il est essentiel que ces déduc-
tions aient lieu toutes les fois que le cas s'en présente,
en en relatant l'étendue, pour chaque section ou série,
immédiatement au-dessous du chiffre qui indique la
quantité boisée, de manière que la réunion des deux

donne toujours le total de la série. Il est bien entendu que cette distraction ne se fait que pour les vides d'une certaine importance, et de nature à influer sur les exploitations ordinaires.

Les dénominations portées dans les 4ᵉ et 6ᵉ colonnes (*Les noms des forêts et des cantons dont se compose chaque série d'aménagement*) ont souvent varié dans quelques Conservations, et il en est résulté une confusion par suite de laquelle il était difficile ou même impossible de reconnaître à quelle forêt appartenaient les indications de l'état.

Cette confusion s'est principalement fait remarquer pour les forêts exploitées en futaie d'après la méthode des éclaircies, à l'égard desquelles les Agens se contentaient de porter dans la colonne n° 6, le nom seul du canton ou triage particulier, dans lequel la coupe devait être assise.

Pour obvier à l'inconvénient qui vient d'être signalé, il faut avoir soin de réunir par une accolade toutes les séries d'aménagement dépendant d'une même forêt et par d'autres accolades placées en sens inverse tous les cantons qui dépendent d'une même série. La première de ces accolades doit se rattacher au total de la forêt, et la seconde au total de la série: on doit avoir soin aussi de ne jamais changer, d'une année à l'autre, les indications dans la colonne n° 6, lesquelles, dans tous les cas, doivent mentionner les différens cantons qui sont compris dans une même série ; il suffit de marquer d'un astérique celui en exploitation.

On porte souvent avec trop de légèreté l'indication des essences demandée par la colonne n° 8 ; c'est cependant d'après elle seule que l'attention de l'Administration peut être appelée sur le traitement appliqué à chaque forêt, et qu'elle peut veiller à ce que les exploitations soient appropriées à la qualité des bois, et il est bon qu'à la désignation de l'essence dominante, on ajoute l'indication de celles avec lesquelles elle se trouve mélangée en plus forte proportion.

Plusieurs Conservateurs ont pensé que les colonnes nᵒˢ 10 et 11 (*La révolution de l'aménagement indiquant le nombre de coupes et d'années qu'elle comprend*) ne devaient être remplies que pour les forêts à l'égard desquelles il existait des actes réguliers d'aménagement, et ils y ont été conduits par l'existence des 13ᵉ et 14ᵉ co-

nnes du précédent modèle ; c'est pour éviter la confu-
on et le peu de clarté qui résultaient de cet état de choses
ie ces deux dernières colonnes ont été supprimées, et
is 10° et 11° restent seules maintenant pour recevoir
mdication du mode d'exploitation adopté pour chaque
ois. La colonne n° 9 fait suffisamment connaître si ce
iode est réglé par un acte ou seulement par l'usage.

Quant aux futaies qui s'exploitent en jardinant ou par
claircie, il suffit de porter dans la 11° colonne l'âge
ioyen de maturité sur lequel l'exploitation des arbres
st réglée.

Comme on a remarqué que très-souvent l'âge réel de
a coupe au moment de l'exploitation différait de celui
ixé par l'aménagement fictif ou régulier, la colonne n°
2 a été consacrée à l'indication de l'âge de toutes les
:oupes portées sur l'état d'assiette, quel que soit l'amé-
iagement. Pour les coupes de taillis sous futaie, il suffit
l'indiquer l'âge du taillis.

A partir de la 11° colonne commence la partie varia-
ile de l'état d'assiette ; là doivent se trouver fidèlement
représentées la nature et l'importance des exploitations
à faire dans chaque forêt, soit dans l'ordre ordinaire ,
soit extraordinairement.

L'introduction de la méthode des éclaircies, pour le
traitement des futaies pleines , et le besoin indispensable de régulariser les produits, ont fait sentir la nécessité
d'approprier le cadre de l'état aux renseignemens qu'il
est destiné à fournir. Les motifs des changemens que
l'ancien modèle a subis vont être successivement ex-
pliqués.

Il est inutile d'appuyer sur la nécessité de remplir la
colonne n° 13 (*le n° des coupes*) toutes les fois qu'il y a
possiblité de le faire ; c'est non-seulement un moyen de
contrôle , mais encore un avertissement forcé, pour les
Agens, de ne pas s'écarter des règles tracées par les
aménagemens.

La colonne n. 14 (*Les nature et contenance des coupes
ordinaires de taillis*) doit représenter exactement le produit de la division du nombre d'hectares dont se compose chaque section ou série, par le nombre d'années
fixé pour la révolution des coupes; toute dérogation à
cette exactitude de chiffres doit être motivée dans la
colonne d'observations, qui doit en outre faire connai-

tre pour tous les bois, si les aménagemens sont exécutés sur le terrain.

La 15ᵉ colonne est destinée à recevoir l'indication des
coupes préparatoires de futaies, telles que nettoiement
de bois tendres, éclaircies de bois durs se trouvant dans
un état trop serré, etc., etc., qui s'opèrent dans les futaies pleines, quelle que soit d'ailleurs la méthode d'exploitation qui y est appliquée.

Il est bien entendu qu'il ne s'agit ici que de celles de
ces coupes en tour d'exploitation, d'après l'ordre d'a-
ménagement, puisque toutes les autres rentrant dans les
catégories des coupes extraordinaires, doivent être préalablement autorisées par des ordonnances.

Dans la colonne 16, doivent être portées les dernières coupes de futaie, appelées d'ensemencement, secondaires et définitives : la colonne d'observations en
indique toujours l'espèce ; et comme l'époque des deux
dernières ne peut pas être fixée par l'aménagement d'une
manière absolue et tout-à-fait invariable, attendu qu'elles
dépendent, les unes de l'abondance des semences, et
les autres, de l'état du repeuplement naturel, on fait
connaître en même temps, à l'égard de chacune d'elles,
l'époque de l'exploitation de celle qui l'a précédée, c'est-
à-dire, s'il s'agit de coupes secondaires, à quelle époque la coupe sombre d'ensemencement a été exécutée,
et, s'il s'agit de coupes définitives, à quelle époque ont
été faites les coupes secondaires ; et, afin que l'Administration soit certaine que le mode d'exploitation a été
bien compris par les agens, la colonne d'observations
doit indiquer le motif qui a déterminé la proposition ;
quelques mots suffiront pour donner cette explication.

Dans cette même colonne, doivent être portées celles
des coupes de futaie appartenant encore à la méthode
d'exploitations à tire et aire, qui se font dans un ordre
régulier et seulement par contenance, comme s'il s'a-
gissait de taillis sous futaie. Les vices de ce système
d'exploitation doivent être aujourd'hui généralement
sentis, mais des martelages bien dirigés peuvent en atténuer les effets, tout en conservant l'ancien ordre
de coupes jusqu'à ce qu'il soit possible de le changer sans
inconvéniens ; et pour mettre l'Administration à même
de juger si en effet on applique de bons principes de culture forestière, il est essentiel d'indiquer sommairement, dans la colonne d'observations, le nombre ap-

oximatif des réserves qui doivent être marquées sur
aque coupe de cette nature, et dans quel esprit elles
ront choisies.

Les 17ᵉ, 18ᵉ, 19ᵉ et 20ᵉ colonnes (*les arbres à exploi-
en jardinant ou par éclaircie, dans les bois feuillus et
les résineux, en indiquant leur nombre et leur produit
proximatif en stères*) sont réservées aux futaies qui
s'exploitent pas par contenance, soit qu'elles se
ouvent soumises à la méthode du jardinage propre-
eut dit ou à celle des éclaircies.

La seule indication du nombre d'arbres à exploiter de
tte manière ne pouvait pas fournir une donnée exacte
ir l'importance réelle de la coupe : la connaissance
ule du nombre de stères qu'elle doit fournir serait
ffisante, si la possibilité de toutes les forêts se trou-
it évalué de cette manière, après un inventaire ré-
lier; mais pour les localités nombreuses où subsiste
core le mode vicieux d'évaluation des coupes en
ombre d'arbres, la double indication demandée par
ls colonnes ci-dessus numérotées était indispensable;
t, comme il arrive dans ce mode d'exploitation qu'il
a nécessité de comprendre dans la coupe une quantité
uelquefois assez considérable de jeunes sujets viciés,
faut, dans le cas où le nombre des arbres à exploiter
eut paraître hors de proportion avec le produit indi-
ué en stères, prévenir la remarque qui en serait iné-
itablement faite par une courte explication dans la co-
onne d'observations. (*Circ. du 8 janvier* 1832, *n.* 292.)

Les observations qui précèdent ne s'appliquent pas
ux baliveaux anciens et modernes existans sur les
oupes en tour d'exploitation, et qui, reconnus *dépé-
issant*, ou hors d'état de prospérer jusqu'à une nouvelle
révolution, peuvent être abattus en vertu de l'approbation de l'état d'assiette. Le nombre ni les espèces de
ces arbres ne peuvent être portés sur les états d'assiette,
puisque ce n'est qu'après le balivage et le martelage que
les Agens ont pu les reconnaître. Il suffit donc d'énoncer dans la colonne d'observations que ces arbres seront compris dans les ventes et délivrances des coupes.
(*Circ. des* 7 *mars et* 19 *avril* 1828; *nᵒˢ* 178 *et* 173.)

Les colonnes nᵒˢ 21, 22, 23, 24 et 25 (*les coupes extraordinaires, avec l'indication des dates des Ordonnances
qui les autorisent, la contenance dont l'exploitation est autorisée, le nombre des coupons de l'exploitation, le numéro*

et la contenance du coupon à exploiter) sont destinées à recevoir l'indication des coupes extraordinaires : on y porte non-seulement celles autorisées, mais encore celles proposées ou dont la proposition doit être faite assez à temps pour que ces coupes puissent être vendues avec l'ordinaire pour lequel l'état est présenté. Dans ces deux derniers cas, la date de l'Ordonnance est remplacée par ces mots : *En projet*, et la colonne d'observations fait connaître la date des rapports adressés ou l'époque présumée à laquelle ils peuvent arriver à l'Administration.

Il est inutile de faire observer que les coupes ainsi indiquées pour mémoire ne peuvent être exploitées qu'après avoir été spécialement autorisées conformément aux réglemens, et qu'à leur égard l'approbation de l'état d'assiette ne peut avoir aucun effet, le but de l'Administration étant seulement de réunir dans un seul cadre la masse des exploitations de toute nature à faire pour un même ordinaire.

Quelques Conservateurs ont encore porté séparément, par inspection ou département, les différentes natures de coupes rappelées par l'article 8 de l'Instruction du 8 janvier 1828 (*voir ci-dessus, page* 197); il est donc nécessaire d'expliquer que les dispositions que renferme cet article doivent être appliquées à chaque forêt en particulier, afin qu'il soit possible de saisir d'un seul coup-d'œil l'ensemble des exploitations qui doivent s'y faire, à tel titre que ce soit.

L'instruction susdatée, en prescrivant d'additionner l'état d'assiette par arrondissement communal, a laissé aux Conservateurs la faculté de porter les forêts dans l'ordre qui leur paraîtrait le plus convenable. Il est essentiel, pour la facilité des vérifications et pour la régularité du travail, que cet ordre une fois adopté ne change plus d'un ordinaire à l'autre, et il est expressément recommandé de ne pas s'en écarter.

Le désir de faire figurer sur l'état d'assiette l'importance exacte de la desserte des droits d'usage avait porté l'Administration à reculer jusqu'au 1er mars l'envoi des états d'assiette. Cette production tardive a occasionné plusieurs inconvéniens; d'abord, de presser le travail de vérification dans les bureaux, au point de nuire sensiblement aux résultats qu'il doit produire; en second lieu, de retarder les opérations de balivage

t martelage , jusque dans la saison où elles se font
vec le plus de gêne pour les Agens, et le moins d'avan-
ages pour le bien de la chose ; enfin , de laisser passer
ans observations beaucoup de propositions qui en au-
aient été susceptibles , ou de ne les faire que tardive-
nent , faute d'avoir eu le temps de demander des ex-
lications préalables. Il résultait aussi de cet état de
hoses que les ventes de coupes se trouvaient généra-
ement reculées, au point de retarder les exploitations
l'une manière préjudiciable à tous les intérêts.

Ces inconvéniens peuvent disparaître, et l'art. 123
le l'Ordonnance réglementaire du 1ᵉʳ août 1827 rece-
roir également son exécution, en annotant seulement
ur l'état d'assiette l'importance présumée des déli-
rrances à faire aux usagers, et en produisant plus tard,
pour fixer le chiffre exact de ces délivrances, un état
particulier appuyé des devis et des procès-verbaux de
vérifications.

. Les détails d'exécution des mesures qui viennent
l'être indiquées donnent lieu aux dispositions suivantes :

Les Conservateurs doivent s'occuper activement de
la rédaction de l'état d'assiette aussitôt après la clôture
les ventes, afin que cet état puisse parvenir à l'Administration *avant la fin du mois de janvier* de chaque année.
Ils doivent annoter, sur cet état, la quantité approximative de stères de bois à délivrer aux usagers, et
donner, d'ailleurs, toutes les indications qui leur sont
demandées par les Instructions qui ont précédé celle du
8 janvier 1832, tant sur la nature des droits que sur la
position des usagers et sur le mode de leur jouissance.

Ils adressent, pour l'époque du 1ᵉʳ juin suivant, un
état en double expédition, rappelant le nom de la forêt,
le numéro sous lequel la coupe grevée est portée dans
l'état d'assiette, sa nature et sa consistance; cet état doit
donner, sur les devis et sur les vérifications, tous les
détails que ces objets peuvent comporter; une dernière
colonne fait ressortir, pour chaque usager, le total net
de la délivrance à lui faire, et les Conservateurs ne doivent pas perdre de vue que la formation de cet état n'est
pas pour eux une simple affaire de forme, et qu'ils
doivent porter l'investigation la plus scrupuleuse sur
l'application des titres, sur les droits personnels des
usagers, et sur les vérifications; enfin, ils doivent toujours tendre à empêcher que l'exercice d'un droit d'u-

sage n'absorbe le produit intégral des coupes, le propriétaire ne devant jamais rester sans jouissance.

Les instructions qui précèdent et qui sont relatives à la rédaction de l'état des coupes à asseoir dans les forêts domaniales, s'appliquent également aux bois des communes et des établissemens publics.

Jusqu'à présent, et conformément à l'instruction du 8 janvier 1828, on ne portait sur l'état d'assiette que ceux des bois de cette catégorie dans lesquels des coupes devaient être assises ; il est résulté de cette disposition des omissions nombreuses, que l'Administration ne pouvait pas relever sans se livrer à des vérifications pour lesquelles le temps manquait toujours ; l'article 7 de l'instruction susdatée est donc, à l'avenir, applicable aux bois de toutes catégories.

Les Conservateurs doivent avoir soin d'indiquer, toutes les fois que cela est nécessaire, les motifs pour lesquels il y a absence de proposition de coupe, et se rappeler que leurs propositions doivent être faites d'office, sans attendre, ainsi que plusieurs sont dans l'usage de le faire, les demandes des Maires des communes ou des Administrateurs des établissemens publics qui doivent se borner à désigner les coupes ou portions de coupes à vendre et celles à délivrer. Ils doivent, au surplus, veiller à la stricte exécution des articles 15 et 16 du Code, et 71 de l'ordonnance réglementaire du 1er août 1827, qui en développe les dispositions.

Quelques Agens forestiers se sont permis de changer l'aménagement des forêts, sous le prétexte d'en améliorer le système, et ne suivant que leurs vues particulières, ils ont ainsi interverti l'ordre des coupes à l'aide de propositions qu'ils glissent dans les états d'assiette, et qui échappent alors au contrôle de l'Administration.

La responsabilité personnelle des Conservateurs et celle des Agens chefs de service dans les inspections, sont intéressées à mettre fin à un abus qui porte le désordre dans les forêts : et ils sont prévenus que l'approbation donnée à l'état d'assiette, ou toute autorisation qui serait en opposition avec les articles du Code et de l'Ordonnance ci-dessus cités, ne feraient pas cesser cette responsabilité, puisqu'elles seraient illégales, et par conséquent, le résultat d'une erreur.

Toutes les fois qu'il y a lieu à coupe extraordinaire,

ù qu'un changement dans l'aménagement d'une forêt araît utile, les Conservateurs doivent en faire la proposition par un rapport spécial ; et , jusqu'à ce qu'une rdonnance soit intervenue, tout commencement d'eécution doit être interdit.

L'Administration ne saurait trop insister sur le soin ue réclame la rédaction des états d'assiette , et sur la écessité d'adresser ce travail pour l'époque qui a été xée ci-dessus page 205, et elle compte qu'on s'évitera, insi qu'à elle, le désagrément des lettres de rappel ou le renvoi. (*Circ. du 8 janvier* 1832, *n.* 292.)

C'est ici le cas de faire observer que l'Administration plusieurs fois appelé l'attention des Conservateurs ur la nécessité de mettre les lots de coupes à la portée le toutes les classes de marchands de bois , et par conéquent, sur celle de faire diviser en deux ou trois lots, ors de l'assiette des coupes, toutes celles qui sont d'une rop haute valeur pour attirer la concurrence, sans réciser d'une manière absolue le taux d'estimation qui eut servir de guide pour les cas où il y a lieu à diviion, l'Administration a pensé qu'on devait en général viter de mettre en vente, sans division , des coupes lont l'évaluation se porterait au-delà de 10,000 francs u environ, en ayant toutefois égard aux localités; car l en est où les bois ont une valeur telle qu'on ne peut rendre pour seule base celle des coupes sans arriver à une trop grande division , qui nuirait peut-être à la esponsabilité des adjudicataires; et d'autres où l'alimentation des scieries domaniales, ou même des usines, exige des exploitations dont la division est impossible. D'ailleurs, d'autres circonstances peuvent également amener des modifications, et dès-lors, c'est aux Agens forestiers à prendre le parti le plus convenable aux inérêts généraux, de manière à faciliter l'acquisition des coupes, en en mettant le prix à la portée de toutes les industries; mais il est bien entendu que la division des coupes en plusieurs lots, doit toujours précéder le balivage et le martelage, pour éviter la confusion dans la responsabilité respective des adjudicataires par rapport aux arbres de réserve. (*Circ. du* 1er *sept.* 1830, *n.* 248 ; *et* 18 *juin* 1832, *n.* 301.)

Lorsque les états d'assiette ont été approuvés et que le renvoi en a été fait au Conservateur, il en adresse de suite un extrait certifié à chaque Agent chef de service de son arrondissement, et fait procéder à l'arpentage des coupes dans les bois où un aménagement n'en a pas encore déterminé irrévocablement la contenance et les limites. (*Inst. du 23 mars 1821, art. 35.*)

Le Conservateur recommande en même temps aux Agens de veiller à ce que les Arpenteurs n'excèdent ni ne diminuent les contenances portées dans les états précédemment approuvés, et même de faire recommencer les opérations qui présenteraient une différence de plus d'un vingtième, soit en plus, soit en moins, en n'exceptant de cette disposition que les coupes qui, terminant une révolution, ne se trouvereient plus avoir la contenance de celles qui les ont précédées. Les Agens doivent aussi veiller à ce que les Arpenteurs se conforment, pour les opérations dont il sont chargés, et pour la rédaction de leurs actes, aux instructions qui les concernent. (*Ibid.*) (*Voir à cet égard le § 1er de la 2e section du chap. XI, sur l'arpentage et le levé des plans.*)

Art. II. *Balivage et martelage.*

Après la réception de l'état des coupes à asseoir pour l'ordinaire, et dès que leur assiette et arpentage sont terminés, l'Inspecteur fait les dispositions nécessaires pour, conjointement avec le Sous-Inspecteur ou le Garde général du cantonnement de la situation des bois, commencer les opérations de balivage et martelage, c'est-à-dire, procéder au choix des arbres qui doivent être réservés dans les coupes, ou de ceux destinés à être coupés en jardinant, dans les bois résineux. (*Ord. régl., art. 78; et Inst. du 7 prairial an IX, § 2, art. 4, et du 23 mars 1821, art. 36 et 91.*)

Le Garde particulier du triage dans lequel on opère est toujours présent à l'opération, et il doit en être fait mention au procès-verbal, dressé conformément au modèle fourni par l'Administration. (*Ord. régl., art. 78; et Inst. du 23 mars 1821, art. 91.*)

Dans les coupes de taillis, il doit être réservé cinquante baliveaux de l'âge de la coupe par hectare. En cas d'impossibilité, les causes en sont énoncées aux procès-verbaux de balivage et de martelage. Les baliveaux modernes et anciens ne peuvent être abattus qu'autant qu'ils sont dépérissans ou hors d'état de prospérer jusqu'à une nouvelle révolution. (*Ord. régl., art. 70*)

Mais la coupe des baliveaux anciens et modernes

...it être autorisée par ordonnance, s'ils se trouvent
...r des coupes non en tour d'exploitation. (*Décis. du
in. des fin. du 6 février* 1828; *et Circ. des 7 mars et* 19
...il suivans, n. 170 *et* 173.)

...Il m'a paru nécessaire de donner quelques explica-
...ons sur ce que, forestièrement parlant, on entend par
...*liveaux, modernes et anciens*.

Les *baliveaux* sont des arbres qu'on réserve à chaque
...upe pour croître en futaie. On les distingue en *bali-
...aux de l'âge* de la coupe, en *baliveaux modernes* et en
...*liveaux anciens*. Les baliveaux de l'âge sont ceux
...'on réserve pour la première fois, soit dans les taillis,
...it dans les futaies, et qui n'ont que l'âge de la coupe
...a exploitation; les baliveaux modernes sont ceux qui
...nt été réservés lors de l'exploitation précédente, et
...s baliveaux anciens, ceux qu'on a réservés dans les
...oupes antérieures à la dernière, et qui ont 3 ou 4 âges
...u plus. On appelle aussi *vieilles écorces* les arbres qui,
...ans les coupes de taillis, ont plus de trois âges, et ceux
...ui, dans les futaies, ont été réservés dans les coupes
...récédentes.

...La destination de ces arbres est de produire des se-
...ences pour le repeuplement des coupes, et de four-
...ir des pièces propres aux constructions et aux arts.
...ous le premier rapport, on les appelle quelquefois
...*orte-graines* ou *étalons*

Les plus anciennes ordonnances en ont prescrit la
...éserve: celles de 1376, 1388 et 1515, fixaient à 8 ou
...o le nombre des baliveaux de l'âge du taillis à ré-
...erver par arpent. L'ordonnance de 1669 voulait qu'il
...n fût réservé 10 par arpent de futaie et 16 par arpent
...e taillis.

...On a beaucoup discuté sur l'utilité de ces arbres:
...les uns ont dit qu'ils favoriseraient les effets de la gelée
...sur les taillis et qu'eux-mêmes y étaient exposés; qu'ils
...nuisaient par l'ampleur de leurs têtes à la croissance
...des sous-bois, et qu'ils étaient souvent viciés et impro-
...pres aux constructions. Les autres ont soutenu que l'on
...exagérait leur influence sous le rapport de la gelée;
...que s'ils nuisaient aux taillis, c'est qu'on en réservait
...de trop vieux dans les bois qui s'exploitent à des âges
...rapprochés, et où leurs têtes s'étendent en forme de
...*pommiers ;* qu'ils n'ont point cet inconvénient dans les
...taillis de 25 à 30 ans; que si un grand nombre de ces

arbres sont viciés, on ne peut cependant méconnaître que leur bois ait plus de densité que celui des arbres crûs dans des massifs de futaie, et qu'ils aient surtout un avantage précieux pour les constructions navales, celui de présenter des formes et des configurations qui s'adaptent parfaitement à la forme des vaisseaux.

Les baliveaux ne nuisent aux taillis qu'à un certain âge; ceux de l'âge de la coupe ne peuvent jamais être nuisibles, quel que soit leur nombre; ils sont même très-utiles pour donner un peu d'ombre aux jeunes recrus, surtout dans les terrains secs.

Ceux des âges précédens font peu de tort aux taillis dont l'aménagement est fixé à 25 ans et au-dessus; et ils y forment souvent une ressource précieuse pour le propriétaire du fond.

Il n'y a donc que dans les taillis dont les coupes sont fixées à des termes rapprochés, que les baliveaux modernes et anciens peuvent avoir une influence fâcheuse sur les sous-bois; mais cette considération n'empêchera jamais un propriétaire prévoyant de conserver un certain nombre de ces arbres pour se ménager des ressources dans l'avenir, et pour favoriser le repeuplement de ses coupes.

J'ajouterai à ces observations que, quand un pays ne possède que peu ou point de futaies en massif, il y a nécessité indispensable de conserver des baliveaux dans les taillis.

Ce sont ces motifs qui ont fait porter à 50 le nombre des baliveaux de l'âge à conserver par hectare, et à ordonner que les baliveaux modernes et anciens ne seront abattus qu'autant qu'ils seront dépérissans et hors d'état de prospérer jusqu'à une nouvelle révolution.

Aux jour et heure indiqués par l'Agent, chef du service, tous les Préposés forestiers ci-dessus désignés se rendent au lieu de l'opération. L'étui du *marteau royal* est ouvert sur le terrain, par les porteurs de clefs, et il en est dressé acte en ces termes, à la tête du procès-verbal de martelage : *Nous*, etc. , *ayant chacun une clef du marteau royal, l'avons extrait de son étui, et avons procédé conjointement*, etc. (*Circ. du* 3 *avril* 1818, *n.* 491.)

L'Agent forestier, chef du service, veille à ce que les réserves soient bien séparées et de beau choix. Celles en baliveaux sur taillis doivent, de préférence, être en essences de chêne, et porter sur des sujets vifs,

oits, ou légèrement courbés, susceptibles d'accrois-
ment, et capables de supporter une nouvelle révolu-
on tout en entière, et, par conséquent, toujours
oisis dans les meilleurs fonds : les réserves en futaie
ivent être faites parmi les arbres susceptibles de sup-
rter une nouvelle révolution sans dépérir, autrement
a verrait dessécher sur pied des arbres que les siècles
mblent avoir formés pour les vaisseaux. (*Inst. du*
5 *mars* 1821, *art.* 92.)

Les pieds corniers, les parois et les arbres à réserver
ans les coupes, sont marqués du marteau royal.

Le mode de martelage est uniforme et réglé comme
suit :

Les arbres de limites, à la hauteur d'un mètre. Les
aliveaux de l'âge sont marqués d'une seule empreinte
u marteau royal à la *patte*, le plus près de terre que
ire se peut. Ces arbres peuvent cependant être dési-
nés par un simple *griffage*, lorsqu'ils sont trop faibles
our recevoir l'empreinte du marteau royal. Les mo-
ernes sont autant que possible à la *racine*, marqués de
eux marques sur deux blanchis rapprochés l'un de
autre; les anciens le sont d'une seule marque à la *ra-
ine*, et pour l'exactitude et la régularité du martelage
t la facilité des récolemens, les marques sont dans
haque coupe appliquées d'un seul et même côté et au
ord, afin que le miroir, ou l'entaille qui se fait à ces
arbres à chaque révolution, leur occasionne moins de
lommage. (*Ord. régl., art.* 79; *Inst. du* 23 *mars* 1821,
rt. 93; *Circ. du* 26 *novembre* 1823, *n.* 91.)

Dans les bois résineux où l'exploitation se fait en jardinant, ou par pieds d'abres, le marteau royal est appliqué
eulement aux arbres à abattre, et la marque est faite au
corps et à la *racine*, de manière que cette dernière marque
subsiste après l'exploitation, pour pouvoir reconnaître si
tous les arbres coupés ont été délivrés. (*Ord. régl, art.* 80;
Cir. du 13 *avril* 1813, *n.* 491; *et du* 26 *nov.* 1323, *n.* 91.)

Les procès-verbaux de balivage et martelage font
mention du nombre et des espèces d'arbres marqués en
réserve sur chaque coupe, avec la désignation exacte
des baliveaux de l'âge, des modernes, des anciens, des
pieds corniers et des arbres de parois. Les Agens forestiers ne peuvent se permettre, sous aucun prétexte,
de marquer des arbres en réserve au-delà du nombre
prescrit par les réglemens. (*Ord. régl., art.* 81; *Circ.*

du 9 prairial an XIII, *n.* 267; *et du 13 avril* 1813, *n.* 491.

Les opérations de balivage et de martelage varient suivant les coupes sur lesquelles elles ont lieu ; c'est ce qui a déterminé l'Administration à donner, par la circulaire du 5 mars 1829, n. 209, différens modèles pour ces opérations : ils portent les n°˙ 2, 3, 4 et 5.

Le n° 2 s'applique principalement aux coupes de taillis ; le n° 3, aux coupes des bois communaux de peu d'importance, et qui ne s'arpentent pas ; le n° 4, au martelage de futaies sur taillis, et le n° 5, à la reconnaissance et désignation des arbres à exploiter soit en jardinant, soit par éclaircie.

Il est aussi fait mention, dans les procès-verbaux, des travaux particuliers qui doivent être mis à la charge des adjudicataires, et de l'emplacement où ils doivent être exécutés. (*Inst. du 23 mars* 1821, *art.* 91 *et* 92.)

Les procès-verbaux, revêtus de la signature de tous les Agens qui ont concouru à l'opération, sont adressés dans le délai de huit jours au Conservateur. (*Ord. régl., art.* 81.)

Sur l'observation faite par un Conservateur que l'exécution de cette dispositon présentait des difficultés, que le mauvais temps pouvait interrompre les opérations ; qu'il était nécessaire de mettre les actes au net et d'obtenir la signature des Agens. Il lui a été répondu que ce délai n'était pas de rigueur, attendu que l'Ordonnance a dû en fixer un pour l'envoi de ces procès-verbaux ; mais que les dispositions d'un réglement ne sont jamais aussi impératives que celles de la loi, et que lorsque les circonstances ne permettent pas de s'y conformer exactement, c'est aux Agens chargés de l'exécution à tolérer les légères modifications qui sont exigées, pourvu que l'objet de la disposition soit rempli. (*Lett. du Directeur du* 14 *février* 1829.)

Le Conservateur procède, lorsqu'il le juge convenable, à l'assiette et au balivage et martelage des coupes. Il doit même assister à ces opérations dans l'inspection qui lui est spécialement attribuée, toutes les fois qu'il n'a pas sous ses ordres, pour y surveiller le service, un Agent supérieur. Dans ce cas il s'adjoint à cet effet le Garde général du cantonnement, qu'il admet à signer avec lui le procès-verbal de balivage et martelage. Il veille aussi à l'exécution des instructions relatives à la délivrance ou à la vente des coupes dans les bois des nmunes et des établissemens publics. (*Inst. du 7 irial an* IX, §1er, *art.* 17, *et du 24 mars* 1821, *art.* 36.)

l est essentiellement recommandé aux Agens fores- s d'apporter le plus grand soin dans les opérations de ivage et martelage, afin d'éviter des erreurs qui, en npromettant les intérêts des adjudicataires, jettent les actes desdits Agens une défaveur qui peut avoir e grande influence sur les adjudications. En effet, il ste quelquefois sur le nombre des réserves des excé- ns qui peuvent tenter la cupidité des adjudicataires, souvent aussi le dénombrement ou classement des res est fait avec si peu d'exactitude, que les Agens i ont procédé aux opérations attribuent les différen- qu'ils constatent à des erreurs dans le comptage ou ns la rédaction des procès-verbaux; en sorte que, ns la crainte de frapper injustement un adjudicataire, proposent de compenser des déficits existans sur une sse de réserve, par des excédans trouvés sur une au- , compensation qui est tout-à-fait irrégulière et qui ut avoir de graves inconvéniens.

Les erreurs dans le comptage des réserves prouvent e les Agens qui dirigent le balivage ne prennent pas ez de précaution pour les éviter, ou qu'ils laissent porteurs de marteaux s'éloigner d'eux à de telles tances, qu'ils entendent difficilement leur voix et le up du marteau, inconvénient d'autant plus réel, 'alors il ne peuvent plus surveiller le choix des réser- s, ou qu'ils ne sont pas exacts à porter sur leurs ca- ins de balivage les réserves suivant leur qualité, au r et à mesure qu'elles sont frappées du marteau.

Quant aux erreurs qui se glissent dans les procès- rbaux, elles sont, pour la plupart, causées par le tard que l'on peut mettre à rédiger ces actes, lorsque uvent on ne conserve le souvenir des opérations que r des notes informes prises au crayon.

Les Agens forestiers doivent donc avoir attention de jamais perdre de vue les porteurs de marteaux; au u de les suivre, ils doivent plutôt les précéder, afin être plus à même de déterminer le choix des réserves, d'empêcher qu'ils n'aillent trop vîte et ne s'écartent. ailleurs l'intention de l'Administration est qu'ils for- ent, pour les coupes de chaque ordinaire, des cale- ns établis suivant le modèle indiqué par l'Administration (1), sur lesquels ils consignent les résultats de leurs opérations.

Les Agens tiennent de semblables calepins pour les opérations de récolement, et indique les travaux mis en charge et leur exécution, ainsi que les délits ou contraventions qui auraient été reconnus. S'il s'agit d'une coupe de bois résineux ou d'une coupe de futaie par extraction, ils consignent sur leurs calepins le nombre des arbres de chaque essence marqués en délivrance.

Immédiatement après l'opération du balivage et du martelage de chaque coupe, de même qu'après le comptage des arbres réservés, lorsqu'il s'agit d'un récolement, les Agens qui y ont procédé doivent s'assurer, par la vérification réciproque de leurs calepins, de l'exactitude des dénombremens. Ils ne peuvent également, sous aucun prétexte et sans compromettre leur responsabilité, se dispenser de rédiger chaque jour les procès-verbaux des opérations faites pendant la journée. (*Circ. du 20 mars 1824, n. 80.*)

§ II. *Coupes extraordinaires.*

Il ne peut être fait dans les bois de l'État aucune coupe extraordinaire quelconque, ni aucune coupe de quart en réserve ou de massifs réservés par l'aménagement pour croître en futaie, sans une ordonnance spéciale du Roi, à peine de nullité des ventes, sauf le recours de

---

(1) Le modèle du calepin annexé à la Circulaire du 20 mars 1823, n° 80, est établi dans la forme suivante :

OPÉRATION faite le   18

BOIS ou FORÊT.	DOMANIAL ou COMMUNAL.	de

N°   de l'état d'assiette de l'ordinaire.

CONTENANCE. . . . .

Ensuite il présente un tableau divisé en sept colonnes ; la 1re indique *l'essence des réserves*, et les six autres le *nombre des réserves de chaque classe par essence*, indiquant par colonne, savoir, dans la 2e du tableau, les *corniers* ; dans la 3e les arbres de *limite et tournans* ; la 4e les *parois* ; la 5e les *baliveaux* ; la 6e les *modernes*, et la 7e les *anciens*, dont les totaux donnent le nombre de toutes les réserves de chaque classe.

A la suite du tableau on mentionne les *travaux à mettre à la charge des adjudicataires.*

udicataires, s'il y a lieu, contre les fonctionnaires ou
ens qui auraient ordonné ou autorisé ces coupes. Cette
lonnance spéciale est inscrite au bulletin des lois. (*C.*
art. 16.)

ont considérés comme coupes extraordinaires celles
intervertiraient l'ordre établi par l'aménagement ou
l'usage observé dans les forêts dont l'aménagement
urait pu encore être réglé; toutes les coupes par an-
pation, et celles des bois ou portion de bois mis en
erve pour croître en futaie, et dont le terme d'ex-
itation n'aurait pas été fixé par l'ordonnance d'amé-
;ement. (*Ord. régl.*, *art.* 71.)

Lorsque des coupes extraordinaires sont reconnues
;essaires dans des bois dégradés, mûrs et surannés,
;s doivent être proposées, et le Conservateur fait dres-
alors, par les Agens forestiers locaux sous ses ordres,
ır chaque coupe de cette catégorie, un procès-verbal
ticulier de la situation, âge, essence, contenance et
ure des bois sur lesquels elle doit être assise; de la
eur approximative de la coupe; en combien d'années
te coupe peut s'opérer, et si elle est susceptible d'être
isée, des motifs qui doivent la déterminer; du nom-
: de réserves qu'il convient d'y établir, et des travaux
récuter, ainsi que des conditions que peut exiger l'in-
êt du sol forestier. Ces procès-verbaux doivent être
nsmis promptement au Directeur des forêts, avec l'avis
Conservateur, sur une feuille séparée, ces actes de-
ıt être mis sous les yeux du Gouvernement pour ob-
ıir son autorisation, s'il y a lieu. (*Ord. régl.*, *art.*
; et *Inst. du 7 prairial an* ıx; § 1; *art.* 4, *et du 23 mars*
ı1, *art.* 38.)

Si la coupe extraordinaire concerne un bois commu-
ı ou d'établissement public, le Conservateur adresse
procès-verbal et son avis au Préfet du département de
situation des bois. (*Ord. régl.*, *art.* 140, *et Inst. du*
mars 1821, *art.* 38 et 39.)

Le Conservateur fait mention des coupes extraordi-
res autorisées dans les bois de l'État, par des ordon-
aces du Roi, sur les états des coupes ordinaires, dans
colonnes n°⁵ 21, 22, 23, 24 et 25, à la suite
; coupes ordinaires, en rappelant soigneusement les
lonnances qui les ont autorisées, et en indiquant
el est le lot ou la portion dont la vente est proposée,
sque les coupes extraordinaires doivent avoir lieu en

plusieurs années. Le Conservateur doit aussi avoir soin
de distinguer dans les états des coupes, soit ordinaires
soit extraordinaires, celles dans lesquelles on vend en
même temps le taillis et la futaie dépérissante, de celle
où l'on est dans l'usage de les adjuger séparément.
(*Inst. du* 23 *mars* 1821 , *art.* 40.)

Indépendamment du livre d'ordre, dont il est fait
mention à l'art. 1er du § 1er de la 1re section du chapitre
8 ci-dessus, où tous les actes généralement quelconques parvenus à la Conservation sont enregistrés, le
Conservateur tient un livre particulier où sont transcrites en entier les ordonnances du Roi pour coupes de
quarts en réserve et aménagement. Ces ordonnance
sont toujours adressées par lui, en expédition, à l'Agent
chargé de leur exécution, lequel est également tenu de
les enregistrer sur un sommier spécial. (*Ord. régl., art.*
16 *; et Inst. du* 23 *mars* 1821, *art.* 32 *et* 120.)

§ III. *Cahier des charges.*

Le cahier des charges, clauses et conditions générales sous lesquelles les coupes de bois doivent être vendues, et où sont rappelées les dispositions des lois et réglemens relatifs à tout ce qui a rapport à l'adjudication,
à l'exploitation, aux droits et devoirs de l'adjudicataire
en ce qui concerne les arbres propres à la marine, au
bois destinés au service des ponts et chaussées pour le
fascinage du Rhin, et enfin au récolement des coupes,
est délibéré chaque année par l'Administration des forêts
et ensuite approuvé par le Ministre des finances.
(*Ord. régl. , art.* 82.*)*

Indépendamment des conditions générales du cahier
des charges, auxquelles le Conservateur doit s'opposer
à ce qu'il soit fait aucun changement, sans l'autorisation préalable de l'Administration, il y a encore des
clauses particulières que nécessitent les localités : ces
clauses particulières doivent être proposées par les
Agens locaux et arrêtées par le Conservateur, qui veille
à ce qu'il n'y soit rien inséré d'insolite ou de préjudiciable aux ventes, et à ce qu'il y soit fait mention des
frais généralement quelconques, qui doivent être réglés
modérément, avant de procéder aux enchères, conjointement avec le fonctionnaire présidant la vente. Ces
conditions particulières sont écrites à la suite des clauses générales, par le Conservateur, qui en envoie copie

Administration. Les clauses et conditions tant gé-ales que particulières, du cahier des charges, sont tes de rigueur et ne peuvent jamais être réputées hminatoires. (*Ord. régl., art. 82 ; cah. des ch. de l'Ord.* 3 , *art.* 42; *Inst. du 23 mars 1821, art. 42, et Circ.* g *prairial an* XIII, *n.* 267, *et du 13 avril 1813, n.* 491.) e dois faire observer que dans les clauses particu-es les Agens forestiers ne doivent mettre à la charge adjudicataires des coupes que les travaux indiqués l'art. 37 du cahier des charges générales de l'ordi-re de 1833, et se borner à des réparations de routes chemins de vidange, à des creusemens ou curemens fossés, à des repiquages de places vides ou à char-h dans l'intérieur des coupes, et enfin quelquefois à réparations ou confections de barrières, ponts et ntceaux. L'emplacement et l'importance de ces tra-ux doivent être désignés sur les procès-verbaux de ivage et martelage, ainsi que dans les clauses parti-lières des actes d'adjudication. Leur exécution ne ut être confiée qu'aux adjudicataires, et si on les t exécuter par des Gardes cantonniers, ceux-ci doi-nt être payés par les adjudicataires. Les Agens fores-rs ne peuvent se rendre dépositaires des fonds.

Toute autre espèce de travaux ne peut être mise en arge sans l'autorisation de l'Administration des forêts, ces travaux ne doivent jamais recevoir une extension le que le produit des ventes en éprouve une réduc-n sensible (*Circ. du 25 août 1828, n. 183, et cah.* ch. de 1833, art. 37.)

A l'égard des clauses particulières concernant les bois s Communes, je dois faire observer qu'elles doivent nsister seulement dans la spécification des travaux is en charge, et que ces travaux ne peuvent être au-s que ceux dont la nature est indiquée dans l'art. 38. ne doit, sous aucun prétexte, imposer sur les ad-dications des charges disproportionnées avec leur leur, et il faut d'ailleurs que les Agens forestiers ntendent avec les Maires pour fixer l'étendue et l'im-rtance des travaux, sauf en cas de difficultés, à pro-der conformément à l'art. 136 de l'Ordonnance ré-ementaire.

Quelques Préfets avaient réglé par des arrêtés le mode procéder aux débit, façonnage et partage des bois affouage, et ces arrêtés avaient été imprimés avec les

clauses particulières qui imposent des travaux aux com
munes par suite de l'exploitation de leurs coupes affoua
gères ; mais comme l'Administration n'est tenue ·qu
des frais d'impression des actes qui la concernent, e
qui émanent d'elle et de ses Agens, elle a recommand
d'éviter à l'avenir la réunion dans les mêmes imprimé
des actes qui lui sont étrangers.

Au surplus, si les clauses particulières se réduisent
ce qu'elles doivent être, et si les Agens, en se référan
aux art. 37 et 41 du Code forestier, sur l'exécution de
travaux mis en charge, évitent des stipulations super
flues, l'impression de ces clauses spéciales devient dè
lors sans objet. (*Circ. du* 14 *août* 1829, *n.* 225.)

Le cahier des charges générales et particulières, in
dépendamment de la lecture qui en est faite au momen
des adjudications, est déposé avec une expédition de
procès-verbaux d'arpentage, de balivage et de martelag
des coupes, au moins quinze jours à l'avance au secrétaria
du lieu de la vente, et le fonctionnaire qui doit la prési
der, appose son visa au-bas de ces pièces pour ei
constater le dépôt. (*Ord. régl.*, *art.* 83.)

§ IV. *Estimation des bois.*

L'estimation des bois est une des plus importantes
opérations de l'économie forestière : elle exige non-
seulement une grande expérience, mais encore beaucoup de soins et de calculs. C'est par elle qu'on parvient
à obtenir le résultat des produits en nature et en argent qu'on peut tirer d'une étendue quelconque de bois
et ceux qu'on peut espérer pour l'avenir de toute une
forêt. Mais je dois me borner ici à faire seulement connaître les procédés que l'on emploie le plus généralement dans *l'estimation des coupes annuelles*, et renvoyer
pour celles concernant : 1° une étendue plus considérable ; aux ouvrages publiés sur cette matière, et 2°
l'aliénation en fonds et superficie des bois de l'État,
aux instructions données à cet égard par l'Administration des forêts et notamment par les *circulaires*
des 22 *janvier*, 14 *avril*, 23 *mai et* 15 *juillet* 1831, *n°*
257, 269, 273 *et* 277.) (1)

_____

(1) Voir pour les estimations des bois en général, le *Diction-*
naire Forestier de M. BAUDRILLART, et pour celles concernant
les aliénations, le *tarif des comptes faits de la valeur progressive*
d'un hectare de taillis etc., publié par M. CHABANNE, Inspecteur, chef du bureau des aliénations des bois de l'Etat.

ART. Ier. *Estimation des coupes annuelles.*

Dispositions réglementaires.

Les Agens forestiers, lors des balivages et martela-
i; font en commun sur les lieux, et sans le concours
Gardes, l'estimation des coupes. Ils en dressent un
ocès-verbal particulier, qu'ils signent avant de se
arer, et qu'ils adressent dans la huitaine de l'opéra-
n terminée, au Conservateur, qui en transmet l'état
Administration avant l'apposition des affiches.

Le délai prescrit pour l'envoi aux Conservateurs des
ocès-verbaux d'estimation des coupes, n'est pas de
ueur. En effet, l'Ordonnance réglémentaire en par-
t d'estimation des coupes, entend l'estimation *en na-*
e et en argent, et ce serait s'écarter tout-à-fait de ses
entions que de n'exiger dans le délai prescrit, qu'une
imation des produits *en nature*. Ce serait d'ailleurs
iltiplier les opérations et s'exposer à des retards dans
confection des actes préparatoires aux ventes. Il faut
marquer aussi que c'est au moment où les Agens
nnent de visiter et marteler une coupe, que leurs
es sur sa valeur sont le mieux fixées, tant à raison
la qualité des bois, que des moyens plus ou moins
iles d'exploitation. On ne pourrait donc, sans incon-
nient, s'écarter de la disposition prescrite par l'or-
nnance; mais si des changemens notables s'opéraient
ns le prix des bois depuis la clôture des procès-ver-
ux d'estimation jusqu'à l'époque des ventes, ce serait
cas d'en référer à l'Administration, de même que si
ie erreur matérielle se glissait dans l'estimation d'une
upé, ce serait au Conservateur à la rectifier avant la
se en adjudication. (*Lett. du Dir. du* 14 *février* 1829,
r *l'art.* 11 *du* § 1er *ci-dessus.*)

Les Agens forestiers manqueraient à leur devoir s'ils
nnaient connaissance de ces estimations à tout autre
au fonctionnaire présidant la vente, et seulement
ant de procéder à la réception des enchères; les feux
devant être allumés que lorsque les offres sont égales
l'estimation. (*Ord. régl.*, art 87; *Inst. des* 7 *prairial*
IX, § 1er, *art.* 22; *du* 23 *mars* 1821, *art.* 53 ; *Circ.*
15 *avril* 1813, *n.* 491, *et cah. des cah. Ord.*, 1828,
t. 12.)

Mais quelquefois, avant d'arriver à des *offres égales à*
stimation, les marchands n'en font que de fort infé-

rieures, ce qui donne lieu à des lenteurs et même à de
interlocutions peu convenables dans une vente faite a¹
nom et dans l'intérêt de l'État. Les Agens doivent, dan
ce cas, déterminer eux-mêmes une mise à prix pou
fixer les irrésolutions; toutefois les feux ne doivent êtr
allumés, ainsi qu'il est dit ci-dessus, que lorsque le
offres des enchérisseurs, faites sur cette mise-à prix
égalent l'estimation ou s'en rapprochent. (*Circ. du 1*
septembre 1827, *n.* 158.)

Art. II. *Estimations des coupes de taillis sous futaies.*

Dans l'estimation d'une coupe de taillis sous futaies
il faut d'abord connaître quelle est l'étendue de l
coupe; examiner ensuite les essences dont elle est peu
plée; la grosseur, la hauteur et la consistance plus o
moins serrée des brins; les usages auxquels ils sont pro
pres, c'est-à-dire, s'ils peuvent fournir de belles perche
droites et sans nœuds, des cerceaux, des cercles, de
ridelles ou des chevrons de brins, de l'écorce pour le
tanneries, etc. Ensuite visiter séparément les arbre
futaies, modernes et anciens, qui doivent être compri
dans la coupe; les distinguer par classes, beaux, mé
diocres, faibles, viciés, rabougris, dépérissans, sur l
retour; examiner l'usage qu'on pourra faire des arbres
connaissant la grosseur et la hauteur moyennes de cha
cune de ces différentes classes; désigner séparémen
ceux qui sont reconnus propres à la charpente, en dé
terminer la hauteur et la circonférence moyennes et l
cube; évaluer ce que les autres peuvent fournir d
stères de bois de chauffage, n'ayant égard qu'au tron
et aux principales branches; calculer le nombre de fa
gots que les autres branches peuvent fournir, etc
Enfin, évaluer tous les différens produits en matière
en quantités et en argent, suivant les prix du pays.
Alors on est certain d'obtenir une estimation assez just
de la valeur de la coupe que l'on doit vendre, en dé
duisant néanmoins les frais d'exploitation qui formen
un objet assez considérable.

Pour avoir la quotité de ces frais, il faut examiner i
le plus ou moins de difficulté que présentent les che
mins de vidange; 2° si la coupe est éloignée du lieu o
le bois doit être livré; 3° quel est le prix du transpor
des bois de charpente, de corde et des autres espèces
4° quel est le montant des frais d'abattage, de façon d
la corde, d'équarrissage et autres ouvrages; 5° quel es

salaire du garde-vente ; 6° la facilité du débit des
rchandises, car si la coupe s'exploite dans une
atrée où les bois sont rares, les fagots, les bourrées,
ramilles, les copeaux et autres menus bois, rem-
ursent ordinairement une partie des différens faux-
is, etc. On doit aussi tenir compte dans cette évalua-
n des frais d'adjudication, du prix des travaux mis à
charge de l'adjudicataire, et enfin du bénéfice qu'il
t faire et qu'on estime ordinairement au dixième de
raleur des bois."

Ainsi, en appliquant ces premières données à l'esti-
ation d'une coupe de taillis dans laquelle il existe un
and nombre de brins et de perches dont le comptage
ait trop long et exigerait beaucoup trop de temps, on
sert généralement, pour abréger l'opération, de la
éthode des *arpens d'essais* ; c'est à dire par l'apprécia-
n des quantités de bois de toute une coupe ou un
aton, d'après l'estimation faite sur une petite partie
la coupe ou du canton. (1) Dans ce cas, après avoir
esuré environ 50 ares (un arpent) ou seulement 25
es (un demi arpent) de la coupe, on en fait l'esti-
ation en procédant au comptage des perches existant
r la portion de la coupe où l'on opère. On divise en
ite en quatre ou cinq classes toutes les perches ou
ins de taillis, d'après leur grosseur et leur hauteur,
on en forme sur un calepin un tableau, d'après le
bdèle ci-après :

1re CLASSE.	2e CLASSE.	3e CLASSE.	4e CLASSE.	5e CLASSE.
ıııııııı - ıııı	ıırıìıꞅıııı - ıııı	ıııııı	ıııııı	ıııı

On mesure plusieurs brins de chaque classe ; on ad-
tionne le nombre de centimètres que donnent les dif-
rentes grosseur et hauteur, et on prend le terme
oyen de chacune de ces dimensions. Pour obtenir la
rconférence ou grosseur moyenne, on mesure avec
a cordeau la circonférence ou grosseur du brin à cha-

---

(1) Cette méthode ne doit pas effrayer par le grand nombre
brins à estimer ; car l'Agent qui a fait cette opération plusieurs
is, parvient à compter promptement les perches existant sur
a demi ou un quart d'hectare de taillis.

cune de ses extrémités, c'est-à-dire audessus de la nais
sance des racines, et au dessous de celle des branches
on ajoute ensuite ces deux circonférences et on pren
la moitié de leur somme, qui est alors la *circonférence o
grosseur moyenne* du brin.

Exemple : Après avoir mesuré la circonférence o
grosseur moyenne de cinq brins de la 1ʳᵉ classe.

$$
\begin{array}{lll}
\text{Le 1ᵉʳ a donné} & 24 \text{ cent. de circonférence} \\
\text{Le 2ᵉ} & \text{———} & 32 \\
\text{Le 3ᵉ} & \text{———} & 22 \\
\text{Le 4ᵉ} & \text{———} & 30 \\
\text{Le 5ᵉ} & \text{———} & 32 \\
\hline
\text{Total.} & \text{———} & 140 \text{ cent. de circonférence}
\end{array}
$$

qui, divisée par 5 donnent 28 centimètres, forment l
circonférence ou grosseur moyenne des perches oi
brins de la 1ʳᵉ classe.

Le résultat de la mesure de la hauteur des 5 brins
est pour

$$
\begin{array}{lllll}
\text{Le 1ᵉʳ} & \text{de} & 4 \text{ met.} & 87 \text{ cent.} \\
\text{Le 2ᵉ} & \text{———} & 6 & \text{—} & 50 \\
\text{Le 3ᵉ} & \text{———} & 4 & \text{—} & 88 \\
\text{Le 4ᵉ} & \text{———} & 5 & \text{—} & 85 \\
\text{Le 5ᵉ} & \text{———} & 7 & \text{—} & 15 \\
\hline
\text{Total} & \text{—} & 29 & \text{—} & 25 \text{ cent. de hauteur.}
\end{array}
$$

qui, divisée par 5 donnent 5 mètres 85 centimètres
formant la hauteur moyenne des perches ou brins de la
1ʳᵉ classe.

Lorsqu'on a fait les mêmes opérations sur les quatre
autres classes et que l'on connaît ainsi la grosseur et la
hauteur moyenne de chaque classe, ou calcule alors
quel en est le cube. Cette opération se fait très aisément en prenant le quart de la circonférence moyenne
des brins, qui est connue, en multipliant ce nombre
par lui-même et en suite le produit par la hauteur moyenne des brins, qui est aussi connue ; mais il faut avoir
bien soin de retrancher dans le produit des multiplica-
tions autant de chiffres décimaux, qu'il y en aura dans
l'un et l'autre facteur.

Ainsi la grosseur moyenne des brins de la 1ᵉʳ classe
étant de 28 centimètres, dont le quart est de 7 centimètres, en les multipliant l'un par l'autre on aura pour
produit 49, lesquels, multipliés par 5 mètres 85 centimètres, donnent alors un nouveau produit de 0,028,665

…ui est le cube cherché de 29 millistères, en supprimant …s trois derniers chiffres vers la droite et ajoutant une …nité pour tenir compte sur le dernier des chiffres con- …ervés de ceux supprimés, lorsque celui de ces derniers …ui est le plus près des premiers passe cinq. Pour obte- …r le cube total des brins de chaque classe, il suffira de …ultiplier le cube du brin de chacune par le nombre de …es mêmes brins, ainsi supposant que celui de la 1re …asse est de 17, le cub total de ces vingt-sept brins sera …e 0,774 millistères.

Lorsqu'on connaît le cube total de toutes les classes …es brins ou perches, il faut alors calculer ce que ces …uantités peuvent produire de *stères* (1) de bois de chauf- …ge. Ensuite multiplier le nombre de stères trouvés par …l contenance totale de la coupe, et le produit de cette …pération donnera le nombre de stères de bois de chauf- …ge que peut produire la coupe dont on fait l'estimation.

Ainsi en supposant que les 25 ares sur lesquels on a …it l'opération d'essai, donnent 76 stères et que la con- …enance de la coupe soit de 8 hect. 32 ares, en multi- …liant ces deux quantités l'une par l'autre, le produit …3232 étant divisé par 25 ares, partie de la coupe sur …aquelle on a opérée, le quotient 2,539, donne le nom- …re de stères que contient la coupe.

A l'égard du sous-bois qui se trouve entre les brins …u perches de taillis et les arbres futaies qui le domi- …ent, et qui ne peut produire que des *fagots*, on l'es- …ime à vue d'œil, ou, lorsque cela peut avoir lieu sans …nconvénient, et pour obtenir un résultat plus rigoureux, …n le fait couper et façonner en fagots sur un are carré, …our avoir une base d'estimation de toute la coupe. Les …imensions du fagot sont ordinairement de 55 à 60 cen- …imètres de *tour* sur un mètre 20 centimètres de *hauteur* …20 à 22 pouces de tour sur 3 pieds 8 pouces 4 lignes de …auteur.)

---

(1) On entend par *stère* la mesure adoptée actuellement pour le mesurage tant des bois de chauffage que de ceux propres aux constructions ou à être mis en œuvre par différentes industries.

Le *stère* est un cube d'un mètre sur toutes ses faces, ou de 3 pieds, 11 lignes, 296/1000. Il représente 29 pieds, 300 pouces 756 lignes cubes, 570/000, et comparé à l'ancienne *pièce* de bois de Paris, qui servait de mesure pour les bois de charpente, il contient 700 pouces réduits ou 9 pièces, 52 pouces réduits. *Voir l'art. 5 ci-après*)

Quant aux arbres futaies abandonnés sur la coupe et q
doivent être exploités avec le taillis, on en fait le comptaç
et l'estimation. On les classe, comme les perches, d'aprè
leurs dimensions. c'est-à-dire, d'après leur diamètre et leu
hauteur, sur le calepin, ainsi qu'il a été dit ci-dessus; on fa
sur chaque arbre une petite flache, seulement apparente
mais du même côté ou au même aspect, afin qu'on puiss
facilement reconnaître si on n'a point oublié d'en marque
quelques-uns ; on a soin d'inscrire chaque arbre sur l
calepin, dans la classe à laquelle il appartient. Quan
on a ainsi flaché tout les arbres, on calcule le cube d
plusieurs de chaque classe, dont on prend le terme mo
yen pour avoir celui d'un arbre de chacune des classes
On multiplie ce terme moyen par le nombre des arbre
inscrits dans sa classe, et l'on additionne ensuite le produit de toutes les classes pour connaître le cube total de
arbres abandonnés sur la coupe. Enfin, on réduit ce total en stères, si le bois est destiné au chauffage, en faisant usage des données ci-dessus présentées pour le
brins ou perches. Mais il arrive aussi quelquefois que
dans les arbres abandonnés sur la coupe, il se trouve de
vieilles futaies qui varient tellement de grosseur qu'il
n'est pas possible d'établir de classification : dans ce cas
il faut estimer à vue d'œil ce que chacun de ces arbres,
peut donner en bois de construction, en bois de fente
et rondins pour le chauffage et en fagots.

Lorsque toutes ces opérations sont terminées, alors
il faut évaluer en argent toutes les quantités obtenues ,
d'après les prix courans des localités, et lorsqu'on a ad-
ditionné les résultats de toutes ces évaluations, dont la
somme présente l'estimation assez juste de la valeur brute
de la coupe qui doit être mise en vente ; il faut alors,
pour le prix commercial, déduire de cette somme les
frais d'exploitation qui, d'après les indications que j'ai
données ci-dessus, page 220, sont un objet assez important.

Art. III. *Estimation des coupes de futaies.*

Lorsqu'une coupe de futaie n'est pas très-peuplée,
on peut en faire l'estimation par le comptage, en procédant de la manière indiquée ci-dessus pour les arbres
futaies abandonnés sur une coupes de taillis. Mais si au
contraire cette coupe est bien serrée, il faut alors la
partager en plusieurs divisions, suivant les différences

qui existent dans l'état de cette futaie, par des lignes
de séparation que l'on établit par des brisées, c'est-à-
dire de rameaux séchés en terre ou renversés, ou par
des tracés bien apparens sur les feuilles qui recouvrent
le sol. Ces préliminaires terminés, on considère chaque
division comme formant un canton particulier, et l'on
classe les arbres d'après leurs dimensions, c'est-à-dire
d'après leur diamètre et leur hauteur, en suivant la méthode employée ci-dessus pour les futaies existant sur
une coupe de taillis.

Ainsi toutes les opérations de comptage, de classification et de cubage opérées pour une des divisions qui
ont été établies, et supposant qu'on ait trouvé dans
cette division les quantités ci-après.

Soixante-cinq arbres de première classe, donnant
chacun, terme moyen, 548 décimètres cubes pour bois
d'œuvre ou de service ; 1,165 décimètres cubes pour
bois de fente ; 274 décimètres cubes en rondins et
quinze fagots ;

Cent-quinze arbres de 2ᵉ classe, chacun estimés à
274 décimètres cubes pour bois d'œuvre ; 754 décimètres cubes pour bois de fente ; 206 mètres cubes
pour rondins et dix fagots ;

Soixante-quinze arbres de 3ᵉ classe, chacun de 34
décimètres cubes pour bois d'œuvre ; 103 décimètres
cubes pour bois de fente ; 308 décimètres cubes pour
rondins, et trois fagots.

En faisant les opérations par chaque classe, et les
réunissant, on aura pour produit de la coupe :

1° 59,680 décimètres cubes de bois d'œuvre.

2° 120,160 ——— à convertir en bois de fente.

3° 64,600 ——— de rondins.

4° 2,550 ——— fagots.

Mais pour obtenir le cubage des bois d'œuvre en
stères, il faut opérer suivant les formules présentées
dans mon *Traité du Cubage des Bois* ou celles indiquées
dans l'article ci-après ; et pour convertir en *stères* les
décimètres cubes des bois de fente et de rondins, il
faut avoir égard à la grosseur des bûches et à la *solidité
réelle du stère*, c'est-à-dire au nombre de bûches que
contient réellement le stère, considéré comme un *so-
lide*, et la valeur cubique des *vides* qui y sont compris.
L'usage et l'expérience peuvent seuls faire acquérir
ces connaissances si nécessaires aux estimations des

bois, et quant aux principes théoriques, je renvoie aux articles *cordage, estimation* et *pesanteur spécifique des bois* du Dictionnaire forestier, publié par M. Baudrillart, le format et le but de mon *Manuel Forestier* ne permettant pas d'entrer dans de plus longs détails à cet égard. Cependant, pour suppléer, autant que posssible, à ces connaissances théoriques, je vais présenter dans le tableau suivant le *cubage* (1) d'un arbre futaie et les *produits en nature* qu'on peut en obtenir, d'après sa *circonférence* ou *grosseur* et sa *hauteur* (2). Ces donnés ont été reconnues approcher le plus possible de la réalité pour la majeure partie des bois et forêts de la France.

Tableau présentant le cubage d'un arbre futaie et ses produits en nature.

POUR LES ARBRES ayant de		UN ARBRE DONNE POUR LES PRODUITS DU TRONC			
		s'il est converti en bois d'œuvre.	s'il est mis en bois de chauffage.	l'on en retire en sus pour houpiers et branchages.	
circonférence.	hauteur.			Stères.	Fagots.
m. cent.	mètres.	st. millist.	st. millist.	st. millist.	
0, 33	4	0, 027	0, 050	0, 000	Demi-fagot
	5	0, 034	0, 062	0, 000	Id.
	6	0, 040	0, 074	0, 000	Id.
	7	0, 047	0, 086	0, 000	Id.
	8	0, 054	0, 099	0, 000	Id.
0, 66	5	0, 156	0, 250	0, 160	De 1 à 2.
	6	0, 165	0, 300	0, 200	Id.
	7	0, 190	0, 350	0, 220	Id.
	8	0, 217	0, 400	0, 260	Id.
	9	0, 245	0, 450	0, 300	Id.
	10	0, 272	0, 500	0, 350	Id.
	11	0, 299	0, 550	0, 370	Id.

(1) Le cubage des bois d'œuvre a été calculé au quart de la circonférence sans déduction, ce mode étant celui qui paraît le plus convenable pour les achats en forêt. (*Voir l'art. V ci-après.*) Les dimensions des fagots sont les mêmes que celles indiquées dans l'art. 11 ci-dessus, page 223.

(2) Ce tableau est extrait du *Tarif* ou *Comptes-faits de la valeur progressive d'un hectare de taillis*, publié par M. Cuabanne, et dont on a parlé dans la note qui se trouve au commencement du § IV, p. 218.

POUR LES ARBRES ayant de		UN ARBRE DONNE POUR LES PRODUITS DU TRONC			
circonférence.	hauteur.	s'il est converti en bois d'œuvre.	s'il est mis en bois de chauffage.	l'on en retire en sus pour houpiers et branchages.	
				Stères.	Fagots.
m. cent.	mètres.	st. millist.	st. millist.	st. millist.	
1, 00	5	0, 512	0, 555	0, 370	De 4 à 6.
	6	0, 575	0, 666	0, 440	Id.
	7	0, 437	0, 777	0, 520	Id.
	8	0, 500	0, 888	0, 590	Id.
	9	0, 562	0, 999	0, 660	Id.
	10	0, 625	1, 110	0, 770	Id.
	11	0, 687	1, 221	0, 810	Id.
	12	0, 750	1, 332	0, 890	Id.
1, 33	6	0, 665	1, 200	1, 000	De 6 à 10.
	7	0, 775	1, 500	1, 060	Id.
	8	0, 884	1, 700	1, 140	Id.
	9	0, 994	1, 850	1, 170	Id.
	10	1, 105	2, 000	1, 320	Id.
	11	1, 215	2, 550	1, 700	Id.
	12	1, 326	2, 800	1, 870	Id.
	13	1, 436	3, 000	2, 000	Id.
	14	1, 546	3, 400	2, 260	Id.
	15	1, 658	3, 700	2, 470	Id.
1, 66	7	1, 206	2, 500	1, 670	e 10 à 15.
	8	1, 377	3, 000	2, 000	Id.
	9	1, 549	3, 400	2, 260	Id.
	10	1, 722	3, 800	2, 540	Id.
	11	1, 894	4, 000	2, 660	Id.
	12	2, 066	4, 500	2, 860	Id.
	13	2, 288	5, 000	3, 320	Id.
	14	2, 410	5, 800	3, 860	Id.
	15	2, 582	6, 000	4, 000	Id.
2, 00	7	1, 750	3, 800	2, 550	De 15 à 20.
	8	2, 000	4, 200	2, 800	Id.
	9	2, 250	5, 000	3, 320	Id.
	10	2, 500	5, 800	3, 860	Id.
	11	2, 750	6, 200	4, 140	Id.
	12	3, 000	6, 600	4, 400	Id.
	13	3, 250	7, 000	4, 660	Id.
	14	3, 500	7, 500	5, 000	Id.
	15	3, 750	8, 000	5, 320	Id.
	16	4, 000	8, 600	5, 740	Id.

POUR LES ARBRES ayant de		UN ARBRE DONNE POUR LES PRODUITS DU TRONC			
circonfé-rence.	hauteur.	s'il est converti en bois d'œuvre.	s'il est mis en bois de chauffage.	l'on en retire en sus pour houpiers et branchages.	
				Stères.	Fagots.
m. cent.	mètres.	st. millist.	st. millist.	st. millist.	
	7	2, 375	5, 500	2, 530	De 20 à 25.
	8	2, 714	6, 000	2, 800	Id.
	9	3, 053	6, 600	3, 320	Id.
	10	3, 393	7, 400	3, 860	Id.
2, 33	11	3, 732	8, 000	4, 140	Id.
	12	4, 071	8, 600	4, 400	Id.
	13	4, 410	9, 500	4, 660	Id.
	14	4, 750	10, 600	5, 000	Id.
	15	5, 088	11, 000	5, 320	Id.
	16	5, 458	11, 600	5, 740	Id.
	7	3, 095	6, 600	4, 400	De 20 à 25.
	8	3, 537	7, 500	5, 000	Id.
	9	3, 979	8, 500	5, 660	Id.
	10	4, 422	9, 500	6, 340	Id.
	11	4, 864	10, 600	7, 060	Id.
2, 66	12	5, 306	11, 500	7, 660	Id.
	13	5, 748	12, 000	8, 000	Id.
	14	6, 190	13, 000	8, 660	Id.
	15	6, 632	14, 000	9, 330	Id.
	16	7, 074	15, 000	10, 000	Id.
	17	7, 516	16, 000	10, 660	Id.
	7	3, 937	8, 500	5, 660	5 à 30.
	8	4, 500	10, 000	6, 660	Id.
	9	5, 062	11, 000	7, 320	Id.
	10	5, 625	12, 000	8, 000	Id.
	11	6, 187	13, 000	8, 660	Id.
3, 00	12	6, 750	14, 000	9, 330	Id.
	13	7, 312	16, 000	10, 660	Id.
	14	7, 874	17, 000	11, 320	Id.
	15	8, 436	18, 000	12, 000	Id.
	16	9, 000	19, 000	13, 000	Id.
	17	9, 562	20, 000	13, 330	Id.

Le tableau qui précède indiquant le cubage des futaies et les produits en nature qu'un arbre peut donner
d'après ses dimensions, c'est-à-dire, d'après sa circonférence ou grosseur et sa hauteur, il reste à faire con-

être comment on doit opérer pour le mesurage des
is de chauffage et le cubage des bois en grume (1).
ais avant de donner les explications nécessaires à cet
ard, je dois faire observer que la méthode d'estimer
e futaie par le comptage des arbres et leur classifica-
n, est la plus sûre qu'on puisse employer. Elle n'est
ailleurs pas aussi longue et aussi fatigante qu'elle peut
paraître au premier aperçu, et les résultats en sont
ssi exacts que possibles, surtout, si avant le comptage
chaque division, on a le soin de s'assurer de nouveau
e le classement des arbres a été bien établi.

ART. IV. *Mesurage des bois de chauffage.*

Dans le *Traité du cubage des bois*, que j'ai publié en
12, j'ai fait connaître que le bois de chauffage se me-
rait anciennement à la *corde* et à la *voie;* mais que ces
esures ne représentaient point des quantités constan-
s, parce que les bûches n'ayant pas partout les mêmes
ngueurs, les hauteurs de la membrure variaient pour
nsi dire d'un lieu à un autre, et qu'il n'y avait ainsi
ucun terme de comparaison entre ces anciennes meures.

Aujourd'hui c'est tout différent : la loi du 1er vendé-
iaire an IV (23 sept. 1795) et l'arrêté des Consuls
u 13 brumaire an IX (4 nov. 1800) ayant prescrit de
esurer le bois de chauffage au *stère*, il n'y a plus
u'une seule et unique mesure pour toute la France,
t c'est le *mètre cube*. Ainsi en donnant à la bûche un
ètre de *longueur*, la membrure pour mesurer un *stère*,
oit avoir un mètre de *couche* ou de *base* et un mètre de
auteur.

Mais quelques réclamations s'étant élevées sur l'exé-
ution de cette disposition, il a fallu chercher à les con-
ilier avec la faculté qui avait été laissée à tous les pro-
riétaires ou adjudicataires de bois, de donner aux bû-
hes qu'ils font façonner la longueur jugée la plus con-
enable au service pour lequel ces bois sont destinés,
uisqu'aucune loi ni réglement d'administration publi-
ue ne leur imposaient l'obligation de couper les bû-

(1) On appelle *bois en grume* celui qui n'est pas équarri et
ui est recouvert de son écorce, soit qu'on le mesure sur pied
u étant abattu.

ches *à la longueur exacte du mètre*. Le seul moyen d'a
teindre ce but consiste à donner à la membrure serva
à mesurer le *stère* du bois de chauffage, un mètre
couche ou de *base*, sauf à graduer la *hauteur* de cet
membrure d'après la *longueur* des bûches employées
former le stère.

On conçoit, en effet, que si les bûches avaient la lo
gueur exacte du *mètre*, le *stère* composé de pareill
bûches formerait un cube parfait, ayant un *mètre* s
chacune de ses trois dimensions. Mais, comme por
les différens usages auxquels il est approprié, le bois c
chauffage a plus ou moins de longueur que le *mètre*,
en résulte qu'en conservant toujours à la membrure d
stère (de quelque longueur que soient les bûches dor
on veut le composer) *un mètre de base*, on sera obligé
quand la bûche aura moins d'*un mètre* de longueur, c
donner *plus d'un mètre* à la hauteur de la membrure, c
réciproquement, de donner *moins d'un mètre* à la hau
teur de la membrure, lorsque la bûche excèdera la lon
gueur du *mètre*.

De même, si l'on veut que la membrure contienn
deux, *trois* ou *quatre stères*, etc., il suffira de lui don
ner *deux*, *trois* ou *quatre mètres* de base sur une *hauteu*
correspondante à la *longueur* de la bûche employée pou
former la quantité de bois ainsi mesurée.

C'est d'ailleurs ce qui se pratique dans les chantier
de Paris pour le mesurage du bois de chauffage.

Mais comme les anciennes mesures sont encore employées dans un grand nombre de circonstances, je vai
en faire connaître les dimensions et les moyens de le
convertir en stères.

Le bois de chauffage se mesurait anciennement à la
corde; mais comme les bûches n'avaient pas partout la
même longueur, la corde variait nécessairement en raison des différentes longueurs des bûches dont elle était
formée. Je vais indiquer les dimensions des trois cordes
les plus en usage.

La corde de 8 pieds (2 mètres 60 cent.) de couche
ou de base, sur 4 pieds (1 mètre 30 cent.) de hauteur
et les bûches ayant 3 pieds 6 pouces (1 mètre 14 cent.)
de longueur, contient 112 pieds (3,839 déc.) cubes,
et équivaut à 3 stères 840 millistères : c'est celle qui
est connue sous le nom de *corde des eaux et forêts*.

La corde de 8 pieds (2 mètres 60 cent.) de couche,

ır 4 pieds (1 mètre 30 cent.) de hauteur, et les bûches
ʹant 4 pieds (1 mèt. 30 cent.) de longueur, contiennent
ı8 pieds (4,360 décim.) cubes et équivaut à 4 stères
30 millist. ; c'est celle connue sous la dénomination de
ʹde de *grand bois.*

La corde de 8 pieds (2 mètres 60 cent.) de couche,
ır 5 pieds (1 mètre 62 cent.) de hauteur, et les bû-
ıes ayant 3 pieds 6 pouces (1 mètre 14 cent.) de lon-
ıeur, contient 140 pieds (4,799 décim.) cubes, et équi-
ıut à 4 stères 800 millistères : c'est celle connue sous
nom de *corde de port.*

On mesurait encore dans quelques endroits, à Paris,
ar exemple, le bois de chauffage à la *voie.* Cette me-
ıre est la moitié de la corde des eaux et forêts, dont
est question ci-dessus; elle a 4 pieds (1 m. 30 cent.)
e couche, sur 4 pieds (1 m. 30 cent.) de hauteur, et la
ıngueur de la bûche étant de 3 pieds 6 pouces (1 mètre
4 cent.); cette voie contient 56 pieds (1,919 décim.)
ubes, et elle équivaut à 1 stère 920 millistères.

D'après les explications qui précèdent sur les diffé-
entes manières de mesurer le bois de chauffage, on
oit apercevoir qu'il est facile de faire la conversion des
iverses mesures en *stères,* quelles qu'en soient les di-
ıensions, puisqu'il suffit, connaissant le rapport de
aucien *pied* avec le *mètre,* de multiplier la *longueur*
e la bûche par la *longueur* de la pile et le produit par
ı *hauteur* de cette pile, et de séparer neuf décimales
u dernier produit si, à chaque dimension, on a mul-
iplié par des millimètres.

Soit, par exemple, une pile de 16 pieds (5 m. 197
ıillim.) de couche, sur 4 pieds (1 mètre 299 millim.)
e hauteur, et les bûches 2 pieds et demi (812 millim.)
e longueur; cette pile contient 160 pieds (5,484 déc.)
ubes, dont on désire connaître combien elle contient
e stères?

Multipliant la couche de 5 m. 197 millim.
par la haut. de la pile de 1 m. 299

$$
\begin{array}{r}
46,773 \\
46,773 \\
10,394 \\
5,197 \\
\end{array}
$$

On obtient pour 1.ᵉʳ produit 6,750,903.

Report   6,75903.

Lequel multiplié par la long.
de la bûche, qui est de....   0,812

$$\begin{array}{r} 13,501,806 \\ 6,750,903 \\ 54,007,224 \end{array}$$

donne. 5,481,753,236,

ou 5 stères 482 millistères, en ajoutant une unité a
dernier chiffre conservé, pour tenir compte de ceu
supprimés, lorsque le premier de ces derniers vers l
gauche surpasse cinq.

Aʀт. V. *Cubage des bois en grume.*

Le cubage des bois en grume a pour objet d'évalue
l'équarrissage des pièces de bois de charpente que peu
vent donner les arbres sur pied, puisque ces bois ave
leur écorce ne peuvent être employés ni mis en œuvr
sans avoir été équarris, et qu'alors ces façons tombe
raient en perte sur l'acheteur, tant pour ce qu'il est obli
gé de payer aux ouvriers qui travaillent le bois, qu
pour la diminution qu'éprouvent ses dimensions. l
est donc nécessaire d'indiquer une méthode auss
simple que certaine pour évaluer l'équarrissage du boi
en grume, sans *flaches* et sans *aubier*, c'est-à-dire
vives-arêtes, et d'en obtenir le cube.

Mais avant il convient de donner quelques explica
tions qui fassent connaître les rapports des nouvelle
mesures ou des produits obtenus par le calcul décima
avec les dénominations des anciennes mesures des boi
de charpente. Ainsi le *décistère* ou

102 millist.	8 dix millist.,	équiv. à	1 pièce ou solive	(1)
068	— 6	——	égal.	0 2/3 de solive.
051	— 4	——	font	0 1/2 solive.
034	— 3	——	donn.	0 1/3 de solive.
025	— 7	——	font	0 1/4. —
020	— 6	——	égal.	0 1/5. —
017	— 1	——	—	0 1/6, ou 1 pied de solive.
008	— 5	——	—	0 1/12, ou 1/2 p. de sol.

(1) On appelait *pièce de bois*, celle qui avait 6 pieds de long
sur 72 pouces carrés de grosseur, ou 12 pieds de long sur 36
pouces carrés de grosseur.

1 stère	028 millist.	3 dix millist.	équival.	à 10 solives.
2 —	056 —	6	———	20 —
3 —	084 —	9	- ——	30 —
4 —	113 —	2	———	40 —
5 —	141 —	5	———	50 —

Actuellement que les rapports des anciennes aux nouvelles mesures sont connus, il s'agit de savoir comment on peut évaluer l'équarrissage d'une pièce de bois en grume, sans défalcation de l'écorce. Pour y parvenir, il faut d'abord chercher sa circonférence, ou le pourtour moyen de l'arbre sur pied, en le mesurant avec un cordeau, à chacune de ses extrémités, c'est-à-dire au-dessus de la naissance des racines et au-dessous de celle des branches; ensuite ajouter ces deux circonférences et prendre la moitié de leur somme qui sera alors la *circonférence moyenne* de l'arbre. Mais pour abréger l'opération, on peut se borner à mesurer l'arbre sur pied à 1 mètre 33 cent. (4 pieds) de terre, et ensuite pour obtenir la circonférence ou grosseur moyenne qu'il peut avoir, il faut diminuer du pourtour connu deux à trois centimètres par chaque 33 centimètres de sa hauteur (9 à 12 lignes par pied), à partir de l'endroit où l'arbre a été mesuré, jusqu'à ce qu'on parvienne à peu-près au point où se trouve le milieu de sa longueur.

Une fois cette circonférence moyenne connue, on obtient facilement le cubage des arbres sur pied, sans défalcation de l'écorce comme je l'ai dit plus haut, en procédant suivant l'usage des localités, des trois manières suivantes :

1° En prenant le *tiers* de la circonférence ou *pourtour moyen* du corps de l'arbre, qu'on multiplie par lui-même et ce produit par la *longueur* de l'arbre : ce second produit donne alors le cube cherché. C'est ce qu'on appèle *cuber au tiers de la circonférence sans déduction.*

2° En prenant le *quart* de la circonférence moyenne, qui, multiplié par lui-même, donne un produit qu'on doit ensuite, comme ci-dessus, multiplier par la *longueur* de l'arbre pour obtenir le cube cherché. Ce mode est connu sous le nom de *cubage au quart de la circonférence sans déduction.*

3° En prenant le *cinquième* du pourtour moyen, qu'on multiplie par lui-même, et ensuite, comme dans les deux manières précédentes, par la *longueur* de l'arbre, pour

avoir le cube demandé. Cette manière prend la dénomination de *cubage au cinquième de la circonférence san*
déduction.

Mais pour connaître le *cube* en pièces équarries, c'est-
à-dire, défalcation faite de la partie de la circonférenc(
qui doit tomber sous la cognée avant d'arriver au carré
les marchands de bois ont pour habitude :

1° De distraire un *sixième* de la circonférence moyenn(
de l'arbre, de prendre le *quart* du restant, de multiplie
ce quart par lui-même, et ensuite de multiplier ce pro
duit par la *longueur* de l'arbre. C'est ce qu'on appèl(
cuber au sixième déduit.

2° De distraire un *cinquième* de la circonférence moyenne, de prendre le *quart* du restant et d'opérer ensuite comme ci-dessus. Ce mode est connu sous le nom
de *cubage au cinquième déduit*.

Je dois faire observer que ces divers modes de cubage
donnent lieu à une différence dans les produits en nature
et qu'il faut nécessairement y avoir égard afin de mettre
les évaluations en argent en rapport avec le mode du cubage en usage dans la localité.

§ V. *Affiches*.

Lorsque les opérations qui doivent précéder les ventes
sont terminées, et que les jours auxquels les adjudications doivent avoir lieu ont été fixés par MM. les Préfets des départemens, concurremment avec le Conservateur, celui-ci se fait adresser les projets d'affiches ,
par les Inspecteurs et par les Agens qui en remplissent
les fonctions; il les vérifie et s'assure si on n'y à porté
que les coupes dont l'assiette a été autorisée, et si elles
contiennent les détails suffisans et propres à faire obtenir dans les ventes un prix avantageux. (*Inst. des 7 prairial an* ix, § 1er, *art.* 20; *et* 23 *mars* 1821, *art.* 41; *et
Circ. du* 26 *mess. an* x, *n°* 103.)

Les Inspecteurs, dans la rédaction des projets d'affiches, indiquent les chefs-lieux d'arrondissement, les
jour et heure des ventes qu'ils croient les plus favorables
au commerce, et les fonctionnaires qui doivent les présider. Ces Agens doivent aussi indiquer la situation, la
nature et la contenance des coupes; le nombre et l'essence des baliveaux de l'âge, des modernes, des anciens,
des pieds corniers, tournans et parois marqués en réserve et de ceux marqués pour le service de la marine.

i la vente doit comprendre des baliveaux morts ou épérissans, ils doivent être désignés dans l'affiche par ur nombre, leur âge et leur essence, et dans le cas où écorçage des bois sur pied a été autorisé, il en est aussi lit mention expresse sur l'affiche ainsi que des ordonances spéciales qui ont autorisé des coupes extraordinaires. (*C. f., art.* 123; *Ord. régl., art.* 84 *et* 85; *Circ. es* 9 *prairial et* 18 *thermidor an XIII, n.* 267 *et* 274, *du* 3 *avril* 1813, *n.* 491; *Inst. du* 23 *mars* 1821, *art.* 41 *l* 94; *Cah des ch., Ord.* 1828, *art.* 4.)

Lorsque les affiches rédigées par l'Agent forestier suérieur de l'arrondissement ont été approuvées par le Conservateur, cet Agent, chef de service, les fait impriher, et, sous l'autorisation de M. le Préfet, charge les ;ardes de les placarder, au moins quinze jours avant :elui fixé pour la vente, au chef-lieu du département, lans le lieu de la vente, dans la commune de la situaion des bois et dans celles environnantes. (*C. f., art.* 17; *Ord. régl., art.* 84; *et Cah des ch. de l'ord.* 1828, *art.* 1er.)

Les Gardes dressent procès-verbal de cette opération :t la font certifier par les maires des communes où les lffiches ont été placardées. L'Agent, chef de service, est .enu de rapporter ces certificats. Les Préfets et les Sous-Préfets emploient au surplus les autres moyens de publication qui sont à leur disposition. (*C. f., art.* 17; *Ord. régl., art.* 84; *Inst. du* 23 *mars* 1821, *art.* 94; *Circ. du* 18 *août* 1822, *n.* 68; *et Cah des ch. de l'ord.* 1828, *art.* 1er.)

Je dois faire observer que les Agens forestiers chefs de service, peuvent réduire les frais d'affiches surtout en ce qui concerne les menus marchés, en les portant sur les affiches des coupes ordinaires, ou en faisant les affiches à la main, ou en faisant imprimer des cadres qui serviraient pour tous les menus marchés, moyennant l'indication faite à la main, du nom de la commune, du lieu de la vente, et la situation ainsi que les quantités et qualités des objets spéciaux à vendre. (*Corresp. de l'adm. for. des* 6 *juin* 3 *et* 22 *sept.* 1829.)

Les frais de transport d'affiches sont payés aux Gardes, tant pour les bois Royaux que pour les bois Communaux, dans les triages desquels les coupes ont été mises en adjudication, sur des états émargés par eux et arrêtés par les Agens forestiers chefs de service. (*Circ. du* 5 *mars* 1829, *n°* 208.)

Les Conservateurs, aussitôt que les projets d'affiche leur sont parvenus, doivent en faire faire le dépouille-ment avec soin. Ce relevé sommaire, dressé confor-mément au modèle n° 2, joint à la circulaire du 6 fé-vrier 1829, n° 202, doit présenter, par chaque arron-dissement communal où les ventes doivent avoir lieu, et par inspection et département, le nombre d'articles à vendre, et les quantités d'hectares et d'arbres portées sur les affiches, d'après les procès-verbaux d'arpentage, de balivage et de martelage des coupes. Ce relevé est totalisé par département, et présente ensuite une réca-pitulation générale pour la conservation. Il doit être adressé chaque année à l'Administration, au moins quinze jours avant l'ouverture des ventes (*Circ. du 6 février 1829, n° 202.*)

§ VI. *Ventes ou adjudications.*

Aucune vente ordinaire ou extraordinaire ne peut avoir lieu dans les bois soumis au régime forestier, que par voie d'adjudication publique, laquelle doit être an-noncée par des affiches, ainsi que le prescrivent les dis-positions du § v ci-dessus. (*C. f., art. 17.*)

Toute vente faite autrement que par adjudication publique, est considérée comme vente clandestine et déclarée nulle. Les Fonctionnaires et Agens qui auraient ordonné ou effectué là vente sont condamnés solidai-rement à une amende de trois mille francs au moins, et de six mille francs au plus, et l'acquéreur est puni d'une amende égale à la valeur des bois vendus. (*Ib., art.* 18.)

Toute vente, quoique faite par adjudication publique, qui n'a point été précédée des publications et affiches prescrites par le § v ci-dessus, ou qui a été effectuée dans d'autres lieux ou à un autre jour que ceux qui ont été indiqués par les affiches ou les procès-verbaux de remise de vente, est de même annulée. Les Fonction-naires et Agens qui auraient contrevenu à ces disposi-tions sont condamnés solidairement à une amende de mille à trois mille francs, et une amende pareille est prononcée contre les adjudicataires, en cas de compli-cité. (*Ib, art.* 19.)

Le Conservateur prend les mesures nécessaires pour que les ventes qui doivent se faire par devant les Préfets et les Sous-Préfets dans les chefs-lieux d'arrondisse-mens, et auxquelles assistent le receveur-général du partement ou son fondé de pouvoir, ainsi que le irecteur ou le Receveur des domaines, commencent 15 août et finissent, au plus tard, le 31 décembre. *Ord. régl , art. 86 ; Inst. du 23 mars 1821, art. 47 ; Cah. des ch. de l'ord. 1828, art. 5.*)

Cependant il n'est pas absolument nécessaire que les entes de bois dont les valeurs excèdent 500 fr. soient faies, dans les chefs-lieux d'arrondissemens où les bois ont situés, et la disposition de l'art. 86 de l'Ord. régl. 'est pas tellement obligatoire qu'il ne puisse y être dégé par des ordonnances ou décisions spéciales. (*Ord. u 15 oct. 1828.*)

Les receveurs généraux peuvent se faire représenter l'adjudication d'une coupe extraordinaire ; mais ils lemeurent responsables des deniers de la vente (*Délib. lu Cons. d'adm. des forêts du 18 décembre 1828.*)

Lorsque l'évaluation des coupes n'excède pas 500 fr., les Préfets peuvent, sur la proposition des Conservaeurs, permettre que ces coupes soient adjugées au chef-lieu d'une des communes voisines des bois et sous a présidence du Maire (*Ord. régl., art. 86.*)

Les Préfets sont aussi autorisés à déléguer aux Sous-Préfets le droit de présider par eux-mêmes ou de faire présider par les Maires les ventes par forme de menus marchés, des chablis et bois de délits ; et les Agens forestiers locaux peuvent faire aux Sous-Préfets les propositions nécessaires à cet égard. (*Décis. du M. des F. du 26 mars 1830 : et circ. du 30 avril suivant, n° 235.*)

Le Conservateur veille à ce que les coupes se succèdent de manière à favoriser la plus grande concurrence, et à ce qu'il soit assigné des jours différens aux adjudications qui doivent s'effectuer dans les divers arrondissemens d'un même département, afin que le Receveur général puisse lui-même être présent aux ventes. Le Conservateur assiste aux ventes où il croit sa présence nécessaire, et en cas d'empêchement, il se fait suppléer par l'Agent supérieur de l'arrondissement forestier qui a fait l'estimation des coupes, afin de prévenir toute association tendant à obtenir les bois à vil prix. (*Inst. du 23 mars 1821, art. 52, 53 et 95 ; et Circ. des 15 septembre 1806, n. 338, et 30 octobre 1824, n. 105.*)

Les Agens et Gardes forestiers, et les Agens forestiers de la marine, dans toute l'étendue du royaume, leurs parens et alliés en ligne directe, frères et beaux-frères,

oncles et neveux, dans toute l'étendue du territoir
pour lequel ces Agens et Gardes forestiers sont com
missionnés ; les Fonctionnaires chargés de présider o
de concourir aux ventes, et les Receveurs du produ
des coupes, dans toute l'étendue du territoire où i
exercent leurs fonctions, ne peuvent prendre part au
ventes, ni par eux-mêmes, ni personnes interposéc
directement ou indirectement, soit comme partic
principales, soit comme associés ou cautions.

En cas de contravention ils sont punis d'une amend
qui ne peut excéder le quart ni être moins du douzièm
du montant de l'adjudication, et les Agens et Gardes
et les autres Fonctionnaires ci-dessus désignés son
en outre passibles de l'emprisonnement et de l'interdic
tion prononcées par l'article 175 du Code pénal (1)
Cette défense s'étend aussi aux Conseillers de préfecture, aux Juges (2), Officiers du ministère public e
Greffiers des tribunaux de première instance, dans tou
l'arrondissement de leur ressort, et en cas de contravention, ils sont passibles de tous dommages-intérêts
s'il y a lieu.

---

(1) Cet article, en ce qui concerne *la peine de l'interdiction et*
l'emprisonnement, est ainsi conçu :

« Tout fonctionnaire, tout officier public, tout agent du
» gouvernement, qui, soit ouvertement, soit par acte simulé,
» soit par interposition de personnes, aura pris ou reçu quel-
» que intérêt que ce soit, dans les actes, adjudications, entre-
» prises ou régies dont il a ou avait, au temps de l'acte, ou en
» tout ou en partie, l'administration ou la surveillance, sera
» puni *d'un emprisonnement de six mois au moins, et de deux*
» *ans au plus*, et sera condamné à une amende qui ne pourra
» excéder le quart des restitutions et des indemnités, ni être au-
» dessous du douzième.

» *Il sera de plus déclaré à jamais incapable d'exercer aucune*
» *fonction publique.*

» La présente disposition est applicable à tout fonctionnaire
» ou agent du gouvernement qui aura pris un intérêt quelcon-
» que dans une affaire dont il était chargé d'ordonnancer le
» paiement ou de faire la liquidation. »

(2) L'objet de la prohibition contenue dans l'art. 21 du Code
est d'empêcher qu'un juge n'ait à connaître d'une action dans
laquelle il serait lui-même intéressé ; cependant comme aucune
action relative aux ventes et exploitations n'est de la compétence
des juges-de-paix, il est évident que la prohibition ne les concerne pas. (*Lettre du Directeur des forêts, du 12 février 1829.*)

Toute adjudication faite en contravention à ces dispositions, est déclarée nulle. (C F , art. 21.)

Lorsqu'une vente de coupe de bois a été faite en contravention des art. 21 et 101 (1) du Code forestier relatifs aux personnes déclarées incapables de prendre part
aux ventes l'annullation de cette adjudication doit être
prononcée par le Préfet. Ces personnes ne peuvent
également se rendre certificateurs de caution, attendu
que ces derniers sont assimilés aux cautions elles-
mêmes. (*Déc. min. du 6 mai* 1830.)

Les personnes notoirement insolvables, et celles qui,
ayant déjà subi l'événement d'une folle enchère, n'ont
pas payé les sommes dont elles sont restées redevables,
ne peuvent mettre à prix, enchérir et surenchérir,
qu'en présentant préalablement une caution domiciliée
en France et agréée par le Receveur général du département, ou son fondé de pouvoir, en présence du Receveur des domaines. (*Cah. des cah. Ord.,* 1833, *art.* 1er.)

Les adjudicataires ne peuvent avoir plus de trois associés, qu'ils sont tenus de nommer au secrétariat du
lieu de la vente, où ils doivent déposer un acte de leur
association, et faire leur soumission de satisfaire à toutes
les charges de l'adjudication (*Ib., art.* 2.)

Toute association secrète ou manœuvres entre les
marchands de bois ou autres, tendant à nuire aux enchères, à les troubler, ou à obtenir les bois à plus bas
prix, donnent lieu à l'application des peines portées par
l'article 412 du Code pénal (2), indépendamment de
tous les dommages-intérêts; et si l'adjudication a été
faite au profit de l'association secrète ou des auteurs

---

(1) L'art. 101 concerne les maires, adjoints et receveurs des
communes, ainsi que les administrateurs et receveurs des établissemens publics.

(2) L'art. 412 du Code pénal est ainsi conçu : « Ceux qui, dans
les adjudications de la propriété, de l'usufruit ou de la location
de choses mobilières ou immobilières, d'une entreprise, d'une
fourniture, d'une exploitation ou d'un service quelconque,
auront entravé ou troublé la liberté des enchères ou des soumissions, par voies de fait, violences ou menaces, soit avant,
soit pendant les enchères ou les soumissions, seront punis
d'un emprisonnement de quinze jours au moins, de trois
mois au plus, et d'une amende de 100 fr. au moins et de
5,000 fr. au plus.

» La même peine aura lieu contre ceux qui, par dons ou
promesses, auront écarté les enchérisseurs. »

desdites manœuvres, elle est déclarée nulle. (*C. F.* *art.* 22.) Dans tous les cas où les ventes et adjudica tions sont déclarées nulles pour cause de fraude ou collusion, l'acquéreur ou adjudicataire, indépendam ment des amendes et dommages-intérêts prononcé contre lui, est condamné à restituer les bois déjà ex ploités, ou à en payer la valeur sur le pied du prix d'ad judication ou de vente. (*C.F.*, *art.* 205.)

Chaque coupe est adjugée en francs, à l'hectare et are

Il ne peut être fait aucune réclamation ni diminutior de prix pour les places vides, mares, fossés, chemins avenues, qui se trouvent dans l'intérieur des ventes mais seulement pour les routes royales et départemen tales, dont la distraction est faite par les plans et procès verbaux d'arpentage des coupes.

Les bois provenant des laies et tranchées font partie de l'adjudication, à moins qu'ils n'aient été vendus par forme du même marché, d'après l'autorisation du Conservateur, auquel cas il en est fait mention sur l'affiche.

Les arbres qui s'exploitent soit séparément du taillis, soit en jardinant ou par éclaircie, sont adjugés en bloc et sans garantie du nombre. (*Ord. régl.,art.* 75, *et Cah. des ch. de l'ord.* 1833, *art.* 3.)

Contrairement aux dispositions de l'art. 75 de l'ord. régl. le bois des laies, dans quelques localités, a été abandonné aux Gardes, où ils s'en emparaient avant l'adjudication des coupes. Cependant dans aucun temps les Gardes n'ont eu droit aux laies; les Agens forestiers doivent donc veiller à ce que les laies ne reçoivent que la largeur prescrite; recommander que sans une nécessité absolue les Arpenteurs ne fassent pas tomber des arbres qui, en général, ne sont pas un obstacle insurmontable au mesurage des coupes, et s'assurer que les Gardes ne s'emparent pas des bois abattus pour l'ouverture des laies. Si ces bois sont de quelqu'importance, et si l'on craint que les délinquans ne les enlèvent avant l'adjudication, ils faut, ainsi que le prescrit ledit art. 75, les faire façonner et en effectuer la vente, comme menus marchés, en mettant le façonnage à la charge de l'acquéreur. Dans le cas contraire, ces bois appartiennent aux adjudicataires des coupes que les laies délimitent. (*Circ. du* 4 *novembre* 1831, *n.* 291.)

Les Adjudications sont faites à la chaleur des *enchères*

à l'extinction des feux (1). Avant l'ouverture des
enchères, le Conservateur, ou l'Agent forestier qui le
remplace pour l'adjudication, fait connaître au fonctionnaire qui préside la vente le montant de l'estimation des coupes, et les feux ne sont allumés que lorsque
les offres sont égales à l'estimation; si cependant les
offres se rapprochaient de l'estimation, les feux pourraient être allumés, sur la proposition de l'Agent forestier. (*Ord. régl.*, art. 87.)

Mais, je le répète, quelquefois, avant d'arriver à des
offres semblables, les marchands n'en font que de fort
inférieures à l'estimation, ce qui donne lieu à des lenteurs
et même à des interlocutions peu convenables dans une
vente faite au nom de l'État. Les Agens doivent, dans ce
cas, déterminer eux-mêmes une mise à prix pour fixer
les irrésolutions; toutefois les feux ne doivent être allumés, ainsi qu'il est dit ci-dessus, que lorsque les offres
des enchérisseurs, faites sur cette mise à prix, égalent
l'estimation ou s'en rapprochent. (*Instr. du 11 sept.* 1827.)

Les enchères ne peuvent être moindres du *vingtième*
de la mise à prix de l'hectare, lorsqu'elle est de 100 fr.
au-dessus.

Ces enchères sont de 10 fr. si elle est depuis 100 fr.
jusqu'à 200 fr.; de 15 fr. si elle est de 200 jusqu'à
300 fr.; de 20 fr. quand elle excède 300 jusqu'à 1000 fr.;
et de 30 fr. si elles dépassent 1000 fr.

A l'égard des ventes d'arbres qui se font par nombre, les enchères ne peuvent être moindres du *vingtième*
de la mise à prix, si elle est de 500 fr. et au-dessous;
du *trentième*, si elle est depuis 500 jusqu'à 1000 fr.; du
quarantième, si elle excède 1000 fr.

Mais nulle personne inconnue ne peut faire une mise
exagérée qu'autant qu'elle a fourni à l'instant une caution et un certificateur de caution solvables

Le premier feu n'est allumé que du consentement du
fonctionnaire public qui préside la vente et de l'Agent
forestier, et la coupe n'est adjugée que lorsqu'un dernier feu a été allumé et s'est éteint, sans que, pendant
la durée, il ait été fait aucune enchère.

---

(1) On était dans l'usage en plusieurs endroits de procéder
aux ventes par deux adjudications, l'une provisoire et l'autre
définitive. Ce mode a été proscrit par l'Administration. (*Circulaire du 1er février* 1825, n° 115.)

Aucune Adjudication ne peut être faite qu'après l'extinction de *trois* bougies allumées successivement. Ainsi, lorsque la première et la deuxième se sont éteintes sans enchère, on doit en allumer une troisième, et l'Adjudication ne peut être prononcée qu'autant que, pendant la durée de cette dernière, il n'y a point eu d'enchère.

Mais si, pendant la durée des trois premières bougies, il survient une ou plusieurs enchères, il doit être allumée une quatrième bougie, et l'Adjudication ne peut être prononcée qu'après que cette bougie ou l'une de celles qui pourraient lui succéder, se serait éteinte sans enchère.

La mise à prix et l'enchère sur laquelle la coupe a été adjugée sont seules inscrites au procès-verbal d'adjudication, avec les noms et demeures des enchérisseurs. (*Inst. du 23 mars 1821, art. 53 et 95 ; Circ. des 11 septembre 1827 et 16 septembre 1828, et Cah. des ch., Ord., 1833, art. 1er, 4 et 5.*)

Lorsque, faute d'offres suffisantes, les Adjudications n'ont pu avoir lieu, elles sont remises, séante tenante et sans nouvelles affiches, au jour qui est indiqué par le président, sur la proposition de l'Agent forestier présent ; le délai ne doit pas excéder la quinzaine. (*Ord. régl., art. 89.*)

Si, à la séance à laquelle l'adjudication a été remise, il n'y a pas encore d'offres suffisantes, la vente sera renvoyée à l'année suivante ou exploitée par économie. Mais dans ce cas les Conservateurs doivent le faire connaître au Directeur des forêts, et lui faire leurs propositions soit pour une nouvelle tentative d'adjudication, soit pour le renvoi de l'article à l'année suivante, soit enfin pour l'exploitation par économie. Mais ce dernier parti ne doit être proposé que dans le cas où, à raison de quelques circonstances particulières, il y aurait peu d'espoir de vendre l'année suivante. (*Inst. du 11 sept. 1827.*) D'après ces renseignemens, le Directeur peut autoriser le renvoi de l'adjudication à l'année suivante, et même faire exploiter les coupes par *économie*, pour le compte de l'État, avec l'approbation du Ministre des finances. L'entreprise en est adjugée au rabais, et les bois façonnés sont vendus par lots, dans la forme ordinaire des adjudications aux enchères, et à la charge, par ceux qui s'en rendent adjudicataires, de payer les frais de l'abattage et de la façon desdits bois. (*Ib., art. 88 et 89; Inst. du 11 sept. 1827, et Cahier des charges de l'ordonnance 1833, art. 6.*)

l est néanmoins libre aux Agens forestiers de propo-
au président de la vente la remise en vente, après un
ond délai de quinzaine et avec nouvelles affiches, si,
s cet intervalle, il a été fait des offres suffisantes au se-
lariat du lieu de la vente. (*Inst. du 23 mars 1821, art.*
et 95 ; Circ. du 1er vendémiaire an XIV, n. 281 ; et Cah.
ch. de l'Ord. 1833, art. 6.) Quant aux bois à couper
éclaircie, le Directeur peut ordonner qu'ils soient
loités et façonnés pour le compte de l'État, et ven-
de la manière ci-dessus indiquée pour les exploita-
is par économie. (*Ord. régl. art. 88 et 89.*)

ncune déclaration de *command* n'est admise, si elle
st faite immédiatement après l'adjudication et séance
ante.

ne décision du Ministre des finances du 21 mai 1828,
te : « Que si le command élu a les qualités requises
ir être admis, et que l'adjudicataire présente un *man-*
immédiatement, et séance tenante, il n'est pas né-
saire d'acceptation de la part du command; mais que
e dernier n'a pas donné de mandat, il doit accepter
le procès-verbal même et séance tenante; qu'ainsi
e doit point y avoir d'acte séparé pour cette accep-
on, qui a lieu dans le contexte même du procès-verbal;
Que la déclaration de command et l'acceptation,
nt insérées dans le procès-verbal d'adjudication, ne
inent lieu à aucun droit particulier, attendu qu'elles
forment qu'un tout avec l'adjudication;

Et enfin, qu'au moyen de ces dispositions il n'est
oin d'aucune signification particulière au président
la vente. (*C. F., art. 23 ; Circ. du 11 juillet 1828,*
181, *et Cah. des ch. de l'Ord. 1833, art. 7.*)

outes les contestations qui peuvent s'élever pendant
opérations d'adjudication, sur la validité des enchè-
ou sur la solvabilité des enchérisseurs et des cautions,
t décidées immédiatement par le Fonctionnaire qui
side la séance d'adjudication. (*C. F., art. 20.*)

Les présidens de ventes, doivent avant de prononcer
les contestations relatives aux enchères et à la solva-
ité des enchérisseurs, consulter les Agens forestiers
les Receveurs présens à l'adjudication. (*Circ. du 16*
t. 1828, *n. 186, et Circ. du Min. des. Fin. du 25 oct.*
vant.)

Toute personne capable et reconnue solvable est ad-
se jusqu'à l'heure de midi du lendemain de l'adjudi-

cation, à faire une. offre de surenchère, qui ne peut être
moindre du cinquième du montant de l'adjudication.

Dès qu'une, pareille offre a été faite, l'adjudicataire
les surenchérisseurs peuvent faire de semblables décla
rations de simple surenchère jusqu'à l'heure de midi d
surlendemain de l'adjudication, heure à laquelle le plu
offrant reste définitivement adjudicataire. (*Ib.*, art. 25.

C'est ordinairement l'horloge de la ville la plus à por
tée d'être entendue au bureau où se fait la surenchère
qui sert de règle quant à l'heure précise.

L'heure de midi est révolue lorsque le premier cou
se fait entendre, et le temps pendant lequel les heure
sonnent, appartient à l'heure qui suit, et non à celle qu
précède. (*Déc. du* 7 *février* ; *et Circ. du* 14 *août* 1829
n° 225.)

Toutes déclarations de surenchère doivent être faite
au secrétariat du lieu de la vente, et dans les délais ci
dessus fixés ; le tout à peine de nullité.

Si le lendemain de l'adjudication se trouvait être u
jour férié, le délai pour surenchérir serait de droit pro
rogé jusqu'au lendemain à midi. (*Déc. min. du* 17 *fév*
1810, *conforme à l'art.* 1037 *du Code de proc. civ.*)

La circonstance que l'heure aurait été avancée su
l'horloge de la ville pour la régler, ne serait point u
motif d'admettre une surenchère après que midi aura
commencé à sonner, si ce fait n'était le résultat d'au
cune intelligence coupable avec l'adjudicataire ou le pre
mier surenchérisseur. (*Ib., du* 7 *févr.* 1829.)

Toute surenchère faite après le délai ci-dessus fixé e
nulle, lors même qu'elle n'aurait donné lieu à aucun
opposition au moment où elle aurait été faite, et qu'ell
aurait été couverte par d'autres surenchères. (*Déc. min*
du 14 *févr.* 1831.)

Une décision du Ministre des finances, du 10 juill
1828, porte : 1° Que jusqu'à l'heure de midi du lende
main de l'adjudication, on doit admettre les déclaration
de tous ceux qui feront l'offre d'un 5° au moins, en su
du prix de vente ; 2° que ces surenchérisseurs peuven
pendant ce délai, faire une offre plus élevée, et que s'
se présentait ensuite un autre surenchérisseur qui fit un
offre moins élevée, mais cependant égale au 5° en su
du prix de vente, sa déclaration doit être enregistrée
puisqu'elle lui donnerait le droit de faire de nouvelle
enchères ; 3° que la faculté de faire de nouvelles enchè

jusqu'à l'heure de midi du surlendemain de l'adjudi-
on, n'est accordée qu'à l'adjudicataire et à ceux qui,
nt l'heure de midi du lendemain de l'adjudication ,
ont fait leur déclaration d'offrir au moins le 5° en sus
prix de vente ; 4° enfin que si plusieurs offres égales
été faites sans qu'il y ait eu ensuite de surenchère ,
judication doit, d'après les règles générales sur les
hères, demeurer à celui qui a fait l'offre le premier.
insi, il résulte de cette décision, que le surenchéris-
r qui succède à un autre qui a déjà fait l'offre d'un cin-
ème en sus de l'adjudication, n'est point obligé d'aug-
ater d'un nouveau cinquième ce prix d'adjudication,
qu'il peut se borner à faire la même offre que le pre-
er, ou, pour mieux dire, s'associer à une offre déjà
e.

es déclarations de simples surenchères ne peuvent
e moindres des *minima* fixés d'après les mises à prix
hectare, déterminés par l'importance des coupes, et
déclarations doivent être appliquées à chacun des hec-
es dont les coupes se composent. (*Cah. des ch. de* 1833,
9.)

es présidens des ventes peuvent, lorsqu'ils le jugent
e, procéder à la réception des simples surenchères,
faisant allumer des feux. Dans ce cas, l'adjudication
neure à celui qui, le dernier, a enchéri, lorsqu'un
s'est éteint, sans que, pendant sa durée, il ait été
aucune enchère. Mais nulle offre n'est admise après
eure de midi du surlendemain de l'adjudication. (*Circ.*
29 *déc.* 1828, *n.* 199.)

Le secrétaire commis à l'effet de recevoir ces déclarans est tenu de les consigner immédiatement sur un
gistre à ce destiné, d'y faire mention expresse du jour
de l'heure précise où il les a reçues, et d'en donner
mmunication à l'adjudicataire et aux surenchérisseurs
s qu'il en est requis ; le tout sous peine de trois cents
ncs d'amende, sans préjudice de plus fortes peines en
s de collusion. (*C. F.*, *art.* 25.)

Une surenchère faite dans le délai voulu par la loi ,
valable, lors même que le secrétaire chargé de la
cevoir ne l'aurait inscrite sur son registre qu'après ce
lai. Mais le secrétaire qui, sans cause légitime, aurait
ardé l'inscription sur son registre d'une surenchère
nt la déclaration lui aurait été faite, serait passible des
ines prononcées ci-dessus. (*Déc. min. du* 10 *janv.* 1829.)

Les déclarations de surenchère ne peuvent être reçue après midi du surlendemain de l'adjudication. Elles doivent être inscrites successivement sur le registre à ce destiné, et être signées par ceux qui les ont faites, s elles sont verbales, et dans le cas contraire, les acte qui les contiennent doivent être remis et signés par le déclarans. (*Déc. min. des 7 fevr. et 23 juill.* 1829 ; *et Circ du 29 déc.* 1828 , *n.* 199.)

En conséquence, il n'y a lieu à aucune signification des déclarations de surenchère, soit par l'Administration soit par les adjudicataires et surenchérisseurs. (*C F.*, *art.* 25.)

Toutes contestations au sujet de la validité des surenchères sont portées devant les Conseils de préfecture (*Ib. art.* 26.)

Dans ce cas, le recours au Conseil d'État sur la décision du Conseil de préfecture, est de droit puisque le Code ne l'interdit pas.

Les Conservateurs doivent donner connaissance à l'Administration des forêts, des arrêtés des Conseils de préfecture, qui ont été rendus sur les contestations. (*Circ. du 11 sept.* 1827 , *n.* 158.)

Il est utile d'observer que les contestations qui peuvent s'élever après l'adjudication définitive, soit entre l'Administration et les adjudicataires, relativement à l'interprétation et à l'exécution des adjudications, soit entre deux adjudicataires, soit enfin entre l'Administration et des tiers intéressés, doivent être portées devant les tribunaux. Quoique le Code forestier n'ait pas fait cette réserve, comme l'a fait l'article 4 de la loi sur la pêche, elle ne subsiste pas moins d'après la jurisprudence consacrée par un grand nombre d'arrêts et ordonnances , et en dernier lieu par une ordonnance du 28 février 1828 et une décision ministérielle du 14 avril de la même année.

Lorsque l'adjudicataire d'une coupe de bois par nettoiement, qui a acheté les bois connus sous la dénomination de bois blancs, prétend que sous cette dénomination se trouve comprise une espèce d'arbre que les Agens forestiers soutiennent appartenir à la classe des bois durs, il y a lieu de faire vérifier l'espèce d'arbre par une expertise contradictoire.

Les adjudicataires et surenchérisseurs sont tenus , au moment de l'adjudication ou de leur déclaration de surnchère, d'élire domicile dans le lieu où l'adjudication été faite ; faute par eux de le faire, tous actes posté-eurs leur sont valablement signifiés au secrétariat de l sous-préfecture. (*C. F.*, *art.* 27 ; *et Cah. des ch. de Ordonn.* 1833, *art.* 10.)

Cette disposition, qui oblige l'adjudicataire à élire omicile, et qui déclare que, faute par lui de le faire, tous is actes postérieurs à l'adjudication lui seront signifiés u secrétariat de la Sous-Préfecture, est générale et oncerne les actions civiles ou correctionnelles. (*Arr. e la C. de cass. du* 5 *juillet* 1828.)

Chaque adjudicataire est tenu de donner, dans les inq jours qui suivent celui de l'adjudication définitive, ne bonne et valable caution qui s'oblige solidairement vec l'adjudicataire à toutes les charges et conditions e l'adjudication.

L'Adjudicataire qui n'a pas satisfait à cette obliga-ion dans le délai ci-dessus prescrit est déchu de plein roit de son adjudication, par un arrêté du Préfet, et il st procédé, dans les formes ci-dessus prescrites, à une iouvelle adjudication à sa folle enchère.

L'Adjudicataire déchu est contraint par corps, sur es poursuites du Receveur des Domaines, au paiement le la différence entre son prix et celui de la revente, iinsi que de sa part des frais de la première adjudica-ion sans pouvoir réclamer l'excédant s'il y en a. (*C.F.*, *rt.* 24, *et cah. de Ch. de l'Ord*, 1833, *art.* 11.)

La contrainte par corps peut être exercée contre un idjudicataire déchu en vertu même de l'acte qui pro-nonce sa déchéance, et sans qu'il soit besoin de juge-ment. (*Déc. min. du* 28 *juin* 1828.)

Les cautions sont reçues du consentement du Rece-veur général du département, ou de son fondé de pouvoirs, en présence du Receveur des Domaines ; l'acte en est passé au secrétariat du lieu de la vente. [*C. des ch. de l'Ord.* 1833, *art.* 12.)

Tout procès-verbal d'adjudication emporte exécution parée et contrainte par corps contre les adjudicataires, leurs associés et cautions, tant pour le paiement du prix principal de l'adjudication que pour accessoires et frais.

Les cautions sont en outre contraignables, solidaire-ment et par les mêmes voies, au paiement des dom-mages, restitutions et amendes qu'auraient encourus l'adjudicataire. (*C. f.*, *art.* 28 *et Ord. régl.*, *art.* 82.)

Les cessions , rétrocessions ou sous-ventes ne peuvent être partielles; elles doivent se passer au secrétariat du lieu de la vente., et les cessionnaires ou les rétrocessionnaires ne peuvent exploiter leur bois qu'après avoir représenté à l'Agent forestier local extrait de leurs rétrocessions ; néanmoins les adjudicataires et leurs cautions sont, jusqu'à décharge définitive, considérés comme seuls obligés. (*Cah. des ch. de l'Ord.* 1828, *art.* 24.)

Les minutes des procès-verbaux des adjudications sont rédigées sur papier visé pour timbre et signées sur-le-champ par tous les fonctionnaires présens et par l'adjudicataire ou son fondé de pouvoir ; et dans le cas d'absence de ces derniers, ou s'ils ne veulent ou ne peuvent signer, mention en est faite au procès-verbal, pour tenir lieu de la signature. (*Ord. régl., art*. 91., *et Cahier des ch. de l'Ord.* 1833, *art.* 8.)

Une clause inscrite en marge de la minute d'un procès-verbal d'adjudication avant la vente, oblige l'adjudicataire, quoiqu'elle ne soit ni signée ni paraphée des parties. (*Ord. du* 16 *janvier* 1822.) •

Un procès-verbal d'adjudication fait foi jusqu'à inscription de faux. (*Ib. du* 17 *juillet* 1822., *et* 22 *fév.* 1824.)

Les expéditions des procès-verbaux d'adjudication , signées du président et du secrétaire de la vente , font également foi jusqu'à inscription de faux, lorsqu'elles sont conformes aux minutes des actes d'adjudication. (*Ibid , du* 6 *juillet* 1825.)

Les procès-verbaux d'adjudication doivent faire mention des mesures qui auront été prises pour donner aux ventes toute la publicité possible ; du nombre des baliveaux, de l'âge, des modernes, des anciens, des pieds corniers , tournans et parois marqués en réserve : les essences y sont aussi soigneusement indiquées. Il en est de même de tous les frais généralement quelconques auxquels sont assujétis les adjudicataires, lesquels doivent être réglés modérément, avant de procéder aux enchères, par le Préfet, sur la proposition du Conservateur; et l'état en est affiché dans le lieu des séances, avant l'ouverture et pendant toute la durée de la séance d'adjudication. (*Ord. régl., art.* 84 *et* 91 ; *Inst. du* 23 *mars* 1821, *art.* 42 ; *Circ. du* 25 *avril* 1825, *n.* 123; *Cah. des ch. de l'Ord.* 1828, *art.* 4 *et* 30.)

Les frais relatifs aux adjudications doivent être payés comptant et versés suivant leur nature, savoir ceux de

)re et des droits fixes d'enregistrement, dans la
se du Receveur des Domaines, et ceux d'impres-
des affiches, du cahier des charges, des procès-
)aux, des permis d'exploiter et des citations pour
réarpentages et récolemens, et ceux de publication,
gies et criées dans celle du Receveur des finances
'arrondissement. (*Cah.des ch.de l'Ord.* 1833, *art.* 17.)
es Adjudicataires de coupes de bois ne peuvent,
près la clause ci-dessus du cahier des charges, pro-
de la faculté accordée par l'art. 20 de la loi du 22
aire an VII, de ne payer les droits d'enregistrement
dans le délai de vingt jours, attendu que s'étant
és sous l'empire de leurs propres conventions, ils
ourraient s'en affranchir sous prétexte qu'elles étaient
rigoureuses que les dispositions de la loi. (*Lett. du*
ct. des forets du 10 *sept.* 1829.)
a mesure prescrite par le Ministre des finances,
r le versement des frais relatifs aux adjudications
les caisses des Receveurs des Domaines et des Fi-
ces, a pour objet de confier ces recettes à des Agens
ptables; d'interdire toute perception directe sur les
idicataires et tout maniement de fonds aux Agens fo-
ers et aux secrétaires des ventes, et d'obliger les par-
prenantes à ne recevoir les sommes qui leur sont dues
sur les mandats du magistrat qui a fait la vente.
ucune exception au principe posé dans la décision
Ministre, ne peut être admis : « Tout ce qui fait
rtie des produits dont le recouvrement est confié
la Direction générale des domaines, doit être versé
ns la caisse de ses préposés; et tous les menus frais
i ne sont point de nature à figurer comme produits
us les comptes de cette Administration, doivent
trer dans les caisses des receveurs des finances et
e peuvent en sortir que sur les mandats des magis-
ats qui ont présidé aux ventes.»
insi aucune perception quelconque ne peut être
par les Agens forestiers; si des travaux sont mis
charge sur les ventes, ils doivent être exécutés par
adjudicataires, c'est-à-dire par des ouvriers à leur
pte; et si des adjudicataires sont tenus, par les
ses particulières du cahier des charges de verser en
eccs, soit à titre de garantie, soit par toute autre
se, le montant de l'estimation des travaux qui leur
t imposés, ce versement doit être fait dans la caisse

du Receveur des finances. L'emploi ou la restitution des sommes ainsi versées pour travaux, ne doit avoir lieu que sur les procès-verbaux des Agens constatant l'exécution de ces travaux, et toujours en vertu d'un mandat du Préfet ou Sous-Préfet qui a présidé la vente. (*Circ. des 10 août et 23 décembre 1825, n. 143 et 149; et Cah. des ch. de l'Ord. 1828, art. 29 et 30.*)

Il ne peut être perçu des adjudicataires des coupes de bois, d'autres rétributions que celles spécifiées dans le cahier des charges. Ainsi toutes perceptions illicites et taxes illégales, désignées sous le nom de *charges verbales*, et demandées aux adjudicataires à titre de menus frais à rembourser aux Secrétaires des Préfets, ou de gratifications à payer, soit aux Gardes forestiers, soit aux Employés des préfectures ou sous-préfectures, sont défendues, comme constituant une contravention formelle aux dispositions générales des lois de finances, d'après lesquelles toutes contributions directes ou indirectes, autres que celles autorisées par ces lois, à quelque titre et sous quelque dénomination qu'elles se perçoivent, sont expressément interdites, « à peine » contre les autorités qui les ordonneraient, contre les » employés qui confectionneraient les rôles et tarifs, et » ceux qui en feraient le recouvrement, d'être poursuivis » vis comme concussionnaires, etc. » (*Let. du Min. de Fin. aux Préfets, du 20 février 1827; et Circ du 21 avril suivant, n. 151.*)

Le Conservateur adresse à l'Administration, à la fin de chaque année, un état récapitulatif de ces frais dans chaque inspection, conformément au modèle n° 8 annexé à l'Instruction du 25 mars 1821. (*Inst. du 25 mars 1821, art. 42.*)

Dans les dix jours de l'adjudication, il est fourni à la suite d'un exemplaire du cahier des charges générales et particulières, six expéditions entières et en un seul cahier, du procès-verbal de la masse des adjudications faites dans le même lieu et sans remise d'affiches, savoir :

Une au Préfet, sur papier libre, quand la vente n'a pas été faite au chef-lieu de la Préfecture;

Une à l'Administration des forêts, à Paris, directement;

Une au Conservateur;

Une au Directeur des Domaines.

Une au Receveur des Finances;

Et une à l'Agent forestier local.

Ces expéditions doivent être remises dans les dix jours qui suivent celui de la vente, et délivrées sur papier libre, excepté les exemplaires à remettre au Directeur des domaines pour les ventes des coupes des forêts de l'État, et aux Receveurs municipaux et d'établissemens publics pour celles des coupes dont les Communes et les établissemens sont propriétaires, qui doivent être sur *papier timbré*, afin de pouvoir leur servir de titre en cas de contestations ou de poursuites contre les adjudicataires.

Ces expéditions sont payées par l'adjudicataire à raison de 75 centimes par rôle d'écriture, et sans qu'il puisse être alloué au-delà de ce taux par chaque lot ou article de vente. (*Inst. du 7 prairial an IX*, § 1, *art. 24 ; et Cach. des ch. de l'ordin.* 1833, *art.* 17 *et* 21, *et Circ. du 3 septembre* 1832, n° 316.)

Dans le même délai de dix jours, il est fourni à l'adjudicataire par le Président de la vente une expédition du procès-verbal de son adjudication, un exemplaire du cahier des charges et des clauses spéciales, et une expédition, du procès-verbal d'arpentage de la coupe avec le plan ; le tout sur papier visé pour timbre.

L'expédition du procès-verbal d'adjudication est payée à raison de 75 centimes par rôle d'écriture, comme les précédentes.

Celles du procès-verbal d'arpentage de la coupe avec le plan, et y compris le droit de timbre, est payé à raison de 7 fr. 50 cent. pour chaque coupe de 10 hectares et au-dessus, et 5 fr. pour une coupe de contenance moindre de 10 hectares. (*Circ. du 28 octobre* 1806, *n.* 344, *et Cah. des ch. de l'ordin.* 1833, *art.* 17 *et* 20.)

Immédiatement après la clôture de chaque adjudication, le Conservateur se fait fournir successivement, par inspection et sous-inspection, l'état de celles qui ont été faites dans chaque arrondissement, afin d'en transmettre, chaque quinzaine, pendant la durée des ventes, l'état sommaire de leur produit à l'Administration, conformément au modèle annexé à la circulaire du 6 février 1829, n. 202, en y joignant un exemplaire de l'affiche de chaque arrondissement, avec l'annotation en marge des articles vendus et de ceux ajournés ou renvoyés indéfiniment. Cette état de quinzaine présente les résultats en articles, contenances, arbres,

et produits, par arrondissement communal où les ventes ont lieu, avec la désignation des départemens, des
coupes vendues et de celle restant à vendre. Il est totalisé par département et présente ensuite une récapitulation générale pour la Conservation. (*Inst. du 7 prairial
an IX*, § 1, *art*. 21, *du* 23 *mars* 1821, *art*. 47; *Circ.
du* 23 *vendémiaire an XI*, n. 116, *du* 20 *fructidor an
XII*, n. 231. *du* 16 *vendémiaire an XIV*, n. 284, *du*
15 *sept.* 1807, n. 361, *du* 6 *fév.* 1829, n° 202.)

Indépendamment de ces états sommaires successivement envoyés, le Conservateur doit adresser à l'Administration, un état général conforme au modèle fourni
par l'Administration, en remplacement de celui n° 11
de l'Instruction du 23 mars 1821 et de ceux de balivage
et martelage qui sont supprimés. Ce nouveau modèle
présente tous les renseignemens nécessaires sur les adjudications des coupes de bois. Il est dressé sur les états
partiels transmis aux Conservateurs par les Inspecteurs,
lesquels sont tenus d'enregistrer les ventes de leur inspection sur un sommier conforme au modèle dont il
s'agit, et sauf à fournir ensuite un état supplémentaire
pour les ventes extraordinaires ou de chablis qui ont
lieu postérieurement à la formation de l'état général.
(*Inst. du* 23 *mars* 1821, *art*. 47 *et* 96.)

Cet état général est divisé en 30 colonnes destinées à
faire connaître, 1° l'arrondissement communal où les
bois sont situés; 2° leur dénomination, contenance et
aménagement; 3°, les noms des séries d'aménagement
et des cantons ou triages dans lesquels les coupes sont
assises et leurs numéros d'après l'aménagement, ainsi
que ceux des états d'assiettes et des lots sur les affiches;
4° l'étendue des coupes approuvées, ou le nombre d'arbres futaies qu'elles comprennent; 5° la date des procès-
verbaux de balivage et martelage ; 6° la contenance des
coupes mises en vente, en distinguant celles vendues
de celles invendues ; 7° le nombre et la désignation des
arbres réservés sur les coupes et la quantité de ceux
marqués pour le service de la marine ; 8° l'estimation
des coupes à l'hectare et en bloc; 9° la date des ventes;
10° le produit des ventes, en faisant connaître séparément le prix principal à l'hectare et en bloc, le décime
par franc, les droits d'enregistrement, de cautions et de
certificateurs de cautions, et le total de ces différens
produits; 11° les travaux mis à la charge des adjudica-

taires ; 12° enfin les, observations qui peuvent être nécessaires.

Il comprend séparément, et dans l'ordre de l'état
d'assiette, les coupes ordinaires et extraordinaires,
vendues et invendues. Mais on doit additionner seulement les colonnes n° 3 (*contenances des bois,*) 9 et 10
(*étendue des coupes approuvées ou nombre des arbres fu-*
taies,) 12 à 20 inclus (*contenances des coupes vendues et*
invendues, et le nombre des arbres réservés sur celles ven-
dues seulement, le nombre de ceux réservés sur les coupes in-
vendues, ne devant pas être porté sur l'état, attendu que les
renseignemens à donner pour ces coupes, doivent se borner à
ceux indiqués dans les colonnes 1 à 15 et 21 et 22 inclus.);
22 (*Estimation des coupes en bloc, en ayant soin de ne pas*
comprendre dans l'addition celle des coupes invendues, la-
quelle doit être placée entre deux parenthèses , comme sim-
ple renseignement.) et 24 à 28 inclus (*produits des ventes.*)

On ne doit point oublier d'additionner toutes les colonnes ci-dessus indiquées qui doivent l'être, attendu
que ces additions sont indispensables pour faire juger
d'un coup-d'œil, des résultats obtenus dans chaque arrondissement communal, et tout état qui n'est pas dressé
régulièrement et dont les additions des colonnes et les
récapitulations ne seraient pas présentées ainsi qu'il est
dit ci-dessus serait renvoyé.

Il est essentiel d'observer, à l'égard des colonnes n° 10,
13 et 15, destinées à indiquer le nombre des futaies,
que ces colonnes doivent comprendre *toujours, séparé-*
ment et sur une ligne distincte, les coupes qui forment
l'objet d'adjudications spéciales d'arbres exploités en
jardinant, ou de futaies vendues après l'abattage du taillis, attendu que ces coupes n'étant point vendues par
contenance, il ne doit pas être fait mention pour elles
de *l'étendue* de leur superficie.

Il faut aussi avoir soin de ne porter dans les colonnes
n° 24 25, 26 et 28 (*produits des ventes*) pour les *cou-*
pes indivises, que la portion du prix revenant à l'État,
en indiquant la quotité de cette portion dans la colonne
30 destiné aux observations.

D'après les règles établies pour la comptabilité générale des finances et notamment par l'instruction, ministérielle du 31 mars 1830, le produit des coupes des
bois de l'Etat doit, désormais, être appliqué à *l'exer-*
cice, qui prend le nom de l'année pendant laquelle les

ventes ont lieu, de telle sorte que le montant des adjudications faites du 1ᵉʳ janvier au 31 décembre de chaque
année, forme le produit des coupes de bois de l'exercice correspondant à cette même année, quelle que soit
l'époque de la remise des procès-verbaux aux Receveurs
des finances. Il suit de cette disposition que c'est dès-
lors *la date des procès-verbaux d'adjudication*, servant de
titre de perception et de droits constatés pour le recouvrement des produits des coupes de bois, qui détermine
l'exercice dans lequel ces coupes doivent être comprises.
Cette date précise étant ainsi déterminée, il ne s'agit
plus, pour remplir, en ce qui concerne *les produits des
coupes*, les intentions de M. le Ministre des Finances,
relativement à l'état général qui doit en présenter les
résultats, que de placer les forêts dont ces coupes dépendent sur l'état général des ventes, mais *séparément
et par chaque exercice*, dans le même ordre que celui
adopté pour les états d'assiette, comme il est dit ci-dessus.

Le placement des coupes ainsi établi, il faut alors
avoir soin d'additionner, *par chaque exercice*, les colonnes qui doivent l'être, comme je l'ai expliqué ci-dessus,
par arrondissement communal ou lieu de vente, et d'en
faire la récapitulation par département et par conservation. Ces résultats, présentés ainsi séparément et par
exercice, doivent ensuite être réunis dans une récapitulation générale, qui doit offrir l'ensemble des produits de toutes les coupes ordinaires et extraordinaires
vendus pour *l'ordinaire forestier*, qui s'étend partie sur
l'année où ces coupes ont été assises et partie sur l'année suivante où leur exploitation est totalement terminée, et pendant *les exercices financiers* correspondant à
ces deux années.

Ces explications s'appliquent également à la rédaction
de *l'état sommaire des ventes* que doivent fournir les Conservateurs en même temps que l'état général.

Je dois faire observer que d'après les nouvelles règles
de la comptabilité ci-dessus établies, l'Administration
est obligée d'adresser à M. le Ministre des Finances les
résultats *par exercice* des recettes réalisées au profit du
Trésor, sur le produit des coupes de bois domaniaux,
tant par les renseignemens fournis par ses Agens, que
d'après ceux que lui transmettent directement MM. les
Préfets et Sous-Préfets. Ces résultats doivent d'ailleurs
être insérés, chaque année, dans le compte général des

finances qui est présenté aux Chambres, et servir ainsi de contrôle aux comptes rendus par les Receveurs généraux. Les Conservateurs doivent donc surveiller avec soin la rédaction des états sommaire et générale des ventes et s'assurer de leur régularité par tous les moyens de vérification que leur donnent les expéditions des procès-verbaux des opérations forestières et des adjudications déposées dans leurs archives; l'état général des ventes doit être adressé chaque année à l'Administration, immédiatement après la clôture des adjudications, et *avant la fin de janvier pour tout délai*, et sans que, sous aucun prétexte, il y soit apporté d'autres modifications que celles ci-dessus énoncées.

Les états de ventes des Conservations devant tous être reliés ensemble chaque année pour former un seul registre, il est nécessaire, pour que les états partiels puissent se joindre les uns aux autres, qu'ils ne soient écrits ni sur la première ni sur la dernière pages, et que chaque état forme un cahier dont la première page ne doit porter d'autre inscription que celle de la Conservation, et dont la dernière reste en blanc. (*Circ. des 2 février et* 25 *décembre* 1825 *n°* 116 *et* 133, 6 *mars* 1828, *n°* 168, 5 *et* 29 *mars* 1832, *n°* 294 *et* 294 *bis.*)

Le Conservateur envoie aussi, dans le même délai, un état des coupes qui sont restées invendues, dans lequel il énonce la consistance de chaque coupe dont la vente a été renvoyée, sa valeur approximative, en distinguant l'ordinaire de l'extraordinaire, et en indiquant les causes qui se sont opposées à la vente (1)

§ VII. *Prix des ventes et frais accessoires.*

Dans les dix jours de l'adjudication, chaque adjudicataire est tenu de fournir au receveur général des finances du département quatre traites, chacune du quart du prix principal de l'adjudication; les fractions, s'il en existe, doivent être comprises dans la dernière traite.

Les traites sont payables au domicile du receveur général et aux échéances suivantes :

----

(1) Lorsqu'une coupe est restée invendue, elle doit être mise en vente pour l'ordinaire suivant, mais l'on ne peut y joindre celle qui vient en tour d'exploitation, sans une autorisation du Gouvernement; (*Circulaires des* 29 *messidor an XI, n°* 20, 8 *germinal an X, n°* 81, *et* 5 *nivôse an XI, n°* 122.)

La première, au 31 mars de l'année qui suit l'adjudication, si elle a eu lieu dans le dernier trimestre de l'année précédente, et dans le cas où la vente aurait été faite postérieurement, cette première traite est payable au 31 mars de l'année courante ;

La seconde, au 30 juin suivant ;

La troisième, au 30 septembre ;

Et la quatrième, au 31 décembre. (*Cah. des ch. de l'Ord.* 1833, *art.* 13.)

Lorsque la même personne est devenue adjudicataire de plusieurs lots d'une même coupe, elle conserve la liberté de souscrire des traites spéciales pour chaque lot ; mais elle peut ne fournir que des traites collectives pour le paiement des divers lots adjugés, si le receveur général, après avoir agréé les cautions et certificateurs, juge cette mesure compatible avec sa responsabilité.

Lorsqu'un bois est indivis entre l'Etat et une commune, il doit être souscrit des obligations séparées pour la somme revenant à chaque propriétaire, et le décime pour franc est également partagé au *prorata* des droits de chacun. (*Ib* , *art.* 14.)

Les receveurs généraux doivent poursuivre en leur nom, tant contre l'obligé principal que contre ses caution et certificateur de caution, le paiement des traites, conformément à l'article 259 de l'instruction générale sur le service et la comptabilité des receveurs généraux ; c'est-à-dire en employant les moyens de poursuites autorisés par la loi du 12 septembre 1791, et par le décret du 11 thermidor an XII. (*Ib.*, *art.* 15.)

En cas de retard de paiement desdites traites, ou du versement des sommes exigibles en numéraire, les receveurs généraux sont autorisés à exiger des adjudicataires de coupes de bois une indemnité du vingtième des sommes non acquittées à leur échéance. (*Ib.*, *art.* 16.)

Outre le prix principal de l'adjudication, il est payé par les adjudicataires, chacun pour le lot qui lui a été vendu,

1° Le décime pour franc de ce prix ;

2° Les droits proportionnels d'enregistrement sur ledit prix ;

3° Les droits fixes de timbre et d'enregistrement des procès-verbaux et autres actes relatifs à l'adjudication ;

4° Les frais de mesurages de chaque coupe, à raison de 2 francs par hectare pour l'arpentage, et de 1 franc

centimes pour le réarpentage, et si la coupe n'ex-
le pas cinq hectares, à raison de 3 francs pour la pre-
ère opération, et de 2 francs 50 centimes pour la
conde, sans toutefois que cette augmentation puisse
ppliquer aux lots ou articles d'une coupe qui con-
ndrait plus de cinq hectares;

5° Les frais d'impression des affiches, procès-verbaux,
rmis d'exploiter et des citations aux réarpentages et
colemens. Il ne peut être alloué, par articles de vente,
us de trois francs pour les impressions autres que celles
s affiches; les frais d'impression de celles-ci sont
glés sur les mémoires des imprimeurs; et lorsque les
iches contiennent à la fois des coupes royales et des
upes communales, ils sont répartis au *prorata* du nom-
e des articles de chaque catégorie, pour la portion de
pense relative au bois royaux être acquittée par les
judicataires, à raison du nombre de lots de chacun
eux, et celle relative aux bois communaux et d'éta-
issemens publics être remboursée par l'Administration
s forêts, sur le mémoire de l'imprimeur, qui contient
quittance de la partie de la dépense concernant les
is royaux;

6° Les frais d'expédition du procès-verbal et plan
arpentage de chaque coupe, à raison de 7 fr. 50 cent.
rsque la coupe est de dix hectares et au-dessus, et de
francs si la coupe a moins de dix hectares et au-des-
is : le tout y compris le timbre;

7° Les frais de transport d'affiches, à raison de 2 fr.
ar lot;

8° Ceux de publications, bougies et criées, aussi à
aison de 2 francs par lot, mais sans que ces frais puis-
ent excéder 50 francs dans les arrondissemens où il y
plus de vingt-cinq articles de vente, ni être moindre
e 10 francs dans ceux où le taux de 2 francs ne produi-
ait pas la somme de 10 francs;

9° Les expéditions des procès-verbaux d'adjudications,
mentionnées dans les articles 20 et 21 du cahier des
harges, à raison de 75 centimes par rôle d'écriture, et
ans qu'il puisse être alloué au-delà de ce taux, par
haque lot ou article de vente;

10° Et les frais de citations aux réarpentages et récolemens, à raison de 1 franc 50 cent. pour chaque ciation. (*Cah. des ch. de l'Ord.* 1833, *art.* 17.)

Les droits et frais d'adjudication, à l'exception du

décime et des droits proportionnels d'enregistrement,
sont portés sur un état général, arrêté par le président
de la vente, sur la proposition de l'Agent forestier, et
qui doit demeurer affiché dans le lieu des séances avant
l'ouverture et pendant toute la durée des adjudications.
(*Cah. des ch. de l'Ord.* 1833, *art.* 18.)

Les droits et frais accessoires mentionnés en l'art. 17
sont payés immédiatement après la réception des cautions, savoir : le décime, les droits d'enregistrement
et de timbre, et les frais de mesurage, dans la caisse
du Receveur des Domaines, et les autres frais dans celle
du Receveur des finances. (*Ib., art.* 19.)

§ VIII. *Exploitation.*

Après l'adjudication, il ne peut être fait aucun changement à l'assiette des coupes, et il n'y est ajouté aucun arbre ou parties de bois, sous quelque prétexte que
ce soit, à peine, contre l'adjudicataire, d'une amende
égale au triple de la valeur des bois non compris dans
l'adjudication, et sans préjudice de la restitution de ces
mêmes bois ou de leur valeur.

Si les bois sont de meilleure nature ou qualité, ou
plus âgés que ceux de la vente, l'adjudicataire paie l'a-
mende comme pour bois coupés en délit, et une somme
double à titre de dommages-intérêts.

Les Agens forestiers qui auraient permis ou toléré
ces additions, sont punis de la même amende, indépendamment, s'il y a lieu, des poursuites et peines dont
ces Agens seraient passibles d'ailleurs pour malversa-
tion, concussion ou abus de pouvoir. (*C.f., art.* 29, *et* 207.)

Le Conservateur ordonne aux Agens forestiers locaux
de ne délivrer, sous leur responsabilité, aucun permis
d'exploiter, qu'après que l'adjudicataire leur a présenté
les pièces ci-après : 1° les certificats du Receveur général, du Receveur des finances et du Receveur des Domaines, constatant qu'il a fait accepter ses cautions,
fourni ses traites acceptées, et satisfait aux paiemens
échus et à sa part des frais d'adjudication; 2° l'expédition en bonne forme de son adjudication; 3° l'expédition du procès-verbal d'arpentage de sa coupe avec le
plan; 4° l'acte de la prestation de serment de son facteur ou garde-vente; 5° le registre dudit Garde pour
être coté et paraphé de suite; 6° et son marteau, dont

forme doit être triangulaire, avec la déclaration du
bpôt de son empreinte au greffe du tribunal.

L'Agent forestier, chef du service, appose son visa
ur l'extrait du procès-verbal de l'adjudication, et il
e peut, lorsque les titres de l'Adjudicataire sont régu-
ers et que toutes les formalités ont été remplies, refu-
er le permis d'exploiter, ni en retarder la délivrance au
elà de l'époque fixée pour le commencement de l'ex-
loitation. Il relate, dans le permis d'exploiter, les actes
ui lui ont été présentés. Par ce moyen, les Adjudica-
aires n'ont point à prétexter cause d'ignorance des
harges auxquelles ils sont tenus. (*Ord. régl., art.* 92;
nst. du 25 *mars* 1821, *art.* 97 ; *Circ. des* 9 *prairial an*
XIII, n. 267 , 13 *avril* 1813, *n.* 491 *et* 4 *août* 1832,
1. 307, *et Cah. des ch. de l'Ord.,* 1833, *art.* 24.)

Les Agens forestiers sont responsables du paiement
lu prix des coupes, que les Adjudicataires n'ont pas
oldé, lorsqu'ils leur ont délivré le permis d'exploiter,
ans exiger d'eux les différentes justifications ci-dessus
prescrites, dont toutes les dispositions doivent être rigoureusement exécutées tant dans l'intérêt particulier
les Agens forestiers que dans celui du Trésor. (*Décis.*
nin. des 29 *novembre* 1831 *et* 8 *mai* 1832 ; *et Circ. du* 4
août suivant, n. 307.)

Les Adjudicataires ne peuvent commencer l'exploitation de leurs coupes avant d'avoir obtenu, par écrit ,
de l'Agent forestier local, le permis d'exploiter, à peine
d'être poursuivi comme délinquans pour les bois qu'ils
auraient coupés. (*C. F., art.* 30.)

L'Adjudicataire remet ce permis, soit au Sous-Inspecteur, s'il a été délivré par l'Inspecteur, soit au
Garde général, s'il a été délivré par le Sous-Inspecteur, et il le prévient du jour où il se propose de placer
des ouvriers dans la vente. (*Cah. des ch. de l'Ord.,* 1833,
art. 25.)

Dans le mois qui suit l'adjudication, pour tout délai,
et avant que le permis d'exploiter soit délivré, l'Adjudicataire peut exiger qu'il soit procédé, contradictoirement avec lui ou son fondé de pouvoirs, au *souchetage,*
c'est-à-dire, à la reconnaissance des souches des arbres
coupés en délits soit dans la vente, soit à *l'ouïe de la*
cognée, fixée à la distance de deux cent cinquante mètres, à partir des limites de la coupe.

Cette reconnaissance est la *seule* prévue et autorisée,

et les Adjudicataires sont sans droit pour en exiger une autre, de quelque nature qu'elle soit.

Cette opération est exécutée dans l'intérêt de l'État et sans frais par un Agent forestier, accompagné du Garde du triage. Il en est dressé un procès-verbal pour y avoir recours lors du récolement.

Ce procès-verbal constate le nombre des souches qui ont été trouvées, leur essence et leur grosseur: ces souches sont marquées du marteau de l'Agent forestier. Le procès-verbal est signé par l'Adjudicataire ou son fondé de pouvoirs, ainsi que par l'Agent et le Garde forestier présent. (*C. f.*, *art.* 31, *et Ord. régl.*, *art.* 93 ; *art.* 22 *du Cah. des ch. de* 1833, *et Circ. du* 3 *septembre* 1832, *n.* 316.)

Chaque Adjudicataire est tenu d'avoir un Facteur ou Garde-vente, qui doit être agréé par l'Agent forestier local et assermenté devant le Juge de paix.

Ce Garde-vente ne peut être parent ou allié, soit des Gardes du triage, soit des Agens de la localité, ni caution ou certificateur de caution de l'Adjudicataire.

Celui-ci peut présenter l'un de ses ouvriers, comme Garde-vente pour les coupes de taillis de peu de valeur.

L'Administration des forêts ne peut obliger l'Adjudicataire à le renvoyer et à le remplacer par un autre, s'il ne remplit pas ses devoirs, attendu que l'Adjudicataire est responsable. (*C. f.*, *art.* 31, *Lett. de l'Adm. du* 21 *mai* 1829, *et Cah. des ch. de l'Ord.* 1833, *art.* 23.)

Le Facteur ou Garde-vente de l'Adjudicataire ne peut s'absenter de la coupe. (*Cah. des ch. de l'Ord.*, 1833, *art.* 23.)

Il est autorisé à dresser des procès-verbaux tant dans la vente qu'à l'ouïe de la cognée ; ses procès-verbaux sont soumis aux mêmes formalités que ceux des Gardes forestiers, et font foi jusqu'à preuve contraire.

Il tient un registre sur papier timbré, côté et paraphé par l'Agent forestier local; il y inscrit, jour par jour et sans lacune, la mesure et la quantité des bois débités ou vendus, ainsi que les noms et demeures des personnes auxquelles il en a été délivré. Ce registre est représenté aux Agens forestiers, et visé et arrêté par eux toutes les fois qu'ils le requièrent. (*C. F. art.* 31; *Ord. régl.*, *art.* 94; *et Cah. des ch. de l'ordin.* 1833, *art.* 23.)

Tout Adjudicataire de coupe où il y a des arbres à abattre, doit avoir un marteau dont la forme est *trian-*

ulaire. Il est tenu, sous peine de 100 fr. d'amende, de époser chez l'Agent forestier local et au greffe du Tribunal de l'arrondissement l'empreinte de ce marteau, estiné à marquer les arbres et bois de charpente qui ortent de sa vente.

L'Adjudicataire et ses associés ne peuvent avoir plus 'un marteau pour la même vente, ni en marquer d'aures bois que ceux provenant de cette vente, sous peine le 5oo francs d'amende.

Le dépôt de l'empreinte de ce marteau au greffe du Tribunal et chez l'Agent forestier local doit être effecué dans le délai de dix jours, à dater de la délivrance lu permis d'exploiter. Il est donné acte de ce dépôt par 'Agent forestier. (*C. F.*, art. 32, et *Ord. régl.*, art. 95.)

A moins de clauses contraires, les coupes sont exploitées *à tire et aire* (1); tous les bois coupés à la *cognée* et les souches et étocs ravalés, au moment de la coupe, le plus près de terre que faire se peut, de manière que les anciens nœuds ne paraissent aucunement, et que les souches ne soient point endommagées.

Les arbres ne doivent point être coupés en pivot, mais en talus, de manière que l'eau ne puisse y séjourner : les racines doivent rester entières.

Il est défendu aux Adjudicataires d'arracher aucun bois s'il n'y a clause contraire. (*Cah. des ch. de l'ordin.* 1833, art. 26)

Il leur est interdit, à moins que le procès-verbal d'adjudication n'en contienne l'autorisation expresse, de *peler* ou *d'écorcer sur pied*, aucun des arbres de leurs ventes, sous peine de 5o à 5oo fr. d'amende, et il y a lieu à la saisie des écorces et bois écorcés comme garantie des dommages-intérêts, dont le montant ne peut être inférieur à la valeur des arbres indûment pelés et écorcés. (*C. F.*, art. 36, et *Cah. des ch. de l'ord.* 1833, art. 28.)

Je dois faire observer que le cahier des charges accorde pour la coupe des bois à écorcer un délai plus long que pour la coupe des autres bois; mais que ce n'est

---

(1) C'est-à-dire de suite, sans relâche et sans intermission de la vieille vente à la nouvelle, et en allant toujours devant soi. Le contraire, en allant çà et là s'appelle *fureter* ou *jardiner un bois.*

qu'en faveur des Adjudicataires qui ont obtenu, par l'acte d'adjudication, la faculté d'écorcer, et non en faveur de ceux qui usent du droit, qu'on ne peut leur refuser d'enlever l'écorce des arbres après que ces arbres ont été abattus dans le délai ordinaire. (*Circ. du* 16 *sept.* 1828, *n.* 186.)

L'exploitation dans les bois résineux doit être faite suivant l'usage des lieux, sans dommages et conformément aux conditions spéciales du cahier des charges.

Avant le 1er juin, les Adjudicataires sont tenus de relever et de faire façonner les ramiers, et de nettoyer là coupe des épines, ronces et autres arbustes nuisibles, de manière que le rejet n'éprouve aucun dommage.

Les ramiers provenant des bois qui ont été écorcés en vertu du procès-verbal d'adjudication, sont relevés et façonnés avant le 10 juillet. (*Cah. des ch. de l'ordonn.* 1833, *art.* 26.)

Toute contravention aux clauses et conditions du cahier des charges, relativement au mode d'abattage des arbres et nettoiement des coupes, est punie d'une amende qui ne peut être moindre de 50 fr., ni excéder 500 fr., sans préjudice des dommages-intérêts. (*C. F.*, *art.* 37; *et Cah. des Ch. de l'ord.* 1833, *art.* 27.)

L'Adjudicataire d'une coupe qui laisse sur le parterre de cette coupe, postérieurement à l'époque fixée pour le nettoiement, des ramiers et autres bois propres à fabriquer des sabots, doit être puni des peines prévues par l'article 37 du Code forestier. (*Arr. de la Cour de cass. du* 12 *févr.* 1830.)

L'Adjudicataire d'une coupe de bois doit être puni de la peine portée par l'article 37 du Code forestier, toutes les fois qu'il ne peut représenter à l'instant du récolement l'empreinte du marteau royal sur les étocs des arbres exploités. (*Ib. du* 18 *juin* 1830.)

L'adjudicataire est tenu de respecter tous les arbres marqués ou désignés pour demeurer en *réserve*, quelle que soit leur qualification, lors même que le nombre en excéderait celui qui est porté au procès-verbal de martelage, sans que l'on puisse admettre, en compensation d'arbres coupés en contravention, d'autres arbres à réserver que l'adjudicataire aurait laissés sur pied. (*C.F.*, *art.* 33.)

Il est tenu de réserver en conséquence les arbres *d'assiette, pieds corniers, témoins, parois* et arbres de *lisière,*

s les arbres *anciens* et *modernes*, ainsi que les *bali-
ux d'âge*, marqués de l'empreinte du marteau royal,
t le nombre et l'espèce sont désignés au procès-verbal
balivage et martelage, et sont rappelés au procès-ver-
l'adjudication.

)ans les jeunes taillis où les *baliveaux de l'âge* n'ont
. à cause de leur faiblesse, recevoir l'empreinte du
rteau, il en est réservé, conformément au choix et
procès-verbal des Agens forestiers, au moins cin-
inte par hectare en brins de *semence* et *de pied*, à dé-
t de première espèce.

:'Adjudication faite, l'Adjudicataire n'est plus reçu
éclamer pour aucun manque d'arbres vendus.

Il doit représenter les baliveaux de tout âge et autres
ires réservés, lors même qu'ils seraient cassés ou
iversés par les vents ou par des accidens de force
jeure, indépendans du fait de l'exploitation. (*Cah.
ch. de l'Ord.* 1833, *art.* 29.)

Si des arbres étaient ainsi abattus pendant l'exploita-
n, l'Adjudicataire est tenu d'en avertir sur-le-champ
Agens forestiers, pour en être marqués d'autres en
ierve, et il en est dressé procès-verbal. (*Ib.*)

Ainsi l'Adjudicataire d'une coupe est responsable des
liveaux réservés jusqu'à la délivrance du congé de
ur, après le procès-verbal de récolement; et lorsque
idministration n'a pas fait procéder au récolement,
ins le délai légal, jusqu'à ce qu'elle ait été constituée
i demeure par une sommation authentique.

De sorte qu'un Adjudicataire ne peut être renvoyé
is poursuites dirigées contre lui pour des délits commis
ins la coupe, sous prétexte que le récolement n'a été
it qu'après l'expiration du délai légal; qu'il avait plu-
eurs fois invité les Agens de l'Administration à y faire
rocéder; que d'ailleurs le délit n'est ni de son fait
·opre, ni de celui de son Facteur.

Il n'appartient qu'à l'Administration d'apprécier les
xceptions tirées des circonstances, pour accorder les
:mises ou réductions de peines que l'équité peut faire
Imettre. (*Arr. de la C. de cass. du* 23 *juin* 1827.-)

Mais lorsque des arbres non compris dans une Adju-
ication ont été abattus, l'Adjudicataire ne peut être
envoyé de poursuites, sous prétexte qu'ils ne l'ont été
ue par erreur, et que l'État n'en a pas souffert, l'Ad-
ninistration les ayant fait vendre à son profit. En ma-

tière de délits forestiers, le fait matériel de la contravention suffit pour obliger les tribunaux à faire l'application de la peine au contrevenant. Il n'appartien qu'à l'Administration d'apprécier les exceptions tirées du défaut de dommage causé à l'État, ou d'une erreur involontaire des prévenus, pour accorder en conséquence la remise ou réduction de peine que l'équité conseille. (*Arr. de la C. de cass. du 23 juin 1827.*)

Les arbres abattus par suite d'accidens de force majeure, ne peuvent être donnés à l'Adjudicataire en compensation de ceux marqués en remplacement. Ils sont marqués comme *chablis* et vendus en la forme ordinaire, et il est fait estimation, à dire d'expert, des arbres nouvellement marqués, pour rendre indemne l'acquéreur. (*Cah. des ch. de l'Ord.* 1833, *art.* 29.)

Cependant si par la chute des arbres à abattre, il arrivait que des bois de réserve fussent brisés, déracinés ou grièvement endommagés, leur remplacement doit s'effectuer comme il est dit ci-dessus; mais on doit distraire toujours de l'indemnité que l'Adjudicataire aurait à prétendre, le montant du dommage qui ne peut être évalué à moins de 5 fr. pour le baliveau de l'âge; de 30 fr. pour le moderne, et de 60 fr. pour le baliveau ancien.

Si quelqu'un des arbres de la vente demeurait, dans sa chûte, *encroué* sur une réserve, l'Adjudicataire ne peut abattre cette réserve pour dégager l'arbre, qu'après la reconnaissance d'un Agent forestier, qui évalue l'indemnité à payer par l'Adjudicataire. Cette réserve est alors remplacée ainsi qu'il est prescrit par l'art. 29 cidessus, et l'indemnité ne peut être moindre de 30 fr. pour le baliveau moderne, et de 60 fr. pour le baliveau ancien. Si l'arbre encroué peut être dégagé sans abattre la réserve, et si celle-ci en cet état peut encore profiter, l'Agent forestier règle le dommage.

Il est dressé procès-verbal de ces reconnaissances et évaluations, lequel est signé par l'Adjudicataire ou son Facteur, et remis au Receveur des Domaines pour effectuer le recouvrement de la somme à payer par l'Adjudicataire, ou transmis à l'Administration des forêts pour faire opérer le remboursement auquel l'Adjudicataire aurait droit. (*Cah. des ch. de l'Ord.* 1833, *art.* 30, *et Circ. du 3 septembre* 1832, *n.* 316.)

Les Adjudicataires ne peuvent prendre des harts pour

les bois de débit, que dans les coupes qui leur son.
gées. S'il est reconnu qu'elles ne peuvent en pro-
c suffisamment, il peut leur en être accordé dans
triages les moins susceptibles d'en éprouver de
mage, par l'Inspecteur, sur estimation et le décime
: franc en sus, dont il est dressé procès-verbal, et
)uvriers sont agréés par lui. (*Cah. des ch.*, art. 31.)
:st libre aux adjudicataires de donner aux bois de leurs
.es la destination qui leur paraît la plus avantageuse,
: conformant néanmoins, pour leurs dimensions, à ce
:st prescrit par les lois et les réglemens. *(Ib.,art.* 33.)
a coupe de taillis doit être entièrement terminée au
s tard, le 15 avril; celle des arbres le 15 mai suivant.
es taillis et les arbres à écorcer en vertu de l'acte d'ad-
cation, sont coupés et abattus, savoir : les taillis avant
5 mai, et les arbres avant le 15 juin.
a traite et vidange des coupes des taillis au-dessous
,5 ans, soit que ces coupes comprennent ou non des
res anciens et modernes, doit être terminée le 15 sep-
bre; et celle des autres bois, avant le 15 avril suivant.
»ans les endroits où le commerce du sabotage et des
,les, ou autres circonstances, nécessiteraient d'au-
délais, il en est fait une clause spéciale de l'adjudi-
on. (*Ib.,art.* 34.)
.es laies séparatives des coupes doivent avoir un mè-
de largeur; elles sont entretenues et récépées par les
idicataires, qui, à mesure de l'exploitation, font
:ver les bois qui tomberaient sur ces laies, afin qu'elles
:nt toujours libres. (*Ib.*, *art.* 36.)
,es adjudicataires ne peuvent effectuer aucune cou-
ni enlèvement de bois avant ni après le coucher du
:il, à peine de 100 fr. d'amende. (*C. F.*, *art.* 35.)
,e fait commis par un adjudicataire de charger du bois
dant la nuit sur des voitures, rentre dans les pro-
itions de l'art. 35 du Code forestier. (*Arr. de la Cour*
ass. du 26 *mars* 1830.)
,es adjudicataires ne peuvent déposer dans leurs ventes
utres bois que ceux qui en proviennent, sous peine
ne amende de cent à mille francs. (*C. F.*, *art.* 43.)
.l est défendu à tous adjudicataires, leurs facteurs et
rriers, d'allumer du feu ailleurs que dans leurs loges
teliers, à peine d'une amende de dix à cent francs, sans
judice de la réparation du dommage-intérêt qui pour-
t résulter de cette contravention. (*Ibid.*, *art.* 42.)

12

Je dois faire observer que lorsqu'il s'agit de la réparation du dommage pouvant résulter d'incendie ou d'altération causée aux souches des arbres par le placement d'un fourneau à charbon, les gardes ou les Agens doivent, dans tous les cas, constater la valeur du dommage, pour qu'elle puisse servir à fixer les dommages-intérêts, si elle est supérieure à l'amende; et, dans le cas contraire, pour que le tribunal puisse faire l'application de l'art. 202 du Code. Cette observation doit s'appliquer à toutes les dispositions de la loi où il s'agit de dommages-intérêts.

Il est expressément défendu, sous les peines portées par la loi, aux adjudicataires, ainsi qu'à leurs voituriers, ouvriers, préposés et autres personnes à leur solde, de faire ou laisser paître leurs chevaux et bestiaux dans les ventes ni dans les forêts, et même d'y conduire des bêtes à corne sans être muselées. (*Cah. des ch. de l'ord.* 1833, art. 32.)

L'infraction à cette disposition doit être punie de l'amende portée par l'art. 199 du C. F. (*Arr. de la C. de cass, du 20 août* 1829.)

Les agens forestiers indiquent, par écrit, aux adjudicataires, les lieux où il peut être établi des fosses ou fourneaux pour charbon, des loges ou des ateliers, et il n'en peut être placé ailleurs, sous peine, contre l'adjudicataire, d'une amende de cinquante francs, pour chaque fosse ou fourneau, loge ou atelier, établi en contravention à cette disposition. (*C. f.*, art. 38.)

L'agent forestier désigne de préférence, pour l'établissement des fosses, fourneaux et loges, les anciennes places à charbon et les places vagues ; il désigne les endroits sur le terrain par la marque de son marteau sur l'arbre le plus voisin, et il dresse procès-verbal de leur nombre et de leur emplacement.

La traite des bois se fait par des chemins désignés dans les clauses particulières du cahier des charges, sous peine, contre ceux qui en pratiqueraient de nouveaux, d'une amende dont le minimum est de cinquante francs et le maximum deux cents francs, outre les dommages-intérêts. (*C. f.*, art. 39.)

Lorsque les charretiers s'écartent des chemins ou n'en suivent aucun, sans cependant en pratiquer de nouveaux, on doit appliquer à cette contravention la disposition de l'art. 147 du Code. (*Arr. de la C. de cass. du* 18 *décembre* 1829.)

es Adjudicataires sont tenus de curer à vif fond et
éparer tous les fossés, sangsues, rigoles, glacis et
; qui se trouvent dans l'intérieur et au pourtour des
:es, conformément au procès-verbal dressé par les
ns forestiers lors du martelage ; de tenir les che-
s libres dans les ventes, de manière que les voitu-
)uissent y passer librement en tout temps ; de rem-
les trous des scieurs et des ateliers ; de faire fouir,
quer et semer les places des fosses ou des fourneaux;
établir ou réparer les chemins, ponts, pontceaux,
1es, barrières et pierrées endommagés ou détruits
le passage de leurs voitures et le transport de leurs
, le tout conformément aux clauses spéciales ; et à
1rd des chemins vicinaux qu'ils auraient dégradés,
·emplir les obligations qui pourraient être imposées
rertu de l'art. 7 de la loi du 28 juillet 1824. (*Cah.
:h. de l'ord.* 1833, *art.* 37. (*Voir, au sujet des chemins
1aux, le* § XVI *ci-après.*)

a coupe des bois et la vidange des ventes sont faites
s les délais fixés par le cahier des charges, à moins
les Adjudicataires n'aient obtenu de l'Administra-
forestière une prorogation de délai, à peine d'une
:nde de cinquante à cinq cents francs, et, en outre,
dommages-intérêts, dont le montant ne peut être
rieur à la valeur estimative des bois restés sur pied
gisant sur les coupes. Il y a lieu à la saisie de ces
;, à titre de garantie pour les dommages-intérêts.
F., art. 40.)

.es prorogations de délai de coupe ou de vidange ne
1vent être accordées que par l'Administration des fo-
;; il n'en est accordé qu'autant que les Adjudicataires
;oumettent d'avance à payer une indemnité calculée
près le prix de la feuille et le dommage qui résulte
:etard de la coupe ou de la vidange. (*Ord. rég., art.* 96.)

.es tribunaux ne peuvent se dispenser d'appliquer
peines portées par la loi contre l'adjudicataire qui
pas vidé sa coupe dans le délai fixé par le cahier des
1rges, en prenant en considération les circonstances
·ticulières où il s'est trouvé placé. Il n'appartient
'à l'Administration d'accorder une prorogation de dé-
à l'adjudicataire d'une coupe de bois, pour vider la
upe, comme aussi d'apprécier les circonstances qui
uvent rendre excusable le retard apporté à la vidange.
1rr. de la C. de Cass. du 4 *août* 1827.)

Le prix de feuille s'applique principalement au retar
d'exploitation; il se calcule à raison du prix de la vent
par hectare; mais il peut aussi s'y joindre un dommag
pour le Gouvernement, et il faut l'apprécier dans l
procès-verbal de la reconnaissance de la coupe.

Tout adjudicataire qui, pour causes majeures et im
prévues, n'a pu achever la coupe ou la vidange de s
vente dans les termes prescrits, et a besoin d'un délai
est tenu d'en faire la demande à la Direction des forêts
par l'intermédiaire du Conservateur, quarante jours a
moins avant l'expiration dudit terme.

Les Agens forestiers doivent exiger des adjudicataire
qu'ils se soumettent dans leurs demandes, à payer le
indemnités qui peuvent être dues d'après le prix de
feuille et les dommages.

L'adjudicataire joint à sa demande une déclaratior
écrite et signée de lui, de la situation de sa vente à
l'époque de sa pétition.

Les délais soit de coupe, soit de vidange, ne soni
accordés que d'après un procès-verbal de vérification,
dressé sur les lieux par les Agens forestiers, en faisant
connaître l'étendue des bois restant à exploiter, ou les
quantités et qualités de bois existant sur le parterre de
la coupe, les causes du retard dans l'exploitation ou la
vidange, le délai qu'il est nécessaire d'accorder, et l'estimation, par aperçu, du dommage qui peut résulter du
délai de coupe ou de vidange, laquelle estimation, calculée d'après les faits constatés par le procès-verbal,
et eu égard au prix de la feuille, sert à déterminer
provisoirement l'indemnité à payer par l'adjudicataire;
sauf à l'augmenter, si, après la vidange, les dommages
éprouvés étaient plus considérables que ceux présumés;
les prorogations de délai pour l'exploitation ou la vidange
courent du jour de l'expiration des termes fixés ci-des-
sous, et les adjudicataires se soumettent à payer, pour
les délais qu'ils ont obtenus, l'indemnité qui a été fixée
par l'Administration des forêts. Cependant, dans le cas
où ils n'auraient pas profité des prolongations de délais,
ils ne peuvent obtenir la remise de l'indemnité fixée
par la décision de l'Administration des forêts, que sur
un procès-verbal de l'Agent forestier local, dressé au
plus tard le jour fixé pour le terme de l'exploitation ou
de la vidange, enregistré à leurs frais, et constatant
qu'effectivement ils n'ont pas profité du bénéfice de la

is ion. (*Circ. du* 11 *sept.* 1827, *n.* 158 *et Cah. des ch.*
Ord. 1833, *art.* 35.)

e dois faire observer que les indemnités à payer par
adjudicataires pour prorogation de délai d'exploita-
ı ou de vidanges l'évaluent d'après la quantité de bois
xploiter ou transporter hors de la coupe, après le dé-
de vidange expiré, et d'après le dommage que la re-
duction en éprouve. Le montant de l'adjudication
ɩ être pris en considération, parce qu'il fait connaî-
ɩla valeur des bois et par suite le plus ou moins de
ɩur du dommage. C'est cette valeur qui, dans le ca-
ɩ des charges, est désignée sous la dénomination de
ɩ de feuille ; mais il n'en résulte pas qu'on doive, pour
 délai de quelques jours, exiger une indemnité qui
 toujours égale au prix d'une feuille. (*Lett. du Dir.*
forêts du 25 *sept.* 1829.)

ɩes adjudicataires des coupes dans lesquelles il a été
ɩqué des arbres pour la marine, doivent se confor-
ɩ aux dispositions du Code forestier et de l'ordon-
ɩce réglementaire du 1ᵉʳ août 1827, concernant le ser-
e de la marine. (*Cah. des ch. de l'Ord.* 1833, *art.* 38.)

ɩes amendes encourues par les adjudicataires pour
ɩttage ou déficit d'arbres réservés, sont du tiers en sus
celles qui sont déterminées par l'art. 192 du Code
estier, pour la coupe ou l'enlèvement, suivant la
ɩsse à laquelle ils appartiennent, des arbres ayant deux
ɩimètres de tour et au-dessus, d'après leur essence
ɩirconférence, toutes les fois que l'essence et la cir-
ɩférence de ces arbres peuvent être constatées.

Si, à raison de l'enlèvement des arbres et de leurs
ɩches, ou de toute autre circonstance, il y a impossi-
té de constater l'essence et la dimension des arbres,
nende ne peut être moindre de cinquante francs, ni
ɩéder deux cents francs.

Dans tous les cas il y a lieu à la restitution des arbres
, s'ils ne peuvent être représentés, de leur valeur,
ɩ est estimée à une somme égale à l'amende encourue,
ɩs préjudice des dommages-intérêts. (*C. F.*, *art.* 34.)

La désignation des arbres par *baliveaux modernes* et *an-*
ɩs n'ayant plus aucune influence pour le taux de
mende, qui ne doit se calculer que d'après l'essence et
circonférence, lorsqu'elles peuvent être constatées,
ɩst important que les gardes soient très-attentifs à re-
nnaître les délits, et à les constater immédiatement.

Cette obligation résulte encore de la disposition qui fi
à deux cents francs le *maximum* de l'amende par arb
manquant, lorsqu'il est impossible d'en constater l'e
sence et la dimension.

Il y a enlèvement frauduleux toutes les fois que, au
termes de l'art. 34 du C. F., il y a abattage ou défic
d'arbres réservés. (*Arr. de Cass., du* 20 *mars* 1830.)

Si un procès-verbal dressé contre un adjudicatair
pour déficit d'arbres, ne constate pas à quelle haute
du sol les arbres manquans ont été mesurés, s'il n'en i
dique pas l'essence et la dimension, ni l'impossibilité (
les indiquer, les juges ne peuvent appliquer les dispos
tions du second alinéa de l'art. 34 du C. F.; mais i
doivent, aux termes de l'art. 193 du Code, arbitrer
grosseur des arbres en déficit, d'après les documens d
procès. (*Idem.*)

Les adjudicataires des coupes de bois étant responsa
bles des délits commis par les individus qu'ils emploien
il s'ensuit que, lorsqu'un ouvrier coupe un arbre résé
vé, le tribunal correctionnel ne peut s'empêcher de fa
ré l'application de l'art. 34 du C. F., qui prononce con
tre les adjudicataires, quand le délit s'applique à de
arbres réservés, une amende du tiers en sus de celle qu
est déterminée par l'art. 192 du même Code. (*Arr. d*
11 *juin* 1829.)

A défaut par les adjudicataires d'exécuter, dans le
délais fixés par le cahier des charges, les travaux que c
cahier leur impose, tant pour relever et faire façonné
les ramiers, et pour nettoyer les coupes des épines, ron
ces, et arbustes nuisibles, selon le mode prescrit à ce
effet, que pour les réparations des chemins de vidange
fossés, repiquemens des places à charbon et autres ou
vrages à leur charge, ces travaux sont exécutés à leur
frais, à la diligence des Agens forestiers, et sur l'auto
risation du Préfet, qui arrête ensuite le mémoire de
frais et le rend exécutoire contre les adjudicataires pou
le paiement. (*Code f., art.* 41.)

Je dois faire observer que dans le cas dont il s'agit, l
Code n'autorise pas de poursuites correctionnelles, e
ne donne à l'Administration qu'un recours au Préfet
pour que ce magistrat autorise l'exécution des travau
aux frais des adjudicataires, et qu'il arrête et rende exé
cutoire contre eux le mémoire des frais. Les Agens fo
restiers doivent toujours s'assurer, avant de proposer la

ᴇ à exécution de ces travaux , de la solvabilité ac-
le de l'adjudicataire. (*Circ. du* 11 *sept.* 1827, *n.* 158.)
i, dans le cours de l'exploitation ou de la vidange ,
ait dressé des procès-verbaux de délits ou vices d'ex-
tation, il peut y être donné suite sans attendre l'é-
ue du récolement. Néanmoins, en cas d'insuffisance
ᴀ premier procès-verbal sur lequel il ne serait pas
rvenu de jugement, les Agens forestiers peuvent ,
; du récolement, constater par un nouveau procès-
bal les délits et contraventions. (*C. F.*, *art.* 44.)
ᴇs adjudicataires, à dater du permis d'exploiter
ʂu'à ce qu'ils aient obtenu leur décharge, sont res-
ısables de tout délit forestier commis dans leurs ven-
et à l'ouie de la cognée, si leurs facteurs ou gardes-
ɪtes n'en font leurs rapports, lesquels doivent être
ᴀis à l'Agent forestier dans le délai de cinq jours. (*Ib.*,
, 45.)
ʒes rapports ne peuvent servir de décharge aux adju-
ataires, qu'autant qu'ils sont revêtus de toutes les for-
lités légales. (*Ib.*, *art.* 31.)
ᴜn adjudicataire est responsable des délits commis dans
endue de sa coupe et à l'ouie de la cognée, pendant son
ıloitation et jusqu'au récolement, lorsqu'il ne les a pas
ᴛ constater par des procès-verbaux, ou qu'il ne les a pas
ɔoncés. (*Arr. de la C. de cass, du* 12 *sept.* 1828.) Mais la res-
nsabilité de l'adjudicataire cesse d'exister, s'il est recon-
e par procès verbal de son facteur, que celui-ci a fait tout
ᴀ possible pour parvenir à découvrir l'auteur du délit,
ndication du nom du délinquant dans le procès-ver-
ʟ qu'il est tenu de rapporter, n'étant pas exigée par la
. (*Ib.*, *du* 14 *mars* 1829.)
L'adjudicataire d'une coupe de bois poursuivi pour des
lits commis dans un bois voisin de sa coupe, à l'ouie
la cognée et dans l'étendue de sa responsabilité légale,
ut échapper à la responsabilité qui lui est imposée,
ıs prétexte qu'entre la limite de sa coupe et le bois
isin il existe des terres et des vignes appartenant à des
rticuliers. Il y a lieu d'annuler le jugement qui or-
ᴏnne une vérification dont le résultat, quel qu'il soit,
ᴇ peut exercer aucune influence sur l'existence du dé-
. (*Arr. de la C. de cass. du* 25 *juill.* 1828.)
L'adjudicataire est responsable des délits commis dans
ʂ environs de sa vente, à moins qu'il n'en ait dressé
ᴏcès-verbal et qu'il ne l'ait remis aux Agens forestiers

dans le délai de trois jours, à compter du délit; il ne pe
être excusé du défaut de ce procès-verbal, par le mot
qu'un rapport sur le même délit aurait été dressé par u
Agent forestier et aurait rendu le sien sans objet. (*Ib.*
du 14 *mars* 1829.)

Les adjudicataires ne peuvent être déchargés de la res
ponsabilité que la loi leur impose, par le seul fait qu
les propriétaires se seraient immiscés dans leurs coupe
si les faits d'insinuation ne sont pas tels qu'ils aient dé
naturé les lieux et rendu le récolement impossible. (*Ar*)
de la C. de cass., *du* 3 *sept.* 1825.)

Lorsque des bois non compris dans une adjudicatio
ont été abattus, l'adjudicataire ne peut être renvoyé de
poursuites, sous prétexte qu'ils l'ont été par erreur et qu
l'État n'en a pas souffert. (*Ib.*, *du* 23 *juin* 1827.)

Il n'appartient qu'à l'Administration d'apprécier le
exceptions tirées des circonstances, pour accorder de
remises ou réductions des peines que l'équité peut fair
admettre, attendu qu'en matière de délits forestiers, l
fait matériel de la contravention suffit pour obliger le
tribunaux à faire l'application de la peine au contreve
nant. (*Ib.*, *du* 23 *juin* 1827.)

Un adjudicataire poursuivi à raison de délits commi
dans sa coupe et avoués par lui, ne peut être renvoyé
des poursuites, sous prétexte de l'insuffisance des preu
ves, lorsque le procès-verbal du garde n'est pas attaqué
par les voies légales ; il ne peut être renvoyé non plu
sous le prétexte que les arbres coupés en délit lui appar
tenaient comme adjudicataire, lorsque les délais accor
dés pour l'exploitation et la vidange sont expirés, et
qu'il n'a pas obtenu sa décharge définitive. (*Ib.*, *du* 1er
juill. 1825.)

Les adjudicataires et leurs cautions sont responsables
et contraignables par corps au paiement des amendes et
restitutions encourues pour délits et contraventions com
mis, soit dans la vente, soit à l'ouie de la cognée, par
les facteurs, garde-vente, ouvriers, bûcherons, voitu
riers et tous autres employés par les adjudicataires. (*C.
F., art.* 46.)

Lesdits adjudicataires ne peuvent en conséquence,
sous la même responsabilité, chasser ni laisser chasser
leurs facteurs et ouvriers dans les forêts (1).

_____

(1) Voir, pour ce qui concerne les *bois destinés au service de
la marine*, la première section du chapitre XIX ci-après.

§ IX. *Récolement.*

Pendant la durée des exploitations, les Agens fores-tiers veillent à ce qu'elles soient faites conformément aux dispostions du Code, de l'ordonnance réglemen-taire et du cahier des charges. (*Inst. du 23 mars 1821, art.* 97.) Lorsque les coupes ne sont pas exploitées et vidées dans les délais fixés, et lorsque les Adjudicataires ne se sont pas pourvus en temps utile pour obtenir des prorogations de délais d'exploitation ou de vidange, les Agens forestiers en dressent procès-verbal : les bois en-core sur pied et ceux qui, étant abattus, ne seraient pas enlevés, sont saisis à titre de garantie pour les domma-ges-intérêts, sans préjudice de l'amende encourue par les Adjudicataires qu'ils poursuivent à cet effet. (*C. f., art.* 40; *Inst. du 23 mars 1821, art.* 99.)

Dans les trois mois qui suivent le jour de l'expiration les délais accordés pour la vidange des coupes, le Con-servateur doit, autant qu'il est possible, faire person-nellement le récolement des coupes usées, dans les bois de l'État, et, en cas d'empêchement, il délègue à cet effet l'Agent supérieur dans l'arrondissement duquel les bois sont situés. Mais si dans les trois mois il n'a pas été procédé au récolement, les Adjudicataires peuvent mettre en demeure l'Administration, par acte extraju-diciaire signifié à l'Agent forestier local; et si, dans le mois après la signification de cet acte, l'Administration n'a pas procédé à cette opération, l'adjudicataire de-meure libéré. (*C. f., art.* 47; *Inst. des 7 prairial an IX, § 1er; art.* 7, *et 23 mars 1821, art.* 43; *Circ. du 13 avril 1813, n.* 491; *et Arr. de la C. de cass. des 29 avril 1808, et 11 avril 1811.*)

Si l'Administration forestière n'a pas fait procéder au récolement dans le délai légal, la responsabilité de l'Ad-judicataire subsiste jusqu'à ce que cette Administration ait été constituée en demeure par une sommation au-thentique. (*Arr. de la C. de cass. du 25 janvier 1828.*)

Je dois faire observer que d'après l'ancienne juris-rudence qui s'était établie sous l'empire de l'Ordon-nance de 1669, le *délai* accordé au propriétaire pour faire procéder au récolement, lorsqu'il n'était pas mis en demeure, était de *trente ans*, parce que cette action était rangée dans la classe des actions ordinaires ; mais, depuis la publication du Code forestier, cette jurisprudence a été changée, et la Cour de cassation a décidé :

1° Qu'en matière criminelle et correctionnelle , la prescription étant d'ordre public, le silence ou la renonciation du prévenu ne peut lier ni lui ni les juges appelés à prononcer ;

2° Que si l'action civile du propriétaire contre les Adjudicataires des coupes de bois peut s'exercer devant les tribunaux civils pendant trente ans , la poursuite correctionnelle de ces Adjudicataires ne peut, pour les délits non constatés, s'intenter au-delà du terme (*trois ans*) fixé par l'art. 638 du Code d'instruction criminelle pour la prescription de tous les délits qui ne sont pas soumis à une prescription particulière ;

Qu'ainsi, lorsque le propriétaire, à dater de l'époque fixée pour la vidange d'une coupe , laisse écouler plus de *trois ans*, sans en demander le récolement et sans intenter l'action en répression des délits imputés à l'adjudicataire, il y a prescription de cette action. (*Arr. du 5 juin* 1830.)

C'est à l'époque du récolement fixée par le Code, les instructions et le cahier des charges, et qui ne peut être différée sans une négligence coupable de la part des Agens forestiers, que ceux-ci , au contraire, peuvent donner la preuve de leur activité, de leur zèle et de leurs lumières. Rien ne peut alors échapper à leurs regards, et les procès-verbaux qu'ils rédigent doivent être tellement soignés, que de l'instant de l'assiette de la coupe jusqu'à son usance entière, tout ce qui s'est passé de conforme ou de contraire aux réglemens forestiers doit y être relaté avec clarté. (*Circ. des* 9 *prairial an XIII*, n. 297; *et Circ. du* 13 *avril* 1813, n. 491.)

Si les récolemens se diffèrent au-delà du temps prescrit, les procès-verbaux contiennent les causes de ces retards, soit qu'ils aient été légalement autorisés ou non: et à cet égard il est recommandé au Conservateur de veiller à ce que les Agens forestiers se rendent moins faciles à proposer des prorogations de délai pour les exploitations et vidanges (1) Ces faveurs, qui ne sont

_____

(1) L'administration a remarqué que dans les propositions qui lui sont adressées pour accorder des délais ou d'exploitation ou de vidange, le réglement des indemnités à faire payer par

établies que pour des adjudicataires qui ont fait preuve de diligence, causent toujours des pertes dont l'État n'est pas dédommagé par le paiement du prix des feuilles; elle déroge d'ailleurs l'âge des aménagemens, ce qu'il est important d'éviter. (*Arr. de la C. de cas. des 5 janvier et 7 septembre* 1810; *Circ. des 9 prairial an XIII, n.* 267, *et 13 avril* 1813, *n.* 491.)

les adjudicataires n'est pas toujours proportionné au dommage qui résulte du retard de l'exploitation ou de la vidange.

Beaucoup d'agens, sans avoir égard au délai plus ou moins long qui est demandé, ou sans considérer s'il s'agit d'un délai d'exploitation ou seulement d'un délai de vidange, proposent toujours de faire payer le prix d'une feuille; d'autres sans, examiner s'il y a eu négligence de la part des adjudicataires ou si les retards sont dus à des causes indépendantes de leur volonté, proposent de leur imposer des indemnités dont les proportions, à peu près semblables pour tous, cessent, par cette raison, d'être établies sur des bases équitables.

Il est même des agens qui se croient tellement obligés de procéder à des calculs exacts, qu'on voit souvent des centimes faire partie des sommes qu'ils proposent de mettre à la charge des adjudicataires, tandis que, s'agissant de la part du gouvernement d'un acte volontaire, rien ne s'oppose à ce que l'indemnité se compose toujours d'une somme ronde.

La conservation des forêts et le maintien des aménagemens sont également intéressés à ce que l'exploitation et la vidange des coupes se fassent dans les délais ordinaires et tels qu'ils sont fixés par le cahier des charges; cependant on ne pourrait, sans nuire au succès des ventes, exiger une exécution trop rigoureuse des dispositions qui y sont relatives; mais, lorsqu'il faut y déroger, on doit prendre en considération le plus ou le moins de dommage qui en résulte pour les forêts, ainsi que le plus ou le moins de droit des adjudicataires à obtenir les délais qu'ils réclament.

Le prix d'une feuille peut bien servir de base approximative, mais non de règle invariable; c'est-à-dire qu'on peut exiger plus ou moins. En effet, si, pour un retard qui reporte l'exploitation à l'année suivante, on se borne à exiger une seule indemnité, l'adjudicataire, qui profite de la croissance du bois pendant le délai accordé, ne supporte réellement aucune perte, tandis que l'Etat n'est qu'imparfaitement indemnisé, puisqu'en outre de la plus-value du bois qu'il abandonne, il éprouve les inconvéniens qui résultent d'un dérangement dans l'aménagement et d'un retard d'exploitation ou de vidange, qui a toujours une influence fâcheuse sur les ventes de l'ordinaire subséquent.

L'administration appelant donc l'attention des agens sur la fixation des indemnités auxquelles donnent lieu les délais de

On procède, sans frais pour les adjudicataires, au récolement, et ils sont tenus, ou leurs cessionnaires, d'y assister. L'Inspecteur forestier leur fait signifier à cet effet, à leurs frais, aux domiciles élus par eux, et à défaut d'élection de domicile au secrétariat du lieu de la Sous-Préfecture, au moins dix jours à l'avance, un acte contenant indication du jour où doit se faire le récolement, A défaut de la part de l'adjudicataire ou de son fondé de pouvoirs, de se trouver sur les lieux, au jour indiqué, le procès-verbal est réputé contradictoire et ne peut être attaqué de nullité. (*C. f.*, art. 27 et 48 ; et *Arr. de la C. de cas. des 25 avril 1806, 6 août. 1807, 28 juillet 1809 et 11 avril. 1811.*)

Le récolement est fait par deux Agens forestiers au moins, et le Garde particulier du triage y est appelé. L'Agent forestier qui préside à cette opération importante, doit, avant tout, se faire représenter les procès-verbaux d'assiette, d'arpentage, de balivage, de martelage, de souchetage et réarpentage ; le cahier des charges générales et particulières et le procès-verbal d'adjudication, ainsi que l'original de l'acte signifié à l'adjudicataire pour être présent à l'opération, et enfin les procès-verbaux de décharge faits par les facteurs ou gardes-ventes. Muni de toutes ces pièces, cet Agent visite exactement la coupe, en examine les limites, l'intérieur et l'extérieur. (*Ord. régl.*, art. 98 ; et *Inst. du 7 prairial an IX, § 1er art. 7.*)

A l'égard des limites, il vérifie si les arbres d'assiette, les pieds corniers, tournans et parois désignés aux procès-verbaux d'assiette, arpentage et martelage, ont été réservés, et si l'adjudicataire n'a pas dépassé les bornes de la coupe. (*Inst. du 7 prairial an IX·, art. 7.*)

Quant à l'intérieur de la coupe, il examine si elle a été bien exploitée, usée, vidée et nettoyée ; si le nom-

---

vidange et d'exploitation, leur prescrit d'abord de s'assurer si les adjudicataires sont fondés dans leurs réclamations ; ensuite de prendre en considération l'exactitude que ceux-ci apportent habituellement à remplir leurs engagemens, de telle sorte que l'indemnité soit toujours réglée en raison de la quantité des bois restant à couper ou à vider, du temps qui est demandé, et des dommages qui doivent en résulter, soit pour l'aménagement, soit pour les ventes à faire, soit même pour la conservation des forêts. (*Circulaire du 8 décembre 1825, n° 132.*)

des baliveaux de l'âge, les modernes et les anciens
és aux procès-verbaux de balivage, existent, s'ils
. tous marqués du marteau royal ; si au contraire il
t survenu aucune substitution dans le choix qui en
t été fait, et si les arbres fruitiers ont été réservés.
s le cas où il n'existe pas de procès-verbal de bali-
e, soit parce que l'épaisseur du taillis n'a pas permis
aire le choix des brins en réserve, soit parce que ces
s étaient trop faibles pour recevoir le coup de marteau,
ent forestier doit examiner si l'Adjudicataire a ré-
ré le nombre de baliveaux prescrit par le cahier des
rges. Lorsque les ventes ont été faites en jardinant,
doit vérifier si l'adjudicataire n'a pas coupé d'autres
res que ceux qui lui ont été vendus; et il s'en assure
comparant le nombre des étocs avec celui porté au
ocès-verbal de martelage, et en examinant si chacun
ces étocs porte l'empreinte du marteau royal. (*Inst*,
. *7 prairial an IX*, *art. 7*, *et 23 mars 1821*, *art. 43*,
Cah. des ch. de l'Ord. 1833, *art. 40.*)

L'Adjudicataire d'une coupe de bois doit être puni de
peine portée par l'art. 37 du Code forestier (c'est-à-
re, d'une amende qui ne pourra être moindre de cin-
ante francs, ni excéder cinq cents francs, sans préju-
ce des dommages-intérêts), toutes les fois qu'il ne
eut représenter à l'instant du récolement l'empreinte
u marteau royal sur les étocs des arbres exploités.
Arr. de la C. de cass. du 18 juin 1830.)

Lorsqu'à l'expiration des délais fixés pour la coupe et
vidange, les Gardes ont négligé de saisir, conformément
u Code, les bois qui n'ont point été coupés ou extraits
e la coupe, l'Agent forestier qui préside au récolement doit suppléer à leur négligence, et saisir, au profit
u Trésor et à titre de garantie des dommages-intérêts,
ous les bois sur pied ou abattus, sans que les Adjudi-
ataires soient dispensés de payer l'entier montant du
rix de leurs adjudications; et dans ce cas, il y a lieu, en
utre, de leur part, à une amende de cinquante à cinq
cents francs et à des dommages-intérêts, dont le montant ne peut être inférieur à la valeur estimative des
bois restés sur pied ou gisant sur la coupe. (*C. f.*, *art.*
40; *Inst. du 23 mars 1821.*, *art. 99.*)

En ce qui concerne l'extérieur de la coupe, cet Agent
recherche, à la distance prescrite par le Code pour l'ouïe
de la cognée, les souches des arbres coupés; tient note

de leur quantité, nature, essence et grosseur. (*Inst.* 23 *mars* 1821, *art.* 44.)

Enfin, il doit vérifier si l'Adjudicataire a curé à fond et aligné les fossés, sangsues, rigoles, glacis et lai s'il a rempli les trous des scieurs et des ateliers; s'il fait d'autres fosses et fourneaux que ceux qui lui ont désignés; s'il les a fait fouir, repiquer et semer; s'i rétabli les routes, ponts, pontceaux, bornes, barriè et pierrées endommagés, et s'il s'est conformé en tô points aux obligations qui lui sont imposées, tant p le cahier des charges générales, que par les claus particulières qui ont pu y être ajoutées. (*Inst. du* mars 1821, *art.* 44.)

Toutes ces vérifications faites, l'Agent forestier dres son procès-verbal de récolement conforme au modè n° 9, annexé à l'instruction du 23 mars 1821. Il y rela en détail le résultat de son examen, et y constate d'un manière circonstanciée les entreprises, malversations défauts et manquemens qui sont à la charge de l'adju dicataire, ainsi que la quantité des arbres qui ont é marqués dans la coupe pour le service de la marine et ceux qui ont été livrés au fournisseur de ce dépar tement.

Si l'adjudicataire ou son fondé de pouvoirs est pré sent, il signe le procès-verbal de récolement; s'il s' refuse, il en est fait mention; à défaut de quoi, le pro cès-verbal est irrégulier, et peut donner lieu à une vé rification, sur la demande de l'adjudicataire. (*Ord.régl.* *art.* 98; *Inst. des* 7 *prairial an IX*, § 1, *art.* 7, *et du* 2 *mars* 1821, *art.* 45; *Circ. du* 30 *juillet* 1811, *n.* 448, *e* *Arr. de la C. de cass. du* 5 *janvier* 1810; *et Cah. des* *ch. de l'Ord.* 1833, *art.* 39.)

Dans le délai d'un mois après la clôture des opéra tions, l'Administration et l'adjudicataire peuvent re quérir l'annulation du procès-verbal pour défaut de forme ou pour fausse énonciation.

Ils doivent se pourvoir à cet effet devant le Conseil de préfecture, qui statue.

En cas d'annulation du procès-verbal, l'Adminis tration peut, dans le mois qui suit, y faire suppléer par un nouveau procès-verbal. (*C. f.*, *art.* 50.)

Lorsqu'un premier procès-verbal est annulé par le Conseil de préfecture, le nouveau procès-verbal qui est alors dressé ne peut plus donner lieu à recours det cette autorité. (*Circ. du 11 septembre*1827, *n.*158).

ᵢes procès-verbaux de récolement doivent être en-
ᵢés au Conservateur, qui en forme un état général,
ᵢformément au modèle qui a été donné à cet égard.
ᵢ'état comprend, ansi qu'il est énoncé, et dans l'or-
ᵢ des ventes, toutes les coupes récolées, quel que
t l'ordinaire auquel elles appartiennent. Pour faciliter
ᵢrapprochement entre cet état et celui général des
ᵢntes, on indique dans le premier le numéro d'assiette
chaque coupe, et en outre celui du lot, lorsqu'il y
eu division. Les coupes de chaque ordinaire doivent
ᵢe inscrites séparément, et en commençant par le
ᵢus ancien ordinaire et successivement; et il est fait
ᵢur chacun une addition particulière de toutes les
ᵢlonnes, et une récapitulation dans le même ordre
ᵢr département et par conservation.

L'état de récolement est divisé en 34 colonnes desti-
ées à faire connaître: 1° l'arrondissement communal ;
° le numéro de l'état d'assiette de l'ordinaire auquel
ppartiennent les coupes; 3° les noms des forêts ; 4° les
ᵢoms des séries d'aménagement et des cantons où les
ᵢoupes ont été vendues; 5° les numéros des coupes
l'après l'aménagement ; 6° les numéros des lots de
ᵢoupes; 7° les dates des procès-verbaux, en indiquant
ᵢéparément ceux d'adjudication et de réarpentage; 8°
l'étendue des coupes avec l'indication distincte de celle
résultant de l'arpentage et du réarpentage ; 9° les différences que présentent en plus ou moins ces opérations;
10° les dates des procès verbaux de récolement; 11° les
noms et grades des Agens qui y ont procédé; 12° le
nombre des baliveaux et arbres avec l'indication de
leurs catégories, marqués en réserve et trouvés lors du
récolement; 13° le nombre de chablis reconnus avant
le récolement et en distinguant les baliveaux des modernes, anciens et autres; 14° le déficit, défalcation
faite des chablis, en distinguant de même les baliveaux
des modernes, anciens et autres; 15° le nombre des
arbres épars ou en jardinant avec l'indication de ceux
vendus et de ceux coupés en plus; 16° les travaux mis
en charge et autres clauses particulières; 17° leur exécution; 18° enfin les observations jugées nécessaires,
et surtout la date des ordonnances qui ont autorisé des
coupes extraordinaires. On doit aussi indiquer dans
cette dernière colonne les vices d'exploitation, s'il en a

été constaté, et énoncer très-succinctement le résul
des poursuites, s'il en a été exercé pour déficit ou aul
cause.

Les résultats des récolemens sont mis chaque ann
sous les yeux du Ministre des finances, afin de fai
connaître au Gouvernement le plus ou le moins de r
gularité des exploitations, les ressources que peuver
présenter les arbres de réserve et l'exécution des cond
tions imposées aux adjudicataires pour les délais d'ex
ploitation et de vidange et pour les travaux mis e
charge. Dès-lors les Agens doivent sentir combien il es
important que la rédaction de cet état soit faite ave
soin. Ils ne doivent point oublier d'additionner toute
les colonnes, puisque ces additions sont indispensable
pour faire juger d'un coup-d'œil, des résultats obtenu
dans chaque arrondissement communal. Au surplus,
ainsi qu'on l'a observé plus haut pour l'état général des
ventes, tout état qui n'est pas dressé régulièrement est
renvoyé. Les états de récolemens étant destinés, comme
ceux des ventes, à être reliés, les explications données
ci-dessus à cet égard, leur sont applicables. (*Lettr. de
l'Adm.* du 23 *juillet* 1822, n. 2827; *Circ. du* 15 *décembre*
1825, n 133, *et du* 6 *mars* 1828, n. 168.)

Les procès-verbaux de réarpentage et de récolement
doivent être visés pour timbre, et enregistrés, en per-
cevant les droits, si les adjudicataires en ont consigné
le montant; à défaut de consignation, le recouvrement
des droits est poursuivi par le Receveur des domaines
par les voies ordinaires. Ces procès-verbaux étant des
actes d'administration publique, ne sont point soumis
à l'enregistrement dans les quatre jours; il suffit qu'ils
soient présentés avant le commencement de la procédure,
le cas arrivant. (*Circ. du* 3 *floréal an XIII*, n. 262,
Arr. de la C. de cass. des 8 *avril* 1808 *et* 1er *septembre* 1809.)

Lorsqu'il résulte des procès-verbaux de réarpentage
un excédant de mesure, l'adjudicataire est tenu de le
payer en proportion du prix entier de l'hectare et du
décime pour franc de ce prix. Si, au contraire, il y a
un moins de mesure, l'adjudicataire en est remboursé
dans la même proportion après la décharge définitive
par lui obtenue. Il n'y a lieu à aucune répétition, lorsque le plus ou moins de mesure n'excède pas le centième
de la contenance de la coupe. Le moins de mesure ne
peut être payé qu'en vertu d'une décision du Ministre

des finances, sur une demande de l'adjudicataire sur papier timbré, remise par lui à l'Agent forestier chef de service, à laquelle il joint à l'appui les expéditions des procès-verbaux et plans d'arpentage et de réarpentage; d'adjudication et de récolement, la décharge d'exploitation, et les traites acquittées et souscrites par l'adjudicataire lors de la vente. L'Expédition du procès-verbal et plan de réarpentage est délivrée à l'adjudicataire par l'Arpenteur, au prix fixé pour le procès-verbal et le plan d'arpentage, dans les frais d'adjudication. (*Circ. du 17 janvier 1806, n. 301; Cah. des ch. de l'ordin. 1833, art. 41.*)

Dans aucun cas, il n'est permis de donner récompense en bois, ni de faire compensation de sur-mesure avec un moins de mesure. (*Cah. des ch. de l'ordin. 1833, art. 41.*) Le Conservateur doit dresser annuellement un état général des *sur* et des *moins* de mesures, conforme au modèle n° 10, annexé à l'instruction du 25 mars 1821, et l'adresser à l'Administration.

Il envoie au Directeur des domaines du département de la situation des bois, des expéditions en forme des procès-verbaux de réarpentage, constatant les sur-mesures, afin de mettre ce Préposé supérieur à portée de faire payer les sommes revenant au Trésor. (*Inst. des 7 prairial an IX,* § 1, *art. 7, et 25 mars 1821, art. 46.*)

Dans le cas où le procès-verbal de récolement porte saisie de quelque partie des bois de la coupe qui n'ont point été exploités ou vidés dans les délais fixés, l'Inspecteur doit poursuivre l'adjudicataire à cet égard, ainsi qu'à raison des arbres de réserve que celui-ci n'aurait pas représentés, ou des entreprises ou outre-passes au-delà des pieds corniers. Enfin, si l'adjudicataire a manqué de récéper quelques mauvais bois, quelques vieux étocs; s'il a négligé de nettoyer la coupe, s'il n'a pas labouré et semé en glands les places à charbon, s'il n'a pas fait les fossés et autres ouvrages à sa charge, il doit y être contraint par les voies juridiques. (*C. f., art. 29, 53, 40 et 41; Inst. du 25 mars 1821, art. 98, 99 et 100.*)

§ X. *Décharge d'exploitation.*

Lorsqu'à l'expiration du délai d'un mois fixé par l'art. 50 du Code, après la clôture des opérations, l'Administration n'a élevé aucune contestation, et que *le* Conservateur a vérifié par lui-même ou par l'Agent forestier

tier qu'il a délégué à cet effet, que l'Adjudicataire a rempli les obligations qui lui étaient imposées, il donne son consentement à la délivrance de la décharge d'exploitation ou congé de cour; mais d'après le vu du procès-verbal de récolement, constatant que ledit adjudicataire a rempli ses obligations. Dans le cas où il résulterait de ce procès-verbal que les conditions générales et particulières du cahier des charges n'ont pas été exécutées, ou qu'il y a eu délit ou contravention de la part de l'adjudicataire, le Conservateur ne donne son consentement qu'après que celui-ci a justifié de l'accomplissement de ses obligations, ou qu'il a été statué sur les délits et contraventions, et qu'il a rapporté les marteaux dont il s'est servi pour être rompus, et représenté le registre de son garde-vente pour être arrêté et paraphé, afin qu'on ne puisse plus rien y ajouter. (*C. f.*, *art.* 51; *et Inst. des 7 prairial an IX*, § 1er, *art.* 25, *et* 25 *mars* 1821, *art.* 54.)

Ce consentement, dont il est dressé procès-verbal dans la forme indiquée par le modèle fourni par l'Administration, est délivré à la suite du procès-verbal de récolement. (*Inst. du 23 mars 1821, art.* 54.)

La décharge d'exploitation, ou congé de cour, est délivrée à la requête de l'adjudicataire, par le Préfet, sur le vu du procès-verbal de consentement donné par le Conservateur. (*C. f., art.* 51; *Ord. régl., art.* 99; *et Inst. du 23 mars* 1821, *art.* 55.)

Après la délivrance de la décharge d'exploitation, la coupe rentre sous la surveillance du garde du triage, qui en est entièrement et expressément chargé.

§ XI. *Chablis, bois de délit et menus-marchés.*

Il arrive souvent que, par suite de l'impétuosité des vents ou du poids des neiges, des arbres sont déracinés ou rompus, et ce sont ces arbres que l'on désigne sous la dénomination générale de *chablis*. Les *bois de délit* sont ceux qui ont été abattus ou coupés par les délinquans.

Les Gardes doivent constater le nombre, l'essence, la grosseur, la qualité et l'état de ces arbres qu'ils découvrent dans leur triage; en dresser procès-verbal sur leur registre, et en envoyer copie dans les dix jours à l'Agent forestier sous les ordres immédiats desquels ils sont placés. (*Ord. régl., art.* 26 *et* 101.)

Les Agens forestiers s'assurent de l'exactitude du rapport des Gardes, marquent de leurs marteaux les chablis et autres arbres abattus dont ils ont fait la reconnaissance, soit qu'ils soient ou non déjà marqués du marteau des Gardes ; veillent à leur conservation, en dressent procès-verbal et en forment un état pour être transmis au Conservateur. (*Ord. régl., art.* 101, *et Inst. du* 7 *pr. an IX, art.* 26 *et* 44.)

Cet Agent supérieur veille à ce qu'il soit procédé incessamment aux ventes des chablis et autres arbres de cette nature, en l'état où ils se trouvent, afin d'éviter de les laisser long-temps dans les forêts, où ils sont exposés à être enlevés par les riverains. Ces ventes sont connues sous le nom de *menus-marchés.* Il fait comprendre dans ces ventes les bois de délit, lorsqu'ils ne doivent pas être conservés pour pièces de conviction, ainsi que les bois provenant des recépages, d'élagages, ou d'essartement, et qui n'ont pas été vendus sur pied. (*Ord. régl., art.* 102, *et Inst. du* 23 *mars* 1821, *art.* 56.)

Mais à l'égard des arbres sur pied, quoique endommagés, ébranchés, morts ou dépérissans, ils ne peuvent être abattus et vendus, même comme menus-marchés, sans l'autorisation spéciale du Ministre des finances ; cependant aujourd'hui la vente en est autorisée par le Directeur de l'Administration des forêts. (*Ord. régl., art.* 102, *et Ord. du roi du* 10 *mars* 1831, *art.* 1er.)

L'Inspecteur, d'après l'autorisation, soit de M. le Ministre des finances, soit du Conservateur, provoque devant les Maires et Adjoints des communes, la vente des bois dont il s'agit, avec les mêmes formalités que les adjudications des coupes ordinaires de bois, dans le cas où l'estimation n'excèderait pas 500 fr. Si elle est supérieure à ce prix, la vente s'en fait devant le Sous-Préfet de l'arrondissement, à moins que le Préfet n'ait délégué le Maire de la commune de la situation des bois. (*Ord. régl., art.* 86, 102 *et* 104; *Inst. des* 7 *prairial an* IX, § 2, *art.* 8, *et* 23 *mars* 1821, *art.* 101; *Circ. du* 30 *fruct. an* XIII, *n* 80.)

Je dois faire observer qu'il ne résulte pas des dispositions de l'art. 104 de l'ordonnance réglementaire que les menus-marchés doivent être affichés au chef-lieu du département, ni qu'on doive y appliquer le système des surenchères, la division du paiement par quarts ni tout ce qui est prescrit pour les adjudications des coupes. (*Dél.*

*du cons. d'adm. des forêts, du 18 sept. 1829; Circ. du 25
nov. 1826.)*

Les frais qui sont à la charge de l'État pour les coupes
ordinaires des communes sont également à sa charge pour
les menus-marchés. Mais, je le répète, on peut réduire les
frais d'affiches des menus-marchés, soit en portant ce marchés sur les affiches des coupes ordinaires, soit en faisant
les affiches à la main, soit en faisant imprimer des cadres
qui serviraient pour tous les menus-marchés, moyennant
l'indication à la main du nom de la commune, du lieu de
la vente et les objets spéciaux à vendre. (*Lett. de l'admin. des forêts, des 6 mai et 3 sept. 1829.*)

Les adjudications de chablis, bois de délits et autres
objets dont l'évaluation n'excède pas 500 francs, sont
affranchies de l'affiche au chef-lieu du département, des
surenchères, du dépôt du cahier des charges au secrétariat de la vente, et de l'approbation de l'affiche. (*Ord.
du Roi du 23 juin 1830 et Circ. du 19 juill. suiv. n. 241.*)

Par suite de cette nouvelle disposition les Préfets sont
autorisés à déléguer aux Sous-Préfets le droit de présider par eux-mêmes, ou de faire présider par les *Maires,*
les ventes des chablis, bois de délit et autres objets de
peu d'importance. Les Conservateurs doivent en conséquence charger les Agens forestiers locaux de faire aux
Sous-Préfets les propositions que ces agens supérieurs
devaient précédemment soumettre aux Préfets. (*Circ.
du 30 avril 1830, n. 236.*)

L'Inspecteur veille à ce que les frais soient modérés
et proportionnés au peu d'importance des ventes. Il fixe
le délai de vidange de ces bois dans les conditions de la
vente, et le réduit au tems strictement nécessaire pour
leur enlèvement; sauf, s'il le juge convenable, à désigner
des lieux de dépôt sur le bord des routes ou aux rives
des forêts. Il enregistre ces ventes sur un sommier conforme au modèle n° 24, annexé à l'instruction du 23
mars 1821, et il en envoie extrait au Conservateur. (*Ins.
du 23 mars 1821, art. 101.*)

§ XII. *Panage ou glandée.*

Les glands et les faînes qui tombent des chênes et des
hêtres doivent être laissés dans les forêts pour leur repeuplement, lorsqu'ils sont en petite quantité; mais dans
les années d'abondance, les Agens forestiers doivent examiner et reconnaître les cantons où le panage peut être

autorisé, et le nombre de porcs à y introduire, après s'ê-
tre assurés que le repeuplement des bois n'en éprouve-
ra aucun préjudice; et ils en dressent procès-verbal qu'ils
envoient au Conservateur, avec l'état des cantons où
l'on peut faire, sans inconvéniens, des adjudications de
glandée, lesquelles sont en conséquence autorisées par
e Conservateur. (*Ord. regl.*, art. 100; et *Inst. du* 23
nars 1821, *art.* 103.)

Ces adjudications se font dans les mêmes formes que
celles prescrites pour les adjudications des coupes de
bois.

Toutefois, lorsque ces formalités n'ont pas été remplies, l'amende infligée dans ce cas aux fonctionnaires
et Agens est de 100 francs au moins, et de 1000 francs
au plus, et celle encourue par l'acquéreur est égale au
montant du prix de la vente, laquelle est en outre annulée. (*C. f.*, art. 18, 19 et 53.)

Les Adjudicataires ne peuvent introduire dans les
forêts un plus grand nombre de porcs que celui qui est
déterminé par l'acte d'adjudication, sous peine d'une
amende de deux francs par cochon, et sans préjudice,
s'il y a lieu, des dommages-intérêts. (*Ib.*, *art.* 54 et 199.)

Les Adjudicataires sont tenus de faire marquer les
porcs d'un fer chaud, sous peine d'une amende de trois
francs par chaque porc qui ne serait point marqué. Ils
doivent aussi déposer l'empreinte de cette marque au
greffe du tribunal, et le fer servant à la marque au bureau de l'Agent forestier local, sous peine de cinquante
francs d'amende. (*Ib.*, *art.* 55.)

Si les porcs sont trouvés hors des cantons désignés
par l'acte d'adjudication, ou des chemins indiqués pour
s'y rendre, il y a lieu contre l'adjudicataire, pour ceux
trouvés dans les bois de dix ans et au-dessus, à une
amende d'un franc par cochon. Cette amende est double si les bois ont moins de dix ans, et sans préjudice,
s'il y a lieu, des dommages intérêts. En cas de récidive,
outre l'amende encourue par l'adjudicataire, le pâtre
sera condamné à un emprisonnement de cinq à quinze
jours. (*Ib.*, *art.* 56 et 199.)

Il est défendu aux adjudicataires de ramasser ou
d'emporter des glands, faînes ou autres fruits, semences
ou productions des forêts, sous peine d'amendes fixées,
par charretée ou tombereau, de vingt à soixante francs
par chaque bête attelée; par chaque bête de somme, de

dix à trente francs; et par chaque charge d'homme, de quatre à douze francs. (*Ib.; art.* 57 *et* 144.)

§ XIII. *État des menus-produits.*

Le prix que l'État retire de la vente des chablis et des bois provenant de délits, de récépages, d'élagages ou d'essartemens; des adjudications des pâturages, panages et glandées; de l'évaluation des coupes affermées conjointement avec des usines ou affectées à leur alimentation; des droits d'usage exercés moyennant redevance; du prix des feuilles et indemnités pour retard d'exploitation et de vidange; de ceux des sur-mesures constatées par les réarpentages, et autres produits divers, entrant tous dans la composition du produit général des forêts; l'Inspecteur en forme chaque année, pour son inspection, un état conforme au modèle n° 14, annexé à l'Instruction du 23 mars 1821, et qu'il adresse avant le 15 janvier au Conservateur. Cet Agent supérieur dresse de tous ces états partiels un état général qu'il envoie à l'Administration avant le 1er février, avec l'état général des ventes. Il y porte en outre, comme cet état l'indique, le montant des moins de mesures remboursés aux Adjudicataires, ce qui réduit d'autant plus le produit général. (*Inst. du 8 prairial an IX, § 1er, art.* 27, 23 *mars* 1821, *art.* 57 *et* 104; *et Circ. du 6 vendémiaire an XIII, n.* 237.)

§ XIV. *Feu près des forêts, et incendie.*

Le Conservateur recommande aux Agens sous ses ordres de veiller à la stricte exécution de l'art. 148 du Code forestier portant défense de porter ou allumer du feu, en aucun temps, dans l'intérieur et à la distance de deux cents mètres des bois et forêts, landes et bruyères, sous peine d'une amende de vingt à cent francs; sans préjudice, en cas d'incendie, des peines portées par le Code pénal, et de tous dommages-intérêts, s'il y a lieu.

La défense faite par l'art. 148 précité du Code forestier, ne peut avoir pour effet d'empêcher les particuliers propriétaires de bois, ou leurs adjudicataires, de faire fabriquer du charbon dans leurs coupes, ni de faire du feu dans les loges et ateliers qui s'y trouvent. Cette défense s'applique au pâtres, aux usagers, aux riverains des forêts et à tous ceux qui n'auraient pas, comme les propriétaires de bois ou leurs adjudicataires, des motifs puisés dans la nécessité même de l'exploitation des coupes, et un intérêt direct à la conservation de leurs propriétés. (*Lettre du Direct. des forêts du 19 sept. 1829.*)

Mais l'article 148 s'applique aussi aux usines à feu en général, attendu que la loi du 21 avril 1810 n'est relative qu'aux *mines, minieres et carrières*, et ne peut être appliquée aux *verreries*, et que l'arrêt du Conseil du 9 août 1723 doit être appliqué aux faits de construction d'une verrerie sans autorisation. (*Arr. de la C. de cass. du 21 août* 1829.)

Le brûlement des terres dans les champs, appelé *écobuage*, à moins de cinquante toises (cent mètres environ) des maisons, bois, etc. constitue la contravention prévue par l'art. X du titre II du Code rural. L'usage, quelqu'ancien qu'il soit, ne peut prévaloir sur une prohibition légale et d'ordre public. (*Ib. du 30 juin* 1827.)

Le Gouvernement peut, nonobstant l'art. 148, auto - riser l'*écobuage* des terres situées à proximité des forêts. (*Décis. du M. des fin. du 29 mai* 1830.)

Cependant je dois faire observer que les dispositions ci-dessus concernant l'*écobuage*, ne s'appliquent pas aux communes du département des Ardennes, propriétaires de bois, lesquelles ont été autorisées, par un décret du 8 oct. 1813, à employer l'essartage, soit à feu couvert, soit à feu courant, dans les coupes annuellement assises dans leurs bois, suivant la nature et la situation de ces coupes; mais lorsque le Préfet de ce département a déterminé d'après les renseignemens des Agens forestiers locaux, des parties où les *feux courans* et *les féux couverts* peuvent avoir lieu, et que ce magistrat a donné, tant aux Maires des communes qu'aux Agens forestiers, des instructions sur les précautions à prendre pour empêcher les abus et les inconvéniens que ces essartages pourraient présenter.

Depuis ce décret, dont les dispositions s'appliquaient aussi aux communes des départemens des Forêts et de Sambre-et-Meuse, compris aujourd'hui en majeure partie dans le royaume de la Belgique, et qui n'avait été rendu qu'après qu'il eût été constaté que l'*essartage à feu couvert* dans les forêts communales est de première nécessité pour les habitans des communes où il s'est toujours pratiqué, et que celui *à feu courant* est d'une insuffisance reconnue; plusieurs communes des Ardennes ont demandé à diverses époques que l'essartage autorisé dans les bois communaux fût étendu aux forêts de l'État ; mais cette faculté leur a toujours été refusée par le motif que la conservation de ces forêts s'opposait à ce que l'essartage y fût introduit, à raison des dommages qui en resulteraient. (*Décis. minist. des* 9 *avril* 1823, 24 *janvier* 1824 *et* 13 *décembre* 1830.)

Quant à l'art. 434 du Code pénal, il est ainsi conçu : « Quiconque aura volontairement mis le feu à des édifices, navires, bateaux, magasins, chantiers, *forêts,* *bois-taillis* ou récoltes, soit sur pied ou abattus, soit aussi que les *bois soient en tas ou en cordes*, et les récoltes en tas ou en meules, ou à des matières combustibles, placées de manière à comuniquer le feu à ces choses où à l'une d'elles, sera puni de la peine de mort. »

L'incendie volontaire des objets désignés dans ledit article 434 ci-dessus, constitue le crime prévu par cet article, encore que l'objet ne fût pas exposé à la foi publique et ne fût pas placé de manière à communiquer le feu à des bâtimens ou autres objets dont l'incendie volontaire emporte la peine capitale. (*Arr. de la C. de cass. du* 27 *sept.* 1827.)

Je dois faire observer, en ce qui concerne les *dommages-intérêts*, que l'incendie d'arbres par suite de feu allumé à distance prohibée, ne peut-être assimilé à une coupe d'arbres en délit, et qu'il n'y a pas lieu d'appliquer au prévenu la disposition de l'art. 192 du Code forestier, et celle de l'art. 194 du même Code : c'est la peine prononcée par l'art. 148 qu'il faut appliquer. (*Ib. du* 25 *mars* 1830.)

Le Conservateur prescrit aux Agens et Gardes de se porter sur-le-champ, en cas d'incendie, dans les forêts, et d'y appeler les riverains pour l'éteindre. Si ces derniers s'y refusent, il en est fait mention dans le procès-verbal qui est dressé, et dont il se fait remettre une expédition, pour en rendre compte de suitte à l'Administration. (*Inst. des* 7 *prairial an* IX, § 1er, *art.* 45, *et* 23 *mars* 1821, *art.* 60.)

Tous usagers qui, en cas d'incendie, refuseraient de porter des secours dans les bois soumis à leurs droits d'usage, doivent être traduits en police correctionnelle, privés de ce droit pendant un an au moins et cinq ans au plus, et condamnés en outre aux peines portées par l'art. 475 du Code pénal. (*C. f., art.* 149.)

Toutes perquisitions, informations ou diligences sont
tes pour découvrir et faire poursuivre les auteurs de
s accidens, et il est aussi dressé procès-verbal de ces
esures.

Les Agens forestiers doivent transmettre directement
sans délai au Procureur du Roi de l'arrondissement,
procès-verbaux constatant des incendies et des dé-
stations dans les bois, attendu que, lorsqu'ils sont
ffet de la malveillance, ils sortent de la classe des
lits pour se ranger dans celle des *crimes*, dont la ré-
ession est du ressort des Cours d'assises. Dans ces
s graves, les faits énoncés aux procès-verbaux des
ardes et Agens forestiers ne sont considérés que comme
nseignemens ; mais bien qu'ils ne commandent pas la
i comme pour les délits, ils n'en doivent pas moins
tre rédigés avec le plus grand soin, parce que, constant les faits dans leur origine, ils sont destinés à de-
enir la base des procédures instruites contre les au-
urs du désastre.

Les Conservateurs adressent, en outre, au Procureur
û Roi de l'arrondissement les renseignemens parvenus
leur connaissance, pour faire découvrir et poursuivre,
il y a lieu, les auteurs des incendies et dévastations.
C. d'inst. cr., art. 29, *et Circ. du* 24 *oct.* 1826, *n.* 146.)

§ XV. *Repeuplement, plantations, améliorations.*

La restauration et l'amélioration du sol forestier,
ndépendamment de ce qui concerne la surveillance et
a police, doivent fixer d'une manière spéciale l'atten-
ion des Préposés de tous grades, et l'Administration
ne doute pas que l'exemple de ce qui s'est fait précédemment, par des moyens économiques et des travaux
xécutés par le zèle des Agens et des Gardes, n'ob-
tienne des résultats aussi avantageux de la réunion des
mêmes moyens.

Les travaux de tous genres qui ont pour objet l'amélioration des forêts sont les abornemens, les aménagemens, les fossés de clôture et d'assainissement, la
construction et la réparation des maisons de Garde,
des routes, chemins, pontceaux, cassis, pierrées ou
cailloutis, les récépages, les élagages sur les routes, les
semis, plantations et récoltes de graines. (*Circ. du* 23
mars 1821, *n.* 16.)

Ces travaux s'exécutent de différentes manières: soit

13

par des Entrepreneurs à prix d'argent, soit par des Cul
tivateurs, moyennant la jouissance des terrains à repeu
pler, soit par les Adjudicataires des coupes, soit pa
les usagers, lorsque leurs titres leur en imposent l'obli
gation, ou qu'ils s'y prêtent volontairement, soit pa
les personnes auxquelles est accordée la faculté d'extrair
des matières des forêts, soit enfin par les Gardes, moyen
nant quelques récompenses. (*Inst. du 4 prairial an IX
art.* 14 *et* 15 ; *Circ. du 4 fructidor an IX, n.* 25 ; *du* 1
germinal an X, n. 80 ; *du 28 brumaire an XI, n.* 119
du 7 messidor an XII, n. 216 ; *du* 1er *brumaire an XIII
n.* 242 ; *du 22 octobre* 1806, *n.* 343, *et du 23 mars* 1821
n. 16.)

Nous devons faire observer qu'en général les amé
liorations dont il s'agit ne doivent s'appliquer qu'aux
forêts qui, par leur importance et leur situation, peu
vent en obtenir un accroissement certain de valeur et
de produit.

Ainsi, les *aménagemens* doivent être établis dans celles
où l'ordre actuel des exploitations n'est pas en rapport
avec la nature des bois ; mais cette opération, la plus
importante qui puisse être confiée à un forestier, ne
doit être soumise à l'Administration qu'après un mûr
examen de la nature des forêts et de leurs débouchés.

Les *routes forestières* ne doivent s'ouvrir qu'autant
qu'elles sont utiles pour faciliter la vidange des coupes,
et leur direction doit dépendre des aboutissans et aussi
des pentes et contre-pentes ; car il ne suffit pas de percer
des lignes, il faut encore qu'elles soient praticables.

Les *maisons de garde* sont avantageuses dans les forêts
d'une surveillance difficile et d'une certaine étendue. Le
prix de ces maisons doit toujours être modéré, et ne pas
outre-passer celui qui doit être mis à des constructions
de ce genre.

Les *semis et plantations* peuvent s'exécuter indistinctement dans toutes les forêts, pourvu que les Agens
examinent avec soin la nature du sol et les essences qui
y sont propres, ainsi que le mode de culture applicable
à chaque localité ; mais lorsque ces semis ont été exécutés, il faut, par des soins suivis, en protéger la croissance, quelquefois même les regarnir pour arriver à des
repeuplemens complets ; ou bien les dépenses faites ne
donnent que des résultats imparfaits qui attestent ou

souciance ou l'incapacité des Agens qui ont proposé dirigé les travaux.

Les travaux de cette nature entrepris par les Gardes peuvent former qu'une faible partie de ceux qu'il ait utile d'entreprendre. La voie des *concessions* pourrait leur donner plus d'extension ; mais le peu de succès tenu jusqu'à ce jour de ces concessions engage à les restreindre de plus en plus. Elles sont en général confiées pour des termes trop longs, et cependant il est bien peu de concessionnaires qui ne demandent des prorogations de délai de jouissance, de sorte que les peuplemens ne s'exécutent qu'avec lenteur, et sont quelquefois abandonnés par les concessionnaires, après avoir joui des terrains et sans même avoir été entrepris réellement, c'est-à-dire, sans que les essences forestières aient été semées ou plantées. D'un autre côté, les terrains, fatigués par des récoltes multipliées, ne se reboisent qu'avec peine et d'une manière incomplète.

Il est un moyen plus prompt, plus efficace, qui, s'il exige plus de sacrifices, présente aussi plus de garantie. Ce sont les *repeuplemens à prix d'argent et par voie d'adjudication au rabais.* Il ne s'agit en effet pour ceux-ci, que de faire exécuter le labour des terrains et leur plantation immédiate. Il est seulement à désirer que ces entreprises ne soient faites que par des cultivateurs intelligens qui présentent de bonnes garanties. (*Circ. du 6 juin 1826, n. 139.*)

Le Conservateur doit faire mention, dans ses procès-verbaux de tournées, des clairières, places vides, vaines et vagues qu'il a reconnues dans l'intérieur et aux rives des forêts, et faire dresser, par les Agens sous ses ordres, des procès-verbaux circonstanciés des améliorations à exécuter dans les forêts confiées à leur surveillance, s'arrêtant d'abord à celles qui, plus rapprochées des grandes villes, présentent plus de facilités pour le débit. (*Inst. du 7 prairial an IX, art. 9 et 38.*)

Ces procès-verbaux indiquent d'abord le nom de la forêt à améliorer, sa situation, son étendue, sa nature, son essence, son état, son aménagement et la valeur de ses produits ordinaires, et doivent ensuite faire mention:

1° De la situation et de la nature des clairières;
2° Des causes qui ont occasionné leur état;

3° Du choix et du mélange des essences des arbres
qu'il convient d'y semer ou planter;

4° Des procédés agricoles au moyen desquels il peut
y être pourvu;

5° Des circonstances favorables à l'opération;

6° Enfin, des moyens d'exécution. (*Circ. du 28 brumaire an XI, n.* 119.)

Si les clairières sont d'une petite contenance, les
Gardes doivent être chargés de leur repeuplement. Il
est de leur intérêt comme de leur devoir de se livrer
avec zèle à ce genre de travail, qui ne les distrait pas
sensiblement de leurs obligations ordinaires. Ils ac-
quièrent ainsi des droits à leur avancement et aux
gratifications particulières que la Direction des forêts
leur accorde chaque année.

Ainsi le Conservateur doit surtout chercher à rani-
mer le zèle des Gardes et les encourager à faire des semis et plantations; mais il ne propose de leur allouer
des indemnités ou gratifications que pour les semis et
plantations dont le succès est réel et assuré par deux
années au moins d'entretien, sans qu'ils aient négligé
leur service habituel. Le Conservateur doit aussi leur
annoncer que l'Administration appellera sur ceux qui
se seront le plus distingués, les récompenses que la Société royale et centrale d'agriculture accorde à cette
classe d'employés, et il doit les signaler, de son côté,
aux sociétés d'agriculture des départemens. Les travaux
exécutés par chaque Garde doivent être cotés sur les
états-généraux, pour les résultats en être présentés au
Gouvernement. (*Inst. des 7 prairial an IX, art.* 14 *et* 15,
et 23 *mars* 1821, *art.* 67; *Circ. du* 12 *germinal an X, n.*
80; *du* 7 *messidor an XII, n.* 216; *du* 1er *brumaire an
XIII, n.* 242; *du* 29 *avril* 1809, *n.* 393; *du* 30 *juillet*
1810, *n.* 421; *du* 31 *juillet* 1811, *n.* 449; *du* 21 *septembre* 1812, *n.* 479; *des* 23 *mars,* 14 *juin et* 26 *novembre*
1821, *n.* 16, 28 *bis et* 49; *du* 19 *avril* 1822, *n.* 57; *du* 19
avril 1825, *n.* 122; *du* 26 *juin* 1826, *n.* 159; *et du* 19 *mai*
1827, *n.* 153.)

L'Administration a applaudi jusqu'à ce jour au zèle de
ceux qui se sont livrés avec succès à des semis et plantations dans leurs triages, et le Directeur désire que, leurs
travaux prenant plus d'accroissement, il puisse leur accorder des gratifications plus élevées.

Il est recommandé à cet égard aux Agens forestiers

pprécier et de constater avec la plus grande exacti-
le, les travaux de chaque Garde, afin que la distribu-
n des gratifications se fasse avec la plus rigoureuse
stice. (*Circ. du 26 juin 1826, n. 139.*)

A l'égard des travaux de repeuplement qui sont trop
nsidérables pour être mis à la charge des Gardes, il y
t pourvu, ainsi qu'il est dit ci-dessus, soit par voie de
ncession à temps, soit par voie d'*adjudication*, soit par
ie d'*économie.*

La *concession* à temps consiste à abandonner la jouis-
nce du terrain à repeupler, gratuite et franche de tou-
s impositions foncières, pendant un nombre d'années
éterminé, à la charge par le concessionnaire de le re-
résenter à la fin du bail, cultivé et ensemencé de grai-
es forestières qui lui ont été désignées. Le nombre d'an-
ées doit être fixé à trois, quatre, cinq, six ou neuf an-
ées de jouissance, d'après la qualité du terrain, les
ifficultés que peut présenter le défrichement et les
vantages de la jouissance. (*Ord. régl., art. 105, et Circ.*
u *21 juill. 1810. n. 419, et 23 mars 1821, n. 16.*)

Lorsque l'Administration juge convenable de concé-
er temporairement les vides et clairières des forêts, à
harge de repeuplement, les Agens forestiers procèdent
l'abord à la reconnaissance des lieux, et le procès-ver-
al qu'ils en dressent doit constater le nombre, l'essence
t les dimensions des arbres existant sur le terrain à
concéder. Ils transmettent au Conservateur ce procès-
verbal, accompagné d'un projet de cahier des charges
spécial pour chaque concession. Ce cahier des charges
doit renfermer toutes les conditions de la concession,
telles que la clôture du terrain par des haies ou fossés,
si cette précaution est jugée nécessaire : l'obligation de
répondre du succès pendant un temps déterminé qui ne
peut être moindre de trois années après l'expiration du
bail et la réception de la plantation; et en outre la condition d'assujétir particulièrement le concessionnaire
aux dispositions des art. 34, 41, 42, 44 et 46 du Code
forestier, imposées aux adjudicataires des coupes de
bois, et relatives, 1° aux amendes encourues pour abattage et déficit d'arbres réservés; 2° à l'exécution des travaux déterminés par le cahier des charges; 3° à la défense d'allumer du feu ailleurs que dans les loges; 4°
à la suite à donner aux procès-verbaux de délits ou vices dans le mode prescrit pour le repeuplement; 5° et

enfin à la responsabilité des concessionnaires et de leu
cautions concernant le paiement des amendes et restit
tions encourues.

Le plan du terrain à concéder doit aussi être levé p
un Arpenteur forestier, à l'effet d'en déterminer l'étendu

Le Conservateur transmet à la direction des forêts :
procès-verbal et le projet de cahier des charges, eu
joignant une expédition du plan, avec ses observatior
et son avis. (*Ord. régl.*, *art.* 105, *et Circ. du* 4 *fruc
an* IX, *n.* 25, *et* 22 *oct.* 1806, *n.* 343.)

Le Directeur de l'administration des forêts soumet a
Ministre des Finances les projets de concessions ave
toutes les pièces à l'appui. (*Ord. régl.*, *art.* 106.)

Cependant le Directeur approuve la concession de
terrains vagues, à charge de repeuplement, lorsque l
contenance de ces terrains ne dépasse pas cinq hectares
et la durée de la concession six années. (*Ord. du Roi d*
10 *mars* 1831, *art.* 1er.)

Les concessions à charge de repeuplement ne peu
vent être effectuées que par voie d'adjudication publique, avec les mêmes formalités que les adjudications
des coupes de bois. (*Ord. régl.*, *art.* 107.)

La réception des travaux, la reconnaissance des lieux
et le récolement sont effectués ainsi qu'il est prescrit
pour le récolement des coupes de bois. *(Ib.,art.* 108) (1).

Je dois faire observer que la voie civile est la seule
à suivre pour l'exécution d'un acte de concession de
terrain, à charge de repeuplement, lorsque le concessionnaire ne remplit pas les clauses de son adjudication.
(*Déc. min. du* 17 *août* 1829.)

Les Conseils de préfecture ne sont point dès-lors
compétens pour statuer sur les difficultés qui s'élèvent
relativement à l'exécution d'un acte de concession de
terrain à charge de repeuplement ; les contestations
doivent être jugées par les tribunaux. (*Ib.,du* 18 *sept.*
1829.)

Mais, lorsque personne ne se présente pour obtenir
ces sortes de concessions, on met alors en *adjudication
au rabais* les travaux de repeuplement, sur la mise à

---

(1) Je dois faire observer qu'il ne s'agit pas ici de *récolement*
proprement dit, mais seulement de la reconnaissance des lieux.
Voir, pour les *adjudications*, le § VI, pag. 236, et pour le *récolement*, le § IX du chapitre XII, pag. 273.

ix d'une somme déterminée par hectare. Cette adjucation est précédée des opérations préparatoires indiées ci-dessus à l'égard des concessions, et le cahier es charges doit préciser les obligations de l'adjudicaire pour le genre de culture, la nature des graines à nsemencer, le mode d'ensemencement, la garantie des emis, le cautionnement à fournir, les époques des aiemens à faire, et les conditions sous lesquelles ces avaux sont autorisés. (*Circ. du 28 brumaire an XI*, . 119.)

Quant aux pépinières, l'Administration des forêts yant cessé d'être chargée de la plantation des grandes outes, le Conservateur se borne à proposer l'établissenent ou l'entretien de celles utiles au repeuplement les forêts. (*Inst. du 20 mars 1821, art. 65.*)

A l'égard des *travaux d'amélioration* quelconques à aire dans les forêts, il faut que la nécessité en soit constatée par un procès-verbal dressé sur les lieux par un Agent forestier. Ce procès-verbal indique le nom du bois, sa situation, son étendue, les tenans et aboutissans, et la nature des travaux à exécuter; il est utile, pour l'intelligence de ce procès-verbal, qu'il y soit joint, autant que possible, une copie du plan de la forêt ou un calque, en y indiquant les points où les opérations doivent avoir lieu.

Ce procès-verbal doit être accompagné:

1° D'un devis estimatif des travaux, ayant soin, s'il s'agit de réparations de fossés, ponts, pierrées ou chemins (1), d'en indiquer les longueurs et autres dimensions en mètres, et d'en établir le prix approximatif sur cette mesure: s'il est question de construction ou réparation de maisons forestières, de détailler l'espèce et la quantité des différens matériaux qui doivent y être employés, en faisant connaître les prix de chacun séparément, d'après ceux courans de la contrée; d'indiquer les journées des divers ouvriers nécessaires pour mettre les matériaux en œuvre, et leurs prix également calcu-

(1) S'il s'agit des routes à ouvrir dans les forêts pour en améliorer les produits, les Agens forestiers doivent se concerter avec les Ingénieurs des ponts-et-chaussées, et en présenter l'état à l'Administration. (*Loi du 28 juillet 1824; Décret du 16 décemb. 1811; Circ. des 21 juillet 1808, n. 375, et 16 novembre 1812, n. 481.*)

lés sur celui courant du canton ; s'il s'agit d'élagage
d'en faire connaître l'étendue, et de présenter l'estimation des bois qu'ils pourront produire et des dépenses
qu'ils devront occasionner,

2° D'un projet de cahier des charges pour l'adjudication au rabais, en ayant soin d'y insérer l'obligation ,
de la part des adjudicataires, de fournir un cautionnement, et en outre toutes les clauses qui paraissent devoir assurer la bonne confection des ouvrages, leur entretien pendant un temps déterminé, et garantir les
intérêts de l'État. (*Circ. du* 28 *brumaire an XI, n.* 119.)

Cependant, comme il pourrait arriver qu'au moment
de l'adjudication et après la décision approbative des
travaux, les Agens reconnussent la nécessité de faire
des changemens à leur premier travail, lesquels aug-
menteraient alors les mises à prix et excèderaient la
dépense autorisée par le Ministre, ils doivent, dans ce
cas, avant de passer outre à l'adjudication, en rendre
compte à l'Administration, et attendre une nouvelle
décision, parce que, autrement, les dépenses non autorisées resteraient à leur charge, le Ministre des finances ayant annoncé qu'il refuserait sa sanction à tout
changement qui serait opéré dans les devis et les dépenses qui auraient reçu son approbation.

Cette disposition, dont le but tend à prévenir un excès de pouvoir de la part des Agens, qui aurait de graves
inconvéniens pour eux, et dont le résultat direct serait
d'annuler de fait une décision ministérielle et d'ôter à
l'Administration le moyen de régler ses dépenses, doit
leur faire sentir qu'il importe à leur responsabilité
d'apporter le plus grand soin dans l'estimation des travaux et dans la rédaction des conditions à imposer aux
adjudicataires, et de n'y faire aucun changement lorsqu'ils ont été approuvés, à moins d'une nouvelle autorisation du Ministre. (*Circ. du* 8 *septembre* 1823, *n.* 87.)

Les motifs de cette défense sont faciles à apprécier.
En effet, si un Agent local pouvait lier l'Administration
par des obligations qu'il aurait contractées de son chef,
et qui se rattacheraient à des besoins généraux, elle se
trouverait entraînée dans des dépenses sans bornes, et
toutes les prévisions de son budget deviendraient alors
illusoires et superflues.

Aussi les Conservateurs sont-ils autorisés à protester
contre toute adjudication et tout marché non autorisés

ar le Directeur des forêts, et qui auraient pour objet des travaux à exécuter, soit exclusivement à la charge de l'Etat, soit à frais communs entre l'Etat et d'autres parties intéressées.

Ces Agens supérieurs doivent veiller également à ce que toutes les fois que des travaux ont été approuvés, la dépense n'en excède pas celle fixée par la décision.

Enfin les Agens forestiers sont prévenus que les dépenses non régulièrement autorisées resteront à la charge de ceux qui auront fait exécuter les travaux. *Circ. du 15 mai 1825, n. 126.*)

Quant au mode de paiement, il doit être réglé suivant la nature des opérations et sur les avances auxquelles les adjudicataires doivent être entraînés. Les seules dispositions dont on ne peut s'écarter à cet égard, sont, 1° que chaque paiement doit avoir lieu sur la caisse du receveur de l'enregistrement et des domaines de l'arrondissement, en vertu d'une Ordonnance de délégation du Ministre des finances; 2° que, pour obtenir cette Ordonnance, il faut produire un certificat de l'Agent forestier supérieur local, visé par le Conservateur, et constatant la bonne exécution des travaux.

Les Ordonnances de paiemens à faire, soit pour solde, soit à titre d'à-compte pour travaux d'amélioration, doivent toujours être accompagnés,

1° Du procès-verbal ou certificat de réception des ouvrages par les Agens forestiers, par un ingénieur ou par un expert, lequel acte est toujours revêtu du visa du Conservateur;

2° D'une copie ou d'un extrait en bonne forme, soit de la soumission acceptée, soit du procès-verbal de l'adjudication effectuée.

Dans le cas où les pièces ci-dessus désignées auraient déjà été produites à l'appui d'un mandat d'à-compte, il suffit de relater sur la nouvelle ordonnance, la date de la remise de ces pièces. (*Inst. du 24 déc. 1822, art. 23 et 24*)

Mais, soit que les travaux de repeuplement, plantation et d'amélioration quelconque soient exécutés par voie de concession, d'adjudication ou de soumission, ils doivent être préalablement autorisés par le Gouvernement, sur le vu des procès-verbaux et autres pièces dont il a été fait mention plus haut, et d'après l'avis de l'Inspecteur forestier local et du Conservateur. Mais ce dernier, d'après la somme mise chaque année à sa

disposition pour les travaux d'amélioration, ne doit e
proposer l'emploi que pour les objets reconnus les plu
urgens, et dont l'exécution puisse avoir lieu dans l
courant de l'année, ou au plus tard dans les six moi
suivans; attendu que, d'après le mode actuellement suiv
pour les comptes des Administrations publiques, l'on n
peut plus reporter les fonds non épuisés d'un exercic
sur l'exercice suivant, et que tout crédit non employ
dans l'année à laquelle il est affecté, ou au moins dau
les six premiers mois de l'année suivante est de droit an
nulé. Cependant, si, parmi les travaux reconnus utiles,
il s'en trouve qui exigent un entretien pendant plusieur
années, le Conservateur doit calculer à part la dé
pense de cet entretien, pour qu'elle puisse être impu
tée et répartie sur les crédits à obtenir sur les exercice
suivans. De cette manière, il ne sera fait d'affectatio
sur les fonds d'une année, que pour les travaux à exé
cuter réellement dans le courant de cette année, ou au
plus tard dans les six premiers mois de la suivante. (*Inst*
du 4 février 1825, *art.* 11; *Circ. du 26 juin* 1825, *n.* 139.

L'Inspecteur tient, ainsi que le Conservateur, un som
mier conforme au modèle n. 17 annexé à l'instruction
du 23 mars 1821, de toutes les concessions à temps,
adjudications et marchés pour repeuplement ou travaux
dans les forêts, et il veille à ce que les concessionnaires
ou entrepreneurs remplissent leurs engagemens dans
les délais fixés, et fait constater chaque année l'état des
travaux par des procès-verbaux dont les doubles son
envoyés à l'Administration. (*Inst. du 23 mars* 1821, *art.*
66 *et* 105.)

Le Conservateur doit aussi veiller à ce que les travaux
qui se font par les entrepreneurs, les adjudicataires des
coupes et les concessionnaires de terrains, soient très-
régulièrement constatés par les Agens sous ses ordres; ce
dont il s'assurera par des visites qu'il fera de ces travaux,
lors de ses tournées; l'Administration attachant d'autant
plus d'importance à cet objet, qu'il est arrivé que, dans
plusieurs localités, on n'a pas exigé assez rigoureusement
l'exécution des actes relatifs aux améliorations, et que
les soumissions pour repeuplement, moyennant jouissance des terrains, n'ont pas toujours été exécutées dans
les délais qui y sont fixés. (*Ib., art.* 44 *et* 66, *et Circ. du*
22 *oct.* 1806, *n.* 343.)

L'Inspecteur fournit au Conservateur chaque année,

u mois d'octobre, l'état des travaux et améliorations
e tous genres, exécutés depuis la même époque de
année précédente. Cet état est conforme au modèle n°
8 annexé à l'instruction du 23 mars 1821. Le Conser-
ateur fait dresser, de tous ces états partiels, un état
énéral qu'il adresse aussi chaque année, avant le 1ᵉʳ
ovembre, à l'Administration. (*Inst. du 23 mars 1821,
rt. 68 et 105.*) Il joint à cet état général un état parti-
ulier, en double expédition, conforme au modèle an-
exé à la circulaire du 26 novembre 1821, n° 49, et
'après l'envoi que lui en ont fait les Inspecteurs, des
ardes des bois domaniaux qui ont le plus de droit à des
écompenses, et dont le nombre ne doit pas excéder ce-
ui de cinq par inspection, pour des améliorations de
uelque importance exécutées par eux, et dont le succès
st certain. C'est parmi ces Préposés que l'Administraion choisit ceux qui ont le plus mérité la distinction de
encouragement. Cet état doit être accompagné des
rocès-verbaux de reconnaissance dressés par les Agens
ocaux, et constatant la nature et l'état des travaux. Ces
gens doivent conserver le double de l'état qu'ils adres-
ent, chaque année, au Conservateur; et lorsque l'Ad-
ninistration a fait connaître la répartition faite entre les
ardes de l'arrondissement, ils annotent, dans la der-
ière colonne, la somme allouée à ceux des Gardes qui
' ont eu part. (*Circ. du 26 novembre 1821, n. 49.*)

§ XVI. *Chemins communaux ou vicinaux.*

La loi du 28 juillet 1824, *sur les chemins communaux,*
blige l'État à contribuer aux dépenses de l'entretien
le ces chemins

Les articles 7 et 8 de cette loi sont ainsi conçus :

« ART. 7. Toutes les fois qu'un chemin sera habi-
' tuellement ou temporairement dégradé par des exploi-
' tations de mines, de forêts ou de toute autre entreprise
industrielle, il pourra y avoir lieu à obliger les Entre-
' preneurs ou Propriétaires à des subventions particu-
' lières, lesquelles seront, sur la demande des communes,
' réglées par les Conseils de préfecture, d'après des
' expertises contradictoires.

» ART. 8. Les propriétés de l'État et de la Couronne
' contribueront aux dépenses des chemins communaux
' dans les proportions qui seront réglées par les Préfets
' en Conseil de préfecture. ·

Des instructions du Ministre de l'intérieur, des 3ᵉ octobre 1824 et 10 avril 1827, ont indiqué à MM. les Préfets, les mesures à prendre pour assurer l'exécution de cette loi. Je vais, en ce qui concerne l'Administration des forêts, rappeler les dispositions contenues dans ces instructions et dans celles qui ont été adressées à l'Administration des forêts par le Ministre des finances.

Il ne faut pas confondre les obligations imposées par l'article 7 avec celles qui résultent de l'article 8. Les premières, prévues par l'art. 7, consistent dans les subventions à payer pour réparer les chemins *habituellement* ou *temporairement dégradés* par des *exploitations de mines, de carrières, de forêts ou de toute autre entreprise industrielle;* les secondes, résultant de l'article 8, ne sont autre chose que le contingent à payer par l'État, considéré comme propriétaire, dans les rôles d'impositions extraordinaires établies en vertu de articles 4 et 6 de la loi.

Exécution de l'article 7. — L'Instruction du 30 octobre 1824 porte que le principe de justice sur lequel la loi repose, se montre particulièrement dans cet article, en ce qu'il ordonne que la contribution aux dépenses sera réglée d'après les dégradations causées; mais que, si les communes se montrent trop exigeantes, les Conseils de préfecture, investis du droit de prononcer les indemnités, auront à repousser ou modifier les prétentions mal fondées; comme ils auraient aussi à garantir les communes des influences qui tendraient à paralyser leur action.

La même instruction rappelle que les indemnités ne peuvent être fixées que d'après des expertises contradictoires; que, dans chaque expertise, la commune doit nommer son expert, et la partie opposée le sien; et que, en cas de discord, le tiers-expert doit être nommé par le Préfet.

L'Administration des forêts a fait observer qu'il était rare qu'un chemin communal fût habituellement dégradé par le transport des bois d'une forêt, attendu que les coupes étant réparties sur plusieurs points, les bois qui en proviennent se transportent par tous les chemins qui y aboutissent, les longent ou les traversent; qu'ainsi il ne pouvait y avoir lieu, pour ces dégradations, à une indemnité annuelle et permanente; et qu'on pouvait, dans le cahier des charges relatifs aux coupes, imposer

vers le propriétaire, et après qu'il a été entendu. Ce dernier peut faire des recherches, sans formalité préalable, sur sa propriété, mais il est obligé d'obtenir une concession avant d'y établir une exploitation. (*Ibid.*, *art.* 10, 11, 12, *et* 13.)

Les Ingénieurs des mines exercent une surveillance de police sur les exploitations, en ce qui concerne la sûreté publique, la solidité des travaux, la sûreté des ouvriers mineurs, et la conservation des habitations et du sol de la surface. (*Ib.*, *art.* 47.)

ART. II. *Minières.*

Les *minières* comprennent les minerais de fer *dits* d'alluvion, les terres pyriteuses propres à être converties en sulfate de fer, les terres alumineuses et les tourbes. (*Ib.*, *art.* 1er, § 3.)

L'exploitation de ces substances ne peut avoir lieu sans une permission qui détermine les limites de l'exploitation, les règles sous les rapports de sûreté et de salubrité publiques, et l'indemnité à payer au propriétaire du sol, dans la proportion du revenu qu'il en tirait. (*Ib*, *art.* 57, 58 *et* 66.)

Il ne peut être accordé aucune concession pour minerai d'alluvion ou pour des mines en filons ou couches, que dans les cas suivans :

1° Si l'exploitation à ciel ouvert cesse d'être possible, et si l'établissement de puits, galeries et travaux d'art est nécessaire :

2° Si l'exploitation, quoique possible encore, doit durer peu d'années, et rendre ensuite impossible l'exploitation avec puits et galeries. (*Ib.*, *art.* 69.)

ART. III. *Carrières.*

Les *carrières* renferment les ardoises, les grès, pierres à bâtir et autres, les marbres, granits, pierres à chaux, pierres à plâtre, les pozzolanes, le trass, les basaltes, les laves, les marnes, les craies, sables, pierres à fusil, argiles, kaolin, terres à foulon, terres à poterie, les substances terreuses et les cailloux de toute nature, les terres pyriteuses regardées comme engrais, le tout exploité à ciel ouvert ou avec des galeries souterraines. Dans ce dernier cas, l'exploitation est soumise à la surveillance des Ingénieurs des mines. L'exploitation à ciel ouvert a lieu sans permission, sous la simple surveillance

de la police, et en se conformant aux lois ou réglemens
généraux ou locaux. (*Loi du 21 avril 1810, art. 1, § 4,
et art. 81 et 82.*)

Art. IV. *Dispositions à prendre pour l'extraction, dans les forêts, des substances minérales.*

Aucune extraction des substances minérales quelconques désignées dans les trois articles qui precèdent, ne peut avoir lieu dans l'étendue et aux rives des forêts de l'État et des bois communaux et d'établissemens publics, sans une autorisation formelle, à peine, 1° par charretée ou tombereau, de 10 à 3o fr. d'amende pour chaque bête attelée ;

2° Pour chaque charge de bêtes de somme, de 5 à 15 fr..

3° Et, par chaque charge d'homme, de 2 à 6 fr. (*C. f., art. 144, et Ord. régl., art. 169.)*

L'enlèvement des matières dont il s'agit doit être puni, non à raison du nombre des personnes employées à cet enlèvement, mais à raison du mode d'enlèvement par charretée, et pour chaque bête attelée ; par chaque bête de somme, ou par charge d'homme. (*Arr. de la C. de cass. du 24 avril 1828.)*

Les juges ne peuvent surseoir à appliquer les peines voulues par l'art. 144 du Code forestier, qui punit tout enlèvement non autorisé de pierres dans une carrière existant dans une forêt, sous prétexte que le prévenu est en instance auprès de l'autorité supérieure pour obtenir l'autorisation nécessaire. Le délit est consommé par le seul fait de l'enlèvement sans autorisation, et cette autorisation, fût-elle accordée postérieurement, ne le ferait pas disparaître. (*Ib. du 19 nov. 1829.)*

On ne peut poursuivre, comme délit forestier, l'extraction de pierres faite dans un chemin qui traverse une forêt, si ce chemin ne fait pas partie du sol forestier, et ne peut, au gré de l'Administration, être planté d'arbres. (*Ib., du 8 janv. 1830.)*

Mais l'Administration forestière a qualité pour poursuivre un délit d'extraction de pierres commis dans une lande contiguë à une forêt royale et appartenant également à l'Etat. (*Ib., du 15 mai 1830.)*

La simple fouille de sable et d'autres substances, lors même qu'elle n'est pas suivie d'enlèvement, est passible de la même peine, qui est également applicable à l'enlèvement des productions superficielles quelconques aux adjudicataires l'obligation de réparer, en exécution de l'article 7 de la loi, les chemins qu'ils auraient endommagés.

Cette proposition a été adoptée; mais avec cette observation que, s'il y a contestation de la part de la commune, il sera nécessaire que la quotité des subventions prévues par l'article 7 de la loi, soit réglée par le Conseil de préfecture, d'après des expertises contradictoires.

C'est d'après cette décision, que l'Administration des forêts a fait insérer dans le cahier des charges une clause portant que les adjudicataires seraient tenus, à l'égard des chemins vicinaux qu'ils auraient dégradés, de remplir les obligations qui pourraient être imposées en vertu de l'article 7 de la loi du 28 juillet 1824. Ainsi les adjudicataires des coupes de bois domaniaux se trouvent chargés de toutes les obligations résultant de l'art. 7, et c'est à eux à requérir, s'ils le jugent convenable, les vérifications et expertises autorisées par la loi et les instructions, et à provoquer, auprès des Conseils de préfecture, le règlement des subventions qui peuvent leur être imposées.

Exécution de l'art. 8. — En ce qui concerne l'art. 8, l'Instruction du 30 octobre 1824 renferme les dispositions suivantes: il ne s'agit point, dans cet article, des prestations en nature ou en argent qui sont dues, en vertu de l'article 5, par les fermiers, régisseurs et colons partiaires attachés aux propriétés de l'État, comme par tous les autres: mais il s'agit des cinq centimes à imposer en vertu de l'article 5, et des contributions extraordinaires à imposer en vertu de l'article 6, pour le seul service des chemins communaux. Les forêts domaniales n'étant point soumises à l'impôt, on manquerait de base pour déterminer la contribution extraordinaire à imposer à l'État, à raison de ces forêts, si les produits annuels n'étaient pas connus; mais il suffira d'appliquer à ces produits la proportion reconnue pour les autres propriétés, et d'en induire la part contributive que devra supporter la propriété de l'État, lorsque des contributions devront être imposées pour des chemins communaux, soit en vertu de l'article 5, soit en vertu de l'article 6. Les Préfets auront le soin de ne statuer à ce sujet qu'après avoir pris l'avis officiel des Agens forestiers, avoir fait faire, d'accord avec eux, toutes les vérifications préalables, et, autant que possible, après s'être entendus sur la quotité de ces parts contributives.

L'Administration des forêts aurait désiré qu'on lui tînt compte, lorsqu'il s'agirait de l'entretien d'un chemin communal, des réparations qu'elle fait faire aux chemins de cette catégorie dans les bois domaniaux, et que sa part contributive fût d'ailleurs employée de préférence à la réparation de ceux qui traversent les forêts, les longent ou y aboutissent.

Mais il a été observé par le Ministre de l'intérieur, dans une lettre adressée à son collègue des finances, en 1826, que cette demande ne pourrait se concilier avec l'exécution de la loi, attendu que tout est subordonné à la désignation des Conseils municipaux, quant aux chemins qui seront réparés, et aux votes de ces Conseils, à l'égard des prestations et des fonds qui doivent y être employés, et par conséquent à l'égard des travaux à entreprendre; que, dans le cas où les Agens forestiers feraient réparer, de leur propre mouvement, un chemin qui n'aurait point été reconnu utile par un Conseil municipal, les travaux exécutés ne sauraient tenir lieu du contingent à fournir pour les réparations votées conformément à la loi; que, si les Conseils municipaux négligeaient des chemins utiles aux propriétés de l'Etat, les Préfets auraient le pouvoir de réparer l'erreur ou l'oubli qui aurait été commis, et, qu'au surplus, l'Etat serait représenté dans les Conseils municipaux.

Dans son Instruction du 10 avril 1827, le Ministre de l'intérieur rappelle que, pour déterminer les obligations qui font l'objet de l'article 8 de la loi, il suffit d'assigner à chaque propriété le contingent en principal qu'elle aurait à payer, dans l'hypothèse où elle ne jouirait d'aucune exemption de contributions; et il s'en réfère aux moyens qu'il a indiqués, à cet égard, dans sa circulaire du 30 octobre 1824. Il insiste principalement sur la recommandation qu'il a faite à MM. les Préfets, de ne statuer à ce sujet qu'après s'être concertés avec les Agens de l'Administration des domaines et celle des forêts.

» Lorsque ce contingent en principal aura été fixé, ajoute le Ministre, l'Etat sera inscrit pour les propriétés qui lui appartiennent dans chaque commune, sur le rôle des contributions dont la perception devra être autorisée en vertu des articles 4 et 6 de la loi.

« L'État étant considéré comme contribuable, et, à ce titre, devant concourir aux charges qui dérivent de la loi, il est évident que ses intérêts doivent être défendus dans les délibérations qui seront prises par les conseils municipaux pour subvenir à la réparation des chemins communaux, et pour voter, s'il y a lieu, des contributions extraordinaires. On atteindra ce but en admettant, dans ces Conseils, les délégués désignés par les Administrations des domaines et des forêts. Ces délégués auront voix délibérative dans les Conseils municipaux des communes où l'Etat sera au nombre des plus forts imposés. Dans le cas contraire, ou lorsque l'adjonction des plus forts contribuables n'aura pas lieu, l'Agent des domaines sera seulement appelé et entendu.

Il resulte de ces instructions, que, lorsqu'il s'agit d'imposer au Trésor une contribution en argent, en vertu de l'article 8 de la loi, l'Etat doit toujours être représenté, dans les Conseils municipaux, par un Agent forestier ou par un préposé de l'Administration des domaines. La mission de ces préposés a pour objet de demander que l'État ne soit point surtaxé, et que les chemins communaux qui peuvent être utiles au transport des bois ne soient pas omis dans les réparations.

Comme la dépense à la charge de l'État doit être acquittée par l'Administration forestière, les Conservateurs doivent lui faire connaître les arrêtés de MM. les Préfets qui ont réglé les subventions. (*Circ. du 19 août 1830, n° 245.*)

Je dois faire observer que l'Administration n'a point laissé ignorer au Gouvernement qu'il existe une tendance générale à charger outre mesure les bois de l'Etat dans la répartition des dépenses relatives à la réparation des chemins communaux. A cette occasion, le Ministre de l'intérieur a fait remarquer que les instructions adressées à ce sujet aux Préfets, et concertées entre son ministère et celui des finances, ont constamment recommandé de ne procéder à l'évaluation des subsides dont il s'agit, qu'après avoir mis les Agens des forêts et des domaines à portée d'éclairer la discussion et de défendre les intérêts du Trésor.

Mais, comme il arrive quelquefois que ces intérêts ne sont pas suffisamment défendus contre les prétentions des

Communes, il est dès-lors très-important que l'Administration des forêts reçoive, immédiatement après qu'ils ont été signifiés, les arrêtés des Conseils de préfecture qui seraient dans le cas d'être déférés au Conseil-d'Etat. Ces arrêtés doivent être accompagnés de la copie des mémoires que les Agens forestiers locaux ont produits dans la discussion contre les prétentions mal fondées des Communes, et des observations particulières des Conservateurs, afin d'éclairer l'Administration sur le cas où elle doit se pourvoir devant le Roi en son Conseil-d'Etat, pour faire annuler les arrêtés des Conseils de préfecture qui seraient préjudiciables au Trésor. (*Circ. du 9 décembre* 1830, *n.* 259.)

§ XVII. *Extractions de minerais et autres substances minérales, dans les forêts.*

Les masses de substances minérales ou fossiles renfermées dans le sein de la terre ou existantes à sa surface, sont classées, relativement aux règles de l'exploitation de chacune d'elles, sous les trois qualifications de *mines, minières et carrières.* (*Loi du* 21 *avril* 1810, *art.* 1er, § 1er.)

Art. Ier. *Mines.*

Sont considérées comme *mines* celles connues pour contenir en filons, en couche ou en amas, de l'or, de l'argent, du platine, du mercure, du plomb, du fer en filons ou couches, du cuivre, de l'étain, du zinc, de la calamine, du bismuth, du cobalt, de l'arsenic, du manganèse, de l'antimoine, du molibdène, de la plombagine ou autres matières métalliques; du soufre, du charbon de terre ou de pierre, du bois fossile, des bitumes, de l'alun et des sulfates à base métallique. (*Ib.*, § II.)

Les mines ne peuvent être exploitées qu'en vertu d'un acte de concession du Gouvernement, et dans lequel sont réglés les droits des propriétaires de la surface, sur le produit des mines concédées, et l'étendue de la concession qui doit être limitée par des points fixes pris à la surface du sol. (*Ib.*, *art.* 5, 17 *et* 29.)

Nul ne peut faire des recherches pour découvrir des mines, enfoncer des sondes ou tarrières sur un terrain qui ne lui appartient pas, que du consentement du propriétaire de la surface, ou avec l'autorisation du Gouvernement, à la charge d'une préalable indemnité endes forêts, avec la terre dans laquelle pénètrent les racines de ces productions.

Nul ne peut de même ouvrir de carrières dans l'étendue et aux rives des forêts de toutes catégories, sans une autorisation formelle, à peine de 1000 fr. d'amende; et les Agens forestiers doivent s'opposer à ces entreprises, à peine d'interdiction et de répondre, en leur propre et privé nom, de tous dommages en résultant. L'ouverture et l'exploitation des carrières ne peuvent avoir lieu, lorsqu'elles ont été autorisées, que d'accord avec les Ingénieurs des ponts-et-chaussées et des mines, et les Agens forestiers. (*C f*, *art.* 144, *et Arrêt. du conseil du* 23 *déc.* 1690 : *Loi du* 21 *avril* 1810, *art.* 81 ; *Circ. du* 7 *vendémiaire an XI*, *n.* 171.)

Toute demande en concession ou exploitation des mines, minières, carrières et enlèvemens de sable, terres et autres substances minérales existant dans les forêts de l'Etat et dans les bois communaux et d'établissemens publics, doit être communiquée à l'Administration des forêts. Lesdites concessions ou permissions sont accordées par elle, s'il s'agit des bois de l'Etat, et, s'il s'agit de ceux des communes ou établissemens publics, par les Maires ou Administrateurs des communes ou établissemens propriétaires, sauf l'approbation du Directeur de l'Administration des forêts, qui, dans tous les cas, règle les conditions et le mode d'extraction. L'acte de permission détermine l'étendue des terrains dans lesquels les fouilles peuvent être faites; fait mention du consentement du propriétaire des bois; fixe la redevance à payer à ce même propriétaire à titre d'indemnité, et contient l'obligation, de la part de l'extracteur, de payer les dégâts occasionnés par l'exploitation, et de repiquer en glands ou plants les places qu'elles auraient endommagées, ou une autre étendue de terrain proportionnelle, déterminée par ladite permission.

La redevance est fixée, pour les bois de l'Etat, par l'Administration des forêts; et pour les bois des communes et des établissemens publics, par le Préfet, sur les propositions des Maires ou Administrateurs. (*Ord. régl.*, *art.* 169.)

Lorsque les extractions de matériaux ont pour objet des travaux publics, les Ingénieurs des ponts-et-chaussées, avant de dresser le cahier des charges des travaux,

désignent à l'Agent forestier supérieur de l'arrondissement les lieux où ces extractions doivent être faites.

Les Agens forestiers, de concert avec les Ingénieurs
ou Conducteurs des ponts-et-chaussées, procèdent à la
reconnaissance des lieux, déterminent les limites du
terrain où l'extraction peut être effectuée, le nombre,
l'espèce et les dimensions des arbres dont elle peut né-
cessiter l'abattage, et désignent les chemins à suivre
pour le transport des matériaux. En cas de contestations
sur ces divers objets, il est statué par le Préfet. (*Ibid,
art.* 170.)

Les diverses clauses et conditions qui doivent être
imposées aux entrepreneurs, tant pour le mode d'extraction que pour le rétablissement des lieux en bon
état, sont rédigées par les Agens forestiers, et remises
par eux au Préfet qui les fait insérer au cahier des charges
des travaux.

Les principales clauses et conditions sont :

1° De régaler les terres sur les parties exploitées ;

2° De les ensemencer ou replanter, selon que le cas
l'exige, en essences convenables au sol, d'après l'indication des Agens forestiers locaux, avec responsabilité
d'entretenir le semis ou la plantation en bon état pendant trois ans ;

3° De réparer les chemins par lesquels les transports
s'effectuent ;

4° De payer toute espèce de dégâts provenant des
faits de l'exploitation, suivant l'estimation qui en est
faite par les Agens forestiers et les Ingénieurs des ponts-
et chaussées ;

5° De rendre les Entrepreneurs des travaux civilement
responsables de tous les délits qui pourraient être commis par les ouvriers employés à l'extraction des matériaux, et par les voituriers et bestiaux chargés de leur
transport.

6° Enfin, de payer toutes les indemnités de droit, et
d'observer toutes les formalités prescrites par les lois et
réglemens en cette matière. (*C. F., art.* 145; *Ord. régl.,
art.* 171, *et Loi du* 14 *avril* 1810, *art.* 67.)

Les évaluations des indemnités dues à raison de l'occupation ou de la fouille des terrains et des dégâts
causés par l'extraction doit être faite ainsi qu'il suit :

Les terrains occupés pour prendre les matériaux nécessaires aux routes ou aux constructions publiques,

peuvent être payés comme s'ils eussent été pris pour la route même.

Il n'y a lieu à faire entrer dans l'estimation la valeur des matériaux à extraire, que dans les cas où l'on s'emparerait d'une carrière déjà en exploitation ; alors les matériaux sont évalués d'après leur prix courant, abstraction faite de l'existence et des besoins de la route pour laquelle ils seraient pris, ou des constructions auxquelles on les destine.

L'évaluation des indemnités relatives à une occupation de terrain ou aux matériaux à extraire est faite par des experts. L'Agent forestier supérieur de l'arrondissement remplit les fonctions d'expert dans l'intérêt de l'Etat ; les experts, dans l'intérêt des communes ou des établissemens publics, sont nommés par les Maires ou les Administrateurs ; et le tiers-expert, s'il en est besoin, est de droit l'Ingénieur en chef du département. (*Loi du 16 septembre 1807, art. 55 et 56, et Ord. régl., art. 172.*)

Les Agens forestiers et les Ingénieurs et Conducteurs des ponts-et-chaussées sont expressément chargés de veiller à ce que les Entrepreneurs n'emploient pas les matériaux provenant des extractions à d'autres travaux que ceux pour lesquels elles ont été autorisées. Les Agens forestiers exercent contre les contrevenans toutes les poursuites de droit. (*Ord. régl., art. 173.*)

Les arbres et portions de bois qu'il est indispensable d'abattre pour effectuer les extractions, sont vendus comme menus-marchés, sur l'autorisation du Conservateur. (*Ibid., art. 174.*)

Les réclamations qui peuvent s'élever relativement à l'exécution des travaux d'extraction et à l'évaluation des indemnités, sont soumises au Conseil de préfecture, conformément à l'art. 4 de la loi du 28 prairial an VIII. (*Ib., art. 175.*)

Je dois faire observer que l'art. 145 du Code forestier et l'art. 175 de l'Ordonnance réglementaire se réfèrent pour le jugement des contestations à la loi précitée du 28 pluviôse. Dès-lors, c'est aux Conseils de préfecture et non aux Tribunaux à statuer sur les contestations, lorsque les matériaux ont été pris pour la confection des travaux publics, et l'on ne peut invoquer l'art. 144 du C. f. (*Ord. du Roi du 1er juillet 1829.*)

Les dispositions ci-dessus des art. 170 à 175 inclusivement de l'Ordonnance réglémentaire du 1ᵉʳ août 1827, relativement à l'extraction de matériaux à laquelle se livrent, dans les forêts soumises au régime forestier, les entrepreneurs de travaux publics, n'étant pas toujours observées, M. le Directeur des ponts-et-chaussées a, par une lettre du 8 juin 1830, recommandé à MM. les Préfets de tenir à ce que les Ingénieurs des ponts-et-chaussées s'y conforment exactement. Il a rappelé à cet égard que le concours des Agens forestiers, indispensable pour déterminer les lieux où l'exploitation des matériaux peut être faite, ne l'est pas moins lorsqu'il s'agit d'étudier des tracés de routes à travers les bois de l'État et des communes, et charge les Préfets de prévenir les Ingénieurs de ne jamais entreprendre, dans ces forêts, d'opérations qui mettent dans la nécessité d'abattre des arbres, sans s'être concertés avec les personnes chargées de veiller à leur conservation ; mais que s'ils éprouvaient des retards ou des difficultés nuisibles, ils devraient les faire connaître aux Préfets et réclamer leur intervention ou celle même de l'Administration des ponts-et-chaussées, s'il était nécessaire. (*Circ. du 6 août* 1831, *n.* 280.)

§ **XVIII.** *Constructions d'usines dans l'intérieur et aux rives des forêts.*

Il est défendu d'établir des fourneaux à fondre les minerais de fer et autres substances métalliques, des forges et martinets pour ouvrer le fer et le cuivre, des usines servant de patouillets et bocards, et pour le traitement des substances salines et pyriteuses, dans lesquelles on consomme des combustibles, sans y être autorisé par une Ordonnance royale. (*Lois du* 28 *juil.* 1791, *tit* 2, *art.* 2, *et du* 21 *avril* 1810, *art.* 73.)

Le propriétaire d'un établissement autorisé à traiter le fer, n'est point par là, et de plein droit, autorisé à établir des *patouillets*, soit sur le terrain d'autrui, soit sur le sien propre. A cet égard une autorisation spéciale est nécessaire : l'art. 80 de la loi du 21 avril 1810 n'établit point d'exception au principe général de l'art. 73. (*Arr. de la C. de cass. du* 26 *mai* 1831.)

La même défense est faite à l'égard des verreries, faïenceries, tuileries, briqueteries, fours à chaux ou à plâtre, et de tous les autres établissemens qui nécessitent une augmentation de feu. (*C. f., art.* 151 ; *Ord.*

régl., art. 177 ; *Arr. du Cons. du* 9 août 1723; *Inst. du Min. de l'int. pour l'exécution de la loi du* 21 avril 1810.)

Cependant les réserves établies dans l'intérêt de la reproduction des bois dans le canton et les besoins des communes environnantes, par la nomenclature des ateliers insalubres jointe à l'Ordonnance royale du 14 janvier 1815, ne concernent que les établissemens et ateliers de première classe, et non ceux de deuxième classe. (*Ord. du Rôi du* 26 *octobre* 1828.)

Je dois en outre faire observer que les dispositions de la loi du 21 avril 1810 ne sont relatives qu'aux mines, minières et carrières, et ne peuvent être appliquées aux verreries. Les infractions commises par les propriétaires de ces manufactures, en ce qui a rapport aux faits de construction, ou augmentation de feux sans autorisation, doivent être punies conformément à l'Arrêt du Conseil-d'Etat du Roi du 9 août 1723. *(Arr. de la C. de cass. du* 21 *août* 1829.) (1).

Toute demande en permission d'établir une ou plusieurs des usines ci-dessus désignées, doit être adressée au Préfet. Le pétitionnaire y désigne le lieu où il se propose de former son établissement, les moyens qu'il a de se procurer le minerai et l'espèce de combustible dont il prétend se servir pour alimenter ses usines. Cette demande est communiquée à l'Administration des forêts, qui donne son avis sur l'établissement des bouches à feu, en ce qui concerne les bois, sous le rapport de la possibilité de fournir au roulement des nouvelles usines, sans nuire à celles déjà existantes, ou à la consommation ou à l'approvisionnement des habitans de la contrée. (*Lois du* 28 *juillet* 1791 , *tit.* 2, *art.* 4; *du* 21 *avril* 1810, *art.* 74.)

Aucun four à chaux ou à plâtre, soit temporaire, soit permanent, aucune briqueterie ou tuilerie, ne peuvent être établis dans l'intérieur et à moins d'un kilomètre des forêts, sans l'autorisation du Gouvernement, à peine d'une amende de 100 à 500 francs, et de démolition des établissemens. (*C. f.*, *art.* 151, *et Ord. régl.*, *art.* 177 *et* 179.)

Cette défense, ne faisant aucune distinction, doit toujours être appliquée quand la distance entre le four à

_____

(1) Les peines sont la *démolition* de l'usine et une amende de 3,000 francs.

chaux et la forêt est au-dessous d'un kilomètre : peu importe que la forêt soit peuplée de taillis ou de futaie, que le four soit temporaire ou permanent, etc. (*Arr. de la C. de cass. du 1er mai* 1850.)

L'individu qui a construit, sans autorisation , une usine dans le rayon prohibé des forêts ne peut être renvoyé de la poursuite, sous prétexte qu'il a joui précédemment, à titre de propriétaire, d'une autre usine qu'il aurait volontairement démolie. (*Ib., du* 12 *mars*1829.)

Mais, lorsque le prévenu d'une contravention forestière résultant de ce qu'il aurait une usine à une distance d'une forêt communale prohibée par le Code foresiter, allègue et la possession antérieure à ce Code et un commencement de preuve par écrit tendant à établir sa propriété, il y a lieu de renvoyer devant les tribunaux civils pour la décision de la question de propriété. (*Ib.* , *des* 15 *et* 20 *mars* 1829.)

L'art. 179 de l'Ordonnance réglementaire du 1er août 1827, en autorisant la poursuite en démolition , n'a pas déterminé quel en serait nécessairement le résultat; ainsi, lorsque les titres, fournis par le prévenu, sont suffisans, l'action en démolition doit être rejetée. (*Ibid.*)

Les établissemens et constructions des fours à chaux ou à plâtre, des briqueteries et des tuileries étant compris dans la seconde classe des manufactures et ateliers qui répandent une odeur insalubre ou incommode, ne peuvent, dans le cas dont il s'agit, et lorsqu'il a d'abord été statué par une Ordonnance royale sur ces établissemens et constructions dans l'étendue du rayon prohibé des forêts, être mis en activité qu'en vertu d'une permission du Préfet, sur l'avis des Sous-Préfets , sans préjudice des droits des tiers et des oppositions qui pourraient s'élever. (*Ord. régl., art.* 177; *Décret du* 15 *octob.* 1810, *art.* 1er *et* 2 ; *et Ord. du* 14 *janvier* 1815, *art.* 1er ; *et du* 29 *juillet* 1818, *art.* 1et 2.)

L'autorisation de former ces établissemens et constructions n'est accordée qu'après que les formalités suivantes ont été remplies.

L'Entrepreneur adresse d'abord sa demande au Sous-Préfet de son arrondissement, qui la transmet au maire de la commune dans laquelle on projette de former l'établissement, en le chargeant de procéder à des informations *de commodo et incommodo.* Ces informations termi-

ées, le Sous-Préfet prend sur le tout un arrêté qu'il
ransmet au Préfet. Celui-ci statue, sauf le recours au
Conseil-d'État par toutes les parties intéressées; s'il y
opposition, il y est statué par le Conseil de préfecture,
auf également le recours au Conseil-d'Etat. (*Ord. régl.*,
rt. 177 *Décret du* 15 *octobre* 1810, *art.* 7, *et Ord. du*
4 *janvier* 1815, *art.* 1ᵉʳ.)

Cependant je dois faire observer qu'un Conseil de
Préfecture n'est pas compétent pour prononcer sur
'opposition à l'établissement d'un atelier insalubre,
orsque l'opposant s'appuie uniquement sur les lois rela-
ives à l'Administration forestière. (*Ordonn. du Roi, du*
) *janvier* 1830.)

Indépendamment de ces formalités, l'établissement
les fours à chaux et à plâtre ne peut avoir lieu qu'après
que les Agens forestiers, en résidence sur les lieux, ont
lonné leur avis sur la question de savoir si la reproduc-
ion des bois dans le canton, et les besoins des commu-
1es environnantes, permettent d'accorder la permission.
(*Nomencl. jointe d l'Ord. du* 14 *janvier* 1815.)

Il résulte des explications qui précèdent, que l'autorisation d'établir des fours à chaux et à plâtre et des briqueteries et tuileries près des bois soumis au régime
forestier, peut bien être accordée; mais que, ne pouvant
préjudicier à des tiers qui auraient à souffrir du voisinage de ces établissemens insalubres, l'art. 177 de l'ordonnance réglementaire déclare que cette autorisation
ne peut recevoir son exécution qu'après qu'il a été procédé conformément aux réglemens sur la matière. Il devient dès-lors nécessaire de faire connaître ces réglemens.
Ce sont le décret du 15 octobre 1810 et les ordonnances des 14 janvier 1815 et 29 juillet 1818, dont voici les
principales dispositions :

Les manufactures et ateliers qui répandent une odeur
insalubre ou incommode ne peuvent être formés sans
une permission de l'autorité administrative. Ces établissemens sont divisés en trois classes : la première
comprend ceux qui doivent être éloignés des habitations
particulières; la seconde, ceux dont l'éloignement des
habitations n'est pas rigoureusement nécessaire, mais
dont il importe néanmoins de ne permettre la formation
qu'après avoir acquis la certitude qu'ils ne peuvent in-
commoder les propriétaires du voisinage; la troisième
classe comprend les établissemens qui peuvent rester

14

sans inconvénient auprès des habitations, mais qui doivent être soumis à la surveillance de la police. (*Décret du 15 oct. 1810, art. 1ᵉʳ.*)

L'autorisation pour la formation des manufactures et ateliers compris dans la première classe est accordée par une ordonnance du Roi, délibérée en Conseil-d'État; celle relative aux établissemens de la seconde classe est accordée par les Préfets, sur l'avis des Sous-Préfets; les permissions pour l'exploitation des établissemens placés dans la dernière classe sont délivrées par les Sous-Préfets, sur l'avis des Maires. (*Ib., art. 2.*)

La demande en autorisation pour les manufactures et fabriques de la première classe est présentée au Préfet, et affichée dans toutes les communes, à cinq kilomètres de rayon; et pendant ce délai, tout particulier et le Maire peuvent présenter leurs moyens d'opposition. (*Décret du 15 oct. 1810, art. 3.*)

S'il y a des oppositions, le Conseil de préfecture donne son avis, sauf la décision au Conseil-d'État. (*Ib., art. 4.*)

S'il n'y a pas d'opposition, la permission est accordée, s'il y a lieu, sur l'avis du Préfet et le rapport du Ministre de l'Intérieur. (*Ib., art. 5.*)

A l'égard des établissemens compris dans la seconde classe, la demande en autorisation est adressée au Sous-Préfet, qui la transmet au Maire pour procéder à une information *de commodo et incommodo*; après cette information, le Sous-Préfet prend un arrêté qu'il transmet au Préfet, chargé de statuer, sauf le recours au Conseil-d'État par toutes parties intéressées; et s'il y a opposition, il y est statué par le Conseil de Préfecture, sauf le recours au Conseil-d'État. (*Ib., art. 7.*)

Les établissemens compris dans la troisième classe ne peuvent se former que sur la permission des Maires; et s'il s'élève des réclamations, elles sont jugées en Conseil de Préfecture. (*Ib., art. 8.*)

L'autorité locale indique le lieu où les manufactures et ateliers compris dans la première classe peuvent s'établir, et la distance des habitations particulières. (*Ib., art. 9.*)

Les dispositions du décret du 15 octobre 1810 n'ont point d'effet rétroactif; mais cependant les dommages causés par les établissemens existans, aux propriétés voisines sont arbitrés par les tribunaux. (*Ib., art. 11.*)

Toutefois, en cas de graves inconvéniens pour la sa-
ibrité publique, la culture ou l'intérêt général, les ate-
ers et fabriques de première classe qui les causeraient
euvent être supprimés en vertu d'une ordonnance du
loi délibérée en Conseil-d'Etat, sur l'avis de la police
ocale, celui du Préfet, et la défense des manufacturiers
u fabricans. (*Décret du 15 oct. 1810, art. 12.*)

L'Ordonnance du 14 janvier 1815 contient une nou-
'elle nomenclature des établissemens insalubres ou in-
commodes, et porte que l'information *de commodo et
incommodo* doit avoir lieu pour la formation des éta-
)lissemens de la première et de la deuxième classes:
t qu'indépendamment des formalités prescrites par le
lécret du 15 octobre 1810, la formation des fabriques
ne peut avoir lieu ainsi que je l'ai dit plus haut, qu'après
que les Agens forestiers, en résidence sur les lieux, ont
donné leur avis sur la question de savoir si la reproduction des bois dans le canton, et les besoins des communes
environnantes, permettent d'accorder la permission.

L'ordonnance du 29 juillet 1818 porte que les fours
à plâtre et à chaux sont compris dans la deuxième classe
des établissemens qui répandent une odeur insalubre ou
incommode.

Voici, au surplus, la nomenclature des fabriques ou
ateliers qui sont les plus fréquemment établis près des
forêts.

1re Classe.

Acide pyroligneux (fabrique d'), lorsque les gaz se
répandent dans l'air sans être brûlés.

Charbon de terre. (Epurage à vases ouverts.)

Goudron (fabrique de).

Fourneaux (hauts-).

Tourbes. (Carbonisation à vases ouverts.)

2e Classe.

Acide pyroligneux (fabrique d'), lorsque les gaz sont
brûlés.

Charbon de bois fait à vases clos.

Charbon de terre épuré à vases clos.

Noir de fumée.

Potiers de terre.

Tourbe. (Carbonisation à vases clos.)

Fours à chaux et à plâtre permanens.

Goudron (fabrique de) à vases clos.

Tuileries et briqueteries.

3me *Classe.* Briqueterie ne faisant qu'une seule four-
née en plein air.

Chaux (fours à) ne travaillant pas plus d'un mois
par année.

Plâtre , *idem.*

Potasse (fabrique de).

Sabots (atelier à enfumer les)

§ XIX. *Constructions de bâtimens dans l'intérieur et
aux rives des forêts.*

Il ne peut être établi, sans l'autorisation du Gouvernement, sous quelque prétexte que ce soit, aucune
maison sur perches, loge, baraque ou hangar, dans l'enceinte et à moins d'un kilomètre des bois et forêts, sous
peine de 50 fr. d'amende et de la démolition dans le
mois à dater du jugement qui l'a ordonnée(*C.f.,art.*152).

Cette défense s'applique même au cas où ces maisons et loges font partie de villes, villages ou hameaux.
L'exception portée dans l'art. 156 du C. forest. n'est applicable qu'aux trois articles qui le précèdent, et ne peut,
par conséquent, être invoquée comme une restriction
aux termes de l'art. 152 dudit Code. (*Arr. de la C. de
cass. du* 13 *novembre* 1828.)

Aucune construction de maisons ou fermes ne peut
être effectuée, sans l'autorisation du Gouvernement, à
la distance de 500 mètres des bois et forêts soumis au
régime forestier, sous peine de démolition.

Les bois et forêts appartenant aux Communes, et
qui sont d'une contenance au-dessous de 250 hectares,
sont exceptés de cette disposition.

Il doit être statué, dans le délai de six mois, sur les
demandes en autorisation ; passé ce délai, la construction peut être effectuée.

Il n'y a point lieu à ordonner la démolition des maisons ou fermes actuellement existantes : elles peuvent
être réparées, augmentées ou reconstruites sans autorisation.

Les maisons qui font partie de villes, villages ou hameaux, formant une population agglomérée, bien
qu'elles se trouvent dans la distance ci-dessus fixée des
bois et forêts, sont exceptées des dispositions qui précèdent. (*C. F., art.* 153 *et* 156.)

L'individu prévenu d'avoir élevé des constructions,
sans autorisation, doit être condamné, outre l'amende,

la démolition de ces constructions. (*Arr. de la Cour*
e cass. du 9 juill. 1830.)

Lorsqu'un délai a été accordé à un individu pour
aire opérer la démolition d'une construction élevée en
ontravention aux réglemens, la prescription de l'action
ublique ne doit pas se compter du jour de l'arrêté qui
rdonne la démolition, mais de celui de l'échéance du délai
ui lui avait été accordé. (*Id.*, *du 25 mars* 1830.)

Nul individu habitant les maisons ou fermes actuelle-
ient existantes dans le rayon ci-dessus fixé, ou dont la
onstruction y a été autorisée par le Gouvernement, ne
eut établir dans lesdites maisons ou fermes aucun ate-
ier à façonner le bois, aucun chantier ou magasin pour
aire le commerce de bois, sans la permission spéciale
lu Gouvernement, sous peine de 50 francs d'amende et
le la confiscation des bois.

Lorsque les individus qui ont obtenu cette permission
nt subi une condamnation pour délits forestiers, le Gou-
ernement peut leur retirer ladite permission.

Sont exceptés de ces dispositions les habitans des mai-
ons qui font partie de villes, villages ou hameaux for-
nant une population agglomérée, bien qu'elles se trou-
ent dans la distance ci-dessus fixée des bois et forêts.
C. F., *art.* 154 *et* 156.)

Aucune usine à scier le bois ne peut être établie dans
'enceinte et à moins de deux kilomètres de distance des
ois et forêts, qu'avec l'autorisation du Gouvernement,
ous peine d'une amende de 100 à 500 francs, et de la
lémolition, dans le mois, à dater du jugement qui l'a
rdonnée. Sont exceptées de cette disposition les scie-
ies qui font partie de villes, villages et hameaux for-
nant une population agglomérée, bien qu'elles se trou-
ent dans la distance ci-dessus fixée des bois et forêts.
Ib. art. 155 *et* 156.)

Les possesseurs des scieries légalement autorisées
ont tenus, chaque fois qu'ils veulent faire transporter
lans ces scieries, ou dans les bâtimens et enclos qui en
lépendent, des arbres, billes ou troncs, d'en remettre
à l'Agent forestier local une déclaration détaillée, en in-
liquant de quelles propriétés ces bois proviennent. Ces
léclarations doivent énoncer le nombre et le lieu de dé-
ôt des bois : elles sont faites en double minute, dont
ine est visée et remise par l'Agent forestier, qui en tient
an registre spécial.

Aucun arbre, bille ou troncs ne peuvent être reçus dans les scieries légalement autorisées, sans avoir été préalablement reconnus par le Garde forestier du canton ou par un des Agens forestiers locaux, et marqués, sans frais, de son marteau; ce qui doit avoir lieu dans le délai de cinq jours après la déclaration qui en a été faite, sous peine, contre les exploitans desdites scieries, d'une amende de 50 à 300 francs; en cas de récidive, l'amende est double, et la suppression de l'usine peut être ordonnée par le tribunal. (*C. F.*, *art.* 158, *et Ord. régl.*, *art.* 180).

Le chantier d'une usine est une partie intégrante de cette usine même; et, sous le rapport de la contravention à l'art. 158 du Code forestier, les billes trouvées sur le chantier d'une scierie doivent être considérées comme transportées dans la scierie. (*Arrêt de la* **C.** *de cass.*, *du* 13 *mars* 1829).

Les procès-verbaux des Gardes forestiers faisant foi, jusqu'à inscription de faux des faits qu'ils constatent, il suffit qu'ils relatent l'existence de cinq billes de bois non marquées sur le chantier d'une usine, à quelque distance de la scierie, pour que le prévenu ne puisse être renvoyé de la prévention, sous prétexte qu'il résulte des débats que le lieu où les bois étaient déposés est un chemin public. (*Ib.*)

Les usines, hangards, maisons ou fermes et autres établissemens ci-dessus désignés, et qui ont été autorisés, sont soumis aux visites des Agens et Gardes forestiers, qui peuvent y faire toutes perquisitions sans l'assistance d'un officier public, pourvu qu'ils se présentent au nombre de deux au moins, ou que l'Agent ou Garde forestier soit accompagné de deux témoins domiciliés dans la commune. (*C. F.*, *art.* 157.)

Les demandes à fin d'autorisation pour construction de maison ou ferme, doivent être remises à l'Agent forestier supérieur de l'arrondissement, en double minute, dont l'une, revêtue du visa de cet Agent, est rendue au réclamant. Il doit être statué, dans le délai de six mois, sur les demandes en autorisation; passé ce délai la construction peut être effectuée. (*C. F.*, *art.* 153, *et Ord. régl.*, *art.* 178.)

Les demandes sont adressées à l'Administration des forêts, et l'autorisation n'est accordée par le Gouvernement, s'il y a lieu, sur le rapport du Ministre des Finances, d'après les avis des Agens forestiers locaux et du Conservateur, la délibération préalable du Conseil d'administration et la proposition du Directeur, qu'à charge, par l'impétrant, de s'engager par écrit, pour lui, ses héritiers ou ayans-droit, à démolir, à ses frais, ces bâtimens, dans le cas où il serait reconnu qu'ils seraient nuisibles à la conservation des forêts voisines, étant d'ailleurs civilement responsables de leurs commis, charretiers, pâtres et domestiques. (*Ord. régl.*, *art.* 177)

Pour l'exécution de ces dispositions, il est indispensable que les Agens et Gardes forestiers avertissent les propriétaires de la contravention, et mettent opposition à la continuation des travaux qu'ils entreprennent dans le rayon prohibé, au lieu d'attendre que ces travaux soient entièrement terminés, pour dresser des procès-verbaux et poursuivre la démolition ; parce que autrement ce serait induire en erreur ceux qui seraient dans l'ignorance et la bonne foi, et mettre le Gouvernement dans l'alternative fâcheuse ou de tolérer ce qui n'aurait pas dû être permis, ou d'exposer des citoyens à des dommages considérables, qu'il eût été si facile de prévenir en les éclairant.

Aussi, pour remédier à de tels inconvéniens, il est expressément recommandé aux Agens, aussitôt qu'ils ont reconnu l'état des constructions indûment faites et en ont dressé procès-verbal, de notifier, au domicile du propriétaire qui construit, une copie de ce procès-verbal, avec sommation de faire cesser immédiatement les travaux. (*Circ. du 27 février* 1822, n. 51.)

§ XX. *Élagage des arbres de lisière des bois et forêts.*

Les propriétaires riverains des bois et forêts ne peuvent se prévaloir de l'article 672 du Code civil pour l'élagage des lisières desdits bois et forêts, si ces arbres de lisière ont plus de trente ans.

Tout élagage qui serait exécuté sans l'autorisation des propriétaires des bois et forêts, donne lieu à l'application des peines portées contre ceux qui les ont abattus par le pied. (*C. f.*, *art.* 150, 192 *et* 196.)

Quand les arbres de lisière, qui ont plus de trente ans, auront été abattus, ceux qui les remplaceront devront être élagués conformément à l'article 672 du Code civil, lorsque l'élagage en sera requis par les riverains.

Les plantations ou réserves destinées à remplacer les

arbres de lisière seront effectuées en arrière de la ligne
de délimitation des forêts, à la distance de deux mètres
pour les arbres à haute tige, et à celle de cinq décimètres pour les arbres et haies vives, prescrites par l'art.
671 du Code civil. (*Ord. régl., art.* 176.) (1).

C'était au Ministre des finances à autoriser l'élagage
des arbres de lisière, soit des bois de l'état, soit des bois
des communes. (*Décis. minist. du* 11 *décembre* 1828.)

Mais actuellement le Directeur des forêts peut autoriser l'élagage des arbres de lisière, soit des bois
royaux, soit des bois communaux. (*Ord. du Roi du* 10
mars 1831, *art.* 1er.)

Les dispositions des réglemens qui chargent les Préfets de faire élaguer les haies, plantations et bois qui
bordent les chemins vicinaux, pour assainir ces chemins, n'ont aucun rapport avec la disposition restric-
tive de l'art. 150 du Code, qui ne concerne que les
propriétaires riverains des forêts. Ces réglemens doivent être exécutés nonobstant ledit article du Code.
(*Décis. minist. du* 18 *août* 1829.)

§ XXI. *Questions de propriété.—Instances.*

Les instances relatives à des questions de propriété
concernant les bois et forêts de l'Etat, doivent être intentées à ladiligence de MM. les Préfets, attendu que

---

(1) Les articles du Code civil, rappelés dans ce § xx, portent :

» « Il n'est permis de planter des arbres de haute tige qu'à la
» distance prescrite par les réglemens actuellement existans, ou
» par les usages constans et reconnus; et, à de réglemens et
» usages, qu'à la distance de deux mètres de la ligne séparative
» des deux héritages pour les arbres à haute tige, et à la dis-
» tance d'un demi-mètre pour les autres arbres et haies vives.
» (*Art.* 671.)

» Le voisin peut exiger que les arbres et haies plantées à une
» moindre distance soient arrachés. Celui sur la propriété du-
» quel avancent les branches des arbres du voisin peut contrain-
» dre celui-ci à couper ces branches. Si ce sont les racines qui
» avancent sur son héritage, il a le droit de les y couper lui-
» même. (*Art.* 672).

Le deuxième paragraphe de ce dernier article donne une action au propriétaire du terrain sur lequel avancent les branches
des arbres du propriétaire voisin, pour contraindre celui-ci à les
couper; mais il ne lui donne pas le droit de les couper lui-même.
(*Arr. de la C. de cass. du* 15 *février* 1811.)

s Administrations litigantes n'ont, près des tribunaux, défenseurs officieux, ni procureurs fondés. Les mémoires sont lus à l'audience par le ministère public, qui st tenu de faire valoir tous les moyens que lui suggèrent la justice et l'intérêt de l'État. Ainsi, en matière restière, aussitôt qu'une instance se trouve engagée, : Préfet du département de la situation des bois communique les pièces qui sont à sa disposition au Conservateur de l'arrondissement forestier, pour lui demander remise sur inventaire, des titres, plans et documens u'il peut avoir sur l'objet du procès, ensemble ses bservations et son avis. Le Conservateur est tenu d'envoyer immédiatement à l'Administration copie des observations et de l'avis qu'il a remis au Préfet.

A la réception de ces pièces, ce magistrat les transmet au Directeur des Domaines pour en faire l'examen, t lui soumettre ensuite les moyens de défense à employer, en lui adressant les pièces et renseignemens u'il a pu réunir.

Avant l'instruction de l'instance et pendant sa durée, : Préfet se concerte avec le Directeur des Domaines et : Conservateur ou l'Inspecteur des forêts, si cela est écessaire, pour reconnaître s'il y a lieu, tant à cause es points de droit que pour d'autres circonstances, d'avoir la consultation de deux jurisconsultes : dans ce cas la onsultation est prise, et il en est fait l'usage convenable.

L'affaire est suivie par les soins du Préfet, suivant le œu de la loi, et par la correspondance de ce magistrat vec le ministère public chargé de défendre ; et en demandant, tant au Conservateur, ou à l'Inspecteur forestier, qu'au Directeur des Domaines, tous les renseinemens et toutes les observations qui pourraient être tiles dans le cours de l'instance. Ainsi, les Procureurs u Roi sont les véritables défenseurs et fondés de pouoir de l'Etat, et il n'est pas nécessaire que les Préfets onstituent *avoué* dans les questions de propriété qui inéressent l'Etat.

Lorsque le jugement est rendu, il en est donné connaissance, savoir : par le Préfet au Ministre des finances, par le Directeur des Domaines à son Administraion, et par le Conservateur ou l'Inspecteur à l'Administration forestière, le plus promptement possible, à ause des délais pour le recours en appel ou en cassaion.

S'il est interjété appel, soit d'après les ordres transmis à ce sujet, soit par les parties, le Préfet du département de la situation des bois, renvoie l'affaire, au Préfet placé près le siége de la Cour royale, pour faire les diligences nécessaires, afin qu'il soit statué, en observant toutefois la marche ci-dessus indiquée pour ce qui regarde la procédure en première instance ; et il est rendu compte, de la même manière, de l'arrêt qui intervient.

Dans l'exercice d'actions judiciaires que la loi leur confie, les Préfets doivent se conformer aux instructions qu'ils reçoivent du Gouvernement, et les Conseils de préfecture ne peuvent, sous aucun rapport, connaître de ces actions.

Mais les particuliers qui se proposent d'intenter une action contre l'Etat sont tenus de remettre préalablement un mémoire expositif de leur demande, au Préfet, qui est chargé *seul* d'administrer et de plaider, et non au Conseil de préfecture, qui n'a reçu de la loi aucune attribution à cet égard. (*Inst. des 7 prairial an* IX, § 1, *art.* 46; *et* 23 *mars* 1821, *art.* 81; *Déc. du Min. des fin. du* 16 *mai* 1821, *et du* 13 *septembre* 1822; *Avis du Cons.-d'Etat des* 1er *mai et* 12 *juin* 1807 *et* 28 *août* 1823; *Arrêt de la Cour de cassation, du* 27 *août* 1828, *et Circ. du* 11 *juin* 1821, *n.* 27; *du* 28 *septembre* 1822, *n.* 70; *et du* 13 *octobre* 1823, *n.* 89.)

§ XXII. *Échanges et Partages de bois.*

Art. Ier. *Considérations générales.*

Les décrets des 20 juillet 1808 et 11 juillet 1812 relatifs aux demandes en échange d'immeubles contre des propriétés de l'État, de partage entre les propriétés indivis, et de cantonnement des usagers, contiennent des dispositions sur le mode à suivre pour l'estimation des bois, et le nombre et la nomination des experts appelés à y procéder. Ces dispositions ont servi de base à l'Instruction de l'Administration des forêts, du 4 février 1813, dont l'objet est de mettre l'Autorité supérieure à même de juger non-seulement de la convenance réciproque des demandes, mais encore du mérite des opérations, en évitant les abus qui pourraient naître de la manière d'opérer. Mais il restait à déterminer la forme à suivre dans ces différens cas, pour l'instruction des demandes. L'Instruction ministérielle du 4 mars 1830 y a pourvu en ce qui concerne le cantonnement des usagers (1), et l'Ordonnance du Roi du 2 décembre 1827 a prescrit les règles qui doivent être suivies dans l'instruction des demandes d'échanges d'immeubles contre des propriétés de l'État. Voici les dispositions de cette Ordonnance qui rappelle celles de l'art. 8 de la loi du 1er décembre 1790, relatives aux aliénations du domaine de l'Etat.

ART. II. *Formalités et examen auxquels sont assujéties les demandes en échange et partage de bois.*

Toute demande contenant proposition d'échange d'un immeuble avec un autre immeuble dépendant du domaine de l'Etat doit être adressée directement au Ministre des finances. Doivent être annexés à la demande les titres de propriété et une déclaration authentique des charges, servitudes, hypothèques, dont serait grevé l'immeuble offert en échange. (*Ord. du 12 décembre 1827, art. 1er.*)

Si le Ministre des finances juge qu'il y a lieu de donner suite, il communique la demande et les pièces au Préfet du département de la situation des biens à échanger.

Le Préfet, après avoir consulté les Agens de l'Administration des domaines, et en outre, dans le cas où il s'agirait de bois, les Agens de l'Administration des forêts, donne son avis sur la convenance et l'utilité de l'échange.

Si l'immeuble offert en échange et celui demandé en contre-échange sont situés dans des départemens différens, le Ministre des finances consulte les Préfets des départemens de la situation des biens, afin qu'après avoir pris l'avis des Agens ci-dessus indiqués ils fassent connaître la valeur approximative, la contenance et l'état de conservation de l'immeuble situé dans leur département respectif; le Préfet du département de la situation de l'immeuble appartenant à l'État donne, en outre, des renseignemens sur les avantages ou les inconvéniens de son aliénation.

Ces réponses et pièces sont communiquées, avec les

_____

(1) Voir le § 3 du chapitre XIII, ci-après, *cantonnement des usagers en bois.*

titres de propriété du demandeur, à l'Administration des domaines, et, s'il y a lieu, à l'Administration des forêts. Les avis des Conseils d'administration sont transmis avec telles observations que de droit par les Directeurs au Ministre des finances. (*Ord. du 12 décem. 1827, art. 2.*)

Lorsque le Ministre des finances, d'après le résultat des renseignemens qui lui ont été transmis, a reconnu que l'échange est utile à l'État, il prescrit au Préfet de faire procéder à l'estimation des biens de la manière suivante.

Art. III. *Nomination des Experts, et opérations auxquelles ils doivent procéder.*

Trois Experts sont nommés : un par le Préfet du département, sur la proposition qui lui en est faite par le Directeur des Domaines ; un par le propriétaire du bien offert en échange ; un par le Président du tribunal de la situation des biens, à qui la requête est présentée, à cet effet, par le Directeur des domaines ; et, dans le cas où les immeubles à échanger seraient situés dans le ressort de deux ou plusieurs tribunaux différens, par le Président du tribunal du lieu où l'immeuble appartenant au domaine, ou sa plus forte partie est situé.

Lorsqu'il s'agit de bois, de forêts ou de terrains enclavés dans les bois ou forêts, le Conservateur de l'arrondissement indique au Directeur des domaines trois préposés de l'Administration des forêts, parmi lesquels ce Directeur choisit l'expert, dont il doit soumettre la nomination à l'approbation du Préfet. (*Ib., art. 3.*)

Les experts, après avoir prêté serment en la forme accoutumée devant le tribunal civil ou devant un juge délégué, visitent et estiment les immeubles dont l'échange est proposé, et en constatent la valeur, en ayant égard aux charges réelles et servitudes dont ils seraient grevés.

Lorsqu'il s'agit d'échange de bois, les experts font. mention, 1° de la contenance des bois ; 2° de l'évaluation du fonds ; 3° de l'évaluation de la superficie, en distinguant le taillis de la vieille écorce, et mentionnant les claires-voies, s'il y en a ; 4° de l'indication des rivières flottables ou navigables qui servent aux débouchés, et des villes et usines à la consommation desquelles les bois sont employés.

Les experts constatent les résultats de leurs opérations par un procès-verbal, qui est par eux affirmé dé-

vant le juge-de-paix du canton de la situation des biens
ou de leur plus forte partie. (*Ordonn. du* 12 *décembre*
1827, *art.* 4 .)

Les procès-verbaux d'expertise sont remis au Préfet,
et par lui communiqués au Directeur des domaines et
au Conservateur des forêts de la localité, s'il s'agit de
bois ou de terrains enclavés dans les bois et forêts de l'É-
tat ; il les adresse ensuite, avec les observations de ces
fonctionnaires et son propre avis, au Ministre des finances. (*Ib. art.* 5.)

ART. **IV.** *Examen des opérations des experts, et suite qui
leur est donnée.*

Les procès-verbaux, observations et avis dont il vient
d'être parlé sont examinés, 1° en conseil d'Adminstra-
tion des domaines, et en outre, si la nature des immeubles le demande, en conseil d'Administration des forêts ;
2° par le comité des finances du Conseil-d'État.

Le Roi, sur le compte qui lui est rendu de ses délibérations par le Ministre Secrétaire-d'État des finances,
autorise, s'il y a lieu, à passer acte avec l'échangiste,
lequel, dans tous les cas, n'entre en jouissance que lorsque la loi a été rendue. (*Ib.*, *art.* 6.)

Le contrat d'échange détermine la soulte à payer en
cas d'inégalité dans la valeur des immeubles échangés ;
il contient la désignation de la nature, de la consistance
et de la situation de ces immeubles, avec énonciation
des charges et servitudes dont ils sont grevés ; il relate
les titres de propriété, les actes qui constatent la libération du prix, enfin les procès-verbaux d'estimation,
lesquels y demeurent annexés.

Il peut être stipulé, si la partie intéressée le requiert,
que l'acte d'échange demeure comme non avenu, si la
loi approbative de l'échange n'intervient pas dans un
délai convenu. (*Ord. du* 12 *décemb.* 1827, *art.* 7.)

Le contrat d'échange est enregistré et transcrit ;
l'enregistrement est fait gratis, conformément à l'art.
70 de la loi du 22 frimaire an 7 (12 décembre 1799) ;
il n'est payé, pour la transcription, que le salaire du
Conservateur des hypothèques.

La soulte est régie, quant au droit proportionnel
d'enregistrement dont elle est passible, par les lois relatives aux aliénations ordinaires des biens de l'Etat.
(*Ib.*, *art.* 8.)

Les formalités établies par l'art. 2194 du *Code civil*, par les avis du Conseil-d'Etat, des 7 mai 1807 et 5 mai 1812, et par l'art. 854 du *Code de procédure civile*, pour mettre tout créancier, ayant sur les immeubles offerts en échange hypothèque non inscrite, en demeure de prendre inscription, sont remplies à la diligence de l'Administration des domaines. (*Ib.*, *art.* 9.)

S'il existe des inscriptions sur l'échangiste, il est tenu d'en rapporter main-levée et radiation dans quatre mois du jour de la notification qui lui en a été faite par l'Administration des domaines, s'il ne lui a pas été accordé un plus long délai par l'acte d'échange ; faute par lui de rapporter ces main-levées et radiation pleines et entières, le contrat d'échange est résilié de plein droit. (*Ord. du 12 décembre 1827, art.* 10.)

Le projet de loi relatif à l'échange n'est présenté aux Chambres qu'autant que les main-levées et radiation des inscriptions existantes au jour du contrat ont été rapportées, et qu'il n'est point survenu d'inscription dans l'intervalle. (*Ib.*, *art.* 11.)

La loi approbative de l'échange proposé ne fait point obstacle à ce que des tiers, revendiquant tout ou partie de la propriété des immeubles échangés, puissent se pourvoir par les voies de droit devant les tribunaux ordinaires. (*Ib.*, *art.* 12.)

La loi est transcrite sur la minute et sur les expéditions du contrat d'échange, qui, ainsi que toutes les pièces et titres de propriété à l'appui, demeure déposé aux archives de la préfecture. (*Ib.*, *art.* 13.)

14. Tous les frais auxquels l'échange a donné lieu sont supportés par l'échangiste, s'il a été résilié de plein droit dans les cas prévus par les art. 7, 10 et 12 ci-dessus de la présente ordonnance.

Dans le cas où l'échange est sanctionné par la loi, comme dans le cas où il est rejeté, les frais sont supportés moitié par l'échangiste, et moitié par l'Etat.

Le droit d'enregistrement des soultes payables à l'Etat est toujours à la charge de l'échangiste. (*Ib.*, *art.* 14.)

Art. V. *Dispositions prescrites par l'Instruction du 4 février 1813, concernant les opérations relatives aux échanges et partages de bois.*

Revenant actuellement à l'Instruction de l'Administration des forêts, du 4 février 1813, je dois faire observer que, comme il importe, pour le bien du service, d'assurer dans l'exécution des mesures prescrites par les décrets des 20 juillet 1808 et 11 juillet 1812, et même par l'ordonnance du 12 décembre 1827, une uniformité constante, l'Administration a cru devoir prescrire ce qui est à faire pour procéder régulièrement aux opérations dont il s'agit.

Je ferai remarquer d'abord que les estimations ayant pour objet de régler avec exactitude la valeur des bois qu'il s'agit d'apprécier, il faut, pour parvenir à déterminer exactement cette valeur, commencer par *bien connaître* les bois à estimer ;

D'où l'on voit que le travail des estimations peut être considéré comme divisé en deux parties absolument distinctes l'une de l'autre :

La première partie comprend les opérations préparatoires de l'estimation ; la seconde, les opérations définitives.

Je vais parler successivement de ces deux points.

ART. VI. *Opérations préparatoires d'une Estimation.*

Pour avoir une connaissance exacte et détaillée d'une partie de bois à estimer, connaissance sans laquelle on ne peut parvenir à déterminer avec exactitude la valeur de cette partie de bois, il faut d'abord bien connaître sa *situation*, sa *configuration* et son *étendue*.

La *situation* d'un bois, pour être déterminée avec soin, exige non-seulement qu'on sache sur quelle portion de territoire ce bois se trouve placé, mais encore quelle est sa position, relativement aux autres bois de la contrée, ou à des points fixes environnans.

La *configuration* exacte de ces bois ne peut être présentée que par un plan fait avec soin, et sur lequel les limites véritables de ce bois seront tracées avec précision.

Enfin *l'étendue véritable*, ou, si l'on veut, *la contenance* de ce bois, ne peut être bien déterminée qu'autant que les calculs, par l'événement desquels on peut l'obtenir, reposent sur des données certaines, c'est-à-dire, sur des lignes dont les points extrêmes et la longueur exactement prise sur le terrain, sont rapportés soigneusement sur le plan.

D'où l'on voit que le travail préparatoire de l'estimation d'un bois consiste, 1° dans le levé ou la vérification du plan de ce bois ; 2° dans la reconnaissance contradictoire et la fixation de ses limites ; 3° enfin, dans les calculs à faire par suite, pour en déterminer la contenance.

Le levé ou la vérification des plans exige des opérations dans le détail desquelles il est inutile d'entrer ici, et dont les bases sont l'uniformité d'échelle et le rattachement à des points fixes pris au-dehors des parties de bois décrites. On se contente d'insister sur la nécessité de la triangulation qui doit précéder tout levé ou toute vérification de plan ; parce que c'est à l'aide de cette triangulation et des points fixes de rattachement qu'elle donne le moyen de déterminer (surtout à l'aide des distances à la méridienne et à la perpendiculaire de l'Observatoire de Paris), qu'on parvient, non-seulement à bien assurer la position du bois qu'on veut décrire, ou dont le plan doit être vérifié, mais encore à se prémunir contre les erreurs qui pourraient se glisser dans le détail du levé ou de la vérification de ce plan.

Mais il ne suffit pas que le plan d'une partie de bois soit levé ou vérifié avec exactitude, que la position et la configuration de ce bois soient présentées sur le plan de manière à ne rien laisser à désirer ; il est nécessaire encore que ses limites véritables soient fixées avec précision, tant sur le terrain que sur le plan, et que la ligne de circonscription de ce bois ne laisse d'incertitude dans aucune de ses parties.

D'où l'on voit la nécessité de reconnaître et de fixer cette ligne. On ne dira rien ici des formalités à remplir pour parvenir à ce but ; elles sont indiquées dans la décision du Ministre des finances, du 19 septembre 1811, transmise par la circulaire n° 457 ; et le modèle du procès-verbal à dresser de cette opération a été adressé aux Conservateurs le 16 septembre 1812.

C'est quand le plan d'un bois a été ainsi fait ou vérifié, que les limites de ce bois ne peuvent donner lieu à aucune contestation avec les riverains, et que ce bois se trouve bien connu sous les trois rapports de *situation*, de *configuration* et d'*étendue*, que les experts peuvent s'occuper utilement d'en déterminer la valeur ; c'est là ce qui constitue le travail définitif de l'estimation. (*Voir les chapitres* IX *et* XI *ci-dessus qui traitent de la délimitation et de l'arpentage et levé des plans des forêts.*)

Art. VII. *Opérations définitives d'une Estimation.*

En s'occupant des opérations définitives d'une estimation, il faut considérer, 1° par quelles personnes elles doivent être faites ; 2° les formalités que ces personnes ont à remplir ; 3° l'ordre dans lequel elles doivent procéder.

1° *Quelles personnes sont appelées à faire les estimations.*

D'après le décret du 11 juillet 1812, dont les dispositions ont été à cet égard confirmées par l'art. 3 de l'ordonnance du 12 décembre 1827, les estimations sont faites par trois experts ; l'un nommé dans l'intérêt du Gouvernement et par l'autorité qui agit en son nom ; un autre par le demandeur en échange, qui se trouve en opposition d'intérêt avec l'Etat ; et le troisième par le Président du tribunal de première instance dans l'arrondissement duquel se trouvent les biens à estimer.

En appliquant cette disposition aux demandes en échange ou partage de bois, on voit que l'expert à nommer dans l'intérêt du Gouvernement, doit l'être par le Directeur des Domaines, sur la présentation du Conservateur des forêts.

2° *Formalités à remplir de la part des Experts.*

Ces formalités sont de deux espèces : les unes précèdent le travail de l'estimation, les autres sont postérieures à ce travail.

Les formalités qui précèdent l'estimation sont la prestation de serment des experts devant le tribunal compétent, auquel ils sont tenus de justifier de leurs pouvoirs, et qui est appelé à statuer sur les difficultés auxquelles cette prestation de serment pourrait donner lieu.

Les formalités postérieures au travail de l'estimation sont l'affirmation du procès-verbal qui la constate, et le dépôt de ce procès-verbal, s'il était requis, soit par l'une des parties, soit par l'un des experts, pour qu'on pût y recourir au besoin.

3° *Ordre dans lequel les Experts doivent procéder.*

On a dit qu'avant qu'il soit question de passer à l'estimation d'un bois, il était nécessaire que la *situation*, la *configuration* et *l'étendue* de ce bois fussent connues, et que ses limites bien fixées ne pussent donner lieu à aucune difficulté ; ce qui suppose que les experts ont le plan régulier du bois dont il s'agit, ainsi que le procès-verbal de reconnaissance et de fixation de ses limites, fait contradictoirement avec les riverains.

Munis de ces pièces, les experts se rendent sur les lieux, vérifient, s'ils le jugent convenable, l'exactitude de ces opérations préliminaires, visitent avec soin dans toutes ses parties le bois à estimer, et prennent toutes les notes nécessaires pour former le mémoire descriptif et statistique de ce bois; ils ne négligent pas de se procurer des renseignemens sur la valeur vénale des bois de la contrée, sur celle des terres des diverses classes, afin d'avoir des termes de comparaison.

Si la partie de bois à estimer est considérable, si elle se trouve partagée en grandes divisions ou triages qui présentent des différences sensibles, quant à la nature du sol ou à la valeur de la superficie; si même, sans que cette partie de bois soit partagée en triages, elle offre des coupes distinctes qui nécessitent un examen particulier, les experts ont soin d'en faire mention dans la note statistique de ce bois, et, en la terminant, ils annoncent l'ordre qu'ils vont suivre dans leur opération.

Considérant donc chaque coupe séparément, ils en estiment séparément aussi, le fonds et la superficie, en distinguant la futaie du taillis.

Pour parvenir à l'estimation du fonds, les experts commencent par s'assurer si le sol de cette coupe est partout de la même qualité, ou s'il ne présente pas quelques parties qui doivent être rangées dans une classe supérieure ou inférieure à celle où ils croient que peut être mise la majeure partie de cette coupe.

Si ces parties supérieures ou inférieures en qualité sont assez considérables pour pouvoir être indiquées sur le plan, les experts les y font placer; si, au contraire, elles ne peuvent y être exprimées, à raison de leur peu d'étendue, les experts les évaluent de la manière la plus exacte qu'il leur est possible, et en tiennent note, pour y avoir égard dans la fixation de la valeur du sol de cette coupe.

Les classes diverses dans lesquelles les parties de sol composant cette coupe doivent être rangées, se trouvant bien fixées, le prix courant des terres de ces classes dans le territoire de la commune de la situation des bois sert de règle pour l'estimation, et les calculs s'établissent d'après l'étendue des parties de sol et la va-

leur de l'hectare de la classe à laquelle elles sont déclarées appartenir.

La valeur du fonds ainsi fixée, on passe à l'examen
de la superficie.

Pour parvenir à l'estimation régulière de la superficie d'un bois, il faut s'occuper successivement de
deux choses:

La première est de déterminer la nature et la quantité
de chaque espèce de bois de chauffage ou de bois de
service que la superficie de ce bois peut contenir;

La seconde est de régler, d'après le prix courant du
commerce, la valeur de chaque nature de bois prise
sur pied.

Le décret du 20 juillet 1808 et l'art. 4 de l'Ordonnance du 12 décembre 1827 prescrivant d'estimer
séparément le taillis et la futaie, on commence par
le taillis.

En procédant à l'estimation de ce taillis, il faut
(comme on l'a fait pour l'évaluation du fonds) avoir
égard aux parties qui se trouvent plus ou moins garnies; et, d'après l'examen qu'on a fait, déterminer la
quantité de stères de bois de chauffage et de bourrées
que ce taillis peut contenir. Ce premier point déterminé, on prend, pour régler la valeur en argent de ce
taillis, le prix courant du stère de bois de chauffage et
celui du cent de bourrées, le tout pris sur pied.

Quant à la futaie, on compte les arbres avec soin, en
les distinguant par espèce, et en les rangeant dans
trois classes qui doivent comprendre, savoir: la première, les baliveaux de l'âge; la seconde, les baliveaux
de deux âges ou modernes; la troisième, les anciens.

On détermine ensuite la quantité de bois de chauffage
et de bois de service que chaque classe d'arbres peut
fournir, et on règle la valeur de ce bois sur pied, d'a-
près le prix courant du commerce de la contrée. (*Voir
le* § IV *ci-dessus du même chapitre, concernant l'estimation
des coupes.*)

ART. VIII. *Résumé des opérations relatives aux échanges
et partages de bois.*

Il résulte de ce qui précède, que les opérations relatives aux échanges et partages des bois de l'État et de
la Couronne doivent être exécutés dans l'ordre suivant:

1° *Nomination de trois Experts :*

L'un par le Directeur des Domaines, sur la présentation du Conservateur des forêts.

Un autre, par le Président du tribunal de première instance ;

Le troisième, par la partie intéressée.

2° *Prestation de serment d'Experts.*

3° *Reconnaissance contradictoire et fixation des limites* des bois dont on s'occupe conformément aux dispositions du Code forestier et de l'ordonnance réglementaire.

4° *Levé du plan*, d'après les règles prescrites sur cette partie du travail.

5° *Rédaction des procès-verbaux de délimitation, et mémoire statistique.*

6° *Estimation du fonds* par classes, comparativement aux terres voisines, en prenant pour base le produit annuel de chaque classe (qu'il faut alors multiplier par *vingt*) et les cotes d'impositions qui doivent être annexés aux pièces.

7° *Estimation de la superficie* séparément sur chaque classe du fonds : d'abord pour le taillis, en énonçant le nombre de stères et de bourrées, le prix du stère et du cent de bourrées, et portant hors ligne le prix de chaque marchandise ;

Ensuite de la futaie, en classant les arbres, et calculant leur valeur sur le nombre de stères de bois de chauffage et de bois de service qu'ils peuvent donner.

8° *Rédaction des procès-verbaux d'estimation* et du tableau dressé conformément au modèle joint à l'Instruction du 4 février 1813. (1).

9° *Affirmation de ces procès-verbaux.*

10° *Remise de toutes ces pièces* et du plan au Conservateur, par double expédition. (*Inst. du 4 fév.* 1813.)

CHAPITRE XIII.

Affectations à titre particulier, et droits d'usage dans les bois de l'État.

§ 1er. *Affectations à titre particulier.*

On appelle *affectatations à titre particulier*, la faculté qui a été accordée dans diverses provinces de France, et dans les anciens Etats du duc de Lorraine, nonobs-

---

(1) Voir à la fin du volume le tableau n° 1.

ant les dispositions prohibitives des lois et ordonnances
lors existantes, à certains établissemens d'industrie,
de prendre annuellement dans les forêts de l'Etat, une
quantité déterminée de bois nécessaire à l'alimentation
de chacun de ces établissemens, moyennant une rétribution qui n'était en aucune proportion réelle avec la valeur des matières livrées.

Ces affectations ou concessions ont été faites à différentes époques, lorsque les bois étaient encore très-
abondans, et surtout dans les forêts qui manquaient de
débouchés.

Quelques-unes de ces concessions contiennent la
stipulation d'un terme; les autres ont été faites pour
une durée indéterminée ou stipulée à perpétuité.

Il a donc paru indispensable de régler le sort des actes de cette nature qui touchent à la propriété de l'E-
tat, et à une de ses propriétés les plus précieuses. Pour
arriver à ce réglement juste et légal, il a suffi de leur
appliquer les principes de notre législation forestière
et domaniale, en considérant d'ailleurs les inconvéniens
graves qui devaient résulter du maintien prolongé de
cet état de choses.

Ces inconvéniens sont de diverses natures : d'abord
le prix stipulé, qui ne représentait dans l'origine qu'une
très-faible portion de la valeur réelle, est tombé aujourd'hui par l'évaluation progressive du prix des bois,
dans une disproportion déraisonnable. D'un autre côté,
il résulte de ces livraisons forcées et sans prix réel,
faites chaque année, d'une grande quantité de bois à
certains établissemens industriels, un véritable privilége inconciliable avec cette libre concurrence qui en-
richit le pays, et que toutes les industries pareilles ont
en France le droit de réclamer et d'attendre.

Il était donc juste et nécessaire de mettre un terme
à un état de choses évidemment abusif; mais il fallait,
toutefois, apporter dans les dispositions à intervenir,
les ménagemens conformes à l'équité: voici celles que
prescrit le Code forestier.

Les affectations de coupes de bois ou délivrances,
soit par stères, soit par pieds d'arbres, qui ont été concédées à des communes, à des établissemens industriels ou à des particuliers, nonobstant les prohibitions
établies par les lois et les ordonnances alors existantes,
continueront d'être exécutées jusqu'à l'expiration du

terme fixé par les actes de concession, s'il ne s'étend pas au-delà du 1er septembre 1837.

Les affectations faites au préjudice des mêmes prohibitions, soit à perpétuité, soit sans indication de termes, ou à des termes plus éloignés que le 1er septembre 1837, cesseront à cette époque d'avoir aucun effet.

Les concessionnaires de ces dernières affectations qui ont prétendu que leur titre n'était pas atteint par les prohibitions ci-dessus rappelées, et qu'il leur conférait des droits irrévocables, ont dû, pour y faire statuer, se pourvoir, sous peine de déchéance, devant les Tribunaux, dans l'année qui a suivi la promulgation du Code forestier, laquelle a eu lieu le 1er août 1827.

Si leur prétention a été rejetée, ils jouiront néanmoins des effets de la concession jusqu'au 1er septembre 1837, terme fixé ci-dessus.

Dans le cas où leur titre serait reconnu valable par les Tribunaux, le Gouvernement, quelles que soient la nature et la durée de l'affectation, a la faculté d'en affranchir les forêts de l'Etat, moyennant un cantonnement qui est réglé de gré à gré, ou en cas de contestation, par les Tribunaux, pour tout le temps que devait durer la concession. L'action en cantonnement ne peut pas être exercée par les concessionnaires. (C. f, art. 58.)

L'exécution de l'art. 58 ayant donné lieu à un grand nombre de contestations, sur la majeure partie desquelles il a déjà été prononcé, il devient dès-lors nécessaire de faire connaître sommairement les décisions dont elles ont été l'objet.

Il résulte des principes d'inaliénabilité qui régissaient le domaine du Roi de France et qui gouvernaient aussi le domaine des Souverains de la Lorraine, que toute affectation faite en France et en Lorraine, même à titre perpétuel, est *révocable* de sa nature. (*Avis du Comité des finances du Conseil-d'Etat, approuvé par le Ministre, le 17 juillet 1820.*)

Le droit de révocation emporte le droit et le devoir, pour l'Administration, de proposer au contrat primitif les changemens commandés par l'intérêt public. (*Ib.*)

Le concessionnaire qui réclame contre une partie des dispositions d'une décision ministérielle, renonce au bénéfice des autres parties de la décision. (*Idem.*)

Une concession ou subrogation faite en faveur d'un

rticulier par des religieux, et approuvée par arrêt du
oi de France, d'une affectation qui leur avait été ac-
ordée par le Souverain de la Lorraine, est considérée
omme constituant un titre nouveau, et doit être régie
ar la législation domaniale de France, qui consacre
inaliénabilité du domaine royal. (*Idem.*)

Les discussions qui peuvent s'élever sur l'interpréta-
on d'un contrat passé entre un particulier et un éta-
lissement de main-morte sans l'autorisation du Gou-
ernement, sont du ressort des tribunaux. (*Idem.*)

Le principe d'inaliénabilité qui régissait le domaine
oyal en France, et même celui des anciens ducs de
orraine, rend susceptibles de révocation les affecta-
ons faites dans les forêts de la ci-devant Lorraine,
omme dans les autres forêts. (*Ordonn. du roi du* 17 oc-
bre 1821.)

Une concession ou affectation de bois, faite par un
rrêt du Conseil, depuis que le principe de l'inaliéna-
ilité du domaine a été consacré, et notamment de-
uis que ce principe a été appliqué par l'ordonnance
e 1669, est révocable, à la volonté du Gouvernement.
— Si le Gouvernement n'use pas de cette faculté, l'Ad-
inistration forestière doit au moins soumettre au Mi-
istre les propositions de modification et de réglement
u'elle croit utiles à l'intérêt de l'Etat et à la situation du
ossesseur de l'affectation.— La décision à prendre sur
es propositions ne peut faire obstacle à ce que le pos-
esseur porte devant les tribunaux les questions qui se-
aient réellement de leur compétence, et sauf au Préfet
élever le conflit, dans le cas où les tribunanx seraient
aisis de points de contestations sur lesquels ils n'ap-
artiendrait qu'à l'autorité administrative de statuer.
Avis du Comité des finances, du 5 décembre 1823).

Lorsqu'un arrêt du Conseil royal des finances et
ommerce du ci-devant duché de Lorraine, portant con-
ession d'une affectation prétendue à perpétuité, a été
nodifié par un arrêt du Conseil du royaume de France,
t que ce dernier arrêt n'a pas été attaqué, on ne peut
ujourd'hui invoquer le bénéfice du premier. (*Ord. du*
août 1824.)

Les délivrances de bois faites des forêts de l'Etat à
les forges pendant le séquestre de ces propriétés, n'ont
ù conférer un nouveau droit aux anciens propriétaires
établis dans la propriété de ces forges, ni à leurs ac-

quéreurs ; puisque le Gouvernement, qui gérait à la fois les forêts et les forges, avait confondu les deux intérêts, et que d'ailleurs un vendeur ne peut conférer à son acquéreur plus de droits qu'il n'en possède lui-même. (*Ib.*)

Les dispositions de la déclaration du Roi, du 31 janvier 1724, qui interdisent l'abandon des futaies, ne sont pas applicables aux propriétaires d'usines à qui des titres affectent la coupe de la futaie ensemble avec celle du taillis. (*Arr. de la C. de cass. du 31 mars 1825.*)

Lorsqu'il paraît résulter des titres de concession, que la futaie d'une forêt domaniale devait être délivrée pour alimenter une usine, l'Administration des forêts n'est pas fondée à ne délivrer que le taillis, et elle ne peut se prévaloir de ce qu'elle n'aurait pas délivré la futaie pendant un certain nombre d'années. (*Ib., du 26 janvier 1826.*)

Les actions qui ont pour objet de faire déclarer perpétuelles et irrévocables les affectations de bois, doivent être considérées comme actions réelles, et en conséquence être portées devant les tribunaux de la situation des bois. (*Ord. du Roi, du 11 février 1829. Décis. min. du 11 mai 1829.*)

Les actes qualifiés décisions par lesquels le Ministre des finances a refusé d'adhérer aux demandes des concessionnaires, ne font pas obstacle à ce qu'ils fassent valoir leurs prétentions devant les tribunaux. (*Ordonn. du Roi, du 11 février 1829.*)

L'article 58 du Code, accordant aux possesseurs d'affectations la faculté de se pourvoir devant les tribunaux, il y a lieu de rapporter une ordonnance qui avait révoqué une affectation, et contre laquelle il y avait pourvoi. (*Avis du Comité des finances, du 3 janvier 1828, approuvé le 3 octobre suivant.*)

Le même article ne fait aucune distinction entre les affectations de taillis et de futaies. (*Idem.*)

Il n'y a lieu d'admettre la réclamation d'un affouagiste tendant à obtenir la restitution d'une augmentation de prix exigée par le Gouvernement avant la publication du Code. (*Idem.*)

Lorsque les propriétaires d'une usine ont été déclarés, par une ordonnance royale, avoir droit, dans une forêt désignée, au bois nécessaire pour le roulement de leur usine, ils ne peuvent prétendre, sous pré-

xte d'insuffisance, que leur droit d'affouage comprend
s forêts voisines. (*Ordonn. du Roi, du 9 janvier* 1828.)

L'ordonnance est inattaquable dans ses dispositions,
uf aux réclamans, s'ils se croient fondés à demander
n supplément d'affouage, à se pourvoir devant les tri-
inaux, seuls compétens pour prononcer sur leurs pré-
ntions. (*Idem.*)

Les instances relatives aux demandes en maintenue d'af-
clations de bois dans les forêts de l'État doivent être sui-
es par les Préfets, auxquels les Conservateurs des forêts
les Directeurs des domaines adressent respectivement
urs mémoires pour la défense des intérêts de l'État. Mais
s Conservateurs, avant de remettre aux Préfets leurs
émoires et les titres, doivent les communiquer à l'Ad-
inistration; ils doivent aussi lui faire connaître les ju-
emens intervenus. (*Circ. du 7 août* 1828, *n.* 182 *ter.*)

Les Préfets ne sont point tenus d'attendre les ordres
u Ministre pour interjeter appel des jugemens qui
lesseraient les intérêts de l'Etat. (*Ib.*)

Dans les matières qui intéressent le domaine de l'État,
es Préfets sont chargés, je le répète, de suivre et diriger
es poursuites; et il n'est pas nécessaire qu'ils constituent
voué, les Procureurs du Roi étant les véritables dé-
enseurs et fondés de pouvoir de l'État. (*Arr. de la C.
e cass., du 27 août* 1828.)

Lorsque des usagers ou des affouagistes se pourvoient
levant les tribunaux pour faire confirmer les titres en
vertu desquels ils prétendent jouir d'usage ou d'affouages dans les forêts de l'Etat, et que le domaine ne
conteste pas leurs droits, les dépens doivent être supportés par eux. (*Arr. de la C. de cass. du 10 juin* 1829.)

Lorsque, conformément à l'article 58 du Code fores-
ier, le Conseil-d'Etat a renvoyé aux tribunaux la question de savoir si des titres de concession invoqués con-
fèrent des droits irrévocables à un affouage, l'Ord. royale
rendue à cet effet, renvoie implicitement devant eux
toutes les questions accessoires, telles que celles d'augmentation de prix, de répétition et autres semblables.
(*Ord. du roi, du 8 novembre* 1029.)

Lorsque des délivrances, en vertu d'affectations à titre particulier, doivent être faites par coupes ou pieds
d'arbres, les ayans-droit ne peuvent en effectuer l'exploitation qu'après que la désignation et la délivrance

15

en ont été faites régulièrement et par écrit par l'Agent forestier chef de service.

Les opérations d'arpentage, de balivage et de martelage, ainsi que le réarpentage et le récolement, sont effectués par les Agens de l'Administration forestière, de la même manière que pour les coupes des bois de l'État et avec les mêmes réserves.

Les possesseurs d'affectations doivent se conformer, pour l'exploitation des bois qui leur sont ainsi délivrés, à tout ce qui est prescrit aux adjudicataires des bois de l'Etat pour l'usance et la vidange des ventes. (*Ord. régl.,art.* 109.)

Lorsque les délivrances doivent être faites par stères, elles sont imposées comme charges aux adjudicataires des coupes, et les possesseurs d'affectations ne peuvent enlever les bois auxquels ils ont droit qu'après que le comptage en a été fait contradictoirement entre eux et l'adjudicataire, en présence de l'Agent forestier local. (*Ib.,art.* 110.)

Lorsqu'il y a lieu d'estimer la valeur des bois à délivrer aux affouagistes, il est procédé à l'estimation par un Agent forestier nommé par le Préfet, et un expert nommé par l'affouagiste; en cas de partage, un troisième expert est nommé par le Président du tribunal (*Ib., art.* 111.)

Les affectations faites pour le service d'une usine doivent cesser en entier, de plein droit et sans retour, si le roulement de l'usine est arrêté pendant deux années consécutives, sauf le cas d'une force majeure dûment constaté. (*Code F., art.* 59.)

A l'avenir il ne sera fait dans les bois de l'Etat aucune affectation ou concession de la nature de celles dont il est question ci-dessus. (*Ib., art.* 60.)

§ II. *Droits d'usage dans les bois et forêts.*

ART. 1ᵉʳ *Considérations générales.*

Il y a une grande différence entre les *affectations* dont il vient d'être fait mention dans le § ci-dessus, et les *droits d'usage* dont il va être question. L'affectation, ainsi qu'on l'a vu, est la délivrance accordée annuellement ou périodiquement pour l'alimentation d'un établissement industriel; le droit d'usage est celui qui donne à des communes ou à des particuliers la faculté d'exiger du bois pour le chauffage, les constructions et autres besoins domestiques.

L'établissement des droits d'usage dans les forêts remonte aux temps de la monarchie les plus éloignés.

Ils sont de différentes espèces : ils se divisent principalement en droits d'usage *en bois* et en droits de *pâturage, panage* ou *glandée.*

Ces droits se sont établis par concession, par tolérance, par don, et quelquefois à titre onéreux.

On conçoit qu'ils aient pu être accordés ou tolérés à des époques où le premier besoin était de détruire les forêts qui couvraient la plus grande partie du territoire ; aucun moyen ne pouvait avoir davantage cet effet ; mais lorsque les bois sont devenus plus précieux, lorsqu'on a senti leur nécessité pour tous les besoins de la vie, des constructions, du commerce et de la défense du pays, leur conservation est devenue l'objet des sollicitudes du Gouvernement, et la législation s'est continuellement occupée de régler l'exercice des droits d'usage, d'en restreindre ou d'en détruire l'abus ; mais tous les efforts qui ont été faits n'ont produit à cet égard que de bien faibles résultats. Ces droits forment encore aujourd'hui, pour la propriété publique comme pour la propriété privée, le plus redoutable des dangers et la source la plus féconde de dommages et d'abus.

Cependant les dispositions de l'ordonnance de 1669 furent plus générales et plus efficaces que les mesures partielles prescrites par les ordonnances antérieures. Elle avait supprimé tous les droits d'usage *en bois*, en ordonnant le remboursement en argent de ceux qui avaient été concédés à titre onéreux et avant 1560, (*Ord. de* 1669, *tit.* 20, *art.* 1 *et* 9.) Elle n'avait admis l'exercice des droits de *pâturage* et *panage* qu'en faveur des habitans des maisons usagères seulement, dénommés dans les états arrêtés au Conseil. (*Ib.*, *tit.* 19, *art.* 5.)

Ces dispositions étaient des mesures d'ordre public commandées par des considérations d'intérêt général ; mais elles n'étaient relatives qu'aux bois et forêts qui appartenaient à l'Etat, à l'époque de l'ordonnance de 1669 : mais d'autres bois grevés de ces dévorantes servitudes, ayant été réunis depuis au domaine public, surtout dans le cours de la révolution, qui a d'ailleurs amené de grands désordres dans l'exercice des droits d'usage qui pouvaient subsister, et auxquels des usurpations sans nombre vinrent se joindre alors à des titres irréguliers ou annulés, menacèrent les forêts de l'Etat d'une dévastation complète.

On sentit enfin le besoin de mettre un terme à d'aussi

funestes abus. La loi du 28 ventôse an IX (19 mars 1803) ordonna à tous les usagers de produire leurs titres devant l'Administration dans un délai déterminé, qui fut prorogé par une seconde loi du 7 ventôse an XII (27 février 1804). Cette dernière loi déclarait déchu de tout droit d'usage ceux qui n'auraient pas produit leurs titres avant l'expiration du délai fixé à six mois.

La déchéance prononcée par ces lois n'a pas été appliquée avec rigueur par le Gouvernement. On a continué, pendant un grand nombre d'années, de recevoir les titres des usagers, et on les a facilement relevés de la déchéance. Plusieurs instances administratives et judiciaires existent même encore aujourd'hui.

Il a fallu prendre un parti et substituer enfin un ordre régulier et positif à cet état d'incertitude et d'arbitraire. Le Code Forestier y a pourvu; il respecte la chose jugée, maintient les droits actuellement reconnus et acquis, et ordonne que les instances encore pendantes seront jugées conformément aux règles prescrites par l'ordonnance de 1669 et par les deux lois ci-dessus rappelées; mais, en réglant l'exercice des droits existans, et en conciliant, autant que les choses le permettent, la conservation des forêts et les justes prétentions des usagers, il a formellement prescrit qu'il ne serait plus fait, à l'avenir, dans les forêts soumises au régime forestier, aucune concession de droits d'usage, de quelque nature et sous quelque prétexte que ce puisse être. (C. f. art. 62, 88, 89, 90, 112 et 113.)

ART. II. *Mode d'exercice des droits d'usage.*

Ne sont admis à exercer un droit d'usage quelconque dans les bois de l'État, que ceux dont les droits ont été, au jour de la promulgation du Code forestier, reconnus fondés, soit par des actes du Gouvernement, soit par des jugemens ou arrêts définitifs, ou seraient reconnus tels par suite d'instances administratives ou judiciaires actuellement engagées, ou qui seraient intentées devant les Tribunaux, dans le délai de deux ans à dater du jour de la promulgation dudit Code forestier, par les usagers actuellement en jouissance. (C. F., art. 61.)

Les Préfets doivent rendre compte au Ministre des finances des jugemens rendus sur les actions en matière d'usages, et interjeter appel de ceux qui en seraient susceptibles, pour ne pas leur laisser acquérir l'autorité de la chose jugée, sauf le désistement ultérieur, si les moyens à produire n'étaient pas reconnus fondés. Ils doivent au surplus se conformer, pour l'Instruction des affaires, au mode prescrit par la décision du 16 mai 1821, sur les formalités concernant les questions de propriété. (*Circ. du Min. des fin. du 20 janvier* 1829, *et Circ. du 5 mars suivant*, n. 207 *bis*; *et voir le* § XXI *du Chap.* XII, *page* 320.)

Les Préfets doivent compléter l'Instruction des affaires relatives aux demandes en confirmation de droits d'usages, avant de les transmettre au Ministre des finances. (*Circ. du Min. du 21 avril* 1829.)

Les usagers dont les droits ont été reconnus par des arrêtés de Conseils de préfecture, sont tenus de se pourvoir devant le Ministre des finances pour obtenir l'approbation des arrêtés dont il s'agit. Si cette approbation était refusée, les réclamans auraient à saisir les Tribunaux de leurs demandes; mais ils ne seraient astreints pour cette action à aucun délai fatal. (*Décis. du Min. des fin. du 3 août* 1829.)

Ces dispositions sont applicables aux droits d'usage réclamés dans les bois possédés à titre d'apanage. (*Décis. du Min. des fin. du 28 juillet* 1829.)

Les Agens forestiers sont autorisés à refuser la jouissance des droits d'usage à ceux qui, porteurs d'arrêtés de Conseil de préfecture, ne se mettraient pas en mesure de faire convertir, par l'approbation du Ministre, ces arrêtés en décisions définitives. D'un autre côté, les Préfets peuvent provoquer d'office l'approbation ou l'annulation des arrêtés concernant des communes, ou même des particuliers qui négligeraient de les déférer au Ministre.

Les questions relatives à un droit d'usage réclamé dans un bois sont, aux termes de l'art. 61 du C. For., du ressort des Tribunaux; et les arrêtés des Conseils de préfecture doivent être regardés comme de simples avis qui ne font point obstacle à ce que ces questions soient portées devant les Tribunaux. (*Ordonn. du Roi, des* 2 *septembre*, 28 *octobre et* 22 *novembre* 1829, *et* 6 *janvier et* 10 *février* 1830.)

Lorsqu'un arrêté du Conseil de préfecture a appliqué la déchéance à des usagers qui n'avaient pas présenté leurs titres dans le délai de la loi, cet arrêté ne fait pas obstacle à ce qu'ils soient admis à faire reconnaître leurs droits devant les Tribunaux, sauf à l'Administration à y présenter toutes les exceptions résultant des lois antérieures. (*Ord. du 26 août 1829.*)

Je dois faire remarquer que le pourvoi contre l'arrêté du Conseil de préfecture dont il s'agit ci-dessus, est antérieur à la publication du *Code forestier*, et que ce pourvoi n'ayant pas été jugé, il y avait instance engagée au moment de la promulgation de cette loi.

La prescription prononcée par l'article 61 du Code forestier n'est pas applicable aux usagers qui n'ont pas intenté leur action dans les deux ans de la publication du Code, si, avant l'expiration de ce délai, ils ont remis à la Préfecture leurs demandes, tendant à être confirmés dans la jouissance d'un droit d'usage non reconnu ni recommandé précédemment. (*Avis du Comité des finances du 20 octobre 1830, approuvé par le Ministre, le 16 novembre suivant.*)

Les acquéreurs d'un bois de l'État ne peuvent contester à des particuliers les droits d'usage reconnus par des actes administratifs. Les questions qui peuvent s'élever sur l'application des titres ainsi reconnus sont du ressort des Tribunaux. (*Ord. du Roi du 9 janvier 1828.*)

Le Gouvernement peut affranchir les forêts de l'État de tout droit d'usage *en bois*, moyennant un cantonnement réglé de gré à gré, et, en cas de contestations, par les tribunaux.

L'action en affranchissement d'usage par voie de cantonnement n'appartient qu'au Gouvernement, et non aux usagers. (*C. f.*, art. 63; *voir le* § III *ci-après, sur le cantonnement des usagers.*)

Quant aux autres droits d'usage quelconques et aux *pâturage, panage* ou *glandée* dans les mêmes forêts, ils ne peuvent être convertis en cantonnement, mais ils peuvent être rachetés moyennant des indemnités qui doivent être réglées de gré à gré, ou, en cas de contestation, par les tribunaux. (*Ib.*, art. 64, *voir le* § III *ci-après, sur le cantonnement des usagers, page* 354.)

Dans toutes les forêts de l'État qui ne seront point affranchies au moyen du cantonnement ou de l'indemnité, conformément aux dispositions ci-dessus, l'exercice des droits d'usage peut toujours être réduit par l'Administration, *suivant l'état et la possibilité des forêts*, et n'a lieu que conformément aux dispositions ci-après. En cas de contestation sur *l'état* et la *possibilité* des forêts et sur le *refus* d'admettre les animaux au pâturage et au panage dans certains cantons déclarés non *défensables*, il y a lieu à recours aux Conseils de Préfecture ; mais le pourvoi contre les décisions rendues par ce Conseil aura effet suspensif jusqu'à la décision rendue par le Roi en Conseil-d'Etat. (*C. f., art.* 65 *, et Ord. régl., art.* 117.) Lorsque l'Administration des forêts ne conteste pas à une Commune les droits d'usage qu'elle possède dans une forêt de l'Etat ; qu'elle s'est bornée, conformément aux dispositions de l'art. 65 du Code forestier, à faire un réglement pour l'exercice de ses droits, d'après l'état et la possibilité de la forêt, il y a lieu de rejeter la requête de la commune et de confirmer l'arrêté du Conseil de Préfecture qui a maintenu le réglement, en se conformant aux dispositions du dit Code. (*Ord. du Roi du* 28 *oct.* 1829.)

Art. III. *Pâturage, panage ou glandée.*

La durée de la glandée ou du panage ne peut excéder trois mois. L'époque de l'ouverture est fixée chaque année par l'Administration forestière. (*C. f., art.* 66.)

Quels que soient l'âge et l'essence des bois, les usagers ne peuvent exercer leurs droits de pâturage et de panage que dans les cantons qui ont été déclarés *défensables* par l'Administration forestière, sauf le recours au Conseil de préfecture, et ce nonobstant toutes possessions contraires. (*Ib., art.* 67.)

Je dois faire observer que d'après cette disposition le pâturage ne peut être exercé que dans les cantons déclarés défensables, et que l'allégation d'un droit de pâturage ou de propriété ou celle de la non existence de dégâts, ne peut former une question préjudicielle, ni autoriser à surseoir à l'action correctionnelle, lorsque les bestiaux ont été trouvés dans d'autres lieux que ceux ouverts au pâturage ; que le seul fait de l'introduction des bestiaux dans les bois, hors des cantons où le pâturage est permis, constitue un *délit* ; que la circonstance qu'un bois aurait été déclaré défensable l'année précédente ; qu'il n'aurait pas été mis en défends, et qu'on y aurait toléré précédemment le pâturage, n'est point suffisante pour autoriser les usagers à y mener leurs bestiaux, puisqu'il faut, aux termes de la loi, que le bois soit expressément *déclaré défensable.*

Ainsi, il suit de ces principes, 1° que lorsqu'un délit

de pâturage a été constaté dans un bois non déclaré défensable, le tribunal ne peut surseoir au jugement et renvoyer les contrevenans devant la juridiction civile, sous le prétexte qu'ils excipent d'un droit de propriété ou d'usage, puisque l'exercice d'un de ces droits, en le supposant même réel, n'ôterait pas au fait incriminé le caractère de délit ou de contravention. (*Arr. de la C. de cass. des 7 avril* 1827, 23 *janv. et* 10 *décemb.* 1829.)

2° Que le délit de pâturage de la part d'un usager doit toujours être puni d'après les dispositions de l'article 67 du Code forestier ; et qu'on alléguerait en vain, dans ce cas, l'existence d'un procès au sujet de ce droit. Cette exception ne devrait pas être admise. (*Ib. du* 10 *décembre* 1829.)

3° Que le fait d'introduction de bestiaux dans un canton non déclaré défensable, alors même que le prévenu serait reconnu usager, n'en constitue pas moins une contravention prévue par l'article 67 du Code ; d'où il suit que les juges ne pourraient, en cas semblable, surseoir à l'action criminelle jusqu'après le jugement civil, sans violer d'abord l'article 67 précité, prohibitif de l'introduction, ensuite la disposition pénale applicable au fait incriminé. (*Ib., des* 3 *avril et* 8 *mai* 1830.)

Les arrêtés par lesquels un Préfet a mis en défends les bois d'une commune où plusieurs habitans prétendent avoir des droits de pâturage, ne sont que des actes administratifs qui ne préjugent aucune autre question, et contre lesquels le recours ne peut être exercé par la voie contentieuse devant le Conseil-d'Etat.

Lorsque des habitans se fondent sur des titres de concessions faites à la commune, ils sont sans qualité pour réclamer contre ces arrêtés de défends. Cette action ne peut appartenir qu'à la commune, et être exercée par le maire. (*Ord. du Roi du* 10 *janvier* 1827.)

D'ailleurs le pâturage est interdit dans les bois tant qu'ils n'ont pas été déclarés défensables par un acte formel de l'Administration forestière. Ainsi ce n'est pas à cette Administration à prouver que le pâturage a été défendu ; il suffit qu'il n'existe pas de déclaration contraire de sa part, et la circonstance que le pâturage a été toléré par elle les années précédentes, n'est pas une cause d'excuse valable pour les délinquans. (*Arr. de la C. de cass. du* 7 *avril* 1827.)

Mais lorsqu'un arrêt, régulièrement signifié, a autorisé les usagers d'une commune a exercer leurs droits dans une forêt, en cas de refus du propriétaire de faire la délivrance à laquelle il est tenu, les usagers qui ont usé de cette faculté ne peuvent ensuite être poursuivi sous prétexte que la forêt n'a été déclarées *défensable* que pour le pâturage et non pour le ramage, attendu que le Code forestier ne distingue point la défensabilité, entre le droit de pacage et celui de ramage. (*Ib. du 29 mai 1830.*)

En cas de contestation entre le propriétaire d'une forêt et les usagers d'une commune voisine, sur la suffisance d'un canton délivré à ces usagers pour l'exercice de leurs droits d'usage, ceux-ci peuvent, jusqu'au jugement de la contestation, exercer ces droits dans un autre canton. (*Ib.*)

L'Administration forestière fixe, d'après les droits des usagers, le nombre des porcs qui peuvent être mis en panage, et des bestiaux qui peuvent être admis au pâturage. (*C. f., art. 68.*)

Chaque année, avant le 1ᵉʳ mars, pour le pâturage, et un mois avant l'époque fixée par l'Administration forestière pour l'ouverture de la glandée et du panage, les Agens forestiers font connaître aux communes et aux particuliers jouissant de droits d'usage les cantons déclarés défensables; et le nombre des bestiaux qui sont admis au pâturage ou au panage. Les maires sont tenus d'en faire la publication dans les communes usagères. (*Ib., art. 69.*)

Les usagers ne peuvent jouir de leurs droits de pâturage et de panage que pour les bestiaux à leur propre usage, et non pour ceux dont ils font commerce, à peine, pour les animaux trouvés de jour dans les bois de dix ans et au-dessus, d'une amende de deux francs pour un cochon;

Six francs pour un cheval, ou autre bête de somme;

Dix francs pour un bœuf, une vache ou un veau.

L'amende est double si les bois ont moins de dix ans, et sans préjudice, s'il y a lieu, des dommages-intérêts. (*Ib., art. 70 et 199.*)

L'introduction d'un troupeau dans les bois d'une Commune fait encourir, dans tous les cas, au propriétaire, les peines portées ci-dessus, sans que l'on puisse distinguer le cas où ce propriétaire aurait autorisé l'introduction, et celui où le bétail aurait été conduit à son insçu. Il y a lieu d'annuler le jugement qui décharge le propriétaire du troupeau introduit dans les bois, de l'amende et des frais dont l'article 206 du Code forestier le déclare civilement responsable, et qui prononce seulement contre le pâtre une condamnation en dommages et intérêts. (*Arr. de la C. de cass. des 5 oct. 1828, et 29 mai 1829.*)

Lorsque le cahier des charges contient l'obligation, pour les adjudicataires, de n'introduire dans les bois pour l'exploitation des coupes, que des animaux muselés, l'infraction à cette disposition doit être punie de l'amende portée en l'article 199 du Code forestier. (*Ib., des 20 août 1829, 8 janvier et 26 mars 1830.*)

L'article 199 du Code forestier et non l'article 76 du même Code est applicable à l'usager dont le pâtre a introduit des animaux dans un bois non déclaré défensable. (*Ib., du 8 mai 1830.*)

Les Communes peuvent affermer le pâturage dans leurs bois; mais si ce mode de jouissance excitait des réclamations de la part de quelques habitans qui préféreraient user, par eux-mêmes et pour leurs propres bestiaux, de leurs droits de pâturage, ce serait le cas d'y faire statuer par l'autorité administrative de la même manière que lorsqu'il s'agit de la mise en ferme d'un parcours communal. (*Déc. minist., 2 novembre 1829.*)

Les Maires des communes et les particuliers jouissant du droit de pâturage ou de panage dans les forêts de l'Etat, doivent remettre annuellement à l'Agent forestier local, avant le 31 décembre pour le pâturage, et avant le 31 juin pour le panage, l'état des bestiaux que chaque usager possède, avec la distinction de ceux qui servent à son propre usage et de ceux dont il fait commerce. (*Ord. régl., art. 118.*)

Chaque année, les Agens forestiers locaux constatent par des procès-verbaux, d'après la nature, l'âge et la situation des bois, l'état des cantons qui peuvent être délivrés pour le pâturage, la glandée, le panage dans les forêts soumises à ces droits; ils indiquent le nombre des animaux qui peuvent y être admis, et les époques où l'exercice de ces droits d'usage peut commencer et doit finir.

Les propositions des Agens forestiers, rédigées dans la forme du modèle n° 191 de l'état annexé à l'instruction du 23 mars 1821, sont soumises à l'approbation du Conservateur avant le 1er février pour le pâturage, et ivant le 1ᵉʳ août pour le panage ou la glandée. (*Ord. régl., art.* 119; *Inst. des* 7 *prairial an IX,* § 1ᵉʳ, *art.* 51, *et* 23 *mars* 1821, *art.* 58, 59 *et* 102, *et Circ. des* 10 *mars* 1807, *n.* 351, *et* 28 *décembre* 1826, *n.* 148.)

Mais outre que le panage ne peut avoir lieu que dans les cantons déclarés défensables, il faut avoir soin d'interdire aux porcs l'entrée des parties sur lesquelles doivent être assises les coupes de l'année et de l'année suivante, pour ne pas priver ces parties de moyens de reproduction, à moins que les glands ou faînes ne soient en très-grande abondance : dans ce dernier cas, il n'est pas à craindre que les porcs en mangent la totalité, et ces animaux enterrant les semences avec leurs pieds et leur museau, en facilitent la germination. (*Circ. du* 6 *vendémiaire an X, n.* 36.)

' Les chemins par lesquels les bestiaux doivent passer pour aller au pâturage ou au panage, et en revenir, sont désignés par les Agens forestiers. Si ces chemins traversent des taillis ou des recrûs de futaies non défensables, il peut être fait, à frais communs, entre les usagers et l'Administration, et d'après l'indication des Agens forestiers, des fossés suffisamment larges et profonds, ou tout autre clôture, pour empêcher les bestiaux de s'introduire dans les bois. (*C. f., art.* 71.)

Le droit qu'ont les habitans de conduire les bestiaux à des fontaines situées dans un bois, ne leur donne pas celui d'entrer dans les coupes et de les traverser ; ainsi, dans ce cas même, le fait de quitter avec leurs bestiaux les chemins tracés, constitue une contravention punissable. (*Arr. de la C. de cass. du* 20 *mars* 1830.)

Le troupeau de chaque commune ou section de commune, doit être conduit par un ou plusieurs pâtres communs, choisis par le Maire, et agréés par le Conseil municipal; en conséquence, les habitans des communes usagères ne peuvent ni conduire eux-mêmes ni faire conduire leurs bestiaux à garde séparée, sous peine de deux francs d'amende par tête de bétail.

Les porcs ou bestiaux de chaque commune ou section de commune usagère, doivent former un troupeau particulier et sans mélange de bestiaux d'une autre commune ou section, sous peine d'une amende de cinq à dix francs contre le pâtre, et d'un emprisonnement de cinq à dix jours en cas de récidive.

Les communes et sections de communes sont responsables des condamnations pécuniaires qui peuvent être prononcées contre lesdits pâtres ou gardiens, tant pour les délits et contraventions ci-dessus prévus, que pour tous autres délits forestiers commis par eux pendant le temps de leur service, et dans les limites du parcours (*C. f.*, *art.* 72 ; *et Ord. régl.*, *art.* 120.)

Les porcs et les bestiaux sont marqués d'une marque spéciale. Cette marque doit être différente pour chaque commune ou section de commune usagère. Il y a lieu, par chaque tête de porc ou bétail non marquée, à une amende de trois francs (*C f.*, *art.* 73.)

L'usager est tenu de déposer l'empreinte de la marque au greffe du tribunal de première instance, et le fer servant à la marque au bureau de l'Agent forestier local, avant l'époque fixée pour l'ouverture du pâturage ou du panage, le tout sous peine de cinquante francs d'amende. L'Agent forestier donne acte de ce dépôt à l'usager. (*Ib.*, *art.* 74, *et Ord. régl.*, *art.* 121.)

Les actes constatant le dépôt au greffe des tribunaux de première instance, de la part des usagers, de l'empreinte de la marque de leurs bestiaux doivent être rédigés sur papier timbré. Ils sont sujets aux droits fixe d'enregistrement de 3 francs, et au droit de greffe et de rédaction de 1 fr. 25 cent. (*Déc. minist. du 15 juillet* 1828.)

Les usagers sont tenus de mettre des clochettes au cou de tous les animaux admis au pâturage, sous peine de deux francs par chaque bête qui serait trouvée sans clochette dans les forêts. (*C. f.*, *art.* 75.)

Lorsque les porcs et bestiaux des usagers sont trouvés hors des cantons déclarés défensables ou désignés pour le panage, ou hors des chemins indiqués pour s'y rendre, il y a lieu, contre le pâtre à une amende de trois à trente francs. En cas de récidive, le pâtre peut être condamné à un emprisonnement de cinq à quinze jours. (*Ib.*, *art.* 76.)

Si les usagers introduisent au pâturage un plus grand nombre de bestiaux, ou au panage un plus grand nombre de porcs que celui qui a été fixé par l'Administration, ainsi qu'il a été dit ci-dessus il y a lieu pour l'excédant à une amende de

Deux francs pour un cochon,

Trois francs pour un cheval, ou autre bête de somme,

Cinq francs pour un bœuf, une vache ou un veau.
(*Ib.*, *art.* 77 *et* 199.)

Le propriétaire d'un troupeau introduit en délit dans
un bois, est, dans tous les cas, passible des peines portées par l'art. 199 du Code, et on ne peut condamner
le pâtre à des dommages-intérêts. (*Arr. de cass., du* 10
octobre 1828.)

Il est défendu à tous usagers, nonobstant tous titres
et possessions contraires, de conduire ou faire conduire
des *chèvres*, *brebis* ou *moutons* dans les forêts ou sur les
terrains qui en dépendent, à peine, contre les propriétaires, d'une amende de quatre francs pour une bête à
laine et de huit francs pour une chèvre, et contre les
pâtres ou bergers, de quinze francs d'amende. En cas
de récidive, le pâtre est condamné, outre l'amende, à
un emprisonnement de cinq à quinze jours.

Ceux qui prétendraient avoir joui du pacage ci-dessus, en vertu de titres valables ou d'une possession
équivalante à titre, peuvent, s'il y a lieu, réclamer une
indemnité qui doit être réglée de gré à gré, et en cas
de constestation, par les tribunaux.

Le pacage des *moutons* peut néanmoins être autorisé
dans certaines localités par des ordonnances du roi.
(*C. f.*, *art.* 78, 110 *et* 199.)

La disposition ci-dessus qui prohibe l'introduction
des chèvres dans les bois est générale et absolue, et
s'applique même aux chèvres que, dans certains pays,
on est dans l'usage de mettre dans les troupeaux de
moutons, comme *menons* ou conducteurs. (*Ar. de la C.
de cass. du* 7 *mai* 1830)

ART. IV. *Droits d'usage en bois*

Les usagers qui ont droit à des livraisons de bois,
de quelque nature que ce soit, ne peuvent prendre ces
bois qu'après que la délivrance leur en a été faite par
les Agens forestiers, sous les peines portées par le titre
12 du C., pour les bois coupés en délit (*C. f.*, *art.* 79).

Je dois faire observer que des faits de possession ou
jouissance illégale par violence ou voie de fait, même
de la part de celui contre lequel on veut prescrire, n'ont
pas l'effet d'interrompre la prescription. Par exemple,
l'usager auquel on oppose la prescription de son droit
par non-usage pendant trente ans, n'est pas fondé à se
prévaloir, comme actes interruptifs de la prescription,

de faits d'enlèvement de bois qui ont eu lieu sans demande préalable de délivrance, lorsque ces faits ont été qualifiés délits par jugement passé en force de chose jugée. (*Code civil, art.* 2243.)

Le droit d'usage dans une forêt, comme toute autre servitude réelle, se prescrit par le non-usage pendant trente ans. (*Code civil, art.* 617 *et* 2262 ; *Arr. de cass., du* 27 *janvier* 1829.)

Le fait d'avoir coupé du bois dans un canton non délivré, constitue le délit prévu et puni par l'art. 192 du Code. (*Arr., de la C. de cass., du* 4 *septembre* 1829.)

L'exception préjudicielle ne peut être admise en matière forestière qu'autant que les faits articulés sont de nature, dans le cas où ils seraient reconnus vrais à ôter au fait qui sert de base aux poursuites tout caractère de délit.

Ainsi le tribunal ne peut surseoir au jugement d'un individu prévenu d'avoir abattu des arbres dans une forêt, parce que cet individu alléguerait qu'il a reçu d'un usager l'autorisation de couper ces arbres. (*Ib., du* 10 *septembre* 1830.)

Lorsqu'un arrêt, régulièrement signifié, a autorisé les usagers d'une commune à exercer leurs droits dans une forêt, au cas de refus du propriétaire de faire la délivrance à laquelle il est tenu, les usagers qui ont usé de cette faculté ne peuvent ensuite être poursuivis sous prétexte que la forêt n'a été défensable que pour le pâturage et non pour le ramage. (*Ib. du* 29 *mai* 1830.)

Le Code forestier ne distingue point, pour la défensabilité, entre le droit de pacage et celui de ramage. (*Id.*)

En cas de contestation entre le propriétaire d'une forêt et les usagers d'une commune voisine, sur la suffisance d'un canton délivré à ces usagers pour l'exercice de leurs droits d'usage, ceux-ci ne peuvent, jusqu'au jugement de la contestation, exercer ces droits dans un autre canton. (*Ib. du* 29 *mai* 1830.)

Ceux qui n'ont d'autre droit que celui de prendre le bois mort, sec et gisant, ne peuvent, pour l'exercice de ce droit, se servir de crochets ou ferremens d'aucune espèce, sous peine de trois francs d'amende (*C.f., art.* 80).

Celui qui se sert d'un instrument de fer pour couper des branches d'un arbre abattu en délit, encourt la peine ci-dessus, si, en sa qualité d'usager, il n'a droit qu'au bois mort, sec et gisant. (*A. de la C. de cas. du* 7 *mars* 1829.)

Le droit de prendre du bois mort dans une forêt ne

donne pas celui d'enlever un arbre renversé par accident, ou abattu par un autre délinquant, et qui n'est
pas véritablement mort par caducité : le fait de cet enlèvement constitue la contravention prévue par l'art. 197
du Code forestier (*Ib., du 25 mars 1830.*)

Si les bois de chauffage se délivrent par coupe, l'exploitation en est faite aux frais des usagers, par un entrepreneur spécial, nommé par eux et agréé par l'Agent
forestier local.

Aucun bois ne peut être partagé sur pied ni abattu
par les usagers individuellement, et les lots ne peuvent
être faits qu'après l'entière exploitation de la coupe, à
peine de confiscation de la portion de bois abattu afférente à chacun des contrevenans.

Les fonctionnaires ou Agens qui auraient permis ou
toléré la contravention, sont passible d'une amende de
cinquante francs, et demeurent en outre personnellement responsables et sans aucun recours, de la mauvaise exploitation et de tous les délits qui pourraient avoir
été commis. (*C. f., art. 81, et Ord. régl., art. 122.*)

Les Entrepreneurs de l'exploitation des coupes délivrées aux usagers sont tenus de se conformer à tout ce
qui est prescrit aux adjudicataires pour l'usance et la vidange des ventes; ils sont soumis à la même responsabilité et passibles des mêmes peines; en cas de délits
ou contraventions, les usagers ou communes usagères
sont garans solidaires des condamnations prononcées
contre lesdits Entrepreneurs. (*C. F., art. 82.*)

Les entrepreneurs bûcherons doivent se conformer à
tout ce qui est prescrit aux adjudicataires pour l'usance
et la vidange de leurs coupes; mais la responsabilité à
laquelle les adjudicataires sont soumis, en ce qui concerne les délits commis dans leurs ventes, cesse d'exister, s'il est reconnu qu'ils ont fait tout leur possible
pour découvrir les auteurs des délits sans avoir pu y
parvenir. L'indication du nom du délinquant, dans le
procès-verbal qu'ils sont tenus de rapporter, n'est pas
exigée par la loi. (*A. de la C. de cass., du 14 mars 1829.*)

La garantie solidaire des communes pour les condamnations prononcées contre les entrepreneurs de
l'exploitation des coupes affouagères, établie par l'article 82 du Code forestier, s'étend aux amendes aussi
bien qu'aux dommages-intérêts et aux frais. (*Ib., du
24 septembre 1830*).

Les bois de chauffage qui se délivrent par stère sont mis en charge sur les coupes adjugées, et fournies aux usagers par les adjudicataires, aux époques fixées par le cahier des charges.

Pour les communes usagères, la délivrance des bois de chauffage est faite au Maire, qui en fait effectuer le partage entre les habitans, conformément à ce qui est prescrit pour le partage des bois d'affouage. (*Ord. régl.*, art. 122.) (1).

Aucune délivrance de bois pour constructions ou réparations ne doit être faite aux usagers que sur la présentation de devis dressés par des gens de l'art et constatant les besoins.

Ces devis sont remis avant le 1ᵉʳ février de chaque année à l'Agent forestier local, qui en donne reçu, et le Conservateur, après avoir fait effectuer les vérifications qu'il juge nécessaires, adresse l'état de toutes les demandes de cette nature au Directeur des forêts, en même temps que l'état général des coupes ordinaires, pour être revêtus de son approbation.

La délivrance de ces bois est mise en charge sur les coupes en adjudication, et est faite à l'usager par l'adjudicataire à l'époque fixée par le cahier des charges.

Dans le cas d'urgence constatée par le Maire de la commune, la délivrance peut être faite en vertu d'un arrêté du Préfet rendu sur l'avis du Conservateur. L'abattage et le façonnage des arbres ont lieu aux frais de l'usager, et les branchages et remanans sont vendus comme menus-marchés. (*Ibid.*, art. 123.)

Cette vente est faite au profit de l'État, puisque l'on ne doit ni branches ni remanans aux usagers, qui n'ont droit qu'au bois de construction. (*Décis. min. du 8 mai 1828.*)

La disposition ci-dessus qui autorise les Préfets à ordonner, pour cause d'urgence constatée, des délivrances de bois aux usagers dans les forêts de l'État, ne s'applique point à la jouissance des communes dans leurs propres bois. Elle en est exceptée par l'article 146 de la même Ordonnance. (*Décis. du Min. du 30 juin 1828.*)

Il est interdit aux usagers de vendre ou d'échanger les bois qui leur sont délivrés, et de les employer à aucune autre destination que celle pour laquelle le droit d'usage est accordé. S'il s'agit de bois de chauffage, la

_____

(1) Voir l'art. II du § III du chapitre XVI, concernant les bois des communes et des établissemens publics.

contravention donne lieu à une amende de dix à cent francs. S'il s'agit de bois à bâtir ou de tout autre bois non destiné au chauffage, il y a lieu à une amende double de la valeur des bois, sans que cette amende puisse être au-dessus de cinquante francs. (*C. f.*, art. 83.)

Depuis la publication du Code, on avait demandé si les communes usagères dans les bois de l'Etat, ne pouvaient pas jouir de la faveur, accordée par le 2ᵉ paragraphe de l'art. 109 aux communes propriétaires de bois, de vendre une portion de leur affouage, pour acquitter les frais d'exploitation et autres charges attachées à l'usage. Il a été répondu par une lettre du Ministre des finances, du 8 mai 1828, que, sous aucun prétexte, les usagers ne peuvent vendre les bois qui leur sont délivrés.

Un usager qui emploie les bois qui lui sont délivrés à un autre destination qu'à celle qu'il a déclarée, est passible des peines portées par l'art. 83 du Code forestier, En conséquence, cet article doit être appliqué à l'usager qui, après avoir demandé des bois pour la réparation d'une maison, les emploie à une autre construction. (*Arr. de la C. de cass. du 7 mai* 1830.)

La défense faite aux usagers de vendre ou d'échanger les bois qui leur sont délivrés, et de les employer à aucune autre destination que celle pour laquelle le droit d'usage est accordé, n'entraîne point l'obligation, pour les usagers, de façonner en forêt les bois qui leur sont délivrés. (*Décis. min. du 2 octobre* 1829.)

Il s'est élevé la question de savoir si le Code forestier, en rapportant tous les réglemens antérieurs, et se bornant, dans son article 83, à n'infliger qu'une amende aux usagers qui abusent des bois qui leur sont délivrés, a aboli les règlemens spéciaux qui prononçaient la privation des usages. Cette question a été résolue affirmativement par une décision du Ministre des finances, du 2 mai 1828.

Ainsi les usagers ne peuvent vendre une partie des bois qui leur sont délivrés pour faire face aux frais d'exploitation et de distribution de ces bois et aux dépenses relatives à la jouissance des communes. L'art. 109 du Code forestier ne s'applique qu'à celles qui sont propriétaires de bois. (*Décis. min. des 8 mai* 1828, *et 5 nov.* 1829.)

L'emploi des bois de construction doit être fait dans le délai de deux ans, lequel néanmoins peut être pro-

rogé par l'Administration forestière. Ce délai expiré ,
elle pourra disposer des arbres non employés. (*C. f.*,
art. 84.)

Il est défendu à tous usagers quelconques d'abattre,
de ramasser ou d'emporter des glands , faînes ou autres
fruits , semences ou productions des forêts , sous peine
d'une amende de vingt à soixante francs par charretée
ou tombereau , pour chaque bête attelée ; de dix à trente
francs par chaque charge de bête de somme , et de
quatre à douze francs par chaque charge d'homme.
(*Ib.*, *art.* 57 , 85 *et* 144.)

§ III. *Cantonnement des usagers.*

ART. 1er. *Considérations générales.*

Le cantonnement , forestièrement parlant, consiste
dans *l'abandon en toute propriété*, que fait le propriétaire
d'une partie ou canton d'une forêt à des usagers, pour
affranchir le surplus des droits d'usage en bois dont il
est grevée. Ainsi le cantonnement est une interversion
du titre primitif des usagers, en un droit de propriété.

L'origine du cantonnement ne remonte qu'au commencement du 18e siècle, et on en est entièrement redevable à la jurisprudence du Conseil et des Parlemens,
qui l'ont ordonné comme une mesure favorable à la
conservation des forêts. Il a été introduit après l'ordonnance de 1669. Aucune base fixe n'a déterminé la
portion à abandonner aux usagers pour leur tenir lieu
de leurs droits. Mais on pense qu'à moins de circonstances particulières, le cantonnement ne doit être porté
au-delà du tiers du fonds usager. En effet, il semble
que l'estimation de *l'usufruit*, qui cependant forme un
droit plus étendu que *l'usage*, n'a jamais excédé le *tiers*
de la propriété. D'ailleurs, on doit considérer que le
cantonnement rendant les usagers propriétaires de la
partie de bois sur laquelle il tombe, il leur rend pour
ainsi dire en solidité ce qu'ils perdent en étendue.

Je dois en outre faire observer que , comme l'effet du
cantonnement est de rendre l'usager *propriétaire*, il s'ensuit que la portion qui lui échoit suit le sort de ce nouveau propriétaire ; c'est-à-dire, que si la propriété passe
à une commune, elle doit être réglée d'après les lois
concernant les bois communaux, et que si elle passe à
un particulier, elle est rangée dès-lors dans la classe

des propriétés particulières *Arr. du Cons., des 1ᵉʳ juin 1751 et 13 juillet 1756.*) D'après l'ancien droit le cantonnement ne pouvait être requis par l'usager ; mais la loi du 28 août 1792 avait admis l'usager à requérir le partage d'une propriété sur laquelle il n'exerçait qu'une servitude, et lorsque le propriétaire préférait supporter l'exercice de l'usage. Cependant cette disposition n'avait point lieu pour les bois domaniaux, parce que les usages dans ces bois étaient considérés comme réductibles et même révocables, suivant que l'intérêt des forêts l'exigeait, et que d'ailleurs le cantonnement eût opéré un démembrement du domaine, une sorte d'aliénation qui était prohibée par les lois. Ainsi, la loi du 28 août 1792 ne parlait point des bois domaniaux, et c'était sans fondement qu'on leur en faisait l'application. Aujourd'hui d'après le Code forestier tous les propriétaires ont le droit d'affranchir leurs forêts de *tout droit d'usage en bois*; mais sans que les usagers puissent requérir eux-mêmes le cantonnement. Quant aux autres droits d'usage quelconques tels que *pâturage, panage ou glandée* dans ces forêts, ils ne peuvent être convertis en cantonnement, mais seulement être rachetés moyennant des indemnités qui sont réglées de gré à gré, ou, en cas de contestation, par les tribunaux. (*C. F., art.* 63, 64, 88, 111 *et* 118.)

Aʀᴛ. 11. *Dispositions législatives concernant le cantonnement des usagers.*

D'après les dispositions de l'art. 63 du Code forestier, le Gouvernement peut affranchir les forêts de l'Etat de tout droit d'usage en bois, moyennant un *cantonnement* qui doit être réglé de gré à gré, et, en cas de contestation, par les tribunaux.

L'action en affranchissement d'usage par voie de cantonnement n'appartient qu'au gouvernement et non aux usagers.

Ces dispositions, d'après les articles 88, 111 et 118 du Code, s'appliquent également à la Couronne, aux Communes et aux particuliers, qui ont dès-lors, comme l'Etat, le droit d'affranchir leurs forêts de tout droit d'usage en bois, mais sans que les usagers puissent requérir eux-mêmes le cantonnement.

Les art. 112, 113 et 114 de l'ordonnance réglementaire du 1ᵉʳ août 1827, qui se rapportent à l'art. 63 du

Code forestier, prescrivent les règles à observer pour parvenir à cantonner les usagers.

L'art. 112 porte que lorsqu'il y a lieu d'affranchir les forêts de l'État des droits d'usage en bois au moyen d'un cantonnement, le Conservateur en adresse la proposition à l'Administration des forêts, qui la soumet à l'approbation du Ministre de finances.

Suivant l'article 113, le Ministre des finances prescrit au Préfet, s'il y a lieu, de procéder aux opérations préparatoires du cantonnement.

A cet effet, un Agent forestier désigné par le Conservateur, un Expert choisi par le Directeur des domaines et un troisième expert nommé par le Préfet, estiment :

1° D'après les titres des usagers, les droits d'usage en bois, en indiquant par une somme fixe en argent la valeur représentative de ces divers droits, tant en bois de chauffage qu'en bois de construction ;

2° Les parties de bois à abandonner pour le cantonnement, dont ils font connaître l'assiette, l'abornement, la contenance, l'essence dominante et l'évaluation en fonds et en superficie, en distinguant le taillis de la futaie, et mentionnant les claires-voies, s'il y en a.

Les procès-verbaux doivent indiquer en outre les routes, rivières ou canaux qui servent aux débouchés, et les villes ou usines à la consommation desquelles les bois sont employés.

La proportion de cantonnement, ainsi fixée provisoirement, est signifiée par le Préfet à l'usager.

D'après l'article 114, si l'usager donne son consentement à cette proposition, il est passé entre le Préfet et lui, et sous la forme administrative, acte de l'engagement pris par l'usager d'accepter sans nulle contestation le cantonnement tel qu'il lui a été proposé, sauf l'homologation du Roi.

Cet acte, avec toutes les pièces à l'appui, est transmis par le Préfet au Ministre des finances, qui, après avoir pris l'avis des Directions des domaines et des forêts, soumet le projet de cantonnement à l'homologation du Roi.

On voit que les règles ci-dessus, que prescrivent les art. 112, 113 et 114 de l'ordonnance réglementaire, sont trop générales et ne fixent pas les bases d'évaluation, soit des bois affectés aux usagers, soit des parties le bois qui doivent être abandonnées à titre de cantonnement. Il devenait donc nécessaire de faire cesser le vague qui régnait dans cette matière, et de déterminer d'une manière précise la marche qu'auront à suivre les agens forestiers.

En effet, chaque droit d'usage donnant lieu à un cantonnement proportionné, soit à l'importance de la servitude, soit à la possibilité de la forêt, il importe de connaître exactement quels sont les avantages ou les pertes que peut éprouver l'État en changeant la servitude en une concession de propriété, et de fixer les enseignemens généraux et communs à toutes les concessions en cantonnement, de telle sorte qu'on ne puisse, ni les omettre, ni priver l'autorité de la juste influence qu'elle doit exercer lors de la détermination à prendre sur le projet de cantonnement.

Une instruction de l'Administration des forêts, du 4 février 1813, avait réglé le mode à suivre pour l'estimation des bois en matière d'échange, de partage et de cantonnement. Cette instruction a servi de base aux opérations de ce genre, jusqu'à l'époque de la promulgation de l'ordonnance d'exécution du Code forestier du 1er août 1827. Cette instruction distinguait, comme le fait l'ordonnance réglementaire, les opérations préparatoires et les opérations définitives; mais les opérations préparatoires consistaient seulement dans le levé ou la vérification du plan de la forêt, dans la vérification de la contenance. L'ordonnance réglementaire veut, en outre, que toute l'opération, qui a pour objet l'estimation des droits d'usage, les parties de bois à abandonner pour le cantonnement et l'évaluation de ces parties de bois en fonds et superficies, soit faite par des experts.

C'est pour atteindre ce but, et faire cesser l'arbitraire qui régnait dans le mode de procéder des experts, que le Ministre des finances a jugé convenable de prendre, le 4 mars 1830, un arrêté qui détermine d'une manière précise la marche qu'ont à suivre les Agens forestiers chargés de proposer le cantonnement et d'en faire apprécier les avantages, ainsi que les experts qui doivent procéder à l'estimation des usages en bois et des terrains à concéder. (*Circ. du 27 mai 1830, n° 237. Voyez le § XXII du Chap. XII, échanges et partages de bois, page 322.*)

Art. III. *Mode à suivre pour la proposition de cantonner les usagers et l'estimation des droits d'usages en bois, et des propriétés à abandonner à titre de cantonnement.*

J'ai fait observer dans l'art. 11 ci-dessus que les dispositions des art. 112, 113 et 114 de l'ordonnance réglementaire ne fixent pas les bases d'évaluation, soit des bois affectés aux usages, soit des parties de bois qui doivent être abandonnées à titre de cantonnement; il était dès-lors nécessaire de déterminer d'une manière précise la marche à suivre par les Agens forestiers chargés de proposer le cantonnement, et d'en faire apprécier les avantages, ainsi que par les experts qui doivent procéder à l'estimation des usages en bois, et des terrains à concéder. C'est pour atteindre ce but que sur les propositions des Directeurs des Administrations des Domaines et des Forêts, et l'avis du Comité des finances, que le Ministre de ce département a pris le 4 mars 1830 l'arrêté dont voici les dispositions :

Proposition de cantonner l'usager. Lorsqu'il paraît convenable d'affranchir une forêt royale des droits d'usage en bois dont elle est grevée, soit au profit de particuliers, soit au profit de communes, droits qui doivent avoir été reconnus fondés par des actes du Gouvernement, ou par des jugemens ou arrêts définitifs, dans les délais fixés par l'article 61 du Code forestier, le Conservateur des forêts joint à la proposition qu'il en fait, conformément à l'article 112 de l'ordonnance réglementaire du 1er août 1827, des renseignemens suffisans pour faire apprécier l'utilité du cantonnement, et connaître exactement quels sont les avantages ou les inconvéniens qui doivent résulter pour l'État de convertir la servitude en une concession de propriété.

Ainsi, cet Agent doit donner sur la forêt grevée de droits d'usage en bois, les renseignemens suivans :

1° *Origine, situation, limites et étendue.* Le nom et l'origine de la forêt, sa situation et ses limites, sa contenance en superficie, les diverses essences dont elle est peuplée, et la proportion approximative de l'essence dominante : le mode d'exploitation, dans le cas où elle est aménagée en coupes réglées, les révolutions de chaque coupe; l'état de conservation du taillis, le nombre d'anciens, de modernes, de baliveaux de l'âge et d'arbres de

lisière existans dans la partie de la forêt la plus à portée
le l'usager ; l'étendue des clairières ;

2° *Produits.* Les coupes annuelles du taillis et leurs
produits pendant les dix dernières années ; l'étendue de
a futaie exploitée ou vendue au profit de l'État, pendant le même temps ; le produit annuel ou périodique
le la glandée ;

3° *Nature du sol, débouchés.* Les causes naturelles qui
nuisent à la conservation ou à la meilleure reproduction
de la forêt, son exposition, la nature du sol, l'état des
fossés de délimitation, les chemins qui la traversent, et
ceux qui servent à la vidange des coupes ; les rivières
navigables ou flottables situées dans un rayon de cinq
kilomètres (une lieue) de la forêt;

4° *Frais de garde.* Les frais de garde annuels et ceux
d'entretien et de conservation des routes et fossés ;

5° *Délits.* Le nombre et la nature des délits commis
pendant chacune des dix dernières années ; les condamnations auxquelles ils ont donné lieu, et les amendes et restitutions recouvrées pendant le même temps;
si les usagers sont des délinquans d'habitude, ou s'ils
favorisent les délits ; la quantité de bois mort ramassé
chaque année, et l'emploi qui en a été fait;

6° *Nature des droits d'usage.* Les servitudes qui grè-
vent la forêt, en distinguant celles en délivrances de
bois, du pâturage, du panage ou de la glandée ; la
nature de celles dont on propose de s'affranchir par le
cantonnement; le nom des usagers ; si leurs droits sont
personnels, ou si c'est la commune collectivement qui
jouit des usages; les titres sur lesquels ils sont fondés ;
le mode de jouissance; la quantité de bois-taillis délivrée chaque année, ou périodiquement, aux usagers ; si
la servitude comprend les futaies ; dans quels cas, pour
quels besoins ; le nombre et l'essence des arbres futaies
délivrés aux usagers pendant chacune des dix dernières
années ; la valeur vénale, en argent, de chacune de
ces délivrances ; si elles sont faites à titre gratuit ou à
titre onéreux, et, dans ce dernier cas, la nature et la
valeur de la redevance acquittée chaque année, ou à
chaque délivrance, par les usagers;

7° *Nombre des usagers.* La population actuelle des
communes ou des familles usagères; ce qu'elle était
dans les premiers temps de la servitude; quels accrois-
semens ou diminutions elle a éprouvés pendant les dix

dernières années ; quel est le mode suivi par les usagers pour la répartition entre eux des bois délivrés.

8° *Exercice de l'usage* Si l'usage est exercé conformément aux titres : en cas de différence en plus ou en moins, quelles en sont les causes ; quelle est la différence, tant en quantité qu'en valeur numéraire, entre les délivrances faites et celles qui devraient l'être, d'après les titres ; si l'état actuel des jouissances des usagers est conforme à une possession immémoriale et dont l'existence soit connue ; quels sont les arrêts, jugemens ou transactions qui l'ont fixé ou modifié ;

9° *Comparaison entre l'usage et la possibilité des délivrances.* Quelle est la possibilité de la forêt comparée à la nature de la servitude qu'on propose d'éteindre, et à la nature de toutes les servitudes en bois dont la forêt est grevée ; si les délivrances absorbent tous les produits, et, dans le cas contraire, quelle est leur proportion avec les produits annuels des espèces de bois sur lesquelles elles sont prises, ou avec la totalité des produits de la forêt ; quelle réduction ces proportions doivent éprouver, dans le cas où les usagers paieraient un prix pour certains bois ; dans quelles proportions probables le cantonnement serait fixé par les Tribunaux en cas de contestation de la part de l'usager ;

10° *Canton de bois à assigner aux usagers.* Quel canton de bois il conviendrait d'assigner de préférence aux usagers, et dans quelle proportion il serait avec la totalité de la forêt ; quelle quantité et quelles espèces de bois produira le canton par année ; dans quelle proportion seront ces produits, tant en nature qu'en valeur numéraire, avec les délivrances stipulées par les titres et avec celles qui ont actuellement lieu, ou qui pourraient seulement être faites à l'avenir, en cas de dépérissement de la forêt.

11° *Résultat du cantonnement projeté.* Enfin, qu'elles seront les jouissances de l'État, après le prélèvement du cantonnement évalué conformément à la jurisprudence de la Cour Royale du ressort ; quelle influence aura le cantonnement sur les moyens de conservation de la forêt, sur son aménagement et sur les frais de garde ; quelle sera la contribution foncière que supporteront les usagers sur la partie de la forêt abandonnée pour le cantonnement. (*Inst. minist. du 4 mars 1830, art.* 1er.)

Exception du cantonnement. Dans aucun cas, il ne peut être proposé un cantonnement en remplacement d'un droit d'usage personnel et précaire, susceptible de s'éteindre avec celui qui jouit. (*Inst. minist. du 4 mars* 1830, *art.* 2.)

Rédaction des procès-verbaux. Les renseignemens ci-dessus sont consignés dans un procès-verbal dressé par les Agens locaux, et les résultats des informations prises sont indiqués dans l'état joint à l'Instruction.

Le Conservateur adresse ces pièces, accompagnées de ses observations particulières et de son avis, au Directeur de l'Administration des forêts. (*Ib., art.* 3.)

Examen préparatoire du projet. Un examen préparatoire de la proposition de cantonnement est fait en Conseil d'administration des forêts, et sa délibération est transmise par le Directeur au Ministre des finances, avec toutes les pièces à l'appui.

Le tout est envoyé par le Ministre au Préfet, qui, après avoir consulté les préposés des Domaines sur l'utilité du cantonnement ainsi que sur les bases proposées par les Agens forestiers, adresse ses observations et son avis au Ministre des finances. (*Ib., art.* 4.)

Nomination des Experts. S'il est décidé que le cantonnement peut avoir lieu, toutes les pièces sont renvoyées au Préfet, qui constate le choix des Experts, par un arrêté, conformément à l'article 113 de l'Ordonnance réglementaire du 1er août 1827. (*Inst. minist. du 4 mars* 1830, *art.* 5.)

Levé du plan de la forêt. Avant de procéder aux estimations, il est procédé par un Arpenteur-géomètre forestier au levé du plan régulier de la forêt grevée d'usage, indiquant ses limites, fixées contradictoirement avec les propriétaires riverains, son étendue, sa configuration et sa situation, le nombre des coupes qui composent son aménagement et tous autres détails nécessaires. (*Ib., art.* 6.)

Pièces à fournir aux Experts. Il est donné communication aux Experts désignés pour procéder aux opérations d'estimation, tant des divers renseignemens recueillis par les Agens forestiers et indiqués, art. 1er ci-dessus de l'Instruction, que du plan des lieux. (*Ib., art.* 7.)

Évaluation des produits de la forêt grevée d'usage. Les Experts procèdent à l'évaluation des produits en na-

16

ture de la forêt dans laquelle il s'agit d'assigner un cantonnement, en désignant les diverses espèces de bois selon l'usage du pays.

Ils évaluent ensuite en numéraire ces mêmes produits, et par chaque espèce.

Si la forêt n'est pas aménagée, et qu'il y soit seulement fait des coupes en jardinant ou autrement, les Experts établissent une année commune, tant en nature qu'en valeur numéraire. (*Ib.*, art. 8.)

Examen des titres des usagers. Après avoir évalué les produits de la forêt par année, ainsi qu'il est dit en l'article précédent, les experts passent à l'examen des titres des usagers. (*Inst. minist. du 4 mars 1830, art. 9.*)

Évaluation des droits d'usage. Ils établissent, en nature, les quantités et les espèces de bois auxquelles les usagers ont droit d'après les titres ; ensuite les quantités et les espèces qui leur sont délivrés annuellement, d'après la possibilité de la forêt, ou autrement, et ils estiment le tout en numéraire, par chaque espèce.

Dans le cas où les délivrances ne sont pas faites périodiquement, ils forment une année commune. (*Ib.*, art. 10).

Réductions à opérer sur les délivrances. Si l'état de la forêt ne permet plus de faire, pour l'avenir, les mêmes délivrances de bois, les experts constatent les réductions que les délivrances doivent éprouver, et ils établissent leurs calculs sur les délivrances réduites d'après la possibilité prévue de la forêt. (*Ib.*, art. 11).

Possibilité des délivrances. Ils déterminent la proportion entre les bois délivrés aux usagers, et les bois de même espèce que la forêt peut donner annuellement.

Si le bois ou une espèce de bois est payé par les usagers, les experts établissent la différence entre le prix payé et la valeur réelle des bois. (*Ib.*, art. 12).

Désignation des bois à abandonner aux usagers. Lorsque la proportion des usages en bois avec les produits de la forêt a été établie, ainsi qu'il est dit aux articles précédens, les experts recherchent le canton de bois qui peut être assigné en cantonnement, avec le plus d'utilité, tant pour le domaine que pour les usagers.

Ils le visitent avec soin, et prennent toutes les notes nécessaires pour former le mémoire descriptif et statistique de ce bois ; ils se procurent des renseignemens sur la valeur vénale des bois de la contrée, sur celle des terres des diverses classes, afin d'avoir des termes de comparaison. (*Inst. minist. du 4 mars 1830, art. 13.*)

Estimation du cantonnement. Conformément à l'article 113 de l'ordonnance réglementaire du 1er août 1827, ils estiment la valeur du cantonnement, tant en fonds qu'en superficie, en distinguant le taillis de la futaie, et mentionnant les clairières, s'il y en a.

• *Fonds.* Pour parvenir à l'estimation du fonds, les experts commencent par s'assurer si le sol est partout de même qualité, ou s'il ne présente pas quelques parties qui doivent être rangées dans une classe supérieure ou inférieure à celles où ils croient que peut être mise la majeure partie de ce canton.

Les classes diverses, dans lesquelles les parties du sol composant le canton à assigner en cantonnement doivent être rangées, se trouvant bien fixées, le prix courant de ces terres, dans le territoire de la commune de la situation des bois, doit servir de règle pour l'estimation, et les calculs s'établissent d'après l'étendue des parties du sol et la valeur de l'hectare de la classe à laquelle elles sont déclarées appartenir.

La valeur du fonds ainsi fixée, on passe à l'examen de la superficie, en commençant par le taillis.

En procédant à l'estimation du taillis, on a égard aux parties qui se trouvent plus ou moins garnies, et après un examen scrupuleux, on détermine la quantité de stères de bois de chauffage et de bourrées que ce taillis peut contenir. On prend ensuite, pour régler la valeur en argent de ce taillis, le prix courant du stère de bois de chauffage, et celui du cent de bourrées dans la contrée.

Quant à la futaie, après avoir compté les arbres, en les distinguant par espèces, les experts les rangent dans trois classes, qui comprennent les anciens, les modernes et les baliveaux de l'âge.

On détermine ensuite la quantité de bois de chauffage et de bois de service que chaque classe d'arbres peut fournir, et on règle la valeur de ce bois sur pied, d'après le prix courant du commerce du pays. (*Inst. minist. du 4 mars 1830, art 14; voir le § IV du chap. XII ; Estimation des bois, page 218.*)

Débouchés. Les experts indiquent dans leurs procès-verbaux les routes, rivières et canaux qui servent aux

débouchés, et les villes ou usines à la consommation
desquelles les bois sont employés. (*Inst. min. du 4 mar*
1830 , *art.* 15.)

Rédaction des procès-verbaux des experts. Les procès-verbaux des experts sont rédigés en double expédition , et,
après avoir été dûment affirmés, sont remis au Préfet,
accompagnés des plans, d'un tableau conforme au modèle joint à l'instruction du 4 février 1813 (1), et des
autres pièces nécessaires. (*Ib.* , *art.* 16.)

Communication à l'usager du projet de cantonnement. La
proposition de ce cantonnement ainsi fixé provisoirement est signifiée par le Préfet à l'usager. (*Ib.*, *art.* 17.)

Adhésion de l'usager. Si l'usager donne son consentement à cette proposition , il est procédé dans les formes
prescrites par l'art. 114 de l'ordonnance réglementaire
du 1ᵉʳ août 1827.

Dans le cas contraire, il en est référé par le Préfet au
Ministre des finances, conformément à l'art. 115 de la
même ordonnance. (*Ib.* , *art.* 18.)

Cet article porte que le Ministre prescrit, s'il y a lieu,
au Préfet d'intenter action contre l'usager devant les tribunaux , conformément à l'art 63 du Code forestier.

ART. IV. *Rachat des droits d'usage en pâturage , panage ou
glandée.*

J'ai fait observer dans l'art. 1ᵉʳ ci-dessus relatif aux
considérations générales sur le cantonnement des usagers,
que, quant aux autres droits d'usage quelconque et aux
pâturage , panage ou *glandée* dans les forêts de l'État, ils
ne peuvent être convertis en *cantonnement*, mais qu'ils
peuvent être rachetés moyennant des indemnités qui
doivent être réglées de gré à gré, ou, en cas de contestations, par les tribunaux; mais je dois ajouter que néanmoins le rachat ne peut être requis par l'Administration
dans les lieux où l'exercice du droit de pâturage est de-
venu d'une absolue nécessité pour les habitans d'une ou
de plusieurs communes ; et que si cette nécessité est
contestée par l'Administration forestière, les parties
doivent se pourvoir devant le Conseil de Préfecture, qui,
après une enquête *de commodo et incommodo*, statue,
sauf recours au Conseil-d'État. (*C. F.* , *art.* 64.)

(1) Voir à la fin du volume le tableau nᵒ 1, et le § XXII
du chapitre XII, *Échange et partage de bois*, page 332.

Ainsi, lorsqu'il y a lieu d'effectuer le rachat d'un droit d'usage quelconque, autre que l'usage en bois, il y est procédé de la manière prescrite ci-dessus pour le cantonnement des usages en bois.

Toutefois, si le droit d'usage appartient à une commune, le Ministre des finances, avant de prononcer sur la proposition de l'Administration forestière, la communique au Préfet, lequel donne des renseignemens précis et son avis motivé sur l'absolue nécessité de l'usage pour les habitans. Lorsque le Ministre a prononcé, le Préfet, avant de faire procéder à l'estimation préparatoire, notifie la proposition de rachat au maire de la commune usagère, en lui prescrivant de faire délibérer le conseil municipal pour qu'il exerce, s'il le juge à propos, le pourvoi qui lui est réservé par le § 2 de l'art. 63 du Code forestier, ainsi que je l'ai dit ci-dessus.

Quant au procès-verbal des experts, il ne doit contenir que l'évaluation en argent des droits des usagers, d'après leurs titres. (*Ord. régl., art.* 116.)

CHAPITRE XIV.

Bois et forêts du domaine de la Couronne.

Les bois et forêts qui font partie du domaine de la Couronne, sont soumis au régime forestier ; mais ils sont exclusivement régis et administrés par le Ministre de la Maison du Roi, conformément aux dispositions de la loi du 8 novembre 1814. (*C. F., art.* 14 *et* 16.)

L'art. 14 de la loi du 8 novembre 1814 porte que les biens de la Couronne sont régis par le Ministre de la Maison du Roi, ou, sous ses ordres, par un Intendant, et l'art. 16, que les bois et forêts faisant partie de la dotation de la Couronne, sont exploités conformément aux lois et réglemens concernant l'Administration des forêts.

L'art. 12 de la loi du 2 mars 1822, sur la liste civile du Roi, renferme les mêmes dispositions, mais y ajoute des garanties pour la conservation de ces forêts, en ce qu'il prescrit que les forêts de la Couronne seront soumises à *un aménagement régulier,* et qu'il ne pourra y être fait *aucune coupe extraordinaire qu'en vertu d'une loi.* Voici le texte de cet article :

« Les forêts de la Couronne seront soumises aux

» dispositions du Code forestier, en ce qui les con-
» cerne; elles seront assujéties à un aménagement ré-
» gulier. Il ne pourra y être fait aucune coupe extra-
» ordinaire quelconque ni aucune coupe de quarts en
» réserve, ou de massifs réservés par l'aménagement
» pour croître en futaie, qu'en vertu d'une loi. »

Les Agens et Gardes des forêts de la Couronne sont
en tout assimilés aux Agens et Gardes de l'Administration forestière, tant pour l'exercice de leurs fonctions
que pour la poursuite des délits et contraventions. (*C.
F.*, art. 87.)

Il résulte de la disposition de cet article, qui assimile
les Agens et Gardes des forêts de la Couronne à ceux des
forêts de l'État, et de l'art. 124 de l'Ordonnance réglementaire, qu'ils doivent avoir vingt-cinq ans accomplis et prêter serment avant d'entrer en fonctions, et
que les dispositions prescrites par cette Ordonnance
leur sont applicables, sauf les modifications résultantes
de la spécialité de l'Administration des forêts de la
Couronne.

L'art. 39 de l'Ordonnance, porte que la mise en jugement des Agens et Gardes, qui sont à la nomination
du Directeur des forêts de l'État, pourra être autorisée
par lui; que celle des Inspecteurs et Sous-Inspecteurs
pourra être autorisée par le Ministre des finances, et
celle des Conservateurs par le Roi en Conseil-d'État.

Avant la publication du Code, on considérait que
l'Administration des forêts de la Couronne n'ayant reçu
d'aucune loi la délégation qui a été accordée, par l'arrêté du 28 pluviôse an 11, à l'Administration des forêts
de l'État, il était nécessaire de recourir au Conseil-
d'État pour traduire en jugement les Préposés et Agens
de tous grades des forêts de la Couronne.

L'Ordonnance réglementaire portant, art. 124, que
toutes les dispositions de cette ordonnance s'appliquent
aux bois et forêts de la Couronne, sauf les exceptions
qui résultent du titre 4 du Code, et qui ne concernent
que la spécialité d'une Administration pour ces bois, il
paraît en résulter que le droit de poursuivre en jugement les Préposés et Agens de cette Administration appartient à celui qui les nomme. C'est le principe établi
dans l'art. 39 de l'Ordonnance réglementaire.

L'Intendant de la maison du Roi étant chargé, dans
l'intérêt de l'État, des poursuites en réparation de tous

les délits commis dans les bois et forêts de la Couronne et de leurs dépendances, a, comme le Ministère public lui-même, le droit de requérir les condamnations d'amende encourues par les délinquans. (*Arr. de la C. de cass. du 5 novembre 1829.*)

Toutes les dispositions du Code forestier qui sont applicables aux bois et forêts du domaine de l'État, le sont également aux bois et forêts qui font partie du domaine de la Couronne, sauf les exceptions qui résultent des explications ci-dessus, en ce qui concerne la régie et l'administration de ces bois. (*Ib.*, art. 88 ; *Loi du 8 novembre* 1814, *art.* 60, *et Ord. régl.*, *art.* 124.)

CHAPITRE XV.

Bois et Forêts d'apanage ou de majorats reversibles à l'État.

Les bois et forêts qui sont possédés par les Princes à titre d'apanage, ou par des particuliers à titre de majorats reversibles à l'État, sont soumis au régime forestier, quant à la propriété du sol et à l'aménagement des bois. En conséquence, les Agens de l'Administration forestière y sont chargés de toutes les opérations relatives à la délimitation, au bornage et à l'aménagement, conformément aux dispositions des chapitres IX et X ci-dessus, à l'exception cependant de ce qui est prescrit pour l'éducation des futaies.

Il ne peut être fait dans les bois d'apanage ou de majorats, aucune affectation ou concession à titre particulier, ni aucune concession de droits d'usage, de quelque nature et sous quelque prétexte que ce puisse être.

L'Administration forestière peut y faire les visites et opérations qu'elle juge nécessaires pour s'assurer que l'exploitation est conforme à l'aménagement, et que les autres dispositions concernant les exploitations, les réarpentages et récolmens, les adjudications de glandée, pacage et paisson et les droits d'usage, sont exécutées. (*C. F.*, art. 1er, 60, 62 et 89, *et Ord. régl.*, *art.* 125.)

Ces visites ont lieu au moins une fois par an, par des Agens forestiers désignés par le Conservateur local, ou par le Directeur des forêts ; elles ont pour objet de vérifier si les bois et forêts sont régis et administrés conformément aux dispositions du Code, aux titres constitutifs des apanages ou majorats, et aux états ou procès-verbaux qui ont été ou seront dressés en exécution de ces titres.

Les Agens dressent des procès-verbaux du résultat de leurs visites, et remettent ces procès-verbaux au Conservateur, qui les transmet sans délai, avec ses observations, au Directeur des forêts. (*Ord. régl., art. 127.*)

Les récépages à opérer par suite d'incendie dans les bois possédés à titre d'apanage peuvent être autorisés par les apanagistes, sauf à en informer l'Administration des forêts (*Décis. minist. du 19 novemb. 1828.*)

Les possesseurs des bois et forêts des apanages ou majorats ont droit d'intervenir comme parties intéressées dans tous débats et actions relativement à la propriété. (*Ord. régl., art. 126.*)

L'art. 61 du Code forestier, concernant la reconnaissance des droits d'usage dans les bois de l'Etat, est applicable aux forêts possédées à titre d'apanage, ainsi qu'aux bois constitués en majorats reversibles à l'Etat. (*Décis. minist. du 28 juillet. 1829.*)

Il résulte de ce qui précède que les Agens et Gardes des possesseurs d'apanages et de majorats réversibles à l'Etat, ne jouissent d'aucun des priviléges accordés aux Agens et Gardes des forêts de l'Etat; que par conséquent leurs procès-verbaux ne font pas foi jusqu'à inscription de faux; qu'ils ne sont point protégés par la garantie constitutionnelle, et qu'ils peuvent être mis en jugement sans l'autorisation du Gouvernement; que les Agens ne peuvent, dans les audiences des tribunaux, occuper la place qui est réservée, par l'art. 185 de l'ordonnance réglémentaire, aux Agens du Gouvernement; que même ils sont obligés, comme les particuliers, de constituer avoué pour requérir les dommages-intérêts et les restitutions qui appartiennent aux possesseurs; qu'enfin ils sont en tout assimilés aux Agens des particuliers.

Il s'est élevé la question de savoir si, d'après l'article 159 du Code, qui charge l'Administration des forêts de l'Etat de la poursuite des délits commis dans les bois soumis au régime forestier, elle devait poursuivre aussi les délits commis dans les bois possédés à titre d'apanage et de majorat.

Il est certain que cet art. 159 ne fait d'exception que pour les délits commis dans les bois de la Couronne, et qu'il eût été convenable d'ajouter à cet article une exception semblable pour les bois d'apanage ou de majorat. Cependant il paraît résulter de ce silence que l'intention des législateurs a été de laisser aux titulaires le soin des poursuites qui les intéressent uniquement, et que d'après les dispositions de l'art. 89, l'intervention des Agens forestiers n'est point exigée dans les poursuites.

En effet ces bois ne sont soumis au régime forestier que relativement *à la propriété du sol et à l'aménagement*, et les Agens du Gouvernement ne doivent intervenir que dans les opérations qui ont pour objet les *délimitations, bornages, aménagemens* et *coupes extraordinaires*.

Or, ce qui ne touche qu'aux intérêts du possesseur relativement à son usufruit et aux dommages qu'il peut éprouver dans sa jouissance, telle qu'elle est réglée par la loi, ne peut concerner l'Etat qu'autant que le fond en éprouverait une altération.

L'Administration n'a donc à s'occuper que de veiller à ce que la propriété soit conservée et maintenue dans l'état où, le cas échéant, elle devrait rentrer dans les mains de l'Etat. (*Voir les chap. IX et X, qui traitent des délimitations, bornages et aménagemens.*)

CHAPITRE XVI.

Bois des communes et des établissememens publics.

§ 1er. *Dispositions générales.*

Les biens des communes sont ceux à la propriété ou au produit desquels les habitans d'une ou de plusieurs communes ont un droit acquis. (*Code civil, art.* 542.) Mais les communes étant *mineurs*, elles n'ont jamais eu, comme telles, la libre administration de leurs bois, et l'ordonnance de 1669 avait à cet égard réglé leur jouissance et soumis ces propriétés à la surveillance des officiers des maîtrises. Ces dispositions avaient été maintenues par la loi du 29 septembre 1791, l'arrêté du Gouvernement du 19 ventôse an X (10 mars 1802) et l'ordonnance du Roi du 7 mars 1817, lesquels attribuaient à l'Administration des forêts la surveillance spéciale et la régie de ces bois.

Le Code forestier en faisant disparaître toute distinction entre les bois des communes et ceux de l'Etat, leur a appliqué toutes les dispositions pénales, de police et de conservation prescrites pour ces derniers. Il les a même étendues aux bois possédés particulièrement par une ou plusieurs *sections d'une commune*. On désigne ainsi la portion d'une commune qui possède des droits ou des biens qui n'appartiennent point à l'universalité des habitans, et qui les possède cependant à titre commun et non à titre singulier. La loi du 10 juin 1793 porte que si une municipalité est composée de plusieurs sections différentes, et que chacune d'elles ait des biens communaux différens, les habitans seuls de la section qui jouissait du bien communal auront droit au partage. Un bien est donc qualifié *communal* lorsqu'il est possédé par une portion ou section d'une commune. Ainsi, parce qu'un bois n'appartient point à une commune tout entière, et que ces habitans n'en ont point la copropriété, on ne peut point en conclure que le bois est possédé à titre patrimonial. Ce bois est communal; et il doit, en cette qualité, être soumis au régime forestier. (*Décision minist. du 1ᵉʳ mars* 1822.)

Mais on ne peut considérer comme *section de commune* la réunion de quelques particuliers qui posséderaient, *à titre singulier*, des bois en commun. Ces bois ne sont point soumis au régime forestier. (*Avis du Comité des finances du 23 juillet* 1819.)

Les bois des *établissemens publics* sont comme tels soumis au régime forestier, tels sont les bois des hôpitaux, des bureaux de charité, des collèges, des fabriques, des séminaires, des évêchés et archevêchés, et de tous autres établissemens placés sous la tutelle du Gouvernement.

Ces bois étaient soumis à la surveillance et juridiction des maîtrises par l'ordonnance de 1669, sous la dénomination de bois appartenant aux *ecclésiastiques et gens de main-morte*. La loi du 29 septembre 1791 et l'arrêté du Gouvernement du 10 mars 1802 les avaient pareillement placés sous la surveillance spéciale de l'Administration des forêts.

Aujourd'hui sont soumis au régime forestier, les bois *taillis* ou *futaies* appartenant aux communes et aux établissemens publics, qui ont été reconnus susceptibles d'aménagement ou d'une exploitation régulière, par l'autorité administrative, sur la proposition de l'Administration forestière, et d'après l'avis des Conseils municipaux, ou des Administrateurs des établissemens publics.

S'il y a contestation à ce sujet de la part des communes ou des établissemens propriétaires, la vérification de l'état des bois est faite par les Agens forestiers, contradictoirement avec les Maires ou Administrateurs.

Le procès-verbal de cette vérification est envoyé par le Conservateur au Préfet, qui fait délibérer les Conseils municipaux des communes, ou les Administrateurs des établissemens propriétaires, et transmet le tout, avec son avis, au Ministre des finances, sur le rapport duquel il est statué par le Roi.

Il doit être procédé, dans les mêmes formes, à tout changement qui pourrait être demandé, soit de l'aménagement, soit du mode d'exploitation.

En conséquence toutes les dispositions concernant la *délimitation* et le *bornage, l'aménagement*, les *adjudications des coupes*, les *exploitations*, les *rearpentages* et *récolemens*, et les *adjudications de glandée, panage* et *paisson*, qui forment l'objet des chapitres IX, X, XI, 2ᵉ section, et les paragraphes I à XII du chapitre XII ci-dessus, sont applicables au bois des communes et des établissemens publics, sauf les modifications et exceptions ci-après spécifiées, et à l'exception des dispositions concernant l'éducation des futaies, et les exploitations des coupes par éclaircie.

Lorsqu'il s'agit de la conversion en bois et de l'aménagement de terrains en pâturage, la proposition de l'Administration forestière doit être communiquée au Maire ou aux Administrateurs des établissemens publics. Le Conseil municipal, ou ces Administrateurs, sont appelés à en délibérer; en cas de contestation, il est statué par le Conseil de préfecture, sauf le pourvoi au Conseil-d'Etat. (*C. f.*, *art.* 1ᵉʳ *et* 90, *et Ord. régl.*, *art.* 128 *et* 134.)

L'Administration forestière a qualité pour poursuivre un délit forestier commis dans un bois soumis au régime forestier, alors même que la soumission de ce bois au régime forestier n'aurait pas été prononcée définitivement par l'autorité administrative, s'il était soumis à ce régime lors de la publication du Code forestier, et si ce mode d'administration a été provisoirement maintenu par arrêté du Préfet. (*Arr. de la C. de cass. des* 14 *mai et* 2 *septembre* 1830.)

Les communes et établissemens publics ne peuvent faire aucun défrichement de leurs bois sans une autorisation expresse et spéciale du Gouvernement, ceux qui l'auraient ordonné ou effectué sans cette auto-

risation, seraient passibles d'une aménde calculée à raison de 500 francs au moins, et de 1500 francs au plus
par hectare de bois défriché, et en outre à rétablir les
lieux en nature de bois dans le délai fixé par le jugement, et faute par eux d'effectuer la plantation, il y est
pourvu, à leurs frais, par l'Administration forestière,
sur l'autorisation préalable du Préfet, qui arrête le mémoire des travaux faits, et le rend exécutoire contre
les contrevenans. (*C. f.*, art. 91, 220 *et* 221.)

La propriété des bois communaux ne peut jamais donner lieu à partage entre les habitans; mais lorsque deux
ou plusieurs communes possèdent un bois par indivis,
chacun conserve le droit d'en provoquer le partage. (*Ib.,
art* 92.)

Les contestations sur le mode de jouissance des biens
communaux sont du ressort de l'autorité administrative.
Celles au contraire, qui ont pour objet des droits d'u-
sage revendiqués par un particulier sur les mêmes biens,
sont du ressort des tribunaux. (*Ordonnance du Roi du* 24
anvier 1827.)

Un quart des bois et forêts appartenant aux communes et aux établissemens publics doit toujours être mis
en réserve, lorsque ces bois sont d'une étendue au moins
de dix hectares réunis ou divisés.

Cette disposition n'est pas applicable aux bois peuplés
totalement en arbres résineux. (*C. F.*, art 93.)

Dans aucun cas et sous aucun prétexte, les habitans
des communes et les Administrateurs ou employés des
établissemens publics, ne peuvent introduire ni faire
introduire dans les bois appartenant à ces communes ou
établissemens publics, des *chèvres, brebis* ou *moutons,*
sous peine d'une amende de quatre francs pour une chèvre, et de deux francs pour une bête à laine, et de 15
francs contre les pâtres ou bergers, lesquels, en cas de
récidive, sont condamnés, outre l'amende, à un emprisonnement de cinq à quinze jours.

Toutefois le pacage des *brebis* ou *moutons* peut être
autorisé, dans certaines localités, par des ordonnances
spéciales du Roi. (*Ib.*, art. 78, 110 *et* 119.)

Les communes et les établissemens publics peuvent,
comme le Gouvernement, affranchir les bois qui leur
appartiennent de tout droit d'usage en bois, moyennant
un cantonnement qui est réglé de gré à gré, et, en cas
de contestations, par les tribunaux.

L'action en affranchissement d'usage par voie de cantonnement n'appartient qu'aux communes et aux établissemens publics, et non aux usagers. (*Ib.*, *art.*
63 *et* 111.)

Lorsqu'il y a lieu d'user de cette faculté, le conseil
municipal de la commune ou les Administrateurs de l'é-
tablissement propriétaire sont d'abord consultés sur la
convenance et l'utilité, soit du cantonnement, soit du
rachat, et le Préfet soumet leur délibération, avec les
observations de l'Agent forestier et son propre avis en
forme d'arrêté, au Ministre des finances, qui soumet au
Roi un projet d'ordonnance, après s'être concerté avec
le Ministre de l'Intérieur.

Il est ensuite procédé aux opérations d'expertise de la
manière ci-dessus prescrite pour les bois de l'État ; mais
le second expert, au lieu d'être nommé par le Directeur
des domaines, est choisi par le Maire, sauf l'approbation du Conseil municipal, ou par les Administrateurs de
l'établissement.

S'il s'élève des contestations, le Préfet, ainsi qu'il a
été dit au § 5 du chapitre XIII ci-dessus, en réfère au
Ministre des finances, lequel lui prescrit, s'il y a lieu,
d'intenter action contre l'usager devant les tribunaux.
Toutefois l'action est suivie par le Maire ou les Admis-
trateurs, suivant les formes prescrites par les lois. (*Ord.*
régl., *art.* 113, 114, 115, 116 *et* 145.)

Il ne peut être fait, dans les bois des communes et
des établissemens publics, aucune adjudication de glandée, panage ou paisson, qu'en vertu d'autorisation spéciale du Préfet, qui doit consulter à ce sujet les communes ou établissemens propriétaires, et prendre l'avis
de l'Agent forestier local. (*Ib.*, *art.* 139.)

Toutes les dispositions concernant l'exercice des
droits d'usage dans les bois de l'état, sont applicables à
la jouissance des communes et des établissemens publics
dans leurs propres bois, ainsi qu'aux droits d'usage dont
ces mêmes bois pourraient être grevés : mais à l'exception des délais accordés pour la reconnaissance définitive
des droits prétendus par les usagers, de la marque exigée d'eux pour les porcs et les bestiaux admis aux pâturage et panage ; de l'interdiction faite aux usagers de
vendre ou d'échanger les bois qui leur sont délivrés, et
de les employer à aucune autre destination que celle
pour laquelle le droit d'usage est accordé, et enfin de la

justification de l'emploi des bois de construction; dispositions dont les communes et les établissemens publics sont affranchis dans les bois qui leur appartiennent et dont la jouissance n'est plus aujourd'hui restreinte que par les modifications générales qui précèdent et celles qui suivent. (*C. f.*, *art.* 112, *et Ord. régl.*, *art.* 146.)

Je dois cependant faire observer que la disposition de l'article 123 de l'ordonnance réglementaire qui autorise les Préfets à ordonner, pour cause d'urgence constatée, des délivrances de bois aux usagers dans les bois de l'État, ne s'applique point à la jouissance des communes dans leurs propres bois, puisque cette disposition est exceptée par l'art. 146 de ladite ordonnance. (*Décis. minist. du* 30 *juin* 1828.)

Les ordonnances d'aménagement des bois des communes ou des établissemens publics ne sont rendues qu'après que les conseils municipaux ou les Administrateurs des établissemens propriétaires ont été consultés sur les propositions d'aménagement, et que les Préfets ont donné leur avis. (*Ord. régl.*, *art.* 135.)

Une commune ne peut se soustraire à l'exécution d'une ordonnance qui prescrit l'aménagement de ses bois ou d'autres travaux d'amélioration. C'est à l'Administration des forêts et au Préfet à prendre des mesures pour l'y contraindre. (*Déc. minist. du* 19 *janvier* 1830.)

Les formalités ci-dessus, concernant l'aménagement, sont observées lorsqu'il s'agit de faire effectuer des travaux extraordinaires, tels que récépages, repeuplemens, clôtures, routes, constructions de loges pour les Gardes, et autres travaux d'amélioration. Si les communes ou établissemens propriétaires n'élèvent aucune objection contre les travaux projetés, ces travaux peuvent être autorisés par le Préfet sur la proposition du Conservateur. Dans le cas contraire il est statué par le Roi sur le rapport du Ministre des finances. (*Ib.*, *art.* 136.)

Les *récépages*, formant souvent des coupes extraordinaires, ne peuvent, sous ce rapport, être autorisés qu'en vertu d'une ordonnance du Roi. Ce n'est donc que dans le cas où ils sont de peu d'importance et qu'il n'en résulte point de dérangement dans l'ordre d'aménagement et que la valeur du produit ne dépasse pas les frais de l'opération, que les Préfets peuvent les autoriser.

Quant aux arrêtés qui ordonnent des travaux *d'amélio-*

ration dans des bois de communes, ils peuvent être exécutés toutes les fois que les conseils municipaux ont donné leur adhésion, sans que les arrêtés aient été soumis à l'approbation préalables du Ministre des finances. (*Circ. du* 5 *décembre* 1827, *n.* 162.)

Les coupes de bois à opérer, soit comme récépages, soit comme essartement sur l'emplacement des chemins à ouvrir dans les bois de communes, et autres travaux, ne peuvent être exécutés d'après les arrêtés des Préfets, qu'autant que la dépense à faire n'excède pas les produits. Dans le cas contraire, ces arrêtés doivent être soumis à l'autorité supérieure. (*Déc. minist. des* 17 *juillet et* 12 *décembre* 1828.)

Aucune coupe d'arbres ou de taillis dans les quarts de réserve ne peut avoir lieu qu'en vertu d'une ordonnance du Roi, lors-même qu'elle serait nécessitée par des travaux d'amélioration et que le produit serait inférieur à la dépense. Il en est de même des recépages et de toute autre coupe non en tour d'exploitation, lorsque le produit excède la dépense de l'amélioration proposée. (*Ib.*, *du* 6 *novembre* 1828.)

Lorsque des concessionnaires de terrains, dans les bois communaux, négligent d'exécuter les travaux qui forment le prix de leur jouissance, et que les communes ne prennent aucune mesure pour les y contraindre, il y a lieu de faire délibérer les Conseils municipaux sur la question de savoir s'ils entendent ou non exercer des poursuites contre les concessionnaires. Lorsque les Conseils municipaux refusent d'exercer ces poursuites, c'est le cas de recourir à l'autorité royale. (*Ib. du* 15 *décembre* 1828.)

§ II. *Coupes ordinaires et extraordinaires.*

Les coupes des bois des communes et des établissemens publics sont comme celles de l'État, *ordinaires* ou *extraordinaires.*

Les premières sont celles qui ont lieu chaque année suivant l'ordre déterminé par l'aménagement établi, ou qui se trouvent en tour d'exploitation : elles comprennent aussi les chablis et les bois de délit. (*C. F.*, *art.* 15, *et Inst. du* 25 *ventôse an* xi.)

Les coupes extraordinaires sont celles qui intervertissent l'ordre établi par l'aménagement ou par l'usage observé dans les forêts dont l'aménagement n'a pu en-

core être réglé ; celles par anticipation , et celles de
quarts en réserve, ou de massifs réservés par l'aménagement pour croître en futaies, et dont le terme d'exploitation n'est pas fixé par l'ordonnance d'aménagement ,
lesquelles coupes ne peuvent être effectuées sans une
ordonnance spéciale du Roi. (*Ib.*, *art.* 16 *; et Ord. régl.,*
art. 71.)

ART. Ier *Coupes ordinaires.*

Les Agens forestiers dressent, par chaque arrondissement communal, des états en double, des coupes ordinaires à asseoir dans les bois communaux et des établissemens publics, conformes au modèle fourni par l'Administration des forêts. (*Voir, en ce qui a rapport au mo-*
dèle de cet état et à sa rédaction, l'art. 1er *du § 1er de la*
1re section du chap. XII, concernant l'état d'assiette des cou-
pes à asseoir dans les bois de l'État.)

Le Conservateur envoie ces doubles états, avant la
fin du mois de janvier de chaque année, à l'Administration, pour être approuvés, s'il y a lieu, dans la même forme que les états des coupes ordinaires des bois de l'État.

Il est recommandé aux Agens forestiers de se conformer aux aménagemens ou à ce qui est établi par l'u-
sage, et de ne porter sur l'état des coupes à asseoir, que
celles venant en tour d'exploitation, ou celles de l'ordinaire précédent qui seraient restées sur pied, le cumul
ne pouvant avoir lieu sans autorisation.

Les Conservateurs doivent proposer les réductions
que doivent supporter, sur leurs coupes ordinaires, les
communes qui ont obtenu des anticipations, à condition
de retenue sur les exercices suivans ; et rappeler dans
la colonne des observations, les ordonnances qui ont
prescrit ces dispositions.

Les coupes aménagées en taillis ne doivent comprendre que cette espèce de bois ; toutes les futaies en sont
exceptées, à moins que la délivrance n'en soit autorisée
par des décisions qu'il est également nécessaire de rappeler dans la colonne des observations. (*Inst. des* 26 *ven-*
tôse an XI, *et* 23 *mars* 1821, *art.* 34 *et* 57 *, et Circ. du* 12
février précédent , *n°* 9, *et des* 8 *janv.* 1828 *et* 1832, *n.*
164 *et* 292.)

ART. II. *Coupes extraordinaires.*

Conformément à l'article 16 du Code , aucune coupe

extraordinaire ne peut être faite, dans les bois des communes, des hôpitaux, des bureaux de charité, des colléges, des fabriques, des séminaires, des évêchés et archevêchés, et de tous autres établissemens publics, qu'en vertu d'une ordonnance spéciale du Roi, rendue sur le rapport du Ministre des finances, à peine de nullité des ventes ; sauf le recours des adjudicataires, s'il y a lieu, contre les Fonctionnaires ou Agens qui auraient ordonné ou autorisé cette coupe.

Hors le cas de dépérissement des quarts de réserve, l'autorisation de les couper n'est accordée que par cause de nécessité bien constatée, et à défaut d'autres moyens d'y pourvoir. (*C. F.*, art. 16, *et Ord. régl.*, art. 71 et 140.)

Ainsi, aucune coupe d'arbres ou de taillis dans les quarts de réserve, ne peut avoir lieu qu'en vertu d'une ordonnance du Roi, lors même qu'elle serait nécessitée par des travaux d'amélioration et que le produit serait inférieur à la dépense. Il en est de même des récépages et de toute autre coupe non en tour d'exploitation, lorsque le produit excède la dépense de l'amélioration proposée. (*Déc. min. du 6 nov. 1828.*)

Toutes les demandes des coupes extraordinaires, soit qu'elles aient pour objet des coupes de quarts de réserve, soit seulement des coupes de futaies ou arbres dépérissans ou des récépages, doivent être appuyées des délibérations des Conseils municipaux ou des Administrations des établissemens publics propriétaires des bois, et adressées au Préfet du département par l'intermédiaire du Sous-Préfet de l'arrondissement dans lequel les bois sont situés. Lorsque ce magistrat a reconnu, 1° l'utilité de la dépense proposée par la commune ou l'établissement public, 2° et la nécessité de recourir à la vente d'une coupe de quart en réserve pour y faire face, et lorsque toutes les pièces ont été adressées par les Administrateurs légaux à l'Inspecteur de la situation des bois, celui-ci en accuse la réception, la mentionne sur son registre; procède aussitôt que possible à la visite des bois, en dresse procès-verbal (1), et transmet le tout au Con-

---

(1) Les procès-verbaux de visite et de reconnaissance des bois à exploiter extraordinairement doivent énoncer, pour les *quarts* en réserve, la contenance des bois, le nombre d'hectares qui se coupent annuellement, d'après le réglement ou l'usage; l'âge, l'essence, l'état, la contenance du quart en réserve, et,

servateur, *au plus tard dans la quinzaine* de la clôture
de cette opération, avec ses observations. De son côté,
le Conservateur est tenu de faire passer également au
Préfet, *au plus tard dans le délai de deux mois*, les pièces,
ainsi que son avis, dont ce magistrat fait immédiatement l'envoi au Directeur de l'Administration des forêts,
d'après l'art 2. de l'ordonnance du Roi du 10 mars 1831.
Cette ordonnance porte, en outre, que les demandes en
coupes extraordinaires ne seront communiquées au Ministre de l'Intérieur que dans le cas où l'Administration forestière aurait donné un avis contraire à celui des Préfets.

Au surplus, pour activer le plus possible l'instruction
des demandes dont il s'agit, et abréger les délais ci-
dessus fixés, il est recommandé aux Agens forestiers
d'examiner promptement ces demandes, et de procéder
aux balivage et martelage des coupes, aussitôt après la
réception des ordonnances qui les autorisent, si la saison trop rapprochée des ventes ne s'y oppose pas. (*Ord.
régl.*, art. 140; *Inst. des 24 et 25 ventôse an XI, et 23
mars* 1821, *art.* 38; *Déc. du Min. des fin. du* 24 *déc.* 1822;
Circ des 3 *janv.* 1823, *n.* 77, 29 *déc.* 1829, *n.* 232 bis *et*
8 *avril* 1831, *n.* 266.)

Lorsque les communes ou les établissemens publics
négligent de solliciter l'autorisation des coupes extraordinaires que nécessitent l'état de leurs bois, les
Agens forestiers doivent y suppléer, et, après avoir pris
l'avis du Préfet, suivre, pour faire ordonner ces coupes,
la marche que l'on a indiquée relativement aux coupes
extraordinaires dans les forêts de l'Etat. (*Lett. de l'Admin. du* 16 *messidor an XI, n.* 2255.)

Quand les demandes sont motivées sur des besoins
urgens ou autres cas de nécessité, ci-dessus indiqués,
il est indispensable qu'elles soient appuyées de devis

---

autant que possible, le nombre de baliveaux de chaque âge à
réserver par hectare, la date du dernier acte qui en a permis la
coupe, et celle du procès-verbal de vente; enfin, si les ressources locales et la proximité des forêts permettent de procéder
avantageusement à la mise en vente, soit d'une partie, soit de
la totalité du quart en réserve, dont la coupe est demandée:
pour les futaies, l'âge, l'essence, l'état des arbres et le nombre
d'hectare sur lesquels ils se trouvent; et pour les récépages,
l'âge, l'assence, la contenance et l'état de la coupe. (*Inst. du*
25 *ventôse an* XI.)

estimatifs, s'il s'agit de constructions et réparations,
ou qu'elles fassent connaître les autres objets d'emploi
et les sommes auxquelles ils se montent. Le procès-
verbal de visite doit aussi présenter l'estimation des
coupes. (*Inst. du 30 août 1817.*)

Lorsque le Conservateur a reçu, par l'intermédiaire
de l'Administration, l'autorisation des coupes, soit
ordinaires, soit extraordinaires qui doivent avoir lieu
dans les bois communaux et des établissemens publics,
il fait procéder aux balivage, martelage et estimation
des coupes. Un double du procès-verbal de balivage et
martelage est remis par l'Agent forestier supérieur local, au Maire de la commune ou à l'Administration de
l'établissement public propriétaire; les coupes sont
ensuite délivrées en nature ou mises en adjudication.
(*Instr. des 25 ventôse an XI , 30 août 1830, et 23 mars
1821, art. 37.*)

L'Administration des forêts a recommandé aux Conservateurs d'apporter le plus grand soin à ce que les
demandes des coupes extraordinaires dans les bois des
communes et des établissemens publics, motivés pour
la plupart sur des besoins urgens, soient promptement
examinées. En les prévenant qu'elle savait que les retards qu'éprouvait l'instruction de ces affaires prove-
naient souvent du séjour des pièces dans les bureaux
des autorités locales, elle leur a témoigné le désir que
dans ce concours d'examen, les Agens forestiers don-
nassent l'exemple de l'exactitude et de la célérité.

A ce sujet, l'Administration a rappelé aux Conservateurs que l'Instruction du 8 janvier 1828, n° 164, portait, art. 3 et 4, que postérieurement à l'envoi des états
d'assiette, aucune coupe ordinaire ou extraordinaire,
dans des bois de l'État et des communes, ne pourrait
avoir lieu que pour l'ordinaire suivant, si ce n'était pour
cause d'urgence; mais elle leur a fait observer que le motif
de cette disposition était de faire connaître par l'état
d'assiette toutes les coupes d'un même ordinaire, et
que l'exception qu'elle prononçait permettait aux Agens
forestiers de les comprendre dans les ventes des coupes
extraordinaires motivées sur des besoins urgens, et
qui étaient autorisées par des décisions postérieures à
l'envoi des états d'assiette. L'Administration a fait connaître qu'elle était loin de restreindre cette exception
en ce qui concernait les bois des communes, et qu'elle

désirait au contraire que les communes pussent jouir le plus tôt possible des coupes qui leur sont accordées, et que, pour cet effet, le balivage et le martelage devaient en être faits aussitôt après la réception des Ordonnances, quand la saison ou l'époque trop rapprochée des ventes ne s'y opposait pas; mais que, dans ce cas, les Conservateurs auraient à adresser un état supplémentaire des coupes, pour être joint à l'état général d'assiette de l'ordinaire. (*Circ. des* 29 *décembre* 1829 , *n.* 232 *bis, et* 8 *avril* 1831, *n.* 266.)

§ III. *Adjudications et délivrances.*

Art. Iᵉʳ. *Adjudications.*

Les ventes des coupes, tant ordinaires qu'extraordinaires, sont faites à la diligence des Agens forestiers, dans les mêmes formes que pour les bois de l'Etat, et en présence du Maire ou d'un Adjoint pour les bois des communes, et d'un des Administrateurs pour ceux des établissemens publics; sans toutefois que l'absence des Maires ou Administrateurs, dûment appelés, entraîne la nullité des opérations.

Toute vente ou coupe effectuée par l'ordre des Maires des communes ou des Administrateurs des établissemens publics en contravention aux dispositions ci-dessus, donne lieu contre eux à une amende qui ne peut être au-dessous de 300 fr., ni excéder 6,000 fr., sans préjudice des dommages-intérêts qui pourraient être dûs aux Communes ou Etablissemens propriétaires. Les ventes ainsi effectuées sont en outre déclarées nulles. (*C. f.*, art. 100 ; *et Dicis. minist. du* 23 *fév.* 1829.)

Je dois faire observer que plusieurs décisions ayant été rendues pour l'exécution de la disposition ci-dessus qui prescrit de suivre, pour les ventes des coupes de bois communaux, les mêmes formes que celles des forêts de l'État, il est nécessaire de faire connaître ces décisions.

Les bois exploités dans les coupes affouagères et qui ne sont pas distribués aux habitans, doivent être vendus, à moins d'autorisation contraire, au chef-lieu de l'arrondissement et avec les formalités prescrites pour les coupes ordinaires, si l'estimation de ces bois excède 500 fr. (*Lettre du Direct. des for., du* 3 *sept.* 1829.)

Il n'est pas fait d'exception à cette règle pour la vente

des arbres dépendans des coupes affouagères. (*Décis. minist. du 23 septembre* 1829.)

Mais lorsque des ventes d'arbres provenant des coupes affouagères doivent se faire entre les habitans seulement de la commune propriétaire, et pour prévenir un partage toujours difficile pour les arbres, il n'y a pas de motif de faire la vente au chef-lieu d'arrondissement du département, ni de placarder les affiches hors de la commune. (*Ib., du 23 mai* 1829.)

Les ventes des lots d'affouage appartenant aux habitans qui ne paient point les redevances dont ces lots sont chargés, peuvent être faites sur les lieux et sans être précédées par des affiches dans les communes voisines; mais les Agens forestiers doivent assister à ces ventes. (*Ib., des 8 janvier et 7 août* 1829.)

L'intervention des Agens forestiers dans la vente des écorces, copeaux et autres remanans des coupes affouagères n'est pas exigée par l'ordonnance réglementaire (*Ib., du 28 août* 1829.)

Je dois encore faire remarquer que si, à la défense faite aux Maires ou aux Administrateurs des établissemens publics, d'ordonner la vente d'une coupe, il se réunissait à cette contravention, les cas, soit de non adjudication publique, de non-publication d'affiches, prévus par les articles 18 et 19 du Code forestier, il faudrait alors appliquer à ces Fonctionnaires et Administrateurs les peines portées par ces articles.

Les Maires, Adjoints et Receveurs des communes, ainsi que les Administrateurs et Receveurs des Établissemens publics, ne peuvent prendre part ni par eux-mêmes, ni par personnes interposées, directement ou indirectement, soit comme parties principales, soit comme associés ou cautions, aux ventes de bois des Communes ou Etablissemens dont l'Administration leur est confiée.

En cas de contravention, ils sont passibles d'une amende qui ne peut excéder le quart ni être moins du douzième du montant de l'Adjudication, et ils sont en outre passibles de l'emprisonnement et de l'interdiction qui sont prononcées par l'article 175 du Code pénal. (*C.f., art. 21 et 101.*)

Les Communes qui ne sont pas dans l'usage d'employer la totalité des bois de leurs coupes à leur propre consommation, font connaître à l'Agent forestier local la quantité de bois qui leur est nécessaire, tant pour chauffage que pour constructions et réparations; il en est fait délivrance, soit par l'adjudicataire de la coupe, soit au moyen d'une réserve sur cette coupe : le tout conformément à leur demande et aux clauses du cahier des charges de l'adjudication. (*Ord. régl.*, art. 141.)

Lors des adjudications des coupes ordinaires et extraordinaires des bois des établissemens publics, il est fait réserve, en faveur de ces établissemens et suivant les formes prescrites par l'autorité administrative, de la quantité de bois tant de chauffage que de construction, nécessaire pour leur propre usage.

En conséquence, les Administrateurs de ces établissemens doivent donner chaque année un état des quantités de bois, tant de chauffage que de construction, dont lesdits établissemens ont besoin. Cet état doit être visé par le Sous-Préfet et transmis par lui à l'Agent forestier local. Les quantités de bois ainsi déterminées sont mises en charge lors de la vente des coupes, et délivrées à l'établissement par l'adjudicataire, aux époques fixées par le cahier des charges.

Les bois ainsi délivrés ne peuvent être employés qu'à la destination pour laquelle ils ont été réservés et ne peuvent être vendus ni échangés sans l'autorisation du Préfet. Les Administrateurs qui auraient consenti de pareilles ventes ou échanges, sont passibles d'une amende égale à la valeur de ces bois, et de la restitution, au profit de l'établissement public, de ces mêmes bois ou de leur valeur; les ventes ou échanges sont en outre déclarés nuls. (*C. F.*, art. 102, et *Ord. régl.*, art. 142.)

Tout ce qui a été dit concernant la vente des coupes, dans les forêts de l'État, est applicable aux ventes de celles des bois communaux, sauf les exceptions précédentes et les suivantes :

Les ventes des coupes ordinaires se font en présence du Maire et de son Adjoint, indépendamment des autres fonctionnaires publics qui doivent assister aux ventes des coupes dans les forêts de l'État, à l'exception cependant du Receveur général du département, qui est remplacé par le percepteur de la commune.

Ces percepteurs reçoivent le prix des ventes ordinaires; et les traites à souscrire par les adjudicataires sont faites à leur profit, ces comptables ayant, en cette partie, les mêmes attributions que les receveurs généraux, l'égard des bois de l'Etat, et devant prendre en outre es mêmes mesures et assurances, et exercer, le cas échéant, les mêmes poursuites contre les adjudicataires des oupes, que les Receveurs généraux, contre les adjudicataires des bois de l'État. (*C. F.*, art. 100, et *Ord. du* mars 1817, art. 9, et *Déc. du Min. de l'int.* du 11 juin uivant; *Cah. des ch. des ventes des coupes des bois des comm.*, et établ. de l'ordin. 1828, art. 7, 22, 25, 26, 27, 31, 3 et 62.)

Les adjudications des coupes extraordinaires sont faies d'après les mêmes formalités que celles ordinaires. *C. F. art.* 100, et *Ord. du Roi du 7 mars 1817*, art. 3.)

Le prix des coupes est stipulé payable en traites, aux :chéances fixées par le cahier des charges. Mais les traies sont remises aux Receveurs généraux de département, qui demeurent désormais exclusivement chargés l'en faire le recouvrement, sous leur responsabilité. (*Ib.* art. 4, et *Cah. des ch. des coupes des bois comm. et établ. de l'ord.* 1828, art. 7, 22, 25, 26, 27, 28, 31, 43 et 52.)

Ces traites intégralement souscrites au profit des établissemens propriétaires, et recouvrées en totalité pour leur compte, ne peuvent être grevées d'aucun prélèvement pour les dépenses étrangères aux charges imposées aux établissemens propriétaires. (*Ib.*, art. 6.)

Au fur et à mesure de l'échéance des traites et du recouvrement de leur montant, les Receveurs généraux sont tenus d'en faire le versement, à titre de placement en compte courant, au Trésor royal, pour être tenus, avec les intérêts qui en proviendront, à la disposition des communes et établissemens publics, sur la simple autorisation du Préfet. (*Ibid.*, art. 7, et *Circ.* 15 janvier 1827, n. 150.)

Quant aux frais d'adjudication des coupes de bois communaux, ils sont réduits aux seuls frais de cette nature, c'est-à-dire que les adjudicataires ne sont tenus de payer que les droits de timbre et d'enregistrement, tant des procès-verbaux d'arpentage, balivage et martelage, réarpentage et récolement, que de tous autres actes, les frais de publication, bougies et criées, et d'expédition des procès-verbaux d'adjudication; tous les autres frais, qui sont considérés comme *frais et régie*, sont acquittés par l'Administration conformément aux art. 106 et 107 du Code forestier (*Circ. du 1er mars 1829*, n. 206.)

Il doit être établi, en ce qui concerne ces derniers

frais, par lieu de vente, des mémoires des frais pour citations aux réarpentages et récolemens. Le mandat de paiement en est délivré à l'Agent chef de service, qui fait payer les Gardes. Il est également dressé, par lieu de vente, des mémoires des frais de copies des procès-verbaux d'arpentages et des plans (*Ib.*, *du* 12 *avril* 1829. *n.* 212 *ter.*)

Immédiatement après la clôture de chaque adjudication, l'Agent forestier qui y a assisté, adresse au Conservateur, ainsi qu'il a été dit pour les bois de l'Etat et suivant le même modèle, l'état sommaire du produit de celles qui ont été faites chaque quinzaine. Cet Agent doit aussi fournir aussitôt après que toutes les adjudications sont terminées, un second état sommaire conforme au modèle joint à la circulaire du 6 février 1829, n° 202., présentant, par inspection et par département, le nombre et l'étendue des coupes ordinaires et extraordinaires des bois des communes et des établissemens publics portées sur les états d'assiette, approuvés ; celui des coupes délivrées pour l'affouage et celui des coupes mises en vente, vendues et restant à vendre, enfin le produit des coupes vendues.

Le Conservateur forme de ces états partiels un état récapitulatif qu'il transmet à l'Administration. Cet état doit être totalisé par département, et présenter ensuite une récapitulation générale pour tout son arrondissement. (*Inst. des* 25 *ventôse an XI*, *et* 30 *août* 1817, *et Circ. du* 29 *ventôse an XII*, *n.* 189; *et du* 6 *février* 1829, *n.* 202.)

Art. II. *Coupes délivrées en nature.*

Lorsque les communes sont dans l'usage de partager en nature leurs coupes ordinaires, et les établissemens publics de les exploiter par économie, les Agens forestiers assignent préalablement, si les communes n'ont pas d'autres ressources et d'après la proposition du Maire et l'arrêté du Préfet, une portion suffisante de la coupe, pour la vente en être faite aux enchères avant toute distribution, et le prix en être employé au paiement des frais de Gardes, d'exploitation, de contribution foncière et de la somme ajoutée à cette contribution et revenant au Trésor, ainsi qu'il est dit ci-après, à titre d'indemnité des frais d'Administration. (*C. f.*, *art.* 106 *et* 109, *et ord. règl.*, *art.* 144.)

Mais les communes qui ont besoin de toutes leurs coupes affouagères peuvent être dispensées d'en vendre une partie pour acquitter les charges relatives à leurs bois, lorsqu'elles prennent l'engagement de pourvoir au paiement de ces charges par des taxes d'affouages ou par d'autres voies. (*Circ. des* 15 *janvier et* 18 *sept.* 1828, *n.* 166 *et* 185.)

Ainsi les agens forestiers peuvent délivrer aux communes la totalité de leurs coupes affouagères, lorsque les Maires et les Conseils municipaux répondent du paiement de toutes les charges mentionnées dans le 1er paragraphe de l'art. 109 du Code. (*Let. du Directeur des forêts, du* 3 *septembre* 1829.)

Les Maires des communes ne peuvent refuser les coupes affouagères qui leur sont délivrées par les Agens forestiers et de faire le partage des bois d'affouage entre les habitans. (*Déc. min. du* 23 *février* 1829.)

Les communes ne peuvent vendre une portion de leur affouage qu'à défaut de ressources ordinaires pour acquitter leurs dépenses.

Les habitans peuvent conserver la totalité de leur affouage en acquittant la taxe autorisée. (*Circ. du* 31 *décembre* 1828, *n.* 200.)

La même circulaire avait fait connaître que, d'après une décision de M. le Ministre des finances du 28 novembre précédent, les communes ne pouvaient prélever sur le produit des coupes affouagères une portion de bois pour le chauffage de la maison commune et celui des écoles et un supplément d'affouage en faveur du curé ou du desservant, de l'instituteur ou de l'institutrice; mais sur les réclamations faites à cet égard, le Ministre à prévenu l'Administration des forêts, par sa lettre du 27 mars 1830, qu'il avait reconnu avec son collègue de l'Intérieur que, d'après l'art. 10 du Code forestier, les curés et instituteurs devaient avoir leur quotepart dans la délivrance du bois d'affouage, et que les communes étaient en outre autorisées à prélever sur le produit de leurs coupes affouagères les portions de bois nécessaires au chauffage des établissemens consacrés à un service communal. (*Circ. du* 24 *avril* 1830, *n.* 235.)

Les ventes des lots d'affouage, lors-même que ces lots sont abandonnés par les affouagistes pour cause de non paiement des contributions relatives aux bois, doivent se faire avec l'intervention des Agens forestiers.

17

Décis. minist. du 7 août 1829 et lett. du Direct. des forêts du 3 sept. suivant.)

La vente des arbres provenant d'une coupe affouagère peut se faire au profit de la commune propriétaire seulement, après de simples affiches apposées dans la commune, et il peut y être procédé par le Maire, en présence de l'Agent forestier et du Receveur municipal. (*Décis. du 23 mai* 1829).

Les dispositions du Code et de l'ordonnance réglementaire sur la publicité des ventes de coupes de bois ne sont point applicables aux ventes qui se font des lots d'affouage, pour défaut de paiement des taxes imposées aux co-partageans; mais ces ventes doivent se faire en présence des Agens forestiers. (*Déc. min. du 7 août* 1829.)

Mais l'intervention de ces Agens dans la vente des écorces, copeaux et autres remanans des coupes affouagères, n'est pas exigé par l'ordonnance réglementaire. (*Ib. du 28 août* 1829.)

La coupe de la portion du bois communal destinée à être partagée en nature pour l'affouage des habitans, ne peut avoir lieu qu'après que la délivrance en a été préalablement faite par les Agens forestiers au Maire de la commune.

Aucun bois ne peut être partagé sur pied, ni abattu par les habitans individuellement, et les lots ne peuvent être faits qu'après l'entière exploitation de la coupe, à peine de la confiscation de la portion de bois afférente à chacun des contrevenans.

Les fonctionnaires ou Agens qui auraient permis ou toléré la contravention sont passibles d'une amende de cinquante francs, et demeurent en outre personnellement responsables, et sans aucun recours, de la mauvaise exploitation et de tous les délits qui pourraient avoir été commis. (*C. f., art.* 81 *et* 103.)

D'après les dispositions de l'art. 81 du Code, qui sont applicables aux coupes affouagères des communes, l'exploitation doit se faire par un entrepreneur spécial nommé par la commune, et agréé par l'Administration forestière. Aucun bois ne doit-être partagé sur pied ni abattu par les habitans individuellement, et les lots ne peuvent être faits qu'après l'entière exploitation de la coupe.

Il a été rendu plusieurs décisions pour l'exécution tant de l'article 103 du Code que de l'article 81. En voici les dispositions :

Dans les départemens où les communes ont l'habitude d'exploiter elles-même leurs coupes affouagères, on peut permettre à l'entrepreneur responsable de s'entendre avec les habitans pour l'exploitation de ces coupes ; mais on ne doit permettre aucun partage de bois sur pied. (*Circ. du 10 mars 1828, n. 171.*)

La délivrance d'une coupe affouagère à une commune se fait par la remise du permis d'exploiter ; les procès-verbaux d'arpentage et de balivage ne sont que des actes préparatoires, et la commune n'est véritablement mise en possession de sa coupe que par le permis d'exploiter. (*Déc. minist. du 6 août 1829.*)

Le Code, en ordonnant que l'exploitation sera entièrement terminée avant la fin des lots, a voulu rendre le partage plus facile, prévenir les abus et empêcher les habitans de se livrer à des exploitations séparées et irrégulières ; mais comme la futaie ne se partage pas de même que le taillis, et que souvent elle est vendue au profit de la commune, la loi n'a pu entendre que les arbres dussent être abattus avant qu'on pût procéder au partage des bois de feu. (*Déc. du minist. des fin., du 22 février 1829, et Circ. du 28 mars suivant, n. 211.*)

L'exploitation de la portion de coupe dont il s'agit, doit être faite, aux frais de la commune, par un Entrepreneur spécial, nommé par le Conseil municipal et agréé par l'Administration forestière. Cet Entrepreneur doit, avant de commencer l'exploitation, être muni d'un permis qui lui est délivré par l'Agent forestier local, et il est tenu de se conformer à tout ce qui est prescrit aux adjudicataires pour l'usance et la vidange des ventes ; il est soumis à la même responsabilité et il est passible des mêmes peines, en cas de délits ou contraventions.

Les communes sont garantes solidaires des condamnations prononcées contre lesdits entrepreneurs. (*C. f., art.* 30, 79, 81, 82 *et* 103.) (1)

La garantie solidaire des communes pour les condamnations prononcées contre les Entrepreneurs de l'exploitation des coupes affouagères, établie par l'art. 82 du Code forestier, s'étend aux amendes aussi bien

---

(1) L'art. 30 concerne les adjudicataires ; l'art. 79, les usagers ; et les art 81, 82 et 103, l'entrepreneur de l'exploitation des coupes délivrées à ces derniers. (*Voir* les chap. XII et XIII.

qu'aux dommages-intérêts et aux frais. (*Arr. de la C. de cass. du* 24 *septembre* 1830.)

Le partage des bois d'affouage ne peut avoir lieu qu'après l'exploitation de la coupe entièrement terminée. S'il n'y a titre ou usage contraire, ce partage se fait par feu, c'est-à-dire, par chefs de famille ou de maison, ayant domicile réel et fixe dans la commune ; s'il n'y a également titre ou usage contraire, la valeur des arbres délivrés pour constructions ou réparations est estimée à dire d'expert et payée à la commune. Dans ce cas, l'expertise est faite dans le procès-verbal même de la délivrance, par le Maire de la commune où son délégué, par l'Agent forestier et par un expert au choix de la partie prenante. Le procès-verbal est remis au Receveur municipal par l'Agent forestier. (*C. f.*, *art.* 105, *et Ord. régl., art.* 143.)

Le partage des bois d'affouage ne peut avoir lieu qu'après l'entière exploitation du taillis; mais on peut y procéder avant l'abattage des arbres qui font partie de la coupe. (*Circ. du* 28 *mars* 1829, *n.* 211.)

Il s'est élevé des difficultés sur le mode de partage des futaies comprises dans les coupes affouagères. Des Conseils municipaux ont réclamé contre des arrêtés de Préfets maintenant l'usage du *partage des futaies par toisé de bâtimens*, et demandé que ce *partage eût lieu par feu.* Ces réclamations ayant été adressées au Ministre des finances, elles ont été rejetées, attendu que, par l'art. 105 du Code forestier, le législateur n'a indiqué, sous le terme d'*affouage*, que les *bois de feu*, dont il a prescrit un *partage égal* entre les différens chefs de famille ; mais qu'il n'a pas entendu y comprendre les *bois de construction*, puisqu'il a établi à leur égard un mode différent de délivrance; qu'on ne peut s'empêcher de reconnaître la sagesse de cette disposition, laquelle, en ne faisant participer aux bois de charpente que les propriétaires des maisons ou ceux qui veulent en construire, fixe une compensation à cette espèce de privilége, en ordonnant que les bois seront payés d'après une estimation à dire d'experts, puisque le prix en provenant, versé dans la caisse municipale, tourne évidemment à l'avantage de la communauté, et justifie l'exclusion appliquée à ceux qui ne possèdent pas de maisons. (*Décis. min. du* 27 *juin* 1832, *sous le n°* 2987 *de l'Adm des forêts,* 2ᵉ *division,* 2ᵉ *bureau.*)

Les Préposés des douanes ne doivent pas participer aux distributions affouagères dans les bois communaux, s'ils ne réunissent les diverses conditions d'admissibilité déterminées ci-dessus. Ce droit ne peut s'acquérir que par le domicile réel pendant un an. (*Décis. minist. des* 29 *décembre* 1828 *et* 30 *août* 1830.)

Les Conseils de préfecture sont compétens pour régler, dans l'intérêt des communes, le mode de jouissance de l'affouage des bois sur lesquels elles ont des droits reconnus; mais lorsque cette jouissance est subordonnée à une question de propriété, les Conseils de préfecture doivent s'abstenir, et renvoyer les parties devant les tribunaux. (*Ord. du Roi du* 15 *juin* 1825.)

Lorsqu'il ne s'agit pas de régler entre les habitans d'une commune le mode de jouissance de leur affouage, mais de savoir si un particulier a ou non droit audit affouage, cette question, qui ne peut être jugée que d'après les titres et les règles du droit commun, n'est pas de la compétence des Conseils de préfecture. (*Ib. du* 22 *novembre* 1826.)

Aux termes du décret du 4 brumaire an XIII (31 octobre 1804), c'est aux Conseils municipaux qu'il appartient de proposer un nouveau mode de jouissance d'affouage. (*Ib: du* 25 *juillet* 1827.)

La délibération du Conseil municipal à cet égard doit être, avec l'avis du Sous-Préfet, transmise au Préfet, qui l'approuve, rejette ou modifie en Conseil de préfecture, sauf, de la part du Conseil municipal, et même d'un ou de plusieurs habitans ou ayant-droit à la jouissance, le recours au Conseil-d'Etat. (*Id.*)

Le Préfet excède ses pouvoirs en prenant l'initiative du réglement sur le nouveau mode de jouissance des affouages. (*Id.*)

Le ministre qui approuve sur ce point les actes du Préfet participe à cet excès de pouvoirs. (*Id.*)

Lorsque les habitans d'une commune n'excipent d'aucun règlement ni d'aucun acte qui leur aient attribué une part déterminée de l'affouage, l'arrêté par lequel le Préfet a homologué la délibération du Conseil municipal relative à la vente de la moitié des coupes affouagères n'est qu'une mesure administrative, que les réclamans peuvent attaquer devant le Ministre de l'intérieur, mais qui n'est pas susceptible d'être référée au Conseil-d'Etat par la voie contentieuse. (*Ord. du Roi, du 10 août 1828.*)

Lorsqu'un Préfet refuse d'accueillir la demande de plusieurs habitans tendant à être compris dans la répartition de l'affouage des bois communaux, son arrêté ne fait pas obstacle à ce que les réclamans intentent, s'ils s'y croient fondés, une action, devant les tribunaux, contre la commune, à raison du droit d'affouage auquel ils prétendent. (*Ord. du Roi du 12 août 1829.*)

Les communes peuvent prélever sur le produit de leurs coupes affouagères, le bois nécessaire au chauffage des établissemens consacrés à un service communal, tels que les mairies, les écoles, les corps-de-garde, etc. (*Décis. min. du 27 mars 1830.*)

Dans les coupes des bois des communes et des établissemens publics, il doit être réservé, lors de l'exploitation des taillis, quarante baliveaux au moins et cinquante au plus par hectare. Lors de la coupe des quarts en réserve, le nombre des arbres à conserver est de soixante au moins et de cent au plus par hectare.

Les baliveaux modernes et anciens ne peuvent être abattus qu'autant qu'ils sont dépérissans ou hors d'état de prospérer jusqu'à une nouvelle révolution, et sans une autorisation spéciale du Ministre des finances. (*Ord. régl., art. 70, 103 et 137.*)

L'art. 70 porte que, lors de l'exploitation des taillis, dans les bois de l'État, il sera réservé cinquante baliveaux de l'âge de la coupe par hectare, et qu'en cas d'impossibilité, les causes en seront énoncées aux procès-verbaux de balivage et martelage. Il ajoute que les baliveaux modernes et anciens ne pourront être abattus qu'autant qu'ils seront dépérissans ou hors d'état de prospérer jusqu'à une nouvelle révolution.

L'art. 137 veut que la réserve des baliveaux de l'âge du taillis soit, dans les bois des Communes et des Etablissemens publics, de quarante au moins et cinquante au plus; mais il laisse subsister à l'égard des baliveaux anciens et modernes la disposition de l'article 70, portant qu'ils ne seront abattus qu'autant qu'ils seront dépérissans ou hors d'état de prospérer jusqu'à une nouvelle révolution.

Toutefois la coupe en peut être faite en vertu de l'approbation de l'état d'assiette; et il n'est besoin d'une Ordonnance du Roi que pour ceux qui se trouvent sur des coupes non en tour d'exploitation. (*Circ. du 7 mars 1828, n. 170.*)

Le récolement des coupes usées a lieu à l'expiration des délais de vidange, ainsi qu'il est prescrit pour les bois de l'Etat, et la décharge d'exploitation n'est délivrée qu'après que l'Agent forestier local a vérifié par lui-même que les Entrepreneurs ont rempli leurs obligations, et qu'il en a dressé procès-verbal. (*Inst. du 7 prairial an IX, art. 7, § 1er.*)

Les actes relatifs aux coupes et arbres délivrés en nature sont visés pour timbre et enregistrés en débet, et il n'y a lieu à la perception des droits que dans le cas de poursuites devant les tribunaux. (*C. f., art. 104.*)

Les procès-verbaux de délivrance des coupes affouagères, ceux de récolement de ces coupes et les autres actes y relatifs, qui ne seront pas soumis dans les délais de vingt jours ou de deux mois, selon qu'ils sont antérieurs ou postérieurs à la délivrance, sont assujétis au double droit. (*Délibération du Conseil de l'Admin. des Domaines, du 3 mars 1829.*)

Les indemnités que les Adjudicataires des bois des Communes et des Etablissemens publics doivent payer pour les délais de coupes et de vidange qui leur sont accordés, sont versés dans les caisses des Receveurs des Communes ou Etablissemens propriétaires. (*Ord. régl., art. 138.*)

Dans le cas où les Adjudicataires n'auraient pas profité des prorogations de délai, il ne peuvent obtenir la remise de l'indemnité qu'en se conformant aux dispositions ci-dessus prescrites pour les coupes des bois de l'Etat. (*C. des ch. des ventes des coupes des bois des Communes et Établissemens de l'Ord. 1828, art. 62.*)

§ IV. *Frais d'Administration.*

Pour indemniser le Gouvernement des frais d'Administration des bois des Communes ou Etablissemens publics, il est ajouté annuellement à la contribution foncière, établie sur ces bois, une somme équivalente à ces frais. Le montant de cette somme est réglé chaque année par la loi des finances; elle est répartie au marc le franc de ladite contribution, et perçue de la même manière. (*C. f., art. 106.*)

Moyennant les perceptions ci-dessus ordonnées, toutes les opérations de conservation et de régie dans les bois des communes et des établissemens publics sont faites par les Agens et Préposés de l'Administration forestière, sans aucun frais.

Les poursuites dans l'intérêt des communes et des établissemens publics, pour délits ou contraventions commis dans leurs bois, et la perception des restitutions et dommages-intérêts prononcés en leur faveur, sont effectuées, sans frais, par les Agens du Gouvernement, en même temps que celles qui ont pour objet le recouvrement des amendes dans l'intérêt de l'État.

En conséquence, il n'y a pas lieu à exiger des communes et établissemens publics, ni aucun droit de vacation, d'arpentage, de réarpentage, de décime, de prélèvement quelconque, pour les Agens et Préposés de l'Administration forestière, ni le remboursement, soit des frais des instances dans lesquelles l'Administration succomberait, soit de ceux qui tomberaient en non-valeur par l'insolvabilité des condamnés. (*Ibid.*, *art.* 107.)

Le salaire des Gardes particuliers reste à la charge des communes et établissemens publics. (*C. F.*, *art.* 108.)

Les coupes ordinaires et extraordinaires sont principalement affectées au paiement des frais de Garde, de la contribution foncière, et des sommes qui reviennent au Trésor, en exécution des dispositions ci-dessus.

Si les coupes sont délivrées en nature pour l'affouage, et que les Communes n'aient pas d'autres ressources, il doit être distrait une portion suffisante des coupes pour être vendues aux enchères, avant toute distribution, et le prix en est versé dans la caisse municipale pour être employé au paiement desdites charges. (*C. f.*, *art.* 109, *et Ord. régl.*, *art.* 144.)

Mais les communes sont autorisées à acquitter par des taxes d'affouage les charges et dépenses prévues par l'art. 109 du Code forestier, sans recourir à la vente d'une portion de leur affouage.

Cette mesure a été régularisée par la loi du 17 août 1828, relative à la fixation du budget des recettes de l'exercice 1829, laquelle a consacré une disposition qui autorise *la perception des taxes d'affouage là où il est d'usage et utile d'en établir.* (*Circ. du 8 septembre 1828;* *n.* 185.)

CHAPITRE XVII.

Bois et forêts indivis.

Toutes les dispositions du Code forestier relatives à
à la conservation et la régie des bois qui font partie du
domaine de l'Etat, ainsi qu'à la poursuite des délits et
contraventions commis dans ces bois, sont applicables
aux bois et forêts dans lesquels l'Etat, la Couronne,
les Communes ou les Etablissemens publics ont des
droits indivis avec des particuliers, sauf les modifications contenues dans le chapitre XVI, concernant les
bois des Communes et Etablissemens publics. (*C. f.*,
art. 1er *et* 113, *et Ord. régl., art.* 147.)

Aucune coupe ordinaire et extraordinaire, exploitation ou vente, ne peut être faite par les co-propriétaires, sous peine d'une amende égale à la valeur de la
totalité des bois abattus ou vendus : toutes ventes ainsi
faites sont déclarées nulles. (*C. f., art.* 114.)

Lorsque les demandes, adressées par une commune
au Préfet et soumises à la décision du Conseil de Préfecture, n'ont pas seulement pour objet d'obtenir la délivrance en nature de coupes d'un bois indivis entre cette
commune et l'Etat, mais qu'elles tendent aussi à ce que
la commune soit maintenue, à l'exclusion de l'Etat,
dans la jouissance pleine et entière et sans part d'autrui, dans lesdites coupes, cela constitue une question
de propriété dont il n'appartient qu'aux tribunaux de
connaître ; et il y a lieu dès-lors d'annuler l'arrêté
du Conseil de Préfecture qui a statué sur le tout, et
d'autoriser la commune à faire valoir devant les tribunaux ses droits à la propriété exclusive des bois. (*Ord.
du Roi du* 27 *août* 1828. *Voir le* § XXI *du chap.* XII,
relatif aux QUESTIONS DE PROPRIÉTÉ, *page* 520.)

Les frais de délimitation, d'arpentage et de garde,
sont supportés par le domaine et les co-propriétaires,
chacun dans la proportion de ses droits.

L'Administration forestière nomme les Gardes, règle
leur salaire, et a seul le droit de les révoquer. (*C.f.,
art.* 115.)

Les copropriétaires ont dans les restitutions et dommages-intérêts la même part que dans le produit des
ventes, chacun dans la proportion de ses droits. (*Ib.,
art.* 116.)

Lorsqu'il y a lieu d'effectuer des travaux extraordinai
res pour l'amélioration des bois indivis, le Conservateur communique aux copropriétaires les proposition
et projets de travaux (*Ord. régl.*, art. 148.)

L'Administration des forêts indique au Ministre de
finances quels sont les bois indivis entre l'Etat et d'autres propriétaires dont le partage peut être effectué san
inconvénient, afin qu'il décide, s'il y a lieu, de provoquer le partage. L'action est, en conséquence, intentée et suivie conformément au droit commun et dan
les formes ordinaires.

Lorsque des parties intéressées ont des experts à nommer, il est procédé à cette nomination de la manière suivante :

Dans l'intérêt de l'Etat, par le Préfet, sur la proposition du Directeur des domaines, qui doit se concerter
à ce sujet avec le Conservateur pour désigner un Agent
forestier.

Dans l'intérêt des communes, par le Maire, sauf l'approbation du Conseil municipal.

Dans l'intérêt des établissemens publics, par les Administrateurs de ces établissemens. (*Ord. régl.*, art. 149,
Voir le § 22 *du chap. XII, page* 322.)

CHAPITRE XVIII.

Bois des particuliers.

Art. Ier. *Considérations générales.*

Les bois appartenant aux particuliers ne sont pas soumis au *régime forestier*, et ceux-ci y exercent tous les
droits résultans de la propriété, sauf les restrictions
concernant le droit de choix et de martelage de la Marine pour les futaies propres à son service ; le droit de
réquisition des bois pour les travaux du Rhin, et enfin
la prohibition des défrichemens. (*C. f.*, art. 2.) (1)

L'Administration forestière ne doit pas s'opposer à la
coupe des bois de futaie ou taillis que des particuliers ju-
geraient à propos de faire sur leurs propriétés, soit que

_____

(1) Voir pour les dispositions relatives aux bois de Marine
et aux travaux du Rhin, le chapitre XIX qui traite des *affectations spéciales des bois à services publics*, ainsi qu'au § V. de la
4ᵉ section du chapitre VIII, concernant la nomination et les
fonctions des *Gardes des bois particuliers, page* 104.

l'usage ait réglé ou non cette coupe avant dix années. (*Circ. du* 15 *mars* 1817, *n.* 592.)

Les adjudicataires des coupes dans les bois des particuliers sont, comme tous autres individus, soumis aux peines portées par le titre XII du Code forestier, à raison des délits par eux commis dans leurs coupes; par exemple, pour abattis et enlèvement frauduleux d'arbres réservés. Ce n'est pas là une de ces infractions qui, suivant le Code, ne peuvent donner lieu qu'à une action civile.

L'essence d'arbres coupés en délit et enlevés avec leurs souches, est suffisamment constatée par le rapport d'un Agent forestier nommé par le tribunal. (*Arr. de la C. de cass. du* 14 *mai* 1851.)

Les particuliers jouissent, comme le gouvernement, de la faculté d'affranchir leurs forêts de tous droits d'usage en bois, moyennant un cantonnement qui est réglé de gré à gré, et, en cas de contestation, par les tribunaux.

L'action en affranchissement d'usage par voie de cantonnement n'appartient qu'aux particuliers et non aux usagers. (*C. f.*, *art.* 63 *et* 118.)

Les droits de pâturage, parcours, panage et glandée, dans les bois des particuliers, ne peuvent être exercés que dans les parties de bois déclarées *défensables* par l'Administration forestière, et suivant l'*état* et la *possibilité* des forêts, reconnus et constatés par la même Administration.

Lorsque les propriétaires ou les usagers sont dans le cas de requérir l'intervention d'un Agent forestier pour visiter les bois à l'effet d'en constater l'état et la possibilité, ou de déclarer s'ils sont défensables, ils en adressent la demande au Conservateur, qui désigne un Agent forestier pour procéder à cette visite.

Cet Agent dresse procès-verbal de ses opérations, en énonçant toutes les circonstances sur lesquelles sa déclaration est fondée. Il dépose ce procès-verbal à la sous-préfecture, où les parties peuvent en réclamer des expéditions. (*Ib.*, *art.* 119, *et Ord. régl.*, *art.* 151.)

Les chemins par lesquels les bestiaux doivent passer pour aller au pâturage et pour en revenir, sont désignés par le propriétaire. (*C. f.*, *art.* 119.)

Quant à l'exercice des droits d'usage dans leurs bois, les particuliers y exercent les mêmes droits et la même surveillance que les Agens du gouvernement dans les forêts soumises au régime forestier. (*C. f.*, *art*, 120.)(1)

Les usagers qui ont droit à des livraisons de bois dans une forêt de particulier, ne peuvent exercer ce droit qu'après que la délivrance leur en a été faite par le propriétaire : des actes de sommation à fin de délivrance, ne peuvent tenir lieu de cette délivrance, et constituent seulement le principe d'une action qui, en cas de refus du propriétaire, doit être portée devant les tribunaux. (*Arr. de la C. de cass.*, *du 6 mai* 1830.)

ART. II. *Dispositions concernant les défrichemens.*

Aucun bois ne peut être *arraché* ni *défriché* que *six mois* après la déclaration faite par le propriétaire à la sous-préfecture de l'arrondissement où le bois est situé. (*C. f.*, *art* 219.)

Une déclaration qui ne serait pas faite à la Sous-Préfecture ne ferait pas courir le délai ; il faut qu'elle soit faite devant l'autorité désignée par la loi. (*Arr. de Cass.*, *du* 15 *février* 1828.)

Un propriétaire qui a fait la déclaration qu'il allait défricher une forêt, et qui commence son défrichement six mois après sa déclaration, n'est passible d'aucune peine, alors même que l'Administration y a formé opposition, si cette opposition n'a été notifiée qu'à l'autorité administrative et non à la personne ou au domicile du propriétaire : cette notification ne peut être suppléée par celle de l'arrêté du Préfet relatif à l'opposition. (*Ib.*, *du* 15 *mai* 1830.)

Sont exceptés de la déclaration les bois non-enclos d'une étendue au-dessous de quatre hectares, lorsqu'ils ne font pas partie d'un autre bois qui compléterait une contenance de quatre hectares, ou qu'ils ne sont pas situés sur le sommet ou la pente d'une montagne ; les parcs ou jardins clos, et attenant aux habitations, et les jeunes bois, pendant les vingt premières années après leur semis ou plantations, sauf le cas de recepuplement ordonné par un jugement. (*C. f.*, *art.* 123.)

D'après ces dispositions, je dois faire observer, 1° que si le procès-verbal constatant un défrichement ne dit pas que le bois défriché était planté depuis plus de vingt ans, on peut admettre la preuve que le terrain

---

(1) Voir, quant aux *droits d'usage* et le *mode de les exercer*, le § II du chapitre XIII, page 338 et suivantes.

était en-nature de bois depuis moins de vingt ans.

Cette preuve étant fournie, le prévenu se trouve dans le cas de l'exception posée au paragraphe 1er de l'article 223. (*Arr. de la C. de cass., du 18 décem. 1829.*)

2° Que le Code forestier ne s'expliquant pas sur le *mode de clôture*, l'exception doit s'étendre à tous les genres de clôture indiqués dans l'article 391 du Code pénal, ainsi conçu :

« Est réputé *parc* ou *enclos* tout terrain environné de fossés, de pieux, de claies, de planches, de haies vives ou sèches ou de murs, de quelque espèce de matériaux que ce soit, quelles que soient la hauteur, la profondeur, la vétusté, la dégradation de ces diverses clôtures, quand il n'y aurait pas de porte fermant à-clef ou autrement, ou quand la porte serait à claire-voie et ouverte habituellement. »

3° Qu'à l'égard des bois non-clos, même d'une étendue au-dessous de quatre hectare, situés sur le sommet ou la pente d'une montagne, ils sont, par ce seul fait, et d'après le troisième paragraphe de l'art. 223. soumis pour le défrichement à la déclaration prescrite par l'art. 219 du Code for.; un procès-verbal qui constate que le terrain défriché est *en nature de bois*, fait foi sur ce point jusqu'à inscription de faux. (*Arr. de la C. de cass., du 14 janvier 1830.*)

4° Qu'une décision du Ministre du commerce et des travaux publics, concertée avec le Ministre des finances, porte que la permission de défricher sera accordée pour les bois dont la superficie est au-dessous de douze hectares, lorsqu'il n'en résultera pas d'inconvéniens ; que les Préfets doivent transmettre, sans retard, aux Agens forestiers, les déclarations des propriétaires. (*Circ. du 15 oct. 1831, n. 290.*)

La déclaration des bois que les propriétaires se proposent de défricher, doit être faite au moins six mois d'avance, durant lesquels l'Administration peut faire signifier au propriétaire son opposition au défrichement. Dans les six mois, à dater de cette signification, il est statué sur l'opposition par le Préfet, sauf le recours au Ministre des finances.

Si, dans les six mois, après la signification de l'opposition, la décision du Ministre n'a pas été rendue et signifiée au propriétaire de bois, le défrichement peut être effectué. (*C. f., art. 219.*)

Les déclarations doivent indiquer le nom, la situation et l'étendue des bois. Elles sont faites en double minute, et remises à la Sous-Préfecture où il en est tenu registre. L'une des minutes, visées par le Sous-Préfet, est rendue au déclarant, et l'autre est transmise par le Sous-Préfet à l'Agent forestier supérieur de l'arrondissement. (*Ib.*, *et Ord. régl.*, *art.* 192.)

Les déclarations peuvent être faites sur *papier libre.* (*Décis. minist.*, *du* 10 *juillet* 1829.)

L'Agent forestier procède, dans le délai de dix jours au plus, à dater de celui de la réception des déclarations, à la reconnaissance de l'état et de la situation des bois, et en dresse procès-verbal, auquel il joint un rapport détaillé, en discutant les motifs présentés à l'appui de la déclaration, et indiquant les motifs d'intérêt public qui seraient de nature à influer sur la détermination à prendre à cet égard. Il remet le tout sans aucun délai au Conservateur, avec la déclaration du propriétaire. (*Ord. régl.*, *art.* 193; *et Inst. du* 10 *septemb.* 1817, *n.* 800; *et Circ. du* 15 *octobre* 1831, *n.* 290.)

Si le Conservateur estime que le bois ne doit pas être défriché, il fait signifier au propriétaire une opposition au défrichement, et en réfère sans retard au Préfet, en lui transmettant les pièces avec ses observations.

Dans le cas contraire, le Conservateur en réfère, sans délai, au Directeur de l'Administration des forêts, qui en rend compte au Ministre des finances. (*Ord. régl.*, *art.* 194; *et Circ du* 15 *oct.* 1831, *n.* 290.)

Le Préfet statue sur l'opposition, dans le délai d'un mois par un arrêté énonçant les motifs de sa décision.

Dans le délai de huit jours, le Préfet fait signifier cet arrêté à l'Agent forestier supérieur de l'Arrondissement, ainsi qu'au propriétaire des bois, et le soumet avec les pièces à l'appui au Ministre des finances, qui rend et fait signifier au propriétaire sa décision définitive dans les six mois, à dater du jour de la signification de l'opposition. (*Ord. régl.*, 195.)

Le Ministre des finances a recommandé à MM. les Préfets de se conformer exactement aux dispositions de l'art. 193 de l'ordonnance réglementaire pour l'instruction des demandes en défrichement, et d'y apporter toute la célérité nécessaire, afin de prévenir la prescription. (*Circ. du* 24 *octobre* 1828; *n.* 188 *bis.*)

Les Conservateurs doivent aussi donner avis à l'Administration des forêts, de l'arrêté du Préfet qui aura statué sur l'opposition, et de la date de la signification de cet arrêté. (*Circul. du* 11 *juin* 1828, *n.* 178 *bis.*)

Une simple signification administrative des arrêtés des Préfets ne peut suffire pour valider l'opposition à un défrichement; il faut qu'elle soit faite par un huissier, un garde forestier, un garde champêtre, ou par un maire, faisant fonction d'officier de police judiciaire et chargé en cette qualité, d'opérer la remise des arrêtés et d'en dresser procès-verbal. Les significations doivent être visées pour timbre et enregistrées gratis, attendu qu'elles sont faites uniquement dans l'intérêt public; et les autres frais de ces significations ne peuvent être mis à la charge des particuliers qui demandent l'autorisation de défricher, et ils sont acquittés par l'Administration forestière, sur les fonds des frais de justice : mais pour éviter des dépenses trop considérables, le Ministre des finances a ordonné que les significations seront toujours faites par les Gardes forestiers. (*Circ. du* 2 *juillet*, 4 *août et* 26 *septembre* 1852, *n.* 502, 506 *et* 518.)

Les décisions du Ministre des finances en rejet de demandes en défrichement, ne peuvent être attaquées par la voie contentieuse. (*Ord. des* 30 *mai* 1821, 20 *février* 1822. *et* 28 *août* 1827.)

Les demandes en révision contre des décisions ministérielles en *rejet* d'autorisation de défricher, ne peuvent être assimilées aux déclarations *primitives* de volonté de défricher, et par conséquent elles ne doivent pas être soumises au *visa* des Sous-Préfets, ainsi que le prescrit l'art. 219 du Code forestier pour les premières demandes; car si cette marche était suivie, il faudrait recommencer le travail autant de fois qu'il conviendrait à un propriétaire de se pourvoir, et les décisions manqueraient souvent leur effet. Ces demandes en révision ne peuvent donc être considérées que comme des *pourvois*, et une décision ministérielle étant, à proprement parler, un jugement rendu en première instance, elle ne peut être régulièrement rapportée que par le Conseil-d'État, dans le cas où la religion de l'autorité supérieure aurait été surprise. (*Avis du Conseil-d'État du* 28 *oct.* 1829, *approuvé par le Ministre des fin.*, *le* 9 *novembre suivant.*)

Les Agens forestiers sont chargés de veiller à l'exécution ponctuelle de ces dispositions. Les Inspecteur transmettent avec exactitude au Conservateur, après les avoir inscrites sur un registre conforme au modèle n° 19 annexé à l'instruction du 23 mars 1821, les déclarations faites par les propriétaires et que les Sous-Préfets leur ont adressées. Le Conservateur fait tenir, dans ses bureaux, un registre semblable, sur lequel sont inscrites toutes les déclarations de l'arrondissement forestier. (*Inst. du 23 mars 1821, art. 69.*)

- Pour prévenir les inconvéniens qui résulteraient des lenteurs que mettraient les Agens forestiers à fournir les renseignemens sur les demandes en défrichement faites par les propriétaires des bois, et garantir l'Administration des procédures qui en sont quelquefois la suite, les Conservateurs doivent recommander aux Agens sous leurs ordres, de mettre la plus grande diligence dans l'examen des demandes dont il s'agit, et de les lui transmettre avec les procès-verbaux de visite des terrains, sur les avantages ou les dangers du défrichement, de manière à ce que cet Agent supérieur puisse adresser le tout, suivant les cas, soit à l'Administration, soit au Préfet, avec son avis, sans aucun retard.

Mais dans le cas d'un long délai, le Conservateur doit s'expliquer sur les causes qui l'ont amené, afin qu'il soit pris, contre l'Agent auquel le retard pourrait être attribué, telle mesure que les circonstances exigeraient. Cependant s'il arrivait que, par des causes particulières, la décision du Gouvernement sur quelques-unes des demandes de ce genre, ne fût point parvenue au Conservateur, dans les six mois de la déclaration, cet Agent supérieur doit avoir soin, conformément au 3e § de l'article 70 de l'instruction du 23 mars 1821, de faire mettre opposition au défrichement dans le délai voulu par le Code. (*Ord. régl., art.* 194, *et Circ. du 28 juin 1822, n.* 62, *et du 15 octobre 1831, n.* 290.)

Les Agens forestiers sont tenus d'apporter le plus grand soin dans l'examen des terrains dont on demande le défrichement, et le Conservateur vérifie, lors de ses tournées, s'ils ont été exacts dans leurs dires; et s'il en était autrement, il en rend compte à l'Administration. (*Inst. du 23 mars 1821, art.* 70, *et Circ. du 22 juin 1822, n.* 62.)

Si dans le délai de six mois, après la signification de l'opposition, la décision de M. le Ministre des finances n'a pas été rendue et signifiée au propriétaire des bois, le défrichement peut être effectué. (*C. f.*, *art.* 229.)

La signification de la décision du Ministre peut être faite par un Agent forestier ; mais l'acte de cette signification doit constater la *qualité* de celui qui l'a faite, et doit en outre contenir la *copie certifiée* de cette décision, dont il ne suffit pas d'énoncer l'*existence* et la *date*. (*Ar. de la C. de cass. du* 2 *mars* 1832.)

En cas de contravention de la part des propriétaires de bois aux dispositions ci-dessus, ils sont condamnés par le tribunal compétent, sur la réquisition du Conservateur de l'arrondissement, et à la diligence du Procureur du Roi, 1° à remettre une égale quantité de terrain en nature des bois dans le délai fixé par le jugement, et qui ne peut excéder trois années ; 2° et à une amende calculée en raison de 500 fr. au moins et de 1500 fr. au plus par hectare de bois défrichés. (*C.f.*, *art.* 220.)

On doit faire observer que le repeuplement étant une mesure d'intérêt et d'ordre public, entièrement indépendante de la peine et de la réparation civile, est obligatoire dans tous les temps ; ainsi, lors même que le délit de défrichement est prescrit, il y a toujours lieu à obliger le propriétaire contrevenant, au repeuplement ordonné par la loi. (*Arr. de la C. de cass. du* 9 *germinal an XIII, et des* 8 *janvier* 1808 *et* 18 *février* 1820.)

Faute par le propriétaire d'effectuer la plantation ou le semis dans le délai prescrit par le jugement, il y est pourvu, à ses frais, par l'Administration forestière, sur l'autorisation préalable du Préfet, qui arrête le mémoire des travaux faits et le rend exécutoire contre le propriétaire. (*C. f.*, *art.* 221, *et Circ. du* 7 *prair. an XI*, n. 148.)
• Les semis ou plantations exécutés, par suite de jugement, en remplacement de bois défrichés, sont également soumis aux dispositions ci-dessus. (*Ibid.*, *art.* 222.)

Les Ingénieurs et Agens maritimes sont chargés, sous le rapport des intérêts de la marine, de veiller, concurremment avec les Agens forestiers, à l'exécution des dispositions relatives aux défrichemens des bois. (*Ord. du* 28 *août* 1816, *art.* 17.)

Les Maires et Adjoints et les Gardes champêtres, sous les ordres et la direction des Maires, sont aussi autorisés, dans les lieux où il n'existe pas de forêts royales et communales, ni par conséquent de Préposés forestiers qui puissent exercer leur surveillance sur les bois des particuliers, à dresser des procès-verbaux des défrichemens qui seraient effectués dans les bois de cette catégorie, en contravention au titre XV du Code forestier, et à remettre ces procès-verbaux entre les mains des Procureurs du Roi, et à en adresser une copie certifiée à l'Agent forestier local, afin que ces derniers donnent alors la suite nécessaire à ces procès-verbaux. (*Ord. régl.,* *art.* 196*, et Déc. du Min. des fin. du 7 mai* 1823.)

Les actions ayant pour objet des défrichemens commis en contravention à l'art. 219 du Code forestier, se prescrivent par deux ans à dater de l'époque où le défrichement a été consommé. (*C. f.*, *art.* 224.)

CHAPITRE XIX.

Affectations spéciales des bois à des services publics.

PREMIÈRE SECTION.

Bois destinés au service de la marine.

§ Ier. *Droit de la Marine.*

La nécessité d'assurer à la Marine des ressources proportionnées à l'étendue et à la richesse forestière du territoire français a fait accorder, de temps immémorial, à ce Département, le *droit* de prendre dans toutes les forêts qui existent sur le sol du royaume, et par **préférence** à tout autre service public, les arbres de choix dont il a besoin pour la construction des bâtimens de mer.

Lors de la discussion du Code forestier, il a été reconnu que l'honneur de notre pavillon, la sûreté de nos côtes et les intérêts de notre commerce, touchaient essentiellement à ce droit de choix et de martelage de la marine, et il lui a été conservé. Mais comme l'intérêt seul d'un service si important a déterminé à maintenir cette faculté, le Code l'a réduit dans ses limites les plus étroites, et l'a restreint aux cas où l'intérêt réel et pressant de la marine s'y trouve lié. Cependant la marine est assurée qu'aucune des ressources que lui offrent les *coupes annuelles* et *extraordinaires* dans les forêts de toute catégorie, ne peut lui échapper. Mais, comme les forêts appartiennent soit à l'État, soit aux Communes et aux Etablissemens publics, soit aux particuliers, on a dû modifier l'exercice de ce droit de choix et martelage, de manière à le concilier avec celui de ces divers propriétaires, et delà les différences qui existent entre ce qui se pratique pour les *bois soumis au régime forestier* et pour les *bois particuliers*. (*C. f.*, art. 122 et 124.)

Les dispositions ci-dessus ne sont applicables qu'aux localités où le droit de martelage est jugé indispensable pour le service de la Marine, et peut être utilement exercé par elle. Le Gouvernement fait dresser et publier l'état des départemens, arrondissemens et cantons qui ne sont pas soumis à l'exercice de ce droit.

La même publicité est donnée au rétablissement de cet exercice dans les localités exceptées, lorsque le Gouvernement juge ce rétablissement nécessaire. (*Ibid.* , art. 135.)

§ II. *Bois soumis au régime forestier.*

Dans tous les bois soumis au régime forestier, lorsque des coupes doivent y avoir lieu, le département de la marine peut faire choisir et marteler par ses agens les arbres propres aux constructions navales, parmi ceux qui n'ont pas été marqués en réserve par les Agens forestiers. (*C. f.*, art. 122.)

Les arbres ainsi marqués sont compris dans les adjudications, et livrés par l'adjudicataire à la Marine aux conditions ci-après indiquées. (*Ib.*, art. 123, *et Cah. des ch. de l'ord. de* 1833, art. 38.)

Pour mettre les Agens de la marine à même de remplir cette disposition, aussitôt après la désignation et assiette des coupes ordinaires ou extraordinaires qui doivent avoir lieu chaque année dans les bois de l'Etat et ceux des communes ou des établissemens publics, le Conservateur en adresse l'état au Directeur de la marine.

Dès que le balivage et le martelage des coupes ont été effectués, les Agens forestiers chefs de service dans chaque inspection en donnent avis aux Ingénieurs, maîtres ou contre-maîtres de la Marine, qui procèdent immédiatement à la recherche et au martelage des bois propres au service de la Marine royale.

Les Agens forestiers, sur la demande des Ingénieurs, désignent les Gardes forestiers qui doivent accompagner les maîtres et contre-maîtres dans toutes les parties des coupes assises pour l'année, afin d'éviter les erreurs qui pourraient être commises faute d'indications assez positives sur les localités et les sites. Le Garde qui a été désigné ne peut, sous aucun prétexte, refuser de se rendre avec le maître ou contre-maître, au jour fixé, et en cas d'impossibilité imprévue, les Agens forestiers locaux doivent pourvoir sur-le-champ à ce que l'Agent de la marine ne soit pas retardé dans son opération. Le Garde désigné a d'ailleurs l'attention de ne jamais quitter cet Agent qu'après l'avoir remis entre les mains d'un Garde d'un autre triage, si plusieurs doivent être exploités dans la même forêt, afin que cet Agent puisse, sans discontinuité, suivre ses travaux, et éviter d'être obligé de revenir plusieurs fois dans la forêt pour le même objet. (*Ord. régl.*, art. 152, *Inst. du 7 prairial an IX; Circ. du 18 vendém. an X*, n. 38, *du 13 prair. an XI*, n. 150, *et du 7 brum. an XIV*, n. 290; *du 24 juin 1825*, n. 85.)

Quant à la *recherche* et au *martelage* des arbres propres aux constructions navales, les Agens de la Marine peuvent marquer tous ceux qu'ils croient propres à ce service, mais seulement dans les *coupes annuelles* et *extraordinaires*, et sans en *sortir* ni *frapper* de leurs marteaux les *réserves* faites par les Agens forestiers. (*C. f.*, *article 122*.)

Le résultat des opérations des Agens de la marine doit toujours être porté sur les affiches des ventes, et tout martelage effectué ou signifié aux Agens forestiers après l'apposition des affiches est considéré comme nul. (*Ord. régl.*, art. 152, *et Cah. des ch. de l'ord. 1828*, art. 67.)

Les maîtres, contre-maîtres et aides dressent, chacun dans les lieux qui lui sont affectés, des procès-verbaux des arbres qui ont été reconnus propres au service, et qu'ils ont marqués du marteau de la marine dans chaque coupe. Ils doivent être signés des parties présentes, et énoncer le nom du bois, celui de la coupe et son numéro, le nom de la commune de sa situation, l'arrondissement communal, l'inspection forestière, la désignation et les espèces des arbres marqués, enfin le nom et la résidence du fournisseur qui doit prendre livraison des bois. Ces procès-verbaux, à peine de nullité, doivent être visés par le Maire, dans la huitaine. Les Agens de la marine sont tenus d'en déposer immédiatement une expédition à la mairie de la commune où le martelage a eu lieu, et d'en remettre immédiatement une seconde aux Agens forestiers chefs de service. Ils en adressent aussi une expédition à l'Ingénieur Directeur ou au Sous-Directeur sous les ordres duquel ils sont employés. (*C. f., art.* 126 ; *Ord. régl.. art.* 152.)

Les Conservateurs, d'après les résultats que leur transmettent les Agens forestiers chefs de service, des procès-verbaux que leur ont adressés les maître ou contre-maître de la marine, fournissent chaque mois, à la Direction des forêts, un état sommaire par département, des quantités d'arbres marqués pour le service de la marine. (*Circ. du 22 germinal an XI , n.* 138, *et* 26 *mai* 1806, *n.* 517.)

Aussitôt après le dépôt à la Mairie de la situation des bois, du procès-verbal de martelage opéré par les Agens de la marine, les Adjudicataires, les Communes et les Établissemens publics pourront disposer des bois qui n'ont pas été marqués. (*C. f., art.* 126.)

Les arbres qui ont été marqués pour le service de la marine dans les bois soumis au régime forestier ne peuvent être distraits de leur destination, sous peine d'une amende de 45 francs par mètre de tour de chaque arbre. (*Ib., art.* 133, *et Cah. des ch. de l'Ord.* 1828, *art.* 73.)

La marine a, jusqu'à l'abattage des arbres, la faculté d'annuler les martelages opérés pour son service ; mais elle doit prendre tous les arbres marqués qui ont été abattus, ou les abandonner en totalité. (*C. f., art.* 129, *et C. des ch. de l'Ord.* 1828, *art.* 72.)

Les arbres marqués pour le service de la marine doivent être abattus du 1er octobre au 1er avril.

La notification de leur abattage est faite à la Sous-Préfecture par une déclaration, en double minute, dont l'une visée par le Sous-Préfet est remise au déclarant, et l'autre transmise au Directeur du service forestier de la marine. (*Ord. régl., art.* 156, *et C. des ch. de l'Ord.* 1828, *art.* 70.)

Dès que la notification de l'abattage leur est parvenue, les Agens de la marine font la visite des arbres abattus, et en dressent un procès-verbal, dont ils déposent une copie à la Mairie de la commune où les bois sont situés. (*Ord. régl., art.* 157, *et C. des ch. de l'Ord.* 1828, *art.* 70.)

Les arbres marqués pour le service de la marine sont livrés en grume en forêt. Ils ne peuvent être écarris avant la livraison, ni détériorés par les Agens avec des haches, scies, sondes ou autres instrumens, à peine d'une amende de 45 francs par mètre de tour de chaque arbre. (*C. f.*, *art.* 133; *Ord. régl.*, *art.* 158, *et C. des ch. de l'Ord.* 1828, *art.* 73.)

Si, dans les trois mois après la notification de l'abattage des arbres, à la Sous-Préfecture, par les Maires des communes et les Administrateurs des établissemens publics, pour les exploitations faites sans adjudication, et par les adjudicataires des coupes mises en vente, la marine n'a pas pris livraison de la totalité des arbres marqués dans la même exploitation, et n'en a pas acquitté le prix, les Adjudicataires, Maires et Administrateurs peuvent disposer librement de ces arbres. (*Cf.*, *art.* 128, *et Cah. des ch. de l'Ord.* 1828, *art.* 71 *et* 73.)

Les Adjudicataires des coupes de bois soumis au régime forestier, les Maires des communes, ainsi que les Administrateurs des établissemens publics, pour les exploitations faites sans adjudication, traitent de gré à gré du prix de leurs bois avec la Marine.

En cas de contestation, le prix est réglé par experts nommés contradictoirement, et s'il y a partage entre les experts, il en est nommé un d'office par le Président du tribunal de première instance, à la requête de la partie la plus diligente; les frais de l'expertise sont supportés en commun. (*C. f.*, *art.* 127, *et C. des ch. de l'ord.* 1828, *art.* 69.)

Les Adjudicataires, les Maires et les Administrateurs peuvent aussi traiter de gré à gré avec les Agens de la marine relativement au mode de livraison des bois, à leur écarrissage et à leur transport sur les ports flottables ou autres lieux de dépôt. (*Ord. régl.*, *art.* 158, *et C. des ch. de l'Ord.* 1828, *art.* 73.)

Quant aux arbres épars qui doivent être abattus sur les propriétés des communes ou des établissemens publics non soumis au régime forestier, les Maires et Administrateurs en font la déclaration, telle qu'elle est prescrite ci-après pour les bois des particuliers. (*Ord. régl.*, *art.* 153.)

§ III. *Bois des particuliers.*

Pendant *dix ans*, à compter de la promulgation du Code, le département de la marine peut exercer le droit de choix et de martelage sur les bois des particuliers, futaies, arbres de réserve, avenues, lisières et arbres épars.

Cependant ce droit ne peut être exercé que sur les arbres en essence de *chêne* qui sont destinés à être coupés, et dont la circonférence, mesurée à *un mètre* du sol, est de *quinze décimètres* au moins.

Les arbres existant dans les lieux clos attenant aux habitations, et qui ne sont point aménagés en coupes réglées, ne sont point assujétis au martelage. (*C. f.*, art. 124.)

Art. Iᵉʳ. *Déclarations de volonté d'abattre.*

Tout propriétaire de bois, sans exception, est tenu, hors le cas de besoins personnels pour réparations et constructions, de faire, six mois d'avance, à la sous-préfecture, la *déclaration* des arbres qu'il a l'intention d'abattre, et des lieux où ils sont situés.

Le défaut de déclaration est puni d'une amende de 18 fr. par mètre de tour pour chaque arbre passible de déclaration. (*Ib.*, *art.* 125.)

La déclaration doit être faite sans frais, et elle n'est point assujétie au timbre.(*Décis. minist. du* 1ᵉʳ *oct.* 1828)

Les déclarations doivent indiquer l'arrondissement, le canton et la commune de la situation des bois, les noms et demeures des propriétaires, le nom du bois et sa contenance, la situation et l'étendue du terrain sur lequel se trouvent les arbres, le nombre et les espèces d'arbres qu'on se propose d'abattre, et leur grosseur approximative.

Ces déclarations ne doivent comprendre que les *chênes* ayant *quinze décimètres* de tour, mesurés à un mètre du sol. (*Ord. régl.*, art. 154, et *Circ. du* 28 *mai* 1830, n. 238.)

Elles sont faites et déposées à la sous-préfecture, en double minute, dont l'une, visée par le Sous-Préfet, est remise au déclarant. Les Sous-Préfets les font enregistrer, les transmettent immédiatement au Directeur du service forestier de la marine, et en donnent avis à l'Agent forestier local. (*Ib.*, *art.* 132, *et Ord. régl.*, art. 154.)

Les avis que les sous-Préfets sont tenus de donner aux Agens forestiers des déclarations de volonté d'abattre des arbres, qui leur sont remises par les propriétaires de bois, doivent indiquer le nom et la demeure des déclarans, le nom des bois et le nombre des arbres à abattre. (*Déc. min. du* 19 *décembre* 1828.)

Les propriétaires qui n'ont point fait l'abattage des arbres déclarés, dans le délai d'un an à dater du jour de leur déclaration, sont tenus de la renouveler : la première étant considérée comme non avenue. (*C. f.*, art. 130.)

Lorsque la souche et le tronc d'un arbre susceptible d'être choisi par la marine ont disparu, le tribunal peut admettre la preuve testimoniale pour déterminer la circonférence de cet arbre, et, par suite, arbitrer la quotité de l'amende. L'article 193 du Code forestier n'est relatif qu'aux arbres auxquels s'applique le tarif établi par l'art. 192, et ce tarif ne s'applique point aux arbres chênes qui ont plus de quinze décimètres de tour à un mètre du sol, et sur lesquels le département de la marine a le droit de choisir. (*Arr. de la C. de cass. du* 12 *sept.* 1829.)

Art. II. *Martelage.*

Dès que les déclarations leur sont parvenues, les Agens de la marine procèdent à la reconnaissance et au martelage des arbres propres aux constructions navales. (*Ord. régl., art.* 155.)

Les Agens de la marine sont tenus, à peine de nullité de leurs opérations, de dresser des procès-verbaux de martelage des arbres dans les bois des particuliers. Ces procès-verbaux doivent énoncer le nom du bois et de la coupe, celui de la commune de sa situation, l'arrondissement communal, l'inspection forestière, le département, enfin, le nom et la résidence du fournisseur qui doit prendre la livraison des bois. Les contre-maîtres de la marine doivent faire viser leurs procès-verbaux par le Maire, dans la huitaine, et en déposer immédiatement une expédition à la mairie de la commune où le martelage a eu lieu. (*C. f., art.* 126, *et Ord. régl., art.* 155.)

Aussitôt après le dépôt de ce procès-verbal fait à la mairie de la commune où ce martelage a eu lieu, les propriétaires peuvent disposer des bois qui n'ont pas été marqués.

Ils peuvent aussi disposer librement des arbres déclarés par eux, si la marine ne les a pas fait marquer pour son service dans les *six mois*, à compter du jour

de l'enregistrement de la déclaration à la sous-préfecture. (*C. f.*, *art.* 126.)

Lorsque les Agens de la marine ne trouvent aucun
arbre propre au service, ils remettent au propriétaire
un certificat constatant que les bois qu'il a déclaré vouloir abattre, ayant été visités et reconnus impropres aux
constructions navales, restent à sa disposition, et qu'il
en peut faire ce qu'il juge convenable à ses intérêts.

Les propriétaires qui, dans les cas de besoins personnels, pour réparations ou constructions, veulent faire
abattre des arbres sujets à déclaration, ne peuvent procéder à l'abattage qu'après avoir fait préalablement
constater ces besoins par le Maire de la commune.

Ce fonctionnaire constate, par un procès-verbal, le
nombre d'arbres dont ces propriétaires ont réellement
besoin pour constructions ou réparations, l'âge et la dimension de ces arbres. Ce procès-verbal est déposé à
la Sous-Préfecture et transmis aux Agens de la marine,
de la manière qui est prescrite ci-dessus pour les déclarations de volonté d'abattre. (*C. f.*, *art.* 125, 131
et 132, *et Ord. régl.*, *art.* 159.)

Tout propriétaire convaincu d'avoir, sans motifs valables, donné, en tout ou en partie, à ses arbres une
destination autre que celle qui a été énoncée dans le
procès-verbal constatant les besoins personnels, est
passible d'une amende de 18 fr. par mètre de tour pour
chaque arbre dont il a ainsi disposé. (*C. f.*, *art.* 131.)

C'est aux Agens de la marine à constater ces contraventions. (*Circ. du* 28 *mai* 1830, *n.* 238.)

Le fait d'avoir abattu un arbre-chêne dans un terrain
non clos, sans en avoir l'autorisation de l'Administration de la marine, doit être puni de l'amende ci-dessus
de 18 fr. par mètre de tour, encore bien qu'il fût établi que l'arbre abattu n'était pas propre à son service.
Il n'appartient qu'au département de la marine, investi
du droit de choix et de martelage, de juger si les chênes de la dimension prescrite sont ou ne sont pas propres à son service. (*Arrêt de la C. de cass. du* 24 *décembre* 1829.)

Les arbres qui ont été marqués pour le service de la
marine ne peuvent être distraits de leur destination,
sous peine d'une amende de 45 fr. par mètre de tour de
chaque arbre, sauf les deux exceptions qui précèdent.
(*C. f.*, *art.* 133.)

Les arbres marqués pour le service de la marine doivent être abattus du 1er octobre au 1er avril. La notification de leur abattage est faite à la Sous-Préfecture et transmise aux Agens de la marine, de la manière ci-dessus prescrite pour les déclarations de volonté d'abattre. (*Ib.*, *art.* 132, *et Ord. régl.*, *art.* 156.)

Dès que la notification d'abattage leur est parvenue, les Agens de la marine font la visite des bois abattus, et en dressent un procès-verbal dont ils déposent une copie à la mairie de la commune où les bois sont situés, ainsi qu'il est prescrit ci-dessus pour les procès-verbaux de martelage. (*Ib.*, *art.* 157.)

La marine a, jusqu'à l'abattage des arbres, la faculté d'annuler les martelages opérés ; mais elle doit prendre livraison de tous les arbres marqués qui ont été abattus, ou les abandonner en totalité. (*C. f.*, *art.* 129.)

Les arbres marqués pour le service de la Marine sont livrés en grume et en forêt. Ils ne peuvent être équarris avant la livraison, ni détériorés par ses Agens avec des haches, scies, sondes ou autres instrumens, à peine d'une amende de 45 fr. par mètre de tour de chaque arbre. (*Ib.*, *art.* 133, *et Ord. régl.*, *art.* 158.)

Les propriétaires peuvent disposer librement des arbres marqués pour la marine, si, dans les *trois mois* après qu'ils en ont fait notifier l'abattage à la sous-préfecture, la Marine n'a pas pris livraison de la totalité des arbres marqués appartenant au même propriétaire, et n'en a pas acquitté le prix. (*C. f.*, *art.* 128.)

Quant aux prix de leurs bois, les propriétaires en traitent de gré à gré avec la Marine. En cas de contestation, le prix est réglé par experts nommés contradictoirement, et, s'il y a partage entre les experts, il en est nommé un d'office par le président du Tribunal de première instance, à la requête de la partie la plus diligente ; les frais d'expertise sont supportés en commun. (*Ib.*, *art* 127.)

Les propriétaires peuvent aussi traiter de gré à gré avec les Agens de la marine relativement au mode de livraison des bois, à leur équarrissage, et à leur transport sur les ports flottables ou autres lieux de dépôt. (*Ord. régl.*, *art.* 158.)

§ IV. *Surveillance et répression des délits sur les bois de marine.*

Dès qu'un arbre est frappé du marteau de la Marine, sa destination ne peut être changée ; toute dégradation, toute entreprise sur cet arbre est un délit. (*C. f.*, *art.* 133)

Les Maîtres, Contre-maîtres et Aides-Contre-maîtres assermentés de la marine, ainsi que les Agens et Gardes forestiers doivent constater, dans tous les bois, par procès-verbaux, tous les délits et contraventions concernant le service de la marine. En conséquence les procès-verbaux des Maîtres, Contre-maîtres et Aides-Contre-maîtres, font foi en justice comme ceux des Gardes-forestiers, pourvu qu'ils soient dressés et affirmés dans les mêmes formes et dans les mêmes délais. (*Ib.*, *art.* 134.)

Les procès-verbaux que les Agens de la Marine sont autorisés à dresser pour constater les délits et contraventions concernant le service de la Marine, sont remis par eux, dans les trois jours au plus tard, y compris celui où ils ont procédé, aux Agens forestiers chargés de la poursuite devant les tribunaux. (*Ord. régl.*, *art.* 160, et *C. d'Inst. crim.*, *art.* 15 et 18. *Voir les* § 1 *et* 3 *de la* 1re *section du chapitre* XXII.).

DEUXIÈME SECTION.

Bois destinés au service des Ponts et chaussées pour les travaux du Rhin.

§ Ier. *Droit de réquisition.*

Le cours du Rhin est tellement inégal et irrégulier, qu'il faut constamment lui opposer des efforts nouveaux. Pour se défendre contre lui, on est obligé, sur la rive française, de recourir à des travaux d'*endigage* et de *fascinage*. Tout est imminent dans le mal, et par conséquent, tout est urgent dans le remède. Il s'agit de sûreté publique et privée ; il s'agit de charges nécessaires pour conserver, pour retenir le terrain même sur lequel ces charges doivent porter. Les mesures ci-après sont donc commandées par la nécessité et personne ne peut se plaindre du préjudice qui peut en résulter.

Ainsi, dans tous les cas où les travaux d'endigage ou de fascinage sur le Rhin exigent une prompte fourniture de bois ou oseraies, le Préfet, en constatant l'urgence, peut en réquérir la délivrance, d'abord dans les bois de l'État; en cas d'insuffisance de ces bois, dans ceux des Communes et des Établissemens publics, et subsidiairement enfin dans ceux des particuliers : le tout à la distance de cinq kilomètres des bords du fleuve. (*C. f.*, art. 136.)

§ II. *Bois requis dans les forêts soumises au régime forestier.*

Chaque année, avant le 1er août, le Conservateur doit fournir aux Préfets des départemens du Haut et du Bas-Rhin, un tableau des coupes des bois de l'État, des Communes et des Établissemens publics qui doivent avoir lieu dans ces départemens, sur les rives et à la distance de cinq kilomètres du fleuve.

Ce tableau, divisé en deux parties, dont l'une comprend les bois l'État, et l'autre ceux des communes et des établissemens publics, indique la situation de chaque coupe et les ressources qu'elle peut produire pour les travaux d'endigage et de fascinage. (*Ordon. régl.*, article 162.)

Le Préfet, sur le rapport des Ingénieurs des ponts-et-chaussées constatant l'urgence, prend un arrêté pour désigner, à proximité du lieu où le danger se manifeste, les propriétés où seront coupés les bois nécessaires pour les travaux. Il adresse cet arrêté à l'Agent forestier supérieur de l'arrondissement et à l'Ingénieur en chef des ponts-et-chaussées. (*Ib.*, art. 164.)

Lorsque la réquisition porte sur des bois régis par l'Administration forestière, les Agens forestiers locaux procèdent sur-le-champ et dans les formes ordinaires à la désignation du canton où la coupe doit être faite et aux opérations de balivage et martelage. (*Ib.*, art. 165.)

L'exploitation en est faite par les entrepreneurs des travaux des ponts-et-chaussées, d'après les indications et sous la surveillance des Agens forestiers. Ces entrepreneurs sont, dans ce cas, soumis aux mêmes obligations et à la même responsabilité que les adjudicataires des bois de l'État. (*C. f.*, art. 139.)

§ III. *Bois requis dans les forêts des particuliers.*

Tous particuliers propriétaires de bois-taillis ou autres dans les îles, sur les rives et à une distance de cinq kilomètres des bords du fleuve, sont tenus de faire, *trois mois* d'avance, à la sous-préfecture, une déclaration des coupes qu'ils se proposent d'exploiter. (*C.f.*, art. 137.)

Ces déclarations sont faites dans les formes et de la manière qui sont déterminées ci-dessus pour le service de la Marine. Elles sont transmises immédiatement au Préfet par les Sous-Préfets. (*Ord. régl.*, art. 163.) (1).

Si, dans le délai de trois mois, les bois ne sont pas requis, le propriétaire peut en disposer librement. (*C. f.*, art. 137.)

Tout propriétaire qui, hors le cas d'urgence, effectuerait la coupe de ses bois sans avoir fait la déclaration prescrite ci-dessus, est condamné à une amende de 1 fr. par are de bois ainsi exploité.

L'amende est de quatre francs par are, contre tout propriétaire qui, après que la réquisition de ses bois lui a été notifiée, les détournerait de la destination pour laquelle ils étaient requis. (*Ib.*, art. 138.)

Dans les cas d'urgence, le propriétaire qui, pour des besoins personnels, serait obligé de faire couper sans délai des bois soumis à la déclaration, devra faire constater l'urgence de la manière qui est prescrite ci-dessus pour le service de la Marine. Le procès-verbal est également transmis au Préfet, par le Sous-Préfet. (*Ord. régl.*, art. 167.) (2).

Lorsque la réquisition, dont il est fait mention au § 2 ci-dessus, frappe sur des bois qui appartiennent à des particuliers, l'Agent forestier local en fait faire par un Garde la signification au propriétaire. (*Ib.*, art. 165.)

Dans les bois particuliers, l'exploitation des bois requis est faite également, et sous la même responsabilité que dans les bois soumis au régime forestier, par les entrepreneurs des travaux, si mieux n'aime le propriétaire faire exploiter lui-même; ce qu'il doit déclarer aussitôt que la réquisition lui a été notifiée. (*C. F.*, art. 140.)

La déclaration à laquelle est tenu le propriétaire qui préfère exploiter lui-même les bois requis, est faite à la sous-préfecture, et dans les formes ci-dessus prescrites

(1) Voir l'art. I du § III de la première section du présent chapitre, page 406.

(2) Voir l'art. II de la même section, page 408.

pour les déclarations de volonté d'abattre. Le Sous-Préfet en donne avis immédiatement au Préfet et à l'Ingénieur des ponts-et-chaussées chargé de l'exécution des travaux. (*Ord. régl.*, *art.* 166.)

A défaut, par le propriétaire, d'effectuer l'exploitation dans le délai fixé par la réquisition, il y est procédé à ses frais, sur l'autorisation du Préfet. (*C. f.*, *art.* 140.)

§ IV. *Prix des bois requis.*

Le prix des bois et oseraies requis pour les travaux du Rhin est payé par les Entrepreneurs de ces travaux, à l'Etat et aux communes ou établissemens publics, comme aux particuliers, dans le délai de trois mois après l'abattage constaté.

Les communes ou les particuliers sont en outre indemnisés du tort qui pourrait être résulté pour eux des coupes exécutées hors des saisons convenables.

Ce prix et cette indemnité sont réglés par experts nommés contradictoirement, et s'il y a partage entre les experts, il en est nommé un d'office par le président du Tribunal de première instance, à la requête de la partie la plus diligente ; les frais de l'expertise sont supportés en commun. (*C. f.*, *art.* 127 et 141.)

Pour l'exécution de ces dispositions, l'abattage des bois requis est constaté par un procès-verbal dressé par le Maire de la commune.

Lorsqu'il y a lieu de nommer des experts pour la fixation des indemnités, l'expert dans l'intérêt de l'Administration des ponts-et-chaussées est nommé par le Préfet.

Les Ingénieurs des ponts-et-chaussées ne doivent délivrer aux entrepreneurs des travaux le certificat à fin de paiement pour solde, qu'autant que ces derniers justifient avoir payé entièrement les sommes mises à leur charge pour le prix des bois requis et livrés. (*Ord. régl.*, *art.* 168.)

§ V. *Surveillance et répression des délits commis sur les bois requis pour les travaux du Rhin.*

Les contraventions et délits en cette matière sont constatés par procès-verbaux des Agens et Gardes forestiers, des conducteurs des ponts-et-chaussées et des officiers de police assermentés, pourvu que les procès-verbaux des conducteurs des ponts-et-chaussées et des officiers de police soient dressés et affirmés dans les mêmes formes et dans les mêmes délais que ceux des Gardes forestiers. (*C. f.*, art. 143, 165 *et* 170. *Voir les* § 1 *et* 4 *de la* 1ʳᵉ *section du chapitre* XXII.)

CHAPITRE XX.
Chasse et Louveterie.

PREMIÈRE SECTION.
Chasse.

§ 1ᵉʳ. *Considérations générales sur le droit de chasse.*

Le *droit exclusif* de la chasse a été aboli par les lois des 4, 5, 7, 8 et 11 août 1789, et ce droit a été reconnu *inhérent* à la propriété; de sorte que tout propriétaire a la faculté de détruire ou de faire détruire *sur ses possessions seulement*, toute espèce de gibier, sauf à se conformer aux lois de police relatives à la chasse et à la sûreté publique.

Ces lois sont générales et particulières; les premières renferment des mesures tendantes à prévenir la destruction du gibier sur tout le sol du royaume. Les secondes concernent l'exercice de la chasse dans les forêts et bois. (*C. civ.*, art. 715.)

Il résulte de ces dispositions législatives que le *droit de chasse* est une dépendance du *droit de propriété*, qui n'est pas censé compris dans le bail d'un domaine, et qui n'appartient au fermier qu'autant qu'il lui a été expressément conféré par le propriétaire. (*Arr. de la C. royale de Paris du* 19 *mars* 1812.)

Un fermier n'a pas qualité pour porter plainte à raison d'un délit de chasse commis sur le terrain qui lui est affermé. Il n'a action que pour réparation du dommage qui aurait été causé à ses récoltes, et cette action est une simple action civile. (*Arr. de la C. royale d'Angers, du* 14 *août* 1826.)

Lorsque le fermier n'a pas le droit de chasse, il ne peut porter des armes de chasse, ni tirer des animaux, même non considérés comme gibier, sans la permission du propriétaire. (*Arr. de la C. de cass. du* 13 *novembre* 1818.)

Le propriétaire du fonds n'a aucun droit au gibier tué par le délinquant sur le terrain non clos; mais la quantité et la nature du gibier peuvent être prises en considération pour le taux des dommages intérêts. Il en est autrement du gibier tué dans un terrain clos. (*Rép. de Jurisp., v° Gibier.*)

Le propriétaire qui fait lever le gibier sur son fonds, ou le chasseur qui a blessé un animal sur le terrain où il a droit de chasse, n'a pas le droit de poursuivre l'animal sur le fonds voisin. (*Arr. de la C. de Rouen, du 20 octobre 1825.*)

Celui qui doit passer sur la terre d'autrui pour arriver à la sienne, doit tenir ses chiens couplés ou attachés, et personne n'a le droit de tuer un chien poursuivant le gibier; ce fait donne lieu à une réparation civile. (*Rép. de Jurispr., v° Chasse.*)

Le fait de chasse avec des chiens lévriers, sur le terrain d'autrui, ne comporte pas de poursuites correctionnelles, si la chasse a eu lieu en un temps non prohibé, et si le propriétaire du terrain ne s'est pas constitué partie civile. (*Arr. de la C. de cass. du 22 juin 1815.*)

Le propriétaire d'un bois où il existe beaucoup de lapins est responsable des dommages qu'ils causent aux propriétés voisines, lorsqu'il néglige de les détruire ou qu'il refuse aux propriétaires riverains la permission de les détruire eux-mêmes. (*Arr. de la C. de cass. des 11 mai 1807, 5 janvier 1810 et 14 septembre 1816.*)

Mais le propriétaire ne peut être responsable des dommages causés par ces animaux aux terres voisines, lorsqu'il n'y a eu de sa part ni négligence à les détruire, ni opposition à ce que les riverains les détruisent eux-mêmes.

Le propriétaire d'un bois, aux lapins de qui on impute le dommage causé aux terres voisines, est fondé à requérir la mise en cause du propriétaire d'un autre bois dont il prétend que les lapins sont les véritables auteurs du dommage. S'il ne l'a requise en première instance, il est recevable à la requérir en cause d'appel. (*Ib., du 19 avril 1814.*)

§ II. *Dispositions législatives concernant la conservation de la chasse.*

D'après les dispositions et explications du § 1er ci-dessus sur le droit de chasse, il est défendu à toutes personnes de chasser, en quelque temps et de quelque manière que ce soit, sur le terrain d'autrui, sans son consentement, à peine de 20 fr. d'amende envers la commune du lieu, et d'une indemnité de 10 fr. envers le propriétaire, si celui-ci a manifesté son intention de poursuivre. (*Loi du 30 avril 1790, art. 1er; Arrêts de la C. de cass., des 12 février et 13 octobre 1808.*) (1)

Cette amende est portée à 30 fr., quand le terrain est clos de murs ou de haies; et à 40 fr., dans le cas où le terrain clos tient immédiatement à une habitation. (*Loi du 30 avril 1790, art. 2.*)

Ainsi le fait de chasse sur la propriété d'autrui, sans le consentement du propriétaire, est punissable des peines prononcées par les art. 1er et 5 de la loi du 30 avril 1790, quelle que soit l'étendue des propriétés sur lesquelles le délit a été commis. (*Arr. de la C. de cass. du 25 avril 1828.*)

Chasser sur le terrain d'autrui, sans le consentement du propriétaire, c'est commettre un délit de la compétence des tribunaux correctionnels, quand bien même celui qui chasse serait muni d'une permission de port d'armes, et qu'il chasserait dans un temps non prohibé. Les tribunaux ne peuvent s'empêcher d'appliquer à ce délit l'amende voulue par les art. 1 et 2 de la loi du 30 avril 1790. (*Arr. de la C. de cass. du 13 oct. 1808.*)

Ainsi, la chasse, en temps permis, sur le terrain d'autrui, n'est un délit qu'autant qu'il n'y a pas autorisation du propriétaire; mais s'il y a autorisation, quelque dommage qu'ait commis le chasseur, le tribunal correctionnel ne peut en connaître : la justice répres-

---

(1) On doit faire observer que les amendes résultant de délits de port d'armes et de chasse *dans les bois de l'Etat et ceux des Communes et des Etablissemens publics,* ne sont point attribuées aux communes, par les motifs, 1° qu'au lieu d'être purement correctionnelles, ce sont des amendes *forestières,* étant prononcées en vertu de l'art. 4 du titre 30 de l'ord. de 1669; 2° que le décret du 17 mai 1809 n'a accordé une attribution aux communes et aux hospices que sur les amendes *de police correctionnelle* ou de *simple police;* mais que les amendes pour semblables délits sur les *propriétés particulières* sont attribuées pour les deux tiers du produit net, aux communes, et pour l'autre tiers aux hospices des chefs-lieux de départemens, attendu que ces amendes sont de nature correctionnelle. (*Décis. du Min. des finances du 13 septembre 1820.*)

sive ne connaissant des intérêts civils qu'accessoirement
à l'application des peines. (*Arr. de la C. de cass. du* 13
juillet 1810.)

Lorsqu'un propriétaire a cité devant le tribunal correctionnel un individu prévenu d'avoir chassé sur son
terrain sans son consentement, cette citation équivaut à une plainte, et rend au Ministère public la pléni-
tude de ses attributions pour suivre son action tant en
première instance qu'en appel, lors même que le propriétaire lésé acquiesce au jugement qui renvoie le prévenu des fins de la plainte. (*Arr. de la C. de cass. du*
31 *juillet* 1830.)

Un délit de chasse est passible d'une amende, outre
l'indemnité due au propriétaire du terrain sur lequel on
a chassé. (*Arr. de la C. de cass. du* 13 *oct.* 1808.)

Le délit de chasse, soit sur le terrain d'autrui, soit en
un temps prohibé, est puni, non par le décret du 4 mai
1812, mais par la loi du 30 avril 1790. (*Arr. de la C.
de cass. du* 15 *octobre* 1813.)

On doit faire remarquer que la prohibition de la chasse
sur le terrain d'autrui sans la permission du propriétaire,
comprend la chasse aux *oiseaux*, comme celle de tout
autre gibier, et il suffit qu'un homme ait été trouvé sur
ce terrain, portant une arme et dans l'attitude d'un
chasseur, sans qu'il ait été vu ou entendu tirer, pour qu'il
y ait délit de chasse. (*Ib.*, *du* 23 *novembre* 1818.)

La faculté exclusive de chasser les oiseaux aquatiques
peut être, par une clause expresse du cahier des charges, comprise dans les baux de la pêche. Cette chasse fait
partie de la police des rivières, confiée à l'Administration des forêts. (*Décis. minist. du* 2 *juillet* 1812. *Voir le*
chap. *XXI*, *Pêche fluviale.*)

Chacune des amendes ci-dessus est doublée en cas de
récidive; et la même progression est suivie pour les contraventions ultérieures; le tout dans le courant de la
même année seulement. (*Loi du* 30 *avril* 1790, *art.* 3.)

Défenses sont pareillement faites, sous ladite peine
de 20 francs d'amende, aux propriétaires ou possesseurs, de chasser dans leurs terres non-closes, même
en jachères, avant le temps fixé par le Préfet du département, et pendant lequel la chasse est déclarée libre.
(*Ib.*, *art.* 1, *et du* 20 *août suivant*, *art.* 6; *et Arr. de la*
C. *de cass. du* 24 *avril* 1823.)

Le fait de chasse, même après l'ouverture de la chasse,

sur des terres non closes, mais couvertes de leurs récoltes, constitue la chasse *en temps prohibé*; et ce délit
peut être poursuivi d'office par le Ministère public,
sans qu'il y ait plainte d'aucune partie intéressée. (*Arr.
de la C. de cass., du 4 février* 1830.)

Le délit de chasse en temps prohibé, commis par un
propriétaire, même sur son terrain, doit être puni, indépendamment de l'amende déterminée par la loi, de
la confiscation de l'arme avec laquelle il a chassé. Peu
importe, à cet égard, que l'officier qui a dressé procès-
verbal du délit n'y ait point déclaré saisir l'arme du
chasseur, et qu'un permis de port d'arme eût été préalablement accordé au délinquant par l'autorité administrative. (*Arr. de la C. de cass., du 10 février* 1809.)

Il y a fait de chasse de la part de celui qui tire
des coups de fusil sur le gibier, de l'intérieur d'une
cabanne en feuillages servant d'abri ou de poste au
chasseur pour épier et abattre le gibier; même en supposant que la cabanne pût être considérée, comme *maison habitée* dans le sens de l'article 390 du Code pénal.
(*Arr. de la C. de cass., des 7 mars et 20 juin* 1823.)

Cependant tout propriétaire peut chasser ou faire
chasser en tout temps, dans ses lacs et étangs, et dans
celles de ses possessions, qui sont séparées par des
murs ou des haies vives, d'avec les héritages d'autrui.
(*Loi du 30 avril* 1790, *art.* 13.)

Est punissable un fait de chasse commis dans une propriété non-close, sans permis de port d'armes, et une
île qu'environne un fleuve ou une rivière navigable ne
peut être considérée comme une propriété close. (*Arr.
de la C. de cass. du* 12 *février* 1830.)

Tout propriétaire, autre que le simple usager, peut
également chasser ou faire chasser dans ses bois et forêts; mais il ne peut s'y servir de chiens courans dans
la saison où les terres et vignes sont couvertes de leurs
fruits. (*Loi du 30 avril* 1790, *art.* 14.)

Il est pareillement libre en tout temps, au propriétaire ou possesseur, et au fermier (1), de détruire le

---

(1) On doit cependant faire observer que le droit de chasse
n'est point un *fruit ordinaire*, censé compris dans le bail du domaine; et qu'à moins de stipulation expresse, le fermier n'a
aucunement le droit de chasse, mais seulement le droit de défendre ses récoltes, en diminuant la trop grande abondance du
gibier. (*Arrêt de la C. royale de Paris, du* 19 *mars* 1812.)

gibier dans ses récoltes non closes, en se servant de filets et autres engins qui ne puissent pas nuire aux fruits de la terre, comme aussi de repousser avec armes à feu les bêtes fauves qui se répandraient dans lesdites récoltes. (*Loi du 30 avril 1790, art.* 15.)

La chasse dans les forêts avec des torches ou des perches enflammées est interdite, et il est même défendu à toute personne non munie d'une permission de chasser à feu, d'entrer ou demeurer de nuit dans les forêts royales avec armes à feu, à peine de 100 fr. d'amende. (*Ord. de* 1669, *tit.* 30, *art.* 4 *et tit.* 27, *art.* 32 ; *C. P., art.* 484, *et Arrêté du Gouv. du* 28 *vend. an* v.)

Le fait de marcher avec un fusil armé dans un chemin de bornage d'une forêt royale, en deçà des limites de cette forêt et avant le lever du soleil, constitue le double délit de chasse et d'introduction de nuit avec armes à feu dans la forêt. (*Arr. de la C. de cass. du* 22 *janvier* 1829.)

Il est défendu à qui que ce soit, de prendre en tous lieux, les œufs de caille, perdrix et faisan, à peine de 100 fr. d'amende pour la première fois, et du double pour la seconde. (*Ord. de* 1669, *tit.* 38, *art.* 8 ; *Arr. du Gouv. du* 28 *vend. an* v, *et Régl. du* 20 *août* 1814, *art.* 3.)

Tous tendeurs de lacs, tirasses, tonnelles, traîneaux, bricoles de cordes et fil d'archal, pièces et pans de rets, colliers, halliers, filets de soie, sont punis corporellement, et condamnés à 30 fr. d'amende, en quelque lieu que les délits soient commis. (*Ord. de* 1669, *tit.* 30, *art.* 12 ; *Arr. du Gouv. du* 28 *vend. an* v.)

Le fusil brisé est interdit même aux propriétaires, dans toute espèce de chasse, à peine de 100 fr. d'amende. (*Ord. de* 1669, *tit.* 30, *art.* 3.)

L'emploi, sur le terrain d'autrui, et en temps prohibé, de filets et engins contre le gibier, constitue un délit de chasse qui peut être poursuivi d'office par le Ministère public, sans qu'il y ait plainte du propriétaire. (*Arr. de la C. de cass. du* 3 *novembre* 1831.)

Les Agens et Gardes forestiers doivent faire détruire tous les collets et piéges tendus par les braconniers, et poursuivre rigoureusement ceux qui sont pris en flagrant délit. (*Circ. du* 31 *juillet* 1832, *n.* 305.)

La chasse aux chiens couchans est interdite à tous particuliers, à peine, contre les contrevenans, de 200 fr. d'amende pour la première fois, du double pour la seconde fois, et du triple pour la troisième. (*Ord. de* 1699, *tit.* 30, *art.* 16.)

Les battues ou traques, les chiens courans, les le-vriers, les furets, les lacets, les panneaux, les piéges de toutes espèces, et tout ce qui peut tendre à détruire le gibier par d'autres moyens que celui du fusil, est dé-fendu sous les peines rappelées aux deux paragraphes ci-dessus. (*Ord. de* 1669, *tit.* 30, *art.* 12 *et* 16, *et Régl. du* 20 *août* 1814, *tit.* 1, *art.* 4.)

Quiconque est trouvé chassant, et ne justifiant point d'un permis de port d'armes de chasse, est traduit de-vant le tribunal de police correctionnelle et puni d'une amende qui ne peut être moindre de 50 fr. ni excéder 60 fr. En cas de récidive, l'amende est de 60 fr. au moins, et de 200 fr. au plus. Le tribunal peut en outre prononcer un emprisonnement de six jours à un mois. (*Déc. du* 4 *mai* 1812, *art.* 1 *et* 2 ; *Arrêt de la C. de cass. des* 24 *et* 31 *décembre* 1819, 11 *février* 1820, *et* 26 *mars* 1825.) (1).

Le délit de port d'armes, sans permis, peut être l'ob-jet d'une poursuite, quoiqu'il soit connexe à celui de chasse en temps prohibé, et que ce dernier soit prescrit au moment de cette poursuite. (*Arr. de la C. de cass. du* 29 *avril* 1830.)

Le fait de chasse sans permis de port d'armes et dans un temps prohibé, constitue deux contraventions pas-sibles de deux peines différentes, et qui doivent être cu-mulées. (*Arr. de la C. de cass. du* 28 *novembre* 1828.)

Un procès-verbal dressé par un seul gendarme, dans les cas prévu par l'ordonnance royale du 29 octobre 1820, et notamment pour constater des délits de chasse sans permis de port d'armes, fait foi en justice jusqu'à preuve contraire (*Ib. du* 30 *novembre* 1827.)

Un tribunal ne peut renvoyer des poursuites le pré-

---

(1) On doit faire remarquer que l'obligation d'être muni d'un *port d'armes de chasse*, n'étant imposée qu'à ceux qui se li-vrent à cet exercice, le délit de *port d'armes de chasse sans per-mis* ne doit être puni qu'autant qu'il est uni au fait de *chasse*, ou qu'il peut être prouvé d'une manière quelconque, que celui qui était porteur d'un *fusil*, a chassé; attendu que le port d'ar-mes de chasse sans permis, si le fait de *chasse* n'est point con-staté, ne peut constituer un délit isolé. (*Arr. de la C. de cass. des* 4 *décembre* 1812, 15 *février* 1813 *et* 17 *août* 1821.)

venu d'un délit de chasse sans permis de port d'armes,
par les motifs que le procès-verbal, dressé par des gendarmes ne constate pas que le prévenu ait été appelé à
sa rédaction, et que la citation ne fait pas mention qu'il
lui ait été donné copie du procès-verbal; les procès-
verbaux des gendarmes ne sont point soumis par la loi
à ces formalités (*Ib.*, *du* 14 *août* 1829.)

L'Administration forestière a qualité pour poursuivre
les délits de chasse commis dans les bois soumis
au régime forestier ; mais non pour poursuivre la
contravention aux réglemens sur le port d'armes;
d'où résulte la nécessité, lorsqu'un même individu est
prévenu des deux sortes de délits, de dresser deux procès-verbaux, dont l'un est poursuivi par l'Administration, et l'autre par le Procureur du Roi. (*Ib.*, *du* 29 *février* 1828, *et Circ. du* 30 *octobre suivant*, n 190.)

Les permis de port d'armes de chasse ne sont valables que pour un an, à dater du jour de leur délivrance.
(*Arr. de la C. de cass. du* 17 *mai* 1828.)

Le délit de port d'armes de chasse sans permis est
soumis à la prescription *d'un mois*, prononcée par l'art.
12 de la loi du 30 avril 1792. (*Arr. de la C. de cass., du*
10 *septembre* 1831.)

Dans tous les cas, les armes avec lesquelles la contravention a été commise sont confisquées, sans néanmoins que les Gardes puissent désarmer les chasseurs ;
mais si elles n'ont pas été saisies, le délinquant est
condamné à les rapporter au greffe, ou à en payer la
valeur, suivant la fixation qui en est faite par le jugement, sans que cette fixation puisse être au-dessous de
50 fr. (*Loi du* 30 *avril* 1790, *art.* 5, *et Décret du* 4 *mai*
1812, *art.* 3.)

Au cas de chasse prohibée, la confiscation des instrumens employés au délit de chasse n'est considérée, ni
comme une amende, ni comme une indemnité. C'est
pourquoi la valeur des objets à confisquer n'entre pas
en considération dans la somme de 100 fr. pour laquelle
font foi les procès-verbaux des Gardes forestiers. (*Arr.
de la C. de cass. du* 26 *janvier* 1816.)

Il n'est pas permis aux Gardes de fouiller qui que ce
soit, sous prétexte qu'il le soupçonne d'avoir du gibier,
ni de faire des visites domiciliaires pour le même objet.
Une Ordonnance du Roi, du 23 janvier 1820, a autorisé
la mise en jugement d'un Garde forestier, prévenu

d'avoir, avec violence, désarmé un chasseur. (*Répert. de Jurisp. v° Gibier.*)

On doit faire observer à cet égard que l'individu trouvé chassant avec un fusil, sans justifier d'un permis de port d'armes, doit être condamné à deux amendes, l'une à raison du délit de chasse, l'autre à raison du port d'armes sans permis, et en outre à la confiscation du fusil, et que les amendes n'excédant pas 100 fr. peuvent être prononcées sur le procès-verbal d'un seul Garde. (*Déc. des* 11 *juillet* 1830, *et* 5 *mai* 1812; *Arr. de la C. de cass. des* 4 *décembre* 1812, 15 *octobre* 1813, 26 *janvier et* 26 *juin* 1816.)

Mais si le délit de port d'armes est joint au délit de chasse *dans une forêt de la Couronne*, l'amende pour ces délits est de 100 fr. (*Ord. de* 1669, *tit.* 30, *art.* 4 ; *Déc. du* 4 *mai* 1812. *art.* 4; *C. d'inst. crim., art.* 365, *et Arr. de la C. de cass. du* 4 *mai* 1821.) (1)

Lorsque plusieurs individus chassent en temps prohibé, il y a autant de délits particuliers qu'il y a de délinquans; en sorte que l'amende et l'indemnité doivent être prononcées contre chacun d'eux personnellement, et tous les individus condamnés pour un même délit sont tenus solidairement des amendes, des restitutions, des dommages-intérêts et des frais. (*C. p., art.* 55 , *et Arr. de la C. de cass. du* 17 *juillet* 1823.)

Le délit de chasse est un *délit personnel ;* chacun des individus qui le commettent est personnellement passible de l'amende et de l'indemnité fixées par la loi. Dès-lors, on ne peut réunir les amendes et indemnités encourues par plusieurs personnes chassant ensemble. pour faire déclarer nul un procès-verbal qui donnerait lieu à une condamnation au-dessus de 100 fr. , si le procès-verbal n'était dressé que par un seul Garde et non appuyé d'un second témoignage. (*Arr. de la C. de cass. du* 17 *juillet* 1823.)

Ainsi le procès-verbal d'un Garde forestier qui ne se

_____

(1) Je dois faire remarquer que la confiscation des armes ou des instrumens employés au délit de chasse, quelle qu'en soit la valeur, ne peut altérer la foi due aux procès-verbaux des Gardes forestiers, attendu que cette confiscation ne doit être considérée ni comme amende, ni comme indemnité. (*Loi du* 30 *avril* 1790, *art.* 11; *C. d'inst. cr., art.* 154 *et* 189; *et Arr. de la C. de cass. des* 2 *et* 24 *février* 1820.)

rait pas foi pour la condamnation à une amende au-dessus de 100 fr., résultant d'un délit spécial, fait foi pour une somme de plusieurs fois 100 fr., s'il constate, à l'égard de plusieurs personnes, des faits qui les constituent toutes, et chacune séparément, coupables d'un délit particulier, à raison duquel elles soient passibles d'amendes et d'indemnités moindres de 100 fr. pour chacune, et tel est le délit de chasse. La règle s'applique comme au cas où il y aurait solidarité prononcée contre tous les délinquans. (*Arr. de la C. de cass. du 17 juil. 1823.*)

Les pères et mères répondent des délits de leurs enfans mineurs, non mariés et domiciliés avec eux, sans pouvoir néanmoins être contraints par corps. (*Loi du 30 avril 1790, art. 6.*)

Les pères et mères sont civilement responsables des délits de chasse et braconnage commis par leurs enfans mineurs demeurans avec eux. (*Arr. de la C. de cass. du 5 novemb. 1829.*)

Le jugement qui décide que le maître dont la maison est voisine d'une forêt royale n'est pas civilement responsable du délit de chasse commis par un individu à son service, par le motif que ce dernier ne couchait pas chez lui, commet une violation de l'article 7 du titre XXXII de l'ordonnance de 1669. (*Ib., du 22 mars 1828.*)

Un propriétaire est civilement responsable des délits de son Garde-chasse, commis dans l'exercice de ses fonctions. (*C. civ., art. 1384.*)

Les gens non domiciliés, vagabonds et sans aveu, doivent être examinés et poursuivis par la gendarmerie et tous officiers de police, lorsqu'ils sont porteurs d'armes, à l'effet d'être désarmés et même traduits devant les tribunaux, pour être condamnés, suivant les cas, aux peines portées par les lois et réglemens. (*Avis du C.-d'État, du 10 mai 1811, approuvé le 17 du même mois.*)

Si les délinquans sont déguisés ou masqués, ou s'ils n'ont aucun domicile connu dans le royaume, ils sont arrêtés sur-le-champ, à la réquisition du Maire. (*Loi du 30 avril 1790, art. 7.*)

La gendarmerie est chargée de saisir les chasseurs masqués et de dresser des procès-verbaux contre tous individus en contravention aux lois et réglemens sur la chasse. (*Ord. du 29 octobre 1820, art. 179.*)

Le meurtre volontaire, accompagné ou suivi du délit de chasse en temps prohibé et sans permis de port d'armes, est puni de la peine capitale, suivant l'article 305 du Code pénal. (*Arr. de la C. de cass. du 2 mars 1822.*)

Les procès-verbaux des gendarmes ne font pas foi jusqu'à inscription de faux; ils ne sont considérés que comme des dénonciations officielles. (*Arr. de la C. de cass., des 3 et 4 févr. 1820.*)

Les procès-verbaux des gendarmes, touchant les délits ou faits de chasse sans permis de port d'armes, font foi, non définitivement jusqu'à inscription de faux, mais provisoirement ou jusqu'à preuve contraire. (*Arr. de la C. de cass., du 30 juill. 1825.*)

Le contrevenant qui n'a pas, huitaine après la signification du jugement, satisfait à l'amende prononcée contre lui, est contraint par corps, et detenu en prison pendant 24 heures pour la première fois; pour la seconde fois pendant 8 jours, et pour la troisième ou ultérieure contravention, pendant 3 mois. (*Loi du 30 avril 1790, art. 4.*)

§ III. *Dispositions concernant la conservation de la chasse dans les bois et forêts soumis au régime forestier.*

Il est défendu à toute personne de chasser et de détruire aucune espèce de gibier dans les forêts de l'État. (*Loi du 30 avril 1790, art. 16; Arr. du Gouv. du 28 vendémiaire an V; régl. du 20 août, art. 5 et 8.*)

Il est aussi défendu à qui que se soit de tirer dans les forêts et bois domaniaux, les cerfs et biches, à peine de 250 francs d'amende, et de prendre dans les mêmes forêts, garennes, buissons, plaisirs, aucuns aires d'oiseaux, de quelque espèce que ce soit, à peine de 100 fr. d'amende pour la première fois, et du double pour la seconde. (*Ord. de 1669, tit. 30, art. 8 et 15; régl. du 20 août 1814, art. 3.*)

L'amende (30 fr.) prévue par l'art. 12, titre XXX, de l'ordonnance de 1669 est applicable non seulement aux délits commis dans les bois de la Couronne, mais encore aux délits commis sur les terres de son domaine, qui dépendent de ces bois. (*Arr. de la C. de Cass. du 5 novembre 1829.*)

La chasse est interdite aux Agens et Gardes forestiers dans les bois et forêts qui sont sous leur surveillance, et il est en outre défendu aux Gardes de se faire accompagner de chiens de chasse. Cette défense doit être observée d'autant plus sévèrement que les fermiers seraient autorisés à se plaindre si les Agens ou les Gardes se permettaient de détruire le gibier que ces fermiers ont *seuls* le droit de chasser. (*Ord. de* 1669, *tit.* 10, *art.* 14; *et Circ. des* 12 *novembre an XIV, n.* 283 ; 14 *février et* 14 *septembre* 1816, *n.* 564 *et* 581; 9 *novembre* 1822, *n.* 73; 6 *septembre* 1831, *n.* 286; *et* 31 *juillet* 1832, *n.* 305.)

Les officiers des chasses, et subsidiairement les Agens forestiers, sont tenus de faire fouiller et renverser tous les terriers de lapins qui se trouvent dans les forêts domaniales, et de prendre les lapins aux furets et poches, à peine de 500 fr. d'amende, et de suspension de leur place pour un an. (*Ord. de* 1669, *tit.* 30, *art.* 11.)

Quant aux *bois communaux et d'établissemens publics*, la chasse y est interdite à tout particulier. Les Maires sont autorisés à affermer le droit de chasse dans les bois de leur commune, à la charge de faire approuver les conditions de la mise en ferme, par le Préfet et le Ministre de l'intérieur. (*Déc. du* 25 *prairial an XIII, Arr. de la C. de cass. des* 29 *ventôse et* 21 *prairial an XI,* et 28 *janvier* 1808.)

Les délits de chasse emportant une peine au-dessus de la valeur de trois journées de travail, sont de la compétence des tribunaux Correctionnels. (*Arr. de la C. de cass. des* 8 *fructidor an XI,* 3 *avril et* 10 *octobre* 1806 *et* 15 *mars* 1810.)

La juridiction de ces tribunaux s'étend même sur les militaires présens sous les drapeaux. (*Avis du Cons. d'Etat du* 30 *frimaire an XIV, approuvé le* 4 *janvier* 1806.)

L'administration forestière a qualité pour poursuivre un délit de chasse commis dans un bois communal, par la raison que les bois des communes sont soumis au régime forestier. (*Arr. de la C. de cass. des* 21 *prairial an XI et* 28 *janvier* 1808.)

Il est accordé aux Gardes forestiers royaux et communaux et aux gardes champêtres, une gratification de 5 fr. par chaque jugement de condamnation rendu sur leurs procès-verbaux, constatant infraction aux réglemens du port d'armes et de la chasse, quelle que soit la propriété où le délit a été commis; et si un procès-verbal est rapporté contre *plusieurs* individus par *un* ou *plusieurs* Gardes, ils ont droit à autant de 5 fr. qu'il y a d'amendes prononcées. (*Décret du* 8 *mai* 1811 ; *Ord. du* 17 *juillet* 1816; *Décision du Ministre des finances, du* 11 *août* 1818.) Mais il n'y a lieu de faire payer que la gratification simple de 5 fr., toutes les fois qu'un seul et même procès-verbal constate un double délit de chasse et de port d'armes. (*Déc. du Min. des fin. du 1er octob. 1823.*)

Quoique les Gardes de l'Administration des forêts n'aient pas qualité pour constater un délit de chasse commis en plaine; ils ont cependant droit à la gratification lorsque par suite de leur dénonciation officielle, il est prononcé une condamnation. (*Décis. minist. du 21 mai 1829.*)

§ IV. *Surveillance et police de la chasse dans les forêts de l'État.*

La surveillance et la police de la chasse dans les forêts de l'État avaient été confiées par l'Ordonnance du 15 août 1814 au Grand-Veneur de la Couronne, et un réglement du 20 du même mois avait déterminé les fonctions à remplir à cet égard par le Grand-Veneur, les devoirs des Agens forestiers et les obligations imposées aux personnes qui avaient obtenu des permissions de chasse; mais par suite des changemens opérés par la révolution de 1830, les dispositions ci-dessus, en ce qui concerne le Grand-Veneur de la Couronne, ont été changées.

Par l'Ordonnance du Roi du 14 septembre 1830, maintenue par celle du 24 juillet 1832, la surveillance et la police de la chasse dans les forêts de l'État sont confiées à l'Administration des forêts, laquelle remplit à cet égard les fonctions qui avaient été attribuées au Grand-Veneur; et les dispositions du réglement précité du 20 août 1814, relatif aux chasses dans les forêts et bois du domaine de l'État, continuent à être exécutées.

Il suit de ces dispositions que les Conservateurs, Inspecteurs, Sous-Inspecteurs, Gardes-généraux et Gardes à cheval et à pied des forêts, sont spécialement chargés de la conservation des chasses, sans que ce service puisse les détourner de leurs fonctions de *Conservateurs* des forêts et bois de l'État. (*Ordonn. du 15 août 1814, art. 3, et Régl. du 20 du même mois, art. 2 et 4.*)

Les Conservateurs et Inspecteurs forestiers veillent à ce que les lois et les réglemens sur la police des chasses, et notamment la loi du 30 avril 1790, soient ponctuellement exécutés. Tout individu qui chasse sans

permission, est poursuivi conformément aux dispositions de cette loi. (*Régl. du 20 août 1818, art. 6.*)

Les Gardes forestiers doivent redoubler de soins et
de viligance, dans le temps des pontes et dans celui où
les bêtes fauves mettent bas leurs faons.(*Ib., tit. 1er, art.5.*)

Les autres dispositions du réglement précité, du 20
août 1818, étaient applicables aux formalités à remplir
pour l'obtention et la délivrance des permissions de
chasse qui ont été accordées jusque dans les premiers
mois de 1832, dans les forêts de l'État. Mais aujourd'hui
ces dispositions n'ont plus d'effet, attendu qu'à partir
du 1er septembre de cette année (1832) le droit de
chasse dans les forêts de l'Etat doit être affermé et
mis en adjudication, conformément à l'art. 5 de la loi
des finances du 21 avril précédent. Je vais faire connaître
les mesures qui ont été prises pour l'exécution de cette
disposition législative.

§ V. *Mise en ferme du droit de chasse dans les forêts de
l'Etat.*

Art. Ier. *Dispositions générales.*

Conformément à l'art. 5 de la loi des finances du 21
avril 1832, et à l'Ordonnance royale du 24 juillet suivant, la mise en ferme du droit de chasse dans les forêts
de l'Etat, a lieu, au profit de l'Etat, soit par adjudication publique, aux enchères et à l'extinction des feux,
soit par licences à prix d'argent. (*Ord. du 24 juillet 1832,
art. 1 et 2; et Cah. des ch., art. 1er.*)

Le mode de concession par licences ne peut être employé qu'à défaut d'offres suffisantes. (*Ord. du 24 juillet
1832, art. 2, et Cah. des ch., art. 2.*)

Les baux sont consentis aux chefs-lieux de préfecture, de sous-préfecture, ou même de canton, si le
Préfet le juge nécessaire, pour une saison, laquelle a
commencé le 15 septembre 1832, et doit finir le 15
mars 1833. (*Ord. du 24 juillet 1832, art. 3; et Cah. des
ch., art. 3.*)

Je dois faire remarquer que la durée des baux est limitée à une seul e saison, parce que la location de la
chasse étant une mesure tout-à-fait nouvelle, et l'Administration n'ayant aucune donnée certaine pour en
bien apprécier les avantages ou les inconvéniens, il a
paru prudent d'abréger la durée du premier bail, afin

de laisser au Gouvernement le moyen de pouvoir dans un temps peu éloigné, modifier les conditions imposées aujourd'hui aux fermiers, suivant que l'expérience en aura démontré l'utilité ou le danger. (*Circ. du 31 juillet 1832, n° 305.*)

En cas d'aliénation des forêts affermées, la jouissance du droit de chasse cesse de plein droit, à dater du jour de l'aliénation, sans que le fermier soit admis à réclamer des indemnités pour cause d'éviction. (*Cah. des ch., art. 4.*)

Le prix des Adjudications est payé à la caisse du Receveur des Domaines de l'arrondissement où elles ont été consenties, sans qu'il y ait lieu à la perception du décime pour franc en sus du prix de l'Adjudication.

L'Adjudication est faite en francs, et il ne peut être accordé aucune diminution ou réduction de prix pour défaut de mesure dans l'étendue de chaque cantonnement. (*Cah. des ch., art. 5.*)

Les contraventions aux lois et réglemens de police, de la part des locataires de la chasse ou de leurs associés, sont poursuivies correctionnellement. (*Cah. des ch., art. 6.*)

Sont également poursuivis, par voie correctionnelle, les délits de chasse commis par des personnes sans titre, dans des forêts affermées, sauf à la partie lésée, d'après la connaissance que l'Agent forestier lui aura donnée du procès-verbal, à intervenir, si bon lui semble, pour requérir les dommages-intérêts auxquels elle aurait droit. (*Loi du 30 avril 1790, art. 1er, et Cah. des ch., article 7.*)

Art. II. *Adjudications.*

L'adjudication est faite à la chaleur des enchères et à l'extinction des feux. Elle n'est définitive que lorsqu'un dernier feu a été allumé et s'est éteint sans que, pendant sa durée, il ait été mis aucune enchère. (*Cah. des ch., art. 8.*)

Les enchères ne peuvent être moindres du vingtième de la mise à prix, lorsqu'elle est au-dessous de 200 fr.; de 15 francs, depuis 200 jusqu'à 300 francs; de 20 fr., de 300 à 1,000 francs; et de 30 francs, au-dessus de 1,000 francs.

Nul ne peut faire une mise exagérée, s'il ne fournit

à l'instant une caution et un certificateur de caution solvables. (*Ib.,art.* 9.)

A défaut d'enchères ou d'enchères suffisantes, l'adjudication peut être remise, sur la demande de l'Agent forestier présent, au jour indiqué par le président de l'adjudication (*Ib.*, *art.* 10.)

Cette disposition donne à l'Agent forestier présent
à l'adjudication, la faculté d'en demander la remise ;
mais il doit sentir que, pour éviter des frais inutiles,
il ne doit user de cette faculté que lorsqu'il y a espoir
fondé de réussir dans une nouvelle adjudication. (*Circ.
du* 31 *juill.* 1832, *n.* 305.)

L'ajournement de l'adjudication ne doit pas excéder la
quinzaine. Alors, s'il n'y a pas d'offres suffisantes, il est
procédé à la location par voie de licences, ainsi qu'il
est expliqué à l'art. 3 ci-après. (*Cah. des Ch.,art.* 11.)

Le prix de fermage est payé en deux termes égaux,
l'un le 15 septembre 1832, et l'autre le 15 janvier 1833.
(*Ib.*, *art* 12.)

Les frais d'impression d'affiches, ceux de publications,
bougies et criées, sont réglés d'avance par le Conservateur et le Préfet ; l'état en est affiché dans le lieu des
séances pendant toute la durée des adjudications.

Ces frais, acquittés comptant par les adjudicataires,
sont versés dans la caisse du receveur des finances,
ainsi que les frais d'expéditions à fournir, ainsi qu'il
est dit plus bas.

Les adjudicataires paient aussi comptant les droits de
timbre et d'enregistrement dus pour les minutes et expéditions, tant du cahier des charges que des procès-
verbaux d'adjudication. Le montant de ces droits est
versé dans la caisse du receveur des domaines. (*Ibid.*,
article 13.)

Il doit être fourni dans le mois, trois expéditions, tant
du cahier des charges que du procès-verbal d'adjudication à la suite, savoir :

1° Une expédition sur papier libre à l'Agent supérieur
local ;

2° Une expédition sur papier timbré au Directeur des
domaines ;

3° Une expédition sur papier timbré pour l'adjudicataire.

Il est payé pour chaque expédition 1 franc 50 cent.
(*Ib.*, *art.* 14.)

Chaque adjudicataire est tenu, dans les cinq jours qui suivent celui de l'adjudication, de fournir caution solvable, laquelle s'oblige solidairement avec lui à toutes les charges et conditions de l'adjudication (*Ib.*, art. 15.)

La caution ne peut être reçue que du consentement du Receveur des domaines, et l'acte en est passé au secrétariat du lieu de l'adjudication. (*Ib.*, art. 16.)

Les adjudicataires ne peuvent avoir plus de deux associés par 500 hectares d'étendue de forêts, et au-dessous ; ils sont tenus de les déclarer, et de les faire accepter au moment même de l'adjudication, et séance tenante.

Ces associés signent, avec l'adjudicataire, le procès-verbal d'adjudication, et s'engagent solidairement à l'exécution des clauses de l'adjudication et du cahier des charges. Dans ce cas, l'adjudicataire est dispensé de fournir caution. (*Cahier des ch.*, art. 17.)

L'adjudicataire et ses associés peuvent se faire accompagner chacun d'un ami, qui doit être muni d'un permis de port d'armes. (*Ib.*, art. 18.)

Les adjudicataires ne peuvent céder leur bail qu'après en avoir obtenu l'autorisation du Préfet, sur l'avis de l'Agent forestier de la situation des bois. (*Ib.*, art. 19.)

Les cessions et rétrocessions sont passées au secrétariat du lieu de l'adjudication, et les cessionnaires ou rétrocessionnaires ne peuvent user du droit qui leur a été ainsi transféré qu'après avoir représenté à l'Agent forestier local extrait de leurs rétrocessions ; néanmoins les adjudicataires et leurs associés ou cautions sont, jusqu'à décharge définitive, considérés comme seuls obligés. (*Ib.*, art. 20.)

ART. III. *Licences.*

Lorsque la mise à prix des cantonnemens de chasse n'a pas été couverte par les offres des enchérisseurs, le Président de l'adjudication doit annoncer au public que cette mise à prix sera divisée en autant de lots qu'il y a de fois 250 hectares d'étendue de forêts, sur chacun desquels il sera reçu des soumissions cachetées, qui devront être datées et signées par le soumissionnaire, et le Président fixe alors le jour où ces soumissions seront publiquement ouvertes. (*Ord. du 24 juillet 1832, art. 2, et Cahier des ch.*, art. 21.)

Je dois faire remarquer qu'on ne doit avoir recours

au mode des licences ou permissions de chasse, qu'en cas d'insuffisance d'enchères, et que les soumissions, pour être admises, doivent au moins égaler la mise à prix.

Dans quelques départemens, et principalement dans ceux du midi où la chasse est de très-peu de valeur, si le Conservateur présume que la location ne doit appeler que des offres insignifiantes, et qui couvriraient à peine les frais, il doit s'abstenir de procéder à l'adjudication, et en référer à l'Administration, qui prend alors telle mesure que les circonstances commandent. (*Circ. du 31 juillet 1832, n. 305.*)

Au jour indiqué, les soumissions sont ouvertes par le Président; si elles offrent pour chaque lot une somme supérieure ou au moins égale à la partie correspondante de la mise à prix, elles sont admises et déclarées suffisantes; si, au contraire, la mise à prix n'est pas couverte ou au moins égalée par les soumissions, elles sont toutes regardées comme nulles et non avenues. (*Cah. des ch., art. 22.*)

S'il se présente plus de soumissions qu'il n'y a de fractions dans la mise à prix, la préférence est accordée à celle qui donne le prix le plus élevé; en cas d'égalité de prix, à celle dont la date du dépôt est la plus ancienne; enfin, en cas d'égalité de prix et de date, la préférence est décidée par la voie d'une enchère entre les seuls concurrens. (*Ib., art. 23.*)

Expédition du procès-verbal est délivrée à chaque soumissionnaire admis. Chaque expédition est payée 1 franc 50 centimes, non compris les droits de timbre et d'enregistrement : ladite expédition tient lieu de licence. (*Ib., art. 24.*)

Les Adjudicataires par voie de licence sont soumis aux mêmes charges et conditions que les fermiers. (*Ib., art. 25.*)

Art. IV. *Exploitation et police de la chasse.*

Nul ne peut exploiter la chasse s'il ne s'est muni au préalable d'un permis de port d'armes, dont il doit justifier à l'Agent forestier local. (*Ord. de 1669, tit. 30, art. 5; Décret du 4 mai 1812; Avis du Cons.-d'État du 17 mai 1811, Arr. de la C. de cass. du 6 août 1824; et Cah. des ch., art. 26.*)

Les Agens forestiers doivent être extrêmement sévères sur l'exhibition des permis de port d'armes; l fermier, ses associés et leur amis doivent en être munis; et ils doivent veiller à ce que le même permis ne puissent servir à plusieurs individus. (*Circ. du* 31 *juillet* 1822, *n*° 305.)

La chasse de tous les animaux et de tous les oiseaux existans dans les forêts doit être exercée exclusivement, dans toute l'étendue de chaque forêt ou portion de forêt affermée, par l'Adjudicataire et ses associés, ou par les porteurs de licences, depuis le 15 septembre 1832 jusqu'au 15 mars 1833, sauf la faculté réservée aux lieutenans de louveterie, ainsi qu'il sera dit ci-après. (*Cah. des ch., art.* 27.)

La chasse à tir et celle à courre sont les seules permises. Les engins prohibés, tels que panneaux, filets, lacs, lacets, collets, et autres instrumens et appareils destructeurs du gibier, sont interdits, sous les peines portées par l'art. 12 du titre XXX de l'Ordonnance de 1669. (30 fr. d'amende.) (*Cah. des ch., art.* 28.)

Pour assurer la destruction des animaux nuisibles, tant dans l'intérêt de la conservation des forêts que pour préserver de tous dommages les propriétés particulières, la chasse des animaux nuisibles, au moyen de piéges tendus, pourra être exercée en tout temps, moyennant les précautions convenables pour la sûreté des personnes. (*Ord. du* 24 *juillet* 1832, *art.* 4; *et Cah. des ch., art.* 29.)

Les œufs et nids d'oiseaux, autres que les aires des oiseaux de proie, ne peuvent être enlevés, sous les peines pécuniaires portées par l'art. 8 du titre XXX de l'Ordonnance de 1669. (100 fr. d'amende pour la première fois, et du double pour la seconde.) (*Cah. des ch., art.* 30.)

Il est défendu aux fermiers, à leurs associés ou aux porteurs de licences, de prendre vivans et enlever les jeunes faons de cerfs, daims, chevreuils, biches et chevrettes, à peine d'être poursuivis comme délinquans. (*Ib., art.* 31.)

Les fermiers des chasses, leurs associés et les porteurs de licences, devront souffrir les battues qui pourront être ordonnées par l'autorité locale, en vertu de l'arrêté du 19 pluviôse an V, pour la destruction des loups, sangliers, renards, et autres animaux nuisibles.

Ces battues et traques auront lieu dans les formes prescrites par le réglement du 20 août 1814, sur la louveterie; les fermiers et leurs associés, ainsi que les porteurs de licences, sont tenus d'y concourir. Toute battue faite sans autorisation est interdite. (*Ord. du 24 juillet 1832, art. 5, et Cah. des ch., art. 32.*)

La faculté accordée, par le réglement du 20 août 1814, aux lieutenans de louveterie de chasser à courre, deux fois par mois, pour tenir leurs chiens en haleine, est restreinte, dans les forêts affermées, à la chasse du sanglier. (*Ord. du 24 juillet 1832, art. 6, et Cah. des ch., art. 33.*)

Il est défendu aux fermiers de la chasse, à leurs associés, ainsi qu'aux porteurs de licences, d'introduire, sous aucun prétexte, des lapins dans les forêts. Ils sont tenus de faire fouiller et renverser tous les terriers de lapins qui se trouveront dans leurs cantonnemens, et de détruire ces animaux par quelque moyen que ce soit. (*Ord. de 1669, tit. 30, art. II, et Cah. des ch., art. 34.*)

Les Agens forestiers doivent assurer la stricte exécution de cette disposition, attendu que rien n'est plus nuisible au jeune recrû que les lapins, qui se propagent avec une effrayante rapidité dans les localités qu'ils ont adoptées. (*Circ. du 31 juillet 1832, n. 305.*)

Si, malgré les dispositions de l'article précédent, il est constaté, par des procès-verbaux en due forme des Agens forestiers, que les jeunes recrûs des forêts sont endommagés par le trop grand nombre de cerfs, biches ou chevreuils, le Préfet peut, après avoir pris l'avis du conservateur, mettre les fermiers ou porteurs de licences en demeure de détruire, dans un délai déterminé, le nombre de chaque espèce de ces animaux qui est reconnu nuisible au bois.

A défaut par le fermier de satisfaire à la sommation qui lui est signifiée, il est procédé d'office à la destruction des animaux (*Cah. des ch., art. 35.*)

Les fermiers, leurs associés et les porteurs de licences peuvent chasser avec toute espèce de chiens, et se servir de furets propres à la destruction des animaux nuisibles. (*Ib., art. 36.*)

Les gens à gages employés aux chasses par l'adjudicataire ou ses associés, ne peuvent être munis d'armes à feu, sous peine d'être traités comme délinquans. (*Ib., art. 37.*)

Les fermiers et leurs associés seront responsables des dommages que pourraient causer aux propriétés riveraines des forêts qui leur sont affermées, les animaux sédentaires, tels que sangliers, cerfs, biches, chevreuils ou lapins. (*Ib.*, *art.* 38.)

Les adjudicataires et leurs associés ne peuvent se livrer à la chasse, dans les forêts qui leur ont été affermées, qu'après avoir obtenu de l'Agent local un permis spécial, qu'ils exhibent chaque fois qu'ils en sont légalement requis. (*Ib.*, *art.* 39.)

La police et la conservation de la chasse reste exclusivement confiées aux Agens forestiers. (*Ord. des* 14 *sept.* 1830 *et* 24 *juillet* 1832, *et Cah. des ch.*, *art.* 40.)

Il est interdit aux fermiers d'introduire dans les forêts, sous le nom de Gardes ou surveillans, des individus munis d'armes à feu, sous peine d'être traités comme délinquans. (*Cah. des ch.*, *art.* 41.)

§ V. *Actions résultant des délits de la chasse.*

Les Agens et Gardes forestiers sont chargés de la poursuites des délits de chasse dans les bois et forêts de l'État. (*Loi du* 30 *avril* 1790, *art.* 16; *Arr. du Gouv. du* 28 *vendémiaire an* v; *Ordonnance du* 15 *août* 1814, *art.* 1er; *du* 14 *septembre* 1830, *et du* 24 *juillet* 1832, *et Régl. du* 20 *du même mois, art.* 5 *et* 8), ainsi que dans les bois appartenant aux communes et aux établissemens publics, lorsque leurs administrateurs légaux négligent de le faire. Cette poursuite doit être faite dans *le mois* de la reconnaissance des délits. (*Arr. du Gouv., des* 28 *vendémiaire an* v, *et* 19 *ventôse an* x; *Ord. du* 15 *août* 1814, *art.* 2; *Régl. du* 20 *du même mois, art.* 8; *Arr. de la C. de cass. des* 21 *prairial an* xi, 28 *juillet* 1809, 30 *mai et* 30 *août* 1822.) On doit cependant faire observer que, lorsque la chasse dans un bois communal a été affermée, il n'y a que le fermier ou la partie publique qui aient qualité pour actionner ceux qui portent atteinte aux droits de ce fermier. (*Loi du* 30 *avril* 1790, *art.* 12, *et Arr. de la C. de cass. du* 28 *juillet* 1809.)

A l'égard des délits de chasse commis dans les forêts de la Couronne, les Agens ont *trois mois* pour intenter l'action. (*Arr. de la C. de cass. du* 30 *mai* 1822.)

Quant aux délits de chasse commis dans les bois des *particuliers*, les propriétaires doivent transmettre les procès-verbaux qui constatent ces délits, aux Procureurs-généraux près les Cours royales, ou aux Procureurs du Roi près les tribunaux de première instance, ou aux juges de paix, ou aux officiers de gendarmerie, pour servir de dénonciation civique, à la suite de laquelle la partie publique exerce contre les prévenus l'action publique seulement. (*Loi du* 30 *avril* 1790, *art.* 8 et 12; *Arr. de la C. de cass. des* 5 *févr.* et 10 *juil.* 1807.)

Les propriétaires peuvent aussi traduire eux-mêmes les délinquans devant les tribunaux et poursuivre contre eux l'action civile, sauf au Procureur du Roi à prendre ses conclusions pour la vindicte publique. Dans ce dernier cas, le propriétaire doit diriger ses poursuites, au plus tard dans le délai d'un mois; les particuliers après avoir fait leur dénonciation civique, peuvent aussi intervenir, comme parties civiles, sur la citation donnée à la partie publique, pour obtenir leurs dommages-intérêts. (*Lois du* 28 *sept.*, 6 *oct.* 1791, *tit.* 1, *art.* 8, § 8; 3 *brum.* IV, *art.* 30, 64 et 180; et 5 *pluv. an* IX, *art.* 3.)

Le Ministère public est tenu de poursuivre d'office le délit de chasse s'il a été commis en temps prohibé. Mais si le fait de chasse a eu lieu en temps non prohibé, il n'y a délit qu'à défaut de consentement du propriétaire, en sorte que si celui-ci ne réclame pas, le Ministère public n'a point le droit d'agir, si ce n'est hors le cas où celui qui a chassé n'aurait point été muni d'un permis de port d'armes. (*Arr. de la C. de cass. du* 10 *juill.* 1807, et 12 *févr.* 1808.)

Ainsi, il résulte de ce qui précède, que les délits de chasse ne peuvent concerner les Agens forestiers que lorsqu'ils ont lieu dans les forêts de l'État, ou soumises à l'Administration du Gouvernement; et que ceux qui se commettent dans les bois des particuliers, dans un temps non prohibé, ne peuvent être poursuivis qu'à la requête des parties intéressées, ou, lorsqu'elles n'agissent pas, à celle, soit des Adjoints du Maire, soit des Commissaires de police pour la vindicte publique; mais qu'un Garde forestier, témoin d'un délit de ce genre, n'en doit pas moins dresser son procès-verbal, sauf à le remettre au magistrat chargé de la direction de la poursuite contre l'auteur du délit.

Les délits de chasse dans les forêts royales, communales, des établissemens publics et des particuliers, sont punis d'après la loi du 30 avril 1790. Ces délits, lorsqu'ils sont commis dans les bois et forêts de la Couronne, sont punis des peines prononcées par l'ordonnance de 1669; néanmoins pour ceux non prévus par la loi de 1790, il restent sous le régime répressif de l'ordonnance de 1669. (*Arrêt de la C. de cass. du 30 mai 1822.*)

Le roi a le droit de chasser et de faire détruire le gibier sur les propriétés particulières qui sont enclavées dans les forêts et parcs réservées pour ses plaisirs, par l'art. 16 de la loi du 30 avril 1790 et nonobstant l'art. 4 de celle du 14 septembre suivant. (*Arr. de la C. de cass. du 2 juin 1814.*)

Ainsi le droit qu'a chaque propriétaire de chasser sur son terrain, ne s'étend pas aux terres enclavées dans les domaines de la liste civile. (*Ib., du 2 juin 1817.*)

Lorsque le gibier réservé pour les plaisirs du Roi cause du dégât aux propriétaires voisins, il y a lieu à des dommages-intérêts contre la liste civile. (*Ib. des 20 novembre 1818 et 6 juillet 1819.*)

On doit conclure à autant d'amendes qu'il y a de différentes contraventions résultant du même procès-verbal. *Arrêt de la C. de cass. du 4 décembre 1812, 16 oct. 1813; 26 janv. et 26 juin 1816.*)

Il y a lieu aussi à poursuivre la répression de toute chasse à la bête féroce, lorsqu'elle est faite dans les forêts royales, sans la permission et sans la participation des officiers de la louveterie et forestiers, surtout si elle a occasionné des dégâts dans les bois, ou lorsque les particuliers qui ont obtenu la permission, au lieu de loups qu'ils ne tirent point, se permettent de tirer toute sorte d'autre gibier.

Toute action pour délit de chasse dans les forêts royales, communales et des établissemens publics, est prescrite par le laps d'*un mois*, à compter du jour où le délit a été commis. (*Loi du 30 avril 1790, art. 12 ; Arrêt de la C. de cass. 28 août 1818 et 30 août 1822.*)

Quoique l'action pour la poursuite d'un délit de chasse se prescrive par *un mois*, néanmoins s'il y a eu action intentée en temps utile, la poursuite n'est périmée que par une interruption de *trois ans*, comme en matière ordinaire.

L'Administration forestière a qualité pour citer et poursuivre correctionnellement l'auteur d'un délit de chasse commis dans un bois communal de la surveillance duquel elle est chargée. (*Arr. de la C. de cass. du 20 septembre 1828.*)

La prescription établie pour les délits de chasse par

l'art. 12 de la loi du 30 avril 1790, n'est acquise qu'autant qu'aucun acte de poursuite ou d'instruction n'a été fait pendant le délai déterminé par cet article : l'assignation donnée au prévenu suffit pour l'interrompre (*Arr. de la C. de cass. du 26 novembre 1829.*)

La prescription d'un mois est interrompue, non seulement par l'ordonnance qui traduit le délinquant au tribunal correctionnel, mais encore pour tous actes de poursuites et d'instruction faite à des intervalles plus courts que d'un mois. (*Arr. de la C. de cass. du 11 novembre 1825.*)

L'action en réparation d'un délit, intentée en temps utile par la partie civile, profite au Ministère public, en ce sens qu'elle interrompt la prescription de l'action publique, et réciproquement l'action du Ministère public interrompt la prescription de l'action civile. (*Arr. de la C. de cass. du 15 avril 1826.*)

Lorsque dans une instance, il y a plusieurs assignations données à la partie, c'est de la première, si elle est régulière, que court le délai de la prescription. (*Arr. de la C. de cass. du 30 avril 1807.*)

Il n'est pas nécessaire, pour empêcher de courir la prescription, qu'on ait donné assignation au prévenu; il suffit qu'il y ait eû plainte et affirmation. (*Arr. de la C. de cass. du 28 décembre 1809.*)

Si les délits ont été commis dans les forêts de la Couronne, l'action se prescrit par le laps de *trois mois.* (*Arrêt de la C. de cass. des 2 juin 1814 et 30 mai 1822.*)

DEUXIÈME SECTION.

Louveterie.

§ 1er *Considérations générales.*

L'institution de la Louveterie a été maintenue par les ordonnances des 14 septembre 1830 et 24 juillet 1832. On a considéré à cet égard que cette institution autorisée par l'art. 6 de la loi du 10 messidore an V (18 juin 1797), était utile et même indispensable dans beaucoup de localités; mais l'art. 6 de l'ordon. du 24 juillet 1832 a restreint à la chasse du *sanglier*, et à l'exclusion de tout autre gibier, la faculté accordée aux lieutenans de louveterie par le réglement du 28 août 1814, de chasser deux fois par mois le chevreuil-Brocard, le sanglier ou le lièvre, afin de tenir leurs chiens en haleine. Cette ordonnance leur a conservé, du reste, tous les droits et attributions attachés à leurs commissions.

La Louveterie placée dès-lors dans les attributions de l'Administration des forêts, a dû, pour éviter les abus qui s'étaient glissés dans cette partie du service, appeler l'attention de MM. les Préfets sur la composition de ces officiers, avant de renouveler leurs commissions. L'administration a fait observer à ces magistrats qu'en général les fonctions de Louvetiers avaient été conférées à des personnes qui ne les avaient sollicitées que dans l'intention de pouvoir se livrer en tout temps à l'exercice de la chasse. En effet, les renseignemens recueillis à cet égard ont fait reconnaître que parmi les Louvetiers, les uns étaient dépourvus des équipages nécessaires pour la destruction des loups, et ne remplissaient nullement les conditions du réglement du 20 août 1814; que d'autres étaient incapables, par leur âge et leurs infirmités, de se livrer à la chasse; que quelques-uns enfin abusaient de leurs fonctions en faisant, dans les forêts royales, des réunions illicites d'hommes dangereux pour la sûreté publique.

L'administration des forêts a prévenu MM. les Préfets que ces abus devaient cesser et qu'elle ne délivrerait dorénavant des commissions de Lieutenans de Louveterie qu'à des hommes dignes de sa confiance et qui rempliraient toutes le conditions exigées. En conséquence elle a invité ces Magistrats, après avoir consulté les Conservateurs, à lui désigner, suivant le nombre de ces officiers à instituer dans chaque département, d'après les besoins du service et l'étendue des forêts, et sans dépasser celui actuellement existant, ceux des propriétaires qui désirent coopérer à la destruction des animaux nuisibles, et qui auront justifié qu'ils ont l'expérience et la capacité nécessaires pour ce genre de chasse, qu'ils sont munis des équipages et pièges énoncés dans le réglem. du 20 août 1814, et qu'ils ont tué des loups. (*Circ. des* 6 *septembre* 1831, *n.* 286 *et* 287, *et du* 31 *juillet* 1832, *n.* 304 *et* 305.)

§ II. *Organisation de la Louveterie.*

Le nombre et les fonctions des *Lieutenans de Louveterie* sont déterminés dans chaque arrondissement forestier et de département, par l'Administration des forêts, dans la proportion des bois qui en occupent une partie du territoire, et des loups qui les fréquentent.

Les lieutenans de Louveterie reçoivent des commissions de l'administration des forêts (1). Ces commissions sont renouvelées tous les ans, et sont retirées dans le cas où les Lieutenans n'auraient pas justifié par des attestations en bonne forme, et par l'état des loups détruits, certifié par le Préfet, qu'ils remplissent les conditions qui leur sont imposées par leurs commissions. (*Ord. des* 14 *septembre* 1830 *et* 24 *juillet* 1832 *et Circ. des* 6 *septembre* 1831 n. 287, *et* 31 *juillet* 1832, n. 304.)

Ils reçoivent également de cette Administration ; les ordres et les instructions pour tout ce qui concerne la chasse des loups, ils sont tenus d'entretenir à leurs frais, un équipage de chasse composé au moins d'un piqueur, deux valets de limiers, un valet de chiens, dix chiens courans et quatre limiers, et de se procurer les pièges nécessaires pour la destruction des loups, renards et autres animaux nuisibles, dans la proportion des besoins.

Les Lieutenans de Louveterie doivent présenter toutes leurs idées pour parvenir à la destruction des loups; faire rechercher avec grand soin les portées des louves, et faire connaître ceux qui en auront découvert. Il est accordé pour chaque louveteau une gratification qui est double si l'on parvient à tuer la louve.

Lorsque les Lieutenans de Louveterie ou les Conservateurs des forêts jugent qu'il est utile de faire des battues, ils en font la demande au Préfet du département où elles doivent avoir lieu ; ce magistrat peut lui-même ordonner cette mesure. Dans tous les cas, ces chasses sont commandées et dirigées par les Lieutenans de Louveterie, qui, de concert avec le Conservateur des forêts et le Préfet, fixent le jour, déterminent les lieux et le nombre d'hommes. Le Préfet prévient le Ministre de l'Intérieur et l'Administration des forêts de toutes ces dispositions. Les Conservateurs veillent à ce que toutes les formalités prescrites à l'égard des battues, par l'arrêté du Gouvernement du 19 pluviôse an V, soient ponc-

---

(1) La Lieutenance de Louveterie n'est qu'une permission de chasse accordée, sous la condition d'avoir un équipage pour la destruction des loups; cette permission ne donne aucun titre à l'exemption du droit de permis de port d'armes. (*Lettre de M. le Min. des fin., du* 26 *décembre* 1812.)

tuellement exécutées. Il recommande de rapporter des procès-verbaux contre les individus appelés qui abandonnent les battues pour se livrer à la chasse du gibier, et il propose la destitution des Gardes qui contreviennent aux dispositions des lois et réglemens.

La battue terminée, chaque Maire doit adresser au Préfet la liste des défaillans, et le tribunal correctionnel les condamne à l'amende, conformément à l'art. 63 de l'arrêt du Conseil du 25 février 1697. (*Arr. de la C. de cass. des* 13 *brumaire an* XI (4 *novembre* 1802), *et* 13 *juill.* 1810.)

Tous le habitans sont d'ailleurs invités à tuer les loups sur leurs propriétés, et à en envoyer les certificats aux Lieutenans de Louveterie de l'arrondissement forestier, lesquels les font passer à l'Administration des forêts, qui fait un rapport au Ministre de l'Intérieur, à l'effet de faire accorder des récompenses.

Les primes pour destruction des loups, sont, d'après le tarif fixé par le Gouvernement, de 18 fr. par louve pleine ; de 15 fr. par louve non pleine, de 12 fr. par loup, et de 6 fr. par louveteau. Elles sont payées régulièrement dans la quinzaine qui suit la déclaration de la destruction de l'animal, pourvu que cette déclaration ait été faite dans la forme prescrite et avec les preuves d'usage.

Lorsque celui qui a tué un de ces animaux veut toucher une des primes énoncées, il est tenu de se présenter au Maire de la commune la plus voisine de son domicile et d'y faire constater la mort de l'animal, son âge et son sexe ; si c'est une louve, il sera dit si elle est pleine ou non. La tête de l'animal, et le procès-verbal dressé par le Maire, sont envoyés au Préfet qui délivre un mandat sur les fonds qui sont, à cet effet, mis à sa disposition par le Ministre de l'Intérieur.

Lorsqu'il a été constaté qu'un loup, enragé ou non, s'est jeté sur des hommes ou enfans, celui qui le tue a le droit, dans ce cas, à une prime extraordinaire, qui, de même que dans d'autres circonstances, lorsqu'elle paraît devoir excéder les fixations ci-dessus, est alors ordonnée par le Ministre de l'Intérieur, et acquittée immédiatement après sa décision.

Les Lieutenans de Louveterie font connaître journellement les loups tués dans leur arrondissement, et tous les ans envoient un état général des prises. Tous les trois mois, ils font parvenir à l'Administration des forêts, un état des loups présumés fréquenter les forêts soumises à leur surveillance.

Attendu que la chasse du loup, qui doit occuper principalement les Lieutenans de Louveterie, ne fournit pas toujours l'occasion de tenir les chiens en haleine, ils ont le droit de chasser à courre, deux fois par mois, dans les forêts de l'État faisant partie de leur arrondissement, le *sanglier* seulement.

Il est défendu aux Lieutenans de Louveterie de *tirer* sur le sanglier, excepté dans le cas seulement où il tiendrait aux chiens. Ils sont tenus de faire connaître, chaque mois, le nombre d'animaux qu'ils ont forcés.

Tous les ans, au 1er mai, il est fait, sur le nombre des loups tués dans l'année, un rapport général qui est mis sous les yeux du Roi. (*Loi du* 10 *messidor an V* (18 *juin* 1797), *art.* 3, 4, 5 *et* 6 ; *Ord. du* 15 *août* 1814, *art.* 2 ; *du* 14 *septembre* 1830, *et du* 24 *juillet* 1832, *art.* 6, *et Régl. du* 20 *août* 1814, *Inst. du Min. de l'Int. du* 9 *juillet* 1818, *et de l'Admin. du* 23 *mars* 1821, *art.* 62; *et Circ. des* 6 *septembre* 1831, *n^{os}* 286 *et* 287, *et* 31 *juillet* 1832, *n^{os}* 304 *et* 305.)

CHAPITRE XXI.

Pêche fluviale.

§ Ier. *Considérations générales.*

D'après les dispositions des anciennes Ordonnances de 1407, 1554, 1572, et notamment de celle de 1669, titre 27, art. 41, confirmées par la loi du 22 novembre 1790 et l'art. 538 du Code civil, tous les fleuves et rivières navigables ou flottables ont été considérés comme des dépendances du domaine public, et le *droit de pêche* y était exercé au profit de l'État.

Mais le *droit exclusif de la pêche* dans les rivières non navigables, considéré comme *droit féodal*, a été irrévocablement aboli par les décrets des 25 août 1792 et 6 et 30 juillet 1793, à l'égard de tous les particuliers qui en jouissaient à quelque titre que ce fût.

Cependant dans les premières années qui suivirent la révolution de 1789, les lois et réglemens sur la police de la pêche n'ayant pas été ponctuellement exécutés, les cours d'eau furent ainsi abandonnés à la cupidité d'une multitude d'individus, préférant à un travail utile, le métier de maraudeur; lorsqu'enfin la loi du 14 floréal an X (4 mai 1802) vint mettre un terme aux abus de la pêche et à la crainte, trop fondée, que les rivières appauvries et dépeuplées, ne cessassent de fournir à la consommation un comestitible sain et agréable, en ordonnant la mise en ferme de la pêche sur les fleuves et rivières navigables, et en en confiant la police, la surveillance et la conservation aux Agens et Gardes de l'Administration des forêts, en se conformant aux dispositions prescrites pour la contestation et la poursuite des délits forestiers

Mais cette loi n'était considérée que comme transitoire, puisqu'elle ne contenait que quelques dispositions de détail, et renvoyait au surplus pour la pénalité à l'Ordonnance de 1669 et autres réglemens postérieurs. D'ailleurs, elle ne s'était point occupée de la pêche dans les petites rivières, ruisseaux et cours d'eau non navigables, ce qui donna lieu à la question de savoir si cette pêche devait appartenir aux communes ou bien aux propriétaires riverains; cette question fut résolue en faveur des derniers par un avis du Conseil-d'État du 27 pluviôse an 13, qui fut approuvé le 30 du même mois.

Tel fut l'état de la législation de la *pêche fluviale* jusqu'au 15 avril 1829, date de la publication de la loi qui en règle aujourd'hui les droits, l'administration, la conservation, la police, la surveillance, le mode des poursuites en réparations des délits et contraventions, les peines et condamnations et l'exécution des jugemens. Depuis long-temps on avait senti la nécessité de rajeunir cette législation, en la dépouillant de ce qui appartenait à un ordre de choses qui n'est plus et de l'établir d'après nos mœurs et nos besoins actuels.

§ II. *Droit de pêche.*

Le droit de pêche est exercé au profit de l'État,

1° Dans tous les fleuves, rivières, canaux et contre-fossés navigables ou flottables avec bateaux, trains ou radeaux, et dont l'entretien est à la charge de l'État ou de ses ayans-cause;

2° Dans tous les bras, noues, boires et fossés qui tirent leurs eaux des fleuves et rivières navigables ou flottables dans lesquels on peut en tout temps passer ou

pénétrer librement en bateau de pêcheur, et dont l'entretien est également à la charge de l'Etat.

Sont toutefois exceptés les canaux et fossés existans ,
ou qui seraient creusés dans des propriétés particulières,
et entretenus aux frais des propriétaires. (*Loi du* 15
avril 1829, *art.* 1er.)

Dans toutes les rivières et canaux autres que ceux qui
sont désignés ci-dessus, les propriétaires riverains ont,
chacun de son côté, le droit de pêche jusqu'au milieu
du cours de l'eau , sans préjudice des droits contraires
établis par possessions ou titres, (*Ib.*, *art.* 2.)

Des Ordonnances royales,, insérées au *Bulletin des
lois*, doivent déterminer, après une enquête *de commodo
et incommodo* , quelles sont les parties des fleuves et rivières, et quels sont les canaux désignés dans les deux
premiers paragraphes ci-dessus de l'article 1er , où le
droit de pêche sera exercé au profit de l'État.

De semblables Ordonnances doivent fixer les limites
entre la pêche fluviale et la pêche maritime, dans les
fleuves et rivières affluant à la mer. Ces limites sont les
mêmes que celles de l'inscription maritime ; mais la
pêche qui se fait au-dessus du point où les eaux cesseront d'être salées, est soumise aux règles de police et
de conservation établies pour la pêche fluviale.

Dans le cas où des cours d'eau seraient rendus ou
déclarés navigables ou flottables, les propriétaires qui
seront privés du droit de pêche auront droit à une indemnité préalable, qui sera réglée selon les formes
prescrites par les articles 16, 17 et 18 de la loi du 8 mars
1810, compensation faite des avantages qu'ils pourraient
retirer de la disposition prescrite par le Gouvernement.
(*Ib.*, *art.* 3.) (1)

_____

(1) Pour l'exécution de ces dispositions, M. le Ministre des
finances a, par une circulaire du 4 juin 1830, n° 105, du secrétariat général, adressé à MM. les Préfets les instructions suivantes, sur le mode de procéder aux enquêtes.

« Toutes les questions sur le mode à suivre dans les enquêtes
peuvent se réduire à celles-ci :

« Quels sont la nature et le but des enquêtes? où doivent-
elles être faites? par qui? comment, et dans quels délais?

» Les enquêtes ont pour but de faire connaître quelles sont
les parties des fleuves et rivières où la pêche doit être exercée
au profit de l'État, sauf les droits des tiers. Or, le gouvernement
ne peut parvenir à la connaissance de ces droits sans appeler

Les contestations entre l'Administration et les adjudicataires, relatives à l'interprétation et à l'exécution
des conditions des baux et adjudications, et toutes celles
qui s'élèveraient entre l'Administration ou ses ayans-

les tiers à les faire valoir. Les Administrations locales doivent
donc recevoir et constater par des procès-verbaux les réclamations des parties intéressées qui contesteraient, par exemple, la
navigabilité de tel ou tel cours d'eau, etc. Ces procès-verbaux
peuvent être dressés par les Maires.

Pour mettre les parties intéressées en demeure de faire, devant
les Maires, leurs déclarations et oppositions, les Préfets feront
publier et afficher dans chaque commune riveraine de cours
d'eau, de ceux mêmes dont la navigabilité est notoire et non
contestée, un arrêté pour avertir les propriétaires riverains que
l'intention du Gouvernement est d'exercer la pêche exclusivement à son profit dans tels fleuves, rivières ou cours d'eau, depuis telle limite jusqu'à telle autre ; que les propriétaires qui se
croiraient intéressés à s'opposer à l'exercice des droits prétendus par l'État, devront remettre leurs observations par écrit au
Maire de leur commune, dans le délai d'un mois après la publication de l'arrêté. Le même arrêté fera connaître que les observations reçues par les Maires seront transmises *avec leurs observations*, dans les cinq jours suivans aux sous-Préfets, qui les
feront parvenir aux Préfets, avec leur avis motivé, dans le même
délai de cinq jours ; qu'en cas de non-réclamations, les Maires
devront seulement transmettre un certificat négatif qui constate
l'absence de réclamation ; que passé le délai d'un mois ci-dessus
fixé et à défaut de réclamations de la part des intéressés, l'Administration continuera ses opérations pour faire déclarer, conformément à l'art. 3 de la loi du 15 avril 1829, quelles sont les
parties des fleuves et rivières et quels sont les canaux où le droit
de pêche sera exercé au profit de l'État.

» Il conviendrait également de faire connaître par le même
arrêté, que les Maires doivent adresser aux sous-Préfets, avec
leurs procès-verbaux d'enquêtes, un certificat qui constatera
que cet arrêté a été publié et affiché dans chaque commune.

Dès que les formalités sus-mentionnées auront été remplies
et que les procès-verbaux d'enquête seront parvenus aux Préfets, ces magistrats, après avoir consulté les Conservateurs ou
Inspecteurs des forêts, les Directeurs des domaines et les Ingénieurs des ponts-et-chaussées, sur les oppositions qui auront
été faites par les riverains, m'adresseront les pièces, *avec leur
avis définitif pris en Conseil de préfecture,* conformément aux dispositions de la circulaire ministérielle du 23 septembre 1829.
Ces derniers arrêtés devront viser en particulier chaque opposition dont le mérite serait discuté en général dans un considérant qui précéderait l'avis. »

cause et des tiers intéressés, à raison de leurs droits ou de leurs propriétés, sont portées devant les tribunaux. (*Loi du 15 avril 1829, art. 4.*)

Tout individu qui se livre à la pêche sur les fleuves et rivières navigables ou flottables, canaux, ruisseaux ou cours d'eau quelconques, sans la permission de celui à qui le droit de pêche appartient, est condamné à une amende de vingt francs au moins et de cent francs au plus, indépendamment des dommages-intérêts.

Il y a lieu en outre à la restitution du prix du poisson qui a été pêché en délit, et la confiscation des filets et engins de pêche peut être prononcée.

Néanmoins il est permis à tout individu de pêcher à la ligne flottante tenue à la main, dans les fleuves, rivières et canaux, désignés dans les deux premiers paragraphes ci-dessus de l'article 1er de la loi du 15 avril 1829, le temps du frai excepté. (*Ib., art. 5.*)

Mais si cette ligne est du nombre des instrumens prohibés, il y a lieu de prononcer l'amende déterminée pour tout instrument de cette nature. (*Arr. de la C. de cass. du 2 mars 1809.*) D'après les dispositions ci-dessus de l'art. 5 de la loi du 15 avril 1829, la pêche à la *ligne dormante* est prohibée à ceux qui ne sont ni fermiers ni porteurs de licences de pêche. Ainsi, une ligne appuyée sur une fourche, et *non tenue à la main*, ou une ligne qui est *garnie d'un plomb* qui la fixe au fond de l'eau, ne peut être considérée comme *ligne flottante*. (*Ib., du 1er octobre 1810.*)

§ III. *Administration et Régie de la Pêche.*

L'Administration forestière ayant remplacé, pour la partie administrative seulement, les anciennes *Maîtrises des Eaux et Forêts*, il était naturel que *l'Administration et la Régie de la Pêche* continuassent à lui être confiées, depuis la publication de la loi du 15 avril 1829, relative à la *Pêche pluviale*, comme elles l'avaient été par la loi du 14 floréal an X. (*4 mai 1802.*) Cette Administration a aussi le droit de constater et de poursuivre tous les délits relatifs aux eaux et pêcheries des communes. (*Arr. de la C. de cass. du 5 mars 1829.*) (*Voir le chapitre II, qui traite des attributions de l'Administration des Forêts, page 2.*)

Ainsi, le *Code forestier* ayant, dans l'intérêt public, fixé les conditions à exiger des Agens et Gardes des forêts pour remplir leurs fonctions , les mêmes garanties sont exigées de la part des Agens et Gardes chargés de la *surveillance de la pêche.* (Voir en ce qui concerne *l'âge* auquel on peut exercer l'emploi de *garde-pêche* et au *serment* à prêter avant d'entrer en fonctions, l'art. 1er du § 11 du chapitre V.) (*Art. 3 et 7 du C. f., et 6 et 7 de la loi du 15 avril 1829.*) Mais je ferai remarquer, quant au *serment*, que celui que prêtent les Agens et Gardes forestiers de remplir fidèlement leurs fonctions, comprend nécessairement celles qu'ils exercent relativement à la conservation et à la surveillance de la pêche.

Quant à la *responsabilité*, elle est la même que celle des Gardes forestiers. (Voir le § III de la IVe section du chapitre VIII.) Seulement ceux de la pêche peuvent être déclarés responsables des délits commis dans leurs cantonnemens, et passibles des amendes et des indemnités encourues par les délinquans, lorsqu'ils n'ont pas duement constaté les délits. (*Loi du* 15 *avril* 1829, *art.* 8.)

En ce qui concerne l'empreinte des fers dont les gardes-pêches font usage pour la marque des filets, elle est, comme celle des marteaux royaux, déposée au greffe des tribunaux de 1re instance. (*Ib., art.* 9.)

Ces fers sont également déposés, ainsi que les marteaux royaux, dans un étui fermant à deux clefs , chez l'Agent chef de service. Les fers ou coins sont un timbre gravé, au moyen duquel on imprime sur un sceau en plomb , d'un côté, le mot *Pêche*, entre deux branches de chêne, et ayant pour exergue les mots *Administration des forêts,* et de l'autre côté le *numéro de la Conservation* ou arrondissement forestier, et en exergue le *nom du département* où sont situés les cantonnemens de pêche. C'est avec cette médaille en plomb qu'on scelle les filets, et c'est elle qui est déposée au greffe des tribunaux. Les frais de plombage sont fixés à un franc par chaque filet ou engin, la valeur du plomb comprise. (*Art. 33 du Cahier des ch. des baux de pêche, et voir le* § 5 *du chap. VII.*)

§ IV. *Conservation et Police de la Pêche.*

Nul ne peut exercer le droit de pêche dans les fleuves et rivières navigables ou flottables , les canaux, ruisseaux ou cours d'eau quelconques, qu'en se conformant aux dispositions suivantes. (*Loi du 15 avril 1829, art. 23.*)

Lorsque le procès-verbal qui constate un délit de pêche ne s'explique point sur la question de savoir si la rivière dans laquelle il a été commis est flottable ou navigable, l'appréciation de ce fait rentre dans les attributions du Tribunal. (*Arr. de la C. de cass. du 7 mai 1830.*)

Il est interdit de placer dans les rivières navigables ou flottables, canaux et ruisseaux, aucun barrage, appareil ou établissement quelconque de pêcherie, ayant pour objet d'empêcher entièrement le passage du poisson.

Les délinquans sont condamnés à une amende de *cinquante à cinq cents francs*, et en outre aux dommages-intérêts, et les appareils ou établissemens de pêche sont saisis et détruits. (*Loi du 15 avril 1829, art. 24.*)

Il y a délit de pêche (et non contravention en matière de grande voirie, de la compétence des Conseils de préfecture) dans le fait d'avoir pratiqué sur une rivière un barrage qui oblige le poisson à se jeter dans des filets établis au dessous. (*Arr. de la C. de cass. du 26 juillet 1827.*)

Le seul établissement dans une rivière d'un instrument de pêche prohibé, tel que gord ou barrage non autorisé, constitue une contravention dont le possesseur ne peut être excusé sous le prétexte qu'il n'en a pas fait usage. Les tribunaux sont seuls compétens pour réprimer cette contravention, de même que l'autorité administrative peut seule en ordonner la destruction. (*Ib. du 5 juillet 1828.*)

Le fait de tendre dans une rivière des piéges arrangés de manière à rendre la pêche plus abondante, comme d'avoir formé un espèce de gord, au moyen de pieux plantés à certaines distances, est un délit de pêche et non un délit de grande voirie, dont la connaissance appartient aux tribunaux correctionnels et non à l'autorité administrative. (*Ib., du 20 septembre 1828.*)

La construction, sans autorisation, dans une rivière navigable ou flottable, d'un gord, barrage et appareil ayant pour objet d'empêcher le passage du poisson, et tendant par conséquent au dépeuplement de la rivière, constitue par son existence seule, le délit de pêche prévu par la loi. (*Ib. du 4 décembre 1828.*)

Quiconque jette dans les eaux des drogues ou appâts

qui sont de nature à enivrer le poisson ou à le détruire, est puni d'une amende de *trente francs à cent francs*, et d'un emprisonnement d'un mois à trois mois. (*Loi du 15 avril 1829, art. 25.*)

Des ordonnances royales ont déterminé ,

1° Les temps, saisons et heures pendant lesquels la pêche est interdite dans les rivières et cours d'eau quelconques;

2° Les procédés et modes de pêche qui, étant de nature à nuire au repeuplement des rivières, doivent être prohibés ;

3° Les filets, engins et instrumens de pêche qui sont défendus, comme étant aussi de nature à nuire au repeuplement de rivières ;

4° Les dimensions de ceux dont l'usage est permis dans les divers départemens, pour la pêche des différentes espèces de poissons ;

5° Les dimensions au-dessous desquelles les poissons de certaines espèces qui sont désignées ne peuvent être pêchés, et doivent être rejetés en rivière;

6° Les espèces de poissons avec lesquelles il est défendu d'appâter les hameçons, nasses, filets et autres engins. (*Ib., art. 26.*)

Pour l'exécution des dispositions de l'art. 26 ci-dessus, et conformément aux mesures prescrites par les art. 5, 6, 7 et 8 de l'ordonnance du Roi du 15 novembre 1830, concernant le mode d'exécution de la loi du 15 avril 1829, relative à la pêche pluviale, une ordonnance royale du 3 novembre 1831, a définitivement homologué et rendu exécutoires dans les départemens ci-après désignés, les réglemens d'administration locale dressés par les Préfets sur l'avis des Conseils généraux et après avoir consulté les Agens forestiers, et qui déterminent 1° les temps, saisons et heures pendant lesquels la pêche est interdite dans les rivières et cours d'eau ; 2° les filets et engins dont l'usage doit être interdit ; 3° les procédés et modes de pêche qui doivent être défendus comme étant de nature à nuire au repeuplement des rivières, savoir :

Ain , le 7 septembre 1831.
Aisne, le 15 juin 1831
Allier, le 10 mai 1831.
Alpes (Basses-), le 8 juin 1832.

Alpes (Hautes-), le 1er août 1832.
Ardèche.
Ardennes.
Arriège, le 19 juillet 1831.
Aube, le 24 juillet 1831.
Aude, le 28 mai 1831.
Aveyron, le 25 mai 1831.
Bouches-du-Rhône.
Calvados, le 8 août 1831.
Cantal, le 25 avril 1831.
Charente, le 30 juillet 1831.
Charente-Inférieure, le 1er juin 1831.
Cher.
Corrèze.
Corse.
Côte-d'Or, le 4 juillet 1831.
Côtes-du-Nord, le 24 mai 1831.
Creuse, le 26 juillet 1832.
Dordogne, le 23 juillet 1831.
Doubs, le 30 juillet 1831.
Drôme.
Eure, le 21 avril 1831.
Eure-et-Loir.
Finistère.
Gard, le 17 mai 1831.
Garonne (Haute-), le 8 août 1831.
Gers, le 30 mai 1831.
Gironde, le 13 août 1831.
Hérault.
Ille-et-Vilaine, le 14 juin 1831.
Indre, le 28 juin 1831.
Indre-et-Loire, le 22 avril 1831.
Isère, le 3 février 1832.
Jura, le 13 juillet 1831.
Landes, le 15 juillet 1831.
Loir-et-Cher, le 1er juin 1831.
Loire.
Loire (Haute-), le 9 juillet 1831.
Loire-Inférieure, le 18 juin 1831.
Loiret, le 28 juin 1831.
Lot, le 25 juin 1831.
Lot-et-Garonne, le 10 mai 1831.
Lozère, le 10 mai 1831.
Maine-et-Loire.

Manche, le 15 juin 1831.
Marne, le 16 août 1831.
Marne (Haute-).
Mayenne
Meurthe, le 27 mai 1831.
Meuse, le 27 mai 1831.
Morbihan.
Moselle, le 7 juillet 1831.
Nièvre, le 30 juillet 1831.
Nord, le 7 juillet 1831.
Oise, le 4 juillet 1831.
Orne, le 24 août 1831.
Pas-de-Calais, le 3 août 1851.
Puy-de-Dôme, le 5 juillet 1831.
Pyrénées (Basses-), le 10 juin 1831.
Pyrénées (Hautes-), le 31 mai 1831.
Pyrénées-Orientales, le 13 juillet 1831.
Rhin (Bas-), le 27 juillet 1831.
Rhin (Haut-), le 10 août 1831.
Rhône, le 6 mars 1832.
Saône (Haute-), le 21 mai 1831.
Saône-et-Loire.
Sarthe, le 20 mai 1831.
Seine, le 22 juillet 1831.
Seine-Inférieure, le 26 mai 1831.
Seine-et-Marne, le 10 mai 1831.
Seine-et-Oise, le 19 juillet 1831.
Sèvres (Deux-), le 10 mai 1831.
Somme, le 15 juillet 1831.
Tarn, le 16 juin 1831.
Tarn-et-Garonne, le 28 mai 1831.
Var, le 15 juillet 1831.
Vaucluse.
Vendée, le 23 juin 1831.
Vienne, le 9 juillet 1831.
Vienne (Haute-).
Vosges, le 22 juin 1831
Yonne, le 15 mai 1831.

Quiconque se livre à la pêche pendant les temps , saisons et heures prohibés par les Ordonnances, est puni d'une amende de *trente à deux cents francs*. (*Loi du 15 avril 1829, art.* 27.)

La pêche dans une rivière , pendant la nuit , est un

délit punissable d'amende (*Arr. de la C. de cass., du* 29 *août* 1829.)

La prohibition de pêcher la nuit, établie par l'art. 5 du titre XXXI de l'Ordonnance de 1669, étant d'ordre public, ne doit pas être considérée comme abrogée par un usage contraire, même immémorial, lorsque, d'ailleurs, cette prohibition a été rappelée dans le cahier des charges de l'adjudication de la pêche. (*Ib., du* 24 *sept.* 1830.)

Une amende de *trente à cent francs* est prononcée contre ceux qui font usage, en quelque temps et en quelque fleuve, rivière, canal ou ruisseau que ce soit, de l'un des procédés ou modes de pêche, ou de l'un des instrumens ou engins de pêche prohibés par les ordonnances.

Si le délit a eu lieu pendant le temps du frai, l'amende est de *soixante à deux cents francs.* (*Loi du* 15 *avril* 1829, *art.* 28.) (1)

Les mêmes peines sont prononcées contre ceux qui se servent pour une autre pêche, de filets permis seulement pour celle du poisson de petite espèce.

Ceux qui sont trouvés porteurs ou munis, hors de leur domicile, d'engins ou instrumens de pêche prohibés, peuvent être condamnés à une amende qui n'excéde pas *vingt francs*, et à la confiscation des engins ou instrumens de pêche, à moins que ces engins ou intrumens

---

(1) M. BAUDRILLART, dans son *Commentaire du Code de la Pêche fluviale*, a fait observer avec raison que les amendes s'accroissent d'après les diverses circonstances prévues par la loi, et que, dans le cas de l'art. 28, elles peuvent s'élever aux taux suivans :

1° l'amende, pour l'emploi d'un instrument ou d'un procédé de pêche prohibé, est de 30 à 100 francs.

2° Si la contravention a lieu pendant le temps de frai, l'amende est doublée, 60 à 200 fr.

3° Si, outre temps de frai, la contravention a lieu pendant la nuit, cette circonstance entraîne (art. 27) une amende de 30 à 200 fr., qui, réunie à l'amende double, fait 90 à 400 francs.

4° S'il y a récidive, l'amende simple est doublée (art. 69), et par conséquent il faut ajouter l'amende de 30 à 100 francs aux derniers chiffres que nous venons de poser, ce qui fait 120 à 500 francs.

Ainsi l'emploi d'un instrument de pêche prohibé peut, avec les circonstances que nous avons rappelées, entraîner une condamnation de 120 à 500 francs d'amende.

ne soient destinés à la pêche dans les étangs ou réservoirs. (*Ib., art.* 29.)

Le placement d'un engin prohibé dans une rivière, avec amorces, constitue un délit, et il suffit que le Garde rédacteur du procès-verbal déclare avoir vu placer cet engin, quand même le prévenu ne l'aurait point retiré devant lui, pour qu'il y ait lieu à application de la peine prononcée par la loi. Ainsi, lorsqu'il résulte de l'ensemble des faits constatés par un procès-verbal, en matière de pêche, la preuve légale du délit et de la culpabilité du prévenu, celui-ci ne peut être déchargé des poursuites exercées contre lui. (*Arr. de la C. de cass.*, *du 4 mai* 1820.) Mais un délit de pêche commis à l'aide d'un instrument prohibé et non saisi, n'est pas suffisamment prouvé, lorsqu'au moment du délit le Garde rédacteur se trouvait séparé du délinquant par la rivière, et qu'il n'a pas déterminé la largeur de cette rivière, attendu qu'on considère, dans ce cas, que l'éloignement a pu tromper le Garde sur la dimension des mailles du filet. (*Id. du* 13 *novembre* 1817.)

L'Ordonnance du Roi du 15 novembre 1830, concernant le mode d'exécution de la loi du 15 avril 1829, relative à la pêche fluviale, a déterminé quels sont les filets, engins et instrumens de pêche qui sont prohibés, savoir :

1° Les filets traînans ;

2° Les filets dont les mailles carrées, sans accrues et non tendues, ni tirées en losange, auraient moins de *trente millimètres* (14 lignes) de chaque côté, après que le filet aura séjourné dans l'eau ;

3° Les bires, nasses ou autres engins dont les verges en osier seraient écartées entre elles de moins de *trente millimètres*. (*Art.* 1er *de l'Ord. du* 15 *novembre* 1830.)

Sont néanmoins autorisés pour la pêche des goujons, ablettes, loches, vérons, vandoises et autres poissons de petites espèces, les filets dont les mailles auront quinze millimètres (7 lignes) de largeur, et les nasses d'osier ou autre engin dont les baguettes ou verges seront écartées de quinze millimètres. Les pêcheurs auront aussi la faculté de se servir de toute espèce de nasses en jonc, à jour, quel que soit l'essartement de leurs verges. (*Art.* 2 *de l'Ord. du* 15 *novemb.* 1830.)

Quiconque se sert pour une autre pêche que celle qui est indiquée dans le paragraphe précédent des filets spécialement affectés à cet usage, est puni d'une amende de *trente à cent francs*, et si l'usage de ces filets a eu lieu en temps de frai, l'amende est de *soixante à deux cents francs*, conformément à l'art. 28 de l'ordonnance du 15 avril 1829. (*Ord. du 15 novembre* 1830, *art.* 3.)

Aucune restriction ni pour le temps de la pêche, ni pour l'emploi des filets ou engins n'est imposée aux pêcheurs du Rhin. (*Ib., art.* 4.)

Quiconque pêche, colporte ou débite des poissons qui n'ont point les dimensions déterminées par les ordonnances, est puni d'une amende de *vingt à cinquante francs* et de la confiscation desdits poissons. Sont néanmoins exceptées de cette disposition, les ventes de poissons provenant des étangs ou réservoirs.

Sont considérés comme étangs ou réservoirs les fossés et canaux appartenant à des particuliers, dès que leurs eaux cessent naturellement de communiquer avec les rivières. (*Loi du 15 avril* 1829, *art.* 30.)

La même peine est prononcée contre les pêcheurs qui appâtent leurs hameçons, nasses, filets ou autres engins, avec des poissons des espèces prohibées qui sont désignées par les ordonnances. (*Ib., art.* 31.)

Les fermiers de la pêche et porteurs de licences, leurs associés, compagnons et gens à gages, ne peuvent faire usage d'aucun filet ou engin quelconque, qu'après qu'il a été plombé ou marqué par les agens de l'Administration de la police de la pêche.

La même obligation s'étend à tous autres pêcheurs compris dans les limites de l'inscription maritime, pour les engins et filets dont ils font usage dans les cours d'eau où le droit de pêche est exercé au profit de l'État.

Les délinquans sont punis d'une amende de *vingt fr.* pour chaque filet ou engin non plombé ou marqué. (*Ib., art.* 32.) *Voir le* § *II du présent chap.* XXI, *concernant le droit de pêche.*

Les contre-maîtres, les employés du balisage et les mariniers qui fréquentent les fleuves, rivières et canaux navigables ou flottables, ne peuvent avoir dans leurs bateaux ou équipages, aucun filet ou engin de pêche, même non prohibé, sous peine d'une amende de *cinquante francs* et de la confiscation des filets. Cette peine est applicable soit que le bateau soit en mouvement, ou qu'il soit amarré. (*Ib., art.* 33, *et Arrêt de la C. de cass., du* 29 *octobre* 1813.)

A cet effet, ils sont tenus de souffrir la visite, sur leurs bateaux et équipages, des Agens chargés de la police de la pêche, aux lieux où ils abordent.

La même amende est prononcée contre ceux qui s'opposent à cette visite. (*Loi du* 15 *avril* 1829, *art.* 33.)

Les fermiers de la pêche et les porteurs de licences, et tous pêcheurs en général dans les rivières et canaux où le droit de pêche est exercé au profit de l'État, sont tenus d'amener leurs bateaux et de faire l'ouverture de leurs loges et hangars, bannetons, huches et autres réservoirs ou boutiques à poisson, sur leurs cantonnemens, à toute réquisition des Agens et préposés de l'Administration de la pêche, à l'effet de constater les contraventions qui pourraient être par eux commises aux dispositions de la loi du 15 avril 1829.

Ceux qui s'opposent à la visite, ou refusent l'ouverture de leurs boutiques à poisson, sont, pour ce seul fait, punis d'une amende de *cinquante francs.* (*Ib.*, *art.* 34.)

Les fermiers et porteurs de licences ne peuvent user sur les fleuves, rivières et canaux navigables, que du chemin de halage ; sur les rivières et cours d'eau flottables, que du marchepied. Ils traitent de gré à gré avec les propriétaires riverains pour l'usage des terrains dont ils ont besoin pour retirer et asséner leurs filets. (*Ib.*, *art.* 35.)

§ V. *Mode de la mise en ferme de la pêche.*

La pêche au profit de l'État est exploitée par voie d'adjudication publique, aux enchères et à l'extinction des feux, ou à défaut, par concessions de licences à prix d'argent. (*Loi du* 15 *avril* 1829, *art.* 10.)

Pour faciliter l'exécution de cette disposition législative, les Conservateurs, d'après les Ordonnances qui ont déterminé quelles sont les parties des fleuves, rivières, canaux, etc., où la pêche est exercée au profit de l'État (1), peuvent proposer des changemens aux

---

(1) Ces ordonnances, qui doivent être rendues en exécution de l'art. 3 de la loi du 15 avril 1829 (Voir le § II ci-dessus), n'ayant pu encore être publiées, les adjudications des cantonnemens de pêche qui ont eu lieu en septembre 1831, n'ont rien changé aux limites fixées antérieurement pour ces cantonnemens, mais elles en ont seulement distrait les points des fleuves et rivières sur lesquels il s'est élevé des contestations litigieuses.

divisions de cantonnemens desdites rivières, primitivement approuvés par le Gouvernement, pour chaque
département; déterminer les cantonnemens où la pêche
est jugée devoir être mise en ferme. *(Loi du 15 avril 1829,
art. 3 et 10; Circ. des 28 prairial an X, n. 96 ; 3 mars
et 16 mai 1821, n. 12 et 24; Inst. du 23 mars 1821, art. 75.)*

Les gords et pêcheries établies sous les arches des
ponts ou dans le lit des rivières, peuvent aussi être affermés, lorsqu'il a été reconnu par les Agens forestiers,
de concert avec les Ingénieurs des ponts-et-chaussées,
que ces établissemens ne sont pas nuisibles à la naviga-
tion. Les étangs enclavés dans les forêts doivent aussi
être affermés. *(Loi du 15 avril 1829; Circ. des 13 vend.
an XIII, n. 238 et 3 mars 1821, n. 12.)*

Les Conservateurs dressent des états, par départemens, conformes au modèle annexé à la circulaire du
3 mars 1812, n° 12, et qui indiquent l'étendue et les
limites des cantonnemens, les demandes des licences,
les prix offerts, et ceux qu'on peut attendre des adjudications.

Les Conservateurs provoquent, lorsqu'il y a lieu, le
renouvellement des *baux* et *licences* de pêche. Ils font
déposer au greffe des tribunaux compétens, l'empreinte
des coins destinés à la marque des filets, et donnent
des ordres pour que les fermiers ou porteurs de licences
ne puissent se servir de filets non plombés, sous peine
de 20 fr. par chaque filet ou engin non plombé ou
marqué. *(Loi du 15 avril 1829, art. 9 et 32; Circ. du 23
août 1806, n. 336; Cah. des ch., art. 33 ; Inst. du 23 mars
1821, art. 75.)*

Ces Agens supérieurs tiennent un sommier des baux
et licences de pêche dans leurs arrondissemens, conformes au modèle annexé à la Circulaire du 20 septembre
1821, n° 39, et ils en adressent un état à l'Administration, aussitôt après leur renouvellement. *(Inst. du 23
mars 1821, art. 75.)*

Mais indépendamment de cet état, les Conservateurs
doivent fournir, chaque année, à l'Administration, un
état des produits de l'exercice, en faisant connaître les
dispositions particulières et locales qui ont pu occasionner, dans leurs arrondissemens, soit l'augmentation, soit la diminution de cette branche de revenu.
(Circ. du 27 mai 1807, n. 8389.)

Les contestations entre l'Administration et les adjudicataires relativement à l'interprétation et à l'exécution des conditions des baux et adjudications, sont portées devant les tribunaux. (*Loi du 15 avril 1829, art. 4.*)

Les contraventions, en ce qui concerne la conservation et la police de la pêche, de la part des locataires de la pêche ou de leurs préposés, sont constatées par les Agens et Gardes forestiers, les Gardes champêtres, les Éclusiers des canaux et autres Officiers de police judiciaire, et poursuivies correctionnellement devant les tribunaux. Ces Agens doivent saisir les instrumens prohibés, ou, à défaut de saisie, en spécifier l'espèce et les dimensions dans leurs procès-verbaux. (*Loi du 15 avril 1829, art. 36, voir le § IV ci-dessus; Inst. du 23 mars 1821, art. 74.*)

Sont également poursuivis par voie correctionnelle, les délits de pêche et de chasse commis par des personnes sans titre, sur des rivières affermées ou mises en licences, sauf la partie lésée, d'après la connaissance que le Garde lui aura donnée du procès-verbal, à intervenir, si bon lui semble, pour requérir les dommages-intérêts auquel elle aurait droit. (*Loi du 15 avril 1829, art. 5 et 36.*)

Les fermiers de la pêche ne sont point responsables des amendes encourues pour délits commis par des particuliers auxquels ils ont donné licence de pêcher. (*Arrêt de la C. de cass. du 14 juillet 1814.*)

§ VI. *Adjudications des cantonnemens de Pêche.*

Conformément à l'art. 10 de la loi du 15 avril 1829, la mise en ferme de la pêche, au profit de l'Etat, a lieu par bail en adjudication publique, ou à défaut par concessions de *licences* à prix d'argent.

ART. Ier. *Baux.*

Les baux de la pêche sont consentis aux chefs-lieux de préfecture ou de sous-préfecture, pour neuf années. Ceux faits depuis la publication de la loi précitée datent du 1er janvier 1832 et doivent finir le 31 décembre 1840. (*Cahier des ch., art. 2.*)

Les adjudications comprennent le droit d'exercer, dans tous les cours d'eau qui font partie du cantonnement mis en ferme, outre la pêche mobile, la pêche fixe, au moyen des gords et autres établissemens de

20

pêche placés aux arches des ponts, écluses et moulins.
(*Ib., art. 5.*)

Font également partie intégrante des cantonnemens,
les noues, boires et fossés qui tirent leurs eaux des rivières, qui ont, à leurs extrémités, une communication
libre avec elles, pendant le cours de l'année, et où les
bachots peuvent passer en tout temps; les cantonnemens comprennent aussi les étangs enclavés dans les forêts. (*Ib., art.* 24 *et Circ. du* 3 *mars* 1821, *n.° 12.*)

La chasse exclusive des oiseaux aquatiques fait de
même partie de la location de la pêche, pour être exercée sur les rivières comprises dans le cantonnement.
Le locataire a, en conséquence, le droit de chasser les
canards et autres oiseaux, dans toute l'étendue de son
cantonnement, sans pouvoir rétrocéder ce droit, ni
l'exercer avec des engins prohibés, et avant de s'être
muni d'un permis de port d'armes. (*Cah. des ch., art.* 23.)

Les cantonnemens sont adjugés en francs, et il ne
peut être fait aucune réclamation ni diminution de prix
pour défaut de mesure dans l'étendue de chaque cantonnement, fixée par l'état revêtu de l'approbation du Gouvernement. (*Cah. des ch., art.* 6.)

Ces adjudications sont annoncées par des affiches apposées au moins quinze jours à l'avance, dans le chef-
lieu du département, dans les communes riveraines du
cantonnement et dans celles environnantes, précédées
d'une estimation et du dépôt d'un cahier des charges;
elles se font dans les mêmes formes et devant les mêmes
autorités que celles des coupes de bois; de sorte que
tout ce qui concerne ces dernières est applicable aux
adjudications de la pêche. Seulement toute *location*
faite autrement que par adjudication publique, est considérée comme clandestine et déclarée nulle. Les fonctionnaires et Agens qui l'auraient ordonnée ou effectuée, sont condamnés solidairement à une amende *égale
au double du fermage annuel du cantonnement de pêche.* Je
dois aussi faire observer qu'à l'égard des enchères elles
ne peuvent être moindres du vingtième de la mise à
prix de chaque cantonnement, lorsqu'elle sera au-dessous de 200 francs; de 15 francs depuis 200 jusqu'à
500 francs; de 20 francs, de 300 à 1,000 francs; et de
30 francs, au-dessus de 1,000 francs. (*Loi du* 15 *avril*
1829, *art.* 11 *à* 22; *C. f., art.* 17 *à* 28; *Circ. du* 20 *décembre* 1821, *n.* 39. *Voir le* § *VI du chap. XII, concernant*

les ventes ou adjudications des coupes de bois de l'État , et Cah. des ch., art. 7 à 16.)

Le prix annuel des adjudications doit être payé à la caisse du receveur des Domaines de l'arrondissement où elles ont été consenties, sans qu'il y ait lieu à la perception du décime par franc, en sus du prix de l'adjudication. (*Cah. des ch., art. 3.*)

Aucun délai de paiement ne peut être accordé, ni aucune remise être faite sur le prix du bail, que d'après une décision ministérielle.

Les demandes en résiliation de baux ou en réduction de fermages ne suspendent pas l'effet des poursuites pour le recouvrement des termes arriérés. (*Ib., art. 4.*)

Dans le cas où les adjudicataires des ponts, gords et autres pêcheries, ne seraient pas les mêmes que ceux du dernier bail, les nouveaux adjudicataires paieront comptant aux anciens, soit de gré à gré, ou à dire d'experts, le prix des filets, engins, ustensiles et autres établissemens relatifs à l'exploitation de la pêche, à la charge par ceux-ci de justifier de leurs droits, conformément à la décision de M. le Ministre des finances, du 19 vendémiaire an 13.

Cette disposition est également applicable aux filets, engins, instrumens et bateaux de pêche servant à l'exploitation de la pêche mobile. (*Cah. des ch., art. 41.*)

Les fermiers et sous-fermiers de la pêche renoncent à toute demande d'indemnité pour perte de filets, agrès et apparaux, par suite de la débâcle des glaces, ou par tout autre événement. (*Ib., art. 42.*)

Chaque adjudicataire, avant d'entrer en jouissance, est tenu de soumettre à l'Agent local les filets, engins et instrumens de pêche qu'il compte employer. Tout ceux dont la maille n'aura pas les dimensions prescrites doivent être immédiatement lacérés et brûlés. (*Ib., art. 43; Voir le § VIII.*)

Aucune des conditions énoncées au Cahier des charges ne peut être réputée comminatoire; elles sont toutes de rigueur. (*Ib., art. 44.*)

Les fermiers de la pêche doivent s'y conformer, ainsi qu'aux clauses particulières, et généralement à tout ce qui est prescrit par la loi du 15 avril 1829, par l'ordonnance royale du 15 novembre 1830, et le réglement d'administration locale rendu par le Préfet, dans chaque département. (*Ib.*)

Art. II. *Droits et obligations des fermiers de la pêche.*

Les Adjudicataires ne peuvent avoir plus de *huit* associés, y compris la caution et le certificateur. Ces associés doivent être agréés par l'Inspecteur ou Sous-Inspecteur de l'arrondissement, et ne peuvent exercer la pêche, ainsi que l'Adjudicataire, qu'après un permis dudit Agent, sous peine d'être traités comme délinquans. Les adjudicataires sont tenus de donner au même Agent leurs noms, prénoms et demeures, ceux de leurs cautions et certificateurs de cautions, et de leurs associés, ainsi que des compagnons employés par eux ou par leurs sous-fermiers. (*Cah. des ch., art.* 17.)

Les Adjudicataires ne peuvent morceler leur cantonnement, céder leur bail, ni délivrer de permissions qu'à des personnes agréées par l'Agent forestier local, et dont ils sont responsables. Le nombre de ces permissions ne peut excéder cinq par cinq kilomètres (une lieue) d'étendue de rivière. (*Ib., art.* 18.)

Les cessions et rétrocessions sont passées au secrétariat du lieu de l'adjudication, et les cessionnaires et les rétrocessionnaires ne peuvent user du droit qui leur a été ainsi transféré, qu'après avoir représenté au Sous-Inspecteur ou au Garde général, extrait de leurs rétrocessions; néanmoins les Adjudicataires et leurs cautions sont, jusqu'à décharge définitive, considérés comme seuls obligés. (*Ib., art.* 19.)

Chaque fermier de la pêche et chacun de ses associés ne peut avoir plus de deux bateaux ou bachots, de manière que leur nombre n'excède jamais celui de *seize* par cantonnement. (*Ib., art.* 37.)

Dans un mois, pour tout délai, à compter du jour de l'adjudication, il est mis à ces bateaux ou bachots, des deux côtés intérieur et extérieur de la proue, une plaque de fer-blanc de 13 centimètres (5 pouces) en carré, peinte à l'huile, couleur blanche, sur laquelle sont inscrits en noir le nom de l'Adjudicataire, celui du port auquel il est attaché, et le numéro du cantonnement, lesquels noms et numéros doivent avoir au moins cinq centimètres (2 pouces) de haut, afin qu'ils puissent se distinguer d'une rive à l'autre; et une notice en est remise à l'Agent forestier. (*Ib., art.* 38.)

Les fermiers placent aussi à leurs frais des poteaux indiquant les limites et le numéro de leurs cantonnemens respectifs. (*Ib., art.* 40.)

Chaque bateau doit être garni d'une chaîne avec un cadenas, et être rentré au port désigné pour le cantonnement duquel il dépend, à neuf heures du soir en été, et à sept heures en hiver, pour y rester enchaîné la nuit et n'en sortir le matin qu'au lever du soleil. (*Ib.*, art. 39.)

A toute réquisition des Agens forestiers, les pêcheurs en titre sont tenus d'amener leurs bateaux pour recevoir lesdits Agens, et leur procurer les moyens de visiter et inspecter, tant leurs filets que les poissons qui sont dans leurs boutiques. (*Loi du 15 avril 1829, art.* 54.)

Chaque fermier de la pêche ou porteur de licences peut établir, à ses frais, un ou plusieurs Gardes-pêche ; ils ne peuvent remplir leurs fonctions qu'après avoir été agréés par le Conservateur, et avoir prêté serment devant le tribunal civil. (*Cah. des ch., art.* 20.)

Les Gardes-pêche doivent être âgés au moins de vingt-cinq ans. Ils sont munis d'une bandouillère avec plaque indiquant leur qualité, et ils remettent, sans délai, à l'Agent forestier, les procès-verbaux dûment affirmés et enregistrés, des délits ou contraventions qu'ils ont constatés. (*Ib., art.* 21.)

Lorsque le bail excède la somme de 3000 francs, l'Adjudicataire qui a laissé cumuler deux termes est déchu du bénéfice de son adjudication, sans qu'il soit besoin d'en faire prononcer la résiliation, et il est procédé à une nouvelle ferme à sa folle enchère(*Ib., art.* 22).

Art. III. *Licences*

On entend par *licences*, la concession que donne le Gouvernement à un particulier, de pêcher sur une partie de fleuve ou de rivière, moyennant le paiement d'une taxe annuelle et une présentation de caution.

Les Agens forestiers ne doivent proposer ce mode de location qu'après s'être assurés que le cantonnement n'a pu être adjugé, à défaut d'offres suffisantes ; et, en conséquence, il est fait mention dans les procès-verbaux d'adjudication, des mesures qui ont été prises pour leur donner la publicité possible, et des offres qui ont été faites (*Loi du 15 avril 1829, art.* 10, *et circ. des* 28 *prairial an* X, *n.* 96, *et du* 3 *mars* 1821, *n.* 12.)

Les licences sont concédées par le Directeur de l'Administration des forêts, sur les soumissions des particuliers. La durée en est de trois années consécutives.

Elles sont inscrites au secrétariat de la Préfecture ou de la Sous-Préfecture dans l'étendue de laquelle se trouve le cantonnement mis en licence.

Les particuliers auxquels des licences ont été ainsi accordées, sont tenus d'exploiter la pêche par eux-mêmes, ou par des gens à leurs gages, à peine de révocation de leurs licences.

Le prix annuel des licences est payé à la caisse du Receveur des domaines de l'arrondissement où elles ont été délivrées, de la même manière que celui des baux de la pêche. (*C. des ch.*, *art.* 3; *voir le* § *VI*, *art.* 1er.)

§ VII. *Pêche sur les parties des rivières, canaux, et autres cours d'eau non compris dans le droit de pêche réservé à l'État.*

Dans toute les rivières et canaux autres que ceux désignés dans l'art. 1er. de la loi du 15 avril 1829, et où le droit de pêche est exercé au profit de l'État, à l'exception toutefois des canaux et fossés existans, ou qui seraient creusés dans des propriétés particulières et entretenus aux frais des propriétaires, les riverains propriétaires ont, chacun de son côté, le droit de pêche jusqu'au milieu du cours de l'eau, sans préjudice des droits contraires établis par possessions ou titres ; mais il doivent se conformer en tout point, sous la surveillance des Agens forestiers, aux lois et réglemens rendus sur l'exercice de la pêche. (*C. civ.*, *art.* 538 *et* 545 ; *loi du* 15 *avril* 1829, *art.* 2 ; *Avis du Cons.-d'État des* 30 *pluviôse an XIII*, *et* 21 *février* 1822 ; *Circ. du* 18 *vendém. an XIV*, *n.* 285, *et Arrêt de la C. de cass. des* 20 *août* 1822, *et* 22 *août* 1823.)

Dans le cas où des cours d'eau seraient rendus ou déclarés navigables ou flottables, les propriétaires qui en seront privés, auront droit à un indemnité préalable qui sera réglée selon les formes prescrites par les art. 16, 17 et 18 de la loi du 8 mars 1810, compensation faite des avantages qu'ils pourraient retirer de la disposition prescrite par le Gouvernement. (*Loi du* 15 *avril* 1829, *art.* 3.)

Toutes les contestations qui s'élèveraient contre l'Administration ou ses ayans-cause et des tiers intéressés, à raison de leurs droits ou de leurs propriétés, sont portées devant les tribunaux. (*Loi du* 15 *avril* 1829, *art.* 4.)

Les Gardes doivent surtout avoir grand soin d'empê-

cher et de constater les empoissonnemens, de s'opposer
à ce qu'on détourne les eaux pour mettre à sec le lit
ordinaire où elles coulent, et à l'effet d'attirer le poisson dans des pièges ou arrêts, ou de le surprendre dans
des gorges ou des cavités.

Les particuliers peuvent aussi faire punir quiconque
pêche le long de leur propriété, des mêmes peines qui
sont encourues par les délinquans, sur les rivières dont
la pêche est affermée. (*Loi du 15 avril 1829, art. 5.*)

Les communes ont le même droit sur les mêmes rivières et ruisseaux auxquels aboutissent leurs bois, pâtis
ou autres propriétés communales; mais ce droit ne
peut être exercé par les habitans, il doit être affermé
au profit des communes. Il en est de même du droit de
pêcher dans les étangs, fossés, marais et pêcheries à
elles appartenant. (*Avis du conseil-d'État du 30 pluviôse
an XIII.*)

Ainsi, nul, s'il n'est adjudicataire ou pourvu de licence, n'a le droit de pêcher, même à la ligne, dans
les eaux et pêcheries des communes; et un délit de
pêche ne peut être excusé sur ce que les habitans d'une
commune auraient toujours joui sans trouble de la
faculté de pêcher, si cette jouissance était illégale. (*Arr.
de la C. de cass. du 5 mars 1829.*)

§ VIII. *Mode d'exploitation de la pêche.*

Les fermiers de la pêche et les porteurs de licences,
ne peuvent pêcher, en quelques jours et saisons que
ce puisse être, à autres heures que celles déterminées
par le réglement d'administration locale rendu par le
Préfet du département, en exécution de l'art. 5 de l'Ordonnance royale du 15 novembre 1830, sauf les exceptions prononcées par ledit réglement. (*Voir au § iv le
tableau joint à l'Ordonnance du 31 novembre 1831, portant
homologation desdits réglemens et indiquant leurs dates*).

Chaque contravention à cette défense est punie d'une
amende de 30 à 200 fr. (*Loi du 15 avril 1819, art. 27,
et Cah. des ch., art. 25 ; Arrêté du Gouv. du 28 messidor
an vi; Arr. de la C de cass. des 17 brumaire an xiv ; 12
février 1808; 2 mars 1809; 20 décembre 1810, et 20 février
1812.*) (1).

_____

(1) On doit faire observer que d'après l'arrêt de la Cour de
cassation, du 28 février 1823, il y a lieu à la restitution égale à

Cependant aucune restriction, ni pour le temps de la pêche, ni pour l'emploi des filets ou engins, n'est imposée aux pêcheurs dans tous les cantonnemens de pêche du Rhin; mais ces facultés ne peuvent s'étendre à la pêche dans la rivière d'Ill. (*Ord. du* 15 *novembre* 1830, *art.* 4; *et Décis. du Min. des fin. du* 30 *avril* 1823; *voir le* § IV.)

La pêche ne peut avoir lieu durant le temps du frai, déterminé tant pour les rivières où la truite abonde que pour celles peuplées de poissons d'autres espèces, et pour chaque département en particulier, par le réglement d'administration locale rendu par le Préfet, sauf les exceptions prononcées par ledit réglement.

La contravention à ces dispositions est punie d'une amende de 30 à 200 fr. (*Loi du* 15 *avril* 1829, *art.* 27; *et Cah. des ch., art.* 26; *voir le* § IV)

Les fermiers ou porteurs de licence ne peuvent mettre des bires ou nasses d'osier au bout des dideaux, pendant le temps du frai, sous les peines portées par l'art. 27 de la loi du 15 avril 1829 (30 à 200 fr. d'amende): mais il leur est permis de les remplacer par des chausses ou sacs, du moule de 41 millimètres (18 lignes) en carré. Lorsque le temps du frai est passé, ils y peuvent mettre des bires ou nasses d'osier, dont les verges doivent être éloignées les unes des autres de 30 millimètres (14 lignes) au moins. (*Cah. des ch , art.* 27 *et* 28.)

Il leur est expressément défendu, ainsi qu'à tous autres ayans-droit et exerçant la pêche sur les fleuves et rivières navigables et flottables, et sur les canaux, ruisseaux et cours d'eau quelconques, d'employer l'un des procédés ou mode de pêche prohibés par le réglement d'administration locale, rendu par le Préfet du département en exécution de l'art. 7 de l'Ordonnance royale du 15 novembre 1830, sous les peines portées par l'art. 28 de la loi du 15 avril 1829 (30 à 100 francs). (*Cah. des ch., art.* 29; *voir le* § IV.)

Conformément à l'art. 1er de l'ord. royale du 15 nov. 1830, les pêcheurs, ainsi que tous autres individus, ne peuvent se servir, sur les fleuves et rivières navigables et

---

l'amende pour tout délit de pêche et emploi d'engins prohibés, et que les personnes civilement responsables doivent être condamnées aux amendes, restitutions et frais.

flottables, canaux, ruisseaux ou cours d'eau quelconques, sous les peines portées par l'art. 28 de la loi du 15 avril précédent (30 à 100 francs) des filets désignés au § IV ci-dessus, et de tous les filets et instrumens de pêche spécifiés dans le réglement d'administration locale rendu par le Préfet du département, en exécution de l'art. 6 de l'Ordonnance précitée. (*Cah. des ch.*, *art. 30*; *voir le* § IV.)

Ils peuvent employer, pour la pêche des poissons d'espèces ordinaires, les filets ainsi que les bires, nasses et autres engins de pêche, indiqués dans le réglement d'administration locale, rendu par le Préfet du département. (*Cah. des ch.*, *art. 31.*)

A l'égard de la pêche des poissons de petites espèces, tels que goujons, ablettes, vérons, vaudoises et autres, les pêcheurs sont autorisés, aux termes de l'art. 2 de l'Ordonnance de 1830, à se servir des filets désignés au § IV ci-dessus, et des filets et instrumens spécifiés dans le réglement d'Administration locale, rendu par le Préfet du département. (*Cah. des ch.*, *art. 32*; *voir le* § IV.)

Les fermiers de la pêche, leurs associés et compagnons doivent apporter à l'Agent forestier local les filets permis, tant pour la pêche des espèces de poissons ordinaires, que pour celle des petites espèces spécifiées dans le réglement d'administration locale rendu par le Préfet du département, pour être scellés en plomb d'un sceau uniforme pour tous les arrondissemens où sont situés les cantonnemens de pêche. (*Loi du 15 avril 1829*, *art. 9*; *et Cah. des ch.*, *art. 33*; *voir le* § III.)

Il est enjoint aux fermiers de rejeter en rivière, sous les peines portées par l'art. 30 de la loi du 15 avril 1829 (20 à 50 francs), les poissons dont la désignation et les dimensions sont spécifiées dans le réglement d'administration locale rendu par le Préfet du département. (*Cah. des ch.*, *art. 34*; *voir le* § IV.)

Toutefois, il leur est permis de pêcher les poissons voyageurs, qui remontent de la mer dans les fleuves et rivières, tels que saumons, aloses, lamproies, éperlans et mulets, quelles que soient leurs dimensions. (*Cah. des ch.*, *art. 35.*)

Ils ne peuvent appâter leurs hameçons, nasses, filets et autres engins avec les espèces de poissons ordinaires, sous les peines portées par l'art. 31 de la loi du 15 avril 1829 (20 à 50 francs). Toutefois, il leur est permis d'employer pour cet usage des poissons de petites espèces, tels que goujons, ablettes, vérons, loches et épinoches. (*Cah. des ch.*, art. 36 ; *voir le* § IV.)

§ IX. *Poursuites en réparations de délit.*

ART. Ier. *Poursuites exercées au nom de l'Administration.*

Le Gouvernement exerce la surveillance et la police de la pêche dans l'intérêt général.

En conséquence, les Agens spéciaux par lui institués à cet effet, ainsi que les Gardes champêtres, Éclusiers des canaux et autres Officiers de police judiciaire, sont tenus de constater les délits qui sont spécifiés au § IV ci-dessus, en quelques lieux qu'ils soient commis ; et lesdits Agens spéciaux exercent, conjointement avec les Officiers du ministère public, toutes les poursuites et actions en réparation de ces délits.

Les mêmes Agens et Gardes de l'Administration, les Gardes champêtres, les Éclusiers, les Officiers de police judiciaire, peuvent constater également le délit de pêche commis par l'individu qui n'est ni fermier, ni propriétaire riverain, sans la permission de celui à qui le droit de pêche appartient, et ils transmettent leurs procès-verbaux au Procureur du Roi. (*Loi du* 15 *avril* 1829, *art.* 36; *voir le* § II.)

Les Gardes-pêches nommés par l'Administration sont assimilés aux Gardes forestiers royaux. (*Ib*, *art.* 37.)

Ils recherchent et constatent, par procès-verbaux, les délits dans l'arrondissement du tribunal près duquel ils sont assermentés. (*Ib.*, *art.* 38.)

Ils sont autorisés à saisir les filets et autres instrumens de pêche prohibés, ainsi que le poisson pêché en délit. (*Ib.*, *art.* 39; *et C. f.*, *art.* 161.)

Les Gardes-pêche ne peuvent, sous aucun prétexte, s'introduire dans les maisons et enclos y attenans pour la recherche des filets prohibés. (*Ib.*, *art.* 40.)

Les filets et engins de pêche qui ont été saisis comme prohibés, ne peuvent, dans aucun cas, être remis sous caution. Ils sont déposés au greffe, et y demeurent jusqu'après le jugement, pour être ensuite détruits. (*Ib.*, *art.* 41.)

Le dépôt au greffe des engins prohibés dont la saisie a été faite, n'est prescrit ni comme condition, ni comme moyen nécessaire des poursuites; il est ordonné pour mettre sous les yeux de la justice la matière du délit, et pour que le brûlement puisse en être fait, s'il y a lieu. (*Arr. de la C. de cass., du 18 avril 1822.*)

Les filets, non prohibés, dont la confiscation aurait été prononcée en exécution de l'art. 5 de la loi du 15 avril 1829, sont vendus au profit du Trésor.

En cas de refus de la part des délinquans, de remettre immédiatement le filet déclaré prohibé, après la sommation du Garde-pêche, ils sont condamnés à une amende de cinquante francs. (*Loi du 15 avril 1829, art. 41.*)

Lorsqu'un procès-verbal constate qu'un filet propre à prendre du petit poisson a été placé par tel individu au milieu de la rivière, le prévenu ne peut être renvoyé des poursuites sur sa simple dénégation. Dans tous les cas, la confiscation de l'engin prohibé doit être ordonnée. (*Arr. de la C. de cass. du 30 juin 1827.*)

Quant au poisson saisi pour cause de délit, il est vendu sans délai, dans la commune la plus voisine du lieu de la saisie, à son de trompe et aux enchères publiques en vertu d'ordonnance du juge de paix ou de ses suppléans, si la vente a lieu dans un chef-lieu de canton ; ou, dans le cas contraire, d'après l'autorisation du Maire de la commune ; ces ordonnances ou autorisations sont délivrées sur la requête des Agens ou Gardes qui ont opéré la saisie, et sur la présentation du procès-verbal, régulièrement dressé et affirmé par eux.

Dans tous les cas, la vente a lieu en présence du Receveur des domaines, et, à défaut, du Maire ou Adjoint de la commune, ou du Commissaire de police. (*Loi du 15 avril 1829, art. 42.*)

Les Gardes-pêches ont droit de requérir directement la force publique pour la répression des délits en matière de pêche, ainsi que la saisie des filets prohibés et du poisson pêché en délit. (*Ib., art. 43.*)

En ce qui concerne la rédaction et la signature des procès-verbaux, les formalités auxquelles ils sont assujétis, le dépôt au greffe des procès-verbaux portant saisie, la compétence des tribunaux, les citations, la poursuite devant les tribunaux, la foi due aux procès-verbaux, les inscriptions de faux, les exceptions de propriété, les citations, les appels et pourvois en cassation et qui forment l'objet des articles 44 et 61 inclus de la loi du 15 avril 1829, voir à cet égard les § Ier et

11 de la 1ʳᵉ section, et 3, 5, 6 et 7 de la 2ᵉ section du chap. XXII, relatif à la constatation et à la poursuite des délits.

Le défaut d'énonciation dans un procès-verbal de délit de pêche, de tous les contrevenans reconnus après sa rédaction, et par un procès-verbal postérieur, ne peut être un motif d'éconduire les prévenus de la poursuite dirigée en vertu de cette double reconnaissance. Ainsi lorsque, par la dissimulation ou la fuite des prévenus, un Garde n'a pu les désigner lors de la constatation de leurs délits, il peut, étant parvenu à les découvrir, dresser un second procès-verbal, qui se lie avec le premier, le complète et devient la base d'une poursuite légitime. (*Arr. de la C de cass. du* 13 *mai* 1808.)

Les actions en réparation de délits en matière de pêche se prescrivent par un mois à compter du jour où les délits ont été constatés, lorsque les prévenus sont désignés dans les procès-verbaux. Dans le cas contraire, le délai de prescription est de trois mois, à compter du même jour. (*Loi du* 15 *avril* 1829, *art.* 62.)

Les dispositions de l'article précédent ne sont pas applicables aux délits et malversations commis par les Agens, Préposés ou Gardes de l'Administration dans l'exercice de leurs fonctions ; les délais de prescription à l'égard des Préposés et de leurs complices sont les mêmes que ceux qui sont déterminés par le Code d'Instruction criminelle. (*Ib.*, *art.* 63.)

Les dispositions du Code d'Instruction criminelle sur les poursuites des délits sur défauts, oppositions, jugemens, appels, et recours en cassation, sont et demeurent applicables à la poursuite des délits spécifiés par la loi du 15 avril 1829, sauf les modifications qui résultent des dispositions qui précèdent et font l'objet du présent paragraphe. (*Ib.*, *art.* 64.)

Art. II. *Poursuites exercées au nom et dans l'intérêt des fermiers de la pêche et des particuliers.*

Les délits qui portent préjudice aux fermiers de la pêche, aux porteurs de licences et aux propriétaires riverains sont constatés par leurs Gardes, lesquels sont assimilés aux Gardes-bois des particuliers. (*Loi du* 19 *avril* 1829, *art.* 65.)

Les procès-verbaux dressés par ces Gardes font foi jusqu'à preuve contraire. (*Ib.*, *art.* 66, *et* 188 *du C. f.*)

Les poursuites et actions sont exercées au nom et à la diligence des parties intéressées. (*Ib.*, *art.* 67.)

Les dispositions contenues aux articles 38, 39, 40, 41, 42, 43, 44, 45, 46, 47 § 1er, 49, 52, 59, 62 et 64 de la loi du 15 avril 1829, en ce qui concerne la recherche et constatation des délits, la saisie des filets, celle du poisson et sa vente et la réquisition de la force publique, comprenant les art. 38 à 43 inclus, et contenus dans l'art. 1er ci-dessus du § IX; celles relatives à la rédaction des procès-verbaux, leur affirmation, remise en cas de saisie; leur enregistrement, affirmation et citation, la preuve des délits et les questions de propriétés, comprenant les art. 44 à 47 inclus, 47, 52 et 59, et contenus dans les § 1er et 2 de la 1re section, et l'art. 2 du § 1er et le § 3 de la 2me section du chapitre XXII, relatif à la constatation et poursuite des délits, ainsi que les dispositions concernant la prescription des actions en réparation de délits en matière de pêche et celles du Code d'instruction criminelle sur les poursuites des délits sur défauts, oppositions, jugemens, appels et recours en cassation, comprenant les art. 62 et 64 de ladite loi, et comprises dans les derniers alinéas de l'article 1er ci-dessus du § IX, sont applicables aux poursuites exercées au nom et dans l'intérêt des particuliers et des fermiers de la pêche, pour les délits commis à leur préjudice. (*Ib.*, *art.* 68; *voir l'art.* 1er *ci-dessus du* § IX *et le chap.* XXII.)

Lorsqu'un particulier, au préjudice duquel il a été pêché dans une rivière non navigable ni flottable, en temps non-prohibé et sans engins défendus, poursuit le délinquant par la voie correctionnelle, les juges ne peuvent se dispenser de le condamner aux amendes et peines portées par la loi, sous prétexte que le Ministère public ne conclut pas à ces peines. (*Arr. de la C. de cass.*, *du* 7 *juin* 1811.) Il résulte de cette disposition que si les tribunaux ne peuvent se dispenser d'appliquer les peines portées par la loi contre ceux qui pêchent sans droit dans les eaux d'un particulier, lorsque celui-ci poursuit l'action correctionnellement, à plus forte raison sont-ils tenus d'appliquer ces peines contre ceux qui pêchent, soit en temps prohibé, soit avec des engins défendus. (*Ib.*, *du* 27 *décembre* 1810.) D'ailleurs, avant la loi du 15 avril 1829, il n'était pas nécessaire, pour saisir les tribunaux, que le propriétaire riverain, au préjudice duquel il avait été pêché avec engins défendus ou en un temps prohibé, formât sa plainte, attendu que ce délit intéressant l'ordre public, la répression pouvait en être poursuivie à la requête du Ministère public et par les Agens forestiers. (*Ib.*, *du* 21 *février* 1812.)

§ X. *Peines et condamnations.*

Dans le cas de récidive, la peine est toujours doublée.

Il y a récidive lorsque, dans les douze mois précédens, il a été rendu contre le délinquant un premier jugement pour délit en matière de pêche. (*Loi du* 15 *avril* 1829, *art.* 69.)

Les peines sont également doublées lorsque les délits ont été commis la nuit. (*Ib.*, *art.* 70.)

Dans tous les cas où il y a lieu à adjuger des dommages-intérêts, ils ne peuvent être inférieurs à l'amende simple prononcée par le jugement. (*Ib.*, *art.* 71, *et* 202 *du C. f.*)

Dans tous les cas prévus par la loi du 15 avril 1829, si le préjudice causé n'excède pas 25 francs, et si les circonstances paraissent atténuantes, les tribunaux sont autorisés à réduire l'emprisonnement même au-dessous de six jours, et l'amende même au-dessous de 16 fr. Il peuvent aussi prononcer séparément l'une ou l'autre de ces peines, sans que, en aucun cas, elle puisse être au-dessous des peines de simple police. (*Ib.*, *art.* 72.)

Les restitutions et dommages-intérêts appartiennent aux fermiers, porteurs de licences et propriétaires riverains, si le délit est commis à leur préjudice ; mais lorsque le délit a été commis par eux-mêmes au détriment de l'intérêt général, ces dommages-intérêts appartiennent à l'État.

Appartiennent également à l'État toutes les amendes et confiscations. (*Ib.*, *art.* 73.)

Les maris, pères, mères, tuteurs, fermiers et porteurs de licences, ainsi que tous propriétaires, maîtres et commettans, sont civilement responsables des délits en matière de pêche commis par leurs femmes, enfans mineurs, pupilles, bateliers et compagnons, et tous autres subordonnés, sauf tout recours de droit.

Cette responsabilité est réglée conformément à l'art. 1384 du Code civil. (*Ib.*, *art.* 74 ; *voir le* § IV *ci-dessus.*)

Les tribunaux ne peuvent prendre en considération l'âge et le défaut de discernement des enfans dans les matières qui sont aujourd'hui régies par la loi du 19 avril 1829, comme elles l'étaient avant par l'ordonnance de 1669, attendu que l'art. 66 du Code pénal ne s'applique point à ces matières. (*Arr. de la C. de cass. du 2 juillet* 1813.) Mais comme il ne s'agit dans la nouvelle loi que d'une *responsabilité civile*, cette responsabilité civile, d'après l'art. 1384 du Code civil, s'étend à la restitution et aux frais du procès, puisque ces frais ne sont point une *peine*, et qu'en ce qui concerne l'*amende*, elle ne peut être prononcée, attendu que l'amende étant une *peine*, il faut une disposition formelle de loi qui déclare que la responsabilité s'étendra jusqu'à l'amende, ce qui n'existe pas dans la nouvelle législation de la pêche. (*Ibid, du* 28 *février* 1823.)

§ XI. *Exécution des jugemens.*

Art. 1er *Exécution des jugemens rendus à la requête de l'Administration ou du Ministère public.*

Les dispositions prescrites par les articles 75 à 80 inclus de la loi du 15 avril 1829, en ce qui concerne l'exécution des jugemens rendus à la requête de l'Administration chargée de la police de la pêche, ou sur la poursuite du Ministère public, étant les mêmes que celles déterminées par les articles 209 et 211 à 214 inclus du Code forestier, voir à cet égard l'art. 1er du § VIII de la 2e section du chapitre XXII, relatif à la constatation et poursuite des délits.

Art. II. *Exécution des jugemens rendus dans l'intérêt des fermiers de la pêche et des particuliers.*

Les dispositions prescrites par les articles 81 et 82 de la loi du 15 avril 1829, en ce qui a rapport à l'exécution des jugemens contenant des condamnations en faveur des fermiers de la pêche, des porteurs de licences et des particuliers, étant les mêmes que celles déterminées par les articles 215, 216 et 217 du Code forestier, voir à ce sujet l'article 11 du § VIII de la 2e section du chapitre XXII, concernant la constatation et poursuite des délits.

CHAPITRE XXII.

Constatation et poursuite des délits en matière d'Eaux et Forêts.

PREMIÈRE SECTION.

Constatation des délits.

Les délits et contraventions en matières d'eaux et forêts sont constatés, chacun en ce qui les concerne, par les Agens, Arpenteurs et Gardes forestiers et de la pêche, soit royaux, soit communaux, soit des établissemens publics, soit des bois du domaine de la Couronne, et soit des propriétaires de bois, les adjudicataires, par les Gardes-ventes, les Agens de la marine, et les conducteurs des travaux des ponts-et-chaussées, et par les commissaires et autres officiers de police judiciaire. *(C. d'inst. cr., art.* 9 ; *C. F., art.* 31, 87, 99, 134, 143, 160 *et* 188.)

§ Ier. · *Gardes forestiers.*

Tous les Gardes forestiers et de la pêche, soit royaux, communaux et des établissemens publics, soit des propriétaires de bois, sont, comme officiers de police judiciaire, sous la surveillance du Procureur du Roi près le tribunal de première instance de l'arrondissement où ils exercent leurs fonctions et près duquel ils ont été assermentés, sans préjudice de leur subordination à l'égard de leurs supérieurs dans l'Administration. *(C. d'inst. crim., art.* 17.)

Ces Gardes sont tenus de rechercher les délits et contraventions de police qui ont porté atteinte aux propriétés forestières. *(Ib., art.* 16.) Les délits commis dans d'autres bois que ceux dont la garde leur est confiée, lorsqu'ils en sont requis par les propriétaires. *(Loi du* 9 *floréal an* XI, *art.* 12.) Les malversations et contraventions aux dispositions des charges commises par les adjudicataires. *(C. f., art.* 37 ; *Arrêt de la C. de cass. des* 3 *avril* 1806, *et* 6 *août* 1807.) Les coupes de futaies faites par les particuliers, sans déclaration préalable, et les défrichemens opérés dans les bois qui leur appartiennent. *(C. f., art.* 134, 143 *et* 219.) Les délits de chasse dans les forêts ou soumises à l'Administration du Gouvernement. *(Arrêté du Gouv du* 28 *vend., an* V, *art.* 2.)

Les infractions aux lois sur le port d'armes. (*Décret du 8 mars* 1811). Mais je dois faire observer qu'un Garde forestier n'a aucun caractère pour constater un fait de chasse sur des terres ensemencées, attendu que l'article 160 du Code forestier, en statuant que ces Gardes rechercheront les délits et contraventions dans l'arrondissement du tribunal près duquel ils sont assermentés, n'a rien ajouté à leurs attributions comme officiers de police judiciaire, pour les faits autres que les contraventions et délits forestiers (*Arr. de la C. de cass. du* 9 *mai* 1828.)

Les délits de pêche dans les fleuves et rivières soit ou non navigables et flottables. (*Loi du 5 avril* 1829, *art.* 37 *et* 38.)

Le fait d'un garde-chasse qui reçoit une somme d'argent, pour s'abstenir de rédiger un procès-verbal qu'il n'avait pas le droit de dresser, constitue le délit *d'escroquerie,* et non le crime de *corruption. (Arr. de la C. de cass. du* 31 *mars* 1827.)

Les Gardes doivent en outre arrêter et conduire devant le Juge-de-paix ou devant le Maire tout inconnu qu'ils auraient surpris en flagrant délit. (*C.f.*, *art.* 163.)

Ces mêmes Gardes doivent aussi, lors-même qu'ils n'auraient pas été requis par le propriétaire, constater valablement les délits pour cause d'introduction des *chèvres* et *bêtes à laine* dans les bois de particuliers, à moins que ces bois ne soient du nombre de ceux que le Code forestier permet de défricher. (*Arr. de la C. de cass. des* 5 *mars* 1807, *et* 3 *septembre* 1808.)

Je terminerai en faisant observer qu'il suffit que les Gardes agissent dans l'exercice de leurs fonctions et pour l'exécution des lois, pour que les injures, menaces et violences commises à leur égard soient punies, quoique les actes auxquels ils procéderaient fussent irréguliers. (*Arr. de la C. de cass. du* 26 *février* 1829.)

Art. Ier. *Procès-verbaux.*

Tous les délits, malversations et contraventions doivent être constatés, jour par jour, et prouvés soit par des procès-verbaux, soit par témoins, à défaut de procès-verbaux ou en cas d'insuffisance de ces actes. (*C.f.*, *art.* 175, *et Ord. régl.*, *art.* 181.)

Les Gardes doivent être entendus, lorsqu'ils sont cités pour donner des explications sur leurs rapports.

(*Arr. de la C. de cass. des 8 juin et 30 décemb.* 1811, 26 janvier 1816 *et* 1er mars 1822.)

Mais comme les procès-verbaux deviennent ainsi la base, non-seulement des poursuites dirigées contre les délinquans, mais encore des jugemens que rendent les tribunaux, tous les Préposés forestiers doivent mettre la plus grande attention dans la rédaction de ces actes et dans l'observation de toutes les formalités qu'il est nécessaire de remplir pour leur validité, afin qu'ils puissent produire leur effet en justice (1).

Tout procès-verbal de délit, de quelque nature qu'il soit, doit faire connaître l'année, le mois et le jour de la reconnaissance qui en est faite, les nom, prénoms, demeure et qualités du rédacteur; le lieu du délit; les noms, prénoms demeures et qualités des délinquans, lorsqu'ils sont connus; l'époque du délit; les instrûmens et tous les moyens employés pour le commettre; toutes les circonstances propres à le faire connaître, et enfin les preuves et indices qui existent contre les prévenus. (*Loi du 3 brum. an* IV, *art.* 41; *C. d'inst. crim., art.* 16, *et Ord. régl., art.* 181.)

Indépendamment de tous ces renseignemens que doivent donner tous les procès-verbaux en général, ceux rédigés pour constater les délits *forestiers*, doivent en outre faire connaître l'essence, l'âge, la nature, la grosseur métrique, l'état, la qualité et la quantité de bois coupés, volés ou endommagés; les voitures, attelages, et autres moyens de transports, l'espèce, le signalement et le nombre des bestiaux de délit. (*Loi du 3 brumaire an* IV, *art.* 41.)

Lorsqu'il s'agit de délits de *chasse*, le procès-verbal doit désigner l'espèce de piége, de chiens et d'armes employés par les délinquans, et l'espèce de gibier pris ou chassé.

_____

(1) J'ai cru devoir, dans l'intérêt du service, comme dans celui des Agens et Gardes forestiers, donner, dans un article séparé, ainsi que je l'ai fait dans les éditions précédentes du *Manuel*, des formules des procès-verbaux auxquels donnent lieu les délits les plus fréquens, afin d'éviter les irrégularités qui entraînent souvent la nullité des poursuites, et la perte pour l'État, les Communes ou les particuliers, des dommages-intérêts et des frais auxquels auraient dû être condamnés les prévenus sans ces irrégularités. Ainsi, voyez ci-après, art. 4 des mêmes section et paragraphe.

Les procès-verbaux de délits de *pêche* doivent faire connaître les filets, engins, drogues et appâts employés pour prendre ou détruire le poisson ; l'espèce et la longueur métrique, entre l'œil et la queue du poisson, si elles sont connues, et enfin si la pêche est faite dans le temps de frai indiqué par la loi du 15 avril 1829 et l'ordonnance du Roi du 15 novembre 1830. (*Loi du 15 avril 1829, art. 26, et Ord. du Roi du 15 nov. 1830, articles 5, 6, 7 et 8.*)

Les procès-verbaux revêtus des formalités prescrites pour l'affirmation et l'enregistrement, et qui sont dressés et signés par deux Agens ou Gardes forestiers, font preuve, jusqu'à inscription de faux, des faits relatifs aux délits et contraventions qu'ils constatent ; quelles que soient les condamnations auxquelles ces délits et contraventions peuvent donner lieu.

Il ne peut, en conséquence, être admis aucune preuve outre ou contre le contenu de ces procès-verbaux, à moins qu'il n'existe une cause légale de récusation contre l'un des signataires. (*C. f., art. 176.*)

Les procès-verbaux des Gardes forestiers, qui ne font pas foi jusqu'à inscription de faux, forment néanmoins une preuve telle qu'ils ne peuvent être écartés qu'autant que les faits qu'ils constatent ont été contredits par la preuve contraire. (*Arrêt de la C. de cass. du 17 février 1832.*) (1).

On ne peut, sous prétexte d'*invraisemblance*, refuser le caractère de preuve à un procès-verbal régulier qui n'est attaquable que par voie d'inscription de faux. (*Arr. de la C. de cass. du 1er févr. 1822.*)

_____

(1) Le garde, dans le cas dont il s'agit, avait reconnu l'enlèvement en délit de 1,200 pieds d'arbres dont il avait remarqué l'essence et pris la dimension des souches. Il avait ensuite exploré et suivi les traces du délit, lesquelles l'avait conduit à la demeure du prévenu, où il avait trouvé 400 pieds d'arbres ; il s'était nanti de quatre de ces arbres et il avait reconnu, après en avoir fait l'apâtronage, qu'ils s'adaptaient parfaitement à quatre souches coupées en délit.

Attendu qu'il n'était pas établi par l'arrêt attaqué que ces faits aient été contredits par la preuve contraire, et qu'en cet état la Cour royale n'avait pu, sans violer la foi due au procès-verbal et méconnaître les principes de la matière, renvoyer le prévenu de la poursuite, la Cour de cassation a cassé et annulé ledit arrêt.

Les procès-verbaux revêtus de toutes les formalités prescrites, mais qui ne sont dressés et signifiés que par un seul Agent ou Garde, font de même preuve suffisante jusqu'à inscription de faux; mais seulement lorsque le délit ou la contravention n'entraîne pas une condamnation de plus de cent francs, tant pour amende que pour dommages-intérêts. (*C. f.*, art. 177.)

Un procès-verbal de Garde-forestier doit, pour faire foi jusqu'à inscription de faux, être soutenu d'un autre témoignage, lorsque le délit est de nature à emporter une peine plus forte qu'une amende et une indemnité montant ensemble à cent francs. Mais, dans ce cas, s'il n'est pas soutenu d'un autre témoignage, il fait foi néanmoins jusqu'à preuve contraire. (*Arr. de la C. de cass. du 30 juin* 1827.)

Lorqu'un de ces procès-verbaux constate à la fois contre divers individus des délits ou contraventions distincts et séparés, il n'en fait pas moins foi, aux termes de la disposition précédente, pour chaque délit ou contravention qui n'entraînerait pas une condamnation de plus de cent francs, tant pour amendes que pour dommages-intérêts, quelle que soit la quotité à laquelle pourraient s'élever toutes les condamnations réunies (*C. f.*, art. 177.).

Les procès-verbaux qui, d'après les dispositions qui précèdent, ne font point foi et preuve suffisante jusqu'à inscription de faux, peuvent être corroborés et combattus par toutes les preuves légales, soit écrites, soit testimoniales, si le tribunal juge à propos de les admettre. (*Ib.*, art. 158, *C. d'inst. cr.*, art. 154.)

Ainsi, lorsque le délit est de nature à entraîner une condamnation de plus de cent francs, tant pour amende que pour dommages-intérêts, le procès-verbal qui le constate, et qui n'a été dressé et signé que par un seul Agent ou Garde, doit être appuyé d'un *témoignage*; mais ce témoignage peut être suppléé par la signature et l'affirmation d'un *second garde*, ou par son audition devant le tribunal à défaut d'affirmation. (*C. f.*, art. 175 et 178 ; *Arr. de la C. de cass. des* 16 *frimaire et* 30 *messidor an XII;* 16 *messidor an XIII;* 6 *février* 1806 ; 5 *septembre et* 21 *octobre* 1808 ; 18 *octobre* 1809 *et* 1er *mars* 1811.)

Toutefois dans l'un et l'autre cas, les procès-verbaux des Gardes forestiers ne peuvent faire foi absolue en justice pour la constatation des *réponses* qui leur sont faites par ceux contre qui sont dressés ces procès-verbaux. (*Arr. de la C. de jus. crim. du dép. du Doubs, auquel a● quiescé l'Administration forestière.*)

La preuve testimoniale est inadmissible contre un procès-verbal régulier dressé par un seul garde, s'il constate matériellement un délit qui ne peut entraîner une amende de plus de 100 francs. (*Arr. de la C. de cass. du 3 avril* 1830.)

Lorsque le délit n'est établi que par le procès-verbal d'un seul Garde forestier, et qu'il entraine une condamnation de plus de 100 fr., le tribunal peut admettre une preuve contraire; mais il ne peut refuser d'ajouter foi à ce procès-verbal, en alléguant seulement qu'ils résulte des débats des faits contraires, lorsque d'ailleurs les prévenus n'ont administré ni preuve testimoniale ni preuve écrite contraires. *(Ib. du 14 janvier.* 1830.)

Lorsque le procès-verbal d'un Garde forestier, faisant foi jusqu'à inscription de faux, constate la reconnaissance d'arbres coupés en délit, les juges ne peuvent, sans violer la foi due à ce procès-verbal, admettre une preuve tendant à détruire cette reconnaissance, sous prétexte qu'elle ne serait qu'une simple opinion du Garde. (*Ib.*, *du 3 avril* 1830.)

Lorsqu'un procès-verbal régulier d'un Garde forestier n'est point attaqué par la voie de l'inscription de faux, le tribunal ne peut se refuser à ajouter foi à ce procès-verbal, et par suite ne peut, sans violation de la loi, affranchir le prévenu de peines prononcées pour un fait qu'il constate. (*Ib. du 12 juin* 1829.)

La loi n'ayant point prononcé la nullité des procès-verbaux pour *défaut d'assistance des officiers publics* aux Gardes qui suivent les traces d'un délit dans une maison de particulier, cette disposition ne doit pas être suppléée par les juges. (*Arr. de la C. de cass. du* 1er *février* 1822 *et* 3 *nov.* 1809.)

Les procès-verbaux des Gardes forestiers ont le caractère et la force de preuve légale pour les *faits positifs* et *matériels* qui ont frappé leurs sens; mais il n'en est pas de même pour les *inductions* tirées avec plus ou moins de vraisemblance des circonstances énoncées en ces procès-verbaux.

Toutefois cependant leur force légale s'étend à toutes

les circonstances qui résultent *nécessairement* de ces faits
matériels (1).

Aucune loi n'empêche que les Gardes qui ont fait un
procès-verbal nul, pour défaut de forme, soient entendus
comme *témoins* sur les faits que leur procès-verbal avait
pour objet de constater. (*Ib. du* 1er *mars* 1822.)

Un procès-verbal dressé par un Garde forestier n'est
pas nul par le seul motif de la *parenté* ou de l'*alliance*
existant entre ce Garde et le délinquant. (*Ib. du* 18 *octobre* 1822.)

Ainsi, il résulte de ce qui précède, que tout délit ou
contravention de nature à n'entraîner qu'une simple
condamnation pécuniaire de CENT FRANCS *et au-dessous*,
l'amende et les dommages-intérêts étant réunis, peut
être constaté par un SEUL GARDE.

Mais que tout procès-verbal constatant au contraire
un délit ou une contravention pouvant entraîner une
condamnation pécuniaire de PLUS de *cent francs*, l'a-
mende et les dommages-intérêts étant réunis, doit être
signé par DEUX GARDES, ou soutenu par *un autre témoignage*, comme dans les cas ci-après :

1° Pour un *délit de bois* comportant plus *d'un mètre
huit décimètres* de tour, de CHÊNE, HÊTRE, SAPIN, MÉLÈZE,
CHATAIGNIER, NOYER, ALIZIER, SORBIER, CORMIER, MERISIER,
et autres arbres FRUITIERS ; et plus de *deux mètres sept
décimètres* de tour, essences AULNE, TILLEUL, BOULEAU,
TREMBLE, PEUPLIER, SAULE, et toutes les *autres espèces* non
ci-dessus désignées, *vert* ou *sec*, *en étant* (c'est-à-dire,
debout par les racines) ou ABATTU ;

2° Pour *enlèvement* de plus *d'une charretée* de bois de
chauffage, de plus de CINQUANTE *fagots*, *fouées* ou *bourrées*;

3° Pour *extraction* ou *enlèvement* de *pierres*, *sable*, *minerai*, *terre* ou *gazon*, *tourbe*, *bruyère*, *genets*, *herbages*,
feuilles vertes ou mortes, *engrais* existant sur le sol des
forêts, *glands*, *faînes*, et autres *fruits* ou *semences* des bois

(1) Ainsi, lorsqu'un procès-verbal constate que des arbres
frappés du marteau royal ont été trouvés demi-abattus que sur
des copeaux étendus au pied de ces arbres on remarquait l'em
preinte du marteau royal, que l'entaille d'abattage était plus
large du côté où cette empreinte était apposée que du côté
opposé, il résulte *nécessairement* de ces faits matériels que les
arbres en question étaient des arbres de réserve qu'on ne pouvait
tenter d'abattre sans délit. (*Arr. de la C. de cass. des* 25 *octobre*
1811, 19 *mars* 1813, 17 *juillet* 1809, *et* 8 *octobre* 1825.)

et forêts, au nombre de plus de *seize charges d'hommes ;* de plus de *six charges de bête de somme*, et de plus de *trois charretées* ou *tombereaux ;*

Pour tout procès-verbal constatant qu'il a été *fait des feux de cendres* ou *autres* dans les forêts, ou à moins de *deux cents mètres* de distance, et qu'il a été *arraché de jeunes plants ;*

5° Pour *construction* ou *augmentation de constructions* dans *l'enclos* aux *rives* à moins *d'un kilomètre* des forêts de l'État et celles des Communes ou Établissemens publics, lorsque ces dernières ont *une contenance de* 250 *hectares et au-dessus ;*

6° Pour *abus de bois d'usage*, c'est-à-dire, lorsque les bois délivrés à titre *d'usage* pour une *destination spéciale*, en ont été détournés d'une manière ou d'autre ;

7° Pour *défrichement* ou *exploitation*, sans autorisation, dans les bois appartenant à des particuliers ;

8° Enfin, pour *attaque* ou *abattage* de BALIVEAUX, d'un âge quelconque, marqués en réserve sur une coupe, ou de PIÉDS CORNIERS, PAROIS ou autre ARBRE DE LIMITE, ou BORNE OU FOSSÉ, ou OUTRE-PASSE DE LIMITE, ou EXPLOITATION VICIEUSE, ou après les *délais prescrits ;* ÉCORÇAGE DE CHÊNE SUR PIED ; *dépôt*, dans une coupe en usance, de *bois* provenant d'une coupe usée ou autre ; ENCRODEMENT de réserve, ou généralement toute autre contravention aux charges générales et particulières auxquelles sont assujéties les exploitations.

Quant aux délits de dépaissance dans les bois domaniaux, les Gardes devront se rappeler que le montant de l'amende et des dommages-intérêts réunis pour chaque CHEVAL OU JUMENT, MULET OU MULE, ANE OU ANESSE et ANON, est de *six francs* (3 fr. pour l'amende et autant pour les dommages-intérêts) ; de *dix francs* (moitié pour l'amende et moitié pour les dommages-intérêts) pour UN BOEUF, UNE VACHE OU VEAU ; de *deux francs* (moitié pour l'amende et moitié pour les dommages-intérêts) pour COCHON ; de *quatre francs* (moitié pour l'amende et moitié pour les dommages-intérêts, pour une BÊTE A LAINE, et de *huit francs*, moitié pour l'amende et moitié pour les dommages-intérêts) pour une CHÈVRE.

Les Gardes ne doivent pas perdre de vue que l'amende est *doublée* si les bois ont moins de *dix ans*, s'il y a récidive, si les délits ou contraventions ont été commis la *nuit*, et ils doivent se régler en conséquence.

Au surplus, pour ne laisser aucune incertitude à cet égard, nous avons cru devoir présenter dans un tableau le résumé (1) des peines applicables aux délits les plus communs, pour faire connaître aux Gardes les cas où le concours de *deux d'entre eux* ou *d'un seul*, avec un *témoin*, est nécessaire pour la validité des procès-verbaux constatant ces délits, et des articles des lois qui prononcent lesdites peines.

Art. II. *Formalités auxquelles sont assujétis les procès-verbaux des Gardes forestiers.*

Les Gardes doivent *écrire eux-mêmes* leurs procès-verbaux, les *signer* et les *affirmer.* Toutefois si, par suite d'un *empêchement quelconque* le procès-verbal est *signé* par le Garde, mais *non écrit en entier de sa main*, l'officier public qui en recevra l'affirmation devra lui en donner *préalablement lecture*, et faire mention de cette *formalité*, le tout sous peine de *nullité* du procès-verbal. (*C. f.*, art. 165.) (2)

Le Garde qui ne peut écrire lui-même son rapport, est autorisé par l'article ci-dessus, à le faire écrire par toute personne investie de sa confiance, mais sous la seule condition que le fonctionnaire public qui reçoit l'affirmation, fasse préalablement lecture du procès-verbal au Garde-rapporteur, et qu'il soit fait mention de cette lecture. (*Arr. de la C. de cass. du* 18 *juin* 1829.)

Le procès-verbal d'un Garde forestier qui est écrit par un autre main que celle du Garde, doit, à peine de nullité, constater que le juge-de-paix, qui a reçu l'affirmation en a lui-même donné lecture au Garde. (*Ib.*, *du* 17 *juin* 1830.)

La mention que *lecture a été faite préalablement* d'un

---

(1) Voir à la fin le tableau n° 3.

(2) Ainsi tout Garde forestier qui se trouve dans l'impossibilité de rédiger ou d'écrire lui-même, par suite d'un empêchement quelconque, un procès-verbal, peut le faire écrire soit par le greffier du juge-de-paix du canton, soit par l'un des fonctionnaires autorisés par la loi à recevoir l'affirmation des procès-verbaux; et le Code forestier, comprenant les maires et adjoints au nombre des fonctionnaires qui peuvent recevoir cette affirmation, ce serait sans motifs fondés qu'ils refuseraient, lorsqu'ils en seront requis, de rédiger les procès-verbaux que ne peuvent écrire les Gardes. (*Arr. de la C. de cass. du* 2 *décembre* 1819, *et Déc. du Min. des fin. du* 7 *mai* 1823.)

procès-verbal non écrit de la main du Garde, ne doit pas être imprimée dans les formules des procès-verbaux, parce que dans ce cas, l'impression de ces mots sur la formule n'offre pas la même garantie du fait, que lorsqu'ils sont écrits de la main de la personne qui a fait la lecture préalable du procès-verbal. (*Circ du 11 juin 1830, n. 240.*)

La disposition qui autorise les Gardes à faire écrire leurs rapports par une main étrangère, si par suite d'un empêchement quelconque ils ne les écrivent pas en entier de leur main, est générale et absolue : elle comprend l'empêchement provenant de ce que le Garde ne saurait pas écrire. (*Arr. de la C. de cass. des 12 février et 18 juin 1829.*)

Un procès-verbal non écrit de la main du Garde rapporteur est bon et valable, quoique la signature de ce Garde ne se trouve qu'à la fin de l'acte d'affirmation écrit à la suite du procès-verbal, par le même officier public qui a écrit ce procès-verbal. (*Arr. de la C. de cass. des 19 juillet et 7 décembre 1828.*)

Dans un procès-verbal signé du Garde rapporteur, mais non écrit en entier par lui, il n'est pas nécessaire, pour sa validité, de consigner la preuve ou même l'énonciation de la cause qui a empêché le Garde d'écrire lui-même son rapport. (*Ib., des 1er août 1828 et 18 juin 1829.*)

Il n'est pas nécessaire, pour la validité d'un procès-verbal écrit par un officier public compétent, sous la dictée du Garde rapporteur, que cet officier public constate que le procès-verbal est dressé au nom du Garde. (*Ib., du 3 avril 1830.*)

Le procès-verbal d'un Garde forestier, écrit par le Maire de la commune du délit, sous la dictée du Garde, est valable, encore bien qu'il soit conçu dans la forme d'une déclaration reçue par le Maire, si d'ailleurs il est signé par le Garde et dûment affirmé. (*Ib.*)

Les procès-verbaux doivent être rédigés en double minute, sur papier visé pour timbre en *débet*, lorsqu'ils sont dressés pour le compte du Gouvernement, de la Couronne ou des communes et des établissemens publics, et sur papier timbré, lorsqu'ils sont faits par les Gardes des bois de particuliers. (*Loi du 25 décembre 1790, art. 1, et Circ. du 18 fructidor an IX, n. 29.*) Mais on doit aire observer que le *visa* pour timbre est

21

une formalité intrinsèque à la validité de la procédure. (*Arr. de la C. de cass. du* 15 *octobre* 1811.)

Les procès-verbaux doivent être *affirmés* par les Gardes rédacteurs, sous peine de nullité, au plus tard le lendemain de la clôture desdits procès-verbaux.(*C. f., art.* 165.) L'affirmation qui est l'acte par lequel un Garde *déclare avec serment* que son procès-verbal, dont lecture vient de lui être faite, *contient la vérité* (*Arr. de la C. de cass. des* 9 *février et* 29 *mars* 1811), doit être reçue par le Juge de paix du canton ou l'un de ses suppléans ; mais ces derniers ne peuvent les recevoir que pour les délits commis dans le territoire de la commune où ils résident, lorsqu'elle n'est pas celle de la résidence du Juge de paix.

Les Maires, et à leur défaut, leurs adjoints, peuvent aussi recevoir cette affirmation, mais seulement pour les délits commis dans le territoire de la commune où ils résident, lorsqu'elle n'est pas celle de la résidence du Juge de paix ou de ses suppléans, et pour ceux commis dans les lieux où résident ces magistrats, quand ceux-ci sont absens. (*C. f.*, *art.* 165.) Mais un Membre du Conseil municipal ne peut, ni dans l'un ni dans l'autre cas, recevoir l'affirmation d'un procès-verbal, parce qu'il n'est pas désigné par la loi. (*Arr. de la C. de cass. du* 18 *novembre* 1808.)

L'acte d'affirmation reçu par un Maire ou son Adjoint doit faire mention de l'absence du Juge de paix et de ses suppléans, lorsque le délit a été commis ou reconnu dans la résidence de ces derniers. (*Arr. de la C. de cass. du* 17 *mars* 1810, *et Circ. du* 27 *floréal an* XI, *n.* 145.) Mais l'Adjoint n'est pas tenu d'énoncer dans l'acte d'affirmation que le Maire est absent ou empêché. (*Arr. de la C. de cass. du* 1er *septembre* 1809.) (1).

_____

(1) Quoique la loi ne dise pas que la parenté du Garde avec le fonctionnaire public qui reçoit son affirmation, soit un motif de récusation ou d'incapacité, et que l'on ne puisse suppléer à ce silence de la loi pour créer une nullité qu'elle n'a point admise, cependant, pour éviter toute difficulté à cet égard, l'Administration des forêts, d'après une décision du Ministre de la justice, a recommandé, par sa circulaire du 29 floréal an XI, n° 143, aux Gardes de s'abstenir, autant que possible, de faire l'affirmation de leurs procès-verbaux devant un Juge-de-paix, Suppléant, Maire ou Adjoint, qui serait leur parent.

L'affirmation d'un procès-verbal par le Garde qui l'a rédigé, est un acte qui, selon les règles générales, doit être, pour la validité, *signé* par celui qui le fait dresser; cette formalité est substantielle, et son inobservation entraîne la nullité de l'affirmation, et, par suite celle du procès-verbal. (*Arr. de la C. de cass. du 1er avril 1830.*)

Cet acte doit faire mention de *l'heure* à laquelle l'affirmation a été reçue, et de la lecture préalable qui en a été faite au Garde par l'officier public qui en reçoit l'affirmation, dans le cas où, par suite d'un empêchement quelconque, le procès-verbal est seulement signé par le Garde, mais non écrit en entier de sa main, le tout sous peine de *nullité* du procès-verbal. (*C. f.*, *art.* 165.)

Néanmoins, lorsqu'un procès-verbal a été affirmé le lendemain de sa date, sans énonciation d'heure, on doit présumer que cette formalité a été remplie dans le délai légal. (*Arr. de la C. de cass. du 9 février 1811.*)

L'acte d'affirmation doit être signé par le Garde rédacteur *à peine de nullité*, et par le fonctionnaire qui le reçoit : mais il ne leur est pas prescrit, *à peine de nullité*, de signer les renvois que cet acte peut présenter; il suffit que ces renvois soient paraphés. (*Arrêt de la C. de cass. du 3 juillet 1824.*)

L'officier qui a reçu l'affirmation est tenu, dans la huitaine, d'en donner avis au Procureur du Roi. (*C. d'inst. crim., art.* 18.)

Dans le cas où l'un des fonctionnaires ci-dessus dénommés aurait négligé ou refusé de recevoir l'affirmation dans le délai prescrit par la loi, les Gardes doivent dresser procès-verbal du refus, et adresser sur-le-champ ce procès-verbal à l'Agent forestier, qui est tenu d'en rendre compte au Procureur du Roi près le tribunal de première instance. (*Ord. régl., art.* 182.)

Les procès-verbaux doivent être *enregistrés* dans les quatre jours qui suivent celui de l'affirmation, à peine de *nullité.* (*C. f.*, *art.* 107) ; et le Garde contrevenant s'expose au paiement de l'amende de 25 francs, indépendamment de la somme équivalente au montant du droit de l'acte non enregistré, auquel il peut être condamné. (*Loi du 22 frimaire an VII, art. 20 et 34.*)

Le défaut d'enregistrement d'un acte ne le rend nul que dans le cas où la loi l'a formellement exprimé. Les actes qui intéressent l'ordre et la vindicte publics ne sont point nuls faute d'enregistrement. Ainsi un tribunal ne peut déclarer nul un procès-verbal constatant un *délit de chasse* et de *port d'armes* sans permis, par le motif que ce procès-verbal n'a pas été enregistré dans le délai légal. (*Arr. de la C. de cass. des 27 juillet 1827, et 2 août 1828.*)

Mais je dois faire observer que cette disposition de l'arrêt précité ne peut s'appliquer aux procès-verbaux constatant des délits forestiers ou des délits de pêche, lesquels doivent être enregistrés dans les quatre jours, *à peine de nullité*, puisque cette peine leur est formellement attachée par les art. 170 du Code forestier et 47 de la loi sur la pêche fluviale.

Lorsque plusieurs Gardes ont signé un procès-verbal, déclaré nul par défaut de formalité, ils sont condamnés solidairement à l'amende, qui ne peut jamais être, dans ce cas, que de 25 francs, quel que soit d'ailleurs le nombre des gardes signataires du procès-verbal. (*Circ. des 22 brumaire an x, n. 47.*)

Ces condamnations sont poursuivies par l'Administration de l'enregistrement et des domaines. (*Arr. de la C. de cass. du 4 ventôse an xii.*)

L'enregistrement des procès-verbaux se fait en *débet* lorsque les délits ou contraventions intéressent l'État, le domaine de la Couronne, ou les communes et les établissemens publics. (*C. f., art. 170.*)

Les Gardes peuvent présenter leurs procès-verbau au bureau le plus voisin de leur résidence, quan même ce bureau ne serait pas celui de leur arrondissement. (*Circ. des 20 messidor an x, n. 102, et du 22 février 1810, n. 411.*)

Je dois faire observer qu'il résulte de l'ensemble de dispositions ci-dessus, que la *nullité* d'un procès-verbal est prononcée, 1° si le procès-verbal n'est pas écrit par le garde, à moins que ce Garde n'ait pu l'écrire 2° si le procès-verbal n'est pas signé; 3° s'il n'est pas affirmé au plus tard le lendemain de sa clôture; 4° s'il n'a pas été affirmé devant l'un des officiers désignés dans l'article; 5° si le procès-verbal n'ayant pu être écrit par le Garde, l'officier qui a reçu l'affirmation n'a pas donné préalablement lecture du procès-verbal au Garde; 6° si mention n'est pas faite de cette formalité; 7° si le procès-verbal n'est pas enregistré dans les quatre jours.

Voilà donc sept causes qui peuvent rendre nul un procès-verbal.

J'ajouterai que la nullité d'un procès-verbal en matière de délit peut être opposée en appel et même en cassation. (*Arr. de la C. de cass. du* 25 *octobre* 1824.)

Les Gardes ne peuvent donc trop se pénétrer de l'importance de ces dispositions, pour éviter la nullité de leurs actes. Mais un procès-verbal, signé seulement du Garde rédacteur, et non écrit de sa main, ne peut être annulé sous prétexte qu'il ne constate pas que lecture en a été faite préalablement à l'affirmation par le juge-de-paix, si l'observation de cette formalité résulte clairement des termes du procès-verbal. (*Ib. du* 27 *décembre* 1828.)

Les Gardes sont tenus de *remettre* leurs procès-verbaux au Conservateur, Inspecteur, Sous-Inspecteur ou Garde général dans les *trois* jours au plus tard, y compris celui où ils ont reconnu le fait sur lequel ils ont procédé. (*C. d'inst. crim.*, *art.* 15, 18 *et* 20; *Ord. régl.*, *art.* 181, *et Arrêt de la C. de cass. du* 4 *mai* 1811.)

Les Agens de la marine qui ont constaté des coupes de futaies par les particuliers dans leurs bois, sans déclaration préalable, ou toute autre contravention au Code forestier, remettent aussi et dans les mêmes délais, leurs procès-verbaux aux Agens forestiers chargés de la poursuite devant les tribunaux. (*Ord. régl., art.* 160.)

Quant aux Gardes des bois de particuliers, ils sont tenus de remettre, dans le délai d'un mois, à dater de l'affirmation, leurs procès-verbaux au Procureur du Roi, ou au juge-de-paix, suivant leur compétence respective. (*C. d'inst. crim.*, *art.* 18; *et C. f.*, *art.* 191.)

Les Agens forestiers, et principalement les Gardes-généraux, doivent tenir un sommier des procès-verbaux de délits conformément au modèle n° 27, annexé à l'Instruction du 23 mars 1821, et sur lesquels ils annotent sommairement, par ordre de réception, les procès-verbaux qui leur sont remis par les Gardes, et indiquent en regard le résultat des poursuites et la date des jugemens auxquels ces procès-verbaux ont donné lieu. (*Ord. régl.*, *art.* 16.)

A cet effet, ils ouvrent sur ce sommier, pour chaque Garde, un compte des procès-verbaux qu'il a rapportés. Le Garde-général les transmet avec exactitude à l'Agent chargé de la poursuite, et il accompagne cet envoi d'un bordereau énonçant le numéro des procès-verbaux, leur date, le nom du Garde rapporteur, la nature du délit et les noms des délinquans. (*Inst. du 23 mars 1821, art. 111 et 129.*)

Art. III. *Recherches et perquisitions.*

Les Gardes sont tenus de suivre les bois enlevés dans les lieux où ils sont transportés, et de les mettre en séquestre. Ils ne peuvent néanmoins s'introduire dans les maisons, ateliers, bâtimens, cours adjacentes et enclos, si ce n'est en présence d'un officier public, tel que le Juge-de-paix ou son suppléant, le commissaire de police, le Maire du lieu ou son Adjoint. (*C. f.*, art. 161 ; *C. d'inst. crim.*, art. 16; *Arr. de la C. de cass. du 3 novembre 1809*) ; mais cette assistance n'est pas nécessaire pour les loges et autres établissemens qui ne forment point un domicile ou des ateliers permanens, dont la loi garantit l'inviolabilité. (*Circ. du 1ᵉʳ juin 1809, n. 394.*)

Il n'est pas également nécessaire qu'un Garde ait vu commettre le délit qu'il constate par un procès-verbal, si, par suite de ses perquisitions, il reconnaît les objets enlevés en délit. (*Arr. de la C. de cass. du 28 mars 1829.*)

Lorsque le Garde qui a constaté un délit par un procès-verbal, juge nécessaire de faire perquisition des objets volés, il requiert un des officiers publics ci-dessus dénommés, de l'accompagner, et désigne, dans la réquisition, l'objet de la visite, ainsi que les personnes chez lesquelles elle doit avoir lieu. (*Loi du 3 brumaire an IV, et C. f., art. 164.*)

L'officier public ainsi requis, ne peut se refuser d'accompagner sur-le-champ le Garde dans sa perquisition, à peine de demeurer responsable du dommage souffert (*Loi du 3 brumaire an IV; C. d'inst. crim., art. 16; et C. f., art. 162*), et il est tenu en outre, de signer le procès-verbal du séquestre ou de la perquisition faite en sa présence, sauf, en cas de refus, au Garde à en faire mention audit procès-verbal. (*C. f., art. 162.*)

En cas de refus ou retard affecté de l'officier public, après avoir été légalement requis, d'accompagner les Gardes dans leurs visites et perquisitions, les Gardes doivent rédiger procès-verbal du refus, et adresser sur le champ ce procès-verbal à l'Agent forestier, qui est tenu d'en rendre compte au Procureur du Roi près le tribunal de première instance. *(Ord. régl., art.* 182.)

En l'absence du Maire et de l'Adjoint dans les communes où il n'y a ni Juge-de-paix, ni Commissaire de police, les Gardes peuvent inviter un ou plusieurs membres du Conseil municipal de les accompagner pour assister aux perquisitions, ces derniers peuvent y assister; et, comme il ne s'agit que d'une simple mesure de police, leur assistance équivaudrait à celle des officiers dénommés dans la loi, si le propriétaire du domicile n'en refuse pas l'entrée, attendu que les art. 16 du Code d'instruction criminelle, et 161 du Code forestier, n'ont d'autre effet que de donner à tout particulier le droit de s'opposer à l'introduction des Gardes dans son domicile, lorsqu'ils ne sont pas légalement assistés, et de les rendre coupables d'un abus d'autorité punissable s'ils y pénétraient au mépris de cette opposition. Il suit des observations qui précèdent que la disposition du Code forestier, qui défend aux Gardes qui recherchent des bois volés, de s'introduire dans les maisons, si ce n'est en présence d'un officier public, n'est point prescrite à peine de *nullité* du procès-verbal. *(Arrêt de la C. de cass. des* 5 *et* 21 *mars* 1807; 3 *novembre* 1809; 22 *janvier et* 12 *juin* 1829.)

Il y a plus : une perquisition est valable quoique faite sans l'assistance d'un officier public, et il n'y a point d'abus d'autorité de la part des Gardes, si leur introduction dans une maison n'a éprouvé aucune contradiction de la part du propriétaire. *(Arr. de cass. des* 1er *février* 1822 *et* 12 *juin* 1829.)

Un procès-verbal dressé par un Garde forestier à la suite d'une perquisition domiciliaire n'est pas nul, parce que le Maire qui accompagnait l'Agent forestier, dans la visite, est parent ou allié du propriétaire de la forêt dans laquelle a été commis le délit constaté. (*Arr. de la de C. cass. du* 28 *septembre* 1828.)

La reconnaissance des bois de délits trouvés chez un individu, ne fait foi en justice qu'autant que le Garde a constaté l'identité des bois pris en délit avec ceux gisans dans la maison du prévenu (*Arr. de la C. de cass. du* 8 *thermidor an XIII;* 12 *octobre* 1809; 19 *mars* 1815, *et* 4 *mai* 1820), soit en confrontant les bois saisis avec les souches de ceux coupés en délit, soit en établissant que l'essence et la grosseur des uns et des autres sont absolument pareilles. A cet effet, le Garde procède à l'opération que l'on nomme *rapatronnage*, ou *retocquage*, ou *ressouchement*, en sciant le bout ou l'extrémité des bois trouvés par suite de la perquisition, emportant ce bout ou cet échantillon dans la forêt, pour le comparer avec le tronc ou la souche du délit, reconnaître s'il est du même âge, de même essence, de pareille grosseur, fraîchement coupé, et voir en un mot, s'il s'y adapte parfaitement, ce qui s'appelle constater l'*identité*. (*Ib.*, du 15 *octobre* 1811.)

L'individu chez lequel a été trouvé le corps du délit, doit être interpellé d'assister au *rapatronnage*, et il est fait mention au procès-verbal de sa présence ou de son refus. Le Garde, après sa vérification, dont le détail est exprimé au procès-verbal, retourne à l'endroit où il a trouvé le bois, le marque de son marteau, le saisit et le fait déposer dans un lieu sûr qu'il désigne, et établit un gardien-séquestre qui signe le procès-verbal conjointement avec l'officier public en présence duquel il a été fait, sauf au Garde, en cas de refus de leur part, à en faire mention au procès-verbal. (*C. d'Inst. crim.*, *art.* 16, *et C. F.*, *art.* 162.)

Lorsqu'un procès-verbal régulier constate l'enlèvement d'un arbre coupé en délit, les tribunaux ne peuvent renvoyer le prévenu des poursuites, sous prétexte que rien ne constate l'identité de l'arbre enlevé, avec la souche de l'arbre coupé en délit. (*Arr. de la C. de cass.* du 30 *juin* 1827.)

Lorsqu'il est constaté par le procès-verbal d'un Garde forestier que des bois coupés en délit ont été trouvés chez un individu, le tribunal ne peut, sans excès de pouvoir, renvoyer le prévenu des poursuites, en se fondant sur ce qu'il aurait été précédemment adjudicataire de la partie de bois où le délit a été commis. (*Ib.*, *du* 5 *février* 1830.)

Dans le cas où le procès-verbal porte saisie, il en est fait, aussitôt après l'affirmation, une expédition qui est déposée dans les vingt-quatre heures au greffe de la justice de paix, pour qu'il en puisse être donné communication à ceux qui réclameraient des objets saisis. Cette expédition doit être signée et remise par l'Agent ou le Garde qui a dressé le procès-verbal. (*C. f. , art.* 167, *et Ord. régl. , art.* 183.)

Les juges de paix peuvent donner main-levée provisoire des objets saisis, à la charge du paiement des frais de sequestre, et moyennant une bonne et valable caution. En cas de contestation sur la solvabilité de la caution, il est statué par le juge de paix, qui donne d'ailleurs avis de la main-levée provisoire de la saisie à l'Agent forestier local. (*C.f., art.* 168 *et Ord. régl., art.* 184.)

Art. **IV.** *Formules des procès-verbaux* (1).

N. B. Chaque procès-verbal doit avoir en tête le *visa* pour valoir *timbre,* ainsi que le préambule suivant :

ADMINISTRATION DES FORÊTS.

ARRONDISSEM.
——
INSPECTION
d
——
SOUS-INSPECT.
d
——
DÉPARTEMENT
d

——

ARRONDISSEM.
COMMUNAL
d

Le   du mois d   an   heure de   avant (*ou* après-midi), nous soussigné,   Garde forestier du triage d n°   forêt d   demeurant à commune d   arrondissement communal d   assermenté au tribunal de première instance, y séant, revêtu de notre baudoulière, certifions que, etc.

Ire **Formule.** *Procès-verbal de délit de maraudage ou de coupes de jeunes taillis.*

L'an m'l huit cent   et le   du mois de   à heure   du matin (*ou* du soir), nous soussigné Garde des forêts royales (*ou* des bois de la commune d   ), demeurant à   assermenté en conformité de la loi, et revêtu de notre baudoulière, certifions qu'étant dans le cours de notre visite   en passant dans le triage d   quartier d   ladite forêt, avons entendu plusieurs coups de cognée, au bruit desquels nous avons accouru, et étant parvenu dans la partie

_____

(1) Voir la note de la page 474, art. 1, Procès-verbaux.

dudit quartier, avons aperçu le nommé N   demeurant à   (le même contre lequel il existe plusieurs jugemens de condamnation pour vols de bois, notamment celui du   ), qui, dès qu'il nous a vu, s'est éloigné, laissant sur le lieu du délit, plusieurs branches de chêne (*ou* de hêtre) de l'âge du taillis, qu'il avait déjà coupées avec une hache (*ou* serpe), et qu'il avait commencé à lier pour en faire un fagot. Ayant fait connaître audit   notre qualité, nous lui avons déclaré que nous allions dresser procès-verbal contre lui ; l'invitant à venir avec nous pour être présent à sa rédaction et le signer, à quoi il s'est refusé (*ou* a répondu). De tout quoi nous avons rédigé le présent procès-verbal, en notre domicile, les jour, mois et an ci-dessus.

IIe Formule. *Procès-verbal d'enlèvement d'herbages ou bruyères, etc.*

L'an .   etc. Vacant à nos fonctions dans la forêt royale d   (*ou* communale d   ), avons trouvé à l'heure susdite, au quartier d   le nommé N . habitant à   qui coupait et avait déjà coupé avec une faucille (*ou* serpette) un plein drap d'herbages (*ou* bruyères) pour l'emporter sur son dos (*ou* sur sa tête, *ou* à l'aide d'un âne, d'un cheval, d'un mulet, qu'il avait avec lui pour en faire l'enlèvement, et qui pâturait librement dans ladite forêt complantée en chêne, hêtre, etc., pe l'âge de   ans). Lui ayant fait connaître notre qualité, etc. (1).

IIIe Formule : *Procès-verbal de coupe d'arbres.*

L'an   , etc. Vacant à nos fonctions dans la forêt   accompagné du sieur N. .   , Garde forestier au triage de   aussi assermenté en conformité de la loi, et également revêtu de sa bandoulière, avons entendu plusieurs coups de hache ; nous étant dirigés vers l'endroit d'où partait ce bruit, étant parvenu au canton d   , avons trouvé le nommé N.   , habitant à   , qui coupait et avait déjà coupé au pied (indiquer le nombre) arbres, essence de

---

(1) Si le délit a été commis à l'aide de bêtes de somme, le Garde doit les saisir, et établir les délinquans *séquestres*, en faisant mention du tout, ainsi qu'il est dit dans la formule VIe ci-après.

environ. Ayant en sa présence mesuré lesdits arbres et
les souches dont ils avaient été séparés ; ils ont été reconnus avoir, savoir : trois   mètres   décimètres   centimètres de circonférence ; deux
mètre   etc., (ainsi de suite pour chaque arbre ou
plan, suivant leur différente dimension) au gros bout
et à soixante-deux millimètres près de terre (1) ; lui
ayant déclaré nos qualités, avons saisi lesdits (indiquer
le nombre) arbres dont il s'agit, que nous avons laissés
près de leurs souches, après les avoir marqués de nos
marteaux, avec défense, que nous lui avons faite, de
les enlever; enfin, lui avons déclaré que nous allions
dresser contre lui procès-verbal de ce délit, l'invitant,
etc.

IVe Formule : *Procès-verbal avec ressouchement.*

L'an   , etc. Nous   etc.   avons rencontré dans le chemin qui traverse ladite forêt du
au   un homme à nous inconnu, portant un chêne
de l'âge d'environ   ans, et que nous avons reconnu
pour être fraîchement coupé, lui ayant déclaré notre
qualité, l'avons sommé de nous dire quels étaient ses
nom, prénoms, qualité et demeure; à quoi il a répondu
s'appeler   , demeurant à   ; lui avons ensuite
fait commandement de nous déclarer où il avoit coupé
ledit arbre, et de retourner avec nous sur le lieu du délit pour être présent au ressouchement que nous nous
proposions de faire, à quoi ledit   ayant obéi, nous
nous sommes rendus ensemble   sur la coupe usée
de l'ordinaire de l'an   , où nous avons reconnu, en
présence du délinquant, la souche dont a été séparé ledit chêne, en comparant son diamètre avec celui de la
souche, lequel chêne s'est trouvé avoir   décimètres
de tour; après cette vérification, avons fait remarquer
audit   que le chêne par lui coupé portait l'empreinte du marteau royal, et que c'était un baliveau de
l'âge du taillis qui a été exploité à l'âge de   (*ou* qu'il
portait   empreinte des marteaux   et que
c'était un pied cornier, parois ou lisière séparatif de la
coupe usée, avec le taillis restant), à quoi il a répondu
            ; avons ensuite déclaré au délinquant la saisie

(1) Voir la note de la page ci-contre, 490.

dudit chêne que nous avons laissé près de sa souche, après l'avoir marqué de notre marteau : enfin nous lui avons dit que nous allions dresser contre lui notre procès-verbal, etc.

V⁰ Formule. *Procès-verbal avec saisie de ferrement.*

L'an   etc. Nous   etc., dans le cours de notre visite, passant au triage d   avons vu le nommé demeurant à   qui coupait (*ou* ébranchait, *ou* échoupait, *ou* déshonorait) avec une hache (*ou* une scie) un arbre, essence de   de l'âge d'environ   et de décimètres de tour, mesuré à 163 millimètres de terre. Nous étant approché de lui, l'avons sommé de nous remettre sa hache (*ou* scie); et comme il prenait la fuite, lui avons déclaré que nous saisissions cet outil entre ses mains, et l'en rendions dépositaire de justice, *(ou* à quoi ayant obéi, nous nous sommes emparé de ladite hache, pour en faire tel usage que de droit); enfin, avons déclaré audit que nous allions dresser contre lui notre procès-verbal, etc.

VI⁰ Formule. *Procès-verbal avec saisie d'attelage.*

L'an   etc. Nous   etc. déclarons que nous retirant dans notre domicile à l'entrée de la nuit, nous avons aperçu une charette attelée de deux chevaux, qui nous ont paru être de couleur noire, et conduite par deux hommes, allant vers la forêt de   . Ayant suivi sa marche de loin, nous nous sommes aperçu qu'elle s'était arrêtée au triage d   dans la partie ou doit être assise la coupe de l'année prochaine, âgée d   après nous y être rendu, nous avons reconnu que N   demeurant à   et N   son fils, chargeaient un chêne sur ladite charette. Après avoir reproché auxdits leur mépris pour les lois, nous leur avons déclaré que nous saisissions, tant le chêne coupé en délit, que la charette et les deux chevaux destinés à en faire le transport, (ceux-ci, nous ayant défendu d'approcher en nous menaçant de nous frapper des haches dont ils étaient armés l'un et l'autre, nous avons séquestré entre leurs mains lesdits chevaux, charette et haches, ainsi que le chêne qu'ils voituraient, et les avons établis dépositaires du tout, avec défense de s'en dessaisir jusqu'à ce que par justice il en ait été autrement ordonné. Nous avons ensuite mesuré la souche sur laquelle avait été coupé

lédit chêne, et avons trouvé qu'elle avait   mètres
décimètres de tour, à 163 millimètres de terre.). Nous
avons de plus observé que la charette dont il s'agit avait
traversé une longueur d   un taillis de l'âge d   et
que les roues en avaient écrasé un grand nombre de
brins que nous avons compté jusqu'au nombre de
ayant l'un dans l'autre environ   centimètres de tour.

Ou (ceux-ci nous ayant dit qu'il reconnaissaient leur
faute, et qu'ils étaient prêts à se soumettre aux dispositions des lois, nous leur avons ordonné de conduire la
charette chargée du chêne dons il s'agit, chez le sieur
·   laboureur, demeurant à   ce qu'ils ont fait
à l'instant, et étant arrivé au domicile dudit   nous
lui avons déclaré que de par le Roi, nous le constituions
gardien dudit attelage et du chêne dont était chargée ladite charette, et que nous lui faisions défense de s'en
dessaisir, qu'en vertu de mandement de justice. Nous
avons ensuite constaté en présence tant desdits
que du sieur   dépositaire, que le chêne dont il s'a-
git avait   mètres de tour au gros bout; qu'il était
de la plus belle venue, bien élancé, droit et sans branches, sur une longueur de   et l'avons estimé à la
somme de   Après quoi, nous avons dressé de tout le
présent procès-verbal, dont nous avons donné copie à
chacune des parties ci-dessus dénommées, et dont nous
avons signé tant le présent original que les copies, avec
ledit   dépositaire, non lesdits   qui ont refusé de
le signer, de ce interpellés.

VIIe Formule : *Procès-verbal d'arbres ébranchés ,
choupés, etc.*

L'àn   , etc. , vacant à nos fonctions dans la forêt   d   , avons trouvé au canton appelé   ,
le nommé N.   , habitant à   qui ébranchait
(*ou* éhoupait ou couronnait) un chêne (*ou* un arbre de
toute autre espèce) ayant   mètre   décimètres de tour;
et qui venait d'en ébrancher un autre à   mètre de
distance, de la grosseur de   mesurés à cent soixante-
deux millimètres près du tronc. Lui ayant fait les re-
montrances qu'exigeait la nature du délit, nous lui
avons déclaré notre qualité; nous nous sommes emparés de sa hache pour en faire tel usage de droit. Nous
avons reconnu que les branches coupées pouvaient former environ   fagots , et lui avons de plus déclaré

que nous allions dresser procès-verbal contre lui, le sommant, etc.

VIIIᵉ Formule. *Procès-verbal de perquisition.*

L'an   , etc. Nous   , etc., nous étant transporté dans la forêt d_   pour y faire notre visite ordinaire, avons reconnu dans le triage d   que l'on
avait coupé avec une scie, et enlevé   baliveaux *ou*
modernes *ou* anciens, essence.d   dont nous avons
mesuré les souches à la coupe, et que nous avons trouvé
avoir   décimètres de tour chacun. Ayant suivi les
traces des chevaux et charettes qui ont servi au transport desdits arbres, elles nous ont mené au hameau d
commune d   , et ont cessé de paraître devant la maison du sieur N.   ; et attendu que l'art. 16 du Code
d'instruction criminelle et l'art. 161 du Code forestier,
ne permettent aux Gardes de s'introduire dans les maisons, qu'avec l'assistance d'un officier municipal, nous
avons résolu de nous transporter de suite chez le sieur
      , Maire de ladite commune, pour le requérir de
nous assister dans les perquisitions que nous entendions faire dudit bois volé. De quoi, nous avons
dressé le présent procès-verbal, que nous avons signé
dans la commune d   , les jours, mois et an ci-
dessus.

Le   etc. Nous   etc., en exécution du contenu en notre procès-verbal du   nous sommes rendu
au domicile du sieur   , Maire de la commune d   ,
lequel nous avons requis de nous assister dans la recherche que nous entendions faire au domicile du sieur
      du bois volé dans la forêt d   , dont est fait
mention en notre dit procès-verbal du   , duquel
avons donné lecture audit Maire; celui-ci nous ayant
déclaré qu'il était prêt à nous donner son assistance,
nous nous sommes transportés avec ledit Maire dans la
maison dudit N.   ; nous lui avons annoncé quel
était le sujet de nos démarches, et l'avons sommé de
nous ouvrir les portes de ses granges, cours et remises,
à quoi ayant satisfait, nous avons trouvé dans une cour
au   de la maison, arbres, essence de   ayant
à la coupe, comme ceux enlevés dans la forêt, chacun   décimètres de tour; ayant demandé audit
où il s'était procuré lesdits   , il nous a répondu
Malgré cette réponse, nous n'avons pas douté que ces

ırbres ne fussent ceux dont nous faisions la recherche, urtout après avoir remarqué qu'ils portaient l'empreinte lu marteau royal, que ledit   n'a pu s'empêcher de econnaître. En conséquence, nous avons saisi lesdits ırbres, après les avoir marqués de notre marteau, et ın avons établi gardien ledit N.   , à qui nous avons ait défense d'en disposer autrement que par mandement de justice, et nous avons estimé lesdits arbres à la somme de   : chacun; de tout quoi nous avons dressé le présent procès-verbal, dont nous avons donné lecture audit   et audit   Maire, et qu'ils ont signé l'un et l'autre (*ou qui ont refusé de signer, de ce interpellés*), et en avons donné copie audit N.   , lépositaire, laquelle a été revêtue des mêmes signatures que l'original.

Fait double, à

IXᵉ Formule. *Procès-verbal d'enlèvement de minerais, terre, sable, gazon, etc.*

L'an   etc., vacant à nos fonctions dans la forêt d   . au canton d   accompagné du sieur   Garde forestier, etc., avons trouvé les nommés N   demeurant à   et N   son fils, qui, à l'aide de pelles de fer, remplissaient de terre (*ou de jable, de motte, etc.*) un tombereau attelé d'un (*ou plusieurs chevaux, désigner la couleur du poil.*) Leur lyant représenté qu'il était expressément défendu d'enlever la terre végétale des forêts, ils nous ont répondu   · Nous avons alors saisi ledit cheval (*ou chevaux*), roiture, harnais et pelles, et les en avons établis séquestres avec commandement de les représenter, quand par justice il en sera ainsi ordonné, et leur avons déclaré que nous allions dresser procès-verbal contre eux, etc.

Xᵉ Formule. *Procès-verbal d'enlèvement de feuilles vertes ou mortes, faînes ou glands, etc.*

L'an   etc., vacant à nos fonctions, arrivé au tanton appelé   forêt   d   complanté en bois essence de   (indiquer l'essence, de l'âge le   ans: avons trouvé à l'heure susdite, les nommés N   et N   habitant à   qui ramassaient et avaient déjà ramassé, à l'aide de balais (*ou de rateaux*) thacun un plein drap de feuilles mortes (*ou de faînes ou*

de glands) qu'ils se proposaient d'enlever à l'aide de
chevaux (*ou* ânes, *ou* mulets, indiquer l'espèce
et le nombre) qui pâturaient auprès d'eux et qui se
trouvaient harnachés de bâts. Leur ayant demandé s'ils
avaient été autorisés à enlever ces feuilles (*ou* faînes *ou*
glands) et à faire pâturer leur chevaux (*ou* ânes *ou*
mulets) dans ladite forêt, ont répondu   Leur
avons alors déclaré procès-verbal de ce double délit,
en saisissant lesdits chevaux (*ou* ânes *ou* mulets) et
harnais, desquels nous les avons établis dépositaires,
avec commandement de ne s'en déssaisir autrement
que par ordre de justice, et les avons ensuite invités à
se rendre à notre domicile, etc.

XIe **Formule.** *Procès-verbal dressé contre un individu in-*
connu au Garde.

L'an   etc. Nous   etc., parcourant notre triage,
nous avons reconnu dans les taillis de   ans, qu'il
venait d'être coupé un baliveau de l'âge, essence de
que nous avons frappé de notre marteau, tant à la souche qu'à la tige. Présumant que le délinquant à notre
approche était sorti de la forêt par le chemin qui conduit à   nous l'avons parcouru; et, étant arrivé à la
rive de ladite forêt, nous avons aperçu à environ
un homme armé d'une hache, qui dirigeait sa marche
vers   Nous étant informé de son nom auprès de
N   que nous avons rencontré, il nous a répondu
qu'il l'ignorait, mais qu'il avait reconnu cet individu
pour un habitant du hameau de   nous y étant à
l'instant transporté, le sieur N   que nous avons
trouvé à l'entrée dudit hameau, et à qui nous avons fait
différentes questions, nous a déclaré qu'il venait de
rencontrer, du côté de la forêt et armé d'une hache, le
nommé   de quoi nous avons dressé le présent procès-verbal, etc.

XIIe **Formule.** *Procès-verbal de délits de pâturage de bes-*
tiaux avec gardien.

L'an   etc. Nous   etc., certifions qu'exerçant
nos fonctions dans la forêt d   , et étant arrivé au
triage d   nous avons trouvé dans un taillis de
ans, une vache sous poil   de l'âge d'environ
ans, et jeunes bœufs, l'un sous poil   de l'âge d'environ   ans, qui avaient déjà endommagé un grand

nombre de cépées du taillis, sur une étendue d'environ
ares, et continuaient à le brouter, sous la garde
d'un homme que nous avons reconnu être le nommé
N   demeurant à   . Après avoir déclaré audit
N   notre qualité, l'avons sommé de conduire les
bestiaux trouvés en délit, chez le sieur   ce à quoi il
a obéi, et etant arrivé au domicile dudit   nous l'a-
vons constitué gardien desdits bestiaux, avec défense de
s'en dessaisir qu'il n'en ait été ordonné par justice ; de
quoi nous avons dressé le présent procès-verbal dont
nous avons laissé copie audit   dépositaire ; après
avoir signé tant l'original que ladite copie avec ledit
N   et non ledit   dépositaire, qui a déclaré ne
savoir signer, etc. (ou à quoi ledit   s'étant refusé,
et nous ayant été impossible de rassembler lesdits bestiaux, nous avons déclaré audit N   que nous les
saisissions et l'en rendions dépositaire, pour par lui être
gardés jusqu'à ce qu'il en eût été autrement ordonné ;
de tout quoi nous avons dressé le présent procès-verbal,
dont nous avons laissé copie signée de nous audit
qui a déclaré ne savoir signer, de ce interpellé), etc.

XIII· Formule. *Procès-verbal de délit de pâturage de bestiaux sans gardien.*

L'an   etc. Vacant à nos fonctions et faisant notre
ronde ordinaire dans la forêt   d   étant au
canton d   complanté en bois de   (indiquer
l'essence) de l'âge d   avons trouvé une vache sous
poil   âgée d'environ   et (désigner de même les
autres bestiaux) qui broutaient sans gardien et avaient
déjà endommagé beaucoup de cépées, sur une étendue
d'environ   . Au moment où nous nous disposions à
les conduire en fourrière, le nommé N   habitant à
est survenu et nous a déclaré que ces bestiaux appartenaient au sieur N   , propriétaire audit lieu, dont il
était berger (ou domestique), nous priant de l'excuser ;
mais le devoir de notre place ne nous permettant pas
une indulgence répréhensible, après avoir fait sortir du
bois les bestiaux dont s'agit, avons déclaré audit N
que nous allions dresser procès-verbal contre lui,
l'invitant, etc.

XIV° Formule. *Procès-verbal de délits de pâturage avec saisie de bestiaux.*

L'an   etc. Étant dans le cours de notre tournée, dans la forêt   d   avons trouvé au canton d   dont la superficie est couverte de bois taillis, essence d   de l'âge de   ans, un troupeau composé de   moutons,   brebis et   chèvres (indiquer le nombre) qui pâturaient sous la garde du nommé N   qui nous a dit que ledit troupeau appartenait au sieur N   propriétaire, dont il était berger, habitant l'un et l'autre à   Après lui avoir fait remarquer que ces bêtes avaient endommagé beaucoup de jeunes plants (*ou* rejets), et que pour ce fait nous les saisissions et l'en établissions lui-même gardien et séquestre, avec commandement de n'en disposer autrement que par ordre de justice. Nous l'avons ensuite invité à se rendre à notre domicile pour être présent à la rédaction du procès-verbal que nous allions dresser contre lui de tout ce que dessus, pour le signer et pour retirer la copie que nous lui remettrions en sa qualité de séquestre, ce qu'il a refusé, en observant qu'il ne savait pas écrire, etc. (1)

XV° Formule. *Procès-verbal de délits commis par des adjudicataires.*

L'an   etc. Faisant notre tournée en ladite forêt et dans la coupe de   actuellement en usance, avons remarqué que contrairement à l'ordonnance et aux dispositions du cahier des charges de la vente de ladite coupe, le sieur   demeurant à   adjudicataire de cette coupe, au lieu de faire exploiter le taillis ou les arbres d'icelle, au rez ou à fleur de terre (au lieu de faire couper à la cognée, et sans les écuisser ni déraciner, les brins de son taillis), avait des ouvriers qui, malgré nos observations répétées, coupaient les brins par le pied, avec tel ins-

---

(1) On doit faire observer que si au lieu d'établir le berger dépositaire des bestiaux, le Garde, pour plus de sûreté, juge convenable de les constituer en fourrière (ce qu'il doit toujours faire lorsque l'*amende* et l'*indemnité* peuvent excéder *cent francs*), le procès-verbal doit dire, après ces mots : *nous les saisissions,* et lui ordonnions de les conduire chez le sieur N.   , aussi habitant à   , à quoi il a obéi. Étant arrivés au domicile dudit N   , nous l'en avons constitué gardien et séquestre, après les avoir comptés en sa présence, avec défense, etc.

trument, qui écuissait les souches et les déracinait, ce qui peut endommager le bois, et être nuisible au nouveau recrû.

(*Ou*, nous avons trouvé que l'adjudicataire faisait couper des bois au-delà des limites de sa coupe, faisait abattre des arbres ou baliveaux de tel âge, qui dans sa coupe ne faisaient pas partie de la vente, tant d'arbres de lisière ou pieds corniers, par exemple, marqués du marteau royal, ou déplaçait des bornes ou les faisait reculer.)

(Établir en un mot tout genre de contravention au Code forestier et au cahier des charges.)

Avons de suite fait défense audit adjudicataire et à ses ouvriers, de continuer d'exploiter ainsi, (*ou* d'outrepasser les bornes de ladite coupe, de, etc.,) avons constitué ledit particulièrement responsable de la conservation des bois abattus en fraude, et consistant, etc.

De quoi nous avons dressé le présent rapport, que nous avons présenté à signer à l'adjudicataire, ce qu'il a fait ou refusé de faire, pour être envoyé à l'Inspecteur ou Sous-Inspecteur, et être ensuite statué ce que de raison.

A   les jour, mois et an susdits.

XVIᵉ Formule : *Procès-verbal contre des adjudicataires qui exploiteraient dans le temps de sève, ou après celui fixé par le cahier des charges.*

L'an   etc. Nous étant transporté en ladite forêt et dans la dernière coupe adjugée à tel   et dont l'usance doit être finie depuis hier   *ou* depuis tel jour, avons trouvé l'adjudicataire lui-même, ainsi que ses ouvriers, au nombre de   . lesquels, contre les prohibitions renfermées au cahier des charges, exploitaient dans le temps de sève, *ou* après l'expiration du délai, un restant de ladite coupe ; avons alors commandé auxdits de se retirer et de ne pas continuer leur exploitation ; à quoi ils ont obéi, ou ont refusé d'obéir.

(*Ou* bien nous étant transporté dans ladite forêt, et dans la coupe de   qui doit depuis hier être entièrement vidée des bois appartenant à l'adjudicataire, le sieur   demeurant à   suivant les conditions expresses stipulées au cahier des charges, avons trouvé en icelle encore telle quantité de bois, etc., etc., que nous avons fait défense d'enlever , ni laisser enlever sous toutes peines de droit..)

(*Ou* bien nous étant transporté en ladite forêt, qui, depuis hier, doit être entièrement vidée des chablis adjugés le   au sieur   demeurant à   )

Avons trouvé encore en icelle une telle quantité de ces arbres, que nous avons ordonné à l'adjudicataire qui se disposait à les faire enlever, de les laisser sur place,.à la charge par lui d'encourir telle peine de droit, pour désobéissance au présent commandement. *Ou* bien nous étant tranportés dans ladite forêt, dans laquelle tant de chênes ou autres arbres ont été vendus à tel, demeurant à   dont l'exploitation devait être finie à telle époque, nous avons trouvé, ce délai passé, encore telle quantité de ces arbres debout, que nous avons saisis, et ordonné à l'adjudicataire de laisser sur place sans les toucher, exploiter ou enlever.(1).

Et avons dressé notre présent rapport pour être envoyé à l'Inspecteur ou Sous-Inspecteur, et être ensuite statué ce que de raison ; lequel rapport avons présenté à signer à l'adjudicataire, ce qu'il a fait ou refusé de faire.

A   les jour, mois et an susdits.

XVIIe Formule : *Procès-verbal de défrichement de bois royaux ou communaux.*

L'an   etc. , dans le cours de notre visite dans la forêt d   et au canton d   limité du nord (*ou* à l'est, *ou* au midi, *ou* à l'ouest) par des propriétés particulières, avons trouvé le nommé N habitant à   qui arrachait et avait déjà arraché avec une pioche, environ   charretées de bois (indiquer le nombre) avec les racines, sur une surface de   ares aussi environ, dépendante de ladite forêt. Nous lui avons observé qu'il était doublement en contravention en faisant un défrichement non autorisé et en usurpant une partie de cette forêt, pour agrandir sa propriété. A quoi il nous a répondu (transcrire ses réponses). Mais rien ne pouvant justifier un délit de cette nature, nous lui avons déclaré que nous saisis-

---

(1) Si l'adjudicataire avait contrevenu aux défenses qu'il aurait reçues, en dresser procès-verbal comme *bois volé.*

sions les bois (1) qu'il avait arrachés et l'établissions séquestre, à la charge d'en répondre et de n'en disposer que par mandement de justice. Nous sommes emparé de sa pioche pour en faire tel usage que de droit, et l'avons invité de se rendre à notre domicile pour assister à la rédaction du procès-verbal que nous allions dresser contre lui et le signer, ce à quoi il s'est refusé, etc.

XVIIIe Formule : *Procès-verbal de défrichement et brûlement de mottes et racines.*

L'an   etc., étant en tournée dans la forêt d   avons trouvé au canton d   emplanté en bois (indiquer les essences) de l'âge de   ans, le nommé N.   habitant à   qui construisait et qui avait déjà construit   fourneaux (indiquer le nombre) de terre ou gazon(2) dans lesquels il mettait ou avait déjà mis du bois et des racines pour en faire le brûlement et dont   étaient déjà en feu. Nous avons reconnu que le bois qu'il y employait provenait d'un défrichement qui avait récemment été fait audit canton, sur une surface d'environ (indiquer l'étendue). L'ayant sommé de nous dire si c'était en vertu d'une autorisation qu'il avait fait le défrichement dont il s'agit et qu'il brûlait le bois en provenant, lui observant qu'il était expressément défendu d'allumer du feu dans les forêts, a répondu (transcrire ses réponses) ; mais ne pouvant justifier un délit aussi répréhensible, lui avons ordonné, de par le roi, d'éteindre sur-le-champ les   fourneaux (désigner le nombre) qui brûlaient et de les démolir tous, ce à quoi il a obéi (ou ce qu'il a refusé de faire) ; après quoi lui avons déclaré procès-verbal, l'invitant à venir avec nous pour

---

(1) Si le bois arraché est enlevé, et que le Garde ne puisse évaluer le nombre de charretées ou de charges de bêtes de somme, il doit en faire mention, et faire des perquisitions chez les délinquans présumés.

(2) On doit faire observer que ce n'est pas toujours par le moyen des fourneaux de gazons et de mottes de terre, que le brûlement des terrains défrichés s'exécute : on coupe aussi des arbres à un mètre près de terre, principalement les *pins*, on les entoure de bois et de gazons, auxquels on met le feu pour les détruire jusqu'aux racines. Dans le cas où cette circonstance aurait lieu, les Gardes doivent la faire connaître, et constater le nombre et les dimensions des arbres brûlés.

assister à sa rédaction et le signer, à quoi il a obtempéré
(ou qu'il a refusé) ; etc.

XIX° Formule : *Procès-verbal de défrichement de bois de
particuliers.*

L'an   etc. Vacant à nos fonctions et parcourant le
territoire de la commune d   nous avons aperçu qu'on
défrichait un bois appartenant au sieur N   de ladite
commune (ou domicilié à   ); nous étant de suite
transporté sur ledit bois, y avons trouvé ledit N
(ou le nommé N   régisseur, fermier ou domestique
dudit N   ) qui, à la tête de   ouvriers (indiquer
le nombre) armés de pioches, arrachaient et avaient
déjà arraché, environ   charretées de souches ou racines d'arbres, essences (designer les essences) sur une
superficie d'environ   dont le terrain est en plaine
(ou en pente). Lui ayant observé que, sans permission
expresse, personne n'avait le droit de défricher ses bois
et forêts, a répondu (transcrire les réponses) ; mais
n'ayant pu justifier d'une autorisation, nous lui avons
déclaré procès-verbal de cette contravention, en l'invitant à venir avec nous pour être présent à sa rédaction, ce qu'il a refusé, etc.

XX° Formule : *Procès-verbal pour feu allumé dans l'intérieur ou aux rives des forêts.*

L'an   etc. Étant en cours de visite dans la forêt
d   avons aperçu de la fumée au canton d
et nous y étant transporté en toute hâte afin d'éteindre
le feu, qui paraissait s'y être manifesté ; nous avons
trouvé le nommé N   , habitant à   qui avait
établi, sans autorisation, un fourneau ou faulde à charbon, auquel il avait mis le feu, et ayant à sa base
mètres de tour et mètres de hauteur, et pouvant dès-
lors contenir environ   quintaux métriques de charbon (1). Faisant ensuite la vérification des bois abattus

(1) On doit faire observer que le feu allumé dans les forêts
ne provient pas toujours des fauldes à charbon, et qu'il arrive
souvent que les pâtres ou bergers en allument pour se garantir
du froid, en gardant leurs troupeaux : cette circonstance, lorsqu'elle a lieu, doit être soigneusement constatée dans les procès-
verbaux de *pâturage*, en évaluant la quantité de bois coupé et
brûlé, et les dommages causés, si le feu s'était communiqué
dans la forêt.

dans les environs dudit fourneau, avons reconnu qu'il
y avait été coupé   pieds d'arbres, essences de
à   décimètres près de terre, dont les souches étaient
de la circonférence de   décimètres chacune, les unes
comportant les autres.

Nous avons alors déclaré audit N.   la saisie du
charbon qu'il fabriquait, et l'en avons établi lui même
séquestre, le sommant de le conserver et de n'en disposer autrement que par mandement de justice; lui déclarant, au surplus, qu'il était responsable des dommages
qui pourraient résulter d'un incendie, s'il abandonnait
ce fourneau allumé; et attendu cette circonstance qui
l'empêchait de se rendre à notre domicile pour être présent à la rédaction du procès-verbal que nous allions
dresser contre lui, l'avons prévenu que nous procéde-
rions en son absence, etc.

XXIe Formule : *Procès-verbal de délits de chasse et port
d'armes.*

L'an   etc. Nous   etc. étant en cours de visite
dans la forêt   et passant par le triage de   nous
avons entendu tirer un coup de fusil, et nous étant
porté vers le lieu d'où le coup était parti, nous y avons
trouvé le sieur   qui rechargeait le fusil dont il était
armé et avait près de lui un chien *couchant* (ou *courant*)
de couleur   Après l'avoir invité à nous représenter la
permission dont il devait être muni pour pouvoir chasser dans une forêt royale, il nous a répondu   Sur
quoi nous avons saisi son fusil entre ses mains, et lui
avons fait défense d'en disposer autrement que par
mandement de justice. Nous lui avons ensuite déclaré
que nous allions dresser contre lui un procès-verbal, le
sommant de nous accompagner pour être présent à sa
rédaction et le signer : ce à quoi il s'est refusé. (1)

Fait double, etc.

Il arrive aussi que des particuliers abattent des arbres creux,
auprès desquels ils font brûler des torches d'étoupes ou du
linge, pour en faire sortir, par l'introduction de la fumée, des
essaims d'abeilles, ce qui est un délit aux yeux de la loi, et peut
occasionner les résultats les plus funestes pour les forêts; en
conséquence, les Gardes doivent verbaliser contre ceux qu'ils
trouveront dans ce cas.

(1) Dans le cas où le chasseur serait inconnu au Garde, il de-

XXIIᵉ **Formule.** *Procès-verbal pour le seul fait de pêche sans droit ou permission, dans une rivière navigable ou flottable* (1).

Le   du mois de   18   (avant ou après midi), nous soussigné (nom et prénoms), garde-pêche du cantonnement de   , demeurant à   , étant dans le cours de notre visite, revêtu de notre bandoulière, et passant sur la rive (droite ou gauche) de la rivière navigable ou flottable de   , avons aperçu une ou plusieurs personnes qui pêchaient dans la partie de cette rivière, au lieu dit   , situé sur le territoire de la commune de   Nous étant approché, nous avons aperçu que le pêcheur était le nommé (nom, prénoms, profession et demeure), et qu'il faisait usage pour cette pêche (indiquer le filet, l'instrument ou le moyen quelconque dont il se servait). Nous lui avons fait observer que, n'étant ni fermier de la pêche, ni porteur de licence, il n'avait pas le droit de pêcher dans ladite rivière, si ce n'est avec une ligne

_____

vra en faire mention dans son procès-verbal, de la manière suivante; après ces mots : *son permis de port d'armes de chasse*; n'ayant pu en justifier, l'avons sommé de nous dire son nom et de se retirer, ce qu'il a refusé en nous faisant des menaces (*ou* à quoi il a répondu   ). Nous avons constaté que sa taille était d'environ et qu'il était vêtu   nous avons saisi son fusil, etc. (*).

(*) On doit faire observer qu'il est bien essentiel que les Gardes donnent le signalement des *fusils* dont les chasseurs sont armés, attendu que ces armes étant toujours confisquées, il arrive que les condamnés ne déposent au greffe du tribunal que de mauvais fusils, tandis que s'ils sont bien signalés dans le procès-verbal, le greffier a le droit de refuser ceux-ci et d'exiger ceux avec lesquels ils ont été trouvés chassant.

(1) Je dois faire observer que les huit formules suivantes, nᵒˢ XXII à XXIX, peuvent être employées par les Gardes-champêtres, les Éclusiers des canaux et tous autres officiers de police judiciaire, lesquels sont tenus, aux termes de l'art. 36 de la loi du 15 avril 1829, sur la *pêche fluviale*, de constater les délits et contraventions de toute nature, qui sont spécifiés au titre IV de ladite loi, et ont en outre la faculté de constater également les délit spécifiés par l'art. 5. Il n'y aura de changemens à faire que ceux qui seront nécessités par la qualité différente du verbalisant. (*Voir ci-dessus le chapitre XXI, qui traite de la pêche fluviale, page* 442).

flottante tenue à la main ; et lui ayant déclaré notre
qualité, l'avons sommé, au nom de la loi, de nous ré-
mettre (le filet ou autre instrument de pêche) dont il
avait fait usage, ainsi que le poisson qu'il avait pris en
délit (1) ; ce à quoi il a obtempéré (dans ce cas, faire
connaître approximativement le poids et la valeur du
poisson), ou refuser d'obtempérer. Nous avons ensuite
invité ledit N   à être présent à la rédaction du procès-verbal que nous allions dresser contre lui, et à le signer, à quoi il s'est refusé.

De tout quoi nous avons rédigé le présent procès-
verbal en notre domicile, les jour, mois et an que ci-
dessus.

XXIIIe Formule. *Procès-verbal pour le seul fait de pêche
sans droit ou permission, dans un cours d'eau où la pêche
appartient aux particuliers.*

Le   du mois de   18   (avant ou après midi),
nous soussigné, garde-pêche du cantonnement de
(*ou* garde-champêtre, *ou* éclusier du canal de   *ou*
garde-pêche de M.   , *ou* tout autre officier de police
judiciaire), demeurant à   , étant dans le cours de
notre visite, revêtu de notre bandoulière, et passant
sur la rive   de la rivière ou du canal de   , dont
la pêche appartient aux propriétaires riverains, ou à
M.   , avons aperçu (une ou plusieurs personnes)
qui pêchaient dans la partie de ladite rivière, au lieu
dit   , situé sur le territoire de la commune de
Nous étant approché, nous avons reconnu que le pêcheur était le nommé (nom, prénoms profession et demeure), et qu'il faisait usage pour cette pêche (indiquer le filet, l'instrument ou le moyen quelconque
employé à la pêche). Nous lui avons fait observer qu'il
n'avait pas le droit de pêcher dans cette rivière ; et lui
ayant déclaré notre qualité, l'avons sommé, au nom de
la loi, de nous remettre (le filet ou tout autre instrument de pêche) dont il avait fait usage, ainsi que le
poisson qu'il avait pris (2) ; ce à quoi il a obtempéré

---

(1) Le fait seul de pêche sans droit peut donner lieu à la
confiscation des instrumens de pêche, et donne toujours lieu à
la restitution du prix du poisson. (*Art. 5 de la loi du 15 avril*
1829. *Voir page* 446.)

(2) Aux termes de l'art 5 de la loi du 15 avril 1829, il peut

(dans ce cas, faire connaître approximativement le poids et la valeur du poisson) ou refusé d'obtempérér. Nous avons ensuite invité ledit N à être présent à la rédaction du procès-verbal que nous allions dresser contre lui, et à le signer, à quoi il s'est refusé.

De tout quoi nous avons rédigé le présent procès-verbal, en notre domicile, les jour, mois et an que ci-dessus.

XXIVᵉ Formule : *Procès-verbal pour délit de pêche dans un cours d'eau quelconque, sans droit, soit en temps prohibé, soit avec filet ou instrument défendus, soit avec les deux circonstances.*

Le du mois de 18 (avant ou après midi), nous soussigné (nom et prénoms), garde-pêche du cantonnement de (ou garde-champêtre, ou éclusier du canal de , ou tout autre officier de police judiciaire), demeurant à , étant dans le cours de notre visite, revêtu de notre bandoulière, et passant sur la rive de la rivière ou du canal de dont la pêche appartient à (dire si c'est à l'État, aux particuliers ou à une commune) avons aperçu (une ou plusieurs personnes) qui pêchaient dans la partie de ladite rivière, , au lieu dit , situé sur le territoire de la commune de Nous étant approché, nous avons reconnu que le pêcheur était le nommé (nom et prénoms, profession et demeure), et qu'il faisait usage pour cette pêche (indiquer le filet, l'instrument ou le moyen quelconque employé à la pêche). Nous lui avons fait observer qu'il était en contravention à la loi pour avoir pêché sans droit dans ladite rivière, et pour l'avoir fait (soit en temps prohibé, soit avec filet ou instrument défendus, soit avec les deux circonstances) ;

Et lui ayant déclaré notre qualité, l'avons sommé, au nom de la loi, de nous remettre (le filet ou tout autre engin de pêche) dont il avait fait usage, ainsi que le poisson qu'il avait pris ;

Ce à quoi il a obtempéré (dans ce cas, faire connaître approximativement le poids et la valeur du poisson) ou a refusé d'obtempérer. Nous avons ensuite invité ledit N à être présent à la rédaction du procès-ver-

---

y avoir lieu à la confiscation des filets et engins de pêche; et il y a toujours lieu à la restitution du prix du poisson, pour fait de pêche sans droit. (*Voir page* 446.)

bal que nous allions dresser contre lui, et à le signer, à quoi il s'est refusé.

De tout quoi nous avons rédigé le présent procès-verbal, en notre domicile, les jour, mois et an que ci-dessus.

XXVe Formule : *Procès-verbal pour fait de pêche en temps prohibé, dans un cours d'eau quelconque, par une personne ayant droit de pêche.*

Le   du mois de   18   (avant *ou* après-midi), nous soussigné (nom et prénoms), garde-pêche du cantonnement de   (ou garde-champêtre, ou éclusier du canal de   , ou tout autre officier de police judiciaire) demeurant à   , étant dans le cours de notre visite, revêtu de notre bandoulière, et passant sur la rive   de la rivière ou du canal de   dont la pêche appartient (à l'Etat, aux propriétaires riverains ou à un particulier), avons aperçu (une ou plusieurs personnes) qui pêchaient dans la partie de cette rivière, au lieu dit   , situé sur le territoire de la commune de
    Nous étant approché et ayant fait au pêcheur les interpellations d'usage, nous nous sommes assuré qu'il se nommait (nom , prénoms, profession et demeure), et qu'il avait bien le droit de pêcher dans ladite rivière, en sa qualité de (fermier de la pêche ou porteur de licence, propriétaire riverain, si c'est une rivière non navigable ou flottable); mais nous lui avons fait observer qu'il était en contravention à la loi et aux ordonnances pour avoir pêché en temps ou heures défendus; et lui ayant déclaré notre qualité, l'avons sommé de nous remettre le poisson qu'il avait pris, ce à quoi il a obtempéré (faire connaître le poids et la valeur approximative du poisson), ou refusé d'obtempérer. Nous l'avons prévenu que nous allions dresser procès-verbal contre lui, et l'avons invité à être présent à sa rédaction et à le signer, à quoi il s'est refusé (1).

_____

(1) Lorsqu'il n'y a pas d'autre contravention que celle d'avoir pêché en temps ou heures défendus, il n'y aura pas confiscation des instrumens de pêche, et par conséquent pas lieu à les saisir. La loi du 15 avril 1829, art. 27, ne prononce qu'une amende; mais il y a toujours lieu à saisie du poisson pêché en délit. (*Art.* 39, 42 *et* 43. *Voir pages* 446 *et* 467.)

De tout quoi avons rédigé le présent procès-verbal en notre domicile, les jour, mois et an que dessus.

XXVIe Formule : *Procès-verbal pour fait de pêche en tems permis et par une personne ayant droit de pêche, mais qui a fait usage de filets ou d'autres engins de pêche prohibés.*

Dans ce cas, le procès-verbal doit être rédigé comme la formule n° **XXV**, avec la seule différence que le Garde doit requérir le contrevenant de remettre les filets ou engins prohibés dont il s'est servi, puisque la loi, article 4'1, porte qu'ils seront déposés au greffe et y demeureront jusqu'après le jugement pour être ensuite detruits.

Le rédacteur ajoutera en conséquence après ces mots : *et lui ayant déclaré notre qualité*, l'avons sommé, au nom de la loi, de nous remettre le filet ou l'instrument de pêche dont il avait fait usage, ainsi que le poisson qu'il avait pris, etc., etc.

XXVIIe Formule : *Procès-verbal pour fait de pêche en temps prohibé et avec instrument défendu, par une personne ayant droit de pêche.*

Ce procès-verbal doit être rédigé comme la formule n° **XXV**, en ajoutant après ces mots : *qu'il était en contravention à la loi et aux ordonnances, pour avoir pêché en temps ou heures défendus*, ceux-ci : et avec tel ou tel filet ou instrument qui est prohibé; lui ayant déclaré notre qualité, l'avons sommé de nous remettre l'instrument de pêche, ainsi que le poisson qu'il avait pris; ce à quoi, etc.

XXVIIIe Formule : *Procès-verbal pour constater le fait du barrage d'un cours d'eau quelconque.*

Le   , avons reconnu que telle partie de (la rivière, du canal *ou* du ruisseau de   ), qui est située à   commune d   , avait été barrée par (des gords *ou* piquets, palissades, bâtardeaux, treillages, grillages *ou* par des filets tendus transversalement); que ce barrage a pour objet d'empêcher entièrement la remonte *ou* la descente du poisson; qu'il a été établi par N. Nous lui avons déclaré que nous saisissions les filets et autres objets servant au barrage, et que nous l'en rendions dépositaire, pour par lui être gardés jusqu'à ce qu'il en ait été autrement ordonné, et l'avons invité à assister à la rédaction du procès-verbal que nous allions dresser contre lui et à le signer ; à quoi il s'est refusé.

De tout quoi, etc.

XXIXᵉ Formule : *Procès-verbal pour constater l'emploi de drogues ou appâts nuisibles aux poissons.*

Le   etc., avons vu le nommé   , qui jetait à l'eau ou faisait usage d'appâts prohibés par la loi ; que les substances qu'il employait ou avait employées étaient (dire si c'est de la chaux, de la noix vomique, de la coque du Levant, de la noix de cyprès, du musc, de la sciure de bois, etc.) ; que, par l'effet de ces substances, plusieurs poissons se trouvaient morts ou enivrés à l'endroit où elles avaient été jetées ou employées (ajouter toutes les circonstances propres à bien caractériser le délit). Nous avons fait observer audit N   qu'il était en contravention à la loi pour avoir employé des substances nuisibles, et que de plus il n'avait aucun droit de pêche dans la rivière, ce qui constituait de sa part un double délit. Nous l'avons sommé d'être présent à la rédaction, etc.

XXXᵉ Formule : *Procès-verbal contre un Garde pour délit non constaté.*

L'an   etc. Nous   etc., Garde-général du cantonnement d   etc., faisant notre visite dans la forêt royale (*ou* communale) d   , et étant parvenu au triage d   avons aperçu qu'il y avait été coupé   arbres, essence d   ayant chacun   décimètres de tour, mesurés à 163 millimètres de terre, et qui avaient été enlevés sur des charrettes dont on apercevait les traces. Nous nous sommes de suite transporté dans la maison royale bâtie dans ladite forêt, et occupée par N.   garde ordinaire dudit triage : nous nous sommes fait représenter son registre ; ayant aperçu qu'il n'y était fait aucune mention du délit ci-dessus, quoiqu'il ait été commis depuis plusieurs jours, nous avons arrêté ledit registre, et déclaré audit Garde qu'il ne devait pas ignorer qu'il était responsable des délits qu'il négligeait de constater, et qu'il était d'autant plus répréhensible, que les arbres dont il s'agit avaient été coupés à une très-petite distance de son habitation, et que la charrette qui avait servi à leur transport avait

passé devant sa porte; à quoi ledit Garde nous a répondu   . De tout quoi nous avons dressé le présent
procès-verbal, qu'il a signé avec nous. Fait double, etc.

XXXIe Formule : *Procès-verbal de flagrant délit.*

L'an   etc. Nous Garde-général du cantonnement
d   etc., instruit qu'il se commet des délits noctur-
nes dans la forêt communale (*ou* royale) d   par
des personnes attroupées et armées, et que la vigilance
des Gardes ordinaires de ladite forêt ne pouvait réprimer ce brigandage, avons, en vertu de l'art. 25 du Code
d'instruction criminelle, requis le sieur   officier de
la gendarmerie à   de faire trouver   gendarmes
le   du mois d   à   heures du soir, à l'entrée de
la forêt, du côté du   ; cet officier ayant promis de
satisfaire à notre réquisition, nous avons aussi ordonné
au sieur   chef de la brigade forestière d   , de se
trouver, avec sa brigade, à l'extrémité   de ladite forêt, ledit jour et à ladite heure; de quoi nous avons
dressé le présent procès-verbal, les jour, mois et an
ci-dessus.

Et aujourd'hui   du mois d   à   heures du
soir, les deux troupes mentionnées en notre procès-
verbal du   s'étant trouvées aux postes à elles indiqués par ledit procès-verbal, nous avons requis leurs
commandans respectifs de distribuer leurs forces chacun sur deux colonnes, et de les diriger vers le centre
de la forêt, où étaient rassemblés les délinquans, ce qui
ayant été exécuté, les délinquans, au nombre de
armés de haches et de fusils, se sont trouvés cernés.
Nous nous sommes approché d'eux; et après leur avoir
déclaré notre dite qualité, nous leur avons fait commandement de nous remettre leurs armes et ferremens;
    d'entre eux, que l'obscurité nous a empêché de
reconnaître, se sont évadés; à l'instant les   autres se
sont mis en rebellion, en nous menaçant de leurs
haches et de leurs fusils; mais la gendarmerie les ayant
menacé de les mettre en joue s'ils ne posaient à l'instant leurs fusils et ferremens, ils ont déclaré être prêts
à obéir, et ont déposé ces armes et ferremens, consistant en   que nous avons saisis et dont nous nous
sommes emparé pour en être fait tel usage que de droit.
Nous leur avons fait commandement de nous dire leurs
noms, prénoms, professions et demeures, ce qu'ils ont

fait de la manière suivante : le premier a dit s'appeler , le second , le troisième etc:
Après quoi nous avons, en leur présence, constaté les délits qu'ils venaient de commettre, et reconnu
Après cette opération, nous avons fait conduire lesdits dans une maison voisine de ladite forêt, appartenant à où nous avons passé le reste de la nuit, et nous avons dressé le présent procès-verbal, que nous avons signé avec , commandant ladite troupe de la gendarmerie, et chef de la brigade forestière, et en ayant donné lecture aux délinquans, et leur ayant proposé de le signer, ils ont déclaré ne savoir signer. Fait double, etc.

Et cejourd'hui du mois d à la pointe du jour, nous Garde-général susdit, avons, attendu le cas de flagrant délit, en exécution de l'article 16 du Code d'instruction criminelle, fait conduire sous bonne et sûre garde les nommés arrêtés pendant la nuit précédente, suivant notre procès-verbal ci-dessus, devant M. le Juge-de-paix du canton d demeurant à pour être par lui procédé contre lesdits conformément à la loi. Fait double, etc.

XXXIIe formule. *Procès-verbal dressé par un Garde royal ou communal, dans un bois de particulier.*

L'an etc. Nous etc., ayant été requis par le sieur propriétaire, habitant de de nous rendre dans le bois dit situé dans la commune d à l'effet de surprendre plusieurs individus qui s'y introduisent ordinairement à l'entrée de la nuit pour y arracher des plants de ; faisant droit à cette réquisition, nous nous sommes transporté aujourd'hui après le coucher du soleil, dans la partie dudit bois : à peine y sommes-nous arrivé, étant revêtu de notre bandoulière, que nous avons aperçu près le ruisseau qui traverse ledit bois hommes armés de pioches, qui rassemblaient environ brins de de l'âge de ayant centimètres de tour, et qui venaient d'être arrachés; nous étant approché de ces individus, nous avons reconnu que l'un était et l'autre qui nous ont dit et après leur avoir reproché leur conduite, nous avons saisi, etc.

XXXIII.° Formule. *Autre procès-verbal dressé par un Garde royal ou communal, dans un bois particulier.*

L'an etc. **Nous** etc., instruit par la voix publique que le bois de , situé dans la commune d , appartenant au sieur , était journellement ravagé par des troupeaux de bêtes à laine, et que ce bois, de la contenance d'environ hectares, n'était pas du nombre de ceux que la loi permet de défricher, nous nous sommes transporté d'office dans ledit bois, où étant arrivé dans le taillis de l'âge de ans, nous avons trouvé le nommé , berger de qui y gardait, à bâton planté, un troupeau de moutons du nombre d , etc.

XXXIV.° Formule. *Acte d'affirmation des procès-verbaux.*

L'an mil huit cent le jour du mois d à heure du matin (*ou* avant *ou* après-midi *ou* du soir),

Par-devant nous Juge de-paix-du canton d , arrondissement d , département d

(*Ou* premier suppléant-du-Juge de paix et pour cause d'absence du Juge-de-paix et de son premier suppléant de sa résidence ;

Ou Maire, *ou* Adjoint de la commune de la résidence du Juge-de-paix, et pour cause de l'absence du juge et de ses suppléans ;

Ou Maire, *ou* Adjoint de la commune de la situation du lieu où s'est commis le délit, *ou bien*, où s'est découvert le délit dont s'agit au rapport qui précède.)

A (*ou* ont) comparu le (*ou* les) Garde forestier royal (*ou* mixte, *ou* communal) du triage d , rapporteur y dénommé, lequel (*ou* lesquels), après la lecture que nous lui (*ou* leur) avons faite dudit rapport qu'il nous a (*ou* ont) exhibé, a (*ou* ont) à l'instant déclaré avec serment entre nos mains, qu'il contenait la vérité en tout son contenu.

De tout quoi nous avons de suite dressé le présent acte, et l'avons signé avec le (*ou* les) Garde affirmateur.

XXXV.° Formule : *Procès-verbal simultané de la déclaration d'un Garde illettré et de son acte d'affirmation.*

L'an mil huit cent le jour du mois d
Par-devant nous Maire (*ou* Adjoint) de la commune

d   , canton d   , arrondissement d
département d

(*Ou* Juge-de-paix du canton),

Ou premier, *ou* deuxième suppléant, en l'absence du Juge du canton),

Soussigné, est comparu N.   (les nom et prénoms du Garde), Garde forestier royal (*ou* mixte *ou* communal) au triage d   , résidant à   , lequel nous a déclaré qu'en faisant   (hier *ou* le jour d'hier, *ou* ce-jourd'hui), vers   heures (avant *ou* après-midi) la visite, étant revêtu de sa bandoulière, de la forêt (*ou* du bois) royale (*ou* communale) d   , située sur le territoire de la commune d   , canton d   , arrondissement d   , département d   , et étant arrivé au lieu et canton dit (indiquer le lieu *ou* le canton par le *nom* sous lequel il est généralement connu *ou* désigné, *ou* par sa position relativement au reste de la forêt *ou* de quelques terrains voisins , et les *taillis* par l'âge), il a (ou vu, ou RECONNU, ou RENCONTRÉ, ou TROU-VÉ, selon le cas, et enfin rapporter ensuite *tout* ce que le Garde rapporteur a *vu*, ou *reconnu*, ou *rencontré*, ou *trouvé*, et entrer dans tous les *détails* du délit ou de la contravention à constater; en rapporter toutes les *circonstances*, spécifier les *essences* et la *grosseur* des bois coupés ou endommagés : les *moyens* et *instrumens* employés par les *délinquans*; énoncer les *noms*, *prénoms* et *surnoms* de ceux-ci, et leur *profession*, etc, etc. ; désigner les domiciles de tous.)

De tout quoi nous avons rédigé le présent procès-verbal sur les réquisitions *ou* déclarations du Garde rapporteur dénommé, qui, après en avoir pris (*ou* entendu) lecture, l'a à l'instant même, affirmé sous serment sincère et véritable entre nos mains, et l'a signé avec nous à   heure (avant *ou* après) midi du   jour des mois et an que dessus.

ART. V. *Explications importantes sur les soins à prendre pour bien constater les différens délits, et pour la rédaction du corps d'un procès-verbal,*

1° *Des délits sur bois.*

Lorsqu'un Garde a lieu de constater un délit sur bois il ne doit pas se borner à spécifier les *essences* et la *grosseur métrique* des bois coupés et dire à *quelle hauteur* de terre cette grosseur a été prise à chaque souche en forêt ; mais il doit encore rendre compte si le *contour* des bois retrouvés se rapporte avec le premier ; et dans le cas où cette preuve de l'*identité* des bois, c'est-à-dire, que les bois *retrouvés* sont bien les mêmes que ceux *enlevés*, ne pourrait être acquise et fournie, parce que déjà les bois auraient été *défigurés, dénaturés, altérés* d'une manière quelconque, que les délinquans auraient ainsi rendu le *rasssemblage* exact des morceaux impossible, le Garde doit rendre compte aussi de cette *impossibilité*, et y suppléer, en tirant la *preuve de l'identité* de la comparaison de l'écorce, des vices, chancres, caries ou pourritures, gouttières, etc. ; de la conformité des entailles et traces d'instrumens, de l'état de sève ou sécheresse, des fibres, veines, etc., entre les parties des bois restés en forêt et les portions qu'on en aura pu retrouver.

Dans le cas où des Gardes trouveraient des bois qui, bien qu'il ne fussent pas ceux qu'ils cherchaient, leur paraîtraient cependant provenir de délit, sans qu'il leur fût néanmoins possible d'en acquérir et fournir la preuve, au moyen du *rapatronement* ou *retocquage* ou *ressouchement*, c'est-à-dire, par la comparaison du *contour*, etc., faute de savoir le canton de la forêt où ces bois auraient été coupés et enlevés, ils devront reconnaître pour *quel usage* ces bois sont façonnés ; s'informer près des possesseurs ou détenteurs, *où, quand, comment* et à *quel prix* ils les ont eus ; faire mention de leurs réponses, et si elles portent que ces bois ont été *achetés* dans tel ou tel lieu ou coupe, ils devront s'assurer si, ceux de ces bois qui seraient de nature à être *marqués de l'empreinte du marteau* du vendeur indiqué, le *sont* effectivement ; ensuite se transporter le plus tôt possible chez le vendeur désigné, ou chez son facteur, et s'y informer si en effet la vente annoncée a eu lieu, ce dont ils s'assureront en vérifiant si le *registre* du facteur ou Garde-vente porte exactement l'inscription prescrite par l'ordonnance et le cahier des charges, c'est-à-dire, si on y a inscrit, à la date du jour indiqué pour être celui où la vente a dû avoir lieu, le nom de l'acheteur, la *mesure*, la *quantité* et *l'espèce* des bois vendus, et le *prix* ; et si contrairement aux déclarations du prévenu, la vente n'avait pas été faite, ou si, malgré l'assertion de l'adjudicaire ou son facteur, désigné pour *vendeur*, que la vente a réellement eu lieu, il n'en a pas été fait mention sur le registre, les Gardes devront alors arrêter ce registre à la date de leur vérification , de manière à empêcher *toute inscription officieuse*, après leur visite, d'une vente 'faite ou prétendue faite avant cette visite, et faire ensuite mention dans leur rapport de tous les *faits* et *circonstances* reconnus et vérifiés par eux.

Dans le cas dont il s'agit , les Gardes doivent avoir soin de prendre la *longueur* des bûches , surtout si ce sont des bois prétendus achetés comme bois de chauffage , afin que si cette longueur diffère pour la totalité ou partie des bois, de la longueur des bûches et bois de même espèce, de la coupe dont on les aura dit provenir , ou de la longueur en *usage* pour les bois de commerce dans la contrée, cette *différence* puisse être signalée dans le rapport, et contribuer à établir la conviction de la possession illégitime des bois par les détenteurs. Par une conséquence naturelle de ce qui vient d'être dit, il doit être bien entendu que les Gardes devront également prendre et relater les *dimensions en tous sens* des bois équarris et planches, afin de pouvoir établir la même comparaison et faire la même vérification.

Si les bois *retrouvés* avaient été réellement achetés par les détenteurs, mais provenant néanmoins de *délits*, les Gardes devront, dans ce cas, et autant que possible, désigner tous les *vendeurs*, en tel nombre qu'ils soient , avec les mêmes soins que les *acheteurs*, en donnant au surplus, suivant les circonstances, tous les détails déjà précédemment recommandés.

Les Gardes ne doivent pas oublier que leurs *fonctions* ne se bornent point à surveiller ou à réprimer seulement les délits sur l'étendue du triage qui est confié à leur surveillance particulière et spéciale , car ils peuvent et doivent les réprimer, quand le bien du service l'exige, c'est-à-dire, chaque fois que le cas s'en présente, ou qu'ils en sont requis, sur toute l'étendue de l'arrondissement communal ou de la sous-préfecture, pour lequel ils sont assermentés.

Ainsi donc, lorsqu'un ou plusieurs Gardes se trouvent en marche, revêtus de leurs bandoulières , sur un point quelconque de leur arrondissement communal, et y rencontrent soit une personne, soit une bête de somme, soit une voiture chargée de charpente, de sciage ou autres, qui leur paraîtraient provenir de délits, ils doivent s'approcher de la voiture, ou de la bête de somme ou de la personne, et examiner si les bois dont elle est chargée, et qui sont susceptibles d'être marqués, portent effectivement l'empreinte du marteau d'une des exploitations situées dans la direction desquelles vient, au moins en apparence, la personne, la bête de somme ou la voiture ; questionner cette personne, ou le conducteur de la bête ou de la voiture, et si les réponses et les autres indices confirmaient ces Gardes dans l'opinion que ces bois sont d'une origine frauduleuse, ils devront, suivant qu'ils se trouveront à proximité de la résidence d'un Juge-de-paix ou d'un des officiers du pouvoir administratif, ou de l'ordre judiciaire ayant caractère pour remplacer ce Juge-de-paix, pour cause d'absence, ainsi qu'il est dit à l'art. 2 ci-dessus, concernant *les formalités auxquelles sont assujetis les procès-verbaux*, conduire le tout devant l'un de ces officiers, établir le séquestre, et dresser rapport conformément aux instructions et recommandations qui précèdent.

Mais si, au contraire, les Gardes se trouvaient trop éloignés de la résidence d'un des officiers ci-dessus désignés, ils devront, afin d'éviter l'obligation de rendre compte de circonstances trop nombreuses dans le procès-verbal, de faire des marches inutiles, et pour ne point se trouver contraints à employer la force, ils devront, dis-je, ou faire retourner la voiture dans la commune de laquelle elle pourrait sortir à l'instant, ou bien la suivre à vue jusqu'à la première route qu'elle suit, et alors seulement commencer officiellement la constatation du délit, et, s'il y avait lieu, requérir main-forte, et conduire ensuite la voiture dans la commune où réside le Juge-de-paix du canton, pour y achever l'opération ainsi qu'il vient d'être dit plus haut.

Les Gardes ne doivent pas oublier, chaque fois qu'ils découvrent des bois de délit, d'en marquer les *extrémités* de l'empreinte de leur marteau, ainsi que la *souche* en forêt, quand faire se peut, et de faire mention de cette opération dans leur procès-verbal.

Ils doivent aussi, si un arbre a été ébranché, dire si, par ce fait, il a été dégradé.

Lorsque le délit ne consiste qu'en *charges à dos*, ils doivent évaluer la valeur de chaque charge en *fagots* ou *fouées*, ou *bourrées*.

Enfin, lorsque des brins ou arbres ont été endommagés par l'effet de la malveillance, ou d'une contravention, ou d'un délit quelconque, ils doivent énoncer la cause du dommage, et le contour de chaque arbre, ou brin endommagé.

2° Des délits de pâturage.

Quand les Gardes constatent un délit de pâture, ils doivent exprimer le *nombre* des animaux repris, et désigner le *sexe* et l'*espèce* particulière à laquelle ils appartiennent par la *dénomination en usage* dans la contrée et convenable à chaque espèce ou sexe, et ne point se borner à dire tout simplement qu'ils ont trouvé telle ou telle quantité de bêtes à cornes, quand ils ont trouvé plusieurs *taureaux*, *vaches*, *bœufs*, *veaux* ou *genisses*. Lorsque les bestiaux repris sont abandonnés à eux-mêmes, sans être gardés, les Gardes doivent surtout, quand ils n'ont pu les saisir et les conduire en séquestre et fourrière, avoir soin d'indiquer par *quoi* et *comment* ils ont reconnu que les animaux appartenaient à l'individu qu'ils désignent dans leur rapport, comme en étant le propriétaire.

Lorsqu'au contraire les animaux sont sous la garde d'une ou plusieurs personnes, ils doivent avoir soin de dénommer et qualifier ces personnes et d'en indiquer la demeure le plus exactement possible, en attribuant à chaque individu et en désignant la quantité par espèce, si faire se peut ; le nombre de bétail qui lui appartient, ou qui est simplement confié à sa garde par le propriétaire qu'ils devront pareillement signaler avec exactitude par ses *nom*, *prénoms*, *profession* et *domicile*, en ayant soin de rapporter dans quelle situation ou degré de parenté ou de domesticité se trouve avec lui le gardien de ses bestiaux, si c'est un *frère*, *cousin* ou *neveu* ; un *domestique à domicile*, ou un *homme de journée*.

3° Du délit de passage illicite dans une partie de forêt en défends ou dans un chemin interdit.

Le Garde qui se trouve dans le cas de constater le passage illicite ou non permis, d'un attelage, soit charrue, voiture ou autre, par un chemin interdit ou une autre partie quelconque d'une forêt, devra dire en quel *nombre* étaient les bêtes de trait, de quelle *espèce* particulière, et de quel *sexe* de cette espèce elles étaient ; quel en était le *conducteur*, et si ce n'était point le propriétaire, le *dénommer* ainsi que ce *conducteur* ; désigner le *point* de la forêt par où l'on y est *entré*, celui par lequel on est *sorti*, la *largeur* et la *longueur* en *mètres*, de *l'étendue* du terrain qui aura été parcouru; enfin, spécifier les *essences* et *contours* par pièce, des arbres ou brins endommagés au point d'en devoir périr, et si c'est simplement du *taillis* ou de jeunes rejets, sur lequel le mesurage du contour ne pourrait avoir lieu, évaluer le montant de l'indemnité à réclamer pour le dommage.

4° *Des délits commis par des inconnus ou porteurs de faux noms.*

Quoiqu'un Garde n'ait pu découvrir l'*auteur* ou les *auteurs* d'un délit, il n'en doit pas moins le constater avec les mêmes précautions recommandées et suivant les mêmes cas prévus pour les constatations de délits dont les auteurs sont connus; remplir ensuite toutes les autres formalités, et remettre son procès-verbal dans les mêmes délaïs à son Garde général; mais il devra avoir soin de conserver une *copie exacte* de ce procès-verbal de *diligence*, ainsi que de son *acte d'affirmation* et de la formalité de l'enregistrement, afin que, si dans l'année, il vient à découvrir et reconnaître le *délinquant*, d'abord inconnu, il puisse le signaler par un second procès-verbal de *reconnaissance*, dans lequel il devra rappeler la *date*, *l'objet*, *l'heure* de la clôture, la *date*, et *l'heure* de l'affirmation, et enfin, la *date* de l'enregistrement du premier procès-verbal. Ce second procès-verbal devra pareillement être *rédigé, clos, affirmé, enregistré* et *remis* dans les *mêmes délais* que ceux ordinaires, et être *joint* au premier, parce que c'est de la *date de sa clôture* seulement que courra le délai de prescription, s'il est fait dans *l'année* de la reconnaissance et constatation du délit.

S'il arrivait qu'un Garde se fût trompé sur le nom d'un délinquant, soit par suite de déclarations mensongères, ou d'une erreur quelconque, et l'eût désigné sous des noms autres que les siens, ce serait comme s'il eût constaté et verbalisé contre un *inconnu*, et alors il peut et doit relever l'erreur par un second procès-verbal, comme il vient d'être expliqué pour le cas de la reconnaissance de délinquans, d'abord inconnus, puis découverts ensuite.

Dans l'un et l'autre cas, il devra donner les *motifs* de a reconnaissance des individus; dire par quels moyens, comment et par quoi on les a reconnus pour être iden tiquement les mêmes que ceux contre lesquels il a d'abord verbalisé, comme étant inconnus, ou comme *pseudonymes*, c'est-à-dire, désignés sous de faux noms. Mais comme la rédaction des procès-verbaux de ces sortes de constatations est généralement au-dessus de la portée des Gardes ordinaires, ils devront, dans ce cas, se faire au moins aider des conseils de l'Agent forestier le plus à proximité.

5° *De la saisie, de l'établissement du séquestre ou de la mise en fourrière.*

D'après la loi, le *séquestre* et la *fourrière* sont synonymes ; ainsi mettre en séquestre ou conduire en fourrière, c'est la même opération.

Mais il y a deux sortes de *saisies :* la *saisie réelle* et de fait, et la *saisie supposée*. Par la saisie réelle on s'empare *effectivement* des choses et des objets, et on les met en séquestre ou on les conduit en fourrière, suivant les cas.

La saisie supposée se fait pour toutes les choses, tous les objets dont on n'a pas voulu s'emparer par prudence, tels que les *armes* des chasseurs ; ou faute de moyens de transport, tels que des bois ; et alors on déclare faire la saisie entre les mains du détenteur même de l'objet ou de la chose à saisir, à charge par lui de les représenter tels qu'ils sont à toute sommation légale, ou d'en compter la valeur, suivant le cas prévu par la loi, ou sur l'estimation faite et retenue au procès-verbal, sauf jugement contraire.

La *saisie supposée* ne se pratique jamais pour les animaux, qui doivent toujours l'être réellement, quand il est possible qu'ils le soient ; mais dans le cas contraire l y est suppléé par le procès-verbal dans la forme indiquée ci-dessus, et suivant les explications qui précèdent.

6° *De la main-forte.*

Tout Garde et Agent forestier, comme officier de police judiciaire, a, dans l'exercice de ses fonctions, le droit de requérir main-forte, sans qu'elle puisse lui être refusée. (*C. d'inst. crim.*, art. 25 ; et *C. f.*, art. 164.)

La *requête* de la main-forte se fait *verbalement* ou par *écrit*. Verbalement, quand le fonctionnaire auquel on s'adresse ne l'exige pas autrement ; par écrit, lorsqu'elle est exigée, ou qu'il y a lieu de craindre un refus, ou lorsqu'elle a effectivement été refusée. Cette requête peut être faite, d'après la formule suivante :

L'an mil huit cent   le   jour du mois de   à   (*la 1re, 2e ou toute autre heure avant ou après-midi, ou vers l'heure de midi*),

Nous, soussigné   (*les nom, prénoms et grade du requérant*) dûment assermenté, et résidant à   canton d   arrondissement   département d   étant ostensiblement revêtu des marques distinctives de préposé forestier, avons, en notre qualité d'officier de police judiciaire et en vertu des articles 9, 16 et 25 du Code d'instruction criminelle, requis   (*désigner le fonctionnaire par ses nom, grades ou fonctions, et sa résidence*) de nous faire au plus tôt seconder dans l'exercice de nos fonctions (*ou bien de nous seconder à l'instant*) et pour l'exécution des lois et réglemens, par la force publique sous ses ordres et à sa disposition, et au besoin, de nous seconder de sa propre personne ; ce à quoi ayant obtempéré, nous lui avons, à sa demande, laissé la double minute du présent ; clos et signé les jours, mois et an que dessus.

Lorsque le fonctionnaire, ainsi requis, fait un refus quelconque, on doit le *sommer* de motiver son refus par écrit et de le signer, et on le joint au réquisitoire, comme pièce justificative. On doit en rendre compte au Procureur du Roi de l'arrondissement, et à l'Agent forestier supérieur du canton, indépendamment de l'insertion au procès-verbal, qui sera d'ailleurs dressé sur le fait qui a donné lieu à requérir la main-forte, ou faire une visite domicilère.

7° *Des perquisitions et visites domiciliaires.*

La marche à suivre pour les perquisitions et visites domiciliaires est tracée par les dispositions du 3e alinéa de l'art. 16 du Code d'instruction criminelle, et les art. 161 et 164 du Code forestier. Pour qu'une perquisition puisse être régulièrement faite, il faut qu'elle n'ait lieu *qu'en présence,* soit du Juge-de-paix, soit de son suppléant, soit du Commissaire de police. soit du Maire du lieu, soit de son adjoint. Néanmoins, la présence ou assistance d'un de ces officiers publics n'est pas exigée à peine de nullité. (*Arr. de la C. de cass. du 3 novembre* 1809) ; mais on ne doit s'en dispenser qu'autant qu'il y ait impossibilité à se la procurer, ou qu'il faille mettre

une telle célérité dans les recherches, qu'il y ait urgence de s'en passer. Cependant, dans l'un et l'autre cas,
la visite ne peut avoir lieu que du consentement, au
moins tacite, faute d'opposition, ou par tolérance, de
celui chez qui elle doit être faite ; car son refus de laisser pénétrer dans son domicile, ou la plus petite opposition ou de *fait* ou *verbale* de sa part, impose le devoir
de s'en abstenir jusqu'à ce qu'on ait pu se procurer l'assistance voulue par la loi, sauf à prendre à l'extérieur
toutes les précautions possibles pour empêcher la sous-
traction des objets recherchés, et le rapport doit, en
tout cas, rendre compte de la marche suivie, des moyens
employés et des motifs qui ont déterminé à suivre cette
marche et à employer ces moyens. (*C. d'inst. crim.,*
art. 16 ; *et C. f., art.* 161, *et Arr. de la C. de cass. des*
3 *novembre* 1809, *et* 1*er février* 1822.)

C'est donc ici le cas pour les Gardes d'être en bon
nombre, ou suffisamment assistés par la force publique
pour prévenir ou ôter l'envie de toute résistance ou tentative de violence et voies de fait, et pour être à même
de faire une opération fructueuse.

Les circonstances qui résultent d'une visite domiciliaire sont tellement nombreuses et variées, qu'il est
impossible de les prévenir toutes dans un *modèle de procès-verbal,* ou une instruction d'une forme quelconque,
et on ne peut que recommander aux Gardes qui se trouveront dans le cas d'en faire, de ne négliger aucun des
moyens réels pour établir l'*identité* des bois d'une manière irrécusable ; d'abord par la comparaison des *contours,* quand ils peuvent être reconnus ; ensuite, pour
y suppléer, par le rapprochement de toutes les circonstances qui ont précédé, accompagné et suivi le délit,
sans oublier de *sommer* les détenteurs des bois, d'assister au *ressouchement* ou *retocquage*, et de rapporter leurs
réponses (*Arr de la C. de cass des* 12 *octobre* 1809 ; 19
mars 1813, *et* 4 *mai* 1820) ; de raconter d'abord comment on a été conduit à faire la visite dans telle commune, ferme, maison, plutôt que dans telle autre ; et
ensuite, comment, dans quelle situation, état et lieu,
les bois recherchés ont été trouvés ; et s'ils étaient dans
la dépendance d'un domicile, dire si cette dépendance
était ou non close en tout ou partie ; était ou est acces-
sible ou non au public, malgré la volonté des propriétaires ; et enfin, si les bois retrouvés étaient mêlés avec

les objets appartenant à ces derniers, et disposés de manière à permettre de dire qu'eux seuls les avaient placés ainsi, ou au moins que leur concours ou assentiment a été absolument nécessaire.

Il est bien entendu que si le fonctionnaire public qui a présidé à la visite n'en voulait pas signer le procès-verbal, ou ne le pouvait, ce procès-verbal n'en devrait pas moins être dressé, sauf à y faire mention du refus de signer, ou de toute autre cause d'empêchement de la signature.

8° *Des envahissemens et usurpations du sol forestier.*

Le sol forestier peut être envahi par les eaux d'un étang; il peut être usurpé par les propriétaires contigus ou riverains et autres.

La constatation d'un envahissement par les eaux et de ses causes, demandant, pour être complète, des détails dont l'importance peut échapper à un Garde, et d'ailleurs des connaissances peut-être au-dessus de sa portée, il convient que le Garde, qui reconnaît un pareil événement dans son triage, en dresse simplement, mais sans retard, un rapport succinct énonçant seulement le *jour* et l'*heure* de la reconnaissance de l'envâhissement, l'*époque* ou présumée ou certaine du *commencement* de l'événement; le *nom* et la *situation* du terrain envahi et l'*étendue* approximative de ce qu'en couvrent les eaux; les *points* marquans *où* elles *s'arrêtent*, le *nom* de l'étang d'où elles proviennent, et qu'après très-prompte *affirmation*, et non moins prompt *enregistrement* de ce procès-verbal, il le remette lui-même au garde général du cantonnement le plus voisin de lui, afin d'être à même de lui donner des renseignemens ultérieurs dont il serait capable, et qui pourraient être nécessaires, et afin que la constatation de l'état des choses puisse être complétée avant que les eaux aient eu le temps de se retirer de tout ou partie du sol inondé.

Quant à une usurpation ou anticipation, c'est au Garde qui la remarquera le *premier*, à juger si, d'après son *étendue*, et la *quantité* d'arbres abattus ou brûlés ou essartés, il est *compétent* pour le constater *seul*, et il doit, dans le cas contraire, aller de suite en rendre compte à un de ses chefs, et en réclamer assistance.

Le procès-verbal de la constatation d'une usurpation doit, d'ailleurs, en outre des détails ordinaires sur les

lieux, quant aux *dénominations* et à la *situation ;* sur les
usurpateurs, sur *l'époque* présumée ou certaine du *com-*
mencement de l'usurpation, la *nature* des travaux faits
pour son exécution, etc., relater encore la *contenance*
approximative en mesures métriques, du terrain usurpé,
le *nombre par essence* des bois coupés ou autrement détruits ou extraits; leur *contour* par pièce, s'il est possible;
et dans le cas contraire, c'est-à-dire, que les contours
ne puissent plus être pris, donner *l'estimation* du produit en stères et fagots par approximation, et si ce sont
des taillis ou des bois de semence dont les contours ne
puissent également être pris en raison de leur jeune âge,
le procès-verbal doit contenir *l'estimation* réglée sur le
produit annuel de l'hectare, *l'étendue* du taillis usurpé
et son *âge*.

On connaîtra approximativement le *produit annuel*
d'un hectare, ou la valeur *d'une feuille*, en divisant le
montant du *prix de vente* en principal et décime par
franc, de la coupe en usance, ou de la dernière usée,
par le *nombre d'années* dont se compose la révolution de
l'aménagement. Une exemple rendra plus facile l'intelligence de cette opération.

On suppose qu'il a été usurpé 65 ares d'une forêt
dont le taillis, âgé de six ans, a été détruit d'une manière quelconque;

Que la forêt est aménagée à 25 ans de révolution;

Et qu'il s'y exploite annuellement une coupe de 7
hectares, dont l'hectare s'est vendu 750 fr. en capital,
et 75 fr. pour le décime, au total, 825 fr.

On devra donc, pour fixer la valeur du dommage,
d'après ces bases,

1° Chercher la valeur d'une feuille ou du produit
annuel de l'hectare, en divisant la somme de 825 fr.
par 25, âge de la révolution de l'aménagement, ce qui
donnera 33 fr. montant du produit annuel de l'hectare
ou du prix de la feuille;

2° Multiplier ce produit ou prix de feuille, par 65,
quantité d'ares usurpés, ce qui donnera 21 fr. 45 c.,
pour valeur du produit annuel, ou d'une feuille de ces
65 ares;

3° Et comme le taillis avait six ans, on n'aura plus
qu'à multiplier les 21 fr. 45 cent., par 6, et le produit
128 fr. 70 cent. sera la valeur représentative du dom-

mage total, ou autrement dit, du produit des 6 feuilles des 65 ares du taillis détruit.

On arriverait au même résultat en disant :

Puisqu'une année du produit d'un hectare, se composant de 100 ares, est de 33 fr., le prix de l'are est donc de 3 fr. 30 c., et conséquemment les 65 ares doivent produire 21 fr. 45 c. pour un an, et 128 fr. 70 c. pour 6 ans.

Il est bien entendu que si la partie du terrain usurpé était vague, le dommage ne devrait être calculé que pour la contenance de la partie boisée. On ajoutera que ces procès-verbaux sont sujets, dans les mêmes délais, aux mêmes formalités que tous autres de la compétence des Gardes forestiers, et doivent être adressés, clos et signés dans les *vingt-quatre heures* de la reconnaissance du délit ou de la contravention qui en est l'objet.

9° *Des soins particuliers d prendre en écrivant les procès-verbaux.*

Il faut toujours *dénommer (en ayant soin d'écrire les noms en plus gros caractères que le reste du pr o cès-verbal)* et *qualifier*, le plus exactement possible, les délinquans par leurs nom, prénoms surnoms, professions et états; dire s'ils sont *mineurs* ou *majeurs, mariés, veufs* ou *célibataires;* s'ils dépendent ou non de parens ou maîtres, et *nommer* et *qualifier* aussi ceux-ci, en indiquant le *domicile* des uns et des autres.

Toute rature ou toute autre intercalation *(insertion d'un ou plusieurs mots entre deux lignes)* doit être approuvée par un renvoi signé, exprimant le *nombre* des mots raturés ou intercalés, et le *rang* qu'occupent les lignes, en les comptant à partir de la première d'en haut; on ne doit ni *surcharger*, ni *gratter* des mots à blancs; tous les intervalles blancs ou vides d'une ligne, qui ne sont pas remplis par l'écriture, doivent l'être par des points..... ou par un trait.——

Les signatures doivent suivre immédiatement après la dernière ligne de clôture.

Enfin, chaque procès-verbal, rédigé pas les préposés forestiers, doit porter en tête : ADMINISTRATION DES FORÊTS, et énoncer en marge, le numéro de l'arrondissement forestier, le département, l'inspection, le cantonnement, le n° d'inscription du registre du rapporteur, et enfin les noms et domicile des délinquans.

10° *De la formalité de l'affirmation des procès-verbaux.*

Il résulte de l'art. 165 du Code forestier, ainsi que de différens arrêts de la Cour de cassation, que le *Juge-de-paix* peut *recevoir* l'affirmation de TOUS les procès-verbaux de délits commis ou découverts sur le territoire de l'une des communes dépendantes de son canton ; mais que cette affirmation doit ABSOLUMENT être faite par-devant ce Juge pour tout délit commis sur le territoire de la commune où il *fait* sa résidence, ou à son défaut, pour cause d'absence ou d'empêchement par maladie, par-devant son *premier suppléant*, et à défaut de ce suppléant, pour les mêmes causes, par-devant le *second*, ou bien, dans le cas qu'aucun de ces deux suppléans ne résidéraient ou ne se trouveraient pas présents dans la commune où *demeure* le Juge-de-paix, par-devant le *Maire*, ou, à son défaut, par-devant l'*Adjoint* de cette même commune.

Et pour tous délits commis ou découverts sur le territoire d'une commune autre que celle de la *résidence* du Juge-de-paix, l'affirmation PEUT ÊTRE FAITE par-devant le Maire ou l'Adjoint de cette commune, ou par-devant le suppléant du Juge-de-paix qui y sera à demeure ; ou enfin par le Juge-de-paix ou ses remplaçans, dans les cas déterminés ci-dessus.

Il est essentiel de rappeler que l'officier qui reçoit l'affirmation pour cause d'absence, ou d'empêchement par maladie d'un autre, doit l'*énoncer* dans l'acte qu'il en donne.

Il faut aussi observer que le *délai de vingt-quatre heures*, prescrit pour l'affirmation sous peine de nullité des procès-verbaux, se compte du *moment* à l'autre et *non* du *jour* à l'autre, de manière que si le procès-verbal énonce l'*heure* de sa rédaction, il faut qu'il soit affirmé, au plus tard, le lendemain à la *même heure* ; attendu que, si dans l'affirmation on exprimait une *heure* qui fût *postérieure* à celle qui aurait été indiquée dans le procès-verbal du jour précédent, ce procès-verbal serait nul. (*C. f.*, art. 165, *et Arrêt de la C. de cass. du* 5 *janvier* 1809.).

Mais comme le délai de vingt-quatre heures ne doit courir que du jour et de l'heure de la *clôture* du procès-verbal (*Ib.*, *du* 2 *messidor an* XIII ; 21 *juin* 1805 ; 8 *janvier* 1808 ; 9 *juin* 1808 ; *et* 29 *mai* 1818), les Gardes

doivent avoir l'attention de ne *clôturer* leurs procès-
verbaux que du *moment* où ils les rédigent, pour avoir
le temps de les faire affirmer dans le délai prescrit, surtout lorsqu'ils reconnaissent des délits le matin et qu'ils
ne peuvent rentrer à leur domicile que le soir, puisque
la loi leur accorde un délai de vingt-quatre heures pour
les diriger. Par ce moyen ils gagnent le temps nécessaire pour le faire affirmer.

On a fait remarquer plus haut que lorsqu'un procès-
verbal a été affirmé le lendemain de sa date, *sans énonciation d'heure*, on devait présumer que cette formalité
avait été remplie dans le *délai légal* (*Arr. de la C. de
cass., du* 9 *février* 1811) ; mais il n'en est pas de même
si, comme on vient de l'observer, le procès-verbal indiquait *l'heure* de sa rédaction ; alors l'acte d'affirmation
doit aussi indiquer *l'heure* à laquelle il a été reçu (*Ib.
du* 31 *juillet* 1818), attendu que le délai d'affirmation
est fixé à vingt-quatre heures. Ainsi, on le répète,
pour prévenir toute difficulté, les Gardes ne doivent
pas négliger d'exprimer *l'heure* de la rédaction de leurs
procès-verbaux, et *celle* où l'affirmation a eu lieu. Ils
peuvent à cet effet s'entendre avec les Juges-de-paix ou
leurs suppléans, les Maires ou leurs Adjoints, chargés
réciproquement de recevoir l'affirmation de leurs rapports.

On doit aussi faire observer que l'obligation imposée
aux Gardes d'affirmer leurs procès-verbaux, ne serait
point remplie par la déclaration *non assermentée* desdits
Gardes, portant que lesdits procès-verbaux sont *sin-
cères et veritables* ; attendu que l'acte d'affirmation doit
porter que le *procès-verbal a été lu*, et qu'il a été *affirmé
par serment*. (*Ib. du* 16 *avril* 1811.)

Mais comme il est quelquefois arrivé que des Fonctionnaires ont refusé de recevoir *l'affirmation* des procès-
verbaux, on doit prévenir les Gardes auxquels ce refus
serait fait, d'en demander ou exiger une *déclaration par
écrit*, contenant les motifs du refus; et dans le cas où
cette déclaration serait aussi refusée, de dresser un
procès-verbal du tout et de le transmettre sur-le-champ
à qui de droit, pour y être statué. Ce procès-verbal devra, autant que possible, être rédigé et signé par deux
Gardes, afin de lui donner toute l'authenticité possible.
(*C. d'instr. crim., art.* 16; *C. f., art.* 165, *et Ord. régl.,
art.* 182.)

11° *De la formalité de l'enregistrement des procès-verbaux.*

Tout procès-verbal doit, sous peine de nullité, être enregistré dans les *quatre jours* de sa date, en comptant du lendemain de cette dernière ; c'est-à-dire qu'un procès-verbal du *premier* du mois, doit être *sans faute* enregistré le *cinq* de ce même mois ; mais si le quatrième jour est un jour *légalement férié*, le délai se prolonge jusqu'au lendemain. (*C. f.*, art. 170, *et arrêt de la C. de cass. du* 18 *février* 1820.)

Il est important de faire remarquer que le *délai* de l'enregistrement court à partir de la date de l'*ouverture* du procès-verbal et non de sa *clôture*, comme celui de l'affirmation ; et que dès-lors, si une opération exige l'emploi de plus de *quatre* jours, on doit faire *enregistrer* le *cinquième*, ce qui aura été constaté ; et séparément, suivant le même principe, ce qui suivra ; c'est-à-dire . que si le procès-verbal d'une constatation a été ouvert le *premier*, continué les 2, 3 et 4, il devra, SANS RETARD, être enregistré le *cinq*, comme s'il eût été clos le *premier*, jour de son ouverture ; sauf cependant la prolongation du délai, si le cinquième jour était férié.

On devra agir de même pour la seconde partie du procès-verbal, si elle devait être continuée plus de *quatre* jours, et ainsi de suite.

L'enregistrement peut être fait indistinctement dans le bureau le plus à proximité ; mais il est très-important de faire observer que les *Gardes* deviennent *non-seulement responsables* des procès-verbaux déclarés *nuls* par *défaut* d'enregistrement dans les *délais*, et *passibles* des condamnations et dépens qui en peuvent résulter, indépendemment qu'ils sont encore exposés *solidairement* à une amende de 25 fr., à la requête des préposés de l'enregistrement. (*Loi du* 22 *frimaire an* VII *, art.* 54 *et* 45 ; *Arrêt de la C. de cass. du* 4 *vent. an* XII *, et Circ. du* 22 *brumaire an* X, *n.* 47. *)*

12° *Des moyens de remédier à l'inhabileté à rédiger de quelques Fonctionnaires, et aux inconvéniens qui en résultent.*

Les fonctionnaires auxquels les Gardes *illettrés* sont obligés de s'adresser pour faire rédiger leurs procès-verbaux sur délits, n'ayant pas tous les habitudes de ces sortes de rédactions, ne connaissant pas toutes les *énonciations* que la loi prescrit pour valider de pareils actes, ni l'importance de certains *détails*, pourtant indispensables pour éclairer suffisamment la religion des Juges, signaler d'une manière positive les délinquans, et caractériser le délit, il s'en suit des *nullités* aussi favorables aux dévastateurs des bois que préjudiciables à la prospérité des forêts, au bon ordre et aux intérêts de l'État; et enfin, des frais frustratoires pour l'Administration.

Les Gardes *illettrés* ne sauraient donc mettre trop d'attention à instruire les fonctionnaires auxquels ils sont tenus de s'adresser pour faire faire leurs procès-verbaux sur délit, de tous les *détails* et *circonstances* nécessaires pour que ces fonctionnaires puissent les rédiger valablement; et ils doivent *surtout* faire en sorte de se faire accompagner d'un Garde *lettré*, capable de rédiger lui-même, ou assister d'un chef, chaque fois qu'il s'agira d'un délit un peu important, afin d'éviter ainsi l'obligation de recourir à des personnes inhabiles, et le reproche d'être non-seulement *inutile*, mais encore *nuisible* à l'Administration

13° *Du refus que peuvent éprouver des Gardes illettrés, de la part des Fonctionnaires tenus à rédiger leurs procès-verbaux sur délit, de dresser ces actes.*

Comme il est arrivé que tous les Fonctionnaires tenus à rédiger les procès-verbaux sur délits, dont les Gardes illettrés étaient venus leur faire déclaration, ont successivement refusé, en alléguant divers motifs, de dresser ces actes, ce qui d'un côté a forcé les Gardes à de longues absences de leurs triages pour faire infructueusement des courses pénibles et dispendieuses, et de l'autre, a privé l'Administration des moyens de réprimer les délits, tandis que les délinquans ont été encouragés par l'impunité à en commettre d'autres, et ont pu le faire avec plus de facilité en raison des absences forcées des Gardes et peut-être de leur découragement; pour remédier à cet état de choses, et mettre l'Administration à même de le connaître et d'y obvier, en ce qui concerne le refus des Fonctionnaires compétens, et de pouvoir faire poursuivre les délinquans, les Gardes illettrés doivent, au refus de ces fonctionnaires, faire dresser leurs rapports sur délits par le chef forestier le plus à leur portée, en ayant soin d'y faire relater les divers refus qu'ils auront éprouvés desdits Fonctionnaires, depuis celui de l'*Adjoint* du Maire jusqu'à celui de *Juge-*

de-Paix inclusivement, ainsi que les motifs ou prétextes sur lesquels ces refus auront été fondés ; ces rapports devront du reste contenir, dans les différens cas, *tous les détails* que ces cas exigent ; être revêtus, dans les *mêmes délais, des mêmes formalités* que tous les autres procès-verbaux, et être en outre signés des Préposés forestiers rédacteurs, lesquels ne seront pas tenus à l'affirmation, qui se fera par le *Garde rapporteur,* comme dans les cas ordinaires.

Voilà, au surplus, la formule du procès-verbal de déclaration, qui doit être dressé dans le cas dont il s'agit, c'est-à-dire, au refus des fonctionnaires publics compétens :

L'an mil huit cent   , le   jour du mois d nous soussigné   (les nom, prénoms et grade), à la résidence d   , canton d   , arrondissement d département d   , certifions que le sieur   (les nom et prénoms), Garde forestier royal (*ou* mixte, *ou* communal) au triage d   , dûment assermenté, est venu, cejourd'hui, nous déclarer qu'étant revêtu de sa bandoulière, et faisant, le jour d'hier, sa tournée dans la forêt royale (*ou* communale) d   , située sur le territoire de la commune d   , canton d   , arrondissement d   , département d   , et étant arrivé au canton dit   , il y a trouvé vers   heures avant (*ou* après) midi   , et en flagrant délit, le nommé   , etc.,   (rendre compte de toutes les circonstances du délit, ainsi qu'il est relaté dans les formules qui précèdent.)

Que, ne sachant écrire (*ou* se trouvant en ce moment empêché, par suite d'une blessure, ou incommodité à la main droite), et ne pouvant dresser lui-même le procès-verbal des faits ci-dessus relatés : et M. le Maire de la commune d   (celle de la situation de la forêt où le délit a été commis), ainsi que son adjoint, ne sachant ni écrire ni parler en français, il s'était rendu à   pardevant M. le Juge-de-paix du canton, y résidant, et l'avait requis de lui écrire l'acte nécessaire ; mais que ce magistrat s'en était excusé, alléguant que les occupations de ses fonctions l'en empêchaient, et qu'il n'en avaient pas le loisir ;

Qu'en conséquence de ce refus, et attendu que la présence de M. le Juge-de-paix à sa résidence l'empêchait, lui Garde, de pouvoir se présenter par-devant le premier Suppléant pour l'inviter à suppléer le Juge, il venait nous faire la présente déclaration, et nous inviter à lui en délivrer acte : ce à quoi obtempérant, nous avons dressé le présent procès-verbal, et l'avons clos et signé avec le Garde déclarant, après lui en avoir fait lecture, les jour, mois et an que nous avons dit en tête etc.　heure avant (*ou* après) midi.

4° *Observations générales sur la rédaction des procés-verbaux de délit de pêche.*

Les huit formules différentes de **XXII** à **XXIX**, que j'ai données pour la constatation de quelques délits de pêche, peuvent, moyennant quelques modifications, servir à constater les autres délits, tels que ceux qui consistent à prendre le poisson à la main ; à battre l'eau avec des bouilles ou longues perches ; à rompre la glace des rivières ou canaux dans la vue de pêcher, à employer des feux ou brandons pour attirer le poisson, à mettre des bires ou bures ou nasses d'osier au bout des dideaux, pendant le temps de frai ; à colporter et débiter des poissons des espèces désignées par les ordonnances, et qui n'auraient pas les dimensions voulues ; à se servir de ces espèces de poissons pour amorcer les hameçons, etc.

Mais le Garde rédacteur ne doit jamais oublier de requérir la remise et de déclarer la saisie de tout poisson pêché en délit, c'est-à-dire par l'un des moyens que la loi déclare prohibés ; de même que, dans le cas où le délinquant n'avait pas le droit de pêcher, il doit également requérir la remise ou déclarer la saisie des filets et engins défendus, et même de ceux dont l'emploi serait permis.

§ II. *Agens forestiers.*

Les Conservateurs, Inspecteurs, Sous-Inspecteurs, Gardes généraux, les Gardes à cheval et Arpenteurs doivent, dans toute l'étendue du territoire pour lequel ils sont commissionnés, constater tous les délits aux lois et réglemens en matière forestière qui ne l'auraient pas été par les Gardes, et qu'ils reconnaissent dans leurs tournées. (*C. f.. art.* 160.) Leurs procès-verbaux constatant ces délits et contraventions, ainsi que ceux de récolement des coupes usées, de délits de chasse dans les forêts de l'Etat, de la Couronne, des Communes et des Etablissemens publics, et des délits de pêche dans les fleuves et rivières, font foi en justice jusqu'à inscription de faux, lorsqu'ils sont signés par deux Agens ou Gardes forestiers, des faits matériels relatifs aux délits et contraventions que les procès-verbaux constatent, quelles que soient les condamnations auxquelles ces délits et contraventions peuvent donner lieu, et il n'est, en conséquence, admis aucune preuve *outre* ou *contre* leur contenu, à moins qu'il n'existe une cause légale de récusation contre l'un des signataires.

Il en est de même lorsque les procès-verbaux sont appuyés d'un témoignage, ou que la peine du délit constaté ne doit pas excéder cent francs, ou lorsqu'ils constatent à la fois contre divers individus des délits ou contraventions distincts et séparés, qui n'entraînent pas une condamnation de plus de 100 fr., tant pour amende que pour dommages-intérêts, quelle que soit la quotité à laquelle pourraient s'élever toutes les condamnations réunies. (*C. d'instr. cr.*, art. 154; *C. f.*, *art.* 175 à 178; *Arr. de la C. de cass. des 8 frim. an XIV*, 14 *mars* 1807, 9 *février*, 14 *et* 29 *mars* 1811.)

Les procès-verbaux que les Agens forestiers dressent, soit isolément, soit avec le concours d'un Garde, ne sont point soumis à l'affirmation. (*C. f.*, *art.* 166.)

Lorsque dans le cours des exploitations, il a été commis des délits par les adjudicataires, les Agens forestiers les constatent par des procès-verbaux auxquels ils donnent suite, sans attendre le récolement. (*C. f.*, *art.* 44, *et Inst. du* 23 *mars* 1821, *art.* 98.)

§ III. *Agens de la marine.*

Les Ingénieurs forestiers de la marine, les maîtres et les contre-maîtres sous leurs ordres, dressent procès-verbal des délits et contraventions relatifs au service de la marine, et les remettent aux Agens forestiers chargés de la poursuite devant les tribunaux. En conséquence, les procès-verbaux des maîtres et contre-maîtres assermentés font foi en justice, pour les faits relatifs au service et qui sont étrangers à leurs personnes, à charge par eux de les dresser et de les faire affirmer dans les mêmes formes et dans les mêmes délais prescrits **pour** les Gardes forestiers. (*C.f.*, *art.* 134; *Ord. regl.*, *art.* 160.)

§ IV. *Conducteurs des travaux des ponts et chaussées.*

Les Conducteurs des travaux des ponts et chaussées,

dressent procès-verbal des délits et contraventions relatifs au service des bois destinés et requis pour les travaux du Rhin et les dénoncent aux Agens forestiers. En conséquence les procès-verbaux des conducteurs des ponts et chaussées assermentés, font foi en justice pour les faits relatifs au service dont ils sont chargés, et qui sont étrangers à leurs personnes, à charge par eux de les dresser et faire affirmer dans les mêmes formes et dans les mêmes délais prescrits pour les Gardes forestiers. (*C. f.*, art. 143.)

§ V. *Officiers de police judiciaire.*

Les Juges-de-paix, les commissaires de police, et dans les communes où il n'y en a point, les Maires, et à leur défaut, leurs adjoints, peuvent, soit par concurrence, soit même par prévention, et pour suppléer, soit l'absence, soit la négligence des Gardes forestiers, rechercher et constater par des procès-verbaux, soit les contraventions de police, (c'est-à-dire, les faits qui donnent lieu à une amende de 15 francs, et au-dessous, et à un emprisonnement de 5 jours et au-dessous), soit les délits, (c'est-à-dire, les faits qui donnent lieu à une amende de plus de 15 francs, et à un emprisonnement de plus de 5 jours) relatifs à la chasse, à la pêche, et même aux bois et forêts, dans leurs arrondissemens respectifs. (*Loi du* 3 *brum. an* IV, *tit.* 2 *et* 4 ; *C. d'inst. crim.*, *art.* 11 *et* 179 ; *Let. du Min. des fin. aux Pref.*, *du* 18 *pluviôse an* XI.)

Les Gardes forestiers sont tenus, ainsi que les gendarmes, d'arrêter et conduire devant le Juge-de-paix, ou devant le Maire, tout individu qu'ils saisissent en flagrant délit, ou qui est dénoncé par la clameur publique, lorsque le délit emporte la peine d'emprisonnement ou une autre plus grave : ils se font donner pour cet effet, main-forte par le Maire ou l'adjoint du Maire du lieu, qui ne peut s'y refuser. (*Lois du* 3 *brum. an* IV, *art.* 41, *du* 8 *germ. an* VI, *art.* 125, *et du* 7 *pluv. an* IX, *art.* 4 ; *C. d'inst. crim.*, *art.* 16 *et* 25 ; *C. f.*, *art.* 163 ; *Let. du Min. des fin. du* 7 *mai* 1823.)

La gendarmerie royale doit enfin prêter main-forte lorsqu'elle est légalement requise par les Agens et Gardes forestiers, pour la répression des délits relatifs à la police et à l'Administration forestière, lorsque les Gardes forestiers ne sont pas en force suffisante pour arrêter les délinquans. *(Loi des 28 germinal an VI, art. 133, et 9 prairial an 11, art. 18, Ord. du 9 oct. 1820, art. 188; C. f., art. 164.)*

La gendarmerie doit aussi, de même que les huissiers, procéder, lorsqu'ils en sont requis, à la saisie des bois coupés en délit, vendus ou achetés en fraude, à la charge de ne pouvoir en faire la perquisition qu'en présence d'un officier public, qui ne peut s'y refuser. *(Loi du 11 décembre 1791, art. 4; C. f., art. 164.)*

Je dois faire observer que les procès-verbaux, dressés par les gendarmes, ne sont soumis à l'observation d'aucune forme particulière. Ainsi, un acte de cette nature fait foi jusqu'à preuve contraire de la contravention qu'il établit, encore qu'il n'ait été signé que d'un seul gendarme. *(Arr. de la C. de cass. du 25 mars 1830.)*

DEUXIÈME SECTION.

Poursuite des délits.

§ Ier Dispositions générales.

ART. Ier Bois soumis au régime forestier.

L'Administration forestière est chargée, tant dans l'intérêt de l'État que dans celui des autres propriétaires de bois et forêts soumis au régime forestier, des poursuites en réparation de tous délits et contraventions commis dans ces bois et forêts, à l'exception de ceux faisant partie du domaine de la Couronne.

L'Aministration forestière est également chargée de la poursuite en réparation des délits et contraventions concernant les bois de marine et ceux destinés aux travaux du Rhin, ainsi que les défrichemens faits dans les bois des particuliers. *(C. f., art. 159).*

L'administration forestière a qualité pour poursuivre un délit d'extraction de pierres, commis dans une lande contiguë à une forêt royale et appartenant également à l'Etat. *(Art. de la C. de cass. du 15 mai 1830.)*

Les actions et poursuites sont exercées par les Agens forestiers *au nom de l'Administration forestière*, et non pas *en leur nom*, sans préjudice du droit qui appartient au Ministère public, lequel peut exercer non-seulement l'action de l'Administration forestière pour tout ce qui est relatif aux bois soumis au régime forestier; mais encore étendre son appel aux restitutions et dommages-intérêts aussi bien qu'aux amendes encourues. (*C. f.*, art. 159, *et Arr. de la C. de cass. des 19 oct.* 1824 *et* 20 *mars* 1830.)

Ainsi les Agens forestiers sont, non-seulement chargés de la poursuite des réparations civiles, mais encore de celle des délits eux-mêmes, de sorte qu'ils exercent à cet égard une portion du ministère public, puisqu'ils ont le droit d'exposer l'affaire devant le tribunal et d'être entendus à l'appui de leurs conclusions. Ils sont en conséquence tenus d'assister en uniforme aux audiences fixées par les tribunaux pour le jugement des affaires par eux poursuivies, et y ont une place particulière à la suite du parquet du Procureur du Roi et de ses substituts. (*C. d'inst. crim., art.* 179 *et* 182; *C. f., art.* 157 *et* 174; *Ord. régl., art.* 185, *et Arr. de la C. de cass. des* 29 *octobre et* 4 *novembre* 1824.)

Le délai pour poursuivre est de *trois mois*, à dater du jour où les délits et contraventions ont été constatés, lorsque les prévenus sont désignés dans les procès-verbaux; et dans le cas contraire, il est de *six mois*, quand bien même les auteurs du délit auraient été ou pu être reconnus d'une manière quelconque postérieurement aux procès-verbaux. (*C. d'inst. crim., art.* 943; *C. f., art.* 185, *et Arr. de la C. de cass. des* 16 *floréal an* XI, *et* 14 *germinal an* XIII, 8 *avril* 1808, *et* 31 *janvier* 1824.)

La prescription des délits forestiers ne court que du jour où ils ont été constatés par un procès-verbal, lors même que les Agens de l'Administration ont eu, de fait, connaissance du délit avant qu'il eût été légalement constaté. (*Arr. de la C. de cass. du* 23 *juin* 1827.)

Lorsque la poursuite en répression d'un délit forestier a été intentée en temps utile, la prescription est celle de *trois années*, établie par les art. 637 et 638 du Code d'instruction criminelle; mais la prescription est interrompue par un jugement intervenu dans l'instance, encore bien que ce jugement ait été frappé de nullité. (*Ib. des* 6 *février et* 8 *mai* 1830.)

Ainsi, la prescription est acquise en matière forestière, lorsqu'il s'est écoulé *plus de trois ans* depuis le dernier acte de procédure, sans acte d'instruction ou de poursuite (*Ib. du* 7 *mai* 1830.)

Le délai de trois mois se compte de quantième en quantième, sans égard au nombre des jours dont chaque mois est composé. (*Ib. du 27 décembre 1811.*) Ces dispositions s'étendent aussi aux contraventions relatives au port d'armes (*Ib du Ier août 1811*), aux coupes des futaies faites, sans déclaration préalable par les particuliers (*Ib. du 3 septembre 1807*), et aux délits mentionnés dans les procès-verbaux de récolement. Toutefois ces derniers délits doivent être poursuivis dans les trois mois, attendu que les propriétaires des bois et les adjudicataires qui en sont présumés les auteurs sont toujours connus. (*C. civ., art. 2244 et 2448; Arr. de la C. de cass. des 17 avril 1807, et 24 mars 1809, Circ. du 15 avril 1809, n. 391.*)

Les dispositions qui précèdent ne sont point applicables aux contraventions, délits et malversations commis par des Agens, Préposés ou Gardes de l'Administration forestière dans l'exercice de leurs fonctions; les délais de prescription à l'égard de ces Préposés et de leurs complices, sont les mêmes que ceux qui sont déterminés par les articles 636, 637, 638, 639 et 640 du chapitre V du titre VII du livre II du Code d'instruction criminelle (*C. F., art. 186.*)

Quant aux défrichemens dans les bois des particuliers le délai est de *deux ans*, à dater de l'époque où le défrichement a été consommé. (*Ib., art. 224.*)

C'est ici le cas de faire remarquer, d'après la jurisprudence établie par les arrêts de la Cour de cassation :

1° Que la simple notification d'un procès-verbal ne suffit pas pour interrompre la prescription, et qu'il faut que l'*action* soit judiciairement intentée dans les délais prescrits par un *exploit régulier*. (*Arr. de la C. de cass. des 8 et 29 avril 1808.*)

2° Que le premier exploit interrompt la prescription, lors même que quelques circonstances ont obligé les Agens forestiers à donner une nouvelle citation, et quelle que soit l'époque à laquelle l'audience ait eu lieu (*Ib., du 29 avril 1808.*) (1)

_____

(1) On doit faire observer à cet égard que la prescription par *trois mois* de l'action résultant d'un délit forestier ou de pêche, ne s'étend pas au cas où l'action ayant été intentée dans ce délai, il y a eu interruption de poursuites pendant le même espace de temps. Ce dernier cas rentre dans la règle générale établie par les articles 637 et 638 du Code d'instruction criminelle, suivant laquelle l'action alors n'est prescrite que par trois

3° Que, bien que l'action pour la poursuite d'un délit de chasse se prescrive par *un mois*, néanmoins s'il y a eu action intentée en temps utile, la poursuite n'est périmée que par une interruption de trois ans, comme en matière ordinaire. (*Ib.*, *du 30 sept.* 1828.)

4° Un autre arrêt du 20 août 1829 décide pareillement que *trois ans* passés sans poursuites, prescrivent l'action de l'Administration. (*Ib.*, *du 20 août* 1829.)

5° Que, dans le silence de la loi sur le temps requis pour la péremption en matière forestière, il faut, d'après l'article 187, s'en référer aux dispositions générales du Code d'instruction criminelle ; et d'après ce Code (articles 637 et 638) la péremption en matière correctionnelle ne peut être acquise que lorsque les poursuites ont été interrompues pendant trois années. (*Ib.*, *des 6 févr.*, *7 et 8 mai* 1830.)

6° Qu'un arrêt notable du 5 juin 1830, rendu au sujet d'un récolement qui n'avait été fait que plus de trois ans après les délits commis par l'adjudicataire, décide que l'action correctionnelle est prescrite et que l'action civile seule peut être intentée pendant 30 ans.

7° Que lorsqu'il y a preuve d'un premier procès-verbal de récolement, la prescription court du jour de cet acte pour les délits qu'il constate ; et elle ne peut être interrompue par un second récolement qu'autant que le premier aurait été annulé par le Conseil de préfecture. (*C. f.*, *art.* 150, *et Arrêt de la C. de cass.*, *des* 26 *déc.* 1806 ; 15 *avril* 1809 ; 26 *juillet et* 26 *nov.* 1810, *et* 23 *mars* 1811.)

8° Que la prescription ne court contre les Agens forestiers, dont la mise en jugement doit être précédée d'une autorisation spéciale, qu'à partir de l'époque où ces Agens ont eu connaissance de cette autorisation (*Arr. de la C. de cass. des* 13 *avril* 1810 *et* 23 *mars* 1811.)

9° Que les délits de défrichemens se prescrivent, quant à la peine et à la réparation civile, comme les autres délits forestiers, par un délai de *deux ans*; mais que le tribunal qui prononce que la prescription est acquise doit, conformément à l'article 220 du Code forestier, ordon-

---

années On ne peut donc, ainsi que l'a décidé la Cour de cassation par son arrêt du 6 février 1824, rejetter les poursuites de l'Administration forestière, sous le prétexte que depuis l'appel interjeté en son nom, il y a eu interruption de trois mois.

ner que le délinquant replantera une surface égale à celle qu'il a défrichée. (*Ib. du 8 juin* 1808.)

10° Enfin, que la disposition de la loi qui veut que *l'action correctionnelle* soit éteinte par le *décès* du délinquant, n'est point applicable aux cautions d'un adjudicataire prévenu de délits et malversations. (*Ibid. , du* 5 *avril* 1811.)

Art. II. *Bois de particuliers.*

Les Agens forestiers sont incompétens pour poursuivre les délits commis par autrui dans les bois des particuliers. (*Arr. de la C. de cass. du* 27 *août* 1812.) Les propriétaires peuvent transmettre les procès-verbaux dressés par leurs gardes, et constatant, soit les délits de pâturage ou de parcours dans les parties de leurs bois non déclarés défensables , soit les délits de vol et de maraudage, dans le délai d'*un mois*, à dater de l'affirmation de ces procès-verbaux au Procureur du Roi, ou au Juge-de-paix, suivant leur compétence respective , à l'effet d'exercer les poursuites contre les prévenus. (*Loi du* 7 *pluviôse an* ix, art. 3, *et C. f.*, art. 191)

Cependant les propriétaires peuvent aussi traduire eux-mêmes les délinquans devant les tribunaux , et poursuivre contre eux l'action civile, sauf au Procureur du Roi à prendre, dans ce cas, ses conclusions pour la vindicte publique ; mais alors les propriétaires doivent diriger également leurs poursuites dans le délai d'*un mois. (Loi du* 3 *brum. an* iv, art. 133 *et* 180; *Arr. de la C. de cass. du* 10 *juin* 1808.)

Les propriétaires, après avoir remis au Procureur du Roi ou au Juge-de-paix les procès-verbaux dressés par leurs Gardes, peuvent aussi intervenir comme parties civiles, sur la citation donnée à la requête du Ministère public , pour obtenir leurs dommages et intérêts. *(Loi du* 3 *brum. an* ix, *art.* 154.)

Toutes les dispositions ci-dessus et celles ci-après indiquées, concernant la saisie des bestiaux trouvés en délit, et le séquestre des instrumens, voitures et attelages des délinquans. *(C. f., art.* 161) ; les recherches et perquisitions des objets enlevés (*Ib., art.* 162) ; les formes , affirmations et enregistrement des procès-verbaux des Gardes (*Ib.,art.* 165, 167, 170, 175, 188 *et*191); la main-levée et la vente des bestiaux et objets saisis (*Ib., art.* 168 *et* 169). les exceptions préjudicielles dont

peuvent exciper les prévenus (*Ib., art.* 182); la PRES-
CRIPTION des actions en réparation de délits et contraventions (*Ib., art.* 185), et enfin les FORMALITÉS prescrites pour les poursuites des délits et contraventions,
sur les CITATIONS et DÉLAIS; sur les DÉFAUTS, OPPOSITIONS,
JUGEMENS, APPELS, et RECOURS EN CASSATION (*Ib., art.* 172
et 187); sont applicables aux poursuites exercées au
nom et dans l'intérêt des particuliers, pour délits et
contraventions commis dans les bois et forêts qui leur
appartiennent, sauf le *versement* du produit net de la
vente des bestiaux saisis, lequel doit être effectué à la
caisse des dépôts et consignations. (*Ib , art.* 189.)

L'art. 189 du Code forestier portant que les dispositions
contenues aux art. 161, 162, 163, 165, 167, 168, 169,
170, § I", 172, 175, 182, 185 et 187, sont applicables
aux bois de particuliers, j'ai cru devoir rappeler sommairement ces dispositions:

L'art. 161 porte que les Gardes sont autorisés à saisir et mettre en séquestre les bestiaux trouvés en délit
et les instrumens de délit, à suivre les objets enlevés
jusque dans les lieux où ils auront été transportés, à les
mettre également en séquestre et à faire des visites
domiciliaires avec l'assistance du Juge-de-paix ou du
Maire, etc.

L'art. 162 oblige les fonctionnaires ci-dessus désignés
à déférer aux réquisitions des Gardes pour les accompagner dans leurs visites et à en signer le procès-verbal.

L'art. 163 porte que les Gardes arrêteront et condui-
ront devant le Maire ou le Juge-de-paix tout individu
surpris en flagrant délit.

L'art. 165 règle la forme des procès-verbaux constatant les délits et contraventions, et la règle à suivre,
lorsque, par un empêchement quelconque, les Gardes
ne peuvent écrire eux-mêmes leurs procès-verbaux.

L'art. 167 exige qu'une expédition des procès-verbaux portant saisie soit déposée dans les vingt-quatre
heures au greffe de la justice de paix pour qu'il en puisse
être donné communication à ceux qui réclameraient les
objets saisis.

L'art. 168 autorise les Juges-de-paix à donner main-
evée provisoire des objets saisis à charge de payer les
rais de séquestre et moyennant caution.

L'art. 169 trace les formes à suivre pour la vente des

bestiaux saisis et non réclamés dans les cinq jours qui suivront le séquestre.

Le § 1er de l'art. 170, porte que les procès-verbaux seront enregistrés dans les quatre jours qui suivront celui de l'affirmation.

Le § 2e du même article, porte que l'enregistrement des procès-verbaux des Gardes forestiers royaux se fera en débet, lorsque les délits ou coutraventions intéresseront l'Etat, le domaine de la Couronne ou les communes et établissemens publics. Mais ce paragraphe ne s'applique point aux procès-verbaux des Gardes des particuliers, lors-même qu'ils auraient pour objet des délits poursuivis d'office par le Ministère public. (*Déc. min. du 2 mai* 1828.)

L'art. 172 porte que la citation au prévenu doit, à peine de nullité, contenir la copie du procès-verbal et de l'affirmation.

L'art. 175 admet que les délits forestiers seront prouvés par témoins à défaut de procès-verbaux, ou en cas d'insuffisance de ces actes.

L'art. 182 trace les règles à observer lorsque le prévenu de délit excipe d'une question de propriété pour se soustraire à l'action correctionnelle.

L'art. 185 détermine les délais de la prescription des actions en matière forestière. Il admet, dans l'intérêt des poursuites, à l'égard des adjudicataires et entrepreneurs des coupes, l'application des art. 45, 47, 50, 51, et 82 du Code.

L'art. 187 renvoie aux dispositions du Code d'instruction criminelle, sauf les modifications résultant du titre XI du Code forestier, pour la poursuite des délits, les citations et délais, les défauts, oppositions, jugemens, appels et recours en cassation.

§ II. *Compétence des tribunaux.* (1)

Le lieu du délit fixe la compétence des tribunaux aussi bien que le *domicile* du délinquant. (*Arr. de la C. de cass. du* 16 *janvier* 1806.)

Les délits ou contraventions en matière forestière,

---

(1) Pour tout ce qui concerne la compétence, les demandes en renvoi et les réglemens de juges, il faut consulter les chapitres 1 et 2 des titres Ier et V du livre II, du Code d'instruction criminelle. (*C. f., art* 187.)

et les contraventions aux lois sur le port d'armes, sont de la compétence des tribunaux correctionnels. (C. f., art. 171; C. d'inst. crim., art. 139 et 177; Arrêt de la C. de cass. des 19 février et 27 mai 1808, et 23 février 1811.) Cependant les Cours d'assises connaissent de la rébellion contre les Préposés de l'Administration des forêts, de l'emploi de faux marteaux, des actes argués de faux, des incendies attribués à la malveillance, et de tous les faits qui sont dans leurs attributions. (Loi du 23 floréal an x, art. 2; C. f., art. 140; Arrêt de la C. de cass. des 8 messidor an ix, 9 avril 1807, et 14 août 1812.)

Il n'est rien changé aux dispositions du Code d'instruction criminelle relativement à la compétence des tribunaux pour statuer sur les délits et contraventions commis dans les bois et forêts qui appartiennent aux particuliers. (C. f., art. 190.) (1).

Il résulte de ces dispositions que le tribunal est saisi en matière correctionnelle, de la connaissance des délits de sa compétence, soit par le renvoi qui lui en est fait d'après les art. 130 et 160 du Code d'instruction criminelle, soit par la citation donnée directement au prévenu et aux personnes civilement responsables du délit par la partie civile, et, à l'égard des délits forestiers, par le Conservateur, l'Inspecteur ou Sous-Inspecteur forestier, ou par les Gardes-généraux, et, dans tous les cas, par le Procureur du Roi. (C. d'inst. crim., art. 182.)

Les Juges-de-paix peuvent donner main-levée provisoire des bestiaux, instrumens, voitures, attelages saisis et séquestrés par les Gardes dans leur territoire, en exigeant bonne et valable caution, tant pour la valeur des objets saisis que pour le paiement des frais de séquestre. En cas de contestation sur la solvabilité de la caution, il est statué par le Juge-de-paix. (C. f., art. 168.) Les Juges-de-paix doivent donner avis à

---

(1) D'après le § IV de l'art. 149 du Code d'instruction criminelle, les Juges-de-Paix connaissent des contraventions forestières poursuivies à la requête des particuliers; mais si le fait est reconnu pour être un délit qui emporte une peine correctionnelle, le prévenu doit alors dans ce cas être renvoyé devant le Procureur du Roi, conformément aux articles 130 et 160 dudit Code d'instruction criminelle, pour être statué suivant les dispositions prescrites par le Code forestier.

l'Agent forestier local de la main-levée provisoire qu'ils ont accordée. (*Ord. regl.*, *art.* 184.) Lorsque les bestiaux saisis ne sont pas réclamés dans les cinq jours qui suivent le séquestre, ou s'il n'est pas fourni bonne et valable caution, ces juges en ordonnent la vente à l'enchère au marché le plus voisin, et il y est procédé à la diligence du Receveur des Domaines, qui la fait publier vingt-quatre heures à l'avance. (*C. f.*, *art.* 169.) Dans aucun cas, les Juges-de-paix ne peuvent abréger le délai de cinq jours qui doit procéder l'ordre de vendre les bestiaux saisis non réclamés.

L'adjudication de ces bestiaux doit être faite par les Maires, en présence d'un Receveur des Domaines. (*Décis. min. du* 16 *juin* 1831.)

Les frais de séquestre et de vente sont taxés par les Juges-de-paix, et prélevés sur le produit de la vente ; le surplus est déposé entre les mains du Receveur des Domaines, jusqu'à ce qu'il ait été statué en dernier ressort sur le procès-verbal. Toutefois, s'il s'agit de la vente de bois saisis dans un bois de particulier, le produit net de la vente, après le prélèvement des frais de séquestre et de vente, doit être déposé dans la Caisse des dépôts et consignations.

Si la réclamation n'a lieu qu'après la vente des bestiaux saisis, le propriétaire n'a droit qu'à la restitution du produit net de la vente, tous frais déduits, dans le cas où cette restitution serait ordonnée par le jugement. (*C. f.*, *art.* 169 *et* 189.)

§ III. *Citations* (1).

Les Agens forestiers se font remettre exactement les procès-verbaux de délits, font citer au nom de l'Administration, et sans délai, les délinquans devant le tribunal de l'arrondissement. Ils présentent au Procureur du Roi, les mémoires nécessaires pour obtenir de prompts jugemens, et demandent au Président du tribunal d'assigner par mois le nombre d'audiences que peut exiger le jugement de ce genre d'affaires. (*Inst. du* 25 *mars* 1821, *art.* 106.)

---

(1) Pour tout ce qui concerne les règles qui doivent être suivies dans la rédaction et la signification des exploits de citation, il faut consulter les art. 61, 63, 66, 67, 68 et 71 du Code d'inst. crim. (*C. f.*, *art.* 187.)

Les citations sont faites par les huissiers ou par les Gardes. (*C. f., art.* 173.) Mais les Agens forestiers ne doivent pas perdre de vue que l'emploi des Gardes, dans le ministère d'huissier pour le service forestier , a eu pour objet de donner plus d'activité aux poursuites, et d'apporter dans cette partie de dépense , qui peut retomber à la charge de l'Administration, toute l'économie dont elle est susceptible. En conséquence, il doivent faire délivrer les citations, notifications et significations par le Garde le plus voisin des prévenus, et veiller à ce que que ces actes soient bien libellés, afin d'en prévenir l'annulation, et à ce qu'il ne soit pas alloué des frais de voyage aux Gardes remplissant les fonctions d'huissiers, à moins que le Ministère public ne leur ait enjoint, pour causes graves et motivées, de se transporter hors du canton où ils résident; et, dans le cas où le domicile du délinquant serait trop éloigné de la résidence du Garde , de se servir de l'huissier le plus voisin. (*Inst. du* 23 *mars* 1821 , *art.* 107 , *et Circ. du* 1" *mars* 1822, *n.* 52 ; *et du* 20 *ooût* 1828, *n.* 182 *sexter.*)

L'acte de citation doit , à peine de *nullité*, contenir la copie du procès-verbal qui donne lieu à la poursuite, et de celle de l'acte d'affirmation. (*C. f.*, *art.* 172.) ; mais le défaut d'indication de date dans la copie d'une citation , lequel n'entraîne pas le renvoi des poursuites, n'emporte pas la nullité de l'acte de citation. (*Arr. de la C. de cass. du* 9 *octobre* 1809.)

Le Ministère public, exerçant des poursuites d'office, doit, comme l'Administration elle-même, et sous la même peine de nullité, joindre à la citation signifiée au prévenu une copie du procès-verbal et de l'acte d'affirmation. (*Ib., du* 4 *décembre* 1828.)

Il n'est pas nécessaire, à peine de nullité, de donner à un prévenu, avec la citation, copie d'un procès-verbal contatant un délit forestier, lorsque l'on donne copie d'un deuxième procès-verbal qui fait mention du délit constaté par le premier. (*Ib., du* 1" *mai* 1830.)

La copie du procès-verbal qui doit être laissée au prévenu, à peine de nullité de la citation, doit contenir tout ce qui est nécesaire à la validité de l'original. Est nulle, en conséquence, la citation, lorsque la copie du procès-verbal laissée au prévenu ne mentionne pas la signature des gardes qui l'ont dressé. (*Ib., du* 6 *mai* 1830.)

L'obligation, en matière correctionnelle, d'articuler dans la citation et de faire connaître au prevenu les faits sur lesquels le plaignant fonde sa poursuite, est suffisamment remplie, lorsque la citation, en présentant l'ensemble des faits et des circonstances ne laisse aucun doute sur l'objet de la poursuite, n'omet rien de ce qui peut être nécessaire à l'exercice du droit de défense ; peu importe que la citation ne présente pas tous les élémens constitutifs du délit reproché (*Ib, du 25 nov 1831.*)

L'exploit doit être signifié au prévenu ou à la personne civilement responsable, et il leur en est laissé copie. (*C. d'instruction criminelle, art.* 145.) Il doit indiquer le jour de l'audience, qui ne peut être à un délai moindre de vingt-quatre heures, outre un jour par 3 myriamètres (6 lieues environ), à peine de *nullité*, tant de la citation que du jugement qui serait rendu par défaut. Néanmoins cette *nullité* ne peut être proposée qu'à la première audience, avant toute exception ou défense. (*Ib., art.* 184.)

Est nulle la citation, en matière correctionnelle, qui n'a été remise ni à la personne ni au domicile du prévenu. (*Arr. de la C. de cass. du* 10 *septembre* 1831.) Mais une citation ne peut être annullée par le motif que la copie laissée au prévenu ne contient pas l'indication du jour de la date, si malgré cette omission, le prévenu s'est fait représenter par un avocat devant le tribunal au jour indiqué dans l'exploit. (*Ib., des 25 janvier* 1828, 14 *et* 15 *janvier* 1830.)

La contravention à l'art. 45 du réglement du 14 juin 1813, d'après lequel l'huissier ou le garde forestier doit remettre *lui-même* à personne ou à domicile l'exploit qu'il a été chargé de signifier, ne peut être excusée, soit par la bonne foi de cet officier ministériel, soit parce que l'exploit est parvenu à sa destination, soit parce qu'il en a surveillé la remise. (*Ib., du 7 août* 1828.) (1).

---

(1) Je crois utile de donner le texte de l'art. 45 du décret du 14 juin 1813 sur l'organisation et le service des huissiers, et les articles du Code pénal qui y ont rapport.

L'art. 45 du décret précité porte : « Tout huissier qui ne remettra pas lui même à personne ou domicile l'exploit et les » copies de pièces qu'il aura été chargé de signifier, sera condamné, par voie de police correctionnelle, à une suspension de

Tout exploit de citation doit être enregistré dans les quatre jours; l'enregistrement s'en fait en *débet.* (*Loi du 22 brumaire an VII, art.* 20 *et* 70.) L'exploit non enregistré dans ce délai est déclaré *nul,* et le contrevenant encourt les peines dont il a été parlé ci-dessus, art. 2 du § 1er de la 1re section, au sujet des procès-verbaux. (*Ib., art.* 34.)

Les Préposés forestiers continuent à faire toutes les citations, notifications et significations en matières d'eaux et forêts, à l'exception des saisies et exécutions, conformément aux dispositions de l'art. 173 du Code forestier.

Leur rétribution pour ces actes est fixée comme pour les mêmes actes faits par les huissiers des Juges-de-paix. (*C. f., art.* 173, *et Décret du* 1er *avril* 1808.) En conséquence, il doit leur être payé pour l'original de chaque citation, signification, notification, communication, mandat de comparution ; savoir : à Paris, 1 fr.; dans les villes de 40 mille habitans et au-dessus, 75 c., et dans les autres villes et communes, 50 c.

Pour chaque copie des actes ci-dessus désignés, dans la ville de Paris, 75 c. ; dans les villes de 40 mille habitans et au-dessus, 60 c., et dans les autres villes et communes, 50 c.

Pour le salaire particulier des scribes employés pour la copie d'actes et de pièces, et ce, pour chaque rôle

---

» trois mois, à une amende qui ne pourra être moindre de 200
» francs, ni excéder 2,000 francs, et aux dommages et intérêts
» des parties.
» Si néanmoins il résulte de l'instruction qu'il a agi fraudu-
» leusement, il sera poursuivi criminellement et puni d'après
» l'art. 146 du Code pénal. »
L'art. 65 du Code pénal statue que : « Nul crime ou délit ne
» peut être excusé, ni la peine mitigée, que dans les cas et dans
» les circonstances où la loi déclare le fait excusable, ou permet
» de lui appliquer une peine moins rigoureuse. »
L'art. 146 dudit Code porte : « Sera aussi puni des travaux
» forcés à perpétuité, tout fonctionnaire ou officier public qui,
» en rédigeant des actes de son ministère, en aura frauduleu-
» sement dénaturé la substance ou les circonstances, soit en
» écrivant des conventions autres que celles qui auraient été
» tracées ou dictées par les parties, soit en constatant comme
» vrais des faits faux, ou comme avoués des faits qui ne l'étaient
» pas. »

d'écriture de 3o lignes à la page , et de 18 à 20 syllabes à la ligne, non compris le premier rôle, savoir : à Paris , 5o c. ; dans les villes de 4o mille habitans et au-dessus, 4o c. , et dans les autres villes et communes, 3o c. (*Déc. du 18 juin 1811, art. 9o et 91.*)

Il n'est dû aucuns frais de voyage aux Gardes forestiers, tant pour la remise qu'ils sont tenus de faire de leurs procès-verbaux, conformément aux art. 18 et 20 du Code d'instruction criminelle, que pour la conduite des personnes par eux arrêtées devant l'autorité compétente , à moins que le déplacement ne soit ordonné par un mandat spécial du Ministère public, et dans ce cas seulement les frais de transport, qui ne peuvent encore être alloués qu'autant qu'il y a plus de deux myriamètres (4 lieues) de distance entre la demeure des Gardes, et le lieu où l'exploit doit être porté, sont fixés, aller et retour, par myriamètre en toute saison, à 1 f. 5o c. (*Déc. du 7 avril 1813, art. 3.*)

Mais lorsque les Gardes sont appelés en justice, soit pour être entendus comme témoins, lorsqu'ils n'ont point dressé de procès-verbaux, soit pour donner des explications sur les faits contenus dans les procès-verbaux qu'ils ont dressés, ils ont droit aux mêmes taxes que les témoins ordinaires, c'est-à-dire, à 1 fr. 5o c. pour chaque myriamètre parcouru en toute saison, en allant et en revenant, lorsqu'ils sont obligés de se transporter à plus de deux myriamètres de leur résidence. (*Ibid.*)

§ IV. *Explications importantes sur les soins à prendre pour la signification des citations.*

Tous les exploits de citations doivent être faits à *personne* ou à *domicile.* (*Arr. de la C. de cass. du 6 ventôse an 7.*) S'il ne se trouve au domicile ni la partie, ni aucun de ses parens ou serviteurs, le Garde doit remettre de suite la *copie* de son exploit de citation à un voisin , et lui faire *signer l'original*; mais si le voisin ne peut ou ne veut signer, il doit la remettre au Maire ou à l'Adjoint de la commune, lequel vise l'original sans frais. Le Garde doit faire mention du tout, tant sur l'original que sur la copie, qui sont signés par lui et par l'Officier municipal qui a reçu cette copie. (*C. de proc. civile, art. 68,* 1037, *et* 1039; *Arr. de la C. de cass. du* 12 *novemb.* 1822.) La citation donnée un jour de fête légale ou un dimanche, sans permissoin du président du tribunal, entraîne la *nullité* de l'assignation. *(C. de pr. civ. , art.* 63.) Le défaut de signature du Garde *au bas* des copies d'exploits signifiés, est un vice radical qui entraîne la *nullité* de l'assignation, et ce vice ne peut être couvert par la signature apposée *en marge* de l'acte, au-dessous du renvoi y porté. *(Déc. du Min. des fin. du* 13 *août* 1818.*)* Le Garde doit, en conséquence, ne pas omettre cette formalité de rigueur ; comme aussi avant de signer, de mettre à la fin de l'orignal et de la copie de l'exploit, le *coût* d'icelui, pour ne pas être exposé à une amende de cinq francs payables au moment de l'enregistrement. *(C. de pr. civ. , art* 67.) Le Garde doit bien se garder de faire remettre des exploits ou copies de citations *en son nom* par un autre Garde, parce qu'il occasionnerait la *nullité* de l'assignation, et commettrait un véritable *faux* de la compétence de la Cour d'assises. Il est donc indispensable que le Garde qui porte ou remet la copie de citation, y mette le *parlant à...* et le remplisse de son immatricule.

Dès-lors les Gardes forestiers, chargés de remettre ces copies, après les avoir garnies, ne doivent jamais, pour ne point être exposés à être poursuivis criminellelement, les faire donner par d'autres.

§.V. *Audiences et jugemens* (1).

Les Agens forestiers doivent assister en uniforme aux audiences fixées pour le jugement des affaires par eux poursuivies. Ils exposent l'affaire, et s'ils croient utile d'éclaircir quelques doutes, ou de rappeler quelques dispositions forestières, ils demandent à être entendus. Lorsque l'Agent forestier chargé de remplir cette fonction en est empêché à raison d'une maladie, ou d'absence pour les opérations du service extérieur, il est suppléé par le Ministère public. (*C. d'inst. crim.*, art. 190; *C. f.*, art. 174, et *Ord. régl.*, art. 185.)

L'article 190 du Code d'instruction criminelle est ainsi conçu :

---

(1) Pour tout ce qui concerne la police des audiences et le prononcé des jugemens, il faut consulter les articles 8 à 14 et 18 du Code de procédure civile; le chapitre 4 du titre 4 du livre 2 du Code d'instruction criminelle, et les articles 149 à 152, 154 à 164, 178, 180, 185 à 188, 190 à 196 et 198. (*C. f.*, art. 187.)

« L'instruction sera publique, à peine de nullité.

« Le Procureur du Roi, la partie civile ou son défenseur, et, à l'égard des délits forestiers, le Conservateur, Inspecteur ou Sous-Inspecteur forestier, ou, à leur défaut, le Garde-général, exposeront l'affaire : les procès-verbaux ou rapports, s'il en a été dressé, seront lus par le Greffier; les témoins pour et contre seront entendus, s'il y a lieu, et les reproches proposés et jugés; les pièces pouvant servir à conviction ou à décharge seront représentées aux témoins et aux parties; le prévenu sera interrogé; le prévenu et les personnes civilement responsables proposeront leurs défenses : le Procureur du Roi résumera l'affaire, et donnera ses conclusions; le prévenu et les personnes civilement responsables du délit pourront répliquer.

« Le jugement sera prononcé de suite, ou, au plus tard, à l'audience qui suivra celle où l'instruction aura été terminée. »

Dans les affaires relatives à des délits qui n'entraînent que la peine d'emprisonnement, le prévenu peut se faire représenter par un avoué; cependant le tribunal peut néanmoins ordonner sa comparution en personne. (*C. d'inst. crim., art.* 185.)

S'il devient nécessaire d'entendre des témoins, on suit, dans ce cas, ce qui est prescrit par les articles 154 à 158 du Code d'instruction criminelle.

Lorsque, ainsi qu'on l'a fait observer plus haut, les Gardes forestiers sont appelés en justice, soit pour être entendus comme témoins, lorsqu'ils n'ont point dressé de procès-verbaux, soit pour donner des explications sur les faits contenus dans les procès-verbaux qu'ils ont dressés, ils ont, dans ces différens cas, droit aux mêmes taxes que les témoins ordinaires. (*Déc. du 7 avril* 1813, *art.* 3.)

Le Ministère public ne peut être déclaré non recevable à faire entendre des témoins sur appel en matière correctionnelle, sous prétexte qu'il n'a pas reçu l'autorisation du tribunal pour les faire citer. Le tribunal peut seulement refuser d'entendre les témoins cités, s'il se trouve suffisamment éclairé. (*Arr. de la C. de cass. du* 24 *septembre* 1831.)

Il nous a paru important de faire connaître les cas où il peut être nécessaire de produire des témoins en matière de délits relatifs aux eaux et forêts. Ces cas se réduisent à sept, savoir :

1° Lorsque le délit donne lieu à une condamnation qui excède la somme de *cent* francs, et que le procès-verbal qui le constate n'est affirmé que par *un seul* Garde; (1)

2° Lorsque le procès-verbal renferme quelque *nullité,* et qu'il y est suppléé par une *autre preuve*; (*Arr. de la C. de cass. des 3 septembre* 1806 *, 8 juin et* 19 *oct.* 1809, *et* 30 *déc.* 1811.)

3° Lorsqu'il s'agit d'un délit pour lequel il n'existe pas de *procès-verbal; (C. d'inst. crim. , art.* 154.)

4° Lorsque le procès-verbal qui constate un délit n'en a point *désigné les auteurs; (Arr. de la C. de cass. des* 17 *et* 22 *mars* 1810.)

5° Lorsqu'il est nécessaire de vérifier les faits sur lesquels le prévenu appuie ses moyens de récusation ou les faits justificatifs qui ne sont pas contraires au contenu du procès-verbal; *(Ib.)*

6° Lorsque les délits ont été constatés par des procès-verbaux et rapports faits par des Agens ou officiers auxquels la loi n'a pas accordé le droit d'en être crus, jusqu'à inscription de faux; *(C. d'inst. crim., art.* 154.)

7° Enfin, lorsqu'il s'agit d'établir que le *fait* constaté par un procès-verbal n'est pas un délit, (*Arr. de la C. de cass. du* 23 *mars* 1810.)

Si, dans une instance en réparation de délit ou contravention, le prévenu excipe d'un droit de *propriété* ou autre *droit réel*, le tribunal saisi de la plainte, statue sur l'incident en se conformant aux règles suivantes :

L'exception préjudicielle n'est admise qu'autant qu'elle est fondée, soit sur un titre apparent, soit sur des faits de possession équivalens, personnels au prévenu, et par lui articulés avec précision ; et si le titre produit ou les faits articulés sont de nature, dans les cas où ils seraient reconnus par l'autorité compétente, à ôter au fait qui sert de base aux poursuites, tout caractère de délit ou contravention. (*C f., art.* 182.)

Il n'y a pas de question préjudicielle à juger, ni par conséquent de sursis à ordonner, lorsqu'un prévenu de délit forestier se borne à alléguer un prétendu droit de propriété ou de possession, sans mettre le Préfet en

_____

(1) Voir ce qui a été dit à l'art. 1er, ci-dessus du présent chapitre, 1re section, § 1er, sur l'effet des procès-verbaux.

cause. Les particuliers n'ont pas qualité pour exciper, en leur nom, d'un droit qui appartient à la commune; le Maire seul a qualité à cet effet. (*Arr. de la C. de cass. du 3 août 1827.*)

Lorsque les exceptions préjudicielles, opposées par le prévenu, n'ont pour but évident que de retarder le jugement du fond, les juges doivent, sans surseoir, statuer au fond. (*Ib. du 12 février 1830.*)

Mais, lorsque le prévenu d'un délit correctionnel ou d'une contravention forestière excipe d'un droit de propriété ou autre droit réel, le tribunal doit, si les faits articulés sont de nature, en les supposant constans, à détruire toute idée de délit ou de contravention, renvoyer les parties à *fins civiles*, en fixant un délai dans lequel le prévenu devra saisir les juges compétens et justifier de ses diligences; le tribunal ne peut, au lieu de surseoir, statuer sur la prévention et acquitter le prévenu. (*Ib. du 7 janvier 1832.*)

Dans le cas de renvoi à *fins civiles*, le jugement fixe un bref délai dans lequel la partie qui a élevé la question préjudicielle doit saisir les juges compétens de la connaissance du litige et justifier de ses diligences, sinon il doit être passé outre. Toutefois, en cas de condamnation, il est sursis à l'exécution du jugement, sous le rapport de l'emprisonnement, s'il était prononcé; et le montant des amendes, restitution et dommages-intérêts, est versé à la caisse des dépôts et consignations, pour être remis à qui il est ordonné par le tribunal qui statue sur le fond du droit. (*C. f.*, *art. 182*; *Arr. de la C. de cass. du 29 mars 1807.*)

Un tribunal correctionnel qui admet le prévenu d'un délit à la preuve d'une exception préjudicielle de propriété, méconnaît les règles de sa compétence en retenant la connaissance d'une question qui n'appartient qu'aux tribunaux civils. (*Arr. de la C. de cass. du 12 mars 1829.*)

D'après l'art. 182 du Code forestier, l'exception préjudicielle ne peut être admise qu'autant qu'elle est fondée sur un titre apparent, ou sur des faits de nature à ôter au fait, qui sert de base aux poursuites, tout caractère de délit. (*Ib. des 8 janvier et 1er mai 1830.*).

Un acte de soumission, non revêtue de la sanction royale, ou une jouissance illégale, n'ôtent pas au fait poursuivi le caractère de délit. (*Idem.*)

Le tribunal correctionnel qui déclare que les plai-gnans ont caractère pour rendre plaintes, parce qu'ils sont propriétaires du lieu où le délit a été commis, en vertu d'un titre qu'ils exhibent et qui est contesté par les prévenus, décide une véritable question de pro-priété qui excède les bornes de sa compétence. (*Ib. du* 18 *juin* 1830.)

Un tribunal correctionnel ne peut être saisi par la *ci-tation directe du prévenu*, mais seulement par celle du Ministère public ou de la partie civile, et, en matière forestière, par l'Administration, ou, enfin, par le ren-voi autorisé par les art. 130 et 160 du Code d'instruc-tion criminelle. Ainsi, ce tribunal ne peut déclarer re-cevable la demande en main-levée d'objets saisis, formée par le prévenu contre la partie civile, avant que l'infor-mation préalable, qui a été jugée nécessaire, soit termi-née. (*Ib. du* 1ᵉʳ *décembre* 1827.)

Néanmoins, lorsqu'il s'agit d'un terrain domanial, la par-tie qui excipe de la propriété est tenue d'appeler en cause le **Préfet** du département de la situation des bois, et de lui fournir copie de ces pièces dans la huitaine, du jour où elle a proposé son exception, à défaut de quoi il est provisoirement passé outre au jugement des délits, la question de propriété demeurant réservée. (*Arr. de la C. de cass.*, *des* 12 *juillet* 1816, *et* 24 *octo're* 1817.

L'exception de propriété ne peut être admise contre l'action correctionnelle, lorsque le fait imputé au pré-venu, est déjà un délit aux yeux de la loi; le tribunal doit alors, sans avoir égard à son exception, le con-damner aux peines encourues. (*Ib. des* 25 *juin*, 10 *septembre*, 15 *octobre*, *et* 31 *décembre* 1824.)

Il en est de même lorsqu'un prévenu de délit fo-restier n'excipe pas d'un droit qui lui est *personnel*; at-tendu que l'exception de propriété, lorsqu'elle est pro-posée par les prévenus de délits forestiers, ne peut être considérée comme *préjudicielle* et autoriser le sursis à statuer sur les poursuites du Ministère public et l'Ad-ministration forestière, que dans le seul cas auquel, en admettant le droit de propriété comme réel, toute idée de délit disparaîtrait. (*Ib.*, *des* 4 *messidor an XI*, 30 *oct.* 1807, 7 *avril* 1809, 18 *février* 1820, *et* 23 *avril* 1824.)

De même, un tribunal qui reconnaît constant un dé-lit de pâturage, ne peut surseoir à prononcer sur les dommages et intérêts réclamés par le propriétaire, sous le prétexte que le délinquant prétendrait que le bois n'appartient pas à ce propriétaire; et la question élevée par des prévenus de délits dans les bois que ces bois appartiennent à la commune dont ils sont habitans, ne peut être considérée comme préjudicielle. (*Ib.*, *du* 22 *juillet* 1819, *et* 18 *février* 1820.)

L'allégation d'un droit d'usage de la part d'un prévenu de délit de pâturage dans un taillis non défensable, ne peut donner lieu à surseoir à l'action correctionnelle, et il n'y a pas lieu de renvoyer à fins civiles lorsque l'exception, supposée jugée en faveur du prévenu, ne peut faire disparaître le délit. (*Ib.*, *des* 7 *floréal an XII,* et 30 *avril* 1824.)

Celui qui prétend avoir un droit de passage dans une forêt doit, si ce passage se trouve intercepté par des fossés que l'Administration y a fait ouvrir, s'adresser à l'autorité compétente, pour en réclamer la conservation, et il ne peut se permettre de le rétablir lui-même en détruisant les fossés. L'allégation par lui faite d'un prétendu ancien usage de passage ainsi clos, ne peut constituer en sa faveur une question préjudicielle. (*Ib.*, *du* 27 *novembre* 1823.)

Les tribunaux civils connaissant des questions préjudicielles résultant de l'interprétation à donner aux cahiers des charges ou à tout autre acte dont excipe le prévenu ; des contestations élevées soit sur les adjudications des coupes de bois de l'Etat, soit sur leur prix, ils peuvent aussi, en cas de contestation sur l'estimation d'une outre-passe, ordonner qu'il y sera procédé par experts contradictoires. (*Ib.*, *des* 2 *messidor an XIII,* *février an XIV;* 10 *janvier,* 21 *février et* 28 *mars* 1806.)

L'inscription en faux contre les procès-verbaux ne pouvant être admise qu'autant que les moyens articulés par l'inscrivant peuvent tendre à détruire l'existence de la contravention à son égard. (*Arr. du Gouv. du* 4e *complémentaire an XI*), le tribunal devant lequel cette inscription est faite incidemment, doit rendre un jugement d'admission des moyens de faux, en vertu duquel la Cour d'assises est ensuite saisie de l'affaire. Si le tribunal juge le moyen inadmissible, il est passé outre et procédé au jugement du fond. (*C. f.*, *art.* 179, *Arr. de la de cass. des* 24 *mars* 1809, 31 *août* 1810, *et* 28 *février* 1818.)

Le prévenu qui veut s'inscrire en faux contre up

procès-verbal, est tenu d'en faire, par écrit et en personne, ou par un fondé de pouvoir spécial par acte no-
tarié, la déclaration au greffe du tribunal, avant l'audience indiquée par la citation. Cette déclaration est
reçue par le greffier du tribunal; elle est signée par le
prévenu ou son fondé de pouvoir, et dans le cas où il
ne saurait ou ne pourrait signer, il en est fait mention
expresse.

Au jour indiqué pour l'audience, le tribunal donne
acte de la déclaration, et fixe un délai de trois jours
au moins, et de huit jours au plus, pendant lequel le
prévenu est tenu de faire au greffe le dépôt des moyens
de faux, et des noms, qualités et demeures des témoins
qu'il veut faire entendre.

A l'expiration de ce délai, et sans qu'il soit besoin
d'une citation nouvelle, le tribunal admet les moyens
de faux, s'il sont de nature à détruire l'effet du procès-
verbal, et il est procédé sur le faux conformément aux loix.

Dans le cas contraire, ou faute par le prévenu d'a-
voir rempli toutes les formalités ci-dessus prescrites, le
tribunal déclare qu'il n'y a lieu à admettre les moyens
de faux et ordonne qu'il soit passé outre au jugement.
(*C. f.*, art. 179.)

Lorsqu'un procès-verbal est dirigé contre plusieurs
prévenus, et qu'un ou quelques-uns d'entre eux s'inscrivent en faux, le procès-verbal continue de faire foi
à l'égard des autres, à moins que le fait sur lequel porte
l'inscription de faux ne soit indivisible et commun aux
autres prévenus. (*Ib.*, art. 181.) (1)

_____

(1) Nous devons faire observer qu'il suit des dispositions qui
précèdent que la déclaration faite par un prévenu de vouloir
s'inscrire en faux contre un procès-verbal, ne suffit donc pas
pour faire surseoir au jugement du délit; mais qu'il faut que
cette déclaration soit réalisée, comme le prescrit l'art. 179 du
Code forestier, par un acte déposé au greffe, et que le tribunal
de police correctionnelle ait jugé, 1° si l'inscription est régulière
dans la forme; 2° si les moyens de faux sont pertinens et admissibles, c'est-à-dire que la preuve des faits articulés est de nature
à detruire l'existence du délit forestier.

» L'instruction de faux contre un procès-verbal de contravention ou de délit, ne peut acquérir, d'après la jurisprudence
de la Cour de cassation, une influence légale sur le sort de ce
procès-verbal, que dans le cas où les faits qui servent de base à
cette inscription pourraient, s'ils étaient prouvés, détruire l'existence de la contravention ou du délit;

» Dès-lors, c'est dans ce cas seulement que l'inscription peut

Lorsque le prévenu légalement cité ne comparaît pas, il est jugé par défaut. (*C. d'inst. crim.*, art. 149 *et* 186); mais la condamnation est comme non avenue si, dans les cinq jours de la signification, outre un jour par cinq myriamètres (10 lieues anciennes), le condamné forme opposition à l'exécution du jugement et notifie son opposition, tant au Ministère public qu'à la partie civile. Cette opposition emporte de droit citation à la première audience ; elle est comme non avenue, si l'opposant ne paraît pas, et le jugement rendu sur l'opposition ne peut plus être attaqué par la partie qui l'a formée, si ce n'est par appel : le tribunal peut néanmoins accorder une provision. (*C. d'inst. crim.*, art. 150, 151, 186, 187, et 188; *et Arr. de la C. de cass. du 26 août* 1824.)

Les jugemens par défaut ne sont exécutoires contre les condamnés pour délits forestiers, qu'après les délais de l'opposition expirés, et ne peuvent être exécutés qu'après avoir été signifiés en entier. (*Circ. du* 12 *germinal an* XIII, *n.* 261.) Mais l'opposition est toujours recevable du moment qu'il n'y a pas de preuve que le jugement a été notifié. (*Arr. de la C. de cass. du* 3 *novemb.* 1809.) Ainsi le délai de l'opposition ne court que du jour de la signification faite du jugement par défaut au défaillant, soit qu'elle l'ait été par la partie civile ou par la partie publique. (*Ib. du* 21 *septemb.* 1820.) Un

---

être admise, et que son admission a l'effet de suspendre le cours des poursuites correctionnelles sur la contravention ou le délit constaté par le procès-verbal argué de faux, d'où il suit que les faits sur lesquels l'inscription est appuyée, doivent être proposés, appréciés et jugés préalablement à l'admission de cette inscription.

• Les faits et les moyens de faux doivent donc être proposés devant le tribunal correctionnel saisi de l'action principale résultant du procès-verbal, et être jugée par lui ; car l'inscription en faux étant ici une exception à l'action qui naît du procès-verbal, le juge de l'action devient nécessairement le juge de l'exception, sinon quant à l'instruction et à la preuve du faux, du moins relativement à la pertinence des faits et à leur admission préliminaire ; de manière que ce n'est qu'après le jugement des faits et moyens de faux, et lorsqu'ils ont été reconnus et déclarés pertinens et admissibles, qu'il peut y avoir lieu à l'exécution de l'art. 536 de la loi du 3 brumaire an IV, reproduit par l'art. 462 du Code d'instruction criminelle, et depuis par l'art. 179 du Code forestier. (*Arrêt de la C. de cassation du* 24 *mars* 1809.)

24

jugement a le caractère de jugement par *défaut* lors-
même qu'il a été rendu contre un individu qui s'est
présenté sur la citation qui lui a été notifiée, si cet individu n'a proposé aucune conclusion sur ce qui a été
jugé. Ainsi, lorsqu'un individu, qui a été cité, prend des
conclusions préjudicielles et refuse de défendre *au fond,*
la cause n'est liée contradictoirement que par ses conclusions préjudicielles, objet unique de la comparution.
(*Ib. du 13 mars 1824.*) Les frais de l'expédition du jugement par défaut et de l'opposition sont à la charge
du prévenu. (*C. d'inst. crim.*, art. 187.)

Le prévenu contre lequel a été rendu un jugement
par *défaut* est encore admissible à faire *sa déclaration
d'inscription de faux* pendant le délai qui lui est accordé
par la loi, pour se présenter à l'audience, sur l'opposition par lui formée. (*C. f.*, *art.* 180.)

Les juges ne peuvent prononcer des amendes et restitutions moindres que celles fixées par le Code forestier (*C. f.*, art. 203.) (1). Ils doivent aussi prononcer
d'office les peines que le Code forestier inflige, lors
même que les Agens forestiers auraient omis d'en faire
mention dans leurs conclusions, ou qu'ils en auraient
pris de contraires au vœu de la loi. (*C. d'inst. crim.*,
art. 202 ; *C. f.*, art. 184, et *Arr. de la C. de cass. des
28 janvier 1808 et 22 mars 1810.*)

Les tribunaux correctionnels ne peuvent modérer les
amendes déterminées par la loi contre les délits forestiers, et par suite ils commettent un excès de pouvoir
en refusant de les prononcer contre ceux qui les ont
encourues, sous prétexte que le délit serait le résultat
d'une erreur involontaire. (*Arr. de la C. de cass. du 1er
mai 1829.*)

Dans le cas d'enlèvement frauduleux de bois et d'autres productions du sol des forêts, il y a toujours lieu,
outre les amendes, à la restitution des objets enlevés
ou de leur valeur, et de plus, selon les circonstances,
à des dommages-intérêts qui ne peuvent être inférieurs
à l'amende simple, prononcée par le jugement. (*C. f.*,
art. 198 et 202.)

Les scies, haches, cognées et autres instrumens de
même nature dont les délinquans et leurs complices

_____

(1) Voir le chapitre XXII, et à la fin, le tableau n° III.

sont trouvés munis, doivent être confisqués. [(*C. f.*, *art.* 198.) Les restitutions et dommages-intérêts appartiennent aux propriétaires; les amendes et confiscations appartiennent toujours à l'Etat. (*Ib.*, *art.* 204.)

Quant au jugement contradictoire, si le fait n'est réputé ni délit, ni contravention de police, le tribunal annulera l'instruction, la citation et tout ce qui aura suivi, renverra le prévenu, et statuera sur les demandes en dommages et intérêts. (*C. d'instr. crim.*, *art.* 191.)

Si le fait est de nature à mériter une peine afflictive ou infamante, le tribunal pourra décerner de suite le mandat de dépôt, ou le mandat d'arrêt; et il renverra le prévenu devant le juge d'instruction compétent. (*Ib.*, *art.* 193.)

Tout jugement de condamnation rendu contre le prévenu et contre les personnes civilement responsables du délit, ou contre la partie civile, les condamnera aux frais, même envers la partie publique.

Les frais seront liquidés par le même jugement. (*Ib.*, *art.* 194.)

Dans le dispositif de tout jugement de condamnation seront énoncés les faits dont les personnes citées seront jugées coupables ou responsables, la peine et les condamnations civiles.

Le texte de la loi dont on fera l'application sera lu à l'audience par le président; il sera fait mention de cette lecture dans le jugement, et le texte de la loi y sera inséré sous peine de 50 francs d'amende contre le greffier. (*Ib.*, *art.* 195.)

Mais un jugement rendu en matière correctionnelle ne peut être annulé sur le fondement qu'il n'énonce point la loi ni les motifs qui l'ont déterminé, s'il a été rendu sur opposition, et s'il contient un extrait du jugement par défaut qui l'a précédé, lequel extrait renferme l'énonciation de la loi appliquée, et les motifs. Un jugement qui condamne à une peine correctionnelle, nul s'il ne cite la loi d'après laquelle cette peine est prononcée, est valable, quoique cette loi n'y ait pas été transcrite; la transcription de la loi n'est ordonnée, *à peine de nullité*, que dans les matières de simple police. (*Arr. de la C. de cass. du 6 mai* 1823.)

La minute du jugement sera signée au plus tard dans les vingt-quatre heures par les juges qui l'auront rendu.

Les greffiers qui délivreront expédition d'un jugement

avant qu'il ait été signé seront poursuivis comme faussaires. (*C. d'instr. cr.*, art. 196.)

Les Procureurs du Roi se feront représenter, tous les mois, les minutes des jugemens; et, en cas de contravention au présent article, ils en dresseront procès-verbal pour être procédé ainsi qu'il appartiendra. (*Ib.*, art. 196.)

Le jugement sera exécuté à la requête du Procureur du Roi et de la partie civile, chacun en ce qui le concerne.

Néanmoins les poursuites pour le recouvrement des amendes et confiscations seront faites, au nom du Procureur du Roi, par le directeur de l'Enregistrement et des Domaines. (*Ib.*, art. 197.)

Le Procureur du Roi sera tenu, dans les quinze jours qui suivront la prononciation du jugement, d'en envoyer un extrait au Procureur-général. (*Ib.*, art. 198.)

Les Greffiers des tribunaux sont tenus de fournir le papier destiné aux feuilles d'audience, à l'effet d'y inscrire les jugemens rendus par ces tribunaux, dans les affaires portées devant eux en matière de délits forestiers, et à le soumettre au visa pour timbre. (*Déc. du Min. des fin. du* 15 *sept.* 1820.)

§ VI. *Appels des jugemens* (1).

Les jugemens rendus en matière correctionnelle peuvent être attaqués par la voie de l'*appel*; cependant cette voie est interdite à l'égard des jugemens *préparatoires*, c'est-à-dire qui ne concernent que l'instruction de la cause, et qui tendent à mettre le procès en état de recevoir un jugement définitif; mais elle est formellement autorisée à l'égard des jugemens *interlocutoires* par lesquels les tribunaux ordonnent, avant de faire droit, une preuve, une vérification ou une instruction qui préjuge le fond. (*C. d'inst. cr.*, art. 199, 451 *et* 452; *et Arr. de la C. de cass. du* 2 *août* 1810.)

Lorsqu'un tribunal d'appel réforme un jugement correctionnel qui a refusé de recevoir une preuve vocale offerte par le prévenu, il doit statuer sur le fond et non point renvoyer devant le tribunal de première instance

---

(1) Pour tout ce qui concerne les formalités et dispositions relatives aux appels des jugemens, il faut consulter le Code d'instruction criminelle, art. 172 à 176, 199 à 215, 451 et 452. (*C. f.*, art. 187.)

pour procéder à l'audition des témoins. (*Arr. de la C. de cass. du* 25 *janvier* 1828.)

La partie qui n'a point appelé d'un jugement n'est pas recevable sur l'appel de la partie adverse, à prendre de nouvelles conclusions en aggravement de peine devant la Cour d'assises. (*Ib., du* 21 *février* 1806.)

Les appels des jugemens rendus en police correctionnelle sont portés des tribunaux d'arrondisssment au tribunal du chef-lieu du département ; ceux des juge-mens rendus au chef-lieu du département se portent au tribunal du chef-lieu du département voisin, quand il est dans le ressort de la même Cour royale, sans néanmoins que les tribunaux puissent, dans aucun cas, être respectivement juges d'appel de leurs jugemens. (*C. d'instr. cr., art.* 200.)

Dans le département où siège la Cour royale, les appels des jugemens des tribunaux correctionnels sont portés à cette Cour, ainsi que ceux des jugemens rendus par les mêmes tribunaux siégeant dans le chef-lieu du département voisin, lorsque la distance de cette Cour n'est pas plus grande que celle du chef-lieu d'un autre département. (*Ib., art.* 201.)

Les Agens forestiers peuvent, s'ils le croient nécessaire, interjeter appel des jugemens en première instance, soit interlocutoires, soit définitifs. Ils en passent déclaration au greffe du tribunal qui a rendu le jugement, *dix jours au plus tard après celui où il a été prononcé* (*Arr. de la C. de cass. du* 18 *juillet* 1817.) ; et ils font faire la signification au prévenu dans les délais prescrits ; mais ils ne peuvent donner suite à leur déclaration qu'après en avoir rendu compte de suite au Conservateur, en lui adressant les mémoires contenant les griefs et moyens. Cet Agent supérieur transmet, avec son avis personnel sur le mérite des appels interjetés, toutes les pièces à l'Administration pour être autorisé à poursuivre l'appel s'il y a lieu. Cependant le défaut de cette autorisation ne rend point nuls les appels interjetés par les Agens. Dans le cas où l'autorisation est donnée, les appels sont alors poursuivis par l'Agent forestier supérieur dans l'arrondissement duquel se trouve le tribunal ou la Cour saisis de l'appel. (*C. F., art.* 183 ; *C. d'inst. crim., art.* 202 *et* 205 ; *loi du* 3 *brumaire an IV, art.* 192, 193 *et* 194 : *Arr. de la C. de cass. du* 7 *sept.* 1810 *et du* 22 *janvier* 1825 ; *Circ. du* 28 *frimaire an X,*

n. 57 ; *Inst. du 23 mars 1821 , art.* 78 *et* 110 ; *et Circ. des* 24 *novembre* 1828 *et* 6 *juin* 1829, n. 194 *et* 217 *bis.*)

Mais je dois faire observer qu'un *Garde à cheval* n'a point qualité pour appeler d'un jugement qui a statué sur un délit forestier ; ce droit ne peut être exercé que par les Agens de l'Administration des forêts et cette qualification n'appartient qu'aux Conservateurs, Inspecteurs, Sous-Inspecteurs et Gardes-généraux. (*Arr. de la C. de cass. du* 11 *juin* 1829.)

Les Agens forestiers ne peuvent appeler d'un jugement rendu par défaut, que du jour où l'opposition n'est plus recevable, ou du jour où le jugement devient définitif pour toutes les parties. (*Arr. de la C. de cass. du* 17 *mars* 1208, *et* 17 *juin* 1819 ; *Loi du* 3 *brumaire an* IV, *art.* 193.) Il y a déchéance de leur appel, si la déclaration d'appel n'a pas été faite au greffe du tribunal qui a rendu le jugement, dix jours au plus tard après celui de la signification qui en a été faite à la partie condamnée, outre un jour par trois myriamètres (6 lieues anciennes) ; pendant ce délai et l'instance d'appel, il est sursis à l'exécution du jugement. (*C. d'inst. crim., art.* 203 ; *Arr. de la C. de cass. du* 7 *février* 1806 *et* 17 *mars* 1808.)

Les Agens forestiers ne peuvent se désister de leurs appels sans une autorisation spéciale. (*C. f., art.* 183.)

Les Agens forestiers qui n'ont point fait leur déclaration d'appel peuvent y suppléer en invoquant le ministère du Procureur-général, attendu que le Ministère public peut ne notifier son recours en appel que dans les deux mois à compter du jour de la prononciation du jugement, ou si le jugement lui a été légalement notifié par l'une des parties, dans le mois du jour de cette signification. (*Arr. de la C. de cass., du* 7 *sept.* 1810, *et Circ. du* 28 *frim. an* X, n° 57, *et* 26 *mai* 1806, n° 318.)

Les Agens forestiers n'ont point à faire signifier les appels qu'ils interjettent, soit des jugemens contradictoires, soit des jugemens par défaut. Les prévenus sont avertis de ces appels par la citation qui leur est donnée au nom du Ministère public près le Tribunal ou la Cour qui doit en connaître. (*C. d'instr. cr., art.* 206.)

Les jugemens rendus par défaut sur l'appel peuvent être attaqués par la voie de l'opposition, de la même manière que les jugemens par défaut des tribunaux correctionnels. L'appel est jugé à l'audience, dans le mois, sur un rapport fait par l'un des juges ; mais les juges ont la faculté de proroger ce délai, pour donner à l'Agent forestier le temps de se procurer l'autorisation qui lui est nécessaire pour poursuivre, ainsi qu'il a été dit ci-dessus. *(C. d'instr. cr., art. 208 et 209 ; et Circ. du 31 août 1811, n° 453.)*

L'opposition est comme non avenue, si l'opposant ne comparaît pas à l'audience indiquée. Le jugement qui intervient sur l'opposition ne peut être attaqué par la partie qui l'a formée, si ce n'est devant la Cour de cassation. *(C. d'inst. crim., art. 208.)*

Le droit attribué à l'Administration des forêts et à ses Agens de se pourvoir contre les jugemens par appel, est indépendant de la même faculté qui est accordée par la loi au Ministère public, lequel peut toujours en user, même lorsque l'Administration ou ses Agens auraient acquiescé aux jugemens. *(C. f., art. 184; Arr. de la C. de cass. du 9 mai 1807.)*

L'exécution consentie ou ordonnée du jugement d'un tribunal correctionnel par le Procureur du Roi près ce tribunal, n'est point un obstacle à l'appel de ce jugement, interjeté dans les délais par le Ministère public près la Cour ou le tribunal qui doit en connaître. *(Arr. de la C. de cass des 10 mai 1816 et 16 janvier 1824.)*

Les Procureurs-généraux près les Cours royales peuvent appeler des jugemens des tribunaux de police correctionnelle, bien que rendus conformément aux conclusions du Ministère public près ces tribunaux. *(Ib. des 21 floréal an XII, et 17 mars 1808.)*

Ces magistrats peuvent aussi appeler des jugemens des tribunaux correctionnels qui ressortissent à d'autres tribunaux correctionnels. *(Ib. du 1er juillet 1813.)*

Aucun acquiescement ne peut être donné aux jugemens prononcés au préjudice de l'Administration forestière, sans l'autorisation spéciale de cette Administration. Le paiement fait par un délinquant, sur la poursuite du Receveur de l'enregistrement, à l'insu et sans la participation de l'Administration forestière, de l'amende à laquelle il a été condamné, ne peut faire encourir à cette Administration la déchéance de l'appel qu'elle avait interjeté du jugement de condamnation. *(Arr. de la Cour de cass. des 2 et 22 octobre 1829.)*

Lorsqu'un individu, prévenu à la fois de deux délits, n'a été condamné que pour un seul, l'appel de la partie

poursuivante, pour fausse application de la loi pénale
et en même temps pour demander la réformation de
tous les griefs que le jugement attaqué a pu faire, suffit
pour que le tribunal d'appel se trouve investi de la
connaissance des deux délits imputés au prévenu. (*Ib.*
du 22 janvier 1829.)

§ VII. *Pourvois en cassation* (1).

Le Ministère public et les parties peuvent, s'il y a
lieu, se pourvoir en cassation contre les jugemens rendus en dernier ressort par les tribunaux de police, ou
contre les jugemens rendus par les tribunaux correctionnels, sur l'appel des jugemens de police, ou contre
les jugemens et arrêts rendus sur l'appel de ceux des
tribunaux correctionnels. (*C. d'inst. crim.*, art. 177 et
216; et *C. f.*, art. 183 et 184.)

Le recours en cassation contre les arrêts préparatoires et d'instruction, ou les jugemens en dernier ressort, de cette espèce, n'est ouvert qu'après l'arrêt ou
le jugement définitif. Mais cette disposition ne s'applique point aux arrêts ou jugemens rendus sur la compétence. (*C. d'instr. cr.*, art. 416.)

Les Agens forestiers sont autorisés, lorsque des jugemens en dernier ressort ou des arrêts intervenus sur
des procès-verbaux de délits peuvent donner lieu au
pourvoi en cassation, à en passer déclaration au greffe,
dans les *trois* jours après celui de la prononciation du
jugement ou de l'arrêt attaqué; et ils doivent la faire
signifier à la partie. Lorsqu'ils ont fait cette déclaration,
ils doivent de suite en rendre compte au Conservateur,
en lui adressant, 1° l'acte de pourvoi; 2° la requête dont
il doit être accompagné; 3° copie du jugement ou de
l'arrêt attaqué. Le Conservateur transmet aussitôt toutes
ces pièces à l'Administration, avec ses observations, laquelle alors, sur le vu desdites pièces, présente son
mémoire en cassation ou son désistement. (*C. f.*, art.
183; *C. d'inst. crim.*, art. 418; *Circul. des* 26 *mai* 1806,
n° 318, 26 *avril* 1809, n° 872, et du 13 *août* 1828, n°
182 *quinter, et Inst. du* 23 *mars* 1821, art. 79.)

_____

(1) Pour tout ce qui concerne les formalités et dispositions
prescrites relativement aux pourvois en cassation, il faut consulter le Code d'instruction criminelle, art. 177, 216, 407, 408,
411, 413 à 427, et 436 à 442. (*C. f.*, art. 187.)

Mais, au terme de l'article 413 du Code d'instruction criminelle, les Agens forestiers doivent remettre au Ministère public, dans le délai de *dix jours* qui suit la déclaration du pourvoi, les pièces du procès dans lesquelles il y a pourvoi en cassation, attendu que ces pièces doivent être transmises immédiatement par le Ministère public à M. le Garde-des-sceaux. (*Circ. du 6 juin* 1829, *n°* 217 *bis.*)

Le demandeur en cassation, soit en faisant sa déclaration, soit dans les dix jours suivans, remet au greffe de la Cour ou du tribunal qui a rendu l'arrêt ou le jugement attaqué, une requête contenant ces moyens de cassation. Il doit en outre faire notifier son recours en cassation à la partie contre laquelle il est dirigé, dans le délai de *trois* jours, après celui de la prononciation de l'arrêt ou du jugement attaqué; mais cette notification n'étant pas prescrite à peine de nullité, les Agens forestiers doivent s'abstenir de la faire avant d'y être autorisés par l'Administration. (*C. d'inst. crim.*, art. 417, 418 et 422; *et circul. du 9 octobre* 1812, *n°* 480.)

La partie civile qui s'est pourvue en cassation est tenue, à peine de déchéance, de consigner une amende de 150 fr. ou de la moitié de cette somme, si l'arrêt ou le jugement attaqué est rendu par contumace ou par défaut; mais les Agens forestiers sont dispensés de cette consignation. (*Code d'instr. crim.*, art. 419 *et* 420; *Arr. de la C. de cass. du 9 novembre* 1810.)

La Cour de cassation rejette la demande ou annule l'arrêt ou le jugement; et, dans le dernier cas, renvoie le procès devant une cour ou un tribunal de même qualité que celui qui a rendu l'arrêt annulé. (*C. d'inst. crim.*, art. 426 *et* 427.)

Les Agens forestiers doivent dresser à la fin de chaque trimestre, et envoyer au Conservateur, un état conforme au modèle n° 26 annexé à l'instruction du 21 mars 1821, des procès-verbaux, jugemens et arrêts rendus à la requête de l'Administration forestière, avec une indication sommaire de la situation des poursuites intentées, et sur lesquelles il n'a pas encore été statué. Les Conservateurs forment de ces états partiels un état général et séparé par département, qu'ils adressent à la fin de chaque trimestre au Directeur de l'Administration des forêts. (*Ord. régl.*, art. 187; *et Inst. du* 23 *mars* 1821, *art.* 78 *et* 112.)

§ VIII. *Exécution des jugemens.*

ART. Ier. *Exécution des jugemens rendus à la requête dé l'Administration forestière ou du Ministère public.*

Les jugemens rendus à la requête de l'Administration forestière ou sur la poursuite du Ministère public, sont signifiés par *simple extrait* qui contient les noms des parties et le dispositif des jugemens.

Cette signification fait courir les délais de l'opposition et de l'appel des jugemens par défaut. (*C. d'inst. crim.*, *art.* 165; *et C. f.*, *art.* 209)

Les extraits des jugemens par *défaut* sont remis par les Greffiers des Cours et tribunaux aux Agens forestiers, dans les *trois jours* après celui où les jugemens ont été prononcés.

L'Agent forestier supérieur de l'arrondissement les fait signifier immédiatement aux condamnés, et remet en même temps au Receveur des Domaines un état indiquant les noms des condamnés, la date de la signification des jugemens, et le montant des condamnations en amendes, dommages-intérêts et frais. (*Ord. régl.*, *art.* 188.)

Les états à fournir par les Agens forestiers aux Receveurs des Domaines doivent contenir les noms et prénoms des condamnés, leur domicile, la date des jugemens, celle de leur signification, le montant des condamnations en amende, dommages-intérêts et frais, avec la distinction des droits de timbre et d'enregistrement et les frais de signification des jugemens, qui doivent être acquittés par les condamnés. L'Agent forestier de l'arrondissement adresse ces états directement aux Receveurs du canton, et non pas au Receveur de l'arrondissement communal. (*Circul. du* 25 *octobre* 1828, *n.* 189.)

Quinze jours après la signification des jugemens, l'Agent remet les originaux des exploits de signification au Receveur des Domaines qui procède alors contre les condamnés, ainsi qu'il est indiqué ci-après. Si, durant ce délai, le condamné interjette appel ou forme opposition, l'Agent en donne avis au Receveur des Domaines. (*Ord. régl.*, *art.* 188.)

Quant aux jugemens *contradictoires*, lorsqu'il n'a été fait par les condamnés aucune déclaration d'appel, les

Greffiers en remettent l'extrait directement aux Receveurs des Domaines *dix jours* après celui où le jugement a été prononcé et les Receveurs procèdent contre
les condamnés, ainsi qu'il est indiqué ci-après.

L'extrait des arrêts ou jugemens rendus sur *appel* est
remis directement aux Receveurs des domaines par les
Greffiers des Cours et Tribunaux d'appel, *quatre jours*
après celui où le jugement a été prononcé, si le condamné ne s'est point pourvu en cassation. (*Ib., art.* 189.)

Les extraits des jugemens et arrêts délivrés par les
greffiers aux Agens forestiers et aux Receveurs des domaines sont exempts du timbre. Toutefois, ceux des jugemens par défaut destinés à être signifiés immédiatement peuvent être visés pour timbre en débet, avant
d'être remis aux Agens forestiers chargés de leur signification.

La signification des jugemens contradictoires n'est
point obligatoire. Néanmoins, il convient que le commandement prescrit par l'article 211 du Code forestier
soit signifié à la suite de l'extrait de ces jugemens préalablement visé pour timbre.

L'original et la copie de la signification des jugemens
par défaut, par les Agens forestiers, peuvent être écrits
sur papier visé pour timbre en débet. Les actes de poursuites à la diligence des Receveurs des domaines, ayant
pour objet le recouvrement des condamnations, doivent être sur papier timbré. (*Décis. du min. des finances
du* 4 *octobre* 1828.)

Les extraits du jugemens que les greffiers sont tenus
de remettre chaque quinzaine, aux Receveurs des domaines, sont rédigés en forme d'état, lequel est divisé
en neuf colonnes, et indique, 1° les numéros d'ordre;
2° les noms et prénoms des condamnés; 3° leur résidence; 4° le tribunal qui a prononcé la peine; 5° les
dates des jugemens; 6° le montant des condamnations,
dont la colonne est subdivisée en trois autres colonnes,
faisant connaître, 1° les amendes, confiscations et restitutions; 2° les frais; 3° et le total de ces condamnations;
7° et enfin les observations dont cet état est susceptible.

Les Directeurs des domaines sont tenus de fournir,
tous les quinze jours, aux Conservateurs ou Agens forestiers dirigeant le service dans chaque département,
un relevé général des jugemens dont les extraits leur
sont parvenus.

Au moyen de ces états que fournissent les Directeurs des domaines, les Conservateurs sont en mesure de faire connaître à l'Administration des forêts, tous les trois mois, le nombre exact des jugemens rendus en condamnation, remis par les Greffiers aux Receveurs des domaines, et celui des significations par défaut, dont les Conservateurs ont soin d'informer les Directeurs. Les appels jugés en condamnation doivent également figurer dans les états de ces Directeurs, et il est essentiel que les Conservateurs apportent tous leurs soins à leur vérification.

L'état que les Conservateurs doivent fournir à l'Administration est divisé en cinq colonnes, et indique, 1° les départemens; 2° le montant des jugemens rendus en condamnation et provenant, 1° des relevés fournis par les Directeurs des domaines, de quinzaine en quinzaine; 2° des jugemens par défaut signifiés par les Agens forestiers, dont il a été donné connaissance auxdits directeurs; 3° le total; 4° et les observations jugées nécessaires. (*Circ. du 26 mai 1824, n. 97.*)

S'il y a eu pourvoi en cassation, la condamnation est exécutée dans les *vingt-quatre heures* de la réception de l'arrêt de la Cour de cassation qui a rejeté le pourvoi. (*Loi de brum. an VI, art.* 443.)

Le recouvrement de toutes les amendes forestières, dommages-intérêts, restitutions et frais résultans des jugemens rendus pour délits et contraventions dans les bois soumis au régime forestier, est confié aux Receveurs de l'enregistrement et des domaines, chacun dans son arrondissement. (*C. f., art.* 210.) Ces Préposés sont personnellement responsables des sommes pour lesquelles ils n'auraient pas exercé les poursuites nécessaires, dans les *trois mois* de la réception des extraits de jugement. *(Arrêté du Gouv. du* 1er *nivôse an V, art.* 2, *et Inst. du* 2 *décembre* 1817, *n.* 813.)

Les Agens forestiers doivent ne rien négliger pour que le recouvrement des amendes se fasse avec promptitude. Ils sont tenus de fournir, à cet effet, aux Receveurs des domaines, tous les documens nécessaires, soit sur les délinquans d'habitude, soit sur la solvabilité des redevables. Ils ne doivent pas perdre de vue que le bien du service exige que la plus grande harmonie règne entre les Préposés des domaines et ceux de l'Administration des forêts. (*Inst. du* 25 *mars* 1821, *art.* 113.)

A cet effet, les Agens de l'Administration des forêts doivent faire remettre directement aux Receveurs des domaines du domicile des condamnés les états des jugemens par défaut, rendus pour délits forestiers, et présenter dans ces états, outre les renseignemens prescrits par l'art. 188 de l'ordonnance du 1ᵉʳ août 1827, la date des jugemens, les prénoms et le domicile des condamnés, le montant des droits de timbre et d'enregistrement compris dans les frais liquidés par le jugement, et le coût de la signification du jugement par l'Agent forestier. (*Inst. de l'Adm. des domaines*, du 30 octobre 1829.)

Dès que les Receveurs ont reçu les extraits de jugemens et qu'ils les ont consignés sur leur sommier, ils envoient, par un Garde forestier ou toute autre voie sûre, un avertissement au condamné. Si, à l'expiration du délai fixé, le redevable ne se présente pas pour s'acquitter, ils lui font signifier, par le Garde le plus voisin, extrait des jugemens de condamnation, ou du rôle, s'il a été déclaré exécutoire par le *visa* du Président ou du Procureur du Roi du tribunal, avec commandement de payer dans la huitaine (*Inst. du 2 déc.* 1817, n. 813).

À l'expiration du délai de huitaine, fixé par le commandement, le Receveur fait procéder par un Huissier aux poursuites autorisées par la loi, pour contraindre le débiteur au paiement. (*Circ. du Min. des finan. aux Préfets, du 8 fructidor an X, et Inst. du 2 décemb.* 1817, n. 813.)

Les jugemens portant condamnation à des amendes, restitutions, dommages-intérêts et frais, sont exécutoires par la voie de la *contrainte par corps*, et l'exécution peut en être poursuivie *cinq jours* après un simple commandement fait aux condamnés. En conséquence, et sur la demande du Receveur de l'enregistrement et des domaines, le Procureur du Roi adresse les réquisitions nécessaires aux Agens de la force publique chargés de l'exécution des mandemens de justice. (*C. f., art.* 211, *et Ord. régl., art.* 188.) Les individus contre lesquels la *contrainte par corps* a été prononcée, pour raison des amendes et autres condamnations et réparations pécuniaires, subissent l'effet de cette contrainte, jusqu'à ce qu'ils aient payé le montant desdites condamnations, ou fourni une caution admise par le Receveur des domaines, ou, en cas de contestation de sa part, déclarée bonne et valable par le tribunal de l'arrondissement. (*C. F.*, *art.* 212.) Néanmoins, les condamnés qui, par requête présentée au Procureur du Roi, justifieraient de leur insolvabilité, 1° par un extrait du rôle des contributions constatant qu'ils paient *moins de six francs*, ou un certificat du Percepteur de leur commune, portant qu'ils ne sont point imposés; 2° par un certificat d'indigence, à eux délivré par le Maire de la commune de leur domicile, ou par son adjoint, visé par le Sous-Préfet, et approuvé par le Préfet de leur département, sont, s'il y a lieu, et d'après l'ordre du Procureur du Roi, qui en donne avis au Receveur des domaines, mis en liberté, après avoir subi *quinze jours* de détention, lorsque l'amende et les autres condamnations pécuniaires n'excèdent pas *quinze francs.* La détention ne cesse qu'au bout d'*un mois*, lorsque les condamnations s'élèvent ensemble de *quinze à cinquante francs.* Elle ne dure que *deux mois* quelle que soit la *quotité* desdites condamnations. En cas de récidive, la durée de la détention est *double* de ce qu'elle eût été sans cette circonstance. (*C. f.*, art. 213; *C. d'instr. crim.* art. 420; *Ord. régl.*, art. 191.) Dans tous les cas, la détention, employée comme moyen de contrainte, est indépendante de la peine d'emprisonnement prononcée contre les condamnés, pour tous les cas où la loi l'inflige. (*C. f.*, art. 214.)

Des difficultés s'étant élevées sur l'exécution des articles 211, 212 et 213 du Code forestier, concernant l'exercice de la contrainte par corps, il en a été référé au Ministre des finances, qui, le 2 novembre 1829, avait rendu une décision à cet égard; mais dans la vue de diminuer les frais de poursuites auxquels donnent lieu les procès-verbaux dressés contre les *delinquans insolvables*, et frais qui retombent souvent en pure perte à la charge du Trésor, le Ministre, sur la proposition de l'Administration des forêts, a, par une décision du 26 juillet 1831, modifié celle du 2 novembre 1829. Voici les dispositions de ces deux décisions qui doivent être ponctuellement suivies par les Agens forestiers.

La contrainte par corps ne doit être exercée qu'autant qu'elle peut être utile pour le recouvrement des condamnations, ou qu'elle a pour objet de ne pas laisser les délinquans d'*habitude* impunis. (*Décis. minist.*, *du* 29 *novembre* 1829, *art.* 1er.)

Les Agens forestiers doivent désigner les délinquans dont l'emprisonnement serait nécessaire pour la répression des délits. Néanmoins, les Receveurs de l'enregistrement pourront requérir d'office la contrainte par corps lorsque cette mesure leur paraîtra nécessaire. (*Décis. min.*, *du* 29 *novembre* 1829, *art.* 2.)

Lorsque plusieurs procès-verbaux ont été dressés contre un délinquant déjà condamné et dont l'insolvabilité a été constatée, les Conservateurs sont autorisés, après avoir pris tous les renseignemens convenables sur la position des délinquans, à les poursuivre ou à les abandonner, selon que le bien du service et l'intérêt du Trésor leur paraîtront l'exiger. Mais ils doivent rendre compte à l'Administration, tous les trois mois, des mesures qu'ils ont prises à cet égard, et des motifs qui les ont déterminés. (*Déc. min. du* 26 *juillet* 1831, *art.* 1er).

Lorsque plusieurs jugemens par défaut ont été rendus contre un individu insolvable, il ne lui est signifié que celui de ces jugemens portant la peine la plus forte, lequel sert de base pour provoquer l'incarcération et fixer la durée de la détention ; et, dans ce cas, les Conservateurs sont autorisés à ne point faire signifier les autres jugemens par défaut, prononçant des peines moindres, contre le même individu. Ils doivent de même rendre compte, tous les trois mois, des jugemens de l'espèce signifiés et de ceux non signifiés, et accompagner cet envoi de toutes observations nécessaires pour éclairer l'Administration. (*Ib.*, *art* 2.)

Lorsque plusieurs jugemens contradictoires ont été rendus contre le même individu, la poursuite en incarcération n'a pas pour base le dernier jugement, mais celui des jugemens dont les condamnations sont les plus élevées. (*Ib. art.* 3.)

Lorsque plusieurs procès-verbaux ont été dressés contre un même individu, il ne lui est fait qu'une citation, à laquelle est jointe copie de tous les procès-verbaux. (*Ib.*, *art.* 4.)

Si un procès-verbal est dressé contre plusieurs individus, il n'y a également qu'un seul original de citation, dont copie est délivrée à chacune des parties. (*Ib.*, *art.* 5.)

Dans le cas où plusieurs jugemens par défaut doivent être signifiés au même individu, il n'y a qu'une seule

citation, laquelle comprend l'extrait de tous les jugemens. (*Ib.*, *art.* 6.)

Si un jugement comprend plusieurs individus, il n'y
a également qu'un seul original de signification, sauf à
en délivrer extrait aux parties. (*Déc. min. du 26 juillet
1831, art.* 7.)

On n'admet plus actuellement dans les mémoires relatifs aux frais de justice, de rôle de copie des procès-
verbaux, à moins qu'aux termes de l'art. 4 de la décision ministérielle du 26 juillet 1831, les citations ne
comprennent plusieurs procès-verbaux. (*Ib.*, *art.* 8.)

Les frais de signification, de commandement et de
capture doivent être réunis aux autres frais pour déterminer le temps de la détention. (*Déc. min.*, *du* 29 *novembre* 1829, *art.* 5.)

Les délinquans insolvables mis en liberté après avoir
subi le temps de détention voulu par l'art. 213 du *Code
forestier*, suivant le montant des condamnations prononcées contre eux, sont quittes et libérés du montant
desdites condamnations, et ne peuvent être emprisonnés pour la même dette, lors même qu'il surviendrait
à ces individus des moyens de libération. (*Ib.*, *art.* 6.)

Les délinquans qui, incarcérés à la requête de la partie civile, pour le paiement des condamnations prononcées à son profit, obtiennent leur élargissement en acquittant le montant de ces condamnations, peuvent être
détenus de nouveau, à la requête de l'Administration,
pour le recouvrement de l'amende due à l'État; mais
il ne peut toutefois être fait usage de ce moyen, si le
condamné, après avoir justifié son indigence, a subi le
temps de détention prescrit par l'article 213 du *Code forestier*. (*Ib.*, *art.* 7.)

Les Directeurs des domaines fournissent, à l'expiration
de chaque trimestre, ainsi que le prescrit l'article 190
de l'ordonnance du 1er août 1827, l'état du recouvrement des amendes forestières. (*Ib.*, *art.* 8.)

Actuellement, d'après les dispositions ci-dessus,
les avances pour frais relatifs au recouvrement des condamnations pour délits forestiers, sont faites par les
Receveurs des domaines sur les fonds provenant de leurs
recettes, suivant le mode prescrit par l'instruction de
la comptabilité générale des finances, du 15 septembre
1828. (*Ib.*, *art.* 9 ; *Circ. des* 9 *janvier* 1830, *n.* 233, *et*
5 *septembre* 1831, *n.* 285.)

Dans tous les cas, l'Administration des forêts n'est point obligée de consigner les frais de nourriture des condamnés pour délits forestiers, emprisonnés à sa requête. (*Décret du 14 mars 1808, et Décis. du minist. de là justice du 23 septemb. 1811.*)

Les Gardes forestiers, comme Agens secondaires de la force publique, peuvent mettre à exécution les mandats qui leurs sont donnés par le Procureur du Roi, pour capture, en exécution d'un jugement ou arrêt en matière correctionnelle. Mais comme le taux de l'indemnité qui avait été fixé à cet égard par le n° 2 de l'art. 6 du Décret du 7 avril 1813, n'est point en rapport avec la multiplicité de ces arrestations et la facilité avec laquelle elles s'opèrent, et qu'il est dès-lors convenable, tant dans l'intérêt du Trésor que dans celui des délinquans eux-mêmes, de la réduire au taux fixé par l'exécution des jugemens de simple police, une ordonnance du Roi du 25 février 1832, a prescrit que la capture des délinquans insolvables, condamnés à des amendes, restitutions, dommages-intérêts et frais, pour délits forestiers, ne donne droit aux gendarmes (ou gardes) qui l'ont opérée, qu'à la taxe fixée par le n. 1 de l'art. 6 du Décret précité du 7 avril 1813. Ainsi dans ce cas, il leur est alloué pour chaque capture, savoir: dans les villes de 40,000 âmes et au-dessus, 4 francs et dans les autres villes et communes 33 francs (*Décret du 7 avril 1813, art. 6, n. 1. Avis du Conseil-d'Etat du 16 mai 1807; Lettre de l'Adm. for., du 15 juillet 1813, n. 1082; Ord. du Roi du 25 février 1832, et Circ. du 29 avril suivant, n. 296.*)

Les Agens forestiers, chargés de la poursuite des délits, doivent tenir un sommier des jugemens, conforme aux modèles n. 25 et 26, annexés à l'instruction du 23 mars 1821, et sur lesquels ils inscrivent les procès-verbaux, aussitôt qu'ils leur sont parvenus, et y relatent les jugemens au fur et à mesure qu'ils sont rendus. (*Ord. régl., art. 16, et Inst. du 23 mars 1821, art. 111 et 129*)

A la fin de chaque trimestre, les Directeurs des domaines remettent au Directeur général de l'enregistrement et des domaines, un état indiquant les recouvremens effectués en exécution de jugemens correctionnels en matière forestière, et les condamnations pécu-

niaires tombées en non valeur par suite de l'insolvabilité des condamnés. (*Ord. régl.*, art. 190.)

Art. II. *Observations importantes sur l'exécution des
condamnations pécuniaires prononcées contre les délinquans insolvables.*

Il m'a paru utile de faire connaître les motifs qui
ont donné lieu aux mesures administratives prises pour
l'exécution des condamnations pécuniaires prononcées
contre les délinquans notoirement insolvables.

D'abord l'Administration des forêts a eu en vue de
diminuer les frais qui trop souvent retombent à la charge
du Trésor, en ce qui a rapport aux poursuites exercées
contre une classe d'hommes qui n'ayant rien à perdre,
les brave ouvertement, trouve sa sauve-garde dans son
indigence, et dont l'impunité accroît encore l'audace
en se livrant à la dévastation des forêts, puisque la condamnation même ne l'atteint pas. Pour remédier à un
tel désordre, il a bien fallu avoir recours aux voies légales pour faire incarcérer les délinquans insolvables,
afin de les contenir par la crainte de la prison.

A cet effet, les Conservateurs ont été chargés, d'après
la décision du Ministre des finances du 29 mars 1824,
de former chaque trimestre un état des délinquans déclarés insolvables, qu'il faut faire emprisonner. Ils
adressent cet état aux Directeurs des domaines qui, sur
le refus des délinquans de payer les amendes auxquelles
ils ont été condamnés, exercent alors contre eux la
contrainte par corps. Cette disposition a été maintenue
en principe par la décision du 26 juillet 1831 ; mais
dans le but de diminuer les frais de poursuites, le Ministre des finances a statué que les Conservateurs qui
sont à même de se procurer tous les renseignemens
propres à les éclairer sur la position des délinquans
insolvables, seraient autorisés à prononcer sur la suite
à donner aux procès-verbaux rédigés contre cette classe
de délinquans. Sans doute c'est une marque de confiance donnée à ces Agens supérieurs ; mais cette mesure était nécessaire pour éviter le grave inconvénient
qui aurait pu résulter de la prescription concernant le
délai fixé par l'art. 185 du Code forestier quant aux
poursuites à exercer contre les délinquans, si le Ministre des finances s'était réservé le droit de décider lui-
même s'il devait être ou non sursis à ces poursuites.

La même décision, du 26 juillet 1831, autorise également les Conservateurs, lorsque plusieurs jugemens par défaut ont été rendus contre un insolvable, à ne faire signifier que celui des jugemens portant la peine la plus forte. Cette disposition, au premier abord, semble être en contradiction avec l'art. 188 de l'Ordonnance réglementaire du 1er août 1827, qui porte que les jugemens par défaut seront immédiatement signifiés aux condamnés; mais le Ministre a pensé qu'il n'était pas contraire à l'esprit de cet article que l'Administration renonçât à suivre l'effet de jugemens par défaut prononçant de moindres peines, pour s'en tenir à la signification de ceux de ces jugemens portant la condamnation la plus forte. En effet, le Gouvernement a, comme tout autre propriétaire, le droit de renoncer au bénéfice d'un jugement préparatoire, dont les poursuites n'amèneraient que des frais à sa charge; l'État n'a d'intérêt à suivre un jugement par défaut contre un insolvable que lorsque, pour l'exemple, il veut arriver à l'incarcération d'un délinquant incorrigible. Pour atteindre ce but, la signification d'un seul jugement suffit, et c'est une mesure profitable au Trésor que celle qui tend à supprimer les frais de signification tout-à-fait inutiles.

Il en est de même de la disposition qui porte que, dans le cas de plusieurs jugemens contradictoires contre le même individu, la poursuite en incarcération ne doit plus avoir pour base le dernier jugement, mais celui des jugemens qui adjuge les condamnations les plus élevées.

Pour l'exécution de ces dispositions les Conservateurs doivent adresser à l'Administration, tous les 3 mois, un état énonçant, 1° les procès-verbaux abandonnés contre les délinquans insolvables, avec l'indication de leurs noms et de la nature des délits; 2° les jugemens non signifiés. Cet état doit faire mention des motifs qui les ont déterminé à renoncer aux poursuites.

Ces Agens doivent aussi continuer d'adresser, à l'expiration de chaque trimestre, un état des insolvables à incarcérer, tant au Directeurs des domaines qu'à l'Administration. Cet état, divisé en six colonnes, indique: 1° les noms des délinquans, 2° les communes où ils demeurent, 3° la nature du délit, 4° la date des jugemens,

5° le montant des condamations, 6° et les motifs qui déterminent la demande d'incarcération.

D'après toutes les dispositions rappelées dans l'art.
1ᵉʳ ci-dessus, du précédent paragraphe, et surtout celles que prescrit l'art. 9 de la décision du 29 novembre
1829, concernant les frais à avancer par les Receveurs
des domaines, il n'y a plus de motif pour arrêter les
poursuites et l'incarcération des délinquans que leur
insolvabilité enhardissait à de nouveaux délits, puisque
les condamnés peuvent désormais être maintenus par
la peine de la prison.

Mais on sent qu'une pareille mesure doit être employée avec prudence et discernement; qu'il ne s'agit
pas de provoquer l'emprisonnement de tous les délinquans d'une commune, sans distinction des pères de
famille que la misère ou un moment d'oubli a fait fail-
lir, d'avec les délinquans audacieux et acharnés à la
destruction des forêts; mais qu'il importe d'imprimer un
salutaire exemple, en apportant dans la sévérité de sages tempéramens.

C'est dans ce but que, par sa décision du 29 mars 1824
que les Agens forestiers ne doivent pas perdre de vue,
le Ministre des finances a chargé expressément l'Administration des forêts de recommander aux Conservateurs
de mettre tous leurs soins à ce que les listes qu'ils doivent dresser des individus dans le cas d'être incarcérés,
ne comprennent que *les hommes les plus mal famés, ceux
qui sont reconnus pour exciter ou entraîner les autres par
leurs discours et leurs exemples, et ceux qui ont été condamnés par récidive, en évitant, autant que possible, d'y
porter un trop grand nombre d'habitans de la même commune, et en faisant en sorte de concilier l'exécution de la mesure avec les ménagemens que les localités peuvent demander.* (*Circ. des 14 avril, 1824, n. 95, 9 janvier 1830, n.
233, et 5 sept. 1831, n. 285.*)

Art. III. *Exécution des jugemens rendus dans l'intérêt des
particuliers.*

Les jugemens contenant des condamnations en faveur des particuliers, pour réparations des délits ou
contraventions commis dans leurs bois, sont, à leur diligence, signifiés et exécutés suivant les mêmes formes
et voies de contrainte que les jugemens rendus à la requête de l'Administration forestière.

Le recouvrement des amendes prononcées par les mêmes jugemens est opéré par les Receveurs de l'enregistrement et des domaines. (*C. F.*, *art.* 215.)

Toutefois les propriétaires sont tenus de pourvoir à la consignation d'alimens prescrits par le Code de procédure civile, lorsque la détention a lieu à leur requête et dans leur intérêt. (*Ib.*, *art.* 216.)

La mise en liberté des condamnés ainsi détenus à la requête et dans l'intérêt des particuliers, ne peut être accordée, conformément à ce qui est prescrit ci-dessus à l'égard des bois soumis au régime forestier, qu'autant que la validité des cautions ou l'insolvabilté des condamnés, a été, en cas de contestation de la part desdits propriétaires, jugée contradictoirement entre eux. (*Ib.*, *art.* 217.)

§ IX. *Frais de poursuites.*

Les Receveurs de l'Enregistrement et des domaines sont chargés du remboursement des mémoires de frais de poursuites et d'instances en matière forestière; mais ces mémoires ne peuvent être acquittés qu'autant qu'ils sont accompagnés d'un mandat du Conservateur des forêts, délivré en vertu d'une ordonnance de délégation. (*Inst. du* 21 *décembre* 1826, *art.* 20.)

Ces mémoires sont dressés, pour le ressort de chaque tribunal de police correctionnelle, et au commencement de chaque trimestre, par les Agens forestiers pour les citations et significations faites par les Gardes pendant le trimestre précédent, et produits par ces Agens, ainsi que par les Greffiers, Huissiers, Interprètes et Gendarmes, conformément aux modèles n. 1, 2 et 3 annexés à l'instruction du 21 décembre 1826, et établis en triple expédition, ainsi que le prescrit le décret du 18 juin 1811, savoir : deux copies sur papier libre, et la troisième sur papier timbré. Cette dernière est remise au payeur; l'une des expéditions sur papier libre reste déposée aux archives de la préfecture, et l'autre est transmise au Ministre des finances; les frais en matière forestière étant étrangers au ministre de la Justice. (*Ord. régl.*, *art.* 186; *Décret du* 18 *juin* 1811; *art.* 145; *Inst. du* 26 *décembre* 1826, *art.* 1 et 2.)

Les mémoires doivent être présentés aux inspecteurs ou chefs de service forestier les plus voisins du domicile de partie prenante, et ces Agens, avant d'arrêter les mémoires, doivent examiner, 1° s'ils sont établis conformément aux modèles ci-dessus prescrits; 2° si les formalités voulues par le décret du 18 juin 1811 ont été remplies, notamment en ce qui concerne les articles ci-après :

» ART. 146. Les états ou mémoires qui ne s'élèveront » pas à plus de dix fr. ne seront sujets à la formalité » du timbre.

ART. 147. Aucun état ou mémoire fait au nom de » deux ou de plusieurs parties prenantes ne sera rendu » executoire s'il n'est signé de chacune d'elles.

» ART. 149. Les états ou mémoires qui n'auront pas » été présentés au visa du Préfet dans le délai d'une » année à compter de l'époque à laquelle les frais auront » été faits, ou dont le paiement n'aura pas été reclamé » dans les six mois de la date du visa, ne pourront » être acquittés qu'autant qu'il sera justifié que le re- » tard ne peut être imputé à la partie dénommée dans » l'exécutoire. »

3° Enfin si les actes pour lesquels on réclame un sa- laire ont été faits, et si le prix des actes est conforme aux taux fixés par les § 1, 2 et 10 de l'article 71, et le § 2 de l'article 91 du décret du 18 juin 1811, et ci- après rappelés, savoir :

Interprètes. Pour chaque vacation et pour chaque rap- port, lorsqu'il sera fait par écrit, 4 fr. dans les villes de 40 mille habitans et au-dessus, et 3 fr. dans toutes les autres villes et communes.

Pour chaque rôle de trente lignes à la page, et de 16 à 18 syllabes à ligne, des traductions par écrit, 1 franc dans les villes de 40 mille habitans et au-desssus, et 75 c. dans toutes les autres villes et communes.

Greffiers. Pour chaque rôle d'expédition composé de 28 lignes à la page et de 16 syllabes à la ligne, 40 cent. dans toutes les villes et communes.

Huissiers et Préposés forestiers. Pour chaque original de citations, significations, etc, 75 c. dans les villes de 40 mille habitans et au-dessus, et 50 c. dans les autres villes et communes.

Pour chaque copie des mêmes actes, les mêmes taxes.

Pour chaque rôle de copie, non compris le premier, 40 cent., dans les villes de 40 mille habitans, et au- dessus, et 30 cent. dans toutes les autres villes et com- munes.

Pour capture en vertu d'un mandat d'arrêt, 4 fr. dans les villes de 40 mille habitans et au-dessus, et 5 fr. dans toutes les autres villes et communes. (*Décret du 7 avril* 1813, *art.* 6, *n.* 1ᵉʳ; *Ord. du Roi du 25 février* 1832; *Décis. du Garde des Sceaux et du Min. des fin. des* 16 *mars et* 19 *avril* 1824; *et Circ. du 29 avril* 1832, *n.* 296.)

Pour chaque myriamètre parcouru en allant et revenant, 1 fr. 50 cent. dans toutes les villes et communes.

4° Si la taxe de chaque article rappelle la disposition du décret du 18 juin 1811, sur laquelle cette taxe est fondée, conformément à l'art. 139 du même décret, et si les honoraires des avocats et des avoués n'y sont pas compris. (*Déc. du Garde des Sceaux et du Min. des fin. des* 11 *novemb. et* 31 *déc.* 1823.)

5° Si les mémoires ne contiennent aucune dépense étrangère au service forestier. (*Inst. du* 12 *déc.* 1826, *art.* 3.)

Les mémoires qui présenteraient des frais surannés ou surtaxés doivent être réduits, et les Inspecteurs ou Chefs de service déduisent aussi des mémoires :

1° Les frais de voyage réclamés par les Préposés et Gardes forestiers qui ne justifient pas d'un ordre de déplacement délivré par le Ministère public, à l'exception cependant des cas où les Gardes sont appelés en justice, soit pour être entendus comme *témoins*, lorsqu'ils n'ont pas dressé de procès-verbaux, soit pour donner des explications sur les faits contenus dans les procès-verbaux qu'ils ont dressés; cas alors dans lesquels ils ont droit aux mêmes taxes que les témoins ordinaires

2° Les frais relatifs à la poursuite des affaires pouvant donner lieu à des peines afflictives ou infamantes, attendu que ces frais doivent être avancés pour le compte du Ministère public. (*Décret du 7 avril* 1813, *art.* 3; *Inst. du* 23 *mars* 1821, *art.* 107, *et* 12 *décembre* 1826, *art.* 4; *Circ. du* 1ᵉʳ *mars* 1822, *n.* 52.)

Les mémoires, après avoir été vérifiés et arrêtés par l'Inspecteur ou Chef de service sont, conformément aux art. 139 et 143 du décret du 11 juin 1811, remis au Procureur du Roi pour, sur son réquisitoire, être rendus exécutoires par le Président du tribunal, et réglés par le Préfet. (*Inst. du* 12 *décemb.* 1826, *art.* 5.)

Ces formalités remplies, celle des expéditions des

mémoires rédigée sur papier timbré, doit être adressée au Conservateur, qui la certifie et la transmet immédiatement au Directeur de l'Administration des forêts qui, après avoir discuté le mémoire, provoque, au nom du Conservateur, une ordonnance de délégation d'après laquelle il est alors délivré par ce dernier un mandat de paiement conforme au modèle n. 4, annexé à l'instruction du 12 décembre 1826. (*Inst. du 12 déc. 1826, art. 6 et 7.*)

Les mandats sont délivrés au nom de chaque partie prenante, pour ce qui concerne les Interprètes, Greffiers, Huissiers et Gendarmes, mais, relativement aux Agens et Préposés forestiers, les mandats sont établis au nom de l'Agent rédacteur de l'État, à charge de répartition du montant de la taxe entre les Préposés qui ont concouru aux actes et diligences, conformément aux bases ci-après fixées. (*Ib., art. 8 et 9.*)

Quoiqu'aucun mémoire de frais de poursuites et d'instance en matière forestière ne doive être acquitté qu'autant qu'il est accompagné d'un mandat du Conservateur, délivré en vertu d'une ordonnance de délégation ; cependant les frais réputés urgens, tels que les indemnités accordées aux témoins, etc, doivent continuer d'être acquittées sans mandats et dans la forme accoutumée. (*Ib., art. 10 et 11.*)

Les frais relatifs à la poursuite de délits de toute nature doivent être avancés pour le compte de l'Administration des forêts, toutes les fois que l'affaire est engagée devant le tribunal correctionnel ; les Agens doivent seulement retrancher des mémoires soumis à leur visa les frais qui se rattachent aux affaires engagées devant les cours d'assises, ainsi qu'on l'a fait observer ci-dessus. (*Circ. du 10 avril 1829, n° 212 bis.*)

La régularisation de ces dépenses doit ensuite être effectuée de la manière suivante :

A la fin de chaque mois, les Receveurs de l'enregistrement et des domaines adressent, suivant l'usage, à leurs Directeurs les pièces justificatives des frais payés d'urgence. Ces derniers transmettent au Directeur de l'Administration des forêts un état conforme au modèle n° 5, annexé à l'instruction du 12 décembre 1826, et les Conservateurs sont immédiatement mis en mesure de délivrer, au nom de chaque Receveur, un mandat égal au montant des avances. (*Instr. du 12 déc. 1826, art. 11.*)

Les mandats, en ce qui concerne les Agens et Préposés forestiers, sont présentés par l'Agent rédacteur de l'état, au nom duquel ils ont été délivrés, dans l'année au plus tard, au Receveur de l'Enregistrement et des Domaines, qui lui en compte le montant lorsque, conformément à l'art. 2 du décret du 13 pluviôse an XIII, cet état a été revêtu du *visa* du Directeur de cette Administration, constatant qu'il n'existe point de saisie-arrêt, ni d'opposition. (*Déc. du Min. des Fin. du 5 juillet 1822, art. 3.*)

Je dois faire observer que les dépenses relatives aux frais de justice doivent être imputées sur l'*exercice* pendant lequel les actes et diligences ont été faits; mais qu'en ce qui concerne les frais d'instance, ils doivent continuer à être imputés sur l'*exercice* pendant lequel ils ont été taxés. (*Circ. du 28 février 1829, n° 205 bis.*)

La répartition des frais dont il s'agit est réglée ainsi qu'il suit : le garde *citateur* reçoit sur la taxe allouée autant de *trente centimes* qu'il a fait de citations, et le surplus est partagé par *moitié* entre le Garde général qui *dresse les exploits* et l'Agent qui *a dirigé les poursuites*, lequel supporte *seul* les frais d'impression, est en outre chargé de faire faire les *copies* des exploits dans son bureau, et de rectifier les irrégularités qu'ils pourraient renfermer. (*Déc. du Minist. des fin. du 5 juillet 1822, art. 4.*)

Les Conservateurs veillent à ce qu'il ne s'introduise aucun abus soit dans la quotité de la taxe, soit dans la répartition, et en assurent l'Administration à la fin de chaque trimestre. (*Ib., art. 5.*)

Pour l'exécution de cette disposition, chaque Agent est tenu de remettre au Conservateur, à l'expiration des trois mois, un état ou bordereau des frais qu'il a fait ordonnancer pendant le trimestre dans son arrondissement, et de la distribution qui en a été opérée entre les parties prenantes; et si quelques-unes se trouvaient avoir trop perçu, le conservateur doit en dresser un bordereau de restitution qui serait soumis à l'Administration, pour être rendu exécutoire par le Ministre des finances. (*Circ. du 12 juillet 1822, n. 63.*)

Pour économiser les frais de justice, les Agens forestiers doivent combiner les significations, de manière à

25

en faire faire plusieurs à la fois dans le même canton, par le même Huissier, lorsqu'il y a lieu à employer le ministère de ces Officiers ministériels, quand les demeures des prévenus ou condamnés sont à une trop grande distance du domicile des Gardes, parce que, dans ce cas, cet Huissier ne peut exiger qu'un seul droit de transport. (*Cir. du* 10 *thermidor an* 11, *n.* 155.) D'après le même motif d'économie, les Agens forestiers ne doivent lever au greffe que les expéditions évidemment indispensables, et les Greffiers ne sont autorisés à fournir une expédition des jugemens pour l'usage de l'Agent forestier, que dans le cas où celui-ci l'a demandée. Ces expéditions, délivrées sur papier libre, doivent être présentées au Président et au Procureur du roi, qui y mettront leur visa, et donneront au Greffier un certificat portant qu'il s'est conformé aux réglemens, tant sur les actes à délivrer que sur le nombre de lignes dans chaque page, et de syllabes dans chaque ligne. Ces expéditions doivent être payées 40 c. par rôle, et ne peuvent être comptées séparément, quelle que soit leur longueur, que pour un rôle. (*Décrets du* 14 *février* 1806 *et du* 18 *juin* 1811, *art.* 42; *Circ. des* 10 *thermidor an* 11, *n.* 155, 10 *octobre* 1811, *n.* 456, *et du* 7 *janvier* 1812, *n.* 461.)

§ X. *Demandes en remise d'amendes ou en cessation de poursuites.*

L'instruction des affaires relatives aux demandes en remise d'amendes ou en cessation de poursuites pour délits forestiers, exige que les rapports qui sont adressés à l'Administration contiennent les documens suivans.

Il importe d'abord de bien spécifier le délit, en faisant connaître s'il a été commis dans un bois royal ou communal, ou appartenant à un Établissement public; d'indiquer le montant des condamnations auxquelles il a donné lieu, en distinguant l'amende, la restitution et les frais; enfin, la date du jugement et le nom du tribunal qui l'a prononcé. Puis, il convient de rapporter les circonstances qui ont accompagné le délit et qui peuvent le rendre ou non excusable, et de peser les considérations qui se présentent pour ou contre le pétitionnaire, et qui doivent être tirées de sa bonne ou mauvaise réputation et de sa situation plus ou moins aisée.

Dans le cas où une indemnité est prononcée en faveur d'une Commune ou d'un Établissement propriétaire du bois où le délit a été commis, il est superflu de proposer une réduction sur le montant de cette indemnité, puisque c'est à la Commune ou à l'Établissement seul qu'il appartient de refuser ou d'accorder cette faveur.

Il est encore nécessaire, lorsqu'il s'agit d'une ancienne condamnation, d'examiner s'il n'y a point lieu à l'application de l'ordonnance d'amnistie qui aurait pu intervenir depuis la constatation du délit et le prononcé du jugement de condamnation; de rechercher si le pétitionnaire n'a pas subi quelques condamnations antérieures à celles dont il réclame la remise, et alors d'en indiquer les dates précises, pour qu'il soit possible à l'Administration de déclarer d'une manière certaine qu'il est ou n'est pas dans le cas de la récidive.

Pour les demandes en cessation de poursuites, on doit énoncer le montant des peines encourues et faire également connaître le tribunal qui serait appelé à statuer s'il était donné suite à l'affaire; et, dans le cas où le délit aurait été commis dans un bois communal ou d'établissement public, il faut s'assurer si les Maires ou les Administrateurs consentent ou non à faire une remise sur la restitution qui leur appartient. (*Circ. du* 30 *juillet* 1823, *n°* 86.)

Cependant, dans le cas où les Maires refuseraient de donner leur adhésion à la modération des dommages-intérêts, l'Administration forestière n'en doit pas moins soumettre au Ministre ses propositions sur les demandes en cessation de poursuites, en ce qui concerne l'amende revenant au Trésor; mais il faut alors faire réserve des droits de la commune aux dommages-intérêts. (*Décis. du Min. des fin. du* 11 *juin* 1823.)

CHAPITRE XXIII.

Peines et condamnations pour tous les bois et forêts en général (1).

Quiconque est trouvé dans les bois et forêts, hors

_____

(1) Pour les peines et condamnations concernant les délits et contraventions relatifs aux *adjudications* des coupes de bois, de glandée, panage et paisson; aux *exploitations, réarpentages* et *récolemens;* à l'*exercice* des droits d'usage; aux bois destinés au

des routes et chemins ordinaires, avec serpes, cognées, haches, scies et autres instrumens de cette nature, est condamné à une amende de *dix* francs, et à la confiscation desdits instrumens. (*C. f.*, art. 146.)

La présomption du délit établie par cet art. 146, qui punit d'une amende quiconque est trouvé dans les bois et forêts, hors des routes et chemins ordinaires, avec serpes, cognées et autres instrumens, s'évanouit toutes les fois qu'un délit positif vient à être prouvé.

Ainsi, le fait de la part de plusieurs individus d'avoir été trouvés dans une forêt coupant avec des serpes du bois pour en faire des fagots, ne constitue que le délit puni par l'art. 194 du Code forestier, et on ne peut ajouter à cette peine celle de l'art. 146, sous prétexte qu'il existe dans ce fait deux délits distincts, celui d'avoir coupé du bois et celui de s'être trouvé avec des serpes hors des routes ordinaires.

Un tribunal ne viole point l'art. 178 du Code forestier en rejetant comme inutile la preuve que des individus ont été rencontrés *hors des routes ordinaires d'une forêt*, lorsqu'il est constaté par un procès-verbal que ces individus ont été trouvés coupant du bois avec des serpes. (*Arr. de la C. de cass. du 21 nov.* 1828.)

L'art. 146 ne s'applique pas à celui qui est trouvé dans un bois avec une faucille. (*Ib.*, *du 2 janv.* 1830.)

Ceux dont les voitures, bestiaux, animaux de charge ou de monture, sont trouvés dans les forêts hors des routes et chemins ordinaires, sont condamnés, savoir :

Par chaque voiture, à une amende de *dix* francs pour les bois de dix ans et au-dessus, et de *vingt* francs pour les bois au-dessous de cet âge ;

Par chaque tête ou espèce de bestiaux non attelés, aux amendes fixées ci-après pour délit de pâturage.

Le tout sans préjudice des dommages-intérêts. (*Ib.*, art. 147.)

---

service de la marine et aux *travaux du Rhin*, aux *extractions* de toutes espèces de substances *végétales* et *minérales*, à la défense de porter ou allumer du *feu* dans l'intérieur et aux rives des bois soumis au régime forestier, et ceux des particuliers ; aux *constructions d'usines* et *maisons* dans l'enceinte et à la distance prohibée des bois soumis au régime forestier, à la *pêche* et à la *chasse*, il faut voir les différens chapitres qui traitent de ces divers objets.

Un chemin établi pour le service d'une forêt et non pour l'usage du public, ne peut être mis dans la classe des routes et chemins ordinaires dont parle l'art. 147. (*Arr. de la C. de cass. du 29 avril* 1830.)

Le mot *voiture* dont s'est servi l'art. 147 exprime tout ce qui conduit par des hommes ou des animaux, mu par une ou plusieurs roues, peut servir de moyen de transport soit pour des personnes, soit pour des objets mobiliers; ainsi l'introduction d'une *brouette*, dans un bois, hors des routes et chemins ordinaires, constitue le délit prévu par cet article. (*Arr. de la C. de cass. du* 19 *décembre* 1828.)

Quand un procès-verbal, régulièrement dressé par deux Gardes forestiers, porte que le prévenu a été trouvé avec une voiture hors des chemins ordinaires, le tribunal ne peut, sans violer la foi due au procès-verbal, admettre la preuve que le prévenu suivait un chemin pratiqué. (*Ib., du* 18 *décembre* 1829.)

Il y a lieu à l'application des art. 146 et 147, si un prévenu a été trouvé muni d'une serpe, ou conduisant une charrette hors des routes et chemins ordinaires, quand même il n'aurait pas été vu faisant usage de l'un ni de l'autre pour commettre un délit. (*Ib., du* 7 *mai* 1829.)

La coupe ou l'enlèvement d'arbres ayant *deux décimètres de tour* et au-dessus, donne lieu à des amendes qui sont déterminées dans les proportions suivantes, d'après l'essence et la circonférence de ces arbres, lesquels sont divisés en deux classes.

La première comprend les CHÊNES, HÊTRES, CHARMES, FRESNES, ÉRABLES, PLATANES, PINS, SAPINS, MÉLÈZES, CHATAIGNIER, NOYERS, ALIZIERS, SORBIERS, CORMIERS, MERISIERS et autres arbres FRUITIERS.

La seconde se compose des AULNES, TILLEULS, BOULEAUX, TREMBLES, PEUPLIERS, SAULES, et de toutes les ESPÈCES non comprises dans la première classe.

Si les arbres de la première classe ont *deux décimètres de tour*, l'amende est d'*un* franc par *chacun* de ces deux décimètres, et s'accroît ensuite progressivement de *dix* centimes par *chacun* des autres décimètres.

Si les arbres de la seconde classe ont *deux décimètres de tour*, l'amende est de *cinquante* centimes par *chacun* de ces deux décimètres, et s'accroît ensuite progressivement de *cinq* centimes par *chacun* des autres décimètres.

Le tout conformément au tableau ci-après (1).

La circonférence des arbres doit être mesurée à *un* mètre du sol. (*C. f.*, *art.* 192.)

Je dois faire observer que l'art. 192 du Code forestier et le tarif dressé en exécution de cet article, d'après lesquels la coupe ou l'enlèvement des arbres ayant deux décimètres de tour et au-dessus donne lieu à des amendes qui s'accroissent progressivement par chacun des autres décimètres, doivent servir de règle invariable pour l'application de l'amende, et qu'on ne doit pas en conséquence l'augmenter en raison des fractions de décimètre, en sus des décimètres qu'ont les arbres coupés en contravention. (*Arr. de la C. de cass. du* 10 *juillet* 1829.)

L'enlèvement, dans un bois, d'un arbre précédemment coupé en délit, constitue la contravention punie par l'art. 192 ci-dessus, encore bien que l'arbre n'ait pas été abattu par le délinquant. (*Arr. de la C. de cass. du* 7 *mars* 1829.)

Si les arbres auxquels s'applique le tarif établi ci-dessus ont été enlevés et façonnés, le tour en est mesuré sur la souche ; et si la souche a été également enlevée, le tour est calculé dans la proportion *d'un cinquième* en sus de la dimension totale des quatre faces de l'arbre écarri.

Lorsque l'arbre et la souche ont disparu, l'amende est calculée suivant la grosseur de l'arbre arbitrée par le tribunal d'après les documens du procès. (*C. f.*, *art.* 193.)

Lorsque la souche existe, le garde doit commencer par en reconnaître et constater l'essence et la grosseur, et donner, dans son procès-verbal, tous les détails propres à caractériser le rapport de cette souche avec le bois que ses recherches peuvent lui faire découvrir.

Si le bois qu'il découvre dans ses perquisitions n'est point dénaturé et qu'il en reconnaisse l'identité avec la souche, il doit énoncer toutes les circonstances qui ont servi à établir sa conviction ; et dans ce cas, son procès-verbal fait foi pleine et entière. (*Arr. de la C. de cass. des* 25 *octobre* 1811, 29 *février* 1812, 19 *mars* 1813, 20 *mai* 1820, 17 *juin et* 15 *octobre* 1824.)

---

(1) Voir, à la fin du volume, le tableau n° II.

Il n'en serait point de même, si son procès-verbal ne constatait que l'identité de l'essence sans établir l'identité du bois coupé en délit avec celui du bois trouvé au domicile du prévenu ; il faut que le procès-verbal indique les signes matériels de l'identité et contienne des énonciations suffisantes pour l'établir. (*Ib. des* 15 *décembre* 1808 , 12 *octobre* 1809 *et* 9 *février* 1811.)

Si l'arbre est découpé, mais non équarri, l'identité peut s'établir par le mesurage des morceaux, par la reconnaissance de l'écorce et des autres signes extérieurs, que le garde aura soin de constater.

Mais si le bois est dépouillé de ces signes extérieurs et réduit dans sa grosseur, l'identité devient plus difficile à constater, et c'est le cas de réunir tous les autres indices propres à éclairer la justice, tels que la fraîcheur du bois, sa couleur, l'homogénéité de sa fibre et de son grain, avec celui qui a été enlevé de la forêt, les traces qui ont dirigé le garde au lieu du dépôt des bois, etc.

Si les souches d'arbres enlevés en délit sont encore sur place, c'est sur ces souches que la circonférence doit être prise. Les tribunaux ne peuvent arbitrer la grosseur que dans le cas où la souche même a disparu. (*Ib. du* 14 *janvier* 1830 *et* 14 *mai* 1831.)

Mais si la souche a été enlevée et que cependant l'arbre, non encore équarri, se retrouve en entier; comme on manque alors d'élémens de comparaison, il faut dans ce cas rassembler tous les indices qui peuvent y suppléer, et au besoin avoir recours à la preuve testimoniale. (*Ib. du* 12 *septembre* 1829.)

Lorsque le procès-verbal, qui constate l'enlèvement en délit de plusieurs arbres, n'en fait connaître ni l'essence ni la dimension, et qu'il n'en résulte pas qu'il y ait impossibilité de les consater, le tribunal doit en arbitrer la grosseur, d'après les documens du procès, et il fait une fausse application de la loi, en appliquant dans ce cas le deuxième alinéa de l'article 34 du Code forestier. (*Ib.*, 20 *mars* 1830.)

L'amende pour coupe ou enlèvement de bois qui n'ont pas *deux décimètres de tour*, est, pour *chaque charretée*, de *dix* francs par *bête* attelée; de *cinq* francs par *chaque charge de bête* de somme, et de *deux* francs par *fagot, fouée* ou *charge* d'homme. (*C. f., art.* 194)

Cet article qui, dans le cas de coupe ou enlèvement de bois, prononce une amende de *deux francs par fagot*, *fouée* ou *charge d'homme*, doit être interprété en ce sens, que cet amende est due par *chaque fagot* coupé ou enlevé, quelle que soit la quantité de bois qu'il renferme, et alors même qu'il en faudrait *plusieurs* pour composer *une charge d'homme*. (*Arr. de la C. de cass. des* 20 *mars* 1828, 27 *janvier et* 20 *février* 1829.)

S'il s'agit d'arbres semés ou plantés dans les forêts depuis moins de *cinq* ans, la peine est d'une amende de *trois* francs par chaque arbre, quelle qu'en soit la grosseur, et en outre, d'un emprisonnement de *six* à *quinze* jours. (*C. f.*, art. 194.)

Quiconque arrache des *plants* dans les bois et forêts, est puni d'une amende qui ne peut être moindre de *dix* francs, ni excéder *trois cents* fr. ; et si le délit a été commis dans un *semis* ou *plantation* exécuté de main d'homme, il est prononcé en outre un emprisonnement de *quinze* jours à *un* mois. (*Ib.*, art. 195.)

Ceux qui, dans les bois et forêts, ont *chouppé*, *écorcé* ou *mutilé* des arbres, ou qui en ont coupé les principales branches, sont punis comme s'ils les avaient *abattus* par le pied. (*Ib.*, art. 196.)

Toute mutilation aux arbres, quel que soit le dommage qui en résulte, doit être punie par l'application des art. 192 et 196 du Code. (*Arr. de la C. de cass. du* 25 *juin* 1830.)

Quiconque enlève des *chablis* et *bois de délit* est condamné aux mêmes amendes et restitutions que s'il les avait *abattus* par le pied. (*C. F.*, art. 197.)

L'enlèvement d'une pièce de bois dans une forêt constitue le délit prévu et puni par ledit art. 197, encore que le prévenu n'ait pas lui-même abattu l'arbre. (*Arr. de la C. de cass. du* 24 *sept.* 1829.)

Il y a lieu à l'application de cet article, si un usager qui n'a que le droit de prendre le bois mort, sec et gisant, coupe des branches vertes d'un arbre abattu en délit. (*Ib.*, *des* 7 *mai* 1829 *et* 25 *mars* 1830.)

Il en est de même de l'enlèvement des chablis, en cas que le prévenu n'ait pas lui même abattu l'arbre. (*Ib. des* 24 *sept.* 1829 *et* 5 *févr.* 1830.)

Dans le cas d'*enlèvement frauduleux* de bois et d'autres productions du sol des forêts, il y a toujours lieu, outre les amendes, à la *restitution* des objets enlevés ou de leur valeur, et de plus, selon les circonstances, à des *dommages-intérêts.*

Les *scies, haches, serpes, cognées* et autres *instrumens* de même nature, dont les délinquans sont trouvés munis, sont confisqués. (*C. F.*, art. 198.)

Les propriétaires d'animaux trouvés de *jour* en délit dans les bois de *dix* ans et au-dessous, sont condamnés à une amende de

Un franc pour un *cochon* ;

Deux francs pour une *bête à laine* ;

Trois francs pour un *cheval* ou autre *bête de somme* ;

Quatre francs pour une *chèvre* ;

Cinq francs pour un *bœuf*, une *vache* ou un *veau* ;

L'amende est *double* si les bois ont moins de *dix* ans.

Le tout sans préjudice, s'il y a lieu, des dommages-intérêts. (*C. F.*, art 199.) (1)

Dans le cas de *récidive*, la peine est toujours *doublée.*

Il y a récidive lorsque, dans les *douze* mois précédens il a été rendu contre le délinquant ou contrevenant un premier jugement pour délit ou contravention en matière forestière. (*Ib.*, art. 200.)

Le délai pour fixer la *récidive*, en matière forestière, court à partir de la date du premier jugement jusqu'au jour de la *perpétration* (2) du second délit, et non jusqu'à la date du jugement rendu sur ce nouveau délit. (*Arr. de la C. de cass. du* 17 juin 1830.)

Les peines sont également *doublées*, lorsque les délits ou contraventions ont été commis la *nuit*, ou que les délinquans ont fait usage de la *scie* pour couper les arbres sur pied. (*C. f.*, art. 201.)

Les articles 200 et 201 ordonnent que la peine sera doublée, 1° quand il y a récidive, 2° quand le délit a été commis la nuit ; et suivant des arrêts de la cour de

---

(1) Voir le chap. XIII, § 11, art. III, PATURAGE, PANAGE ou GLANDÉE. Les dommages-intérêts dus, au cas de délit de dépaissance, dans un bois âgé de moins de dix ans, ne peuvent être inférieurs aux deux amendes prononcées par l'art. 199 du Code forestier, contre ce genre de délit. (*Arr. de la C. de cass. du* 17 *février* 1832.)

(2) Le mot *perpétration* est un terme de pratique qui dérive de *perpétrer*, faire, commettre un délit, un crime. Ainsi *le jour de la perpétration du second délit*, signifie *le jour dans lequel le second délit a été commis.*

cassation des 4 juillet 1823 et 22 janvier 1829, un vol ou un délit est commis la nuit, s'il a lieu dans l'intervalle de temps qui est entre le coucher et le lever du soleil ; 3° quand le délinquant a fait usage de la scie pour couper un arbre sur pied.

Voici comment on doit procéder, quand plusieurs circonstances aggravantes se trouvent réunies :

Supposons la coupe en récidive et avec une scie d'un tremble de six décimètres de tour.

	fr.	c.
L'amende simple est de	4	20
La circonstance de la récidive	4	20
Celle de la scie	4	20
	12	60

Ainsi, pour chaque circonstance on ajoute l'amende simple ; et si l'amende est fixée par *minimum* et *maximum*, le juge est le maître de prendre l'un ou l'autre ou toute autre proportion entre les deux termes.

C'était donc mal à propos que, dans une affaire qui présentait le cas que je viens de supposer, on avait demandé la réformation d'un arrêt qui avait jugé dans le sens de la règle ci-dessus expliquée.

La Cour de cassation a rejeté le pourvoi, par son arrêt du 5 septembre 1828, en décidant que deux circonstances aggravantes n'entraînent pas la quadruple amende, mais la rendent seulement triple.

Il n'est pas nécessaire, pour qu'il y ait lieu à l'application de la double amende portée par l'art. 201 du Code forestier, que l'auteur du délit ou son complice ait été vu sciant l'arbre ou aidant à le scier. (*Arrêt du* 10 *décembre* 1829.)

L'usage de la scie pour couper du bois en délit étant une circonstance aggravante qui met les tribunaux dans l'obligation de prononcer la double amende, les juges ne peuvent écarter cette circonstance lorsqu'elle est matériellement et légalement constatée, ni admettre, à cet égard, une preuve contre le contenu du procès-verbal. (*Ib., du* 16 *janvier* 1830.)

Les délits commis la nuit s'entendent de ceux qui ont eu lieu depuis *le coucher du soleil jusqu'au lever.* (*Arr. de la C. de cass. du* 22 *janvier* 1829.)

Dans tous les cas où il y a lieu à adjuger des *dommages-intérêts*, ils ne peuvent être inférieurs à l'*amende simple*, prononcée par le jugement. (*C. f., art.* 202.)

L'insertion dans un jugement qui prononce des dommages-intérêts d'après l'art. 202 ci-dessus, qui en détermine le *minimum*, n'est pas nécessaire à peine de nullité, le vœu de la loi est rempli par la lecture et l'insertion de l'article qui prononce la peine de l'amende. (*Arr. de la C. de cass. du 25 mars* 1830.)

Je dois faire observer que l'ancienne législation ordonnait que les restitutions et *dommages-intérêts* seraient *pour tous délits*, d'une somme au moins égale à l'amende; mais le Code-forestier n'a point maintenu ce principe et a admis qu'il y a des circonstances où un délit, une contravention, peut ne pas avoir causé de dommage. C'est d'après cette nouvelle disposition que la Cour de cassation a décidé que les tribunaux ont le *droit d'apprécier les circonstances* où il y a lieu d'adjuger des *dommages-intérêts*, et que le refus qu'ils font d'en adjuger ne viole aucune loi. (*Arr. du* 14 *juin* 1829.)

D'après cette décision qui laisse aux juges le droit dont il s'agit, il importe donc, pour les mettre à même de statuer avec connaissance de cause, d'établir de la manière la plus positive dans les procès-verbaux de délits, qu'il y a un dommage, et même d'y évaluer ce dommage autant qu'il sera possible de le faire. (*Circ. du* 23 *septemb.* 1829, n. 229 *ter.*)

Les *restitutions* et *dommages-intérêts* appartiennent au *propriétaire ; les amendes* et *confiscations* appartiennent à l'*État.* (*C. f., art.* 204.)

Comme les restitutions et dommages-intérêts appartiennent au propriétaire du bois, il en résulte que, pour les délits commis dans les bois des communes, c'est aux Conseils municipaux à en faire la remise sous l'autorisation du Préfet. (*Décis. minist. du* 2 *février* 1830.)

Il y a lieu à l'application des dispositions du *Code pénal* dans tous les cas non spécifiés par le *Code forestier.* (*C. f., art.* 208.)

Comme l'art. 218 du Code forestier abroge les anciens règlemens, et qu'il pourrait se trouver des délits non prévus par le Code forestier, l'art. 208 renvoie pour ces délits au Code pénal. Ainsi il y a lieu de recourir au Code pénal non-seulement pour les délits qui ne seraient pas prévus par le Code forestier ; mais encore pour les crimes, tels que la fabrication de faux marteaux, le vol de bois abattus et gisant dans les ventes, l'incendie de bois et tous autres crimes qui se rapporteraient aux bois et forêts.

La Cour de cassation a décidé, par son arrêt du 22 octobre 1829, qu'il y avait lieu d'appliquer l'art. 166 du Code pénal à la question de discernement en matière de délits forestiers.

Cette Cour a également décidé, par son arrêt du 8 janvier 1830, que, lorsque les juges font l'application de l'art. 2 de la loi du 25 juin 1824, qui déclare que les vols spécifiés dans l'art. 388 du Code pénal seront punis des peines déterminées par l'art. 401 du même Code, ils doivent appliquer *toutes* les peines de cet article et non pas quelques-unes seulement.

Les *maris*, *pères*, *mères* et *tuteurs*, et en général tous *maîtres* et *commettans*, sont *civilement responsables* des délits et contraventions commis par leurs *femmes*, *enfans mineurs*, et *pupilles* demeurant avec eux et non mariés, *ouvriers*, *voituriers*, et autres *subordonnés*, sauf tous recours de droit.

Cette responsabilité a lieu, à moins que les *pères et mères*, *tuteurs*, *maîtres* et *commettans*, ne prouvent qu'ils n'ont pu *empêcher* le fait qui donne lieu à ladite responsabilité, laquelle s'étend aux *restitutions*, *dommages-intérêts* et *frais*; sans pouvoir toutefois donner lieu à la *contrainte par corps*, si ce n'est en ce qui concerne les adjudicataires et leurs *cautions*, pour délits commis, soit dans les *ventes*, soit à *l'ouïe de la cognée* par tous les *individus employés par eux*. (*C. f*, *art.* 46 *et* 206, *et C. civ.*, *art.* 1584, § *dernier*.)

CHAPITRE XXIV ET SUPPLÉMENTAIRE.

Liquidation, ordonnancement et paiement des dépenses de l'Administration des forêts.

L'Administration a pensé qu'il était nécessaire de fixer d'une manière positive les Conservateurs sur les obligations qui résultent pour eux de la liquidation, de l'ordonnancement et du paiement des dépenses de l'Administration des forêts. Cette partie importante du service exigeant plus particulièrement une exactitude rigoureuse et surtout beaucoup de célérité.

Toutes les dépenses forestières sont soumises à la liquidation du Directeur de l'Administration, et mandatées par les Conservateurs en vertu d'ordonnances spéciales de délégation provoquées en leur nom. Les mandats de paiement doivent être délivrés par les Conservateurs le jour même de la réception des pièces justificatives à joindre aux mandats, et qui suivent l'envoi de l'avis de l'ordonnance.

Il doit exister une harmonie parfaite entre les crédits délégués et les mandats délivrés, tant sous le rapport du département où la dépense doit être acquittée que sous celui de la nature de la dépense; et s'il arrivait qu'une différence fût reconnue par le Conservateur entre les crédits ouverts et les pièces justificatives qui leur sont transmises par l'intermédiaire du Directeur des forêts, il devrait, dans ce cas, lui signaler l'erreur, et suspendre la délivrance du mandat de paiement jusqu'à ce qu'elle ait été rectifiée.

Les mandats de paiement, après avoir été revêtus du bon à payer et du visa sans opposition du Directeur des domaines de chaque département, sont acquittés par les Receveurs de l'enregistrement et des domaines à titre d'avance; à la fin de chaque mois, les Directeurs remettent au Payeur des finances du département la totalité des mandats acquittés pendant le mois expiré, et ces comptables, au moyen des ordonnances ministérielles qui leur ont été adressées par la Direction des fonds, admettent ces mandats dans leur comptabilité lorsqu'ils sont en harmonie avec les crédits ouverts, et délivrent des récépissés à talon au nom de chaque Receveur.

Cet exposé fait connaître combien il est important qu'un crédit ne soit jamais employé que sur les caisses du département dans lequel il a été ouvert, et que chaque mandat relate avec exactitude la date de l'ordonnance, son numéro, et l'exercice auquel elle se rattache.

En ce qui concerne la tenue des écritures prescrites par l'instruction ministérielle du 10 décembre 1827, n° 170, et qui ont été établies de la manière la moins compliquée, le bureau de la comptabilité du Ministère des finances transmet aux Conservateurs des imprimés destinés à la tenue de ces registres.

Afin de mettre les Conservateurs en mesure de comparer avec facilité les mandats délivrés avec les paiemens effectués, le Directeur des forêts a engagé le Directeur de la comptabilité générale des finances à prescrire aux Payeurs l'établissement d'un bordereau des paiemens effectués. Ce bordereau doit être adressé chaque mois aux Conservateurs, qui, après en avoir fait usage pour remplir leurs écritures, doivent le joindre à la situation mensuelle des crédits qu'ils sont tenus de transmettre. Il est bien entendu que ces bordereaux doivent être annexés à la situation qui est destinée à l'Administration des forêts et non à celle que l'instruction prescrit d'envoyer au Ministre des finances. On doit aussi faire observer que la formation des nouveaux bordereaux par les Payeurs ne doit avoir d'effet qu'à compter du 1er janvier 1833.

Quant à la liquidation préalable des dépenses à laquelle les Conservateurs doivent concourir, l'Administration a cru utile de fixer leur attention sur quelques points particuliers.

Les formalités reconnues indispensables pour l'ordonnancement des dépenses entraînent des retards qu'il importe de restreindre autant que possible; il a en conséquence été recommandé à ces Agens supérieurs d'apporter dans l'examen des pièces qu'ils ont à transmettre à l'Administration beaucoup de célérité, et de veiller à ce que ces pièces ne séjournent pas dans leurs bureaux. Ils peuvent multiplier les envois et ne pas attendre, par exemple, pour transmettre les mémoires de frais d'arpentage et de réarpentage, soit des bois royaux, soit des bois communaux, à produire pour un département, que tous les arpenteurs aient envoyé leurs mémoires, et les adresser à l'Administration au fur et à mesure de leur arrivée. Cette observation s'applique aux autres dépenses du budget.

Un point très-important en comptabilité, et sur lequel on a appelé toute l'attention des Conservateurs, est celui relatif à la distinction des exercices. Les dépenses appartenant à un exercice doivent être liquidées dans les six mois qui suivent cet exercice; ainsi, par exemple, toute dépense résultant d'un service fait pendant l'année 1832 doit être liquidée le 1er juillet 1833, et acquittée avant le 1er octobre de la même année.

Ils doivent, par conséquent, rappeler ces dispositions aux Agens et Préposés sous leurs ordres, afin qu'ils produisent leurs demandes dans les délais fixés.

Ils doivent aussi tenir la main à ce qu'on ne comprenne pas sur un même mémoire, des opérations ou

frais faits pendant deux années. C'est la date des opérations ou des frais qui détermine l'exercice auquel se
rattache la dépense, et si des mémoires d'arpentage, de
réarpentage, de frais de justice, de copies de plans, de
citations pour transports d'affiches, etc., etc., etc., leur
étaient soumis, et qu'ils présentassent des frais ou opérations faits pendant deux années, ils doivent obliger
les créanciers à en établir de nouveaux, distingués par
année.

Il est encore une partie du service qui réclame toute
la surveillance des Conservateurs. Depuis longtemps
des abus assez graves s'étaient glissés dans les frais de
justice ; plusieurs ont été réprimés ; mais il est bien nécessaire, afin d'en éviter le retour, de tenir rigoureusement la main à l'exécution des mesures prescrites, et
qui ont fait l'objet de plusieurs circulaires et instructions, notamment de l'instruction générale n° 147. (Voir
le § IX de la 2ᵉ section du Chap. XXII, ci-dessus, FRAIS
DE POURSUITES.) Il entre aussi dans les intentions de l'Administration qu'on ne charge pas un seul Garde, ainsi
que cela est souvent arrivé, de faire un nombre trop
considérable de citations et de significations, et que l'on
règle les choses de manière à ce que la plus grande
partie des Gardes puissent participer à cette rétribution.
La même observation s'applique au produit des citations
faites aux adjudicataires pour assister aux réarpentages
et récolemens.

Il est aussi une observation de convenance qui doit
trouver ici sa place. D'après l'instruction du 12 décembre 1826, n° 147, déjà citée, les mémoires de frais
de justice, après avoir été rendus exécutoires par le tribunal et réglés par le Préfet, sont soumis aux Conservateurs pour être revêtus de leur certificat, et être immédiatement transmis à l'Administration des forêts ; si
en examinant ces mémoires, ces Agens supérieurs reconnaissent que des erreurs ont échappé aux premières
vérifications, que les frais sont surtaxés ou étrangers à
l'Administration des forêts, ils doivent en ce cas, et
attendu que le mémoire a déjà été réglé par une autorité supérieure, s'abstenir d'y apporter des changemens,
et signaler dans leur lettre d'envoi les irrégularités re-
marquées.

L'Administration leur a recommandé aussi de prendre
les mesures nécessaires afin que l'état général des trai-

temens de leur conservation parvienne régulièrement à l'Administration le premier jour du mois qui suit l'expiration du trimestre; et si, pendant l'intervalle de la demande du crédit et de l'arrivée de l'ordonnance, il survenait quelques mutations, de ne délivrer de mandat de paiement que pour le service réellement fait; et, dans ce cas, ils doivent donner immédiatement avis à l'Administration du montant des crédits qui resteraient disponibles, afin qu'ils pussent être autorisés ultérieurement, soit à employer, soit à annuler ce crédit.

Le Directeur des forêts a fait connaître aux Conservateurs, en ce qui concerne les traitemens, que, précédemment, lorsqu'un Agent ou Préposé obtenait de l'avancement et qu'il changeait de résidence, il ne recevait aucun traitement pour le temps employé à se rendre à son nouveau poste; mais que cette disposition, reconnue en quelque sorte injuste, vient d'être modifiée, et que, sur la proposition de l'Administration, M. le Ministre des finances a arrêté, le 27 septembre 1832, les mesures suivantes :

1° Les Agens et Préposés qui changent de résidence avec augmentation de traitement doivent être compris sur les états d'appointemens jusqu'au jour exclusivement de la cessation de leurs fonctions à leur ancienne résidence.

2° Il est délivré à ces Agens, par le Conservateur ou chef du service local, un certificat établissant la date de la cessation de leurs fonctions, et le nombre de jours qu'il convient de leur accorder pour se rendre à leur nouvelle destination, eu égard à la distance à parcourir, et qui doit être calculée à raison de dix lieues par jour, et ne peut cependant être moindre de dix jours.

3° A leur arrivée au nouveau poste qui leur a été assigné, les Agens remettent le certificat au chef du service local, qui le transmet au Conservateur, avec l'avis de la prestation de serment ou de l'installation, et ces pièces sont jointes à l'appui de l'état général de traitement à soumettre à l'Administration.

4° Enfin les Agens sont compris sur ces états avec leur nouveau traitement, à compter du jour de la prestation de serment inclusivement, et il leur est fait rappel, sur le pied de l'ancien traitement, du nombre des journées qui leur a été accordé pour se rendre à leur nouveau poste. (*Circ. du 5 octobre 1832, n° 319.*)

FIN

TAUX des Amendes à prononcer par Arbres, d'après sa grosseur et son essence, conformément aux dispositions de l'article 192 du Code forestier.

ARBRES DE PREMIÈRE CLASSE.				ARBRES DE SECONDE CLASSE.			
Chênes, hêtres, charmes, ormes, frênes, ifs, érables, alisiers, cormiers, merisiers et autres arbres fruitiers.				Aulnes, tilleuls, bouleaux, trembles, peupliers, saules et toutes les espèces non comprises dans la première classe.			
	AMENDE par DÉCIMÈTRE.	AMENDE par ARBRE.			AMENDE par DÉCIMÈTRE.	AMENDE par ARBRE.	
Décimètres.	F.	C.		Décimètres.	F.	C.	
2	»	»	»	2	1	50	
3	1	00	3 00	3	1	65	4 90
4	1	10	4 80	4	1	70	5 50
5	1	30	6 00	5	1	75	6 00
6	1	40	8 40	6	2	00	8 40
7	1	50	10 50	7	2	25	10 50
8	1	60	13 30	8	2	60	6 50
9	1	70	15 30	9	2	80	7 65
10	1	80	18 00	10	3	00	9 00
11	1	90	20 90	11	4	95	10 45
12	2	00	24 00	12	1	00	11 80
13	2	10	27 30	13	1	05	13 60
14	2	40	30 30	14	1	10	15 40
15	3	30	34 50	15	1	15	17 40
16	3	40	38 40	16	1	20	19 20
17	2	50	42 50	17	1	45	21 30
18	2	60	46 80	18	1	30	23 40
19	2	70	51 70	19	1	50	33 00
20	2	80	55 00	20	1	60	27 00
21	2	90	60 90	21	1	43	30 45
22	3	00	66 00	22	1	50	33 00
23	3	10	71 30	23	1	55	35 65
24	3	20	76 80	24	1	60	38 40
25	3	30	82 50	25	1	65	41 25
26	3	40	88 40	26	1	70	44 20
27	3	50	94 50	27	1	75	47 25
28	3	60	100 80	28	1	80	50 40
29	3	70	107 30	29	1	85	53 65
30	3	80	114 00	30	1	90	57 60
31	3	90	120 90	31	1	95	60 45
32	4	00	128 02	32	2	00	64 00

Tableau présentant le résumé des procès-verbaux d'estimation, tant en fonds qu'en superficie, des bois, leur valeur en nature et en argent (1).

SITUATION DES BOIS.

	Bois domanial.	Bois particulier.		Bois domanial.	Bois particulier.
Conservation....			Arrondissement communal.		
Département.....			Justice de paix.........		
Inspection.......			Commune..............		
Sous-Inspection..			Propriétaire...........		

DATE DES PROCÈS-VERBAUX.

Bois domanial, Année   Mois
Bois particulier, Année   Mois

VALEUR DE LA SUPERFICIE.

(1) Ce Tableau, d'après l'article 16 de l'instruction du Ministre des finances du   mars 1830, concernant le recolement des ventes en bois, doit accompagner les procès-verbaux des experts, lors de la remise de ces actes aux préfets.

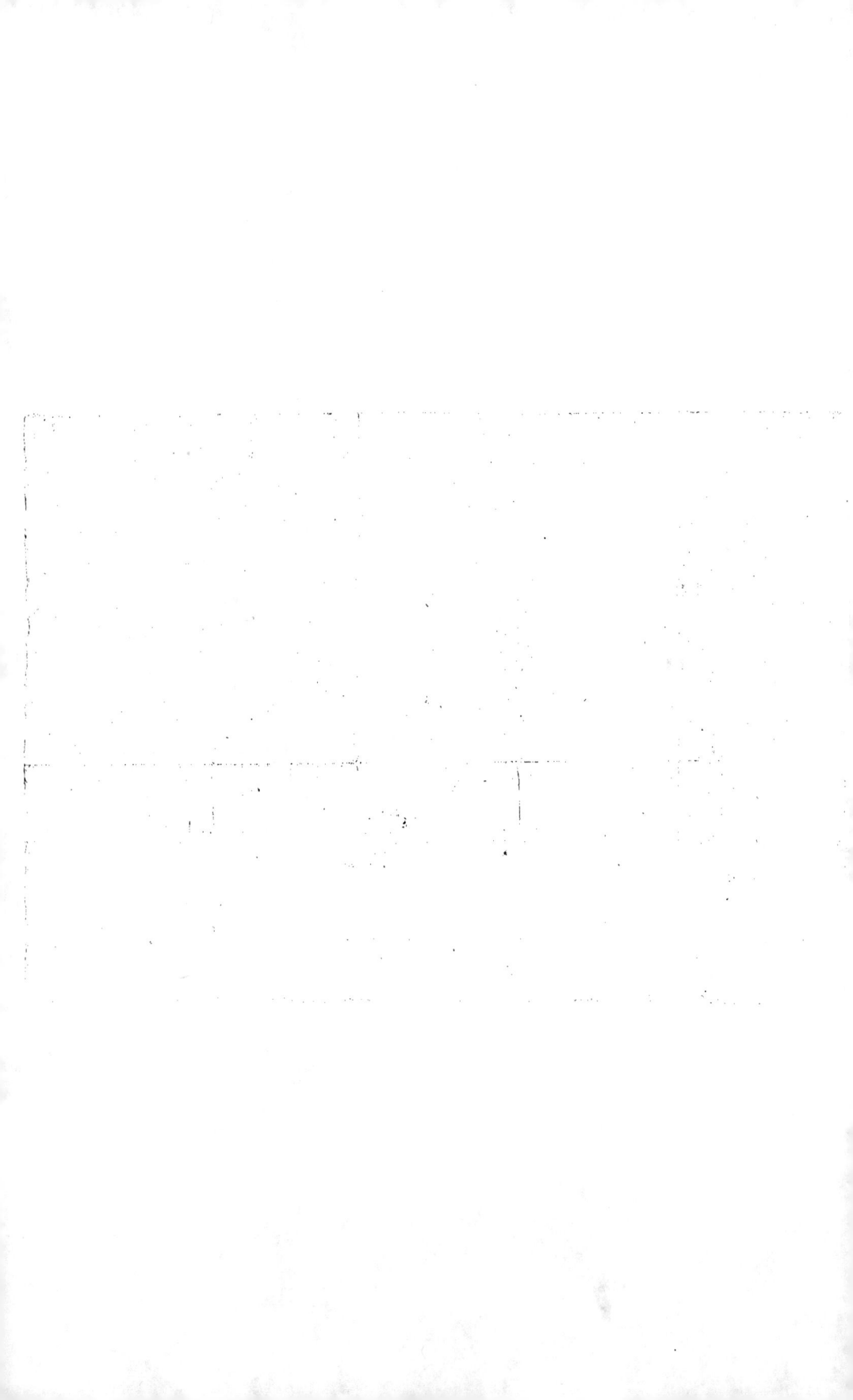

TABLEAU RÉSUMÉ

Des Amendes et Peines applicables aux délits et contraventions en matière d'Eaux et Forêts, servant à faire connaître aux Gardes forestiers et de la pêche, les cas où le concours de deux d'entre eux, ou d'un seul avec un témoin, est nécessaire pour la validité des procès-verbaux constatant ces Délits et Contraventions.

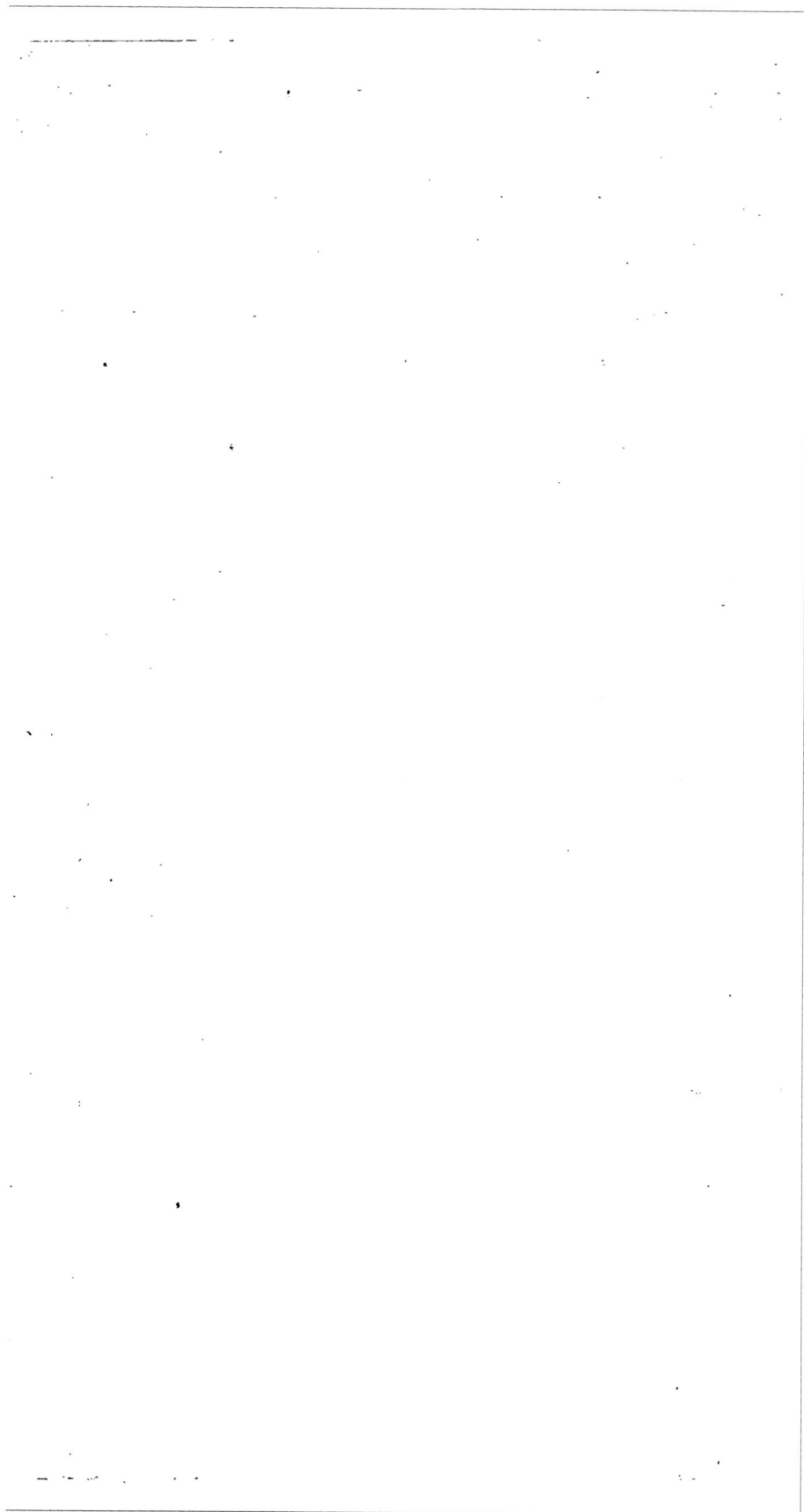

TABLE DES MATIÈRES.

CHAPITRE XII.

CHAPITRE XIII.

26

FIN DE LA TABLE DES MATIÈRES.